新工科·新商科·统计与数据科学系列教材

创新统计思维——让数据说话

吕书龙　刘文丽　主编

电子工业出版社
Publishing House of Electronics Industry
北京·BEIJING

内 容 简 介

本书遵循统计研究的思维特点，提出了工具思维、直观思维、随机思维、发散思维、探究思维、优化思维、工程思维与决策思维 8 种思维，并配套相应的问题结合 R 软件展开探讨。本书具有两个特点：一个是聚焦问题驱动和方法研究，将内容集中在学科基本问题的统计研究与随机模拟上；另一个是聚焦数据驱动和模型研究，将内容集中在实际问题的统计建模与数据处理上。

本书可作为高等院校理工、经济、统计、管理等高年级本科生、硕士和博士研究生学习统计计算及应用概率统计等相关课程的教材，也可以作为相关学科和工程技术人员的参考书。

未经许可，不得以任何方式复制或抄袭本书之部分或全部内容。
版权所有，侵权必究。

图书在版编目（CIP）数据

创新统计思维：让数据说话 / 吕书龙，刘文丽主编. —北京：电子工业出版社，2023.12
ISBN 978-7-121-46810-0

Ⅰ. ①创… Ⅱ. ①吕… ②刘… Ⅲ. ①统计学 Ⅳ. ①C8

中国国家版本馆 CIP 数据核字（2023）第 232166 号

责任编辑：牛晓丽
印　　刷：三河市鑫金马印装有限公司
装　　订：三河市鑫金马印装有限公司
出版发行：电子工业出版社
　　　　　北京市海淀区万寿路 173 信箱　　　邮编：100036
开　　本：787×1092　1/16　　印张：21.75　　字数：556.8 千字
版　　次：2023 年 12 月第 1 版
印　　次：2023 年 12 月第 1 次印刷
定　　价：79.00 元

凡所购买电子工业出版社图书有缺损问题，请向购买书店调换。若书店售缺，请与本社发行部联系，联系及邮购电话：（010）88254888，88258888。
质量投诉请发邮件至 zlts@phei.com.cn，盗版侵权举报请发邮件至 dbqq@phei.com.cn。
本书咨询联系方式：QQ 9616328。

前　言

党的二十大报告指出："教育、科技、人才是全面建设社会主义现代化国家的基础性、战略性支撑。必须坚持科技是第一生产力、人才是第一资源、创新是第一动力，深入实施科教兴国战略、人才强国战略、创新驱动发展战略，开辟发展新领域新赛道，不断塑造发展新动能新优势。"本书以思维创新和实践创新作为主基调，根据编者多年来积累的本科及研究生概率统计类课程的教学经验和研究经历编写而成，书中提炼了概率统计学科自身的基本问题，结合热点学科与专业中应用概率统计的需求，构建"提出问题、构建模型、设计程序、解决问题"的研究思路，以突出概率统计方法及其应用为目标。本书融合概率统计理论及应用、统计计算及统计软件、回归预测、图像处理、文本挖掘等内容，在编排上由浅入深，直观易懂，各章节相对独立又有内在关联。本书可以作为高等院校理工、经济、统计、管理等高年级本科生、硕士和博士研究生学习统计计算及应用概率统计等相关课程的教材，也可以作为相关学科和工程技术人员的参考书。

概率统计是关于收集、整理、分析和解释受随机因素影响的数据的科学，是一种认识世界的方法论，是现代应用数学的一个重要组成部分，也是一级学科"统计学"的重要分支。随着计算机和互联网的普及与大数据技术和人工智能的快速发展，人们对数据处理与分析产生了强烈的需求，更迫切地需要提升不同学科与概率统计之间交叉融合的程度，在不断挖掘概率统计与各个学科领域的深度融合与应用的同时，也极大地推动了概率统计自身的纵深发展。概率统计理论方法的应用会涉及许多基本问题，对它们的思考能够极大地加深对概率统计理论方法的理解，有效地提升概率统计的应用水平。正因为如此，编者从问题研究和统计思维相融合的视角来组织本书，在编写过程中力求体现以下几个特点：

（1）以统计理论方法为主，着重介绍应用概率统计方法过程中涉及的基本问题，通过大量的示例和程序代码阐述对问题的理解，引发对问题的进一步思考与探索，提供观察与应用概率统计理论方法的多种视角，作为创新统计思维的一种尝试。

（2）在内容与章节编排上，考虑到不同学科和不同程度读者的需要，从概率统计最基础的工具与应用入手，以统计软件、数据可视化和随机数引入，阐述数据可视化、随机模拟、参数估计、假设检验中的基本问题，再扩展到具体应用问题，如回归预测、图像处理和文本挖掘等，作为增强统计思维创新与实践的一种形式。

（3）考虑到学科专业的差异性，为便于对照学习和应用，各章所有的示例都配备完整的程序代码并附有注释，以方便读者验证与参考。

（4）本书附录以二维码的形式给出了书中使用的程序包、数据集列表、教材资源下载方式，提供与本书相关的数据、程序、参考文章等各种资源，方便读者操作与实践。

本书主要由吕书龙、刘文丽编写，在讨论的基础上，由吕书龙对全书进行统编、定稿。在此对所有参与本书编写、校对的人员表示衷心的感谢！

本书在编写、校对和出版的过程中，得到了福州大学教务处、研究生院、数学与统计学院以及电子工业出版社的大力支持。本书被列入了福州大学高水平规划教材，得到了福建省教育教学改革项目、福州大学精品课程建设项目与课程思政教材建设项目的共同资助。

限于编者的水平，书中难免存在不足之处，甚至错误，恳请同行和广大读者批评指正。

编 者

2023 年 11 月于福州大学

目录

第 1 章　工具思维：R 语言是一把利器 ... 1
1.1　为何选择 R 语言 ... 1
1.2　如何学习 R 语言 ... 2
1.2.1　学习 R 语言的五点小建议 ... 2
1.2.2　RGui 软件的初步使用 ... 4
1.3　R 语言的语法注意点 ... 6
1.4　R 语言的数据类型与输入/输出 ... 7
1.4.1　数据类型 ... 7
1.4.2　输入/输出 ... 8
1.5　R 语言的流程控制与执行效率 ... 12
1.5.1　分支控制 ... 12
1.5.2　循环控制 ... 13
1.6　R 语言的表达式与环境 ... 15
1.6.1　R 语言的表达式 ... 16
1.6.2　R 语言的运行环境 ... 16
1.7　R 语言的函数设计 ... 17
1.7.1　函数的定义 ... 17
1.7.2　带特殊参数的函数 ... 18
1.7.3　嵌套函数 ... 19
1.7.4　递归函数 ... 19
1.7.5　关于脚本和函数调用 ... 21
1.7.6　按引用传递参数 ... 22
1.7.7　管道运算 ... 22
1.8　R 语言提供的系列函数与数据集 ... 23
1.8.1　17 个系列函数 ... 23
1.8.2　内置的数据集 ... 34
1.9　实例分析——疫情数据的爬取 ... 39
思考与练习 ... 44

第 2 章　直观思维：数据可视化 ... 46
2.1　可视化的形式 ... 46
2.2　比较的可视化 ... 47

2.2.1　分组报表 47
　　2.2.2　分组统计图 49
　　2.2.3　分组多图 51
　　2.2.4　有条件分组绘图 54
2.3　占比的可视化 55
　　2.3.1　平面饼图与 3D 饼图 55
　　2.3.2　条形比例图 58
　　2.3.3　金字塔图 58
2.4　趋势的可视化 60
　　2.4.1　时间序列 60
　　2.4.2　极限相关 60
2.5　分布的可视化 62
　　2.5.1　数据的位置分布 62
　　2.5.2　数据的形态分布 63
　　2.5.3　数据的空间分布 64
　　2.5.4　数据的降维可视化 68
2.6　关系的可视化 71
　　2.6.1　调和曲线图与聚类 71
　　2.6.2　相关性的可视化 72
　　2.6.3　散布图 74
2.7　实例分析——人口数据的可视化 76
思考与练习 79

第 3 章　随机思维：随机数与随机模拟 81

3.1　随机数发生器 81
　　扩展阅读 83
3.2　概率极限理论的模拟 84
　　3.2.1　大数定律 84
　　3.2.2　中心极限定理 88
3.3　Monte-Carlo 随机模拟方法及应用 92
　　3.3.1　圆周率 π 的估计 93
　　3.3.2　函数积分的模拟计算 94
　　3.3.3　产品合格率问题 96
　　3.3.4　投资决策问题 97
3.4　样本独立同分布的模拟 100
3.5　抽样分布渐近正态性的模拟 103
　　3.5.1　问题描述 104
　　3.5.2　求使用正态分布替代的最小自由度 105
3.6　抽样定理的模拟 112
　　3.6.1　格里汶科定理 112
　　3.6.2　单正态总体的抽样分布 114
　　3.6.3　双正态总体的抽样分布 116
　　3.6.4　非正态总体的抽样分布 118
3.7　混合分布的模拟 121

    3.8 多维分布的模拟 124
    3.9 排列组合的抽样 127
    3.10 实例分析——微信抢红包 133
        3.10.1 红包分配算法 133
        3.10.2 红包金额的数字特征 134
        3.10.3 红包分配的随机模拟 136
    思考与练习 139

第4章 发散思维：参数估计问题 141

    4.1 常见点估计方法的比较 141
    4.2 非参数逆向思维估计法 146
    4.3 区间估计的实现方法 149
    4.4 区间估计中的计算问题 153
    4.5 Bootstrap方法 158
    4.6 混合分布参数的EM估计 164
    4.7 众数的估计方法 171
    4.8 中位数的区间估计 175
    4.9 经验分布函数的区间估计 179
    4.10 参数估计的综合与模拟 182
    4.11 实例分析——传染病潜伏期的估计 188
    思考与练习 190

第5章 探究思维：假设检验问题 192

    5.1 检验 p 值的解析 192
    5.2 基于Bootstrap思想的检验 p 值估计法 194
    5.3 假设检验与区间估计之间的互推 200
    5.4 基于Q-Q图的分布拟合优度检验 203
    5.5 同分布族的直观检验方法 207
    5.6 χ^2 检验法的非常规探讨 214
    5.7 基于距离的分布拟合优度 χ^2 检验 218
    5.8 连续总体的独立性检验 225
    5.9 置换检验 231
    5.10 实例分析——关于圆周率 π 的检验问题 235
    思考与练习 239

第6章 优化思维：回归分析问题 240

    6.1 回归模型概述 240
    6.2 拟合度解析 242
    6.3 过拟合的正则化校正 247
    6.4 寻找合适的回归模型 252
    6.5 组合回归模型 259
    6.6 分类与回归 262
        6.6.1 Logistic回归模型 262

- 6.6.2 Probit 回归模型 264
- 6.6.3 Poisson 计数回归模型 266
- 6.6.4 过度离势问题 267
- 6.7 实例分析——无配对样本回归 268
  - 6.7.1 问题再现 268
  - 6.7.2 模型构建与应用 270
- 思考与练习 273

第 7 章 工程思维：图像处理中的统计问题 275

- 7.1 灰度图像的生成 275
- 7.2 灰度图像的直方图 279
- 7.3 图像二值化方法 284
  - 7.3.1 OTSU 二值化算法 284
  - 7.3.2 Kmeans 聚类二值化算法 287
- 7.4 图像匹配 289
- 7.5 图像特征提取 293
  - 7.5.1 梯度方向直方图 293
  - 7.5.2 图像 HOG 计算 293
- 7.6 初识机器学习 299
- 7.7 实例分析——图像分类 305
  - 7.7.1 读取数据集 305
  - 7.7.2 图像的描述性统计 307
  - 7.7.3 机器学习模型 308
- 思考与练习 313

第 8 章 决策思维：文本挖掘中的统计问题 314

- 8.1 中文分词与词云可视化 314
- 8.2 分词的实现算法 318
- 8.3 朴素贝叶斯决策 322
  - 8.3.1 文本中的贝叶斯概率 322
  - 8.3.2 概率计算的简化 323
  - 8.3.3 实例计算 324
- 8.4 实例分析——酒店评价的统计分析 327
  - 8.4.1 探索性分析 327
  - 8.4.2 贝叶斯决策 334
- 思考与练习 335

附录 A 本书用到的程序包和数据集 337

附录 B "教材资源下载"空间使用说明 338

参考文献 339

第 1 章
工具思维：R 语言是一把利器

在任何一门学科的研究历程中，人们都会研发一系列专属的工具，一来提高研究的效率，二来加速研究的推广应用。先进的工具常常会对解决问题带来事半功倍的效果。随着万物互联互通的深度普及，世界早已进入了大数据时代。数据量巨大是"大数据"的外在特征，更重要的是它承载着事物发展的内在逻辑和人类活动的思维轨迹。对数据进行收集、整理、研究、挖掘与应用，已经上升为国家发展的战略需要以及各行业和各领域生存发展的关键。在大数据时代，需要大数据思维，而统计思维与计算思维就是其中重要的组成部分。统计思维奠定科学理性的分析基础，计算思维则赋予精准高效的算力。若不能掌握数据处理与分析的利器，就只能望数据而兴叹，甚至寸步难行，错失良机。

1.1 为何选择 R 语言

R 语言是源于统计又高于统计的一种高级编程语言，派生自美国贝尔实验室开发的 S 语言。1993 年 8 月，R 语言由奥克兰大学的两位概率统计领域的教授 Robert Gentleman 和 Ross Ihaka（见图 1.1.1）共同发布，1995 年遵循 GNU 通用公共许可证协议成为免费开源的软件。1997 年，R 核心小组成立，加强了 R 语言的开发；2003 年非营利组织 R 基金会成立，对 R 语言提供了强有力的支持，并广泛吸收全世界广大爱好者为 R 语言添砖加瓦，共建生态。R 语言自由、免费、源码开放，是人类智慧

图 1.1.1　Robert 与 Ross

共同体共建共享的重要结晶。R 语言集成了统计计算与数据分析、数学运算、图形制作、程序设计等功能，提供了一个开放、可互动、可编程、可嵌入、支持多平台并实时更新的计算平台与强大环境。

选择 R 语言作为学习和应用统计学或数据科学相关学科的必备利器，是由它的初心、功能和生态决定的：

➢ R 语言自由、开源、免费，为全人类的数据处理与分析服务，这是它的初心。

➢ R 语言提供全面的统计研究平台、统计计算和数据分析技术，并保持在线实时更新。

➢ R 语言提供顶尖水准的绘图功能，包括各类统计图形、各种复杂数据的可视化等。

➢ R 语言提供强大而灵活的交互式数据分析处理平台，可自由驰骋在数据海洋中。

- R 语言提供高效率的程序设计与二次开发平台，它的批量运算、并行运算等可快速满足对数据处理的各种需求。
- R 语言提供对 Windows、Linux 和 Mac OS 的支持，支持多种软件数据格式或数据库数据的导入，为多种编程语言提供计算服务，并提供多种图形用户使用方式。
- R 语言创建了面向数据科学的庞大生态体系与命运共同体，尊重每个人的智慧与贡献。众多科学家，各行各业的工程师、研究人员等创造的程序包包罗万象，共建了 R 语言的生态。

选择 R 语言，只是开始，但绝对是最华丽的开局，统计与数据科学的大门正缓缓打开……

1.2 如何学习 R 语言

R 语言的生态环境多姿多彩，各种功能应有尽有，即使同一种功能也可能有多种实现，各领风骚，在使用中让人产生应接不暇的感觉。

1.2.1 学习 R 语言的五点小建议

在学习 R 语言过程中做到以下五点，将有助于快速认识 R 语言，提升学习过程的获得感，更快、更好地融入 R 语言的生态环境。

1. 了解 R 语言的生态环境

R 语言的生态环境如图 1.2.1 所示。

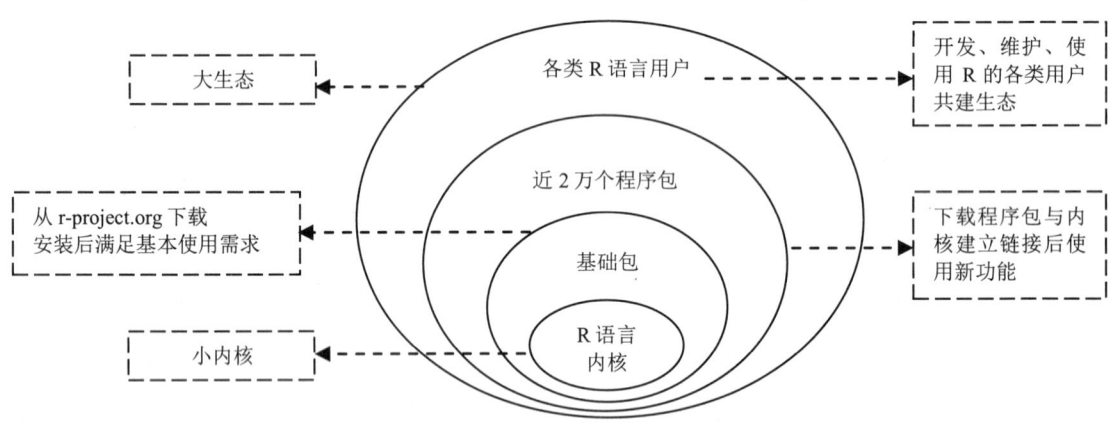

图 1.2.1　R 语言的生态环境

R 语言的开发与使用方式类似于 Linux 操作系统，其内核短小精悍，运行快速稳定；可灵活链接外围程序包，包括基础包和功能包。其中，基础包和内核共同构成"小 R"，满足大部分初学者的需求。功能包通过链接库的形式与内核建立通信机制，确保用时可加载，不用时可卸载，避免把 R 语言的运行系统变得臃肿庞大，这充分体现了 R 语言的生态设计理念。

所以，记住一点，需要什么功能，就找到该功能对应的程序包，下载安装并载入，这是使用 R 语言解决问题的最直接也是最快捷的方式。

那么如何找到相应功能对应的程序包呢？善于使用 R 语言的网络资源，充分利用 R 语言的帮助体系，将成为最佳手段。

2. 善用网络资源与帮助体系

（1）下载 RGui 软件、IDE 软件并安装

访问 R 语言官网下载并安装最新版的 RGui。

下载 R 语言的 IDE 软件之一，如 RStudio。

（2）中文版网站资源

- 统计之都，统计学门户网站，旨在推广与应用统计学知识，专业性和趣味性都很强，已经形成了较好的网络生态。
- R 语言中文网，拥有相当丰富的资料。
- 爱数吧网站，提供 R 语言程序包功能简述，可快速查看各程序包的中文描述。

（3）RGui 软件提供的帮助

安装 RGui 软件后，可在其【帮助】菜单中查看使用手册和帮助文档。认真阅读其中的"An Introduction to R"，能够较快地与 R 语言接轨。RGui 软件的【帮助】菜单如图 1.2.2 所示。

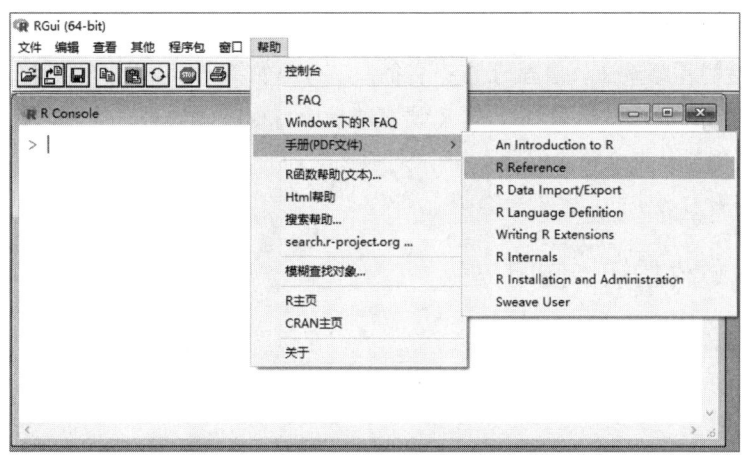

图 1.2.2　RGui 软件的【帮助】菜单

3. 专注学习目标，不贪多

R 语言生态中有近 2 万个程序包（可通过代码 nrow(available.packages())获取），可谓门类齐全，功能丰富。想穷尽所有统计或数据科学的理论方法体系，想掌握所有程序包的功能，不现实，也不可行。现代科学体系的学科专业精分程度决定了专业深耕的现实需求，所以应根据自身条件确定好目标，专注于某个领域，集中精力精耕细作，这样既有效率又有效果，R 语言的学习亦是如此。

4. 夯实编程基础是关键

（1）掌握语法、五大数据结构及批量化操作

每一门编程语言都有一套特定的语法，学好语法是熟练掌握一门语言的基础。R 语言作为一种面向统计的高级程序语言，高效表达是它的特色，因此在学习中要习惯使用高效的语法表达，这将带来更愉悦的体验。

数据是统计的基础，因此掌握好承载数据的五大结构是关键之一。五大结构包括数组（array）、矩阵（matrix）、数据框（data.frame）、因子（factor）、列表（list），绝大部分的数据都能通过它们表示。

R 语言的批量化操作是它的一大特色，各种运算、函数等都支持批量化操作，如两个同类型数组的四则运算、函数运算，数组、矩阵、数据框的 apply 运算等，非常简约方便，这在很大程度上避免了循环的低效使用，大大提升了代码的简约之美和高效之实。

（2）熟练掌握程序设计结构

在掌握语法的基础上，熟悉分支语句、循环语句和函数编写；努力做到模块化设计，用函数包装功能，通过函数集成和调用解决问题。

（3）养成良好的编程习惯

R 语言是一种解释性而不是编译性的语言，而所谓的解释执行，就是对代码或命令逐条解释并运行的过程。命令和运行结果都在同一个窗口中，会显得比较杂乱，不容易对设计过程进行调整。因此，养成使用脚本进行程序设计和命令执行的习惯，有助于增强过程性学习。另外，要有意识地实施代码优化，并不断提升代码解释执行的效率，这有助于体验高效程序设计的魅力。

5. 水滴石穿，久久为功

掌握 R 语言的程序设计只是学习 R 语言征程中迈出的第一步，我们要始终记住：自由高效地进行数据处理与分析才是学习统计和 R 语言的核心目标。此后，"实际问题→统计建模→R 程序包→数据处理与分析→解决问题"的不断循环迭代将是学习统计和 R 语言的常态，需保持"水滴石穿"的毅力与坚韧，打好持久战。

1.2.2　RGui 软件的初步使用

先了解 RGui 软件的布局和基本使用方法，懂得在哪里输入命令、输入程序脚本、下载程序包、获取帮助信息等，以便建立对 R 语言的感性认识，才有可能更进一步理性地掌握它的程序设计和数据分析精髓。

1. 认识 RGui

安装 RGui 后会在电脑桌面上生成 RGui 快捷图标，双击该图标就会打开 RGui，此时会看到 RGui 的主界面以及【R Console】窗口，如图 1.2.3 所示。

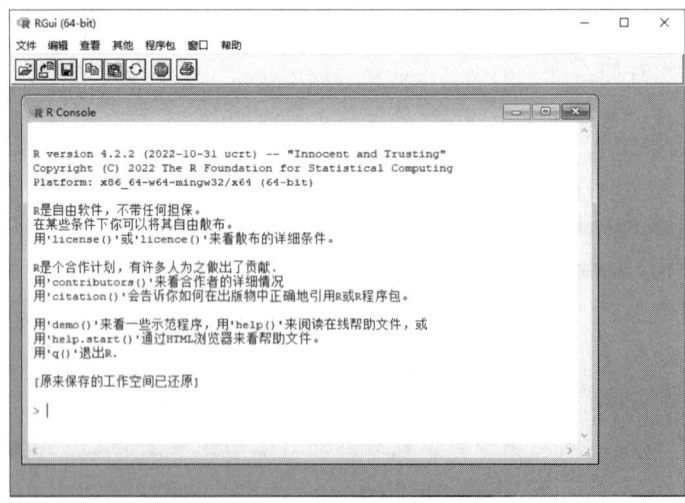

图 1.2.3　RGui 的主界面以及【R Console】窗口

RGui 软件提供的是终端型使用方式，即在【R Console】窗口中会出现红色闪烁光标（图 1.2.3 最下端的">|"符号），在其后输入命令，然后按回车键（键盘上的【Enter】键），RGui 软件将解释并运行这条命令，并在该窗口中输出命令运行的结果，最后再继续显示红色光标，等待下一条命令的到来，形成一个执行周期。

所有的 R 语言程序代码或命令都将在【R Console】窗口中解释并执行，所有程序执行的文本数据结果都默认输出在这个窗口中，而所有的图形结果都将在弹出的窗口中显示。

在【R Console】窗口出现红色光标后，可通过键盘的向上键和向下键翻阅曾经执行过的命令，并按回车键执行该命令。注意，输入 history()函数可看到当前环境中所有执行过的命令。

按【Ctrl+L】组合键，可清空【R Console】窗口中的所有文本信息，实现清屏功能。

【R Console】窗口上方有个红色的【stop】按钮，单击它将停止当前执行的程序，特别适合用于所编写的程序运行时进入死循环之后的应急处理。

通过【文件】菜单的【改变工作目录】命令将 RGui 读写数据的默认路径设置到指定的磁盘目录，也是一种好习惯，对于提高输入/输出的效率和及时保存重要资料很有帮助。当然，也可通过 setwd()函数完成上述设置。

通过【文件】菜单的【新建程序脚本】命令可打开【未命名 - R 编辑器】窗口（如图 1.2.4 所示），在其中编写 R 语言程序代码，然后选中所有或部分代码，按【Ctrl+R】组合键将选中代码复制粘贴到命令窗口中执行。如果想执行的是当前光标所在行的程序代码，则无须选中，直接按【Ctrl+R】组合键即可。

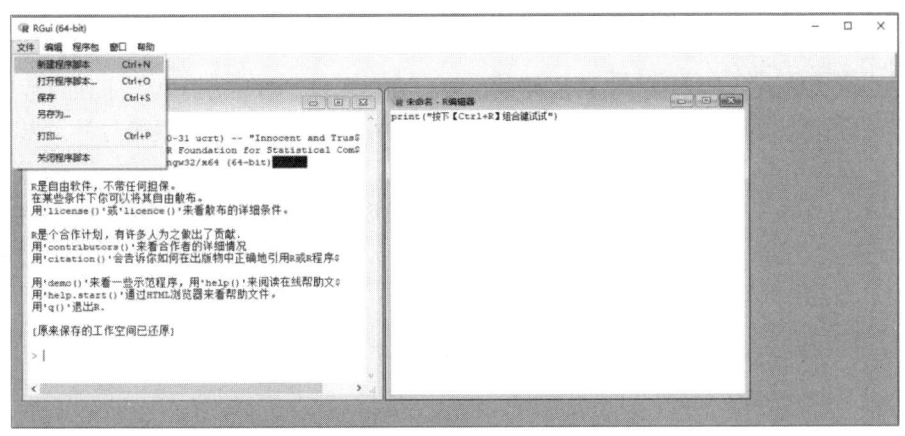

图 1.2.4　打开【未命名 - R 编辑器】窗口

通过图 1.2.5 所示的【程序包】菜单中的各项命令，可以完成程序包的查询、加载、安装等。也可以通过 install.packages(包名称字符串)实现程序包的安装。最后要通过 library 加载程序包，形式为 library(包名称)，注意此处包名称不需要加双引号，即它不是字符串了。

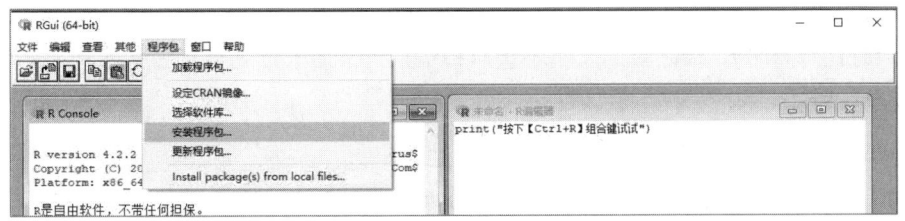

图 1.2.5　【程序包】菜单

下面以 boot 程序包为例介绍软件包的安装、加载和卸载。

> 安装 boot 程序包的命令为 install.packages('boot')，若命令成功则开始下载程序包，并给出简要的报告。
> 实现 boot 程序包与 RGui 软件内核链接（即加载）的命令为 library(boot)，若命令成功，窗口中不会显示任何信息。
> 取消 boot 程序包与 RGui 软件内核链接（即卸载）的命令为 detach(package:boot)，若命令成功，窗口中不会显示任何信息。

2. 获取帮助

除了通过【帮助】菜单获得相关的帮助外，通过命令获取帮助也是一种常用方式，比如，要获得关于计算样本均值的函数 mean 的帮助信息，使用以下几种命令都挺方便：

> help(mean)和?mean，在浏览器中显示 mean 函数的帮助文档。
> apropos('mean')，在命令窗口输出含有 mean 的函数列表。
> RSiteSearch("{mean}")，使用花括号中的字符串 mean 精确匹配，打开官网的帮助查询系统，并在网页中显示包含 mean 的所有文档。

阅读通过 help(mean)方式打开的帮助文档，特别是其中的"Description"和"Examples"部分，可快速了解函数的功能、基本使用方式和相关例子。

1.3 R 语言的语法注意点

R 语言博大精深，内涵丰富，语法高效、兼容、自然是它的显著特点。下面就程序设计中常用的语法进行简要介绍，重点关注赋值、逻辑、比较、注释、语句分隔等符号，以及代码段、字符串、逻辑真假值等符号或保留字。

（1）赋值即定义，变量在赋值的时候根据值的类型自动对应到数据类型，并支持多种赋值方式和宽泛的命名方式。比如，对变量 u, v, w, x, y, z 赋值 10，下面的两种方式是等价的。

方式 1：逐个赋值定义。

```
u<-10; v<<-10; w=10; 10->>x; 10->y; assign('z',10)  #此处将 6 个赋值语句通过分号书写在一行中
```

方式 2：同时赋值定义。

```
u<-v<-w<-x<-y<-z<-10
```

或

```
u=v=w=x=y=z=10
```

（2）赋值并显示，用一对括号( )将赋值语句括起来实现赋值并在【R Console】窗口中显示，如(x<-10)。

（3）行注释符号#，#之后的文字不被解释运行，常用来描述代码含义或功能，以增强代码的可读性，例如：

```
a=mean(x)  #求数组 x 的均值并存入变量 a 中
```

（4）大小写敏感，即大写与小写字母命名的对象是不同的。例如：

```
A=10; a=20
```

此处，A 和 a 是不同的两个变量。

（5）语句分隔符;（英文半角状态下的分号），如上述方式 1 中的多条语句即通过分号相隔。分号连接 R 语言的多条语句，并非语句的结束符，在语句句末无须加分号或其他符号。

（6）代码段用一对{ }界定。同一逻辑下必须执行的多条语句通过一对{ }括起来，常用在分支、循环、函数体的代码设计中。

（7）逻辑真假用 TRUE 和 FALSE 表示，用在逻辑运算代码设计中，在不引起歧义的前提下有时可以简写成 T 和 F，这两种方式都必须使用大写字母。

（8）比较运算符返回逻辑值 TRUE 或 FALSE，大于用>，大于或等于用>=，小于用<，小于或等于用<=，不等于用!=，等于用==。注意，此处使用两个等号判断逻辑相等，这点要特别注意。

（9）逻辑运算符返回逻辑值 TRUE 或 FALSE，与运算用&或&&，或运算用||或|，非运算用!，对 x，y 执行异或运算用 xor(x,y)，测试 x 的逻辑值用 isTRUE(x)或 isFALSE(x)。

（10）字符串使用成对单引号或双引号（英文半角状态下）来界定，可以互相嵌套但不能混用。例如：

```
x="我爱'R'语言"
```

或

```
x='我爱"R"语言'
```

（11）支持用中文以及各种广泛的字符来定义变量名，比如，体重=100，weight.kg=100。此处"体重"和 weight.kg 都是变量名，但从编程效率和代码交流维护上讲，使用中文方式来命名不太常用，不过确实可用。

（12）运算符是函数，比如，对于四则运算符和比较运算符，可以将其变成字符串，从而转化为函数方式使用。例如，"+"(10,20)返回 30，'*'(2,3)返回 6。

（13）关注一些重要的保留字，如正负无穷用 Inf 和-Inf 表示，缺失值用 NA 表示，空值用 NULL 表示，非数值用 NaN 表示（如 A=0/0，此处变量 A 就是 NaN），圆周率用 pi 表示，幂次方用^或**表示，整除用%/%表示，求余用%%表示，两个矩阵的乘法用%*%表示，判断元素是否在集合中用 %in%，整数等差序列使用:（冒号），引用命名空间中的对象用::。例如：

10^3 或 10**3 返回 1000，10%/%3 返回 3，10%%3 返回 1，1:3 返回数组 1 2 3，2 %in% 1:10 返回 TRUE，base::log 显示 base 包中的 log 函数。

（14）Windows 系统中文件路径的分隔符\，在 R 语言中要用两个\\或一个/代替，比如，"D:\MyR\test"这个路径在 R 语言中要表示成"D:\\MyR\\test"或"D:/MyR/test"。

1.4　R 语言的数据类型与输入/输出

R 语言提供了丰富的数据类型，有简单数据类型，如数值型、逻辑型、字符型、复数型等；也有复杂数据类型，如一维数组、多维数组、矩阵、表达式、因子、数据框、列表等。

1.4.1　数据类型

简单数据类型如表 1.4.1 所示。

表 1.4.1　简单数据类型

类　　型	英文名称	单值例子	10 个元素的数组例子	初　　值
整数型	integer	x=2L	xs=integer(10)	0
			xs=vector(mode="integer", length=10)	0
实数型	double	x=2.5	xs=numeric(10); xs=double(10)	0
			xs=vector(mode="double", length=10)	0
			xs=vector(mode="numeric", length=10)	0
逻辑型	logical	x=TRUE y=FALSE	xs=logical(10)	FALSE
			xs=vector(mode="logical", length=10)	FALSE
字符型	character	x="hello" y='hello'	xs=character(10)	""
			xs=vector(mode="character", length=10)	""
复数型	complex	x=1+2i	xs=complex(10)	0+0i
			xs=vector(mode="complex", length=10)	0+0i
原始型	raw	x=as.raw(1)	xs=raw(10)	00
			xs=vector(mode="raw", length=10)	00

复杂数据类型如表 1.4.2 所示。

表 1.4.2　复杂数据类型

类　　型	英文名称	功能描述及例子
一维数组	vector	支持表 1.4.1 中的所有数据类型，要求所有元素类型相同 例子见表 1.4.1

多维数组	array	支持表 1.4.1 中的所有数据类型，要求所有元素类型相同
		x2=array(1:100, dim=c(10,10)) #dim 指定维数及各维大小，生成 10×10 矩阵
		x3=array(1:100, dim=(5,4,5))　 #三维数组，x3[,,1]是 5×4 矩阵

矩阵	matrix	支持表 1.4.1 中的所有数据类型，要求所有元素类型相同 x2=matrix(1:100, nrow=10, byrow=TRUE)　 #10×10 矩阵，按行排序 x2=matrix(1:100, ncol=10, byrow=TRUE)　 #同上

表达式	expression	构建表达式数组，每个元素就是一个或一段代码，依赖环境执行
		ex=expression(x+y, x^2, sum(x))　 #表达式数组
		x=1:5; y=1:5; eval(ex[1]); sapply(ex,eval)

因子	factor	实现离散型数据内部不同的水平或状态的表示，常用于计数、分类数据场合，如统计中常见的方差分析、聚类和判别等 factor(1:10, labels="dig") 另外，常通过函数 gl( )产生因子
数据框	data.frame	对接数据库中的二维数据表，每列是一个一维数组，各列长度相同，数据类型可不同，如 R 语言中典型的鸢尾花数据 iris 或者自行生成的数据框变量 data.frame(x1=1:10, x2=letters[1:10], x3=factor(c(rep(1, 5), rep(2, 5))))
列表	list	R 语言中包容性最强的存储结构，其中每个元素类型和长度均可不同，如 list(x1=1:10, x2=letters, x3=matrix(1:100, nrow=10))

绝大部分实际问题的数据可以通过数组、因子、矩阵、数据框、列表得到表达，因此熟练掌握表 1.4.1 和表 1.4.2 中的数据类型非常必要，下面结合输入/输出介绍它们的常用方式。

1.4.2　输入/输出

1. read.table 函数与 clipboard 对象

对于比较规范的二维表格数据，比如来自 Excel 软件的数据，可以通过 read.table 函数和

clipboard 对象实现读取,并存入 R 语言的数据框类型的变量中,也可以将数据保存为 CSV 格式的文件,然后通过读取文件读入。假设表 1.4.3 所示的数据在 Excel 中编辑并以 CSV 格式保存到工作目录下,命名为"1.4.3table.csv"。

表 1.4.3 在 Excel 中编辑的数据

编号	年级	性别	参赛次数	获奖次数
1	大一	男	1	1
2	大二	女	2	1
3	大三	男	3	2
4	大二	女	2	1
5	大四	男	3	1
6	大三	女	3	2

为了在 RGui 软件中读取表 1.4.3 的数据,先在 Excel 软件中选中整个表格,按【Ctrl+C】组合键将表格内容复制到剪贴板,然后在 RGui 软件的命令窗口中输入以下代码:

```
(x=read.table('clipboard',header=TRUE))
```

按回车键,命令窗口中将显示变量 x 的内容,如下所示:

```
  编号 年级 性别 参赛次数 获奖次数
1   1  大一  男       1        1
2   2  大二  女       2        1
3   3  大三  男       3        2
4   4  大二  女       2        1
5   5  大四  男       3        1
6   6  大三  女       3        2
```

当然,也可通过文件读取方式完成上述操作,具体代码如下:

```
(y=read.table(file='1.4.3table.csv',sep=',',header=TRUE))
```

此时,命令窗口中将显示变量 y 的内容,同上述变量 x 的内容一致,此处不再赘述。

通过 class(x)和 class(y)可看到 x 和 y 都是数据框类型的变量。

数据框类型、矩阵类型以及数组类型的数据的访问方式基本一致,以读取表 1.4.3 的数据变量 x 为例,主要有两种方式:

> 下标访问。比如,x[1,2]对应数据的第 1 行第 2 列,返回"大一";x[, 2]对应数据的第二列,返回第 2 列数据构成的字符串数组;x[, -2]表示去除第 2 列的剩余数据,返回的是数据框类型;x[c(1, 3)]返回第 1 列和第 3 列数据构成的数据框,与 x[, c(1, 3)]等价,行方向无此访问方式。

> 名称访问。通过每列的名称访问,比如,"x$年级"返回同 x[, 2]一样的数组。

2. scan 函数与文本型数据

将圆周率小数点之后的数字存储成文本文件,数字之间连续排列,如图 1.4.1 所示。

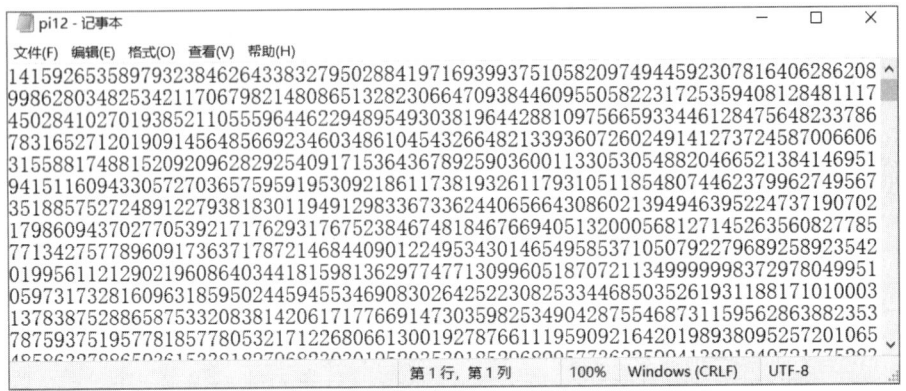

图 1.4.1 圆周率小数点后的数字

下面通过 scan 函数将其读取到 R 语言对象中。注意，此处的数据是字符型，所以将该函数的参数 what 设置成 what=character()，参数 sep 设置成 sep=""，于是得到如下代码：

```
pis=scan('clipboard',what=character(),sep="")   #读取剪贴板中的数据到 pis 对象
class(pis)                                       #返回"character"说明 pis 是字符串
pis=unlist(strsplit(pis,split=''))               #strsplit 将字符串分解成列表，unlist 将列表变成数组
zpis=as.integer(pis)                             #字符数组转化成整数数组
```

若数据存放在工作目录的文本文件中，则只需将上述代码中的'clipboard'改成文件名即可。scan 函数在读取数据的时候，默认读取的是数值型数据，分隔符是空格或者 Tab，读取的数据存放在一维数组中，而通过 what 和 sep 参数可以支持不同的数据类型和分隔符。

3. RODBC 程序包与数据框类型的数据

Windows 平台中有一个 RODBC 程序包，它能够通过 ODBC 接口完成与各类数据源的连接并方便地读取其中的数据成为数据框类型的数据。数据源包括 Access 数据库、Excel 表以及其他各类数据库。但是要注意，应使用 32 位版本的 R 软件来安装和使用 RODBC 包，在 64 位版本的 R 软件中无法正常使用 RODBC 包提供的关于 Access 和 Excel 等数据源的连接与读取功能。当然，"曲线救国"也未尝不可，即用 32 位版本的 R 软件读取并保存数据，然后再通过 64 位版本的 R 软件读取使用数据。

假设工作目录下有 test146.mdb 文件，将 test146.mdb 中的"评分表"的内容保存成 Excel 文件 test146.xlsx，部分数据内容见图 1.4.2。

图 1.4.2 Access 数据库中 test146.mdb 文件的 4 个表和"评分表"中的部分数据

下面通过 RODBC 程序包将其中的数据读入到 32 位版本的 R 软件中，并通过 write.table 和 read.table 函数将数据用于 64 位版本的 R 软件中。对于这两个函数，主要关注 file，header，sep，row.names，col.names 几个参数，更多细节可以通过 help(read.table) 了解。

用 32 位版本的 R 软件读取 Access 数据表的具体代码如下：

```
install.packages('RODBC')                              #安装 RODBC 程序包
library(RODBC)                                         #加载 RODBC 程序包
conn=odbcConnectAccess('test146.mdb')                  #连接数据库
dat1=sqlQuery(conn, 'select * from 评分表')            #通过 SQL 语句提取数据表
head(dat1)                                             #显示前 6 条记录
odbcClose(conn)                                        #关闭连接
```

上述代码将输出数据表的前 6 条记录，如图 1.4.3 所示。

	密号	大题号	一评	二评	问题	仲裁	一评工号	二评工号	仲裁工号	一评得分	二评得分	仲裁得分	空白	最终得分
1	g1_001-g1_002	1	2	1	0	0	auto1	auto1	-	12	0	0	0	12.0
2	g1_001-g1_002	2	2	2	0	0	17050	05024	-	10	9	0	0	9.5
3	g1_001-g1_002	3	2	2	0	0	03018	03016	-	2	2	0	0	2.0
4	g1_001-g1_002	4	2	2	0	0	06412	92061	-	4	2	0	0	3.0
5	g1_001-g1_002	5	2	2	0	2	13037	96182	13037	7	2	2	0	2.0
6	g1_001-g1_002	6	2	2	0	0	04029	04018	-	7	7	0	0	7.0

图 1.4.3　读取 Access 数据表

用 32 位版本的 R 软件读取 Excel 数据表的具体代码如下：

```
conn=odbcConnectExcel2007('test146.xlsx') #连接 Excel 表
dat1=sqlQuery(conn, 'select * from [sheet1$]')    #通过 SQL 语句提取数据表
head(dat1)  #显示前 6 条记录
odbcClose(conn)      #关闭连接
```

上述代码将输出 test146.xlsx 数据表的前 6 条记录，结果与图 1.4.3 一致。

可在 32 位版本的 R 软件中通过 write.table 保存数据，然后在 64 位版本的 R 软件中用 read.table 读取数据，这样就能实现不同版本 R 软件之间的数据中转。以上述读取的数据 dat1 为例，具体代码如下：

```
write.table(dat1,file='test148.csv',sep=',',row.names=FALSE)   #在 32 位版本的 R 软件中执行
dat2=read.table(file='test148.csv',sep=',',header=TRUE)         #在 64 位版本的 R 软件中执行
```

对于更多的数据源，可以通过程序包 foreign，Hmisc 和 haven 实现数据读取。

4. 使用程序包 lessR 实现读写

程序包 lessR 提供的 Read 函数可读取文本文件、Excel 文件、SPSS 文件、SAS 文件等。比如，读取上述 test146.xlsx 文件，可用如下命令完成：

```
(Dat=Read('test146.xlsx'))
```

执行该命令会给出相关的数据报告，如图 1.4.4 所示。

```
Data Types
------------------------------------------------------------
character: Non-numeric data values
integer: Numeric data values, integers only
double: Numeric data values with decimal digits
------------------------------------------------------------

    Variable                  Missing  Unique
        Name      Type  Values  Values  Values   First and last values
------------------------------------------------------------------------------
 1           character  17451       0    2493   g1_001-g1_002 ... glx_003-glx_004
 2             integer  17451       0       7   1  2  3 ... 5  6  7
 3             integer  17451       0       2   2  2  2 ... 1  1  1
 4             integer  17451       0       2   1  2  2 ... 1  1  1
 5             integer  17451       0       1   0  0  0 ... 0  0  0
 6             integer  17451       0       2   0  0  0 ... 0  0  0
 7           character  17451       0      11   auto1  17050 ... 04018  87029
 8           character  17451       0      10   auto1  05024 ... 04029  95013
 9           character  17451       0      13   -  -  - ... -  -  -
10             integer  17451       0      23   12  10  2 ... 0  0  0
11             integer  17451       0      12   0  9  2 ... 0  0  0
12             integer  17451       0      11   0  0  0 ... 0  0  0
13             integer  17451       0       2   0  0  0 ... 0  0  0
14              double  17451       0      33   12  9.5  2 ... 0  0  0
------------------------------------------------------------------------------
```

图 1.4.4　数据报告

1.5　R 语言的流程控制与执行效率

对于程序设计语言，在熟悉语法、数据结构及数据交互之后，就要深入理解其流程控制，这是进行模块化程序设计的必要构件。在本节学习过程中，要牢记 R 语言是解释型的编程语言，大量的流程控制会严重影响程序执行的效率，但流程控制又是程序设计中必不可少且必须熟练掌握的。因此，在程序设计过程中要处理好流程控制、效率与可读性之间的平衡。

通常情况下，代码的运行单位就是一条语句。但在实际问题的设计中，常需要将多行代码集中起来作为一个运行单位执行，因此运行单位是一个相对的概念。在 R 语言中通过一对花括号{}来界定至少包含两条语句的代码段，一条语句不必用它。

1.5.1　分支控制

分支用来实现在满足了指定条件后才能执行某个代码段的功能，其中条件以表达式为 TRUE 或 FALSE 表示，从条件的多少来划分分支的情况，主要有单分支、双分支和多分支三种情况。分支控制可以嵌套，但尽量避免嵌套多层，以免影响代码的可读性和解释运行效率。

1. 单分支

语法：if(condition) { codes }

说明：condition 为逻辑表达式，当其值为 TRUE 时，执行代码 codes。例如，若当前环境中存在变量 x，就输出 x 的数据类型，实现如下：

```
if(exists('x'))  class(x)
```

2. 双分支

语法 1：if(condition) { codes1 } else { codes2 }

说明：condition 为逻辑表达式，当其值为 TRUE 时，执行代码 codes1，否则执行代码 codes2。例如，若当前环境中存在变量 x，就输出 x 的数据类型和 x 的维数，否则输出"无此变量"，实现如下：

```
if(exists('x'))  { class(x); dim(x) }  else  print('无此变量')
```

语法 2：ifelse(condition, codes1, codes2)

说明：这是双分支的另一种实现方式，当 condition 值为 TRUE 时执行代码 codes1，否则执行代码 codes2。例如，给定一个数组 x=-3:3，即 x=c(-3, -2, -1, 0, 1, 2, 3)，执行如下代码：

```
ifelse(x>0, x^2, 100)
```

此时，ifelse 函数判断 x 数组的每个元素是否大于 0，若是，则计算其平方，否则返回 100。该函数的返回值也是一个数组，长度同对象 x，本例返回 100 100 100 100 1 4 9。对 ifelse 函数的使用要慎重，比如下面的代码：

ifelse(length(x)>5, {y=x^2; y}, 100)，对象 x 为数组 c(-3, -2, -1, 0, 1, 2, 3)，本以为返回的是花括号{}中最后一条语句执行的结果（即 y），但其实返回的是数组 y 的第一个元素 9。

3. 多分支

语法：if(condition1) { codes1 }
else if (condition2) {codes2

...
else {codes_else}

说明：超过 2 个分支时就引入多分支语句，当第 i 个 condition 为 TRUE 时则执行第 i 个 codes；当所有 condition 都为 FALSE 时，执行 codes_else。

例 1.5.1 随机抽取二项分布 $B(3,1/2)$ 的一个随机数，记为 x，若 x=0，则令 y=100；若 x=1，则令 y=150；若 x=2，则令 y=300；若 x=3，则令 y=500；最后输出(x,y)。

上述过程如表 1.5.1 所示。

表 1.5.1　多分支

粘贴到命令窗口执行错误	粘贴到命令窗口执行成功	分析

x=rbinom(1, 3, 1/2)
if(x==0) y=100
else if(x==1) y=150
else if(x==2) y=300
else y=500
c(x, y)
	x=rbinom(1, 3, 1/2)
	if(x==0) y=100 else
	if(x==1) y=150 else
	if(x==2) y=300 else y=500
	c(x, y)
		因为 R 是按行解释的，左侧第二行它解释成单分支后就结束了，因此认为第三行存在语法错误，故执行出错。
		
		假设 x=1，则输出(1,150)

当然，如果表 1.5.1 左侧的代码封装在一个由{ }界定的代码段中，那么是不会出错的，即在第一个 if 前加{，在 y=500 后加}，将整个多分支语句变成一个代码段。不可否认，左侧代码的书写习惯、可读性与排版规范性要明显高于右侧代码。

5. switch 多分支

语法：switch(expr, values)

说明：expr 表示一个下标（整数）或者名字索引表达式，为的是提取后面 values 罗列的一系列数据中的一个，values 罗列的对象通过逗号隔开。比如，表达式值等于 2，则返回 values 中的第二个元素。可以给 values 中的参数命名，然后通过名称访问它。switch 函数的返回值是从 values 中提取到的参数值。

下面给出 switch 的两种使用方式，具体代码如下：

```
x=1:10
index=1
switch(index, mean(x), median(x), sd(x))       #返回除 index 外的第 1 个参数 mena(x)，输出 5.5
name='mean'
switch(name, mean=mean(x), meidan=median(x), sd=sd(x))  #返回 mean 对应的 mean(x)，输出 5.5
```

1.5.2　循环控制

循环是用来重复执行相同代码段的一种控制结构，R 语言根据需要提供三种方式：for 型循环、while 型循环和 repeat 型循环，并支持多层嵌套，同时提供 next 和 break 等完成循环体的跳转或终结。循环与分支一样，都是程序设计中必不可少的部分，所以有必要熟练掌握。但是由于 R 语言是解释性的，大体量循环的解释效率比较低下，因此通常需要寻找批量执行的方法替代循环，以减少解释代码而耗费的时间。

1. for 型循环

语法：for(循环变量 in 变量集合) { codes }

说明：循环变量将遍历变量集合中的每一个元素，元素个数就是代码 codes 执行的次数。变量集合的数据类型具有多样性，整数、字符、数组、列表等均可，相当人性化。

2. while型循环

语法：while(condition) { codes }

说明：若条件 condition 为 TRUE，则重复执行循环体 codes，直到 condition 为 FALSE 为止。

3. repeat型循环

语法：repeat { codes; if(condition) break; }

说明：重复执行循环体 codes，直到条件 condition 为 TRUE 才跳出并终止循环。

4. break和next

break 表示跳出当前所在层的循环，相当于终止本层循环；next 表示跳过本层 next 语句后面的循环体代码，直接跳到本层循环体的开始，相当于进入本层下一次循环。

下面通过一个例子阐述三种循环的基本使用方法。

例 1.5.2 计算维数为 10000×5000 的矩阵中每行数据的均值并存储到一维数组中。具体代码如程序 1.5.1 所示。

【程序 1.5.1】三种循环的实现及其效率比较

```
t01=proc.time()                                    #记录开始的时间
N=10000;  M=5000                                   #矩阵行数为N, 列数为M
dat=matrix(rnorm(N*M),nrow=N)                      #以标准正态分布随机数作为数据
t02=proc.time()                                    #记录当前的时间
RM1=numeric(N)                                     #for 循环, 初值为0、长度为N的一维数组
for(i  in 1:N)                                     #执行N次循环
{ S=0;
    for(j  in 1:M)    S=S+dat[i,j]                 #第二层循环计算第i行总和
    RM1[i]=S/M                                     #计算第i行的均值
}
t1=proc.time()                                     #记录当前时间
RM2=numeric(N);    i=1                             #while 循环, 设置循环变量i=1
while(i<=N)                                        #执行N次循环
{  j=1;    S=0;                                    #设置第二层循环变量j=1
    while(j<=M) { S=S+dat[i,j];   j=j+1 }          #计算第i行总和, j增1
    RM2[i]=S/M                                     #计算第i行的均值
    i=i+1                                          #循环变量i增1
}
t2=proc.time()                                     #记录当前时间
RM3=numeric(N);    i=1                             #repeat 循环,设置循环控制变量i=1
repeat                                             #执行N次循环
{  j=1;    s=0                                     #设置第二层循环控制变量j=1
    repeat                                         #计算第i行总和, j增1
    {  S=S+dat[i,j];    j=j+1                      #若j超过M, 则跳出第二层循环
        if(j>M)  break  }                          #计算第i行的均值
    RM3[i]=S/M                                     #i增1, 如果i超过N, 则跳出循环
    i=i+1;   if(i>N) break
}                                                  #记录当前时间
t3=proc.time()
t02-t01;   t1-t02;   t2-t1;   t3-t2                #四段代码的运行时间
```

上述代码运行效率的比较结果见表 1.5.2。

表 1.5.2　三种循环的运行时间（单位：s）

准备工作			for 型循环			while 型循环			repeat 型循环		
用户	系统	流逝	用户	系统	流逝	用户	系统	流逝	用户	系统	流逝
2.99	0.15	3.14	3.36	0.05	3.41	4.98	0.05	5.03	5.72	0.07	5.84

通常的循环可以通过 apply 批量运算函数提高运行效率，具体代码如程序 1.5.2 所示。

【程序 1.5.2】通过 apply 提高运行效率

```
t01=proc.time();    N=10000;   M=5000          #记录开始的时间
dat=matrix(rnorm(N*M),nrow=N)
t02=proc.time()                                 #记录当前时间
RM1=numeric(N)
for(i  in 1:N)  RM1[i]=mean(dat[i,])           #修改第二层循环，较少循环次数
t1=proc.time()
RM4=apply(dat,1,mean)
t4=proc.time();    t02-t01;   t1-t02;   t4-t1  #输出代码的运行时间
```

上述代码从减少循环代码被解释次数的层面进行简化，其运行时间见表 1.5.3。

表 1.5.3　改进代码的运行时间（单位：s）

准备工作			修改第二层循环			apply 操作		
用户	系统	流逝	用户	系统	流逝	用户	系统	流逝
3.02	0.12	3.14	0.89	0.19	1.08	1.09	0.18	1.27

通过表 1.5.3 给出的运行时间比较可知，对于小批量循环而言，嵌套循环的时间损耗可能没有什么感觉；但是对于大批量的循环操作，嵌套循环的时间损耗就体现得很明显。另外，采用不同的循环方式导致的代码解释次数是不一样的。上例中，repeat 为了完成控制比其他循环体多解释多判断了一条语句，从而导致其运行效率最低。因此，应尽量减少直接使用循环，特别是多层嵌套的循环，以及在循环中叠加较多的分支判断等，而是寻找批量处理或其他方式代替嵌套的循环。上例中，RM4=apply(dat, 1, mean)简洁表达了循环过程，虽然其运行时间没有显示出优越性，但凸显了代码的简洁性。因此，在程序设计中，经常需要平衡程序代码的可读性、简洁性与运行效率。

R 语言提供的批量处理函数有不少，有些函数本身就支持批量运算，如各种数学函数 sin(x), cos(x), abs(x), log(x), sqrt(x)等，x 是数组，就返回计算结果的数组；还有一些特殊的批量运算，如 apply, lapply, sapply, tapply, by, aggregate 等，能够对数组、矩阵、数据框、列表等进行遍历计算，相当方便。更多的内容可参阅 1.8 节。

1.6　R 语言的表达式与环境

R 语言中的表达式，即 expression 类型，是一种特殊的数据类型，类似某种数学公式或表达式。表达式中可能涉及较多的变量和符号，这些变量或符号若在当前环境中不存在，就无法计算出表达式的具体值。因此，在对表达式求值前，必须确保表达式中的所有变量和符号均已存在并赋值。

1.6.1 R 语言的表达式

1. 创建表达式

语法 1：expression(const, symbol, calls 等)

说明：const 是常量，symbol 是符号，calls 是一种对象，类似于函数调用。

例 1.6.1　ae1=expression(y=sin(x), 1:100, matrix(x, nrow=5))，创建了含三个表达式的数组，其每个元素都是表达式，可通过 class，mode，typeof 函数得知每个数组元素的类型，如 mode(ae1[2]) 返回"expression"。

语法 2：parse(text='const, symbol, calls 等')。

说明：将字符串赋值给 text，通过 parse 转化为表达式。

例 1.6.2　ae2=parse(text='y=sin(x)')，创建了一个表达式 ae2，其内容为 y=sin(x)。

2. 测试并转化表达式

语法 1：is.expression(exp)

说明：测试 exp 是否为表达式。

例 1.6.3　要测试上面创建的变量 ae2 是否为表达式，可用 is.expression(ae2)，返回值为 TRUE，说明 ae2 是表达式。

语法 2：as.expression(x)

说明：将 x 转化成表达式。

例 1.6.4　as.expression(1:10)，得到表达式数组，共 10 个元素，每个都是常量表达式。

3. 对表达式求值

语法：eval(expression)

例 1.6.5　利用例 1.6.1 的 ae1 表达式，执行代码 eval(ae1[1])，若表达式中的变量 x 不存在，则返回 Error in eval(ae1) :找不到对象'x'。因此，对表达式求值，必须先确保其中的对象存在。此时补上变量 x 的值，如 x=pi/2，再执行代码 eval(ae1[1])，则返回数值 1。

4. 在指定环境中求值

先创建一个环境 env=new.env()，然后在环境中定义变量 x 并赋值为 pi/3：assign('x', pi/3, envir=env)，接着显示环境 env 中的变量：ls(env)，因为就定义了一个变量 x，所以此时返回[1] "x"。最后在环境 env 中对例 1.6.1 中的表达式 ae1[1]求值：

```
eval(ae1[1], envir=env)
```

即计算 sin(pi/3)，此时返回数值 0.8660254。

1.6.2 R 语言的运行环境

在 R 语言中，环境表示一个封闭的命名空间，为程序运行提供不同的场景。默认情况下，所有命令均处在.GlobalEnv 对象指向的环境中，可通过 ls(.GlobalEnv)和 ls()看到两者返回的内容是一致的。下面介绍几个对环境中变量进行操作的函数：

> ➢ ls()，可列出当前环境中所有对象的名称，返回值是名称构成的字符串数组。其中的 pattern 参数可以实现正则化查询，如 ls(pattern='x')，将返回包含 x 的所有对象名。

- rm(对象或对象名 1, 对象或对象名 2,…)，可删除当前环境中的指定对象，也可以通过 list 参数指向一个对象名字符串数组进行批量删除，比如 rm(list=ls())，将清空当前环境中的所有对象。
- object.size(对象名)，可获得对象占用的内存大小。
- memory.size(NA)或 memory.limit()，可显示 R 软件设置的最大内存。注意，对象占用的内存不能超过它。memory.limit(x)可以将内存大小设置为 x，单位为 MB。

1.7 R 语言的函数设计

函数是程序设计的重要载体，更是一个程序设计语言的精华。有了对某些底层功能的函数封装，就能搭建起更庞大的功能体系，因此函数的作用不言而喻。

在 R 语言中编写和调用函数非常方便，因为它支持命名参数、默认参数和"省略号"参数等几个特性，这些特性使得在 R 语言中编写函数和调用函数更加自由。

1.7.1 函数的定义

1. 基本语法

```
function_name = function(arg1,arg2=value2,…)
{  codes
   last_code 或 return(obj)
}
```

- function_name 是用户定义的函数名称，应符合变量命名规则。
- function 是 R 语言的保留字，表明定义的是一个函数对象。
- arg1, arg2, …表示是所定义函数的形式参数。
- arg2=value2 表示这个参数默认的值为 value2，若在调用该函数时不传递这个参数的值，那么该参数就默认取 value2。
- …表示该函数还支持更多的参数，用户在调用的时候可以通过逗号隔开多个参数值。
- 函数的返回值由函数代码段中最后执行的一条语句决定（last_code 表示最后一条语句），也可以由 return 函数直接指定返回值。
- 函数将创建自己的环境，当函数体中的代码执行时，若使用到的对象在函数环境中，则直接使用；如果不在函数环境中，将往函数的上层环境中查找对象，直到全局环境。因此，函数环境中的变量若与外层环境中的变量同名，函数环境中的变量具有优先使用权。编写函数时，应尽量避免在函数体中直接使用外层变量的情况，一般可将外层变量通过参数传递到函数环境中再加以使用。

2. 二元符号函数

R 语言中定义了不少二元符号运算符，比如%%, %/%, %in%, %*%等，即通常采用一对%界定特殊意义的字母或单词。它们本质上都是函数，其定义语法如下：

```
"%any_char%" = function(x,y)
{  codes
   last_code 或  return(obj)
}
```

例 1.7.1 定义一个二元运算符%@%，找出在数组 y 中与给定的 x 距离最近的元素所在的位置（下标），代码如下：

```
"%@%" = function(x,y)  {  which.min(abs(x-y))  }
x=5.1;  y=1:10;  x %@% y;        #返回下标 5
```

3. 定义无参函数

若要定义无参函数，只需清除参数列表，留下一对括号即可。

例 1.7.2 显示.GlobalEnv 环境中定义的所有变量名，函数名为 show.size，代码如下：

```
show.size=function( )  {  ls(.GlobalEnv)  }
show.size( )
```

1.7.2 带特殊参数的函数

1. 带默认参数的函数

函数的参数带有默认值是为了满足函数设计中的不同需求，这种情况在 R 语言中司空见惯。

例 1.7.3 对一元函数 $y=\sin(x)+x^2$ 进行求导，习惯上常以 x 作为自变量，所以在定义函数的时候默认求导的变量为 x。假设该一元函数名为 D.fun，输入函数表达式和求导变量，返回一个列表对象，包括原函数、导函数和求导变量。具体代码如下：

```
D.fun=function(sfunexp,var="x")
{  dfun=D(sfunexp,var)
   list(sfun=sfunexp,dfun=dfun,var=var)
}
D.fun(expression(y=sin(x)+x^2))      #var 参数的值没有给出，默认就是 x
```

上述代码输出的结果如下：

```
$sfun
expression(y = sin(x) + x^2)
$dfun
cos(x) + 2 * x
$var
[1] "x"
```

例 1.7.3 给出了返回多个值的一种方式，即通过列表封装返回值。

2. 带省略号参数的函数

在 R 语言中，有很多函数在定义的时候出现省略号，感觉此处可承载无限个参数，特别神奇。实际上，这个功能很实用。比如在随机变量的概率分布中，有的分布只有 1 个参数，有的分布有 2 个参数，有的则有 3 个参数。如何编写一个函数，支持传入分布函数的名称和参数，实现其分布函数值的求解呢？下面的例子将告诉你如何使用省略号参数。

例 1.7.4 设计一个支持正态分布、均匀分布、指数分布的概率计算通用函数 get.F，输入 x 值、分布名称、参数列表，返回对应分布函数 F(x)的值，具体代码如下：

```
get.F=function(x, type,…)
{  switch(type, pnorm=pnorm(x,…), pexp=pexp(x,…), punif=punif(x,…) )}
```

以正态分布和均匀分布方式调用函数，分别输入 get.F(1, "pnorm", 1, 1)和 get.F(1, "punif", 0, 2)，

此时调用时都有 4 个参数；以指数分布方式调用函数，输入 get.F(0.6931472, "pexp", 1)，此时只有 3 个参数。这 3 个函数调用后，返回值都是 0.5。

对于省略号参数，可以通过在函数体中使用 list(…)得到所有的变量，然后，按照列表类型的特点对…所包含的参数个数、每个参数的名称及取值进行逐一分析。

1.7.3 嵌套函数

有时候为了方便处理问题，会在函数中嵌套子函数，子函数可能仅用在其父函数中，而不会成为一个通用型的函数。子函数中未定义的变量默认来自父函数；如果父函数也没有定义，则从父函数所在环境或者上层环境中搜索。

例 1.7.5 从 1 到 50 中以有放回方式等可能地随机抽取 40 个数字，构成 10 行 4 列矩阵，然后计算任意两行对应位置上出现相同数字的个数。

从设计上讲，每一行都与所有行（包括自己）进行比较，得到相同数字的个数，这样就排成了 10×10 的对称矩阵，其(i, j)元素就是第 i 行与第 j 行的相同数字个数，代码如下：

```
Main=function(x, mat)
{  sub=function(x, y)  sum(x==y);    #此处定义了一个子函数
   apply(mat,1,sub,x)
}
set.seed(123)
Mat=matrix(sample(1:50,40,replace=T),nrow=10,byrow=T)
apply(Mat,1,Main,Mat)
```

上述代码输出的结果如下所示：

	[,1]	[,2]	[,3]	[,4]	[,5]	[,6]	[,7]	[,8]	[,9]	[,10]
[1,]	4	0	0	0	0	0	0	0	0	0
[2,]	0	4	0	0	0	0	0	0	1	0
[3,]	0	0	4	0	0	0	0	0	0	1
[4,]	0	0	0	4	0	0	0	0	1	0
[5,]	0	0	0	0	4	0	0	0	0	0
[6,]	0	0	0	0	0	4	0	0	0	0
[7,]	0	0	0	0	0	0	4	0	0	0
[8,]	0	0	0	0	0	0	0	4	0	0
[9,]	0	1	0	1	0	0	0	0	4	0
[10,]	0	0	1	0	0	0	0	0	0	4

1.7.4 递归函数

函数中直接或间接调用自身的过程称为递归调用，而具有这样特质的函数称为递归函数。递归函数常见于数学推导和计算中，形式很漂亮。但是从执行上看，函数的递归调用形成层层嵌套，有递推和回推两个过程，形成大量的压栈和出栈等操作，导致存储空间需求不断增大，总体运行效率不高。递推过程形式上是将一个复杂的大问题逐步分解成过程类似的小问题，设计上就是不断压栈；而回推过程是在递推过程的基础上，从最后的小问题开始，结合该层上一层的输入参数和输出结果，按逻辑一步步将其向上恢复成最初的复杂的大问题，设计上就是不断出栈。

R 语言也支持递归函数的设计与调用，下面通过两个例子来介绍递归函数。

例 1.7.6 求解 $\sqrt{a}(a \geq 0)$，给定开方递推公式 $x_{n+1} = (x_n + a/x_n)/2$，$x_1 = a/2$，下面实现给定 n 条件下 $\sqrt{a}$ 的递归求解。具体代码如下：

```
sqrt.me=function(n, a){  ifelse(n==1,a/2,(sqrt.me(n-1,a)+a/sqrt.me(n-1,a))/2)  }
n=1:8
sapply(n,sqrt.me,a=2)           #分别求 n=1, 2, 3, 4, 5, 6, 7, 8 时的递归函数值
```

输出结果如下：

```
[1] 1.000000 1.500000 1.416667 1.414216 1.414214 1.414214 1.414214 1.414214
```

例 1.7.7 从 1 到 n 的 n 个整数中任取 k 个数，使得 k 个数的和为 s，求这样的取法数。

分析：用 Snk(s,n,k) 表示从 1, 2, $\cdots$, n 中任选 k 个求和为 s 的取法数，则它可表示成从 1, 2, $\cdots$, $n-1$ 中任取 k 个数其和为 s 的取法数加上从 1, 2, $\cdots$, $n-1$ 中任取 $k-1$ 个数其和为 $s-n$ 的取法数，即

$$\text{Snk}(s,n,k) = \text{Snk}(s,n-1,k) + \text{Snk}(s-n,n-1,k-1)$$

实际上，递归函数求解中还需要注意边界条件，避免出现死循环或者其他问题。本例的代码如下：

```
Snk=function(s,n,k)
{ if(s>0 & n>=k & k>0)
  { if(n>=k &(s==k*(k+1)/2 || s==(2*n-k+1)*k/2)) 1
    else if(n<k) 0
    else if(s-n>0 & n>=k) Snk(s,n-1,k)+Snk(s-n,n-1,k-1)
    else Snk(s,n-1,k)
  }
  else if(s==0 & n>0 & k==0) 1
  else 0
}
Snk(s=12,n=10,k=3)       #返回 7
```

在 n 和 k 较小时（n<100），可以通过以下代码进行函数功能的正确性检验：

```
Snk2=function(s,n,k)
{ #step1 得到组合矩阵
  comb=combn(n,k)
  #step2 计算列和
  comsum=apply(comb,2,sum)
  #step3 统计和为 12 的数量
  sum(comsum==s)
}
Snk2(s=12,n=10,k=3)      #返回 7
```

上述代码中，Snk(s=12, n=10, k=3)和Snk2(s=12, n=10, k=3)返回的结果一致，说明达到预期目标。

这个方法在 n 和 k 较小时通过遍历和递归的方式都能求解，但是一旦 n 和 k 较大，求解将变得异常耗时。经测试，使用 Snk(12, 10, 3)和Snk2(12, 10, 3)计算都非常快；使用 Snk(100, 100, 5)计算大概花了 4 秒，而使用 Snk2(100, 100, 5)计算导致内存耗尽，无法完成计算。因此，对于 n 和 k 较大的情况，必须寻找更快的方式完成计算：可以通过 RccpAlgos 包中的 comboGeneral 函数实现组合的快速获取并在得到组合的同时直接计算指定的函数，从而减少对内存的占用，具体参见 3.9 节的内容。

1.7.5 关于脚本和函数调用

1. 关于脚本

在 RGui 软件中，直接复制函数到命令窗口中执行是一种方式，但更多时候通过脚本方式来编辑、保存与运行。假设 1.7.4 节中的两个函数在脚本编辑窗口中书写完毕，并通过【文件】菜单中的【保存】命令将脚本保存到工作目录中，且命名为 Snk.R。载入并运行脚本，通过【文件】菜单中的【运行程序脚本】命令选择代码文件 Snk.R 后直接执行，此时并未打开该脚本文件。如果要打开脚本，可以通过<打开程序脚本>进行操作，也可以通过代码直接运行程序脚本：source("Snk.R")。脚本运行后，其中的所有对象均载入 RGui 软件环境，可自由使用。

2. 关于函数调用

对于 R 语言中的函数调用，不必记住形式参数的具体位置，只需要记住形式参数的名称。比如，在例 1.7.7 中，调用 Snk(12, 10, 3)与 Snk(n=10, s=12, k=3)，Snk(k=3, n=10, s=12)得到的结果是一样的。R 提供这样的调用方式相当人性化，所以在编写函数的时候，一定要给参数起个明确的通俗易懂的名称，以便调用的时候更方便。

如果想通过一个列表对象封装参数，然后将列表作为参数传递给函数，则需要用到 do.call 函数，比如对于上述 Snk 函数，将参数值 s=12，n=10，k=3 封装到 list 中：

```
do.call(Snk, list(s=12,n=10,k=3))
```

3. 找到函数

R 语言中提供 getAnywhere(对象名)函数，从函数名称上可知，它将竭尽全力找到对象，包括其所在位置、具体的实现等，如输入 getAnywhere(mean)或 getAnywhere('mean')，RGui 软件给出的反馈如下：

```
A single object matching 'mean' was found
It was found in the following places
    package:base
    namespace:base
with value

function (x, …)
UseMethod("mean")
<bytecode: 0x0000000124fd3428>
<environment: namespace:base>
```

通过 methods(mean)可以看到与 mean 相关的函数。直接输入函数名，不带任何参数，有时候可以看到函数的实现源码，有助于对程序设计进行深入研究与学习：

```
> methods(mean)
[1] mean.Date     mean.default   mean.difftime mean.POSIXct  mean.POSIXlt
see '?methods' for accessing help and source code
> mean.default
function (x, trim = 0, na.rm = FALSE, …)
{
    if (!is.numeric(x) && !is.complex(x) && !is.logical(x)) {
        warning("argument is not numeric or logical: returning NA")
```

```
        return(NA_real_)
    }
......
```

1.7.6 按引用传递参数

按引用传递参数的目的是将参数对应变量的内存地址传递到函数里面，以便能够在函数内部对参数本身进行修改，从而改变变量取值。为此，需要构造一个类引用，然后指定其中的字段列表，将类传递到函数内部。按引用传递参数的代码如下：

```
setRefClass('myClass',fields=list(data='matrix',label='character')) #定义一个类引用
tmp1=new('myClass',data=matrix(1:4,ncol=2),label=c('age', 'height'))
change_data=function(dat_class,mat) { dat_class$data=rbind(dat_class$data, mat) }
#改变参数值
change_data(tmp1, matrix(5:10,ncol=2))
tmp2=list(data= matrix(1:4,ncol=2), label=c('age', 'height'))
change_data(tmp2,matrix(5:10,ncol=2))
tmp1;   tmp2                #同样经过函数 change_data，tmp1 有变化，而 tmp2 保持不变
```

输出 tmp1 的内容如下：

```
Reference class object of class "myClass"
Field "data":
     [,1] [,2]
[1,]   1    3
[2,]   2    4
[3,]   5    8
[4,]   6    9
[5,]   7   10
Field "label":
[1] "age""height"
```

输出 tmp2 的内容如下：

```
$data
     [,1] [,2]
[1,]   1    3
[2,]   2    4

$label
[1] "age""height"
```

1.7.7 管道运算

在 R 语言程序设计中，管道的使用很重要，其最常见的功能就是将左侧的输出结果作为右侧函数的输入。在一定程度上，管道的使用能够使得代码更为简洁，并大幅减少中间变量的使用，使代码更为高效，同时占用的内存空间也更少。通过??pipe 可看到 R 语言中各种程序包支持的管道运算。

程序包 base 中的"|>"、magrittr 和 keras 中的"%>%"等都是常见的管道运算符。比如，提取二项分布 $B(10,1/2)$ 随机数 50 个，统计各个数字出现的频数，并将其绘制成频数图。下面给出两种方式，如表 1.7.1 所示。

表 1.7.1　不使用管道和使用管道对比

	不使用管道	使用管道
方式 1	A=rbinom(50,10,1/2) B=table(A) plot(B)	library(magrittr) rbinom(50,10,1/2) %>% table() %>% plot()
方式 2	plot(table(rbinom(50,10,1/2)))	rbinom(50,10,1/2) |> table() |> plot()

表 1.7.1 中，左侧两种方式实现了相同的功能，方式 1 使用了中间变量，方式 2 使用了函数嵌套调用；右侧方式 1 和方式 2 都没有使用中间变量，同时函数的调用过程很清晰，代码的可读性也更好一些。

1.8　R 语言提供的系列函数与数据集

R 语言的程序包数量巨大，若将所有包的函数进行汇总，数以百万计。但是其中有一些很基础的函数，它们构筑了所有函数和应用的基础。函数是一个程序设计语言提供的优质资源，善于利用函数能够减轻程序设计的压力，降低复杂度，起到事半功倍的效果。

本节简单介绍 R 语言基础包中常见的几类函数，包括集合运算函数、组合排列和阶乘运算函数、数学运算函数、三角函数、字符串函数、统计函数、概率分布函数、分组和批处理函数、矩阵运算函数、优化函数等，以便在学习 R 语言中方便查询。这些函数的具体使用方法，可以通过 RGui 软件的帮助系统和网络资源进行查找并学习。

1.8.1　17 个系列函数

1. 集合运算函数

在 R 语言中，集合表示的范围很广泛，比如，各种基本数据类型构成的一维数组可构成集合。基本的集合运算函数如表 1.8.1 所示。

表 1.8.1　集合运算函数

描述	运算方式	函数表示	返回值描述
交运算	$A \cap B$	intersect(A,B)	集合
并运算	$A \cup B$	union(A,B)	集合
差运算	$A - B$	setdiff(A,B)	集合
相等关系	$A = B$	setequal(A,B)	TRUE/FALSE，TRUE 表示相等成立
包含	$A \subseteq B$	all(A%in%B)	TRUE/FALSE，TRUE 表示包含成立
互斥关系	$A \cap B = \phi$	any(A%in%B)	TRUE/FALSE，TRUE 表示互斥成立
对立	$\Omega - A$	setdiff(Ω, A)	集合
属于	$x \in A$	is.element(x,A) x %in% A	TRUE/FALSE，TRUE 表示属于成立

2. 组合排列和阶乘运算函数

R 语言提供了基本的组合排列和阶乘运算函数，包括 choose、combn、prod、factorial 等，而性能更好的组合排列及其抽样函数需要 RcppAlgos 包的支持，见表 1.8.2。更多的内容参见 3.9 节。

表 1.8.2　组合排列和阶乘运算函数

描述	含义	函数表示	返回值描述
组合 1	C_n^k	choose(n,k)	组合数
		combn(n,k)	组合矩阵，以列为单位给出每种组合，在 n, k 较大时，效率低下
阶乘	$n!$	factorial(n)	阶乘数值
连乘	$\prod_{i=1}^{n} x_i$	prod(x)	连乘数值，其中 x 是数值型数组，将数组的每个元素相乘
排列	A_n^k	RcppAlgos::permuteCount(n,k)	排列数
		RcppAlgos::permuteGeneral(n,k)	排列矩阵，排列数为行数，k 为列数
组合 2	C_n^k	RcppAlgos::comboCount(n,k)	组合数
		RcppAlgos::comboGeneral(n,k)	组合矩阵，组合数为行数，k 为列数

3. 数学运算函数

R 语言提供了全方位的数学运算函数，支持批量运算，非常方便，见表 1.8.3。

表 1.8.3　数学运算函数

函数	功能描述	函数	功能描述
abs(x)	绝对值，abs(-5)返回 5	sqrt(x)	平方根，sqrt(25)返回 5
log(x,base)	以 e 或指定 base 为底的对数	exp(x)	指数，exp(2) 返回 7.389056
log10(x)	以 10 为底的对数	x^y, x**y	x 的 y 次幂运算，2^3 返回 8
sign(x)	符号函数，sign(p(-2,0,3))返回-1, 0, 1	cumprod(x)	向量 x 中的元素逐个连乘，cumprod(c(2,3,4))返回 2, 6, 24
ceiling(x)	返回不小于 x 的最小整数，ceiling(c(-3.9,3.9))返回-3, 4	floor(x)	返回不大于 x 的最大整数 floor(c(-3.9,3.9))返回-4, 3
trunc(x)	返回 x 的整数部分，trunc(3.999)返回 3	round(x,digits=n)	将 x 舍入为 n 位小数，注意 round(c(3.5,4.5))返回 4, 4
diff(x,lag=n)	滞后 n 阶差分函数，diff(c(1,3,6))返回 2, 3	signif(x,digits=n)	对 x 取 n 位有效数，signif(c(-4.56,456),2)返回-4.6 460.0

4. 三角函数

R 语言中提供的三角函数如表 1.8.4 所示。

表 1.8.4　三角函数

函数	描述	函数	描述	函数	描述	函数	描述
sin(x)	正弦	asin(x)	反正弦	sinh(x)	双曲正弦	asinh(x)	反双曲正弦
cos(x)	余弦	acos(x)	反余弦	cosh(x)	双曲余弦	acosh(x)	反双曲余弦
tan(x)	正切	atan(x)	反正切	tanh(x)	双曲正切	atanh(x)	反双曲正切

5. 字符串函数

R 语言提供的字符串函数如表 1.8.5 所示。

表 1.8.5　字符串函数

函数	功能描述
nchar(x)	返回字符串 x 中字符的数量，如 nchar('abcd')返回 4
tolower(x)	将字符串 x 变成全小写字符串，如 tolower('ABcd')返回 abcd
toupper(x)	将字符串 x 变成全大写字符串，如 toupper('ABcd')返回 ABCD
chartr(old,new,x)	将 x 中的 old 字符逐个替换成 new 中对应的字符 如 chartr("hi","HI","hi R language ")，返回"HI R language "

续表

函数	功能描述
strsplit(x,split)	根据分隔符 split 对字符串进行分割，返回列表，通过 unlist 变成数组，如 strsplit("abcde",split="")返回列表"a""b""c""d""e"
substr(x,start,stop)	提取/替换 x 中 start 到 stop 的子串，如 substr('abcdef',2,4)返回 bcd，x=c("mean","median","mode"); substr(x,2,4); 返回"ean""edi""ode"
casefold(x,upper = FALSE)	根据 upper 将字符串 x 进行大小写转换 如 casefold('hello world',upper=TRUE)，返回"HELLO WORLD"
sprintf(fmt,…)	根据格式串 fmt 输出数据成字符串 如 sprintf("%.2d %0.2f",9,10.235)，返回"09 10.23"
paste(x,y,sep,collapse)	对 x，y 进行拼接，分隔符用 sep，连接符用 collapse， 如 paste(1:3,letters[1:3],sep='-',collapse='@')返回"1-a@2-b@3-c"， paste(1:3,letters[1:3],sep='-')返回"1-a""2-b""3-c"
sub(pattern,replacement,x) gsub(pattern,replacement,x)	将 x 中的 pattern 替换成 replacement，sub 替换第一个，gsub 全部替换，支持正则表达式。如 gsub("a","AI",c("ais","Ha"))返回"AIis""HAI"
grep(pattern,x)	在数组 x 中查找 pattern 串，支持正则表达式，返回出现的元素的下标。如 grep('A',c('CAT','bbb','CAC'))返回 1 3

6. 统计函数

统计函数是 R 语言的一个重点，对于数据处理和分析来说非常重要，经常在描述性统计中用到。部分统计函数如表 1.8.6 所示。

表 1.8.6 统计函数

函数	功能描述	函数	功能描述
sum(…,na.rm=FALSE)	对输入的数据求和，默认情况下有 NA 数据则返回 NA	mean(x,na.rm=FALSE)	对 x 对象数据求均值
sd(x,na.rm= FALSE)	对数据 x 求标准差	var(x,na.rm= FALSE)	x 为数组，则返回样本方差；x 为矩阵，则返回协方差阵
cov(x,y=NULL)	求矩阵 x，y 的协方差阵或求矩阵 x 的协方差	cor(x,y=NULL)	求矩阵 x，y 的相关系数阵或求矩阵 x 的相关系数
median(x, na.rm= FALSE)	对数据 x 求中位数	min(…,na.rm=FALSE) max(…,na.rm=FALSE)	对输入数据求最小值 对输入数据求最大值
range(…,na.rm=FALSE)	对输入的数据求极差	fivenum(x, na.rm=TRUE)	对 x 对象求五数概括，结果同 boxplot 的返回值
scale(x,center=TRUE, scale=TRUE)	对数据 x 实施中心化（center）与标准化（scale）	mad(x, center=median(x))	求绝对中位差
diff(x,lag=n)	对数据 x 求滞后 n 阶差分	quantile(x,probs)	对数据 x 依据概率求分位数
rank(x, ties.method = c("average", "first", "last", "random", "max", "min"))	对数据 x 求秩，提供 6 种处理数据重复（结）的情况	colSums (x,na.rm=FALSE) rowSums (x,na.rm=FALSE) colMeans(x,na.rm=FALSE) rowMeans(x,na.rm=FALSE)	对矩阵或 data.frame 的 x 求各列和、各行和、各列均值、各行均值
sort(x, decreasing=FALSE, index.return=FALSE)	对数据 x 排序，此处 FALSE 升序，不返回排序位置	order(…, na.last = TRUE, decreasing = FALSE)	返回数据的排序位置，若使用+a，-b，则表示依据 a 升序，依据 b 降序

续表

函数	功能描述	函数	功能描述
cummax(x)	逐个递进取最大值，cummax(c(3:1, 2:0)) 返回 3 3 3 3 3 3	IQR(x)	对 x 求四分位距
cummin(x)	逐个递进取最小值，cummin(c(3:1, 2:0)) 返回 3 2 1 1 1 0	cumsum(x)	向量 x 中的元素逐个连加，cumsum(c(2,3,4)) 返回 2, 5, 9
which.min(x)	找出 x 中最小值的位置	which.max(x)	找出 x 中最大值的位置
TSA::skewness(x)	计算 x 的偏度系数，以 0 和标准正态为参照，<0 左偏	TSA::kurtosis(x)	计算 x 的峰度系数，以 0 和标准正态为参照，>0 为更陡更窄的分布

7. 概率分布函数

R 语言提供了大量的概率分布函数，这是进行随机模拟的关键。所有的概率分布函数按照 {d,p,q,r} 依次加上分布名称的方式给出 4 个函数，分别是密度函数、分布函数、分位数函数和随机函数，可通过 help(Distributions) 进行了解。表 1.8.7 给出了 R 语言支持的概率分布函数和部分随机抽样函数。

表 1.8.7　R 语言支持的概率分布函数和部分随机抽样函数

分布	分布参数	R 语言中的名称	函数参数	加上 d, p, q, r 前缀构成函数 函数示例	说明
二项分布	n, p	binom	size, prob	dbinom(3,10,0.4)	$B(10,0.4)$，求 $P(X=3)$
泊松分布	λ	pois	lambda	ppois(3,2.5)	$P(2.5)$，求 $P(X \leq 3)$
几何分布	p	geom	prob	rgeom(100, 0.6)	产生 $G(0.6)$ 分布的 100 个随机数
超几何分布	$M, N-M, n$	hyper	m, n, k	dhyper(2,5,4,3)	m=5, n=4 分别是第一和第二类个数，k=3 是从中不重复抽取的个数
负二项分布	r, p	nbinom	size, p	dnbinom(2,3,0.4)	$NB(3,0.4)$，求 $P(X=2)$
均匀分布	a, b	unif	min, max	runif(100, 0,1)	产生 (0,1) 上的 100 个均匀随机数
指数分布	λ	exp	Rate	qexp(0.6,1)	$E(1)$，求下分位点 X 满足 $F(x)=0.6$
正态分布	μ, σ	norm	mean, sd	pnorm(2)	标准正态分布函数值 $\Phi(2)$
				pnorm(3,1,2)	$N(1,2^2)$，求分布函数 $F(3)$
伽马分布	α, β	gamma	shape, scale	dgamma(3,2,1)	求 $x=3$ 时，$\Gamma(2,1)$ 的密度值
χ^2（卡方）分布	n	chisq	df	qchisq(0.9,10)	$\chi^2(10)$，上分位点 $P(X>x)=0.1$
t 分布	n	t	df	dt(2, 10)	$t(10)$，求密度值 $f(2)$

续表

分布	分布参数	R语言中的名称	函数参数	加上 d，p，q，r 前缀构成函数 函数示例	说明
F 分布	n，m	f	df1，df2	pf(2,10,5)	$F(10,5)$，求分布函数 $F(2)$
柯西分布	μ，γ	cauchy	location，scale	dcauchy(-1:4)	给出标准柯西分布-1 到 4 的密度值
威布尔分布	λ，γ	weibull	shape，scale	pweibull(0:5, shape = 1, scale = pi)	0 到 5 的概率值
贝塔分布	a，b	beta	shape1，shape2	dbeta(0.2, 1, 1)	0.2 处 $\beta(1,1)$ 分布的密度值
瑞利分布	σ	rayleigh	Scale	drayleigh(0.5, scale =2)	0.5 处 $R(2)$ 分布的密度值
对数正态分布	μ，σ	lnorm	mean，sd	dlnorm(2,0,2)	$LN(0,4)$ 在 2 处的分布密度值
wilcox 秩和分布	m，n	wilcox	m，n	dwilcox(10,5,4)	wilcox 秩和=10 的概率
符号秩和分布	n	signrank	n	dsignrank(x=10,n=10)	符号秩和=10 的概率
多项分布		multinom	size，prob	rmultinom(10,size=12,prob = c(0.1,0.2,0.7))	获得多项分布的 10 组随机数矩阵
多维正态分布	μ，Σ	mvrnorm	mu，Sigma	mvrnorm(10,mu=c(0,0), Sigma=matrix(c(1,0,0,1),nrow=2, byrow=TRUE)	表示生成 10 组均值为 mu、协方差为 Sigma 的二维正态分布随机数
抽样函数		sample	x,size, replace, prob	sample(1:10,20,replace=TRUE)	从 1～10 中等可能随机有放回抽取 20 个
随机种子		set.seed	seed，kind	set.seed(10); rnorm(100)	以 seed 为种子，kind 指定方法设置随机数提取，为了分析有时需要随机数可再现
经验分布		ecdf	x	x=rnorm(100);fun=ecdf(x);fun(0)	对数据 x 生成经验分布函数，返回函数
核密度		density	x, bw='nrd0', n=512	x=rnorm(100);plot(density (x))	对数据 x，以窗宽 bw、抽样点数 n 生成核密度估计

8. 分组和批处理函数

R 语言提供了分组和批处理函数，如表 1.8.8 所示。

表 1.8.8　分组和批处理函数

函数	功能描述
by (data, INDICES, FUN)	对矩阵或数据框的 data 依据 INDICES 的因子列执行 FUN 函数
aggregate(x, by, FUN)	对矩阵或数据框的 data 依据 by 分组执行 FUN 函数
aggregate(formula, data, FUN)	以公式的方式分组处理 data 数据执行 FUN 函数
apply(X, MARGIN, FUN)	对矩阵 X 根据 MARGIN=1（行）或 2（列）执行 FUN 函数

续表

函数	功能描述
lapply(X, FUN, …)	对列表对象 X 的每个成员执行 FUN 函数
sapply(X, FUN, …)	对数据 X 的每个成员执行 FUN 函数
tapply(X, INDEX, FUN)	对数据 X 根据 INDEX 分组执行 FUN 函数
cut(x,breaks)	对数据 x 根据分组区间 breaks 进行分组，形成因子
table(…,exclude = levels)	对所给的可分组数据进行分组频数统计，并去除指定的因子 levels
xtabs(formula,data)	依据公式对 data 数据进行分组列联表统计
sqldf::sqldf(sql)	依据 sql 参数指向的 SQL 查询语句实现对数据框变量的使用

9. 矩阵运算函数

R 语言支持矩阵的各种点运算，即对应位置的元素之间的运算，如四则运算，采用通常的运算符即可；而对于数学意义上的矩阵乘积，则可通过%*%运算符实现。矩阵运算函数如表 1.8.9 所示。

表 1.8.9　矩阵运算函数

函数	功能描述
dim(x), nrow(x), ncol(x)	数据 x 为矩阵、数据框等，获得数据 x 的维数、行数和列数
rownames(x), colnames(x)	得到矩阵或数据框对象 x 的行名称、列名称
cbind(…), rbind(…)	实现按列合并、按行合并成矩阵
t(x)	数据 x 为矩阵、数据框等，实现对 x 的转置运算
norm(x)	数据 x 为矩阵、数据框等，获得数据 x 的范数
kappa(x)	数据 x 为矩阵、数据框等，获得数据 x 的条件数
rcond(x)	数据 x 为矩阵、数据框等，获得数据 x 的条件数倒数
diag(x,nrow,ncol)	x 为矩阵则返回对角元；x 为数值，则生成对角元为 x 的矩阵
det(x)	求方阵 x 的行列式
solve(a,b)	求方阵 a 的逆矩阵；若给出 b 数组，则求解线性方程组 ax=b
x %*% y	计算向量或矩阵 x 和 y 的乘积：xy 若是向量，则 x, y 等长度；若是矩阵，则满足 x 的列数=y 的行数
crossprod(x,y=NULL)	计算向量或矩阵 x 和 y 的内积：$x^T y$，若 y=NULL，则计算 $x^T x$
tcrossprod(x,y=NULL)	计算 x %*% t(y)的内积：xy^T，若 y=NULL，则计算 xx^T
kronecker(x,y)	计算矩阵 x, y 的外积，即(n,m)维矩阵 x 的每个元素乘以(h,k)维矩阵 y，替代 x 的元素位置，最终形成(nh,mk)维的大矩阵
x %o% y 或 outer(x,y)	计算向量或矩阵 x 和 y 的外积
eigen(x)	求方阵的特征根与特征向量
A=qr(x) qr.Q(A), qr.R(A)	求矩阵 x 的 QR 分解，返回满足 QR = x 的正交阵 Q 和上三角阵 R 提取 Q 矩阵和 R 矩阵
chol(x)	求正定矩阵 x 的 Cholesky 分解，返回满足 $R^T R = x$ 的 R
svd(x)	求矩阵 x 的奇异值分解：$UDV^T = x$，其中 U 和 V 为正交阵，D 为对角阵，称 D 的对角元素为矩阵 A 的奇异值
Matrix::rankMatrix(x)	求矩阵 x 的秩
Matrix::tril(x), triu(x)	求矩阵 x 的下三角和上三角阵
Matrix::lu(x)	求矩阵 x 的 LU 三角分解
Matrix::Schur(x)	求矩阵 x 的 Schur 分解，返回满足 $QTQ^T = x$ 的正交阵 Q，T 为上三角阵且对角线元素为 x 的特征根

10. 数值计算函数

R 语言提供相当多的数值计算函数，包括积分函数、求导函数、求极限函数、方程求根函数、线性方程组求解函数、非线性方程组求解函数、求极值函数等，需要 pracma，cubature，Ryacas0，rootSolve，stats，maxLik 等包的支持。基本的数值计算函数如表 1.8.10 所示。

表 1.8.10 数值计算函数

功能	函数	描述
积分	integrate(f, lower, upper)	对一元函数 f 在积分限[lower,upper]上求一重积分
	pracma::quad2d(f,xa,xb,ya,yb) dblquad(f,xa,xb,ya,yb) simpson2d(f,xa,xb,ya,yb)	对二元函数 f 在积分限[xa,xb],[ya,yb]上求二重积分
	pracma:integral3(fun,xmin, xmax,ymin,ymax,zmin,max)	对三元函数 fun 在积分限[xmin,xmax],[ymin,ymax],[zmin,zmax]上求三重积分
	cubature::cuhre(f, lowerLimit, upperLimit) hcubature(f,lowerLimit,upperLimit)	f 是被积函数，lowerLimit，upperLimit 一维数组指定积分下限和上限。此处函数 f 可以是一元、二元、三元及以上
求导	D(expr,name)	对表达式 expr 基于 name 字符串变量求导，返回表达式
	deriv(expr,namevec,function.arg=NULL)	对表达式 expr 基于 namevec 字符串变量数组求偏导，返回表达式。若 function.arg=TRUE，则返回函数
	Deriv::Deriv(f,x, ⋯)	对 f 基于变量 x 字符串求导，返回函数。f 可以是函数、表达式、字符串等
求极限	Ryacas0::Sym()，Limit() x=Sym("x"); f1=sin(x)/x; f2=(1+x^2)/x^2; Limit(f1, x, 0); Limit(f2,x,Infinity)	求极限需要用到这两个函数 创建符号变量，定义符号表达式 求极限，返回 expression(1)，expression(2)
求不定积分	Ryacas0::Sym()，Integrate() x=Sym("x"); Integrate(x^2,x);	求不定积分，必须先定义符号变量，返回表达式 expression(x^3/3)
求根	uniroot(f, interval, ⋯)	在区间 interval 中求函数 f 的一个零点
	rootSolve::uniroot.all(f,interval, ⋯)	在区间 interval 中求函数 f 的所有零点
	polyroot(z)	求由 z 向量构成的多项式的所有零点 多项式为 z1 + z2 * x + ⋯ + z[n] * x^(n-1)
方程组求解	solve(a,b)	求线性方程组的解，即满足 ax=b 的 x，其中 a 是矩阵，b 是向量
	rootSolve::multiroot(f, start, ⋯)	求非线性方程组的解，f 是向量定义的方程组，start 是变量的初值，使用迭代求解
求极值	stats::optimize(f, interval, maximum=FALSE, ⋯)	求函数 f 的无约束极值，默认是极小值
	stats::optim(par, fn, ⋯)	求多元函数 fn 的极小值，par 是各个变量的初值向量，fn 是多元函数
	stats::nlm(f,P, ⋯)	求多元函数 f 的极小值，P 是变量初值
	stats::nlminb(start, objective, ⋯)	求目标函数 objective 的极小值，start 是变量初值
	maxLik::maxLik(logLik, start, ⋯)	求极大似然函数值，logLik 为似然函数，start 为变量初值

11. 优化函数

运筹优化在各个领域都有重要的应用，用于解决相对比较复杂的规划问题，从而得到最优的解，满足实际科研、生产及生活的需求。R 语言也提供了相应的最优化封装，提供了对线性规划、整数规划、混合整数规划、目标规划、非线性规划、图和网络规划等问题的解决方案。下面介绍几个重要的程序包：

- Rglpk 程序包，实现了 GLPK（GNU Linear Programming Kit）的高级接口，解决大型的线性规划、整数规划、混合整数规划等问题，主要通过 Rglpk_solve_LP()通用函数实现。
- lpSolve 程序包，提供 lp.transport()函数解决运输问题（Transportation Problem），提供 lp.assign()函数解决指派问题（Assignment Problem）。
- goalprog 程序包，提供 llgp()函数解决线性目标规划问题（Goal Programming）。
- Rsolnp 程序包，提供 solnp() 和 gosolnm() 函数解决非线性规划问题（Non-linear Programming）。
- igraph 程序包，解决路径规划、有向图和无向图分析、最短路径、最大流等，例如，提供 graph.maxflow()解决最大流计算问题，提供 shortest.pahts()解决最短路径问题等。
- TSP 程序包，提供 TSP()，ATSP()，solve_TSP()等函数解决旅行商问题（Travelling Salesman Problem，TSP）。

12. 数据处理通用函数

数据处理通用函数如表 1.8.11 所示。

表 1.8.11 数据处理通用函数

函数	功能描述
seq(from,to,by) seq(from,to,length.out)	生成一维数组，从 from 到 to，步长为 by，如 seq(0,1,by=0.1) 从 from 到 to 总共生成 length.out 个元素，如 seq(0,1,11)
rep(x,times=1,each=1)	重复 x 对象的每个元素各 each 次，然后重复上述操作 times 次 rep(1:2,times=2,each=2)返回 1 1 2 2 1 1 2 2
sequence(nvec,from=1,by=1)	以 nvec 非负整数数组的数量从 from 开始以步长 by 生成整数数组 sequence(c(3,2)) 返回 1,2,3,1,2 sequence(c(3,2),from=2,by=2) 返回 2,4,6,2,4
gl(n,k,length=n*k)	生成因子序列，其中 n 是正整数表达水平数，k 是正整数表达每个水平重复的次数，length 是正整数表达序列的总长度 gl(3,2,12)返回 1 1 2 2 3 3 1 1 2 2 3 3
length(x)	返回对象 x 的长度，如数组、列表、因子等实现该功能的对象
merge(x,y,by)	依据 by 指定的公共列集合中的相同取值，对 x，y 两个数据框除了公共列之外的数据列进行合并，形成新的数据框
rev(x)	返回 x 对象的逆序排列方式，例如 rev(1:3)返回 3,2,1
unique(x)	返回 x 中不重复的值，若有重复则保留其中 1 个
complete.case(x)	返回与 x 同长度的逻辑型数组，某下标值为 TRUE 表示无缺失
na.omit(object)	删除 object 对象中缺失的数据，返回无缺失的对象
mice::md.pattern(x)	返回对象 x 的缺失数据报告

R 语言函数的命名遵循一致的规范，例如 as.打头的函数通常实现数据类型转换，is.打头的函数则实现数据类型的判定。通过 apropos('as\\.')和 apropos('is\\.')可快速过滤出这些函数。图 1.8.1 和表 1.8.12 列出了几个基本数据类型转换与判定函数。

```
> apropos('as\\.')
  [1] "as.array"                        "as.array.default"              "as.call"
  [5] "as.character.condition"          "as.character.Date"             "as.characte
  [9] "as.character.factor"             "as.character.hexmode"          "as.characte
 [13] "as.character.POSIXt"             "as.character.srcref"           "as.complex"
 [17] "as.data.frame.array"             "as.data.frame.AsIs"            "as.data.fra
 [21] "as.data.frame.data.frame"        "as.data.frame.Date"            "as.data.fra
 [25] "as.data.frame.factor"            "as.data.frame.integer"         "as.data.fra
 [29] "as.data.frame.matrix"            "as.data.frame.model.matrix"    "as.data.fra
 [33] "as.data.frame.numeric_version"   "as.data.frame.ordered"         "as.data.fra
 [37] "as.data.frame.raw"               "as.data.frame.table"           "as.data.fra
 [41] "as.Date"                         "as.Date.character"             "as.Date.def
 [45] "as.Date.numeric"                 "as.Date.POSIXct"               "as.Date.POS
 [49] "as.difftime"                     "as.dist"                       "as.double"
 [53] "as.double.POSIXlt"               "as.environment"                "as.expressi
 [57] "as.factor"                       "as.formula"                    "as.function
 [61] "as.graphicsAnnot"                "as.hclust"                     "as.hexmode"
 [65] "as.list"                         "as.list.data.frame"            "as.list.Dat
 [69] "as.list.difftime"                "as.list.environment"           "as.list.fac
 [73] "as.list.numeric_version"         "as.list.POSIXct"               "as.list.POS
 [77] "as.logical.factor"               "as.matrix"                     "as.matrix.d
 [81] "as.matrix.noquote"               "as.matrix.POSIXlt"             "as.name"
 [85] "as.null.default"                 "as.numeric"                    "as.numeric.
 [89] "as.ordered"                      "as.package_version"            "as.pairlist
 [93] "as.personList"                   "as.POSIXct"                    "as.POSIXct.
 [97] "as.POSIXct.numeric"              "as.POSIXct.POSIXlt"            "as.POSIXlt"
[101] "as.POSIXlt.Date"                 "as.POSIXlt.default"            "as.POSIXlt.
[105] "as.POSIXlt.POSIXct"              "as.qr"                         "as.raster"
[109] "as.relistable"                   "as.roman"                      "as.single"
[113] "as.stepfun"                      "as.symbol"                     "as.table"
[117] "as.ts"                           "as.vector"                     "as.vector.
[121] "as.vector.POSIXlt"
> apropos('is\\.')
  [1] "axis.Date"                       "axis.POSIXct"                  "is.array"
  [6] "is.character"                    "is.complex"                    "is.data.frame"
```

图 1.8.1　基本数据类型转换与判定函数（部分）

表 1.8.12　基本数据类型转换与判定函数（部分）

函数	功能描述	函数	功能描述	函数	功能描述
as.integer(x)	转换整型	as.charactor(x)	转换字符型	as.logical(x)	转换逻辑型
is.integer(x)	判定整型	is.charactor(x)	判定字符型	is.logical(x)	判定逻辑型
as.double(x)	转换实型	as.numeric(x)	转换数值型	as.complex(x)	转换复数型
is.double(x)	判定实型	is.numeric(x)	判定数值型	is.complex(x)	判定复数型
is.finite(x)	有限数	is.na(x)	是否 NA	is.null(x)	是否 NULL
is.infinite(x)	无穷数	is.nan(x)	是否 NaN	is.primitive(x)	是否内部实现

13. 运行环境相关函数

运行环境相关函数如表 1.8.13 所示。

表 1.8.13　运行环境相关函数

函数	功能描述
attach(what) detach(what)	加载或者卸载 x 对象到 R 搜索路径中，可以是 data.frame, list, environment，比如 data.frame，对各列的访问可直接使用列名字
with(data,expr)	在 data 命名空间中执行 expr，expr 一般界定在一对花括号中
str(x)	获得对象 x 的简洁的信息
ls(pattern=NULL)	依据正则表达式查找当前环境中的所有对象名称
rm(…,list=charactor())	删除…处给出的对象，或根据 list 给出的对象名进行删除
object.size(x)	给出对象 x 占用的内存大小，单位为 B（字节）
memory.size(max=FALSE)	给出内存大小，TRUE 返回操作系统分配的内存，FALSE 返回当前占用内存
memory.limit(size=NA)	返回或设置 R 软件的内存分配大小，R 中对象的大小不能超过它。NA 返回占用内存最大，具体整数则分配新的占用内存大小，单位为 MB（兆字节）

续表

函数	功能描述
getwd()	获得当前 R 软件的工作目录
setwd(dir)	以 dir 路径设置当前 R 软件的工作目录
R.home(component="home")	返回 R 软件的指定目录，home，bin，doc，etc，include，modules，share，比如若为 home，则返回安装 R 软件的根目录
list.files(path=".", pattern=NULL,…)	显示路径 path 下的所有文件名称，如果给出 pattern，则显示满足正则表达式的文件，如 list.files(R.home())
list.dirs(path=".",…)	显示路径 path 下的所有目录，如果参数 all.files = FALSE，则显示所有文件列表。如果想处理文件等，可查阅 file.create 等系列函数
proc.time()	显示当前 R 语言代码自开始运行了多久，通常使用前后差值表示耗时，给出"用户系统流逝"三个部分时间值
system.time(expr)	执行 expr 的时间，expr 指的是要执行的表达式，返回值同上，如 system.time(for(I in 1:100) median(rnorm(100)))
install.packages(pkgs,…)	根据 pkgs 提供的程序包字符数组，下载程序包
library(package,…) detach(package:packagename)	加载 package 对应的程序包，建立与内核的链接，package 不是字符串 取消链接，如 detach(package:boot)
options(…) getOption(x)	根据"配置项=value"方式设置 R 环境运行参数，如 options(digits=7) 根据 x 字符串，返回对应配置项的设置值，如 getOption("digits")
assign(x,value,envir)	在环境 envir 中定义以 x 字符串为名称的变量并赋值为 value
get(x,envir)	在环境 envir 中提取 x 字符串对应的变量
data() data(list=character())	加载所有的数据集 根据名称数组加载数据集
|>	管道运算符，L |> Rfun 表示将左侧运算结果作为右侧函数的输入 如 iris |> dim()相当于 dim(iris)

14. 日期时间函数

R 语言中的日期时间是相对于 1970 年 1 月 1 日、以秒进行存储的，因此可以转化成 double 型看到实际流逝的秒数。常用的日期时间函数如表 1.8.14 所示。

表 1.8.14　日期时间函数

函数	功能描述
Sys.Date()	返回值为 Date 型的当前日期，如"2022-11-12"
Sys.time()	返回值为 POSIXct 型的当前时间，如"2022-11-12 11:39:56 CST"
date()	返回值为字符型的当前时间，如"Sat Nov 12 11:38:48 2022"
weekdays(x)	返回值为字符型，Date 型变量 x 对应的星期几，如"星期六"
months(x)	返回值为字符型，Date 型变量 x 对应的月份，如"十一月"
quarters(x)	返回值为字符型，Date 型变量 x 对应的季度，如"Q4"
as.Date(x,format)	返回值为 Date 型，根据格式串将对象 x 转化成 Date 型 如 as.Date("2022-11-11")或者 as.Date("2022-11-11","%Y-%m-%d") %Y 用 4 位表示年份，%m，%d 用数字表示月份与天数

续表

函数	功能描述
as.POSIXlt(x, format)	返回值为 POSIXlt 型，根据格式串 format 将对象 x 转化为 POSIXlt 型 a=as.POSIXlt('2022-11-12 11:39:56')
difftime(time1, time2,units)	计算 time1 和 time2 的时间差，units 给出计算时间差的单位，只能是 secs，minutes，hours，days，weeks difftime(Sys.Date(),as.Date('2022-01-01'),units='days')
ts(data,start, end,frequency)	data 为向量或矩阵，start 通常用向量表示时间起点，end 为时间终点（方式同start），frequency 表示间隔时间，生成时间序列对象

15. 日常使用的数据

在 R 语言中，圆周率、正负无穷、26 个英文大小写字母、月份等日常使用的数据都已经作为内置常量或保留字定义，以方便使用，具体如表 1.8.15 所示。

表 1.8.15　日常使用的数据

名称	描述	名称	描述	名称	描述
pi	圆周率	Inf，-Inf	正负无穷大	NA	缺失值
letters	26 个英文小写字母	month.name	12 个月份全称	NaN	非数值
LETTERS	26 个英文大写字母	month.abb	12 个月份简称	NULL	空对象
.Machine	系统表示数值信息	.Options	软件配置信息	e	科学计数符
.Last.value	上条命令结果	TRUE	逻辑真	FALSE	逻辑假

16. 颜色相关函数

R 语言中的颜色相关函数如表 1.8.16 所示。

表 1.8.16　颜色相关函数

函数	功能描述
colors()	返回 R 语言中所有颜色的名称，共 657 个
cf=colorRampPalette(colors) cf(n)	依据 colors 字符串数组生成调色板函数 cf（自定义名称），提取 n 个颜色
rgb(red,green,blue,alpha)	基于三原色及 alpha 模式生成颜色，参数都可以是数组，alpha 取[0,1]之间的实数，0 为透明，1 为不透明
hsv(h,s,v,alpha)	基于 HSV 颜色模式生成的颜色，参数都可以是数组
gray(level,alpha)	提取 level 指向的灰度颜色，level 在[0,1]中取值
rainbow(n,alpha,start)	取 n 个彩虹色，start 指色相从[0,1]区间中的哪个值开始
hcl.colors(n,alpha)	取 n 个基于 HCL 颜色模式的颜色
heat.colors(n,alpha)	取 n 个从红色到黄色的渐变色
terrain.colors(n,alpha)	取 n 个从绿色、棕色到白色的渐变色
topo.colors(n,alpha)	取 n 个从深蓝色到浅棕色的渐变色
cm.colors(n,alpha)	取 n 个浅蓝色到白色、浅紫色的渐变色
gray.colors(n,start,end)	取 n 个灰度颜色值，start，end 均在[0,1]中取值
color.gradient(reds,greens,blues,nslices)	根据三色值取 nslices 个颜色切片

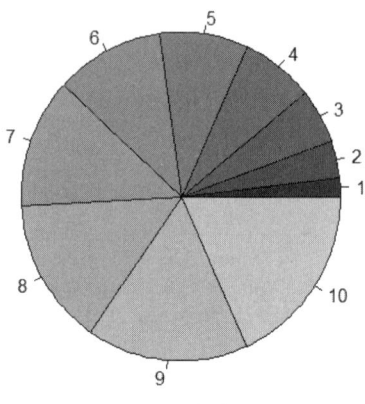

代码 cols=gray.colors(10,0.2,0.8); pie(1:10,col=cols)将产生如图 1.8.2 所示的饼图。

图 1.8.2　灰度饼图

使用 cols=head.colors(10)替代 pie 函数中的 cols 将得到彩色的饼图。

17. 其他系列函数

根据 R 语言的函数命名规范，各系列函数具有相似的命名规则，比如上面的类型判定和转换函数，还有与假设检验（test）、文件（file）、系统（sys）、格式输出（format）、设备（dev）、核估计窗宽（bw）、绘图（plot）、输出（print）、读取文件（read）、输出文件（write）等相关的系列函数。通过以下方式可快速查看其他系列函数：

```
apropos("\\.test"); apropos("dev\\."); apropos("bw\\."); apropos("sys\\.")
apropos("plot\\."); apropos("print\\."); apropos("read\\."); apropos("write\\.")
```

1.8.2　内置的数据集

在 R 语言中，通过 data()可以看到内置的数据集，为便于使用，表 1.8.17 对其进行了整理。

表 1.8.17　数据集对照表

类型	名称	中文简述	英文标题
向量	euro	有命名的欧元汇率	Conversion Rates of Euro Currencies
向量	precip	美国 70 个城市的年降雨量	Annual Precipitation in US Cities
向量	rivers	北美 141 条河流的长度	Lengths of Major North American Rivers
向量	state.abb	美国 50 个州的双字母缩写	(state) US State Facts and Figures
向量	state.area	美国 50 个州的面积	(state) US State Facts and Figures
向量	state.name	美国 50 个州的全称	(state) US State Facts and Figures
因子	state.division	美国 50 个州的 9 个类别划分	(state) US State Facts and Figures

续表

类型	名称	中文简述	英文标题
因子	state.region	美国 50 个州的 5 方位地理分类	(state) US State Facts and Figures
列表	state.center	美国 50 个州中心的经度和纬度	(state) US State Facts and Figures
列表	ability.cov	能力和智力测试	Ability and Intelligence Tests
列联表	crimtab	3000 个罪犯左手中指长度和身高的统计数据	Student's 3000 Criminals Data
列联表	HairEyeColor	592 名统计学学生的头发颜色、眼睛颜色和性别的频数	Hair and Eye Color of Statistics Students
列联表	occupationalStatus	英国男性父子职业联系	Occupational Status of Fathers and Their Sons
列联表	Titanic	泰坦尼克乘员年龄、性别、生存统计	Survival of Passengers on the Titanic
列联表	UCBAdmissions	伯克利分校 1973 年院系、录取和性别的频数	Student Admissions at UC Berkeley
矩阵/数组	euro.cross	11 种欧洲货币的汇率矩阵	(euro) Conversion Rates of Euro Currencies
矩阵/数组	iris3	3 种鸢尾花形态数据，取自 iris	Edgar Anderson's Iris Data
矩阵/数组	state.x77	美国 50 个州的 8 个指标	(state) US State Facts and Figures
矩阵/数组	USPersonalExpenditure	5 个年份在 5 个消费方向的数据	Personal Expenditure Data
矩阵/数组	VADeaths	1940 年弗吉尼亚州死亡率（每千人）	Death Rates in Virginia (1940)
矩阵/数组	volcano	火山区地理信息（10m×10m 的网格）	Topographic Information on Auckland's Maunga Whau Volcano
矩阵/数组	WorldPhones	8 个区域在 7 个年份的电话总数	The World's Telephones
数据框	airquality	纽约 1973 年 5 月—9 月每日空气质量	New York Air Quality Measurements
数据框	anscombe	四组 x-y 数据，虽有相似的统计量，但实际数据差别较大	Anscombe's Quartet of 'Identical' Simple Linear Regressions
数据框	attenu	多个观测站对加利福尼亚 23 次地震的观测数据	The Joyner-Boore Attenuation Data
数据框	attitude	30 个部门在 7 个方面的调查结果，调查结果是同一部门 35 个职员赞成的百分比	The Chatterjee-Price Attitude Data
数据框	beaver1	一只海狸每 10 分钟的体温数据，共 114 条数据	(beavers) Body Temperature Series of Two Beavers

续表

类型	名称	中文简述	英文标题
数据框	beaver2	另一只海狸每 10 分钟的体温数据，共 100 条数据	(beavers) Body Temperature Series of Two Beavers
数据框	BOD	随水质的提高，生化反应对氧的需求（mg/l）随时间（天）的变化	Biochemical Oxygen Demand
数据框	cars	20 世纪 20 年代汽车速度对刹车距离的影响	Speed and Stopping Distances of Cars
数据框	chickwts	不同饮食种类对小鸡生长速度的影响	Chicken Weights by Feed Type
数据框	esoph	法国的一个食管癌病例对照研究	Smoking, Alcohol and (O)esophageal Cancer
数据框	faithful	一个间歇泉的爆发时间和持续时间	Old Faithful Geyser Data
数据框	Formaldehyde	两种方法测定甲醛浓度时分光光度计的读数	Determination of Formaldehyde
数据框	freeny	每季度收入和其他 4 个因素的记录	Freeny's Revenue Data
数据框	infert	自然流产和人工流产后的不孕症	Infertility after Spontaneous and Induced Abortion
数据框	InsectSprays	使用不同杀虫剂时的昆虫数目	Effectiveness of Insect Sprays
数据框	LifeCycleSavings	50 个国家的存款率	Intercountry Life-Cycle Savings Data
数据框	longley	强共线性的宏观经济数据	Longley's Economic Regression Data
数据框	morley	光速测量试验数据	Michelson Speed of Light Data
数据框	mtcars	32 辆汽车在 11 个指标上的数据	Motor Trend Car Road Tests
数据框	npk	经典的 N，P，K 因子试验	Classical N, P, K Factorial Experiment
数据框	OrchardSprays	使用拉丁方设计研究不同喷雾剂对蜜蜂的影响	Potency of Orchard Sprays
数据框	PlantGrowth	三种处理方式对植物产量的影响	Results from an Experiment on Plant Growth
数据框	pressure	温度和气压	Vapor Pressure of Mercury as a Function of Temperature
数据框	Puromycin	两种细胞中辅因子浓度对酶促反应的影响	Reaction Velocity of an Enzymatic Reaction
数据框	quakes	1000 次地震观测数据（震级>4）	Locations of Earthquakes off Fiji
数据框	randu	在 VMS1.5 中使用 FORTRAN 中的 RANDU 三个一组共生成 400 组随机数字	Random Numbers from Congruential Generator RANDU

续表

类型	名称	中文简述	英文标题
数据框	rock	48块石头的形态数据	Measurements on Petroleum Rock Samples
数据框	sleep	两种药物的催眠效果	Student's Sleep Data
数据框	stackloss	化工厂将氨转为硝酸的数据	(stackloss)Brownlee's Stack Loss Plant Data
数据框	swiss	瑞士生育率和社会经济指标	Swiss Fertility and Socioeconomic Indicators (1888) Data
数据框	ToothGrowth	VC剂量和摄入方式对豚鼠牙齿的影响	The Effect of Vitamin C on Tooth Growth in Guinea Pigs
数据框	trees	树木形态指标	Diameter, Height and Volume for Black Cherry Trees
数据框	USArrests	美国50个州的4个犯罪率指标	Violent Crime Rates by US State
数据框	USJudgeRatings	43名律师的12个评价指标	Lawyers' Ratings of State Judges in the US Superior Court
数据框	warpbreaks	织布机异常数据	The Number of Breaks in Yarn during Weaving
数据框	women	15名女性的身高和体重	Average Heights and Weights for American Women
数据框	iris	3种鸢尾花形态数据	Edgar Anderson's Iris Data
分类数据	ChickWeight	饮食对鸡生长的影响	Weight Versus Age of Chicks on Different Diets
分类数据	CO2	耐寒植物CO_2摄取的差异	Carbon Dioxide Uptake in Grass Plants
分类数据	DNase	多次试验中DNase浓度和光密度的关系	Elisa Assay of DNase
分类数据	Indometh	某药物的药物动力学数据	Pharmacokinetics of Indomethacin
分类数据	Loblolly	火炬松的高度、年龄和种源	Growth of Loblolly Pine Trees
分类数据	Orange	橘子树生长数据	Growth of Orange Trees
分类数据	Theoph	茶碱药物动力学数据	Pharmacokinetics of Theophylline
相关距离	UScitiesD	欧洲城市与美国城市间的距离	Distances Between European Cities and Between US Cities

续表

类型	名称	中文简述	英文标题
相关距离	eurodist	欧洲 12 个城市的距离矩阵，给出下三角部分	Distances Between European Cities and Between US Cities
相关距离	Harman23.cor	305 个女孩 8 个形态指标的相关系数矩阵	Harman Example 2.3
相关距离	Harman74.cor	145 个儿童 24 个心理指标的相关系数矩阵	Harman Example 7.4
时序数据	airmiles	美国 1937—1960 年客运里程营收	Passenger Miles on Commercial US Airlines,1937-1960
时序数据	AirPassengers	1949—1960 年航空公司每月国际航线乘客数	Monthly Airline Passenger Numbers 1949-1960
时序数据	austres	澳大利亚 1971—1994 每季度人口数（以千为单位）	Quarterly Time Series of the Number of Australian Residents
时序数据	BJsales	带领先指标的销售数据	Sales Data with Leading Indicator
时序数据	BJsales.lead	前一指标的先行指标	(BJsales) Sales Data with Leading Indicator
时序数据	co2	1959—1997 年每月大气 CO_2 浓度（ppm）	Mauna Loa Atmospheric CO_2 Concentration
时序数据	discoveries	1860—1959 年每年巨大发现或发明的个数	Yearly Numbers of Important Discoveries
时序数据	EuStockMarkets	多变量时间序列。欧洲股市 4 个主要指标的每个工作日记录，共 1860 条记录	Daily Closing Prices of Major European Stock Indices, 1991-1998
时序数据	ldeaths	1974—1979 年英国每月支气管炎、肺气肿和哮喘的死亡率	(UKLungDeaths)Monthly Deaths from Lung Diseases in the UK
时序数据	fdeaths	前述死亡率的女性部分	(UKLungDeaths) Monthly Deaths from Lung Diseases in the UK
时序数据	mdeaths	前述死亡率的男性部分	(UKLungDeaths)Monthly Deaths from Lung Diseases in the UK
时序数据	freeny.y	每季度弗里尼的收入数据	(freeny) Freeny's Revenue Data
时序数据	JohnsonJohnson	1960—1980 每季度 Johnson & Johnson 股票的红利	Quarterly Earnings per Johnson & Johnson Share
时序数据	LakeHuron	1875—1972 年某一湖泊水位的记录	Level of Lake Huron 1875-1972

续表

类型	名称	中文简述	英文标题
时序数据	lh	黄体生成素水平，10分钟测量一次	Luteinizing Hormone in Blood Samples
时序数据	lynx	1821—1934年加拿大猞猁数据	Annual Canadian Lynx trappings 1821-1934
时序数据	nhtemp	1912—1971年纽黑文每年平均温度	Average Yearly Temperatures in New Haven
时序数据	Nile	1871—1970年所尼罗河流量	Flow of the River Nile
时序数据	nottem	1920—1939年每月大气温度	Average Monthly Temperatures at Nottingham,1920-1939
时序数据	presidents	1945—1974年每季度美国总统支持率	Quarterly Approval Ratings of US Presidents
时序数据	Seatbelts	多变量时间序列，与UKDriverDeaths时间段相同，反映更多因素	Road Casualties in Great Britain 1969-84
时序数据	sunspot.month	1749—1997年每月太阳黑子数	Monthly Sunspot Data, from 1749 to "Present"
时序数据	sunspot.year	1700—1988年每年太阳黑子数	Yearly Sunspot Data, 1700-1988
时序数据	sunspots	1749—1983年每月太阳黑子数	Monthly Sunspot Numbers, 1749-1983
时序数据	treering	归一化的树木年轮数据	Yearly Treering Data, -6000-1979
时序数据	UKDriverDeaths	1969—1984年每月英国道路伤亡数据	Road Casualties in Great Britain 1969-84
时序数据	UKgas	1960—1986年英国每月天然气消耗量	UK Quarterly Gas Consumption
时序数据	USAccDeaths	1973—1978年美国每月意外死亡人数	Accidental Deaths in the US 1973-1978
时序数据	uspop	1790—1970年美国每十年一次的人口总数（百万为单位）	Populations Recorded by the US Census
时序数据	WWWusage	每分钟网络使用情况	Internet Usage per Minute

1.9 实例分析——疫情数据的爬取

2019年12月开始的新冠疫情给全世界人民的生命健康和工作生活带来了巨大的影响。中国始终坚持"人民至上，生命至上"的理念，充分发挥中国特色社会主义制度的优势，应对风险挑战，不断化危为机，取得了抗疫防疫的重大成果。截至2023年1月，全球新冠疫情累计死亡病例超663万例，而中国的重症和死亡率均处于全球较低水平。CGTN智库联合中国人民大学国家治理与舆论生态研究院面向全球进行的一项民意调查显示，有88.1%的全球受访者赞赏中国2020—2023年的防疫成果，71.6%的全球受访者充分肯定中国对防疫政策进行动态调整的做法。

新冠疫情的发展牵动着每个人的心，大家都非常关注新冠疫情的发展趋势和相关数据。对新冠疫情发展趋势的研判，必须建立在权威数据基础上，而所有疫情相关的权威数据均要以政府相关机构发布的为准。

清华大学李赛实验室利用冷冻电镜断层成像和子断层平均重构技术成功解析了新型冠状病毒（简称新冠病毒）全病毒三维精细结构（见图1.9.1），这一重要研究成果于2020年9月14日以"Molecular architecture of the SARS-CoV-2 virus"为题在权威期刊《细胞》上发表。这项研究首次解析了新冠病毒全病毒的高分辨率分子结构，使世界对新冠病毒的认识更近一步，为抗击疫情、治疗新冠病毒感染打下了坚实全面的结构基础。

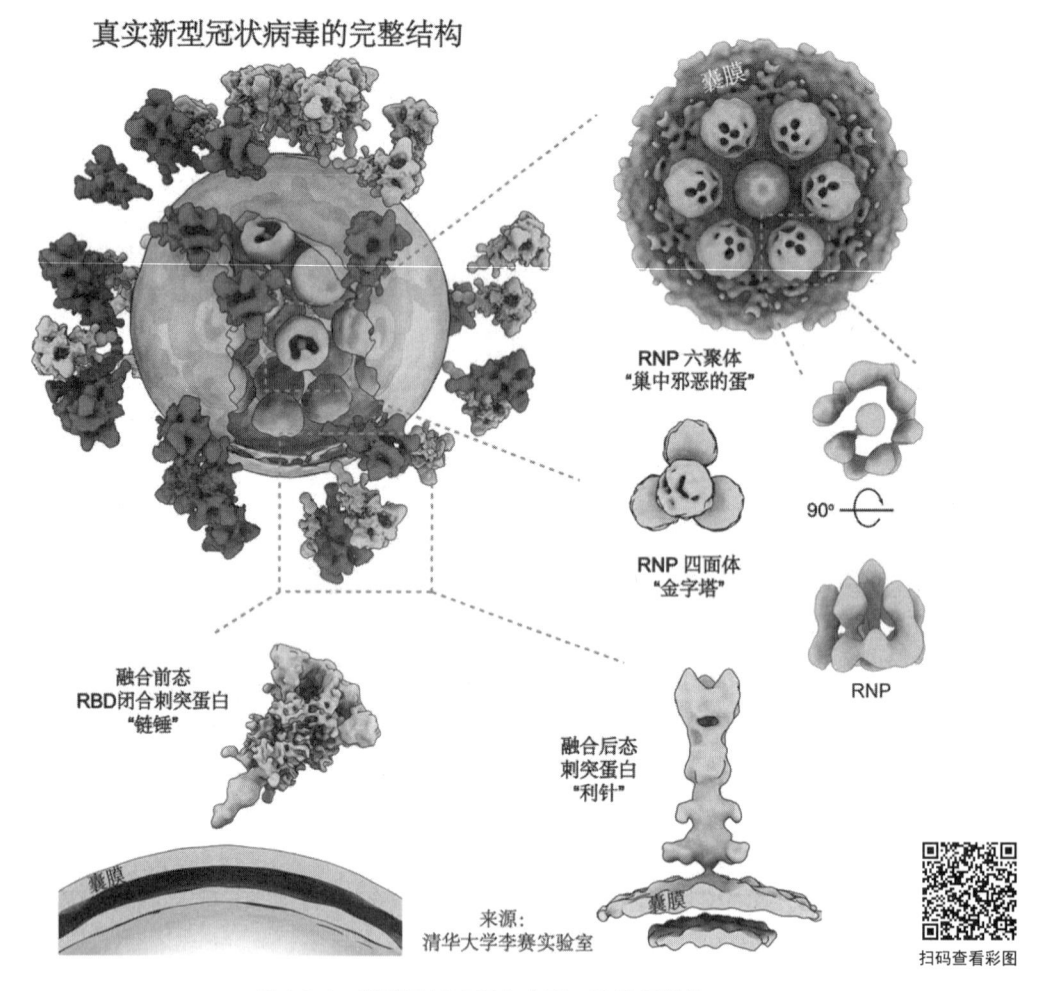

图1.9.1 新型冠状病毒全病毒三维精细结构

疫情期间，中华人民共和国中央人民政府网的疫情防控专区提供每日疫情信息播报，内含境外与本土每日确诊和新增确诊病例数，累计确诊、死亡、治愈病例数等，2022年12月24日的新冠疫情信息部分截图如图1.9.2所示。

如图1.9.2所示，所有的数据都嵌入在文字描述中，总共4~7个段落，分别表述不同的内容。由于没有整理成容易提取的表格形式，所以下面通过爬取的方式提取感兴趣的数据。

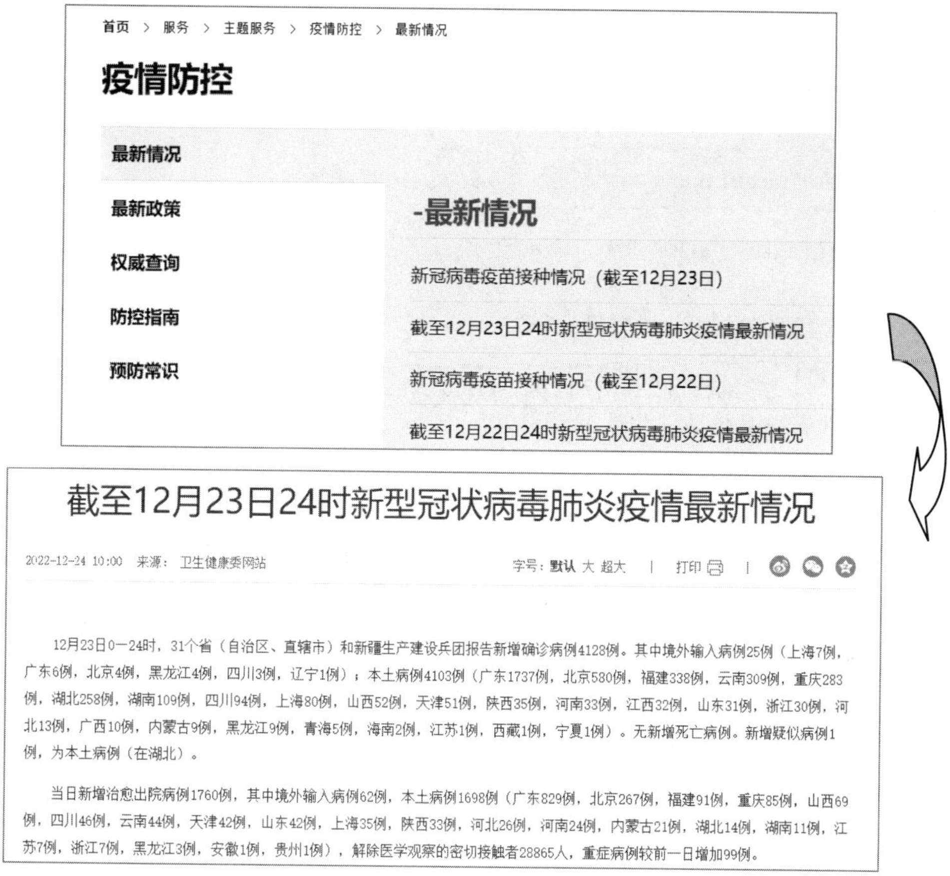

第 1 章　工具思维：R 语言是一把利器

图 1.9.2　新冠疫情信息部分截图

下面通过使用 R 语言的程序包 rvest，实现对每日新增确诊病例数、境外输入病例数、本土病例数等的提取。关于程序包 rvest，可通过 help()函数查询帮助，其中的主要函数如表 1.9.1 所示。

表 1.9.1　程序包 rvest 中的主要函数

函数名	参数	功能
read_html	url encoding="	用于读取网页，url 为完整的网址；encoding 为网页的编码方式，可通过查看网页源码中的 charset 来定
html_nodes	x，names	获得网页上指定节点的信息，此处网页 x 指 read_html 的返回值，names 指节点的名称
html_text	x	用于提取网页的文本信息，x 表示节点信息，为 html_nodes 返回值
html_attrs	x，name	用于提取网页上节点的属性信息，如超链接等；此处 x 为 html_nodes 的返回值，name 为具体的属性字符串
html_table	x，header	用于提取网上的表格数据，返回数据框；此处 x 一般为 html_nodes 返回的网页
Html_element	x，css，xpath	用于提取网页上的元素，x 指向网页或节点等，css 和 xpath 指定一个即可，指向具体的元素名称

为了能够做好"最新情况"页面 1000 多个标题及其链接的提取，需要认真研究该页面的 html 源码。通过鼠标右键单击弹出菜单中的【查看网页源代码】完成源代码的展示，下面给出

"最新情况"部分的截图（以 2022 年 11 月 19 日疫情情况为例），如图 1.9.3 所示。

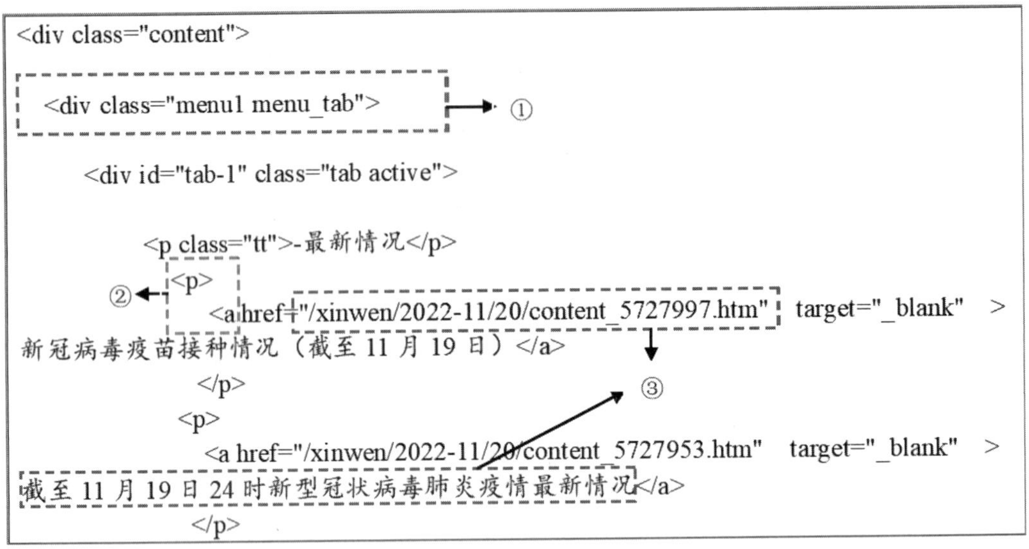

```
<div class="content">
    <div class="menu1 menu_tab">                    → ①
        <div id="tab-1" class="tab active">
            <p class="tt">-最新情况</p>
        <p>
  ②→  <a href="/xinwen/2022-11/20/content_5727997.htm"  target="_blank"  >
新冠病毒疫苗接种情况（截至 11 月 19 日）</a>
                                                        ③
        </p>
        <p>
            <a href="/xinwen/2022-11/20/content_5727953.htm"  target="_blank"  >
截至 11 月 19 日 24 时新型冠状病毒肺炎疫情最新情况</a>
        </p>
```

图 1.9.3　关键内容源码截图

图 1.9.3 中，①号框的部分表示一个节点信息，通过".menu1"表示，注意前面加了一个符号"."，它将用在 html_nodes 函数中。②号框的部分是节点之下的信息，通过"p a"表示，对应<p><a>两个信息，与.menu1 合用，表示成".menu1 p a"，用在 html_nodes 中。两个③号框的部分是要提取的标题和链接地址。

步骤 1　读取"截至 xx 时新型冠状病毒肺炎疫情最新情况"的标题和链接的代码，具体如下：

```
url='http://www.gov.cn/fuwu/zt/yqfwzq/zxqk.htm';    #指定网址
web=read_html(url);                                 #读取网页并返回
(title=web %>% html_nodes('.menu1 p a') %>% html_text())
#利用%>%管道读取标题，返回数组，长度为 1200
(link=web %>% html_nodes('.menu1 p a') %>% html_attrs())
#读取链接属性，包括 href 和 target 两个部分，返回 list，长度为 1200
```

上述代码执行后输出的标题（title）见图 1.9.4，输出的链接（link）见图 1.9.5。

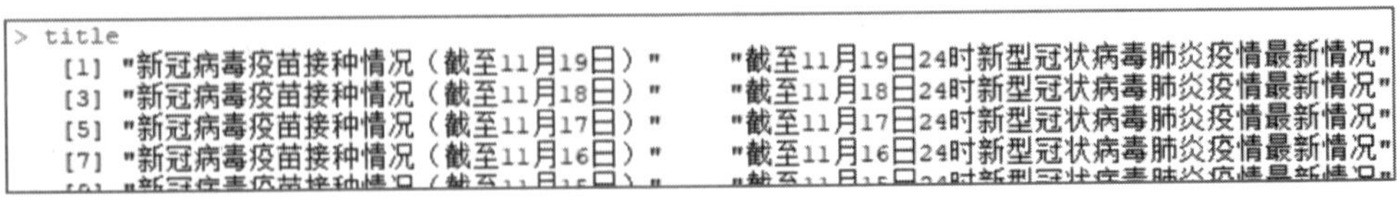

```
> title
[1] "新冠病毒疫苗接种情况（截至11月19日）"  "截至11月19日24时新型冠状病毒肺炎疫情最新情况"
[3] "新冠病毒疫苗接种情况（截至11月18日）"  "截至11月18日24时新型冠状病毒肺炎疫情最新情况"
[5] "新冠病毒疫苗接种情况（截至11月17日）"  "截至11月17日24时新型冠状病毒肺炎疫情最新情况"
[7] "新冠病毒疫苗接种情况（截至11月16日）"  "截至11月16日24时新型冠状病毒肺炎疫情最新情况"
```

图 1.9.4　标题截图

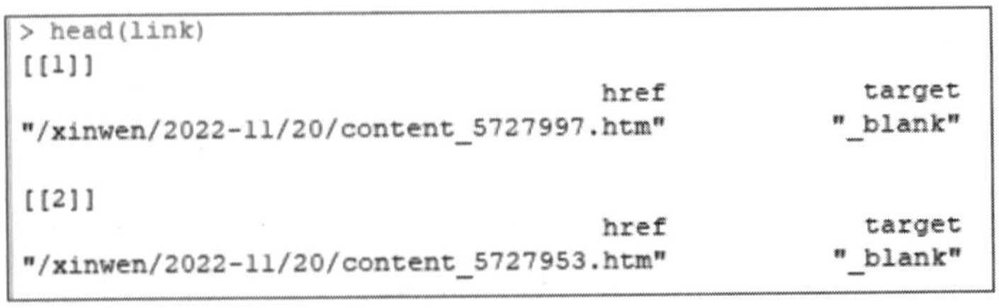

```
> head(link)
[[1]]
                                 href         target
"/xinwen/2022-11/20/content_5727997.htm"     "_blank"

[[2]]
                                 href         target
"/xinwen/2022-11/20/content_5727953.htm"     "_blank"
```

图 1.9.5　链接截图

步骤2 分离标题和链接到数据框变量，代码如下：

```
index=grep("疫情最新情况",title)                    #得到标题中包含"疫情最新情况"的下标，599个
index_link=2*(1:length(index))-1                    #link是列表，按照index提取后，转化成数组再提取
df=data.frame(title=title[index], link=unlist(link[index])[index_link])    #形成数据框
```

注意，有些数据不是配对出现的，比如title[141]和title[142]，导致index数据不是等差序列，因此对应的链接地址的下标也需要做相应调整。

观察如下所示的网页源码：

```
<div class="pages_content" id="UCAP-CONTENT">
<p style="text-indent: 2em; font-family: 宋体; font-size: 12pt;"></p>
<p style="text-indent: 2em; font-family: 宋体; font-size: 12pt;">
<span style="font-family: 宋体; font-size: 12pt;">11月4日0—24时，31个省（自治区、直辖市）和新疆生产建设兵团报告新增确诊病例657例。其中境外输入病例61例（福建18例，广东9例，四川8例，上海6例，北京4例，天津3例，内蒙古3例，云南3例，江苏2例，湖南2例，山东1例，重庆1例，陕西1例），含7例由无症状感染者转为确诊病例（四川4例，天津1例，福建1例，湖南1例）；本土病例596例（广东219例，内蒙古75例，山西61例，福建44例，重庆39例，北京37例，湖南34例，新疆20例，陕西17例，四川13例，河南9例，云南9例，黑龙江6例，江苏4例，辽宁3例，山东3例，浙江1例，贵州1例，宁夏1例），含133例由无症状感染者转为确诊病例（广东59例，福建40例，四川9例，陕西7例，山西5例，黑龙江4例，北京3例，重庆2例，内蒙古1例，辽宁1例，江苏1例，贵州1例）。无新增死亡病例。无新增疑似病例。</span>
```

参考图1.9.3的处理方式，提取网页后，直接访问节点".pages_content"，然后通过str_extract正则表达方式匹配字符串，比如"新增确诊病例[0-9]{1,9}例"，此处[0-9]表示匹配数字，{1,9}表示包含至少1个数字，总量不超过9个数字。若匹配到则返回字符串，否则返回NA。

步骤3 通过df$link访问网页提取数据，具体代码如下：

```
library(stringr)                                              #加载程序包stringr
url2='http://www.gov.cn'; n=nrow(df)                          #矩阵中要记录的数量
number=matrix(0,nrow=n,ncol=4); colnames(number)=c('total','outside','local','dead')
for(i in 1:n)
{  web2=read_html(paste(url2,df[i,2],sep=''))                 #先得到网址
   content=web2 %>% html_nodes('.pages_content p') %>% html_text()    #提取网页
   a=str_extract(content[1],'新增确诊病例[0-9]{1,9}例')       #提取内容
   if(!is.na(a))  number[i,1]=str_extract(a,'[0-9]{1,9}')
   a=str_extract(content[1],'境外输入病例[0-9]{1,9}例')       #匹配字符串
   if(!is.na(a))  number[i,2]=str_extract(a,'[0-9]{1,9}')     #提取数量
   a=str_extract(content[1],'本土病例[0-9]{1,9}例')
   if(!is.na(a))  number[i,3]=str_extract(a,'[0-9]{1,9}')
   a=str_extract(content[1],'新增死亡病例[0-9]{1,9}例')
   if(!is.na(a))  number[i,4]=str_extract(a,'[0-9]{1,9}')
}
df=cbind(df,number)
head(df,10)
```

此处，head(df,10)将显示提取到的前10条记录，如图1.9.6所示。

```
> head(df,10)
                                            title                                          link total outside local dead
1  截至11月19日24时新型冠状病毒肺炎疫情最新情况 /xinwen/2022-11/20/content_5727953.htm  2267      63   2204    1
2  截至11月18日24时新型冠状病毒肺炎疫情最新情况 /xinwen/2022-11/19/content_5727826.htm  2137      82   2055    0
3  截至11月17日24时新型冠状病毒肺炎疫情最新情况 /xinwen/2022-11/18/content_5727689.htm  2362      86   2276    0
4  截至11月16日24时新型冠状病毒肺炎疫情最新情况 /xinwen/2022-11/17/content_5727402.htm  2388      60   2328    0
5  截至11月15日24时新型冠状病毒肺炎疫情最新情况 /xinwen/2022-11/16/content_5727186.htm  1623      55   1568    0
6  截至11月14日24时新型冠状病毒肺炎疫情最新情况 /xinwen/2022-11/15/content_5727020.htm  1661      40   1621    0
7  截至11月13日24时新型冠状病毒肺炎疫情最新情况 /xinwen/2022-11/14/content_5726751.htm  1794      47   1747    0
8  截至11月12日24时新型冠状病毒肺炎疫情最新情况 /xinwen/2022-11/13/content_5726627.htm  1711      36   1675    0
9  截至11月11日24时新型冠状病毒肺炎疫情最新情况 /xinwen/2022-11/12/content_5726374.htm  1504      52   1452    0
10 截至11月10日24时新型冠状病毒肺炎疫情最新情况 /xinwen/2022-11/11/content_5726115.htm  1209      59   1150    0
```

图 1.9.6　提取的结果

上述代码总共访问了 599 个每日疫情播报网页，提取了其中的 4 个主要数据，总共耗时约 110 秒，平均每页耗时 0.184 秒。

提取每日的具体日期作为变量 day，增加到 df 中作为一列，然后按照日期递增的顺序输出 df$day 和 df$total 的散点图数据。代码如下：

```
day=sapply(df[,2],str_extract,'[0-9]{4}-[0-9]{2}/[0-9]{2}')
df$day=as.Date(day,'%Y-%m/%d')
plot(1:nrow(df),df$total,las=2,axes=FALSE,ylim=c(0,6000),xlab='',ylab='',main='每日新增确诊量')
datedx=50*(1:12)
axis(1,labels=rev(df$day[c(1,datedx)]),at=c(0,datedx),las=2)
axis(2,at=seq(0,6000,by=1000),las=1)
```

执行上述代码的效果如图 1.9.7 所示。

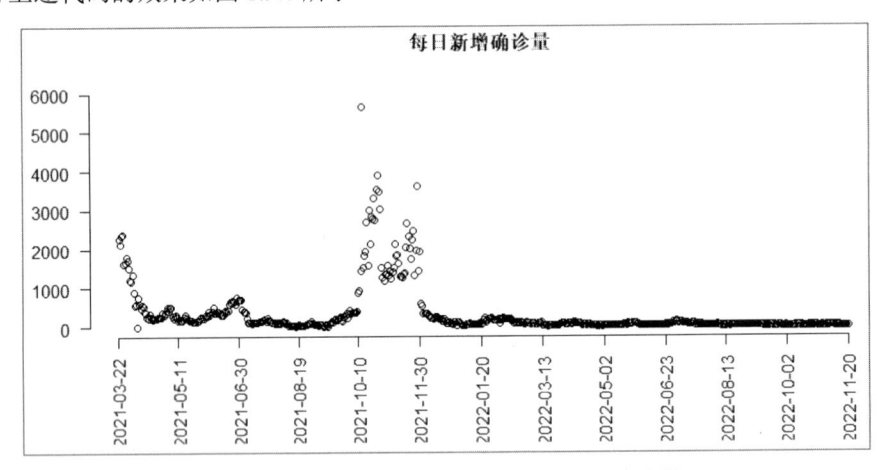

图 1.9.7　增加时间信息后绘制的每日新增确诊量图

思考与练习

1. 对于斐波那契数列 $x_n = x_{n-2} + x_{n-1}$，$x_0 = 0$，$x_1 = 1$，$n \geq 2$，编写函数返回给定 n 时的数列值。

2. 观察生成组合的函数 combn(x,m)，编写函数，以矩阵的形式返回所有可能组合与排列，每行代表一个组合或排列。所设计的函数需要考虑向量 x 的长度较大或 m 值较大时的可实现性与效率。

3. 随机生成某个连续分布总体的 n 个随机数，分析其中升连情况，得到升连个数与升连子序列。所谓"升连"，指的是保持数值从小到大上升的连续子序列（至少 2 个），假定序列方向是从左到右。

4. 随机生成 0-1 分布的 n 个随机数构成一个序列，以连续出现的 0 或 1 当作一个游程，试编写函数统计序列中总游程的个数以及数字 1 和数字 0 对应的游程的个数。

5. 某房屋带有天花板，天花板与屋顶之间有一定空间，某研究给出了房间内温度与天花板上方温度变化的微分方程组：

$$\begin{cases} \dfrac{dx_1(t)}{dt} = 0.35(-9.7\sin\dfrac{(t+3)\pi}{12} + 8.3 - x_1(t)) \\ \dfrac{dx_2(t)}{dt} = 0.35(-9.7\sin\dfrac{(t+3)\pi}{12} + 8.3 - x_2(t)) \end{cases}$$

其中，$x_1(t)$ 表示房间 t 时刻的温度（单位：摄氏度），$x_2(t)$ 是天花板上方 t 时刻的温度，t 是以小时为单位的时间。设 $t=0$ 时，$x_1(t) = x_2(t) = 4$。绘制一天 24 小时内每 1 秒两者温度随时间变化的序列曲线图。

6. 附录 A 给出了红楼梦 120 回的压缩文档（该文档解压后得到编号从"01"到"120"的 120 个 htm 文件，代表了红楼梦著作的 120 回），以及一个 index.htm 索引文件。请利用文件操作和文本处理函数，读取并解析每个 htm 文件，将红楼梦 120 回的内容连接形成一部完整的著作。要求：

（1）每一回开始给出编号和标题，独占一段，形如：第 xx 回　该回标题。

（2）其他文字内容段落同原文所示。

7. 附录 A 中提供了红楼梦 120 回的文本资料网站，请爬取 120 回的文本，实现上述第 6 题的要求。

8. 访问"中华人民共和国教育部"网站，提取所有高等学校的基本信息（包括校名、主管部门、所在地、办学层次）形成数据框变量，并存入文件。

第 2 章 直观思维：数据可视化

数据可视化（Data Visualization）是关于数据视觉表现形式的科学技术研究，旨在借助图形化手段，清晰有效地传达与沟通信息。数据可视化与信息图形、信息可视化、科学可视化以及统计图形密切相关。数据可视化正快速成为各个领域表达数据内在关键特征和潜在价值的重要手段，其一方面能够更具有冲击力、更直观地传达数据中的信息，另一方面能够引发更多的受众对数据、行业及领域的深度观察与分析。

本章主要从数据组织的角度结合统计方法探讨可视化的形式与可视化的方法。

2.1 可视化的形式

在很多场合，数据可视化被认为是一种视觉艺术形式。好的数据可视化所爆发出来的视觉冲击力非常吸引人，能让人不禁发出"一图胜千言"的感慨。任何能将纷繁复杂的数据所隐含的特征与价值通过简洁明了的形式进行直观展示并引发视觉冲击与思考的形式都能成就数据可视化。

下面从数据处理与分析角度来引入数据可视化的统计形式：

> 统计报表
> 以行和列构成二维表的形式精细、精准并理性地展示数据，凸显量化表达的冲击力。
> 统计图形
> 以特殊的视角挖掘不同维度的数据特征，在一维、二维、三维以及高维的统计图形中形成独特的视觉张力。
> 统计视频
> 以灵动连续的方式展示数据内在的变化趋势，让平静的数据焕发动感的生机，彰显数据的深刻内涵。

统计赋予数据可视化的不仅是一套理论、一套方法，更是一种美感、一种灵魂。在统计可视化中，我们会看到纷繁复杂的数据转变成显示度极高的规整表格，变成极具空间视觉冲击力的点、线、面、体以及动图，更关键的是会看到它们完美地诠释了数据的内涵与价值，充分展现其科学性和艺术性。

针对实际问题的需求，基于数据本身，构建统计模型，实现数据的统计可视化，这就是实实在在的统计建模，是融合问题驱动、数据驱动、模型驱动和美感驱动的数据艺术建模过程，其难度之高可能远超解决问题本身。《大英百科全书》这样阐述统计学的定义：统计学是一门收集数据、分析数据，并根据数据进行推断的艺术与科学。很明显，数据的统计可视化正好完美印证了"艺术与科学"。

统计可视化是数据可视化中兼具科学性与艺术性的实现方式，伴随着统计的发展，其理论方法和技术手段借助计算机科学技术的发展和计算水平的飞跃提升正不断推陈出新，把科学分析做到精益求精，把艺术发挥做到淋漓尽致。

2.2 比较的可视化

数据之间的比较，包括两两对比、多组对比，可以体现不同对象之间基于某种分组或者分类条件所呈现出的不同取值、特征、状态或构成等，如国家统计局发布的各省份社会生产总值的比较、消费报告中不同性别购买商品种类的比较、教学领域中不同班级之间的成绩比较等。

实现数据比较的带分组统计的可视化工具有很多，在 R 语言中，只需要将基本的统计量与分组相结合就能产生具有可比性的表格，将基本的图形与分组相结合就能产生具有可比性的图形，甚至动图等。

2.2.1 分组报表

R 语言具有很强的分组数据分析能力，但在输出精美的表格方面不是强项。不过，充分利用 R 语言的数据处理能力，再结合其他工具的优势，生成精美的表格，也不失为一种有效手段。

1. 数据分组与统计

以一维数值数组 x 为例，若 x 是未分组的，则可使用 cut 函数并设置其分组参数 breaks 得到与数组 x 同长度的因子变量，从而实现对数据 x 的分组。

当数组 x 分组后，则可直接使用 table，xtabs，by，aggregate 实现分组统计。

例 2.2.1 以鸢尾花数据 iris 为例，按照 Species 列指示的三个类别，对 Sepal.Length 所在列的数据进行内部分组，按照区间 breaks=c(4,5,6,7,8)方式各分成 4 个小组，最终统计每个类别各 4 个小组的频数。

本例的求解用到 cut，table，xtabs，by，aggregate 5 个函数，具体代码如下：

```
breaks=4:8;    myiris=iris[,c(1,5)]
myiris$groups=cut(myiris$Sepal.Length,breaks)          #实现数据分组
(out1=table(myiris$Species, myiris$groups))
(out2=xtabs(~myiris$Species+myiris$groups))
(out3=by(myiris$groups,myiris$Species,table))          #以 list 形式返回 table 统计结果
(out4=aggregate(myiris$groups,by=list(myiris$Species),table))   #以 data.frame 形式返
                                                                #回统计结果
```

执行上述代码的结果如表 2.2.1 所示。

表 2.2.1　分类分组统计结果

变量 out1 的内容					变量 out2 的内容				
	(4,5]	(5,6]	(6,7]	(7,8]	myiris$groups				
setosa	28	22	0	0	myiris$Species	(4,5]	(5,6]	(6,7]	(7,8]
versicolor	3	27	20	0	setosa	28	22	0	0
virginica	1	8	29	12	versicolor	3	27	20	0
					virginica	1	8	29	12

变量 out3 的内容	变量 out4 的内容

myiris$Species: setosa
(4,5] (5,6] (6,7] (7,8]
  28   22   0   0
------------------------------------ 	
myiris$Species: versicolor
(4,5] (5,6] (6,7] (7,8]
  3   27   20   0
------------------------------------ 	
myiris$Species: virginica
(4,5] (5,6] (6,7] (7,8]
  1   8   29   12
	Group.1 x.(4,5] x.(5,6] x.(6,7] x.(7,8]
	1 setosa 28 22 0 0
	2 versicolor 3 27 20 0
	3 virginica 1 8 29 12

通过 margin.table(tab,margin=1)可以为 table 对象 tab 计算行和，同 maginSums(tab,1)等价；而 margin=2 则计算列和，同 marginSums(tab,2)等价。prop.table(tab)计算 tab 中各元素的占比。addmargins(tab)为 tab 对象增加一列用来记录行和，增加一行用来记录列和；如果只想增加一列表示行和，则使用 addmargins(tab,2)。具体代码和执行结果如表 2.2.2 所示。

表 2.2.2　分组统计的再处理代码及结果

代码	执行结果
margin.table(out1, 1)	setosa versicolor virginica 50 50 50
margin.table(out1, 2)	(4,5] (5,6] (6,7] (7,8] 32 57 49 12
prop.table(out1);	(4,5]　　　　(5,6]　　　　(6,7]　　　　(7,8] setosa 0.186666667 0.146666667 0.000000000 0.000000000 versicolor 0.020000000 0.180000000 0.133333333 0.000000000 virginica 0.006666667 0.053333333 0.193333333 0.080000000
addmargins(out1,2)	(4,5] (5,6] (6,7] (7,8] Sum setosa 28 22 0 0 50 versicolor 3 27 20 0 50 virginica 1 8 29 12 50
addmargins(out1)	(4,5] (5,6] (6,7] (7,8] Sum setosa 28 22 0 0 50 versicolor 3 27 20 0 50 virginica 1 8 29 12 50 Sum 32 57 49 12 150

2. 格式化表格输出

R 的程序包 formattable 中的 formattable 函数能将表格数据（通常是 data.frame 型数据）以富文本网页表格形式通过 HTML 文件在浏览器上进行展示。为了能够使用好它，需要有一定的 HTML 和 CSS 基础，具体使用方法可参考 formattable 帮助文档中的例子。

2.2.2 分组统计图

1. 分组点线图

分组点线图的目的是将分组数据绘制在同一坐标体系中，以便对分组数据进行直观对比。将例 2.2.1 的 iris 数据中的 Sepal.Length 按照三个分类绘制分组点线图，具体代码如下：

```r
(y=range(iris$Sepal.Length))        #获取 Sepal.Length 的取值范围
lev=levels(iris$Species)
ns=table(iris$Species)
nmax=max(ns)
plot(1:nmax, seq(4,9,length=nmax),type="n",xlab='样本点',ylab='Sepal.Length')
for(i in 1:length(lev))
   lines(1:ns[i], iris$Sepal.Length[iris$Species==lev[i]],type="o",col=1,lty=i, pch=i)
legend(40,8.9,c(lev),pch=1:3,col=1,lty=1:3)
```

代码的执行结果如图 2.2.1 所示。

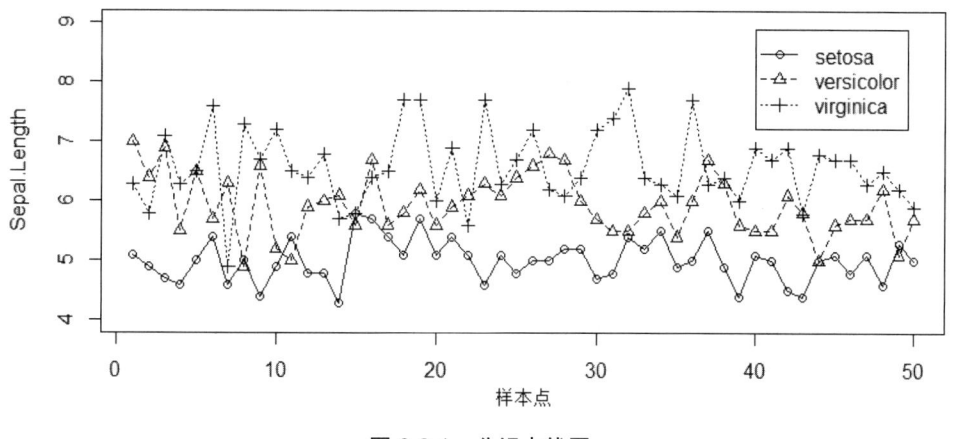

图 2.2.1　分组点线图

2. 分组条形图

分组条形图能够直观展示分组数据在不同类别之间的差异性，也可以直观展示不同类别在不同分组数据之间的差异性。将例 2.2.1 中的分类分组统计数据 out1 或 out4 绘制到分组条形图中，以便直观展示三种分类之间的差异，具体代码如下：

```r
#输出图 2.2.2
b1=barplot(out1,beside=TRUE,legend.text=rownames(out1),ylim=c(0,35),
gray.colors(3,start=0.2,end=0.7),xlab="四个分组区间",ylab="频数",main="分组条形图")
text(b1,out1,out1,pos=3)
b2=barplot(out4[,2],beside=TRUE,legend.text=out4[,1],ylim=c(0,35),col=c(10,15,20),
xlab="四个分组区间",ylab="频数",main="分组条形图")
text(b2, out4[,2], out4[,2],pos=3)        #来自 aggregate 的输出 out4 的访问方式不同于其他
```

输出结果见图 2.2.2。

容易看出，三种类型在 Sepal.Length 指标的分组统计上存在比较明显的差异。对于 barplot，可以使用 xlab，ylab，main 等设置横坐标标题、纵坐标标题和主标题；可以通过 horiz=TRUE 变成水平绘制；设置 col，可改变条状矩形的颜色。

分组条形图

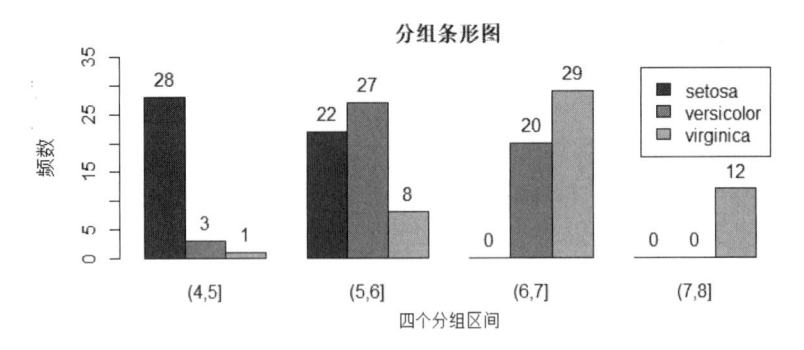

图 2.2.2 分组条形图

3. 分组箱线图

箱线图在直观统计描述中作用突出，它是对"五数"（即数据按照从小到大排序后第 0%，25%，50%，75%，100%位置的数值）的概括。如图 2.2.3 所示，箱体表示中间 50%数据（25%~75%）的分布情况，即箱体上端表示 75%分位数位置，黑线表示 50%分位数即中位数位置，下端表示 25%分位数位置；箱体上下延伸的虚线（触须）及两端的横线表示数据的散布范围。默认触须最长为箱体高度的 1.5 倍，超出触须两端的样本点一般可认为是异常点。

R 语言中通过 boxplot 函数进行箱线图的绘制，其参数 range 用来设置箱体的倍数，outline=TRUE 表示要标记出异常点，而 notch=TRUE 表示要绘制切口。当使用 formula 进行箱线图分组绘制时，除了支持单因子分组外，也支持双因子的交叉分组。比如 data.frame 变量 dat 中有 x，A，B 三列数据，其中 x 是数值型，A，B 分别表示因子，则 x~A 表示基于 A 进行单因子分组，x~A*B 表示基于 A*B 进行交叉因子分组。

对 iris$Sepal.Length 数据按照三种分类，设置 horizontal=TRUE 或者 FALSE，绘制两种分组箱线图，见图 2.2.3。具体代码如下：

```
Op=par(mfrow=c(1,2))
boxplot(iris$Sepal.Length~iris$Species, xlab='',col = "gray")   #col="orange"比较好看
boxplot(iris$Sepal.Length~iris$Species, ylab='',col = "gray",horizontal=TRUE)
par(Op)
```

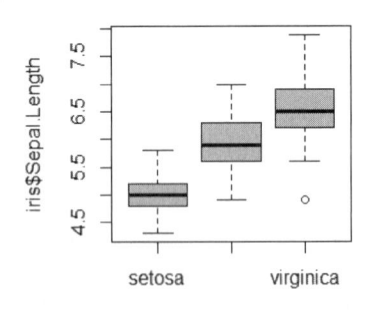

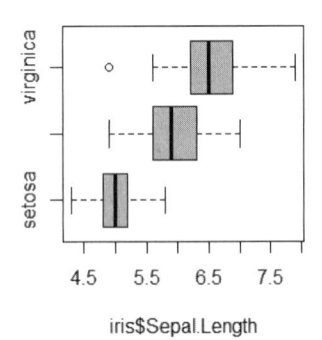

图 2.2.3 分组箱线图

容易看出，在图 2.2.3 中，三种类型在 Sepal.Length 指标上存在比较明显的差异，中位数偏差较大，另外箱体的高度（或宽度）也有较大差异。

生成三个水平的因子列 test=gl(3,5,150)，将其与 iris$Species 共同构成双因子，然后绘制交叉因子分组箱线图，见图 2.2.4。具体代码如下：

```
test=gl(3,5,150)
boxplot(iris$Sepal.Length~iris$Species*test)
```

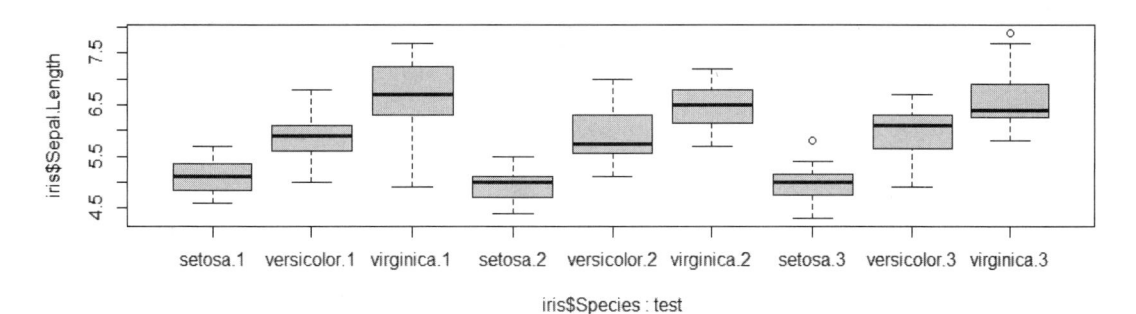

图 2.2.4　交叉因子分组箱线图

4. 分组小提琴图

小提琴图也经常用于进行多组数据的直观比较，它综合了箱线图与密度图的信息，中间细小的部分表示箱线图，而两侧则表示密度图。小提琴图除了直观展示数据的集中性和离散性外，还展示了任意各位置的密度值信息，从而更全面地反映出数据的整体分布情况。

绘制小提琴图需要程序包 vioplot 的支持，它支持一组或多组数据的绘制，其参数 horizontal 表示绘制的图形是垂直或水平，取值为 FALSE 得到图 2.2.5 左侧的子图，取值为 TRUE 则得到图 2.2.5 右侧的子图。具体代码如下：

```
cols=gray.colors(3,0.5,0.9)          #可以指定其他彩色，此处为了印刷使用灰度
vioplot(Sepal.Length~Species, data=iris, main="Sepal Length",col=cols,horizontal=F)
vioplot(Sepal.Length~Species, data=iris, main="Sepal Length",col=cols,horizontal=T)
```

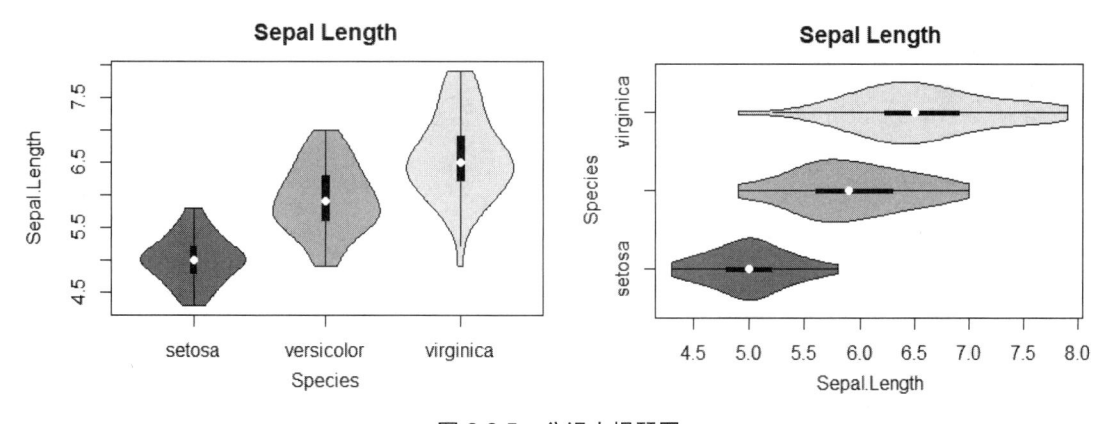

图 2.2.5　分组小提琴图

2.2.3　分组多图

1. 多组数据的多子图比较

通过 par(mfrow=c(r,c)) 可以将图像画布分割成 r 行 c 列，其中每个单元格可以绘制一幅图像。通过这种方式也可以直观比较多组数据，比如直方图、密度图、散点图等。

将数据 iris$Sepal.Length 按照三个类别分别绘制直方图，如图 2.2.6 所示，具体代码如下：

```
Op=par(mfrow=c(1,3))
by(iris$Sepal.Length, iris$Species, hist, main='频数直方图',xlab='Sepal.Length',
```

```
ylab='频数',breaks=15)
   par(Op)
```

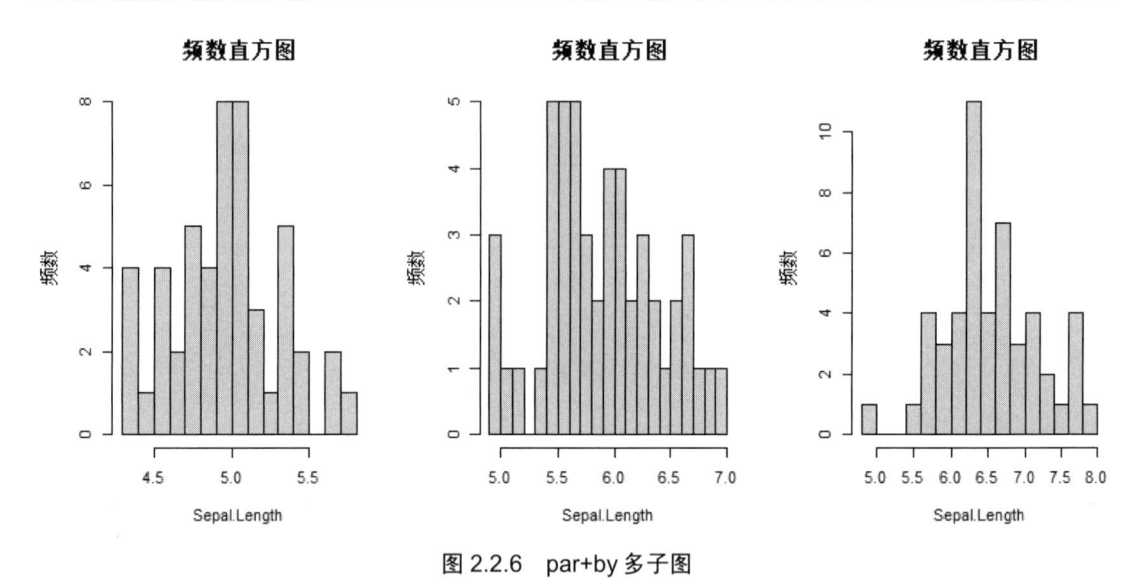

图 2.2.6 par+by 多子图

以上述方式生成三个子图，虽然效率高，但存在横坐标、纵坐标、主标题和颜色等设置无法独立控制的缺陷。要独立控制子图绘制，需要将上述代码替换成三条独立的 hist 命令，具体代码如下：

```
species=levels(iris$Species)
#cols=c(rgb(0.1,0.5,0.2,alpha=0.5),rgb(0.2,0.2,0.6,alpha=0.5),rgb(0.4,0.1,0.2,
#alpha=0.5))
cols=gray.colors(3,0.3,0.9)     #使用上面的配色更漂亮,此处为了印刷需要采用灰度
Op=par(mfrow=c(1,3))
for(i in 1:length(species))
   hist(iris$Sepal.Length[iris$Species==species[i]],breaks=15, main=species[i],
xlab='Sepal.Length',ylab='频数',col=cols[i])
   par(Op)
```

执行上述代码后绘制的图形如图 2.2.7 所示。

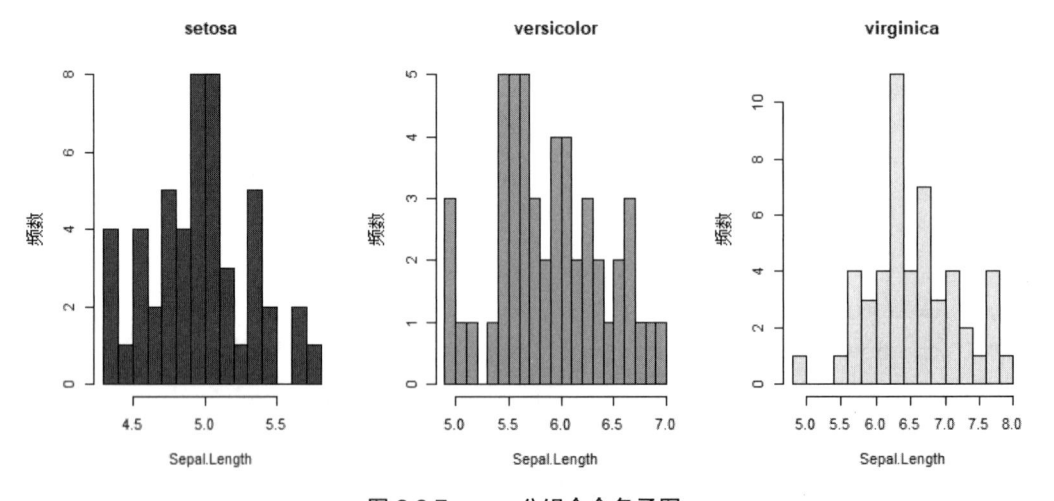

图 2.2.7 par+分组命令多子图

类似地，还可以叠加绘制数据的核密度图，以便从概率分布的角度对数据进行比较。将 iris 中的四个指标数据分别相对于三个类别绘制叠加的密度图，最终形成四个分组子图，如图 2.2.8 所示。

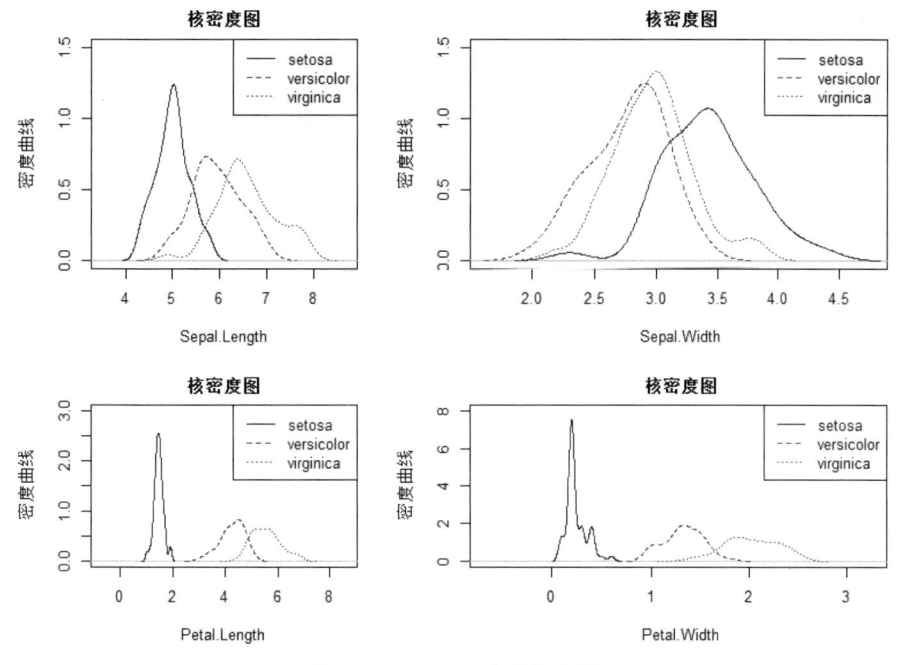

图 2.2.8 layout 布局多子图

R 语言中可以通过 layout(mat,width,height)函数实现画布的布局管理。该函数使用矩阵参数 mat 对画布进行分割与位置布局。如果矩阵元素值相同，则说明一个子图占据多个连续的位置。若元素值为 0，则该位置不绘图，子图序号从 1 开始取值，依次递增。参数 width 和 height 都是一维数组，其长度分别等于矩阵的列数和行数，用来设置每个对应子图的宽度或高度之比。上述参数的说明见表 2.2.3。

表 2.2.3 layout 参数的说明

参数	取值	说明
mat	1 0 0 2 2 3	表示画布分割成 2 行 3 列，总共三幅图，图 1 占第 1 行第 1 列，后面两格不画图，图 2 占据第 2 行的两格，图 3 在第 2 行第 3 列
width	2 1 1	表示三列的宽度之比为 2:1:1
height	1 2	表示两行的高度之比为 1:2

实现图 2.2.8 的子图布局及绘制的具体代码如下：

```
species=levels(iris$Species)
indnames=colnames(iris)              #四个指标的名称
#cols=c(rgb(0.1,0.5,0.2,alpha=0.5),rgb(0.2,0.2,0.6,alpha=0.5),rgb(0.4,0.1,0.2,alpha=0.5))
cols=gray.colors(3,0.1,0.4)          #使用上行的配色会更好看，此处为了印刷需要采用灰度
maxdensity=c(1.5,1.5,3.0,8.0)        #每个指标最大的密度值，以便绘图方便
layout(matrix(c(1,2,3,4),nrow=2,byrow=TRUE),width=c(1,1.4),height=c(1.2,1))
for(i in 1:4)
{ plot(density(iris[,i]),type='n',main='核密度图',xlab=indnames[i],ylab='密度曲线',
    ylim=c(0,maxdensity[i]))
    for(j in 1:length(species)) lines(density(iris[iris$Species==species[j],i]),
type='l',col=cols[j])
```

```
legend('topright',species,lty=1:length(species),col=cols)
}
```

2.2.4 有条件分组绘图

程序包 lattice 提供了基于分类条件下的多种图形的绘制功能，这些图形包括直方图、密度图、qq 图、箱线图、散点图、等高线图、3D 透视图、3D 散点图等。lattice 的部分函数及其功能如表 2.2.4 所示。

表 2.2.4 lattice 的部分函数及其功能

函数	功能	函数	功能
histogram(~x|y)	绘制 y 分类的 x 直方图	pplom(~x|y)	绘制分组矩阵散点图
densityplot(~x|y)	绘制分组密度图	contourplot(z~x*y)	绘制 z 关于 x,y 的等高线图
qqmath(~x|y)	绘制分组 qq 图	levelplot(z~x*y)	同上，彩色图形
bwplot(~x|y)	绘制分组箱线图	wireframe(z~x*y)	绘制 3D 透视图
xyplot(y~x)	绘制二元图	cloud(z~x*y)	绘制 3D 散点图

每个函数都可以加上 layout=c(n,m)参数来布局多个图形，其中 c(n,m)表示布局有 n 列 m 行。参数 auto.key 表示在图中添加图例，参数 auto.key=list(corner=c(1,1))表示图例放在右上角；参数 type 指定图的类型，如 p 表示散点，smooth 表示平滑曲线；参数 groups 指定分组变量。

该程序包绘制分组图形时，将多组数据置于相同的坐标体系下。若不同组数据差异大，则图形反差就较大，容易区分，但也会导致图形存在类似变形的状况。比如，基于 iris$Species 分类的 iris$Sepal.Length 数据，在绘制分组直方图时，横纵坐标都一样，这将导致 setosa 类数据的直方图出现 6~8 之间的空当，如图 2.2.9 所示。参考代码如下：

```
library(lattice)
histogram(~iris$Sepal.Length|iris$Species, layout=c(3,1), breaks=15,col= "gray")
```

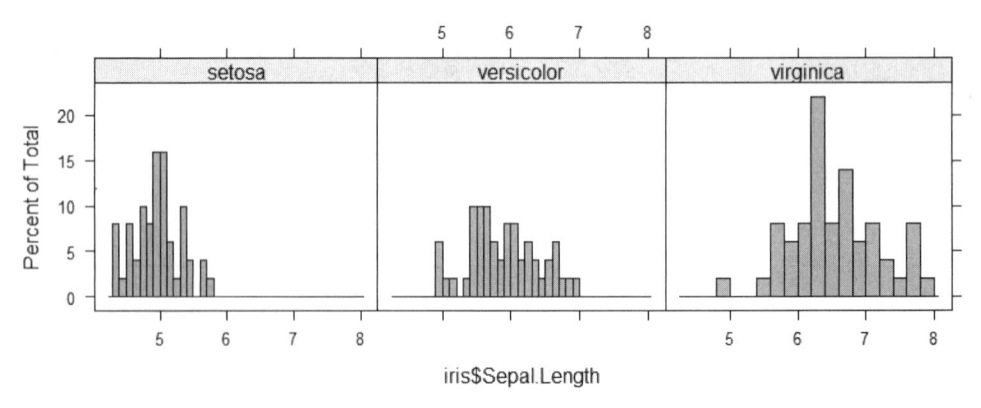

图 2.2.9 lattice 分组直方图

使用 xyplot 可以分组绘制散点图并叠加趋势线，相当于在原始数据基础上直接比较数据之间的差异。比如，以 iris$Species 为分组因子，绘制 iris[,2]~iris[,3]的散点图，并增加光滑趋势线和图例。另外，也可以直接使用克利夫兰点图 dotchart 函数绘制 iris[,1]关于 iris$Species 的分组散点图。具体代码如下：

```
col3=gray.colors(3,0.1,0.3); cols=c(rep(col3[1],50),rep(col3[2],50),rep(col3[3],50))
```

```
pchs=c(rep(1,50),rep(2,50),rep(3,50))
xyplot(iris$Sepal.Length~iris$Sepal.Width, group=iris$Species, type=c("p", "smooth"),
auto.key=list(corner=c(1,1)),pch=1:3,col=1)      #不用 pch, col 参数，图像会更漂亮
dotchart(iris$Sepal.Length,groups=iris$Species,col=cols,pch=pchs)   #col 采用彩色会更漂亮
```

执行上述代码后绘制的图形如图 2.2.10 所示。

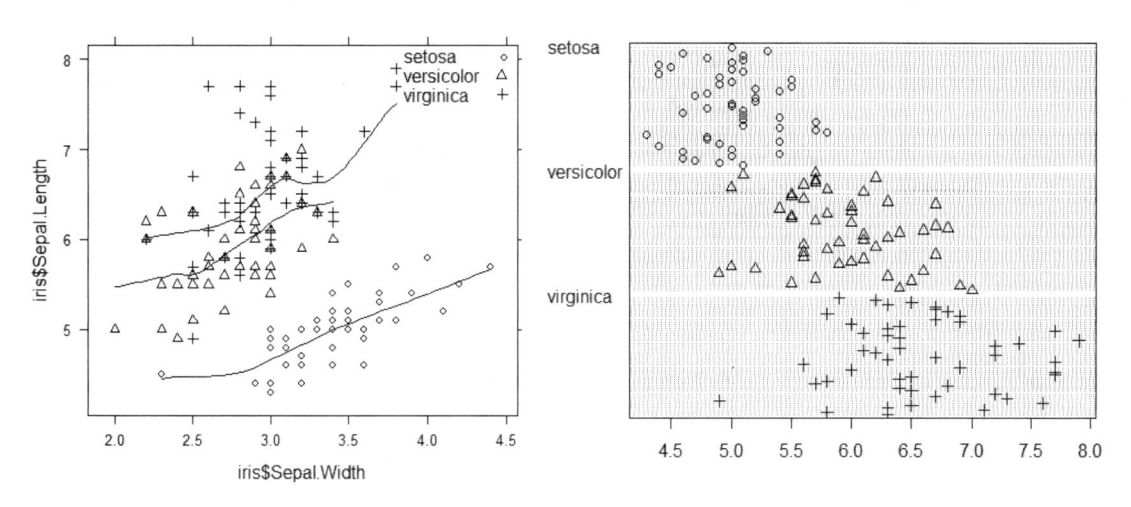

图 2.2.10　分组散点图+光滑趋势线（左）与 dotchart 分组散点图（右）

2.3　占比的可视化

比例在实际数据的描述性统计中经常用到。使用视觉冲击力强的图形来展示比例所蕴含的信息确实会增强人们对数据分布占比的认知。

2.3.1　平面饼图与 3D 饼图

1. 平面饼图

在 R 语言中，通过 pie(x,labels,radius,main,col,edges,clockwise)函数可以绘制简单的圆形饼图，其中，参数 x 是非负实型数组，表示比例值；labels 表示要显示的标签，通常是比例值；radius 表示圆的半径；main 表示主标题；col 表示各个比例部分的颜色；edges 表示是否使用多边形代替圆的轮廓；clockwise 表示以顺时针还是逆时针排列各个比例数据。

例 2.3.1　绘制销售数据的平面饼图。

实现代码如下：

```
ratio=c(man1=10,man2=20,man3=30,man4=20,man5=15,man6=5)
m=length(ratio);   cols=gray.colors(m,0.2,0.6)   #使用 heat.colors(m)会更漂亮
op=par(mfrow=c(1,2))
pie(ratio,labels=paste(ratio,'%'),col=cols,clockwise=TRUE,main='销售占比')
legend("topright",names(ratio), cex=0.8, fill=heat.colors(m))
pie(ratio,labels=paste(ratio,'%'),col=cols,clockwise=TRUE,main='销售占比',edges=1)
legend("topright",names(ratio), cex=0.8, fill=heat.colors(m))
par(op)
```

执行上述代码输出的效果如图 2.3.1 所示。

销售占比   销售占比

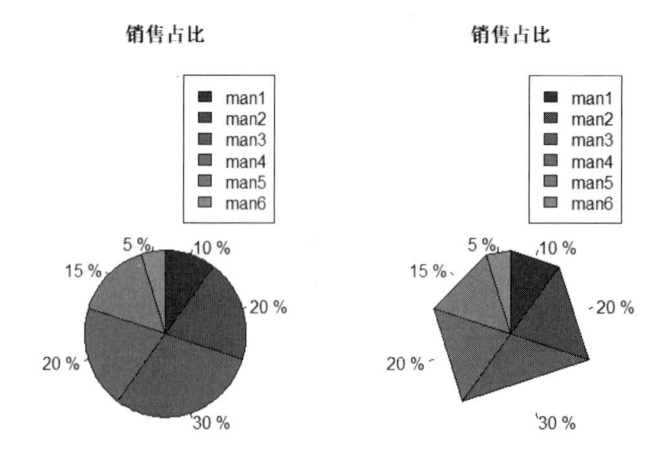

图 2.3.1　顺时针布局的饼图和多边形图

如果图例显示的内容不长,可以将图例部分和比例值拼合后赋值给 labels 参数,直接显示在各部分标签上,这样或许更直观。将例 2.3.1 中的部分代码修改如下:

```
ratio=c(man1=10,man2=20,man3=30,man4=20,man5=15,man6=5)
m=length(ratio);    cols=gray.colors(m,0.2,0.6)   #使用 heat.colors(m)会更漂亮
pie(ratio,labels=paste(names(ratio),' 实现',ratio,'%',sep=''),col=cols,clockwise=TRUE,
main='销售占比')
```

执行上述代码输出的效果如图 2.3.2 所示。

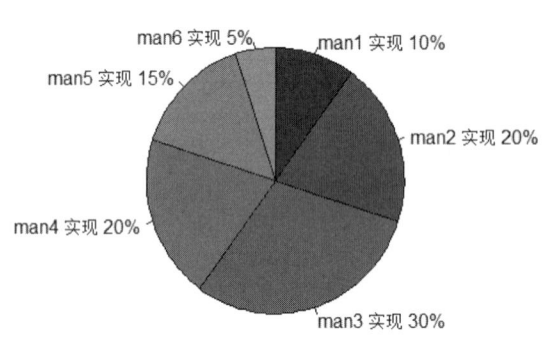

销售占比

图 2.3.2　无图例的饼图标签处理

2. 3D 饼图

程序包 plotrix 中提供了一个绘制 3D 饼图的函数 pie3D,可在一定程度上增加比例图的空间感,其参数的含义如表 2.3.1 所示。

表 2.3.1　pie3D 函数的参数及其含义

参数	类型	含义
radius	数值	饼图的半径大小,值为正数,默认为 1
height	数值	饼图的高度,值为正数,默认为 0.1
col	数组	各比例块主体的颜色字符串数组
border	字符	各比例块边缘线的颜色,值为颜色字符串
shade	数值	阴影颜色的深浅,值为正数,默认为 0.8

续表

参数	类型	含义
labels	数组	添加各个比例部分的标签字符串
labelcex	数值	标签中文本的字体大小，值为正数，默认为 1.5
explode	数值	各比例块之间的距离，值为非负数，默认为 0

例 2.3.2 以例 2.3.1 中构造的销售数据为例绘制 3D 饼图。在使用函数 pie3D 时，需要注意它对稍长一点的 labels 的自动处理不够智能，会堆叠到比例块部分，影响整体协调与美观，因此必须对 labels 做分行处理。具体代码如下：

```
library(plotrix)
m=length(ratio);    cols=gray.colors(m,0.2,0.6)    #使用 heat.colors(m)会更漂亮
pie3D(ratio, labels=paste(names(ratio),'\n',ratio,'%',sep=''),col = cols, border = "white",
labelcex=1.0,explode=0.1)
```

执行上述代码输出的效果见图 2.3.3.

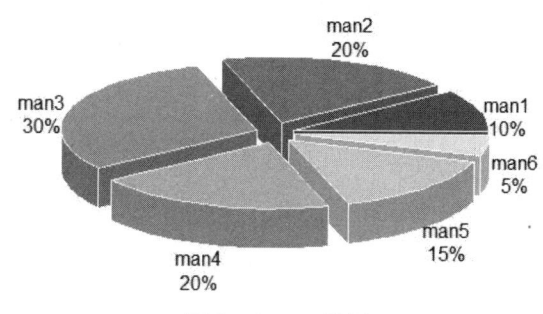

图 2.3.3 3D 饼图

3. 比例圆环图

使用程序包 lessR 中的 PieChart 函数可以绘制比例圆环图，该函数的形式如下：

```
PieChart(x,y,data=d,radius=1,hole=0.65,hole_fill=getOption("panel_fill"),main=NULL,
fill=NULL,values_color=getOption("values_color"),values_size=getOption("values_size"),
values_digits=getOption("values_digits"),labels_cex=getOption("lab_cex"), lwd,...)
```

建议数据存到名为 d 的数据框中，并在 x，y 位置使用 d 中的数据列的名字。参数 radius 指定半径大小，hole 指定中心圆洞的相对大小，hole_fill 指定中心圆洞的填充色，main 指定位于顶端的标题，fill 指定每个圆环段的填充色，values_color 指定每个圆环段中文本的颜色，values_size 指定圆环中文本的字体大小，values_digits 指定输出数值的小数点位数，labels_cex 指定标签文本的字体大小，lwd 指定分隔线的宽度。更多的内容可参考该函数的帮助信息。

例 2.3.3 绘制比例圆环图。具体代码如下：

```
ratio=c(man1=10,man2=20,man3=30,man4=20,man5=15,man6=5)
m=length(ratio);    cols=gray.colors(m,0.2,0.6)    #使用 heat.colors(m)会更漂亮
d=data.frame(man=names(ratio),value=ratio)    #此处建议命名为 d
PieChart(man,value,radius=1, hole=0.6, fill=cols, main="销售占比",main_cex=1.0,
values_color="black", values_size=1,values_digits=1,labels_cex=1.0)
```

执行上述代码输出的效果如图 2.3.4 所示。

销售占比

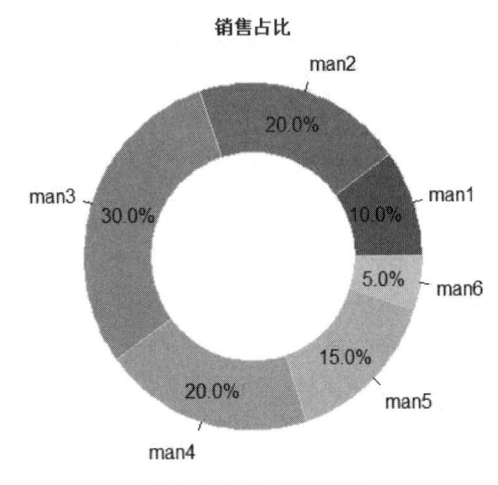

图 2.3.4　比例圆环图

2.3.2　条形比例图

根据实际需要，将比例数据和条形图结合起来就构成了条形比例图，这也不失为一种直观的展示方式。

例 2.3.4　以例 2.3.3 中构造的 ratio 数据为例，绘制条形比例图，具体代码如下：

```
cols=gray.colors(m,0.3,0.8)    #使用 heat.colors(m)会更漂亮
b1=barplot(ratio,legend.text=rownames(ratio), ylim=c(0,35),col=cols,main="销售占比")
text(b1,ratio,paste(ratio,'%',sep=''),pos=3)
```

执行上述代码输出的效果见图 2.3.5。

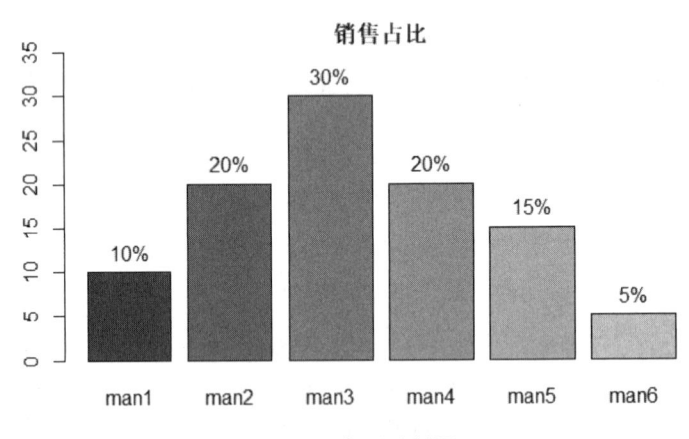

图 2.3.5　条形比例图

2.3.3　金字塔图

在程序包 plotrix 中，有一个绘制金字塔图的函数 pyramid.plot，非常适合展示两个类别在不同指标上的比较或者基于某种分级的占比，比如考试成绩的各个分数段的占比，对比非常直观。但是，如果各个部分的占比差距太大，绘制的图形就会比较突兀，这点要引起注意。该函数的具体参数如表 2.3.2 所示。

表 2.3.2 pyramid.plot 函数的参数

参数	类型	含义
lx，rx	数组或矩阵	长度相同，居于金字塔左侧和右侧的数字
labels	字符数组	金字塔中间的文本，长度同 lx, rx
top.labels	字符数组	显示在塔尖上方，表明左中右三个部分的含义
laxlab，raxlab	字符数组	左右两侧刻度上的文本
unit	字符	刻度值的单位
lxcol，rxcol	颜色数组	左右两侧条形的颜色值，从下到上
gap	数值	塔中间部分的宽度
space	数值	左右两侧条形的间距
show.value	逻辑	是否显示具体值在条线末端

例 2.3.5 绘制金字塔图展示对比与占比，具体代码如下：

```
set.seed(111);     dat=data.frame(x=rexp(100,0.1),y=rexp(100,0.1))   #构造两个指数分布随
                                                                      #机数序列
br=c(seq(0,12,by=0.5),seq(12.5,40,by=8));     mlen=length(br)-1      #进行分组，统计各分
                                                                      #组频数
ratiox=as.data.frame(table(cut(dat[,1],breaks=br)))
ratioy=as.data.frame(table(cut(dat[,2],breaks=br)))
mcol=gray.colors(mlen,0.3,0.8)  #color.gradient(c(0,0,0.5,1),c(0,0,0.5,1),c(1,1,0.5,1),mlen)
fcol=gray.colors(mlen,0.2,0.6)
#color.gradient(c(1,1,0.5,1),c(0.5,0.5,0.5,1),c(0.5,0.5,0.5,1),mlen)
pyramid.plot(ratiox[,2],ratioy[,2],labels=ratiox[,1],lxcol=mcol,rxcol=fcol,main=
"指数分布随机序列分区间比例",top.labels=c("序列1","区间","序列2"), gap=1.8,show.values=TRUE)
```

执行上述代码输出的效果见图 2.3.6。

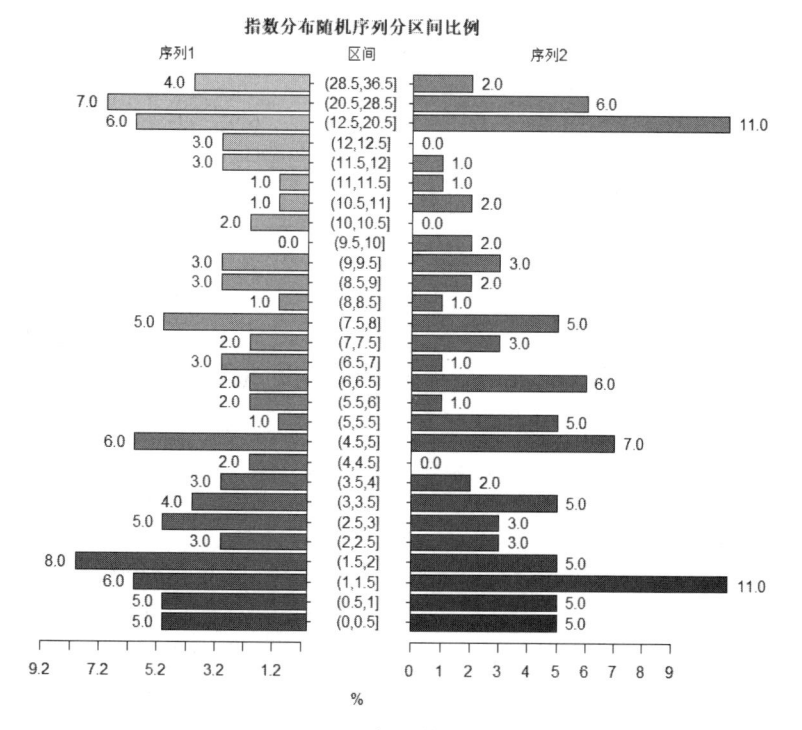

图 2.3.6 金字塔图

2.4 趋势的可视化

随着某个或某些指标（如时间）的变化而变化的数据，隐含着数据变化的趋势特征，有助于观察者形成一种对趋势性的认知，因此有必要通过可视化技术将这种趋势信息直观地表达出来。

2.4.1 时间序列

时间序列数据是在时间轴上发展的数据，本身就含有时间趋势性，可视化就是在时间的基础上挖掘出更多其他有启发性的趋势。

比如，R 语言内置数据集中的 sunspots，描述了 1749—1983 年每月的太阳黑子数。使用 plot 函数，比如输入 plot(sunspots)，可得到如图 2.4.1 所示的效果。

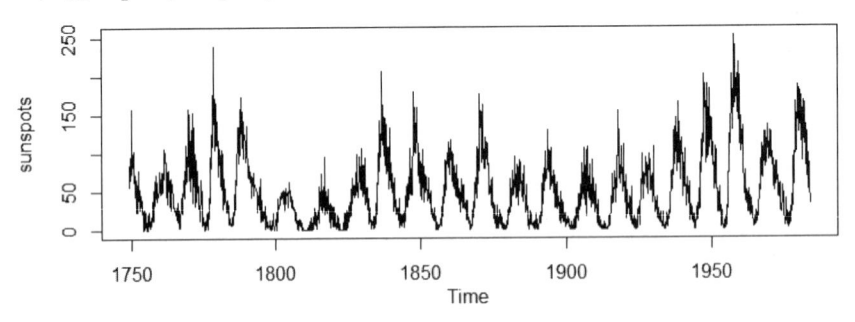

图 2.4.1　1749—1983 年每月的太阳黑子数

从图 2.4.1 可以看出，太阳黑子数的变化具有周期性。为此，在横坐标上，每 10 年增加一个刻度，以便把时间信息描述得更细致，同时将时间刻度的显示方式从水平变为垂直。具体代码如下：

```
plot(sunspots,xaxt='n')
tlab=seq(1750,1990, by=10)
axis(1,tlab,tlab,las=2)
```

执行上述代码输出的效果如图 2.4.2 所示。

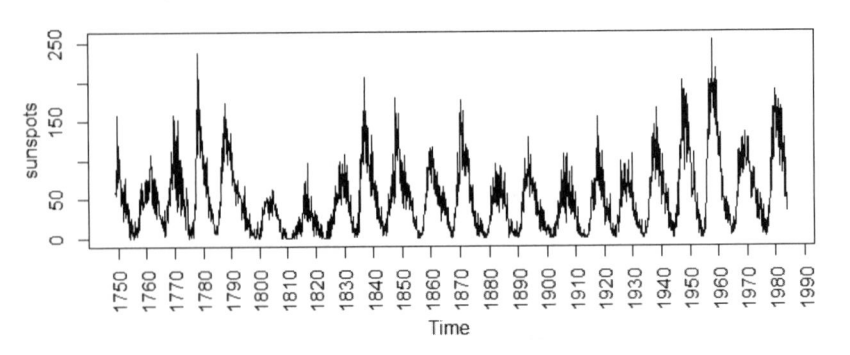

图 2.4.2　1749—1983 年每月的太阳黑子数（加刻度）

2.4.2 极限相关

高等数学中的数列极限、函数极限、概率论中的大数定律、中心极限定理等，都是在阐述一种趋势，在理解上有一定的困难。带有趋势性的直观图形能够很好地诠释极限所带来的视觉冲击，有助于问题的理解。

例 2.4.1 极限 $\lim\limits_{x\to 0}\dfrac{\sin(x)}{x}=1$ 的图形演示。

极限可视化的具体代码如下：

```
x=seq(-4,4,length=10000)
y=sin(x)/x
plot(x,y,type='l',ylab=expression(y=sin(x)/x),main='',las=1)
```

执行上述代码输出的效果如图 2.4.3 所示。

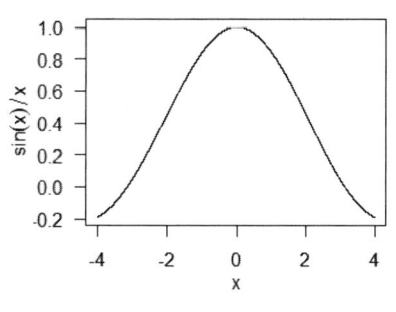

图 2.4.3 极限图形

例 2.4.2 t 分布随着自由度 n 的增大无限逼近标准正态分布 $N(0,1)$，下面通过动态图形演示这个过程。注意，本例需要用到程序包 animation 的支持，具体代码如下：

```
library(animation)
x=seq(-4,4,length=200);    n=1:30      #自由度从1变到30
cols=gray.colors(30,0.05,0.3)          #使用rainbow(30)会更漂亮
ani.record(reset=TRUE)
plot(x,dnorm(x),type='l',col='blue',main=expression(t(n)-N(0,1)))
for(i in n) {
    lines(x,dt(x,i),col=cols[i]); rect(-4,0.4,-2,0.2,col='white',border='white');
    text(-3.6,0.35,paste('n=',i));ani.record();
}
ani.options(interval=0.5)
ani.replay()
```

执行上述代码输出的效果（部分截图）如图 2.4.4 所示。

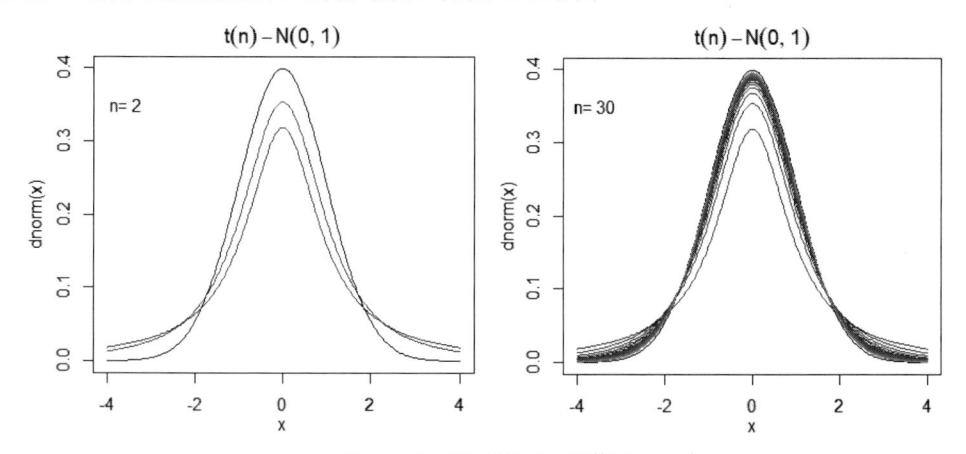

图 2.4.4 动画演示过程截图

若想将上述的动态过程保存成 gif 动画文件，需要引入程序包 magick，另外需要对上述代码进行修改，把 plot 过程移进 for 循环，再把已经绘制过的线条重新绘制，并去掉 animation 相关函数的操作，这样才能生成可用的 gif 动画文件，否则就是一个静态的 gif 文件。

将上述动态过程保存成工作目录中的 test244.gif 文件，具体代码如下：

```
x=seq(-4,4,length=200);   n=1:30;    cols=rainbow(30)              #这些不变
saveGIF({
  for(i in n)
  { plot(x,dnorm(x),type='l',col='blue',main=expression(t(n)-N(0,1)))   #从外层移入
      for(j in 1:i) lines(x,dt(x,j),col=cols[j],type='l')               #重绘所有线条
    text(-3.6,0.35,paste('n=',i))
}},movie.name = "test244.gif", interval = 0.5, nmax = 50, ani.width = 600)
```

2.5 分布的可视化

数据分布体现在位置、形状、关系等多个方面，能表达出密集性、空间感、关联性等分布特征。在概率统计中，常使用随机变量或总体的密度函数、分布函数等表达数据特征。在空间数据分析中，经常使用三维技术、地图等工具对数据进行探索。分布可视化的工具很多，前面讲的金字塔、条形图、箱线图、饼图、圆环图等都可以用来表示数据的分布特征。下面增加一些基本的工具，如散点图、直方图、经验分布函数图、密度曲线、三维图表示以及地图等工具进一步探索数据的位置、形状、空间等分布特征。

2.5.1 数据的位置分布

对于一维和二维数据，散点图或散点图矩阵是最简单的数据分布描述方式，它们能够在平面空间上描述数据的分布情况。以标准正态分布随机数为例绘制散点图，具体代码如下：

```
set.seed(645);   n=200;    x=rnorm(n)          #构造随机散点
plot(x,1:n,ylab='数据点下标',xlab='数据取值')   #按习惯位置放在横坐标
grid(nx=NULL,ny=NA)                            #增加 x 轴网格线，体现区域分布
cols=gray.colors(n,0.05,0.6)                   #使用 rainbow(n)更直观
y=rank(abs(x))                                 #生成|x|的秩，并依秩赋予渐变色
points(x,1:n,col=cols[y])
```

执行上述代码输出的效果如图 2.5.1 所示。

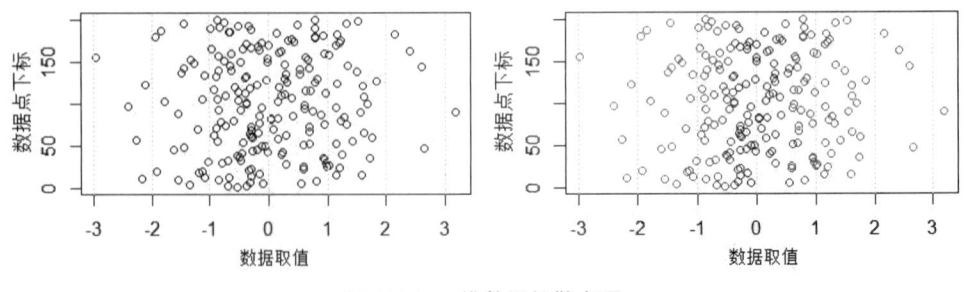

图 2.5.1 一维数据的散点图

从图 2.5.1 中可以直观看出，数据分布基本上以 0 为中心呈现对称性，并且呈现从 0 向两端由密集向稀疏变化的特征。通过用不同颜色区分，分布特征可能会看得更明显。

对于多维数据，可以通过散点图矩阵看到各组的分布情况。以 iris 数据前四列为例，为每

列赋予一种颜色，绘制散点图矩阵，具体代码如下：

```
Op=par(mfrow=c(1,4))
cols=rep(gray.colors(3,0.1,0.6),each=50)      #使用 rep(hcl.colors(3),each=50)更直观
pchs=rep(1:3,each=50)
for(i in 1:4)
plot(iris[,i],ylab=colnames(iris)[i],xlab='样本点',col=cols,pch=pchs)
par(Op)
```

执行上述代码输出的效果如图 2.5.2 所示。

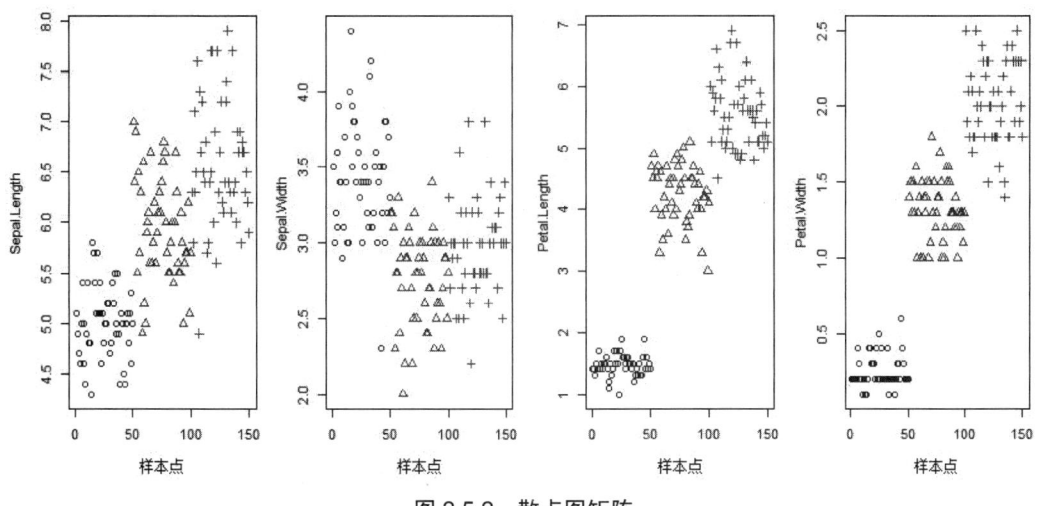

图 2.5.2　散点图矩阵

2.5.2　数据的形态分布

从统计视角看待一维数据，通常会关联到概率密度函数和分布函数，即从概率分布特征上对数据进行探索。

1. 直方图与核密度曲线

从图 2.5.1 中看出，数据分布呈现一定的对称性与从中心向两侧的快速递减性，因而对数据的概率分布提出了正态分布的猜想。为了进一步描述数据的概率分布特征，引入直方图与核密度曲线，从统计特征视角观察数据的分布。具体代码如下：

```
set.seed(645);  n=200;  x=rnorm(n)           #绘制无填充密度直方图
hist(x,freq=FALSE,ylim=c(0,0.5),col=NULL,main='分布密度探索')
lines(density(x))                            #叠加核密度曲线
```

执行上述代码输出的效果如图 2.5.3 所示。

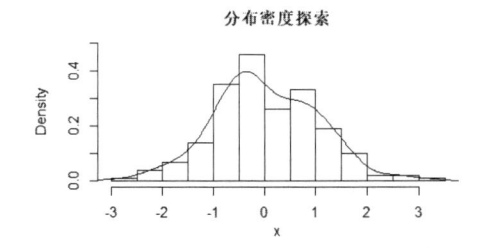

图 2.5.3　直方图叠加核密度曲线

2. 经验分布函数

经验分布函数也是对数据概率分布的一种可视化。由格里汶科定理可知，在样本量足够大时，经验分布函数值几乎处处等于理论上的分布函数值，因此经验分布在统计模型中应用非常广泛，成为许多统计模型进行统计推断的理论基础。

绘制经验分布函数图的具体代码如下：

```
set.seed(645);    n=200;    x=rnorm(n)      #绘制经验分布函数图
cols=gray.colors(2,0.05,0.2)
plot(ecdf(x),verticals=TRUE,do.points=FALSE,main='经验分布函数',col=cols[1])
y=sort(x);    lines(y,pnorm(y),col=cols[2]) #叠加N(0,1)分布函数曲线
```

执行上述代码输出的效果如图2.5.4所示.

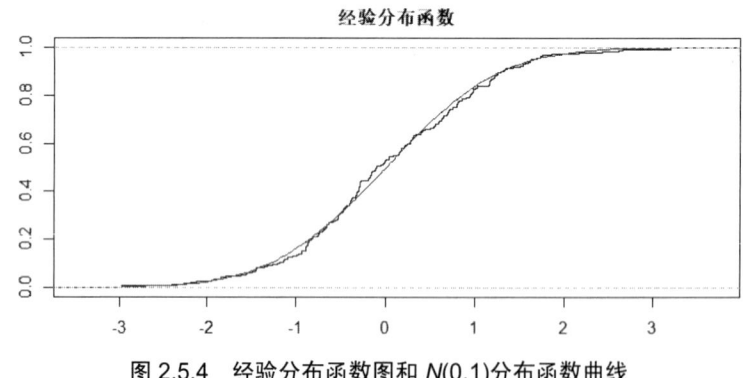

图 2.5.4　经验分布函数图和 $N(0,1)$ 分布函数曲线

2.5.3　数据的空间分布

在地理空间上探索数据的分布特征，经常将数据与三维空间、地图等进行关联，以凸显区域分布特征。在 R 语言中，有基本的三维转二维的等高线 contour 函数、网格颜色 image 函数和三维曲面 persp 函数，也有其他程序包提供的三维绘制技术，如 scatterplot3d 包中的 scatterplot3d、rgl 包中的 plot3d、lattice 包中的 wireframe 和 cloud 等，还有提供地图绘制函数的程序包 maptools 等。

1. 等高线图

等高线指的是地形图上海拔高度相等的相邻各点所连成的闭合曲线，将这些曲线投影到一个水平面上，并按照一定比例进行缩放，就可得到等高线图。

下面使用 R 语言内置数据集中的火山区地理信息数据 volcano 来绘制等高线图。该数据表示一个火山的地形信息，共 87 行。行方向表示东到西，共 61 列；列方向表示南到北。主要用到 contour 函数，支持矩阵参数如此处的 volcano，参数 nlevels 表示分成几级等高线，col 表示每条线的颜色，其他参数可查阅帮助获取。具体代码如下：

```
x=10*seq(1:nrow(volcano))
y=10*(1:ncol(volcano))       #以便使用自定义刻度
cols=gray.colors(10,0.05,0.4)      #使用 rainbow(10)会更美观
contour(x,y,volcano,col=cols,nlevels=10,main= 'volcano数据的等高线图',xlab='East to West',ylab='South to North',axes=FALSE)
axis(1,at=seq(100,800,by=100),las=0)
axis(2,at=seq(100,600,by=100),las=1)
box()
```

执行上述代码输出的效果如图 2.5.5 所示。

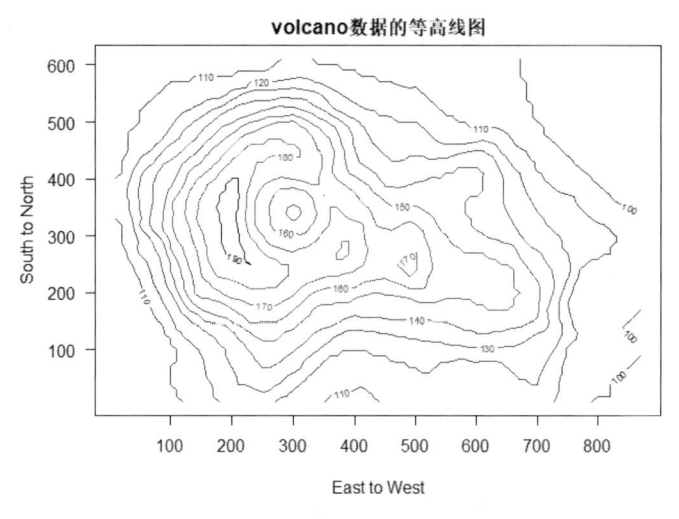

图 2.5.5　彩色等高线图

2. 有底色的等高线图

使用 image 函数，可绘制具有网格着色感的等高线图，该函数的参数与 contour 一致。下面以 image 为底色，将 contour 叠加其上，形成不一样的等高线图。具体代码如下：

```
x=10*seq(1:nrow(volcano))
y=10*(1:ncol(volcano))           #以便使用自定义刻度
cols1=gray.colors(100,0.4,0.8)   #使用 hcl.colors(100)会更美观
cols2=gray.colors(100,0.05,0.3)  #使用 rainbow(100)会更美观
image(x,y,volcano,col=cols1,axes=FALSE,xlab=' East to West ',ylab=' South to North ',
main= '火山数据的等高线图');
contour(x,y,volcano,col=cols2,nlevels=10,axes=FALSE,xlab='',ylab='' ,add=TRUE)#add 叠加图
axis(1,at=seq(100,800,by=100),las=0)
axis(2,at=seq(100,600,by=100),las=1)
box()
```

执行上述代码输出的效果如图 2.5.6 所示。

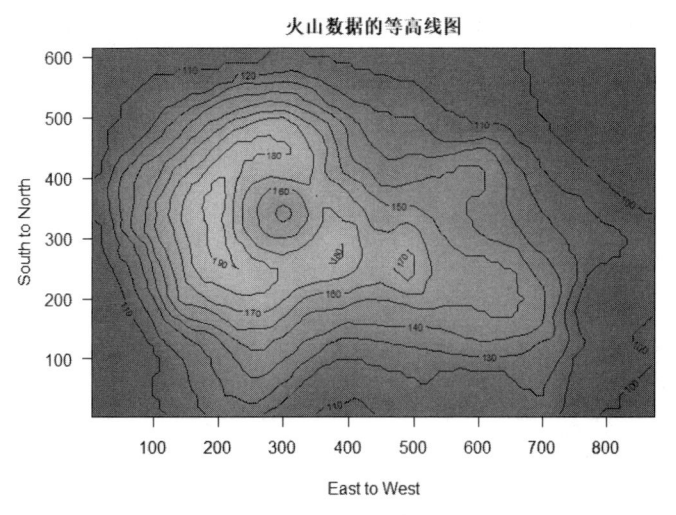

图 2.5.6　有底色的等高线图

3. 3D 曲面图

通过 persp 函数可绘制 3D 曲面图，从立体空间感受数据的可视化。同样以 volcano 数据为例，其 3D 曲面图的绘制代码如下：

```
x=10*seq(1:nrow(volcano))
y=10*(1:ncol(volcano))
persp(x,y,volcano,theta=60,phi=15,expand=0.7,box=TRUE,col='gray')
```

执行上述代码输出的效果如图 2.5.7 所示。

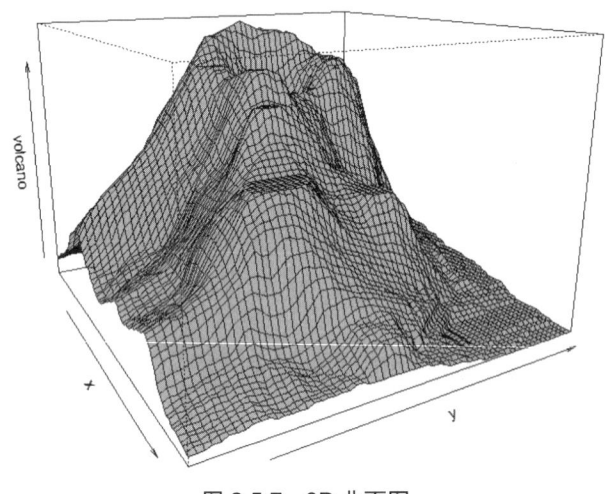

图 2.5.7　3D 曲面图

在实际数据处理中，估计二维数据的概率密度分布也是概率分布研究中的一个重要问题。在 R 语言中，通过 MASS 包中的 kde2d 函数可以实现对二维数据概率密度分布的核估计，然后使用 persp 函数进行三维曲面绘制，可以直观看到二维随机变量抽样数据的分布形态特征。

下面以标准正态的两个随机数样本构成二维样本，实施密度估计和三维图形绘制，具体代码如下：

```
library(MASS)
x=rnorm(100);  y=rnorm(100)    #理论上，两个独立正态分布的联合是二维正态分布
z=kde2d(x,y,n=50)    #返回一个含 x, y, z 的列表，其中 length(z)=length(x)*length(y)
persp(z, theta=60,phi=10,col='gray',box=FALSE)   #col 用彩色更直观
persp(z, theta=90,phi=10,col='gray',box=FALSE)
```

执行上述代码输出的效果如图 2.5.8 所示。

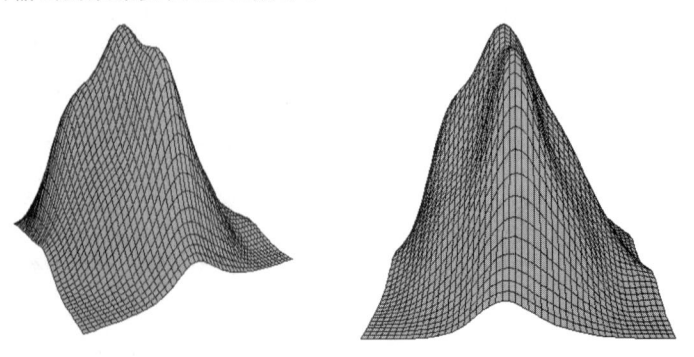

图 2.5.8　二维密度估计 3D 曲面图

从图 2.5.8 可以看出，3D 曲面图与二维标准正态的密度图比较相近，可见 3D 曲面图对于二维随机变量的联合分布的直观判断及研究大有帮助。

4. 3D 散点图

绘制 3D 散点图也是表达三维分布的一种重要手段。在 R 语言中，有很多种方式实现 3D 散点图绘制，如程序包 scatterplot3d 中的 scatterplot3d 函数。该函数的主要参数有 x, y, z, 对应通常的三维坐标。

以 iris 数据的前三列为例，第一列为 x, 第二列为 y, 第三列为 z, 绘制最简单的三维散点图, 按照第五列分类绘制不同颜色的散点图，同时控制网格、边框、图例等。需要用到参数 color 数组指定每个散点的颜色，参数 grid 指定是否需要网格，参数 box 指定是否需要外边框, 参数 pch 指定点的样式。使用 scatterplot3d 的返回值，可以在 3D 图形上增加散点、拟合平面, 还可以换算三维坐标到二维坐标等。具体代码如下：

```
library(scatterplot3d)
col3d=gray.colors(3,0.1,0.6)              #使用 c('red','green','blue')更直观
cols=col3d[as.integer(iris[,5])]
pchs=c(1,2,3)[as.integer(iris[,5])]
scatterplot3d(iris[,1:3],main='最简3D散点图',pch=pchs)
my3d=scatterplot3d(iris[,1:3],color=cols,pch=16)
legend('top',legend=levels(iris[,5]),inset=-0.2,xpd=TRUE,horiz=TRUE,col=col3d,pch=16)
fit=lm(iris[,3]~iris[,1]+iris[,2])        #回归曲线
my3d$plane3d(fit)                         #增加回归平面
```

在 legend 函数中，xpd=TRUE 表示能够在图形外绘制图例，inset=-0.2 是距离绘图边界的距离，horiz=TRUE 表示图例水平排放，如图 2.5.9 所示。

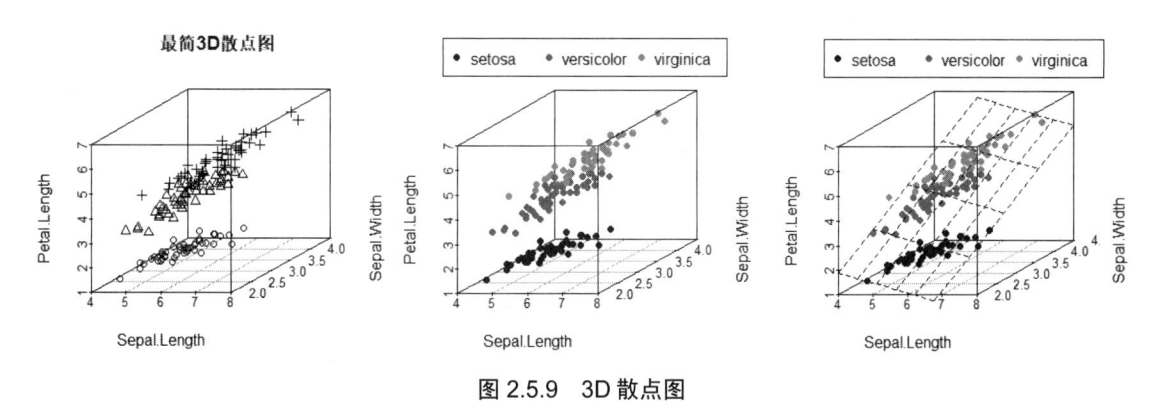

图 2.5.9 3D 散点图

也可以使用程序包 rgl 中的函数绘制可任意旋转的 3D 图像，实现立体空间全方位透视，主要用到 open3d()和 plot3d()函数，其中 plot3d()有很强的着色功能，其参数 x, y, z 分别对应三维空间的坐标，xlim 和 ylim 分别对应作图的区间，aspect 是长度为 3 的数组，用来指定三个方向的缩放比例。比如，可绘制下面公式对应的图像

$$z = f(x,y) = \begin{cases} 10, & x=0, y=0 \\ 10\sin(\sqrt{x^2+y^2})/\sqrt{x^2+y^2}, & \text{其他} \end{cases}$$

具体绘制代码如下：

```
library(rgl)              #建议在 RStudio 中执行此段代码
fun=function(x,y)
{   r=sqrt(x^2+y^2)
    ifelse(r==0,10,10*sin(r)/r)
}
open3d( )   #plot3d 中使用 col=colorRampPalette(c("blue", "white", "red"))会更美观
plot3d(fun,col=gray.colors(200,0.1,0.9) , xlab = "X", ylab = "Y",
zlab = "10Sin( r )", xlim = c(-10, 10), ylim = c(-10, 10), aspect = c(1, 1, 0.5),
box=NA)
```

执行上述代码输出的效果如图 2.5.10 所示。

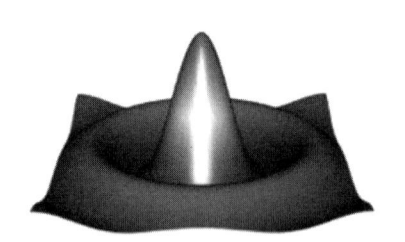

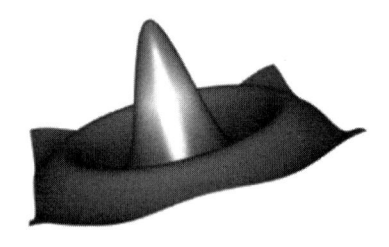

图 2.5.10　3D 着色图

也可以使用程序包 car 中的 scatter3d()函数，程序包 plot3D 中的 scatter3D()、contour3D()等函数绘制 3D 图像，此处不再赘述。

2.5.4　数据的降维可视化

对于超过三维的数据，没有特别好的可视化工具，一般情况下都需要采取特别的处理方式才能比较好地展示数据的分布特征。有时候为了表达多组数据之间的差异性，通过雷达图进行数据展示；有时候先进行合理的降维处理，再对数据进行挖掘，比如采用主成分分析法、Fisher 投影法、综合评价法等。

1. 雷达图

从一个点出发，一条射线对应一个变量，每个变量采用不同的度量单位，将各个变量在射线上的取值连接起来，即形成雷达图。在 R 语言中，通过程序包 fmsb 中的 radarchart 函数可实现雷达图的绘制，它比 stars 函数的绘制效果要好。在该函数的参数中，df 指向数据框；axistype 取值为 0 到 5 的整数，表示坐标轴的类型；seg=m 表示在坐标轴上标出 m+1 条刻度线；plwd 表示每条线的宽度；plty 表示每条线的类型；pcol 表示每条线的颜色；maxmin=TRUE/FALSE 表示最小值和最大值均为对应变量的最小值和最大值；vlabels 表示显示的标签字符数组；title 表示图的主标题；还有很多参数用来控制雷达图，可参见其使用帮助。

下面通过雷达图展示 10 名学生 6 门课程的成绩，假设数据已载入数据框变量 dat 中，不含编号列。数据见附录 A 中表 2 的 score.xlsx，如表 2.5.1 所示。

表 2.5.1　成绩列表

学生编号	数学	物理	语文	英语	体育	音乐
1	65	61	84	79	90	70
2	77	77	64	55	85	75
3	67	63	65	57	70	65

续表

学生编号	数学	物理	语文	英语	体育	音乐
4	83	100	41	50	75	80
5	68	85	84	86	80	90
6	85	91	63	66	90	75
7	91	85	70	76	68	88
8	74	74	61	69	78	92
9	100	88	49	66	86	78
10	87	84	74	76	80	85

成绩数据的雷达图绘制代码如下：

```
library(fmsb)
dat=read.table("clipboard",header=TRUE)      #通过剪贴板读取数据到 dat 中，不含编号列
cols=gray.colors(10,0.1,0.6)
radarchart(dat,axistype=0,seg=6,maxmin=FALSE,vlabels=colnames(dat),title="成绩雷达图",
plwd=rep(2,10),plty=rep(1,10),pcol=cols)
legend('right',legend=paste('stu ID',1:10,sep=''),xpd=TRUE,col=cols,pch=16)
```

执行上述代码输出的效果如图 2.5.11 所示。

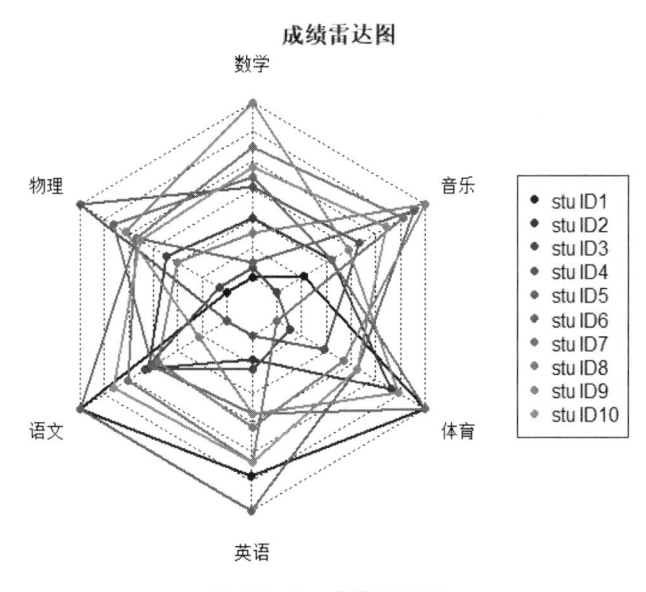

图 2.5.11　成绩雷达图

2. 多维标度法

多维标度法（MDS）是降维法的一种，它是将多维空间数据的研究简化到低维空间进行，同时又尽量保留数据原始关系的数据分析方法。R 语言的程序包 MASS 中的 cmdscale 函数和 isoMDS 函数提供了对多维标度法的支持。

下面分别使用 cmdscale 和 isoMDS 对 iris 数据实施多维标度法，代码如下：

```
library(MASS)
dd=as.matrix(dist(iris[,1:4]) )     #生成距离矩阵，isoMDS 用矩阵比较好处理
loc1=cmdscale(dd,k=2)               #使用 cmdscale 法
dd[102,143]=0.00001                 #该距离为 0 不能执行 isoMDS，故修改为 0.00001
loc2=isoMDS(dd,k=2)                 #使用 isoMDS 法
```

```
cols=gray.colors(3,0,0.6,0.2)                    #使用rainbow(3)更美观
cols=col3[as.integer(iris[,5])]                  #根据类别生成颜色数组
op=par(mfrow=c(1,2))
plot(loc1, col=cols, main='cmdscale多维标度', xlab='投影第1维', ylab='投影第2维',
pch=c(1,16,8)[as.integer(iris[,5])])             #根据类别生成坐标点形状
plot(loc2$points, col=cols, main='isoMDS多维标度',xlab='投影第1维',ylab='投影第2维',
pch=c(1,16,8)[as.integer(iris[,5])])
par(op)
```

执行上述代码输出的效果见图 2.5.12。

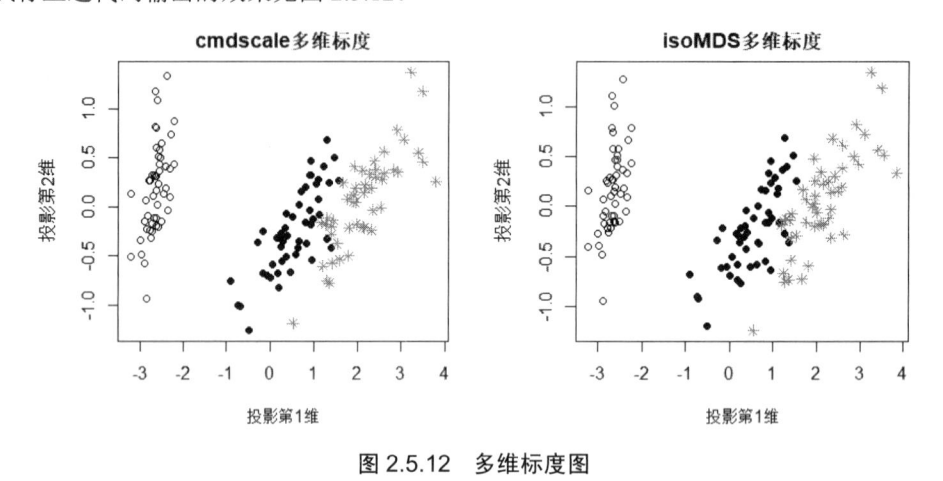

图 2.5.12　多维标度图

从图 2.5.12 中可以看出，两种方法得到的结果图形非常相似，均能较好地把 iris 数据的三种类型聚到一起，比较好地实现了多维数据的聚类。

3. 平行坐标图

平行坐标图是实现多维数据可视化的一种方法，对于 n 个样本点，每个样本点为 p 维数据，每一维都有一个坐标，坐标相互平行，各维通过折线连接，即一个样本点表示为一条折线，穿过 p 个平行坐标。通过平行坐标图可能会发现变量之间的潜在模式或关系。

在 R 语言中，通过程序包 MASS 中的 parcoord()函数实现平行坐标图的绘制。该函数的格式为 parcoord(x, col = 1, lty = 1, var.label = FALSE, …)，其中 x 是矩阵或数据框；col 是颜色数组，表示每个观测样本点的颜色；lty 是数值数组，表示每个样本点的折线的类型；var.label 为逻辑变量，为 TRUE 时表示每维的最小值和最大值都标记出来。

也可以通过程序包 lattice 中的 parallelplot 函数绘制平行坐标图。下面通过 iris 数据和表 2.5.1 来展示平行坐标图对多维数据的展示，代码如下：

```
library(MASS)
col3=gray.colors(3,0.1,0.6)                      #使用heat.colors(3)更美观
cols=col3[as.integer(iris[,5])]
parcoord(iris[,1:4], col=cols, lty=1, var.label=TRUE)
dat=read.table("clipboard",header=TRUE)          #通过剪贴板读取数据到dat中，不含编号列
cols=gray.colors(nrow(dat),0.05,0.55)            #使用rainbow(nrow(dat))更美观
parcoord(dat, col=cols, lty=1, var.label=TRUE)
legend('top',legend=1:nrow(dat),horiz=T,col=cols,lty=1,inset=-0.3,xpd=T,cex=0.7)
```

执行上述代码输出的效果见图 2.5.13。

图 2.5.13 平行坐标图

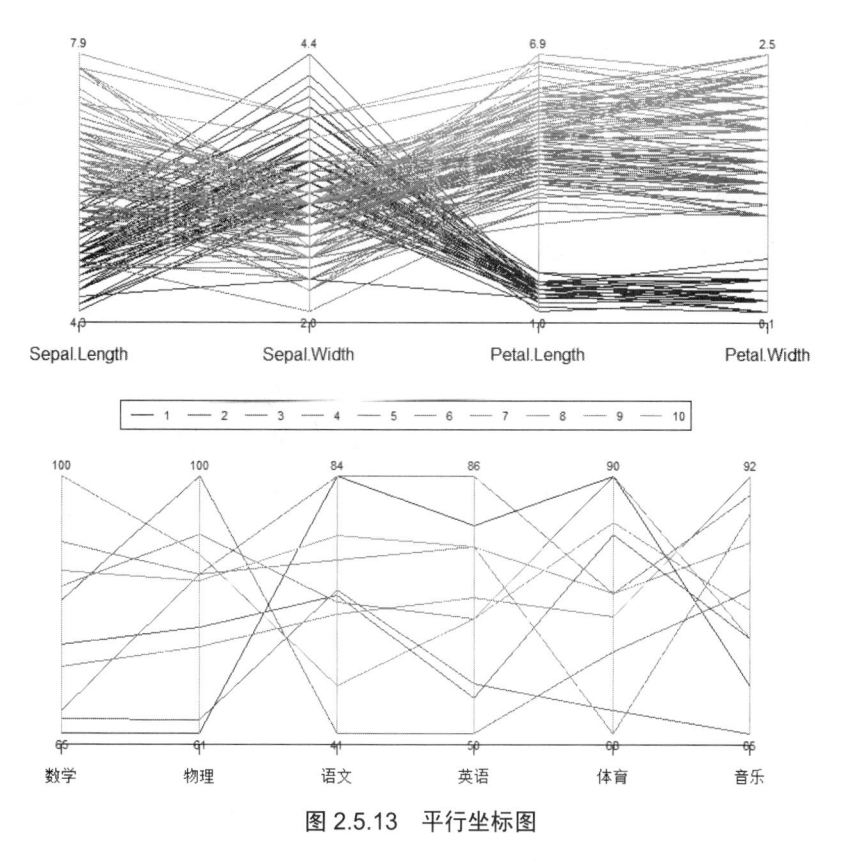

使用平行坐标图展示多维数据，在样本点（矩阵行）多的时候，如果数据之间存在一定的趋势性关系，如图 2.5.13 的上方的子图，可以看出一定的聚类效果，同时也说明鸢尾花在四种性状特征上具有明显的差异。而当样本点的各维数据没有一定的趋势性规律时，就显得比较杂乱，如图 2.5.13 下方的子图。

2.6 关系的可视化

在多维变量的数据分析中，变量之间关系的挖掘是非常重要的一项工作，关系的可视化是一种重要的挖掘手段。变量之间的常见关系有相关关系、线性关系、非线性关系、聚类等；而样本点之间有聚集、网络等关系。

2.6.1 调和曲线图与聚类

调和曲线图是由安德鲁斯（Andrews）于 1972 年提出的一种三角表示法，其思想是将多维空间的样本点对应到二维平面上的一条曲线，也是一种降维方法。安德鲁斯证明了三角多项式图具有很好的性质，特别是具有欧氏距离特性，即两个样本点之间的欧式距离越近，其调和曲线也越接近。因此，调和曲线常用来挖掘样本数据的聚类结构。

设 p 维数据的第 i 个样本点为 $\boldsymbol{x}_i = (x_{i1}, x_{i2}, \cdots, x_{ip})^\mathrm{T}$，则对应的调和曲线定义为

$$f_{\boldsymbol{x}_i}(t) = \frac{x_{i1}}{\sqrt{2}} + x_{i2}\sin(t) + x_{i3}\cos(t) + x_{i4}\sin(2t) + x_{i5}\cos(2t) + \cdots, \quad -\pi \leqslant t \leqslant \pi$$

在绘制调和曲线图时，最好根据专业知识将指标变量按影响力或权重进行降序排列，将重

要的变量放在前面,以增加调和曲线的灵敏性。

R 语言中的程序包 MSG 提供了 andrews_curve 函数用于绘制调和曲线,该函数的形式如下:

```
andrews_curve(x,n=101, type="l",lty=1,lwd=1,pch=NA,…)
```

其中,x 为矩阵或数据框,n 表示曲线在[$-\pi,\pi$]上的分点数,其他参数参见 plot 函数。该包中还提供了一个绘制心形图案的函数 heart_curve(…),给它一个参数 col="red",将会得到一个惊喜。

下面以 iris 数据为例绘制调和曲线图,并绘制一个心形图案具体代码如下:

```
library(MSG)
cols=gray.colors(3,0.2,0.6)           #使用其他颜色会更直观
andrews_curve(iris[, -5], col = cols[as.integer(iris[, 5])])
heart_curve(col="gray")     #使用红色 red 是最经典的
```

执行上述代码输出的效果见图 2.6.1。

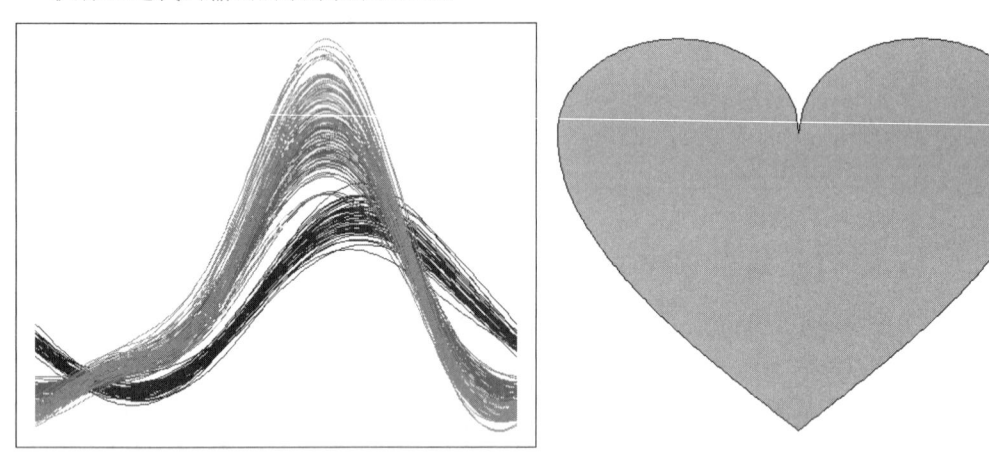

图 2.6.1　调和曲线图与心形图案

2.6.2　相关性的可视化

相关性是变量之间的一种相关程度的表达,有 Pearson 线性相关性及 Spearman 和 Kendall 非线性相关性等主要呈现形式。通过函数 cor(x)可以计算 x 中各个变量的相关系数或者相关系数矩阵,其中 x 是矩阵或者数据框。设置 method 参数值为"pearson","kendall"和"spearman"三者之一,可以计算并得到对应的相关系数。而通过程序包 corrplot 中的函数 corrplot 和 corrplot.mixed,能够将相关系数矩阵可视化。

下面以内置数据 attitude 为例进行介绍,该数据记录了 30 个部门在 7 个方面的调查结果,调查结果是同一部门 35 个职员对调查项目赞成的百分比。具体代码如下:

```
library(corrplot)
cols=gray.colors(7,0.8,0.3)
corrplot(cor(attitude),tl.cex=0.65,col=cols,tl.col='black')    #产生图 2.6.2 左侧图形
corrplot.mixed(cor(attitude),tl.cex=0.65,tl.col='black',lower.col=cols,upper.col=cols)
                                                               #产生图 2.6.2 右侧图形
```

执行上述代码输出的效果见图 2.6.2。

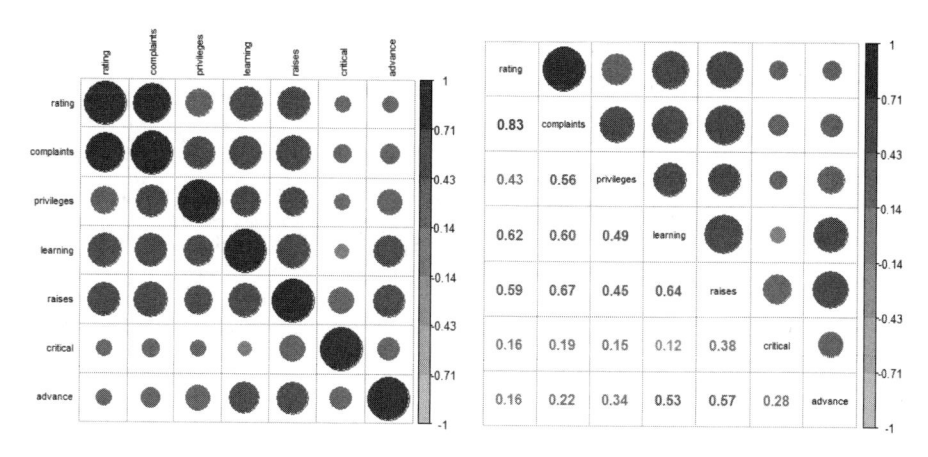

图 2.6.2 相关系数可视化

使用 addCoef.col 参数能够将相关系数值叠加到图 2.6.2 的圆形区域中，代码如下：

```
corrplot(cor(attitude),tl.cex=0.65,addCoef.col='grey',number.cex=0.75)
```

其中，相关系数绝对值越大，颜色越深，圆形面积越大；否则，颜色越淡，圆形面积越小。另外，通过设置参数 order 为数组 c("original", "AOE", "FPC", "hclust", "alphabet")中的某一个，可以改变变量输出的顺序，各个参数分别表示基于原始数据、特征向量、第一主成分、聚类、字典方式来构造。

下面通过内置数据 swiss 来展示 order 参数的区别，代码如下：

```
cols=gray.colors(7,0.8,0.3)
corrplot.mixed(cor(swiss),tl.cex=0.65,addCoef.col='black',number.cex=0.75,lower.col
=cols,upper.col=cols,tl.col='black')         #lower.col,upper.col,tl.col 可不指定，
                                             #产生图 2.6.3 左侧图形
corrplot.mixed(cor(swiss),tl.cex=0.65,addCoef.col='black',number.cex=0.75,order="FPC",
lower.col=cols,upper.col=cols,tl.col='black')  #同上，产生图 2.6.3 右侧图形
```

执行上述代码输出的效果见图 2.6.3。

图 2.6.3 按 original 方式输出的图形（左图）和按 FPC 方式输出的图形（右图）

FPC 方式将相关性强的变量（分正负相关性）聚集在一起，有利于挖掘变量之间的聚类或共线性等关系。

关于相关系数可视化的程序包还有 corrgram，其中的函数 corrgram 提供类似的功能，使用也很方便，可参见该程序包的帮助文档。

2.6.3 散布图

散布图也称为矩阵散点图，它将矩阵或数据框中的任意两个变量的散点图绘制到一幅图上，展示了两两变量之间的相关性。在 R 语言中，通过 paris 函数实现散布图的绘制。下面介绍 paris 函数的部分参数和两种基本使用方法。

```
pairs(x,labels,panel = points, …,diag.panel = NULL,cex=1.0,cex.labels = NULL,…)
```

其中，x 为矩阵或数据框；labels 是变量名称；panel 是矩阵单元中绘制的内容，如 panel.smooth，表示增加一条光滑的趋势线；diag.panel 是对角线单元绘制的内容，可以指向一个绘制图像的函数；cex 是矩阵单元中绘制的内容的大小；cex.labels 是输出文本的大小。

绘制散布图的代码如下：

```
cols=gray.colors(3,0.4,0.8)
pairs(iris[1:4], main = "Iris Data", pch = 21, bg =cols[unclass(iris$Species)],
cex.labels=1.2)     #绘制图 2.6.4,使用 cols=c("red", "green3", "blue")更美观
panel.hist = function(x,…)      #直方图画在对角线各单元格中，见图 2.6.5
{   usr= par("usr"); on.exit(par(usr))
    par(usr = c(usr[1:2], 0, 1.5) )
    h = hist(x, plot = FALSE)
    breaks= h$breaks; nB = length(breaks)
    y = h$counts;
    y =y/max(y)
    rect(breaks[-nB], 0, breaks[-1], y, col = "gray", …)
}
pairs(iris[1:4],main = "Iris Data",panel = panel.smooth,cex = 1.0,pch = 21,horOdd=TRUE,
bg =cols[unclass(iris$Species)], diag.panel = panel.hist, cex.labels = 1)
```

执行上述代码输出的效果见图 2.6.4 和图 2.6.5。

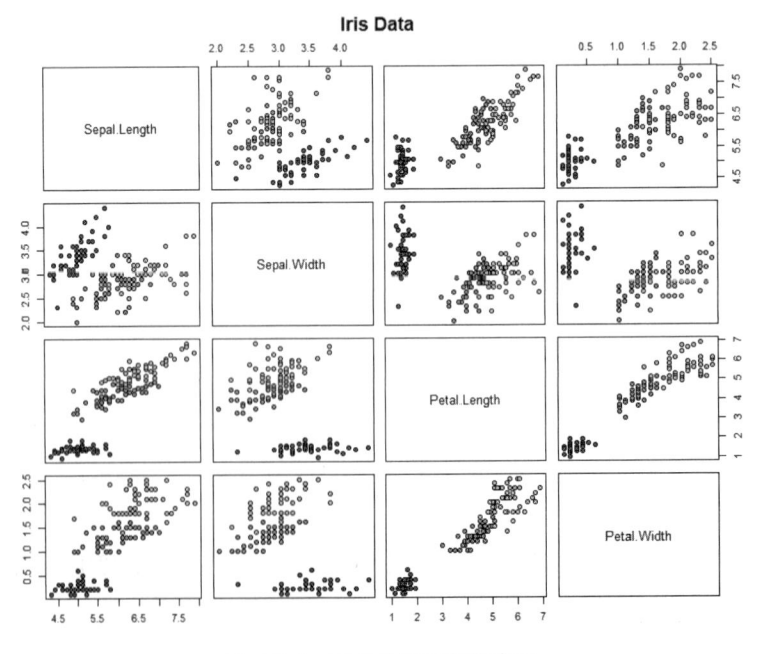

图 2.6.4　默认参数下的散布图

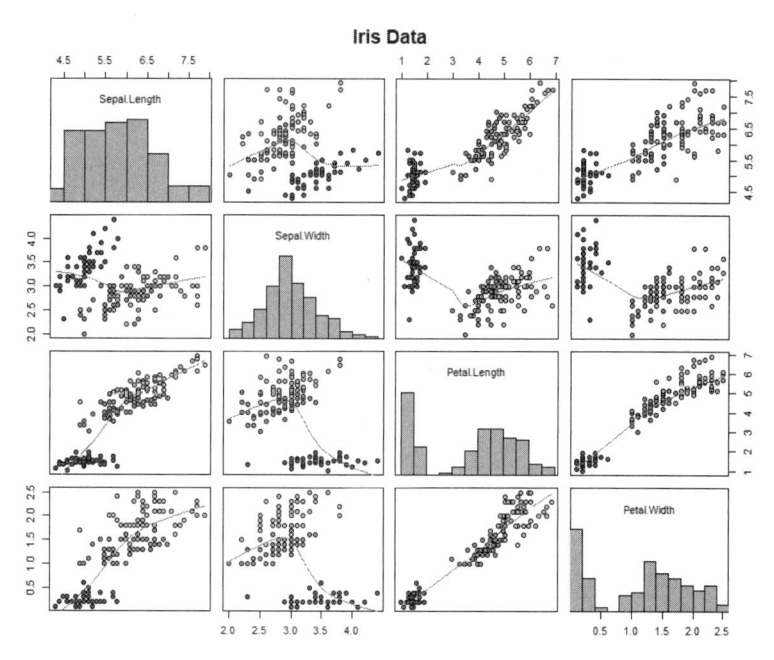

图 2.6.5　增加对角直方图和散点趋势线的散布图

对于分类数据，有时候需要在不同分类前提下探索变量两两之间的条件散点图（或称为协同图），用来挖掘不同分类下的变量两两之间的相关差异性。

下面以 iris 数据为例，基于不同分类前提绘制 iris 数据中第一列相对于第二列数据的散点图。绘制时可以使用参数 panel 指定各单元格中的图像绘制函数，比如添加一条回归曲线。具体代码如下：

```
coplot(Sepal.Length~Sepal.Width|Species,panel=panel.smooth,data=iris, pch=21)
```

执行上述代码输出的效果见图 2.6.6。

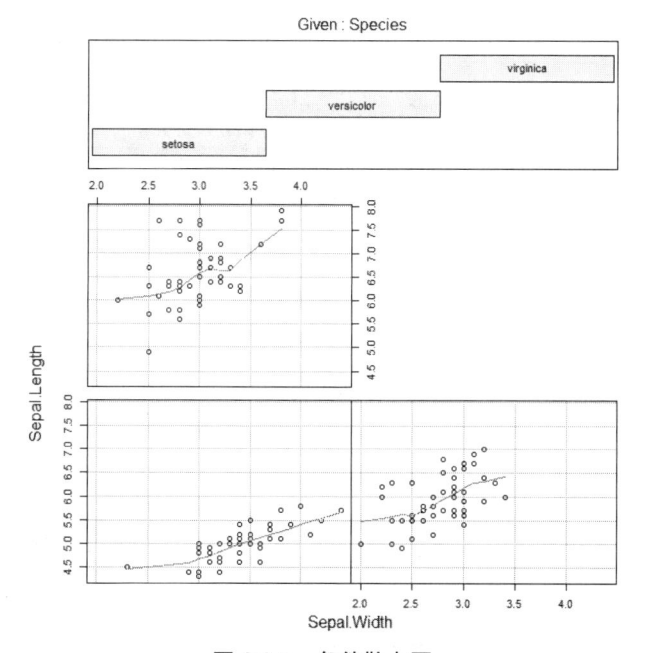

图 2.6.6　条件散点图

2.7 实例分析——人口数据的可视化

本节针对国家统计局网站提供的 2012—2021 年中国内地 31 个省市自治区的总人口数据（来自附录 A 表 2 的 population.xlsx），如表 2.7.1 所示，结合前面各节介绍的工具，尝试实现数据的初步可视化。

表 2.7.1 2012—2021 年中国内地 31 个省市自治区的总人口数据（单位：万人）

地区	2021年	2020年	2019年	2018年	2017年	2016年	2015年	2014年	2013年	2012年
北京市	2189	2189	2190	2192	2194	2195	2188	2171	2125	2078
天津市	1373	1387	1385	1383	1410	1443	1439	1429	1410	1378
河北省	7448	7464	7447	7426	7409	7375	7345	7323	7288	7262
山西省	3480	3490	3497	3502	3510	3514	3519	3528	3535	3548
内蒙古自治区	2400	2403	2415	2422	2433	2436	2440	2449	2455	2464
辽宁省	4229	4255	4277	4291	4312	4327	4338	4358	4365	4375
吉林省	2375	2399	2448	2484	2526	2567	2613	2642	2668	2698
黑龙江省	3125	3171	3255	3327	3399	3463	3529	3608	3666	3724
上海市	2489	2488	2481	2475	2466	2467	2458	2467	2448	2399
江苏省	8505	8477	8469	8446	8423	8381	8315	8281	8192	8120
浙江省	6540	6468	6375	6273	6170	6072	5985	5890	5784	5685
安徽省	6113	6105	6092	6076	6057	6033	6011	5997	5988	5978
福建省	4187	4161	4137	4104	4065	4016	3984	3945	3885	3841
江西省	4517	4519	4516	4513	4511	4496	4485	4480	4476	4475
山东省	10170	10165	10106	10077	10033	9973	9866	9808	9746	9708
河南省	9883	9941	9901	9864	9829	9778	9701	9645	9573	9532
湖北省	5830	5745	5927	5917	5904	5885	5850	5816	5798	5781
湖南省	6622	6645	6640	6635	6633	6625	6615	6611	6600	6590
广东省	12684	12624	12489	12348	12141	11908	11678	11489	11270	11041
广西壮族自治区	5037	5019	4982	4947	4907	4857	4811	4770	4731	4694
海南省	1020	1012	995	982	972	957	945	936	920	910
重庆市	3212	3209	3188	3163	3144	3110	3070	3043	3011	2975
四川省	8372	8371	8351	8321	8289	8251	8196	8139	8109	8085
贵州省	3852	3858	3848	3822	3803	3758	3708	3677	3632	3587
云南省	4690	4722	4714	4703	4693	4677	4663	4653	4641	4631
西藏自治区	366	366	361	354	349	340	330	325	317	315
陕西省	3954	3955	3944	3931	3904	3874	3846	3827	3804	3787
甘肃省	2490	2501	2509	2515	2522	2520	2523	2531	2537	2550
青海省	594	593	590	587	586	582	577	576	571	571
宁夏回族自治区	725	721	717	710	705	695	684	678	666	659
新疆维吾尔自治区	2589	2590	2559	2520	2480	2428	2385	2325	2285	2253

1. 同比增量条形图

下面以 2021 年相对于 2020 年的人口增量为切入点，将内地各省市自治区按照人口增量从大到小排序，通过颜色渐变和数量的同步输出绘制增量条形图，以便展示内地不同省市自治区的增量变化情况。具体代码下：

```
dat=data.frame('clipboard', header=TRUE)              #通过剪贴板读取数据，包括地区列
dx=data.frame(prov=dat[,1],growth=dat[,2]-dat[,3])    #取得名称和增量两列数据
dx=dx[order(-dx$growth),]                             #按照增量从大到小排序
cols=gray.colors(31,0.2,0.6)  #colorRampPalette(c('green','red')) #设置从绿色到红色的
                                                                  #调色板
a=barplot(dx[,2],las=2,col=cols,ylim=c(-100,100),,ylab='增量(单位:万人)',
    main='内地31个省市自治区2021年相对2020年的人口增量')
realup=which.min(dx[,2]>0)                            #人口正增长最小的下标
text(a[1:realup,1],dx[1:realup,2],dx[1:realup,2],pos=3)  #在条形上输出增量
text(a[-c(1:realup),1],dx[-c(1:realup),2]-5,dx[-c(1:realup),2],pos=1)
text(a[1:realup,]+0.3,-4,dx[1:realup,1],srt=90,pos=2,cex=0.75)  #在坐标轴上输出省份名称
text(a[-c(1:realup),]-0.2,35,dx[-c(1:realup),1],srt=90,pos=1,cex=0.75)
```

执行上述代码输出的效果见图 2.7.1。

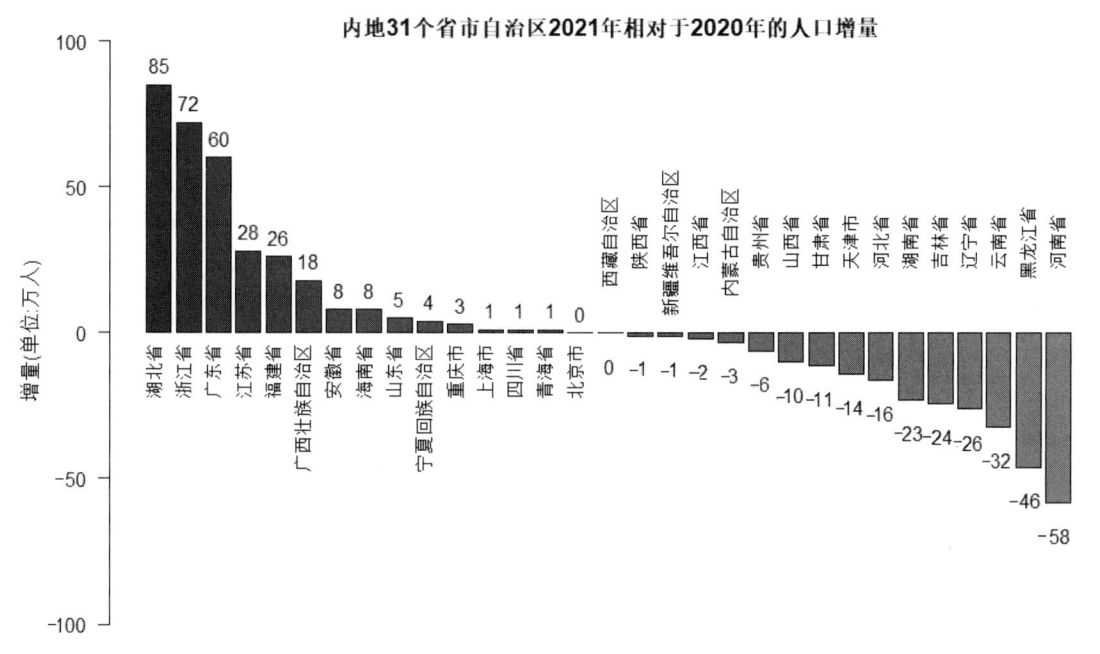

图 2.7.1　增量条形图

图 2.7.1 从左到右增量逐渐下降，条形颜色由深向浅渐变，预示着形势越来越严峻。从图 2.7.1 中可以看出，有大约一半省份的人口出现了负增长，而且正增长与负增长的数量相当，更加突出人口增长的严峻形势。

2. 人口总量趋势图

呈现全国人口总量趋势的代码如下：

```
pepsum=apply(dat[,2:11],2,sum)
```

```
plot(2012:2021,rev(pepsum)/10000,main='2012—2021年全国人口总量',xlab='年份',
ylab='人口总数（单位：亿）',type='o',las=1)
grid()                                    #图2.7.2左侧图形
cols=gray.colors(9,0.2,0.6)               #cols=colorRampPalette(c('green','red'))
barplot(diff(rev(pepsum)),beside=TRUE,ylim=c(0,1000),las=2,ylab='人口增量（单位：万）',
xlab='年份',main='2012—2021人口同比增量',names.arg=2013:2021,col=cols)    #图2.7.2右侧图形
```

执行上述代码输出的效果如图2.7.2所示。

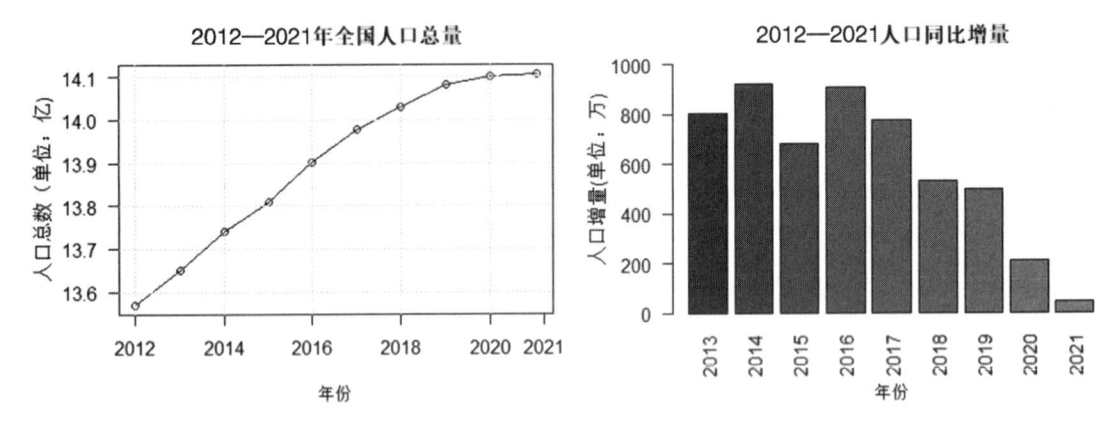

图2.7.2　全国人口总量与同比增量趋势图

从趋势图看出，我国的人口总量在 2020 年出现拐点；而同比增量则在 2016 年之后逐年下降，且有加速下降的趋势。党的二十大报告指出要"优化人口发展战略，建立生育支持政策体系，降低生育、养育、教育成本。"说明国家非常重视人口数量和人口质量问题。现在，对于"科技是第一生产力，人才是第一资源，创新是第一动力"的认识已经深入人心。人口增长趋势放缓甚至逆转和人口老龄化问题是人才资源以及人才强国战略不得不面对的严峻问题。

3. 分省份人口趋势图

按各省市自治区呈现人口10年之间的变化趋势，代码如下：

```
ndat=dat[,c(1,11:2)]                #让数据按时间顺序排放
par(mai=c(1,0.8,0.5,2))             #绘图区域设置，以便留出底部和右侧空间
years=2012:2021
n=nrow(ndat)
cols=gray.colors(n,0.01,0.5)        #使用cols=1:n 更为美观
rx=range(ndat[,2:11])
plot(1:10,years,xlim=rx,type='n',lty=1,las=2,xlab='',ylab='',main='各省市自治区10年
人口变化(单位：万)')
legend(13500,2021.3,legend=ndat[,1],pch=(1:n)%%26,col=cols,xpd=TRUE,cex=0.75)
for(i in 1:nrow(ndat))
    lines(as.numeric(ndat[i,2:11]),years,type='o',col=cols[i],lty=i,pch=i %% 26)
```

执行上述代码输出的效果见图2.7.3。

从图 2.7.3 可看出，大部分省市自治区的人口变化不明显，但广东省和浙江省的增长趋势较为明显，东北三省下降趋势比较明显，四川省与江苏省、山东省与河南省比较同步。

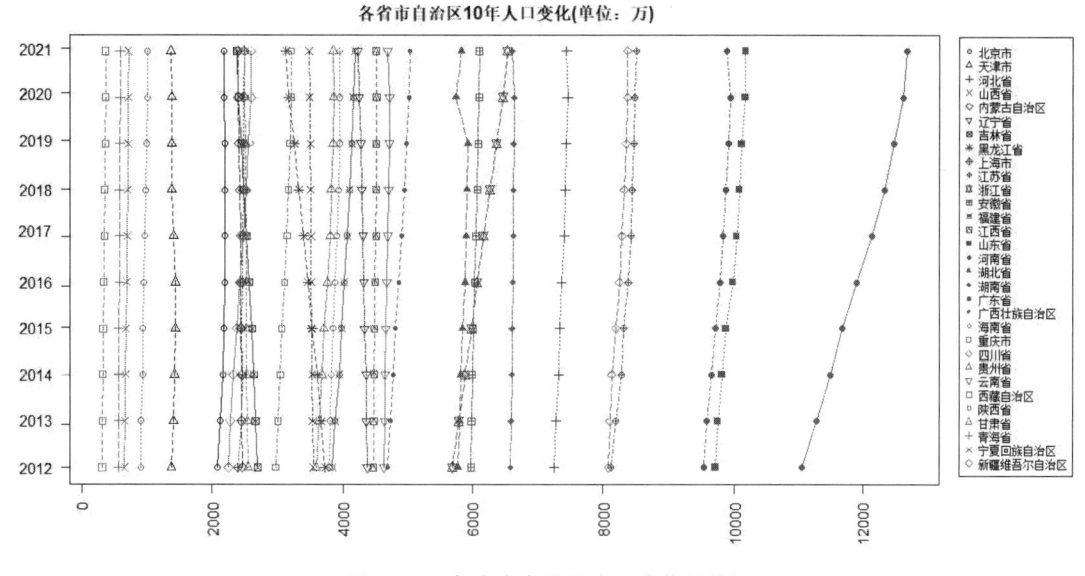

图 2.7.3　各省市自治区人口变化折线图

思考与练习

1. 程序包 ggplot2 中的 diamonds 数据集提供了 53940 颗钻石的信息，它是一个包含 53940 行和 10 个变量的数据框，10 个变量为 carat，cut，color，clarity，depth，table，price，x，y，z，分别表示钻石重量（0.2~5.01 克拉），切割质量（公平、良好、非常好、高级、理想），颜色（从最差 J 到最好 D），透明度（钻石的透明度从最差到最佳依次为 I1，SI2，SI1，VS2，VS1，VVS2，VVS1，IF），总深度比例（$2 \times z/(x+y)$，范围为 43~79），表（钻石顶部相对于最宽点的宽度，范围为 43~95），价格（以美元计价），长度（0~10.74mm），宽度（0~58.9mm）和深度（0~31.8mm）。尝试对 diamonds 数据集进行描述性统计，并实现可视化。

2. 程序包 faraway 中的 worldcup 数据集提供了 595 个球员的信息，是一个包含 595 行和 7 个变量的数据框，7 个变量为 Team，Position，Time，Shots，Passes，Tackles 和 Saves，分别表示所在国家/地区、球员位置（后卫、前锋、守门员、中场）、上场总时间、射门次数、传球次数、铲球次数和救球次数。尝试对 worldcup 数据集进行描述性统计，并实现数据可视化，比如通过地图显示球员的国家/地区分布、不同球员位置的射门次数分布、上场时间与传球次数的关系、不同球员位置的上场时间与射门次数等。

3. 来自程序包 survival 的晚期肺癌生存数据集 lung 提供了 228 个患者的生存数据，每个患者有 10 个变量，包括 inst，time，status，age，sex，ph.ecog，ph.karno，pat.karno，meal.cal，wt.loss，分别表示机构编码，生存时间（单位：天），状态（1=删失、2=死亡），年龄（单位：岁），性别（1=男性、2=女性），医生评定 ECOG 得分（0=无症状、1=有症状但完全不卧床、2=卧床率<50%、3=卧床率>50%但不卧床、4=卧床），医生评定 KARNO 得分（糟糕 0 到良好 100），患者评定 KARNO 得分（糟糕 0 到良好 100），吃饭时消耗的卡路里（单位：卡），过去 6 个月下降的体重（单位：磅）。尝试对 lung 数据集进行描述性统计分析，并实现数据的可视化。

4. 请访问 UCI 机器学习资源网站，下载其中的 Abalone（鲍鱼）数据集，该数据集有 4177 行、9 个变量，尝试对该数据集进行描述性统计分析，并实现数据的可视化。

注：UCI 机器学习资源网站上的数据非常丰富，是数据分析的常用网站，可以对各类数据尝试进行描述性统计和可视化分析。

5. 基于第 1 章思考与练习中第 8 题提取的我国高校基本信息数据，对各省高校布局进行可视化研究，并对高校区域性布局做进一步的思考。

第 3 章
随机思维：随机数与随机模拟

随机数在模拟计算、量子通信、信息安全等领域应用广泛。产品级的加密密钥、数字签名、身份认证以及密码协议等都需要用到真正的随机数发生器，这样才能最大限度地避免被破解。而在概率统计领域，基于概率分布而产生的一组随机数通常属于伪随机数，它可作为该概率分布的一种数字刻画，也可作为总体简单抽样的一种实现形式。随机数贯通了概率范畴的随机变量和统计范畴的总体两个概念，是概率统计领域进行数字化随机模拟的数字基础。

本章重点阐述随机数的构造，以及随机数在极限理论、Monte-Carlo（蒙特卡罗）随机模拟、抽样分布及其渐近正态性、排列组合抽样、多维分布模拟等方面的应用。

3.1 随机数发生器

通过物理手段产生的随机数通常被认为是真随机数，而通过数学手段产生的随机数通常被称为伪随机数。在一般的应用领域中，伪随机数由于生成成本低、速度快、性能还不错，因此更为常用。本书提到的由统计软件产生的随机数都属于伪随机数。

众所周知，随机变量是对随机现象规律性的刻画，而一个样本就是对总体的一次随机抽样。如何直观地理解随机变量和总体，首先要解决的问题是对随机变量或总体进行随机抽样得到抽样数据，再利用各种方法对数据进行挖掘，这里的抽样数据就涉及分布的随机数。很多统计软件中都提供了常见分布随机数的产生函数。在 R 语言中，正态分布随机数的产生函数为 rnorm，均匀分布随机数的产生函数为 runif 等，见表 1.8.7。若给定一个随机变量 X 的密度函数 $f(x)$ 或者分布函数 $F(x)$，能否产生服从该分布的随机数呢？这是一个有趣也有一定难度的问题。常见的随机数产生方法包括逆变换法、筛选法、合成法等。下面给出随机数产生的基本原理与过程。

定理 3.1.1 设随机变量 X 的分布函数为 $F_X(x)=P(X \leqslant x)$，$x \in \mathbb{R}$，记为 $X \sim F_X(x)$。不妨设 $F_X(x)$ 为 x 的严格单调递增函数，其反函数记为 $F_X^{-1}(x)$，记[0,1]区间上的均匀分布为 $U(0,1)$。

（1）若 $Y = F_X(X)$，则 $Y \sim U(0,1)$。

（2）若 $Y \sim U(0,1)$，则 $F_X^{-1}(Y) \sim F_X(x)$。

证明：（1）记 Y 的分布函数为 $F_Y(y)$，由分布函数定义可知：

当 $y<0$ 时，$F_Y(y) = 0$；当 $y>1$ 时，$F_Y(y) = 1$；而当 $0 \leqslant y \leqslant 1$ 时，$F_Y(y) = P(F_X(X) \leqslant y) = P(X \leqslant F_X^{-1}(y)) = F_X(F_X^{-1}(y)) = y$。因此，$Y \sim U(0,1)$。

（2）若 $Y \sim U(0,1)$，不妨设 $F_X^{-1}(Y) \sim F(x)$，即 $F(x) = P(F_X^{-1}(Y) \leqslant x)$，则对任意的 $F_X(x) \in [0,1]$，都有

$$P(Y \leqslant F_X(x)) = F_X(x)$$

而根据事件等价概率相等，有

$$P(F_X^{-1}(Y) \leqslant x) = P(Y \leqslant F_X(x))$$

即若随机变量 X 的分布函数为 $F_X(x)$，则有 $F_X^{-1}(Y) \sim F_X(x)$。

上述定理给出了随机分布 $F_X(x)$ 产生随机数的一种通用方法，即产生服从 U(0,1) 分布的随机数 y，代入 $x = F_X^{-1}(y)$ 就得到服从 $F_X(x)$ 的随机数 x，该方法通常称为**逆变换法**。

推论 3.1.1 已知随机变量 $X \sim F_X(x)$，设 $G(x)$ 是一个随机变量的分布函数，其反函数 $G^{-1}(x)$ 存在，则 $Y = G^{-1}(F_X(X)) \sim G(x)$。

由定理 3.1.1 中的（1）可知，若 $X \sim F_X(x)$，则令随机变量 $R = F_X(X) \sim U(0,1)$；再由（2）可知，$G^{-1}(R) = G^{-1}(F_X(X)) \sim G(x)$。

定理 3.1.1 和推论 3.1.1 说明在已知分布函数及其反函数的前提下，借助均匀分布随机数，就可以得到服从该分布的随机数。理论上均匀分布是一个重要的桥梁，实际使用中也经常通过均匀分布随机数来产生其他各种分布的随机数。那均匀分布的随机数又是如何产生的呢？

下面介绍一种很基本的服从均匀分布的伪随机数发生器。

LCG（Linear Congruence Generator，线性同余发生器） 是一种依赖数学递推公式产生均匀分布随机数的常用算法，它是由 Lehmer 于 1951 年提出的。

LCG 的一般递推公式可以表示为

$$\begin{cases} x_n = (ax_{n-1} + c) \bmod M \\ r_n = x_n / M \\ 初值 x_0 \end{cases}$$

其中，M 为周期，a 为乘子，c 为增量，mod 为求余运算，x_n，x_0，a，c，M 均为非负整数。下面给出两个混合 LCG。

（1）Coveyou 和 Macpherson 提出的混合 LCG：

$$x_n = (5^{15} x_{n-1} + 1) \bmod 2^{35}$$

（2）Kobayashi 提出的混合 LCG：

$$x_n = (314129269 x_{n-1} + 453806245) \bmod 2^{31}$$

一个好的均匀分布随机数发生器至少需要满足以下三个要求：

（1）产生的随机数序列要具备良好的统计性质，如分布的均匀性、抽样的随机性、序列间的独立性等。

（2）产生的随机数序列要有足够长的周期（比如 LCG 公式中的周期 M 要足够大），以满足随机模拟的需求。

（3）发生器的执行速度要快，占用内存要少，且具备可再现性。

不论是真随机数还是伪随机数，其发生器的研究一直以来都是热点。真随机数发生器方面的研究很多，包括硬件随机数发生器、基于各种物理源的随机数发生器、量子随机数发生器等。

伪随机数发生器方面的研究也不少，包括松本真和西村拓士在 1997 年开发的梅森旋转算法（Mersenne Twister）、MacLaren 和 Marsaglia 设计的组合线性同余发生器等。

一个好的服从均匀分布的随机数发生器应满足各种统计性质，一般都通过检验的手段进行验证，比如采用 χ^2 分布检验、K-S 同分布检验测试均匀性，采用 NIST 标准、国家标准、Alphabit、Diehard 等测试随机性，采用列联表 χ^2 检验、相关系数检验、游程检验等测试独立性。

扩展阅读

中国电子科技集团公司在 2017 年 12 月 4 日第四届世界互联网大会上发布的高速量子随机数发生器，实时产生随机数的速率超过 5.4Gb/s，极限值突破 117Gb/s，刷新了此前中国科学技术大学团队研制的高速量子随机数发生器的纪录，成为当时世界上产生速率最高的量子随机数发生器。

——东南网

例 3.1.1 产生服从指数分布 $X \sim E(\lambda)$ 的随机数。

设 $X \sim E(\lambda)$，其分布函数 $F(x) = \begin{cases} 1-\mathrm{e}^{-\lambda x}, & x > 0 \\ 0, & x \leq 0 \end{cases}$，该分布函数的反函数为

$$F^{-1}(x) = -\frac{1}{\lambda}\ln(1-x), \quad 0 \leq x < 1 \tag{3.1.1}$$

易知，$F(x)$ 满足定理 3.1.1，故可由区间[0,1]上的均匀分布随机数推出指数分布随机数。为展示该理论的作用，将其变换出的随机数与统计软件生成的随机数进行比较，包括采用直方图、数字特征及 K-S 同分布检验等，具体过程如下所示：

（1）先产生区间[0,1]上的 n 个均匀分布随机数 x_1，x_2，$\cdots$，x_n。
（2）将 x_1，x_2，$\cdots$，x_n 代入式（3.1.1），得到 $y_i = F^{-1}(x_i)$，$i = 1, 2, \cdots, n$。
（3）返回 y_1，y_2，$\cdots$，y_n，即为服从 $E(\lambda)$ 的随机数。

实现上述过程的代码如下：

```
rexp.me=function(n,lambda)
{ x=runif(n,0,1)
  y=-log(1-x)/lambda
  return(y)
}
set.seed(99);y1=rexp.me(100,0.5)          # λ=0.5
set.seed(100); y2=rexp(100,0.5)           #系统自带
op=par(mfrow=c(1,2))
hist(y1,main='定理产生')
hist(y2,main='系统产生')
par(op)
summary(y1)
summary(y2)
sd(y1)
sd(y2)
ks.test(y1,y2)                            #同分布检验
```

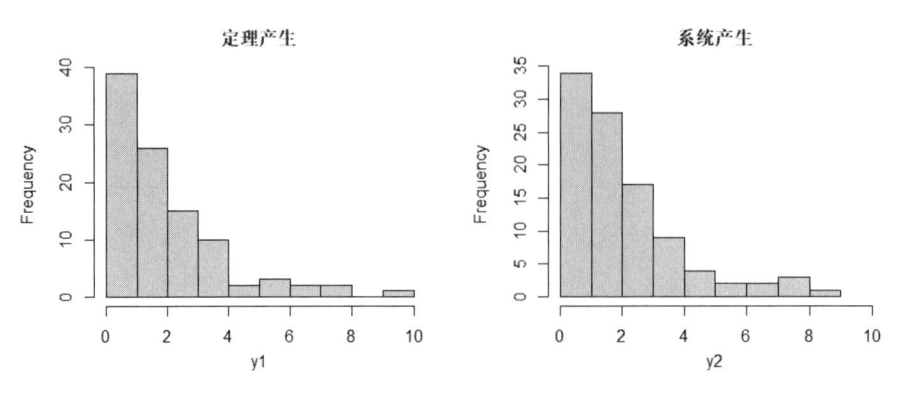

执行上述代码输出的效果见图 3.1.1 和表 3.1.1。

图 3.1.1　直方图比较

表 3.1.1　两组随机数的数字特征

随机数	最小值	25%分位数	中位数	均值	标准差	75%分位数	最大值
定理产生	0.00236	0.47282	1.39747	1.90195	1.882952	2.49972	9.78805
系统产生	0.01600	0.65160	1.39110	1.97500	1.856872	2.59070	8.25890
理论值	0	0.57536	1.38629	2	2	2.77259	$+\infty$

执行代码中 K-S 同分布检验 ks.test(y1,y2)输出的结果如下：

```
Two-sample Kolmogorov-Smirnov test

data:  y1 and y2
D = 0.07, p-value = 0.9671
alternative hypothesis: two-sided
```

由输出结果可知，通过定理产生的随机数和 R 语言中系统自带函数产生的随机数两者在直方图分布上具有相似性，各数字特征比较接近，通常都能通过 K-S 同分布检验。

3.2　概率极限理论的模拟

概率论中的极限理论包括大数定律与中心极限定理两大类，它们为概率理论研究与统计的大样本推断提供了一套理论基础，具有极其广泛的应用。

如何直观地展示极限理论，使其被更好地理解和接受，是极限理论教学和应用中很重要的一个问题。下面利用随机数和 R 语言，对极限理论进行图形和动画两个方面的可视化。

3.2.1　大数定律

1. 伯努利大数定律

在 n 次伯努利试验中，设每次试验中事件 A 发生的概率为 p，即 $P(A)=p$；记 X 为事件 A 发生的次数，则事件 A 发生的频率 $\dfrac{X}{n}$ 依概率收敛于 p，即对于任意的 $\varepsilon>0$，都有 $\lim\limits_{n\to\infty}P(|\dfrac{X}{n}-p|<\varepsilon)=1$。

该定律由伯努利（见图 3.2.1）于 1685 年在著作《猜度术》中提出。伯努利大数定律的意

义在于当试验次数 n 足够大时,可以利用频率估计并替代概率进行实际问题的计算和研究,另外它也表明了极限意义下频率估计的稳定性。

图 3.2.1 雅各布·伯努利（1654—1705）

模拟伯努利大数定律的步骤及代码如程序 3.2.1 所示。

【程序 3.2.1】伯努利大数定律模拟

（1）以 $p=0.5$ 为例,则 n 次伯努利试验中事件 A 发生的次数 $X \sim B(n,p)$。

（2）绘制直线 $p=0.5$。

（3）确定试验次数 n,提取 $B(n,p)$ 的随机数 x,计算频率 x/n,绘制散点 $(n, x/n)$。

（4）不断增大试验次数 n,重复步骤（3）。

```
p=1/2           #产生图 3.2.2
m=500
n=(1:m)*10
x=numeric(m)
for(i in 1:m) x[i]=rbinom(1,n[i],p)
plot(n,x/n,ylab='频率 x/n')
abline(h=p,col='red')
```

```
p=1/2           #产生图 3.2.3
m=1000
n=(1:m)*10000
x=numeric(m)
for(i in 1:m) x[i]=rbinom(1,n[i],p)
plot(n,x/n,ylab='频率 x/n')
abline(h=p,col='red')
```

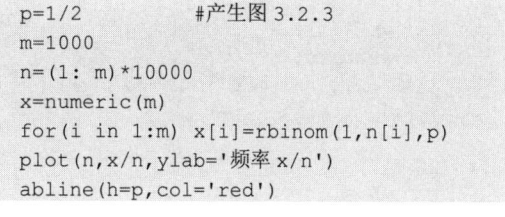

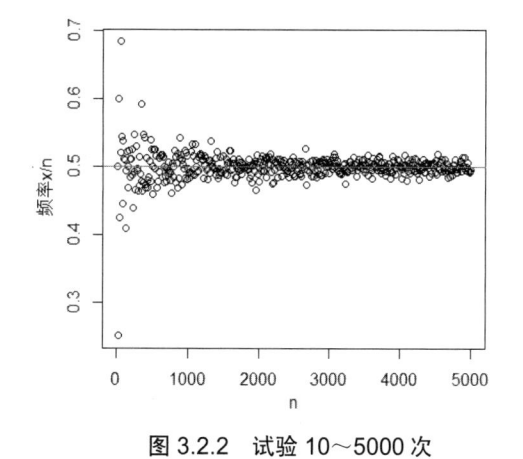

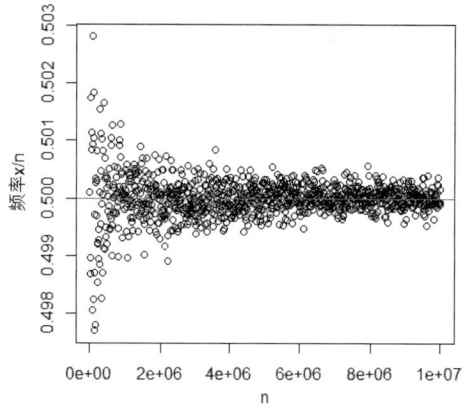

图 3.2.2 试验 10～5000 次

图 3.2.3 试验 1 万～1000 万次

注：伯努利大数定律的动画过程可通过附录 B 介绍的"教材资源下载"空间下载。

由图 3.2.2 和图 3.2.3 可知,频率始终围绕着概率波动,随着试验次数 n 的增大,频率偏离概率的波动幅度整体上呈现减小的趋势,但并非随着试验次数 n 的增大而一致减小,这充分体现了随机的含义,也说明了概率收敛不同于数列收敛的独特性。

2. 辛钦大数定律

设 $\{X_n\}$ 为独立同分布随机变量序列,若 $E(X_1)=\mu$,则对任意的 $\varepsilon>0$,都有

$$\lim_{n\to\infty} P\left(\left|\frac{1}{n}\sum_{i=1}^{n} X_i - \mu\right| < \varepsilon\right) = 1$$

辛钦大数定律充分表明了独立同分布随机变量序列均值的稳定性，同时提供了寻找独立同分布随机变量期望值的一条可行途径。辛钦（见图 3.2.4）是现代概率论的奠基人之一，是莫斯科概率学派的开创者。

图 3.2.4　亚历山大·雅科夫列维奇·辛钦（1894—1959）

模拟辛钦大数定律的步骤及代码如程序 3.2.2 所示。

【程序 3.2.2】辛钦大数定律模拟

（1）以取泊松分布 $X \sim P(4)$ 和正态分布 $Y \sim N(60, 4^2)$ 为例，其中 $E(X) = 4$，$E(Y) = 60$。
（2）绘制期望值水平线。
（3）提取上述分布的 n 个随机数并计算均值 $\overline{x}$，绘制散点 $(n, \overline{x})$。
（4）不断增大序列长度 n，重复步骤（3）。

```
lambda=4      #产生图3.2.5
m=500;   n=(1:m)*10
mx=numeric(m)
for(i in 1:m)
mx[i]=mean(rpois(n[i],lambda))
plot(n,mx,ylab='均值')
abline(h=lambda,col='red')
```

```
mu=60;  sigma=4   #产生图3.2.6
m=1000;   n=(1:m)*50
mx=numeric(m)
for(i in 1:m)
mx[i]=mean(rnorm(n[i],mu,sigma))
plot(n,mx,ylab='均值')
abline(h=mu,col='red')
```

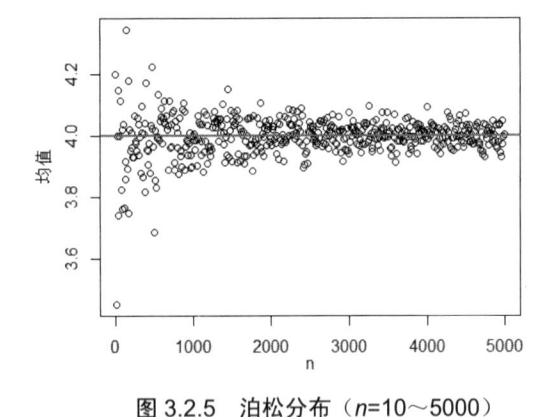

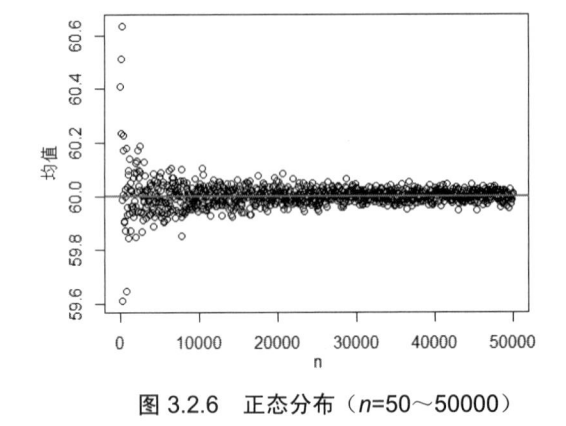

图 3.2.5　泊松分布（n=10～5000）

图 3.2.6　正态分布（n=50～50000）

程序 3.2.2 通过不同增速的序列长度展示辛钦大数定律中均值的稳定性，从图 3.2.5 和图 3.2.6 中可直观看到，序列长度越长，对随机变量理论期望的逼近越好。但要注意的是，概率收敛不是严格意义上的收敛。该程序也直观验证了大样本情况下参数点估计的可行性。

3. 切比雪夫大数定律

设 $\{X_n\}$ 为两两不相关的随机变量序列，若每个随机变量的方差具有共同的上界，即 $D(X_i) \leq C$ $(C>0)$，$i = 1, 2, \cdots$，则对任意的 $\varepsilon > 0$，都有

$$\lim_{n\to\infty} P\left(\left|\frac{1}{n}\sum_{i=1}^{n} X_i - \frac{1}{n}\sum_{i=1}^{n} E(X_i)\right| < \varepsilon\right) = 1$$

切比雪夫大数定律同样表明了极限意义下随机变量均值的稳定性。切比雪夫（见图 3.2.7）是彼得堡数学学派的奠基人和领袖。

图 3.2.7 帕夫努季·利沃维奇·切比雪夫（1821—1894）

模拟切比雪夫大数定律的步骤及代码如程序 3.2.3 所示。

【程序 3.2.3】切比雪夫大数定律模拟

（1）以 $B(10,1/2)$，$P(5)$，$G(1/5)$，$U(0,10)$，$E(1/5)$，$N(5,1)$ 6 个分布为例，期望都是 5。
（2）绘制期望值水平线。
（3）等量提取上述分布的随机数，总量为 n 个，并计算均值 $\bar{x}$，绘制散点 $(n,\bar{x})$。
（4）不断增大序列长度 n，重复步骤（3）。

```
EX=5        #产生图 3.2.8，为方便起见将参与模拟的各个分布的均值设置为相等
m=500
n=(1:m)*12;    en=n/6
mx=numeric(m)
for(i in 1:m)
mx[i]=mean(c(rbinom(en[i],10,1/2),rpois(en[i],5),rgeom(en[i],1/5)+1,
runif(en[i],0,10),rexp(en[i],1/5),rnorm(en[i],5,1)))
plot(n,mx,ylab='均值')
abline(h=EX,col='red')
```

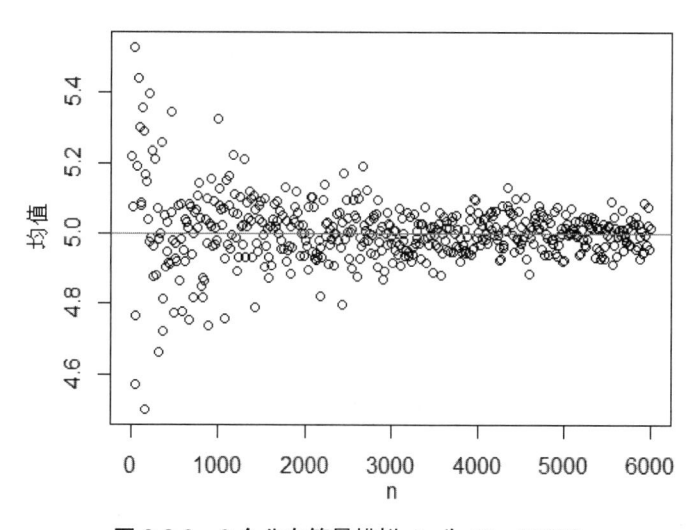

图 3.2.8 6 个分布等量模拟（n 为 12~6000）

程序 3.2.3 以多个分布来模拟切比雪夫大数定律，从输出的图 3.2.8 看效果不错。

3.2.2 中心极限定理

1. 林德伯格-莱维中心极限定理（独立同分布中心极限定理）

设 $\{X_n\}$ 为独立同分布随机变量序列，$E(X_1) = \mu$，$D(X_1) = \sigma^2 \neq 0$，则随机变量 $Y_n = \dfrac{\sum\limits_{i=1}^{n} X_i - n\mu}{\sqrt{n}\sigma}$ 的分布函数 $F_{Y_n}(x)$ 的极限为标准正态分布，即对任意的 $x \in \mathbb{R}$，都有

$$\lim_{n \to \infty} F_{Y_n}(x) = \lim_{n \to \infty} P(Y_n \leqslant x) = \lim_{n \to \infty} P\left(\frac{\sum\limits_{i=1}^{n} X_i - n\mu}{\sqrt{n}\sigma} \leqslant x\right) = \int_{-\infty}^{x} \frac{1}{\sqrt{2\pi}} e^{-\frac{t^2}{2}} dt = \Phi(x)$$

该定理由芬兰数学家林德伯格和法国数学家莱维（见图 3.2.9）提出，应用性很强，特别是在大样本统计推断中为概率的近似计算提供了一套通用的法则。另外，在实际应用中，经常使用以下三种近似的分布形式：

$$Y_n = \frac{\sum\limits_{i=1}^{n} X_i - n\mu}{\sqrt{n}\sigma} \sim N(0,1), \quad \bar{X} = \frac{1}{n}\sum_{i=1}^{n} X_i \sim N\left(\mu, \frac{\sigma^2}{n}\right), \quad \sum_{i=1}^{n} X_i \sim N(n\mu, n\sigma^2)$$

贾尔·瓦尔德马·林德伯格（1876—1932）　　　保罗·皮埃尔·莱维（1886—1971）

图 3.2.9　林德伯格与莱维

模拟该定理的步骤及代码如程序 3.2.4 所示。

【程序 3.2.4】独立同分布中心极限定理模拟

（1）以 $P(3)$ 和 $U(0,6)$ 两个分布为例，期望和方差都是 3。
（2）重复执行 m 次：生成上述分布的 n 个随机数，计算 Y_n，得到 Y_n 序列，长度为 m。
（3）通过 Y_n 序列估计密度曲线，叠加标准正态密度曲线，见图 3.2.10 和图 3.2.11。
（4）不断增大序列长度 n，重复步骤（2）和步骤（3）。

```
install.packages('scatterplot3d');        library(scatterplot3d)
TestCLT=function(rfun,para,cvalue,group,box=TRUE)
{ #para 指定分布的参数，cvalue 指定分布的期望与方差，group 指定分组数，box 指定是否画边框
  n=(1:group)*50;     m=1000;     Yn=numeric(m);    x=c();    z=c()
  for( I in 1:group)
  { if(length(para)==1)                        #针对 rfun 为单参数分布的模拟
    { for(J in 1:m)
      { rp=rfun(n[I],para[1])
```

```
        Yn[J]=(sum(rp)-n[I]*cvalue[1])/sqrt(n[I]*cvalue[2])
      }
    }
    else #针对rfun为双参数分布的模拟
    { for(J in 1:m)
      { rp=rfun(n[I],para[1],para[2])
        Yn[J]=(sum(rp)-n[I]*cvalue[1])/sqrt(n[I]*cvalue[2])
      }
    }
    Tmp=density(Yn)                    #得到核密度估计
    x=c(x,Tmp$x);    z=c(z,Tmp$y)
  }
  y=rep(1:group,each=512)              #y 轴，表示 group 组别
  dev.new()
  sc=scatterplot3d(x,y,z,type='n',main=paste('para=',para),zlab='核密度',ylab='组别')
  for(i in 1:group)
  { fi=(i-1)*512+1;ti=i*512
    sc$points3d(x[fi:ti],y[fi:ti],z[fi:ti],type='l',col='black',lwd=2,lty=2)
    sc$points3d(x[fi:ti],y[fi:ti],dnorm(x[fi:ti]),type='l',col='black',lwd=2)
                                       #可用不同颜色区分
  }
}
TestCLT(rpois,c(3),c(3,3),10)          #产生图 3.2.10
TestCLT(runif,c(0,6),c(3,3),10,FALSE)  #产生图 3.2.11
```

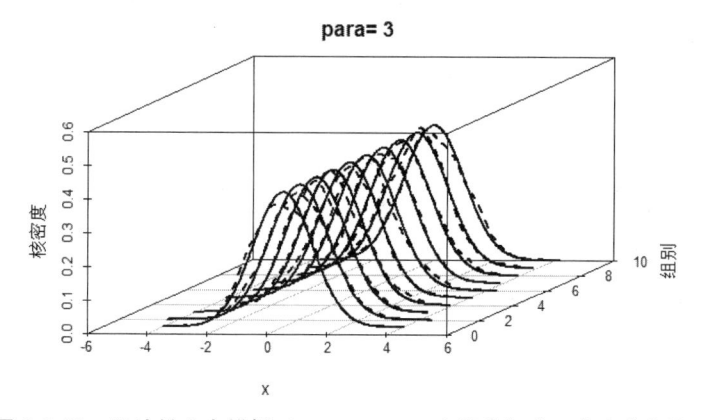

图 3.2.10 以泊松分布模拟（$n=50\sim500$，实线为标准正态密度曲线）

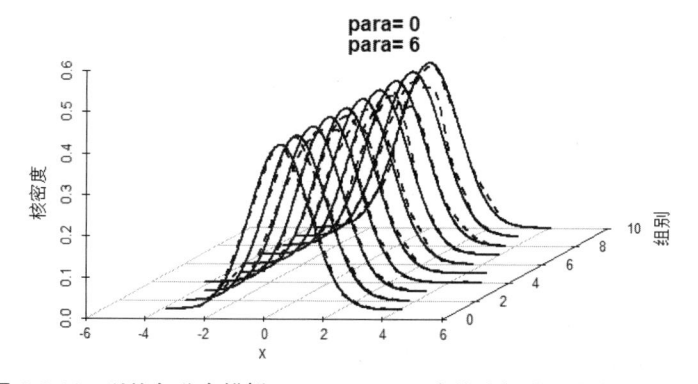

图 3.2.11 以均匀分布模拟（$n=50\sim500$，实线为标准正态密度曲线）

程序 3.2.4 从密度角度进行验证，从图 3.2.10 和 3.2.11 可知，随机模拟估计的密度与标准正

态分布密度的吻合程度还是比较理想的。下面从近似概率计算的角度来说明独立同分布中心极限定理的神奇。

不妨设 $\{X_n\}$ 为服从泊松分布 $P(3)$ 的独立同分布随机变量序列，当 $n=5,10,15,20,25,30$ 时，取区间 $[3n-3\sqrt{3n}, 3n+3\sqrt{3n}]$ 中的节点若干，求 $\sum_{i=1}^{n} X_i$ 不超过所取节点的概率。

利用泊松分布的独立可加性质可知，$\sum_{i=1}^{n} X_i$ 的精确分布为 $P(3n)$。利用上述定理的结论，近似有 $\dfrac{\sum_{i=1}^{n} X_i - 3n}{\sqrt{3n}} \sim N(0,1)$，则可利用该结论计算近似概率。下面给出精确计算与近似计算的结果，具体步骤和代码如程序 3.2.5 所示。

【程序 3.2.5】独立同分布中心极限定理概率计算

（1）$n=5,10,15,20,25,30$，取区间 $[3n-3\sqrt{3n}, 3n+3\sqrt{3n}]$ 中的若干整数节点。

（2）计算精确概率，计算近似概率。

（3）给出计算结果，加以比较。

```
n=c(5,10,15,20,25,30)
op=par(mfrow=c(2,3))
for(i in 1:6)
{   tmp=3*n[i];    stmp=trunc(3*sqrt(tmp))
    ep=(tmp-stmp):(tmp+stmp)
    p1=ppois(ep,tmp)
    p2=pnorm((ep-tmp)/sqrt(tmp))
    plot(ep,p1,type='p',pch=1,xlab=paste('x 基于n=',n[i]),ylab='概率')
    points(ep,p2,pch=2)           #可通过颜色进一步区分
    legend(ep[1],0.95,c('pois','norm'),pch=c(1,2))
}
par(op)
```

执行上述代码输出的结果见图 3.2.12。

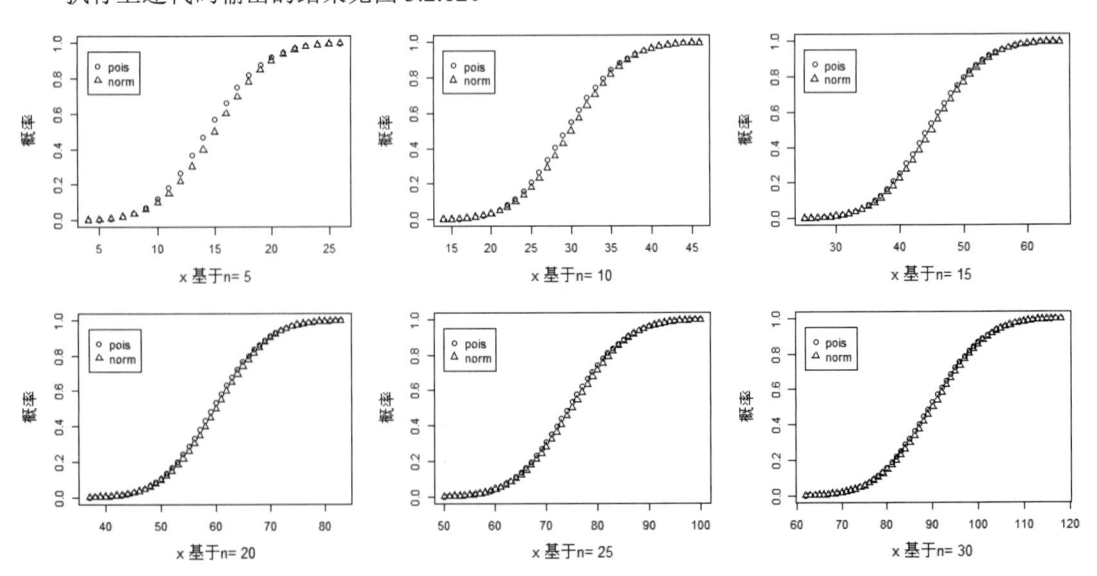

图 3.2.12 泊松分布概率和近似成正态分布概率的比较

从图 3.2.12 可知，在均值的正负 3 倍标准差范围内，将独立同分布的泊松随机变量之和通过中心极限定理近似成正态分布，从而利用正态分布完成概率计算，效果还是相当不错的。细心观察会发现，使用正态分布近似时，估计的概率值在很大范围内低于精确计算的概率值，这涉及由离散分布转化成连续分布时的修正问题。如果将近似公式转化成如下形式，那么估计的效果就会好很多：

$$\frac{\sum_{i=1}^{n} X_i - 3n + 0.5}{\sqrt{3n}} \sim N(0,1)$$

相应地，代码改成"p2=pnorm((ep-tmp+0.5)/sqrt(tmp))"。

2. 棣莫弗-拉普拉斯中心极限定理（二项分布中心极限定理）

随机变量 $X \sim B(n,p)$，则 $Y_n = \dfrac{X-np}{\sqrt{np(1-p)}}$ 的分布函数 $F_{Y_n}(x)$ 的极限为标准正态分布，即对任意的 $x \in \mathbb{R}$，都有

$$\lim_{n \to \infty} F_{Y_n}(x) = \lim_{n \to \infty} P(Y_n \leq x) = \lim_{n \to \infty} P(\frac{X-np}{\sqrt{np(1-p)}} \leq x) = \int_{-\infty}^{x} \frac{1}{\sqrt{2\pi}} e^{-\frac{t^2}{2}} \mathrm{d}t = \Phi(x)$$

它告诉我们二项分布的极限是正态分布，这为二项分布模型中的近似概率计算提供了一个新的方法。该定理由法国数学家棣莫弗和拉普拉斯（见图 3.2.13）先后完善。在实际应用中，经常使用以下近似公式：

$$\frac{X-np}{\sqrt{np(1-p)}} \sim N(0,1)，\quad X \sim N(np, np(1-p))$$

左：亚伯拉罕·棣莫弗（1667—1754）
右：皮埃尔·西蒙·拉普拉斯（1749—1827）

图 3.2.13 棣莫弗和拉普拉斯

当然，若使用 n 个独立的 0-1 分布随机变量之和来代替二项分布随机变量，则上述定理可看成独立同分布中心极限定理的特例。

历史上比较著名的高尔顿钉板实验就很好地展示了二项分布中心极限定理的奇妙。下面一起实现这个神奇的实验。如图 3.2.14 所示，设置 8 层钉子塔，下方放置 9 个格子用于收纳落下的珠子。不妨将格子编号为 0，1，2，3，4，5，6，7，8。每个珠子从顶层落下，初始位置记为 0，经过 8 次碰撞后相对初始位置将随机呈现 0~8，因此将随机落入 9 个格子中的某一个。上述过程可转化成随机模拟实验，如程序 3.2.6 所示。

【程序 3.2.6】高尔顿钉板数字模拟实验

（1）设置珠子数为 n 个，钉板层数为 L。

（2）每个珠子的初始位置为 0，从第一层下落，碰到钉子随机向左或向右，再碰下一层的钉子，直到落入底端的格子中。令随机变量 X_i 表示碰到第 i 层钉子的左右跳转状态，0 表示向左，1 表示向右，各自概率均为 0.5，即服从 0-1 分布。

（3）将上述的 L 层叠加，理论上 $\sum_{i=1}^{L} X_i \sim B(L, 0.5)$，由中心极限定理可知，格子中的珠子高度将呈现中间高两端低左右对称的分布形态，即典型的正态分布特征，见图 3.2.15。

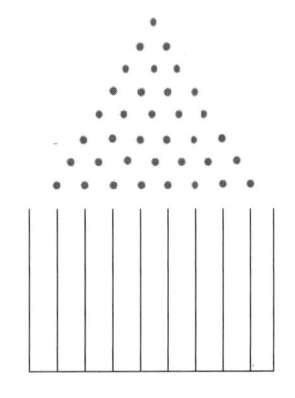

图 3.2.14　高尔顿钉板示意图

```
n=1000;   L=8;ball=numeric(L+1)
for(i in 1:n)
{   a=rbinom(L,1,0.5);   index=sum(a)+1
    ball[index]=ball[index]+1
}
barplot(ball)
```

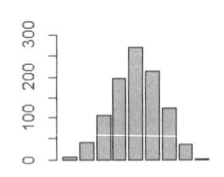

图 3.2.15　模拟结果

注：高尔顿钉板实验的动画过程可通过附录 B 中介绍的"教材资源下载"空间下载。

3.3　Monte-Carlo 随机模拟方法及应用

Monte-Carlo（蒙特卡罗）方法是一类基于随机数并借助计算机完成的随机模拟方法，在金融工程学、宏观经济学、计算物理学、计算科学与工程等众多领域应用广泛。Monte-Carlo 方法的源自第二次世界大战中研制原子弹的"曼哈顿计划"，并以世界著名赌城摩纳哥的 Monte-Carlo 来命名，这增加了它的神秘感。该方法最早由乌拉姆和冯·诺依曼于 20 世纪 40 年代首先提出，并由乌拉姆（Stanislaw Marcin Ulam）、恩里科·费米（Enrico Fermi）、约翰·冯·诺依曼（John von Neumann）和尼古拉斯·康斯坦丁·美特普利斯（Nicholas Constantine Metropolis）共同创立。图 3.3.1 给出了四位创立者的照片。

乌拉姆（1909—1984）　　冯·诺依曼（1903—1957）　　费米（1901—1954）　　美特普利斯（1915—1999）

图 3.3.1　Monte-Carlo 方法的四位创立者

Monte-Carlo 方法的基本思想是将实际问题巧妙地转化成随机事件概率问题,通过构造随机事件发生概率与随机事件大量模拟之间的联系,用试验的方法给出随机事件概率的估算,从而解决实际问题。

该方法最大的特点在于概率是通过试验模拟得到的,而不是通过推演计算得到的。应用 Monte-Carlo 方法需要遵循以下三个基本步骤:

(1) 分析问题并将问题转化成概率统计模型。

(2) 从已知概率统计模型中进行大量随机抽样。

(3) 通过大量样本对概率统计模型实现估计。

下面给出几个常见的案例来阐述 Monte-Carlo 方法的使用。

3.3.1 圆周率π的估计

1. 蒲丰投针法

平面上画有间距为 a 的若干平行线,选取 n 把长度均为 l($l<a$)的细针,随意抛掷到平面上。假设针与平行线的相交个数为 m,则圆周率π的值估计为 $\pi \approx \dfrac{2nl}{am}$。

分析:设针中点离最近平行线的距离为 x,夹角为 θ,如图 3.3.2 所示,容易得到针与平行线相交的条件为 $x \leqslant \dfrac{l}{2}\sin\theta$,而相交的概率为 $\dfrac{2l}{a\pi}$。显然,上述的 x 和 θ 取值相互独立,其中 $x \sim U(0, \dfrac{a}{2})$,$\theta \sim U(0, \pi)$,因此生成上述两个分布的随机数各 n 个,并直接搭配成 (x, θ)。统计并计算事件 $x \leqslant \dfrac{l}{2}\sin\theta$ 发生的频率,并以此估计相交的概率,从而求出圆周率的估计值。针与线的布局情况如图 3.3.2 所示,具体过程见程序 3.3.1,输出效果见图 3.3.3。

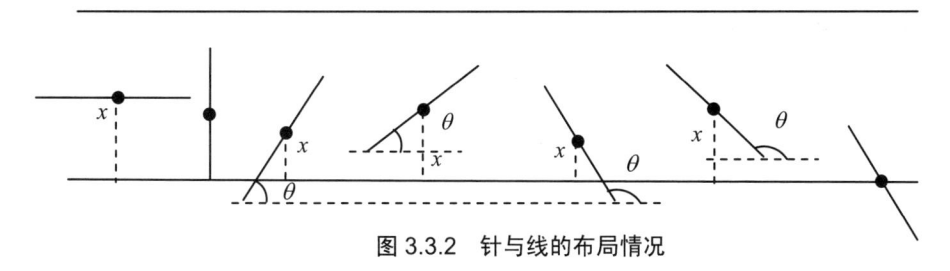

图 3.3.2 针与线的布局情况

【程序 3.3.1】蒲丰投针法

```
buffon_pi=function(n,a=2,L=1)
{ x=runif(n,0,a/2)
  theta=runif(n,0,pi)
  m=sum(x<=L*sin(theta)/2)
  2*n*L/(a*m)
}
n=seq(100,100000,length=500)
epi=sapply(n,buffon_pi)
plot(epi)
abline(h=pi,col='red')
```

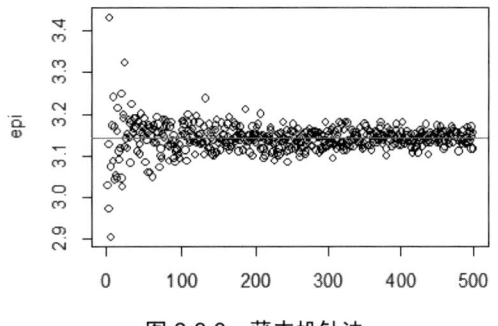

图 3.3.3 蒲丰投针法

2. 随机投针法

在一个边长为2R的正方形区域中绘制内切圆，往正方形区域上随机射出 n 个点，统计点落在圆内的个数，假设为 m，则圆周率 $\pi \approx \dfrac{4m}{n}$。具体过程见程序 3.3.2，输出结果如图 3.3.4 所示。

【程序3.3.2】随机投针法

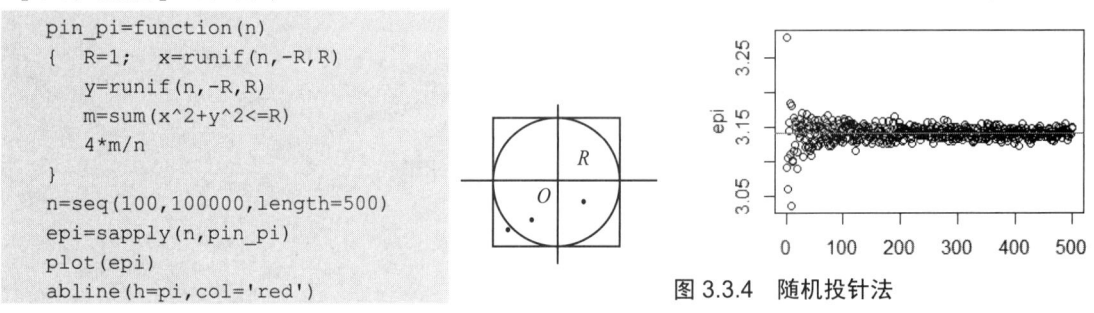

```
pin_pi=function(n)
{   R=1;   x=runif(n,-R,R)
    y=runif(n,-R,R)
    m=sum(x^2+y^2<=R)
    4*m/n
}
n=seq(100,100000,length=500)
epi=sapply(n,pin_pi)
plot(epi)
abline(h=pi,col='red')
```

图 3.3.4　随机投针法

上述两个方法估计圆周率本质上都是利用随机投点的思路，统计并计算问题所对应事件的发生频率，从而给出事件概率的估计。该思路理论上通俗易懂，实际上操作性强，因此成为随机模拟的基本方法之一。

3.3.2　函数积分的模拟计算

设函数 $g(x)$，$x \in \mathbb{R}$ 为区间 $[a,b]$ 上的可积函数，设 $I = \int_a^b g(x)\mathrm{d}x$，估计 I。

$I = \int_a^b \dfrac{g(x)}{f(x)} f(x)\mathrm{d}x = E(\dfrac{g(X)}{f(X)})$，根据上述的随机投点思路，同样可以构造问题所对应的概率统计模型，例如取得 $g(x)$ 在区间 $[a,b]$ 上的最小值 c 和最大值 d，若 $cd<0$，则通过 $g^*(x)=g(x)-c$ 实现函数平移，然后积分计算就转化成在 $[a,b]\times[0,d-c]$ 区域上的积分加上常数 $c(b-a)$。因此，不妨假设 $g(x)>0$，则只需讨论 $[a,b]\times[0,d]$ 区域上的积分即可。往 $[a,b]\times[0,d]$ 区域随机投 n 个点 (x,y)，统计满足 $y \leqslant g(x)$ 的随机点个数 m，则积分值约等于 m/n。随机投点的基本方法再次发挥作用，很神奇。但是，还有一种基于均值的随机模拟方法，它也是随机模拟的基本方法之一。

根据概率知识，若取区间 $[a,b]$ 上的均匀分布随机变量 $X \sim U(a,b)$，设其密度函数为 $f(x)$，$x \in \mathbb{R}$，令 $Y=g(X)$，则

$$I = \int_a^b g(x)\mathrm{d}x = (b-a)\int_a^b g(x)\dfrac{1}{b-a}\mathrm{d}x = (b-a)\int_a^b g(x)f(x)\mathrm{d}x = (b-a)E(Y) \quad (3.3.1)$$

当然，使用密度函数 $f(x)$ 在区间 $[a,b]$ 上取值非零（其他区间取值为零）的随机变量均可以实现上述积分，即令 $Z = \dfrac{g(X)}{f(X)}$，则

$$I = \int_a^b \dfrac{g(x)}{f(x)} f(x)\mathrm{d}x = E(Z) \quad (3.3.2)$$

只要能把式（3.3.1）中的 $E(Y)$ 或式（3.3.2）中的 $E(Z)$ 近似计算出来，积分值就能得到估计。此处，应用大数定律可以较好地解决这个问题，因为变量的均值稳定于变量的期望，即

$$\forall \varepsilon > 0, \begin{cases} \lim\limits_{n \to +\infty} P(|\frac{1}{n}\sum_{i=1}^{n}g(X_i) - E(Y)| < \varepsilon) = 1 \\ \lim\limits_{n \to +\infty} P(|\frac{1}{n}\sum_{i=1}^{n}\frac{g(X_i)}{f(X_i)} - E(Z)| < \varepsilon) = 1 \end{cases} \tag{3.3.3}$$

实际上，通常使用随机变量 $X \sim U(a,b)$ 的 n 个随机数代入式（3.3.3）近似求解，即

$$E(Y) \approx \frac{1}{n}\sum_{i=1}^{n}g(x_i), \quad E(\frac{g(X)}{f(X)}) \approx \frac{1}{n}\sum_{i=1}^{n}\frac{g(x_i)}{f(x_i)} \tag{3.3.4}$$

上述推导虽然是针对一维积分的，但同样可扩展到高维积分，而且估计形式基本一致。

设 $g(x)$ 为定义在 k 维区域 G 上的可积函数，区域 $G = \{(x_1, x_2, \cdots, x_k) | x_i \in [a_i, b_i]\}$，$i=1,2,\cdots,k$，取 G 上的均匀分布随机变量 $X \sim U(G)$，记区域 G 的 k 维空间体积为 $V_k = \prod_{i=1}^{k}(b_i - a_i)$，则

$$I = \int_G g(x)\mathrm{d}x = V_k E(g(X)) \tag{3.3.5}$$

下面通过两个例子来说明上述方法的应用，一个是一维积分，另一个是三维积分：

$$I_1 = \int_0^2 \mathrm{e}^x \mathrm{d}x, \quad I_2 = \int_0^2 \int_1^3 \int_2^4 (xy + yz + xz)\,\mathrm{d}x\mathrm{d}y\mathrm{d}z$$

具体实现见程序 3.3.3，输出结果见图 3.3.5 和图 3.3.6。

【程序 3.3.3】积分近似计算

```
real=exp(2)-1
n=seq(5000,500000,by=1000)
m=length(n)
est=numeric(m)
for(i in 1:m)
{ x=runif(n,0,2)
   est[i]=2*mean(exp(x))
}
plot(1:m,est,ylab='估计值',xlab='随机点数（×1000）')
abline(h=real,col='red')
fun=function(x,y,z)  x*y+y*z+z*x
a=c(0,1,2);   b=c(2,3,4);V=prod(b-a)
m=100;  est=numeric(m)
n=seq(1000,100000,length=m)
for(i in 1:m)
{ x1=runif(n[i],a[1],b[1])
   x2=runif(n[i],a[2],b[2])
   x3=runif(n[i],a[3],b[3])
   est[i]=V*mean(fun(x1,x2,x3))
}
plot(1:m,est,ylab='估计值',xlab='随机点数（×1000）')
abline(h=88,col='red')
```

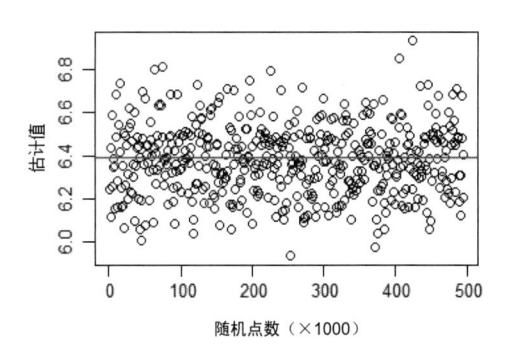

图 3.3.5 一维积分模拟

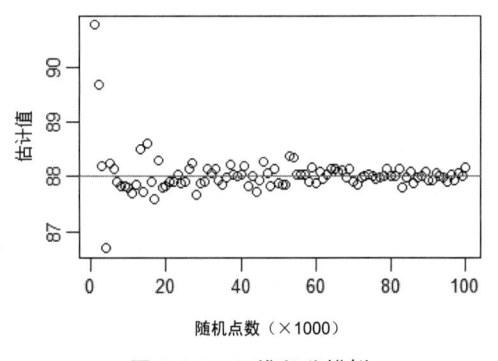

图 3.3.6 三维积分模拟

由式（3.3.1）和式（3.3.4）的推导可知，用概率统计方法解决积分计算问题的关键在于寻找积分区域上的随机变量分布，将积分问题转化成函数期望问题。因此，对于无穷限积分，例如积分区域为$(0,+\infty)$和$(-\infty,+\infty)$，可以分别利用指数分布与正态分布。如下面的例子：

$$I_3 = \int_0^{+\infty} e^{-x^2} dx，其精确值为 \frac{\sqrt{\pi}}{2} \approx 0.8862269，可借助指数分布 E(1) 实现积分估计。$$

$$I_3 = \int_0^{+\infty} \frac{e^{-x^2}}{e^{-x}} e^{-x} dx = E(e^{-X^2+X}) \approx \frac{1}{n} \sum_{i=1}^{n} e^{-x_i^2+x_i}，x_i 为 E(1) 随机数。$$

$$I_4 = \int_{-\infty}^{+\infty} e^{-x^2} dx，其精确值为 \sqrt{\pi} \approx 1.772454，可借助标准正态分布 N(0,1) 实现积分估计。$$

$$I_4 = \int_{-\infty}^{+\infty} \frac{e^{-x^2}}{\frac{1}{\sqrt{2\pi}} e^{-\frac{x^2}{2}}} \frac{1}{\sqrt{2\pi}} e^{-\frac{x^2}{2}} dx = E(\sqrt{2\pi} e^{-\frac{X^2}{2}}) \approx \frac{1}{n} \sum_{i=1}^{n} \sqrt{2\pi} e^{-x_i^2/2}，x_i 为 N(0,1) 随机数。$$

具体过程见程序3.3.4。

【程序3.3.4】积分近似计算

```
N=c(1000,10000,100000);      I3=numeric(3)
for(i  in 1:length(N))
{ set.seed(i);   x=rexp(N[i],1); I3[i]=mean(exp(-x^2+x))  }
I3
N=c(1000,10000,100000);      I4=numeric(3)
for(i  in 1:length(N))
{ set.seed(i);   x=rnorm(N[i]);  I4[i]= sqrt(2*pi)*mean(exp(-x^2/2)) }
I4
```

执行以上代码输出的结果如下：

```
0.8754322  0.8821562  0.8860627
1.745847   1.772436   1.769053
```

3.3.3 产品合格率问题

产品的厚度是产品标准的一个重要部分，必须严格控制在一定范围内。有一件产品由8个零件堆叠而成，规定产品厚度不超过27mm。每个零件的厚度由表3.3.1规定，问产品的合格率是多少。

表3.3.1 零件厚度分布表

编号	零件或间隙	标准尺寸/mm	误差限	最低	最高	标准差
1	顶部外壳	2.000	0.0910	1.909	2.091	0.045500
2	顶部间隙	0.500	0.0000	0.5	0.5	0.000000
3	斑纹模块	4.575	0.1070	4.468	4.682	0.035667
4	Hirose连接器	3.000	0.0910	2.909	3.091	0.045500
5	电路板	1.000	0.1016	0.898	1.102	0.033867
6	底部构件	13.000	0.1000	12.9	13.1	0.050000
7	底部间隙	0.500	0.0000	0.5	0.5	0.000000
8	底部外壳	2.000	0.0910	1.909	2.091	0.045500
	合计	26.575	0.6086	25.963	27.187	0.105498

为了估计产品的合格率，不妨随机构造样本量$n=100000$的样本，每个样本点由上述8个零件的厚度随机构成，通过计算总厚度不超过27mm的样本点频率来估计合格率。除了零件2

和 7 的厚度不允许有偏差，假设其他零件的厚度在最小厚度与最大厚度构成的取值区间上服从均匀分布。显然，根据独立同分布中心极限定理可知，基于每个样本点的总和可认为是独立同分布的，故这 n 个总和近似服从正态分布。具体过程见程序 3.3.5，输出结果见图 3.3.7。

【程序 3.3.5】产品合格率模拟

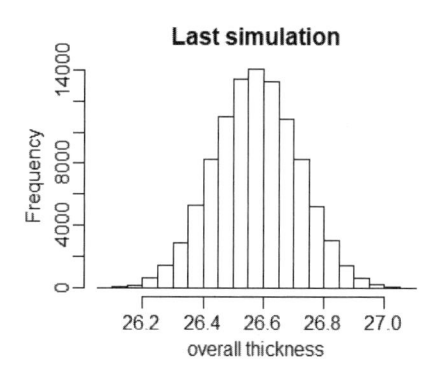

```
qualify=function(groups=10,n=100000)
{   avg=numeric(groups)
    for(i in 1: groups)
    {   x=runif(n,1.909,2.091)
        x=x+1.0
        x=x+runif(n,4.468,4.682)
        x=x+runif(n,2.909,3.091)
        x=x+runif(n,0.898,1.102)
        x=x+runif(n,12.9,13.1)
        x=x+runif(n,1.909,2.091)
        avg[i]=sum(x<=27)/n
    }
    hist(x,main='Lastsimulation',xlab='overall thickness')
    list(groups = groups,each_n=n,each_mean=avg,
         total_mean=mean(avg))
}
qualify()
```

图 3.3.7　厚度直方图

为了更好地估计合格率，我们设计的实验默认为 10 组，每组各模拟 100000 次。下面给出某 10 组模拟的合格率结果为 0.99964，0.99964，0.99965，0.99949，0.99963，0.99965，0.99962，0.99961，0.99945，0.99950，这 10 组的均值为 0.99959，即产品的合格率大概为 99.959%，或者认为 10 万个产品中大约有 41 个不合格品。此处模拟结果与其他文献中的结果差距较大，可能是模拟采用的随机分布假设不同所致。按照表 3.3.1 给的标准尺寸和标准差，可得厚度的均值为 26.575，方差为 0.0111299，标准差为 0.105498；而采用均匀分布模拟的均值同样为 26.575，方差为 0.0188715，标准差为 0.137374。均匀分布模拟的方差大于根据表 3.3.1 计算得到的方差，故按照独立同分布中心极限定理来计算合格率就会出现较表 3.3.1 数据偏低的结果，这在上述模拟中也得到了验证。

3.3.4　投资决策问题

有一个气田投资项目，假设其投资额、寿命、残值、年收入、年支出以及应付税金的税率、项目的资本成本等都是独立的随机变量，经简化处理后，分布情况如表 3.3.2 所示。

表 3.3.2　各变量对应值分布及模拟目标

变量	可能取值	取值概率	变量	可能取值	取值概率
投资额 Y_0 /万元	450	0.20	残值 V /万元	40	0.25
	500	0.50		50	0.50
	550	0.30		60	0.25
寿命 N /年	6	0.50	税率 Tax	0.45	0.20
	7	0.30		0.48	0.50
	8	0.20		0.51	0.30
年收入 In /万元	700	0.15	年支出 Out /万元	100	0.20
	750	0.30		150	0.40
	800	0.40		200	0.30
	850	0.15		250	0.10
资本成本 R	0.10	0.10	目标：估计该项投资的净现值的主要特征，如期望值、标准差、极差值等，并给出是否值得投资的决策建议		
	0.12	0.20			
	0.14	0.40			
	0.16	0.20			
	0.18	0.10			

为更好地实现问题目标的模拟，需要先明确几个经济学概念。

（1）残值是指在一项资产使用期满时预计能够回收的残余价值，也就是在固定资产使用期满报废时处置资产所能收取的价款。

（2）净现值（Net Present Value，NPV） 是一项投资所产生的未来现金流的折现值与项目投资额之间的差值。净现值法是评价投资方案的一种方法。净现值指标是反映项目投资获利能力的指标，其值为正，说明投资方案可行；其值为负，说明投资方案不可行。若只有净现值指标，则取净现值为正值中的最大者对应的投资方案。

（3）折旧额是指固定资产在一定期间所应计提的折旧金额，反映固定资产损耗的价值，记为 D_t。此处采用直线法计算每年的折旧额：

$$D_t = \frac{\text{投资额} - \text{残值}}{\text{寿命}} = \frac{Y_0 - V}{N} \tag{3.3.6}$$

（4）现金流量是指投资项目投入使用后，在其寿命内由于生产经营所带来的现金流入和流出的数量。现金流量一般以年为单位进行计算。记第 t 年的现金流量为 Y_t，则

$$Y_t = (\text{In} - \text{Out} - D_t) \times (1 - \text{Tax}) + D_t, \quad t = 1, 2, \cdots, N \tag{3.3.7}$$

净现值（NPV）的计算公式为

$$\text{NPV} = \frac{\sum_{i=0}^{N-1} Y_N (1+R)^i}{(1+R)^N} - Y_0 \tag{3.3.8}$$

其中，Y_N 为第 N 年的现金流量，Y_0 为初始投资额，R 为年利率。具体模拟过程见程序 3.3.6。

【程序 3.3.6】投资决策模拟

```
simulate.invest=function(times=5000)
{ #定义可能值及其概率
  Y0=c(450,500,550);    PY0=c(0.20,0.50,0.30);  V=c(40,50,60);   PV=c(0.25,0.5,0.25)
  N=c(6,7,8); PN=c(0.50,0.30,0.20); In=c(700,750,800,850); PIn=c(0.15,0.30,0.40,0.15)
  Out=c(100,150,200,250);  POut=c(0.20,0.40,0.30,0.10);  R=c(0.10,0.12,0.14,0.16)
  PR=c(0.10,0.20,0.40,0.20);   Tax=c(0.45,0.48,0.51);   PTax=c(0.20,0.50,0.30)

  #过程数据记录在value矩阵中,最后一列为每次模拟的NPV
  value=matrix(0,nrow=times,ncol=10)
  for(i in 1:times)
  {
    Yi=value[i,1]=sample(Y0,1,replace=FALSE,prob=PY0)
    value[i,2]=sample(V,1,replace=FALSE,prob=PV)
    Ni=value[i,3]=sample(N,1,replace=FALSE,prob=PN)
    value[i,4]=sample(In,1,replace=FALSE,prob=PIn)
    value[i,5]=sample(Out,1,replace=FALSE,prob=POut)
    Ri=value[i,6]=sample(R,1,replace=FALSE,prob=PR)
    value[i,7]=sample(Tax,1,replace=FALSE,prob=PTax)
    value[i,8]=(value[i,1]-value[i,2])/value[i,3]
    YN=value[i,9]=(value[i,4]-value[i,5]-value[i,8])*(1-value[i,7])+value[i,8]
    expi=0:(Ni-1);
    value[i,10]=sum(YN*(1+Ri)^expi)/((1+Ri)^Ni)-Yi
  }
  list(data=value,mean=mean(value[,10]),sd=sd(value[,10]), median=median(value[,10]),
min=min(value[,10]), max=max(value[,10]))
}
(One=simulate.invest())           #调用函数完成5000次模拟
One$data[c(1,4999,5000), ]        #显示头尾三次模拟数据
op=par(mfrow=c(1,3))
hist(One$data[,10],main='频率直方图',xlab='NPV值');
plot(density(One$data[,10]),main='核密度图',xlab='NPV值')
plot(ecdf(One$data[,10]),main='经验分布图',xlab='NPV值')
par(op)
```

模拟5000次的头尾结果经整理形成表3.3.3，而对NPV分布的估计如图3.3.8所示。

表 3.3.3　模拟 5000 次的结果

模拟序号	1 投资额 Y_0/万元	2 残值 V/万元	3 寿命 N/年	4 年收入 In/万元	5 年支出 Out/万元	6 资本成本 R	7 税率 Tax	8 折旧额 D_t/万元	9 现金流 Y_t/万元	10 净现值 NPV/万元
1	450	50	8	700	200	0.12	0.45	50.00	297.50	1027.87
⋮	⋮	⋮	⋮	⋮	⋮	⋮	⋮	⋮	⋮	⋮
4999	500	40	8	750	200	0.16	0.48	57.50	313.60	862.1501
5000	550	60	6	800	150	0.16	0.48	81.67	377.20	839.8824

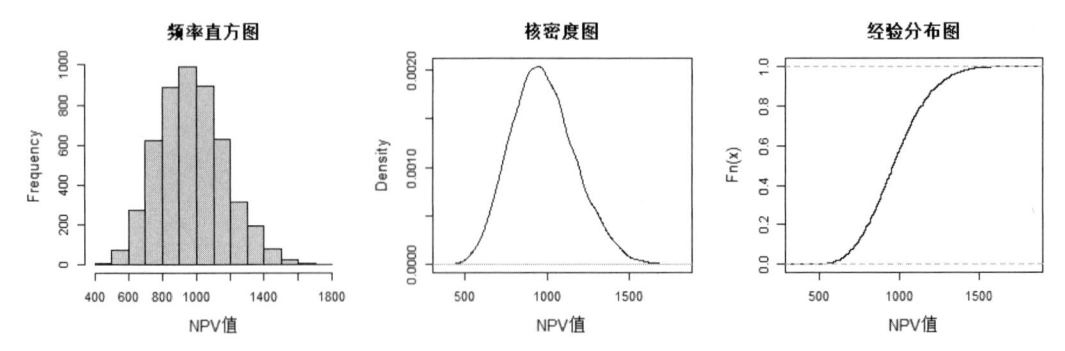

图 3.3.8　NPV（单位：万元）频率直方图、核密度图和经验分布图

对模拟数据进行基本的统计，得到如表 3.3.4 所示的 NPV 模拟结果。

表 3.3.4　NPV（单位：万元）模拟结果

均值	标准差	中位数	最小值	最大值
971.6968	194.1179	957.9956	419.0855	1724.664

从模拟结果可以看到，此项目的 NPV 的标准差及波动范围还是挺大的，说明存在一定的不确定性，也说明了投资的风险性。但是，我们看到 NPV 的整个模拟分布从形态上接近正态分布，而且净现值也没有出现负值，均值在 971 万元左右，中位数在 957 万元左右。综上所述，这项投资方案还是比较不错的，值得一试。

3.4　样本独立同分布的模拟

从总体 X 中随机抽取样本量为 n 的一个简单随机样本 $X_1, X_2, \cdots, X_n$，该样本相互独立并且与总体 X 服从相同的分布，这是通过样本研究总体特征的基本约定。X_i 是从总体 X 中随机抽取的第 i 个个体，不论是有放回抽取还是无放回抽取，也不论是有限总体还是无限总体，都应该保证这个独立同分布的基本要求。在实际问题中，如何看待随机样本的独立同分布特性呢？

下面我们设计两组实验来说明上述独立同分布要求，其一，对有限总体实施有放回与无放回抽取；其二，对无限总体实施随机抽取。当然，我们进行随机模拟的前提是随机数本身具有优良的统计性质。

例 3.4.1　从分布 $B(20, 0.5)$ 中随机抽取 40 个随机数作为实验总体 X，无放回地从总体 X 中随机抽取一个简单随机样本 $X_1, X_2, \cdots, X_5$，并重复此抽样过程 1000 次，得到 1000 组样本 $X_1, X_2, \cdots, X_5$ 的子样，然后直观比较 X_i 子样分布和实验总体 X 分布。具体过程见程序 3.4.1，输出结果见图 3.4.1。

【程序 3.4.1】二项分布无放回抽样

```
x=rbinom(40,20,0.5)  #随机总体
rx=matrix(0,nrow=1000,ncol=5)
#1000 个样本
for(i in 1:1000)
    rx[i,]=sample(x,5,replace=FALSE)
op=par(mfrow=c(2,3))
hist(x,freq=F,main='',ylab='频率',xlab='X')
for(i in 1:5)
    barplot(table(rx[,i])/1000,ylim=c(0,0.3),xlab=paste('X',i),ylab='频率')
par(op)
```

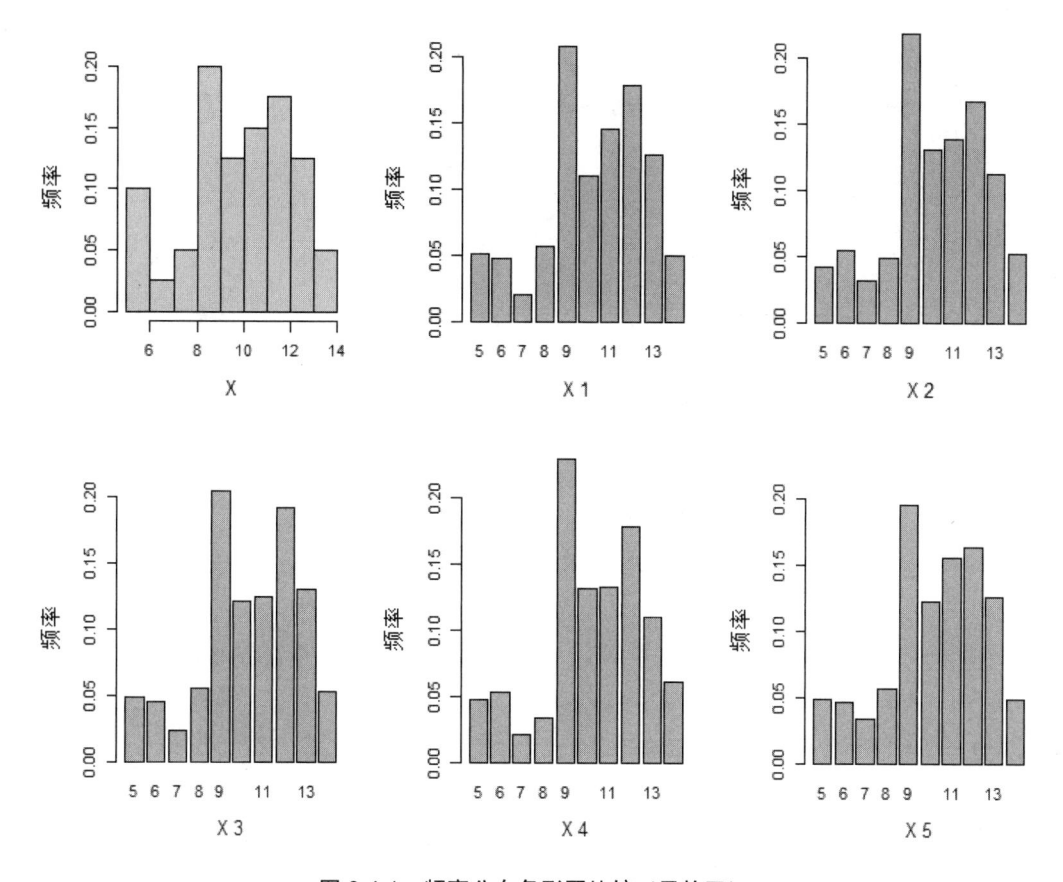

图 3.4.1 频率分布条形图比较（无放回）

例 3.4.2 将例 3.4.1 中的无放回改成有放回随机抽取，再直观比较 X_i 子样分布和实验总体 X 分布，具体过程见程序 3.4.2，输出结果见图 3.4.2。

【程序 3.4.2】二项分布有放回抽样

```
x=rbinom(40,20,0.5) #随机总体
rx=matrix(0,nrow=1000,ncol=5)
#1000 个样本
for(i in 1:1000)
    rx[i,]=sample(x,5,replace=TRUE)
op=par(mfrow=c(2,3))
hist(x,freq=F,main='',ylab='频率',xlab='X')
for(i in 1:5)
    barplot(table(rx[,i])/1000,ylim=c(0,0.3),
xlab=paste('X',i),ylab='频率')
par(op)
```

从图 3.4.1 和图 3.4.2 可以直观地看出，构成样本的 X_1、X_2、…、X_5 五个变量的频率分布基本一致，并且与实验总体 X 的分布相似。

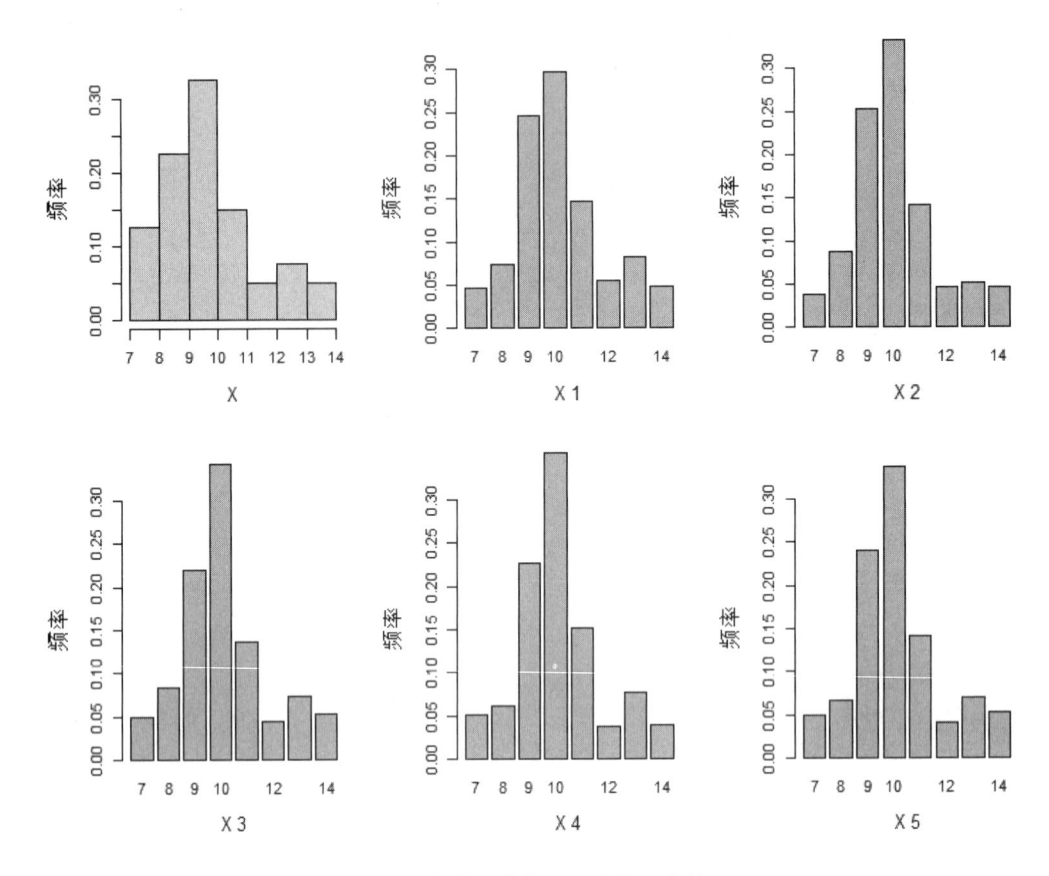

图 3.4.2 频率分布条形图比较（有放回）

对于无限总体，不妨以标准正态总体为例，从中随机抽取一个简单随机样本 $X_1, X_2, \cdots, X_6$，重复随机抽取得到子样 1000 组，然后观察 $X_1, X_2, \cdots, X_6$ 各自分布的特征。具体过程见程序 3.4.3。

【程序 3.4.3】正态分布随机抽样

```
rx=matrix(0,nrow=1000,ncol=6)
#1000 个样本
for(i in 1:6)  rx[,i]=rnorm(1000)
op=par(mfrow=c(2,3))
for(i in 1:6)
    hist(rx[,i],freq=F,'',ylab='频率',xlab=paste('X',i))
par(op)
cor(rx)    #展示相关系数矩阵
```

输出结果如下（图形结果如图 3.4.3 所示）：

	[,1]	[,2]	[,3]	[,4]	[,5]	[,6]
[1,]	1.000000	-0.035683	-0.002752	0.01301	0.0248652	-0.0487923
[2,]	-0.035683	1.000000	-0.016923	0.02121	0.0128078	0.0061816
[3,]	-0.002752	-0.016923	1.000000	0.02599	-0.0267666	-0.0074675
[4,]	0.013013	0.021205	0.025992	1.00000	0.0197928	-0.0291987
[5,]	0.024865	0.012808	-0.026767	0.01979	1.0000000	-0.0002972
[6,]	-0.048792	0.006182	-0.007467	-0.02920	-0.0002972	1.0000000

图 3.4.3 正态分布直方图比较

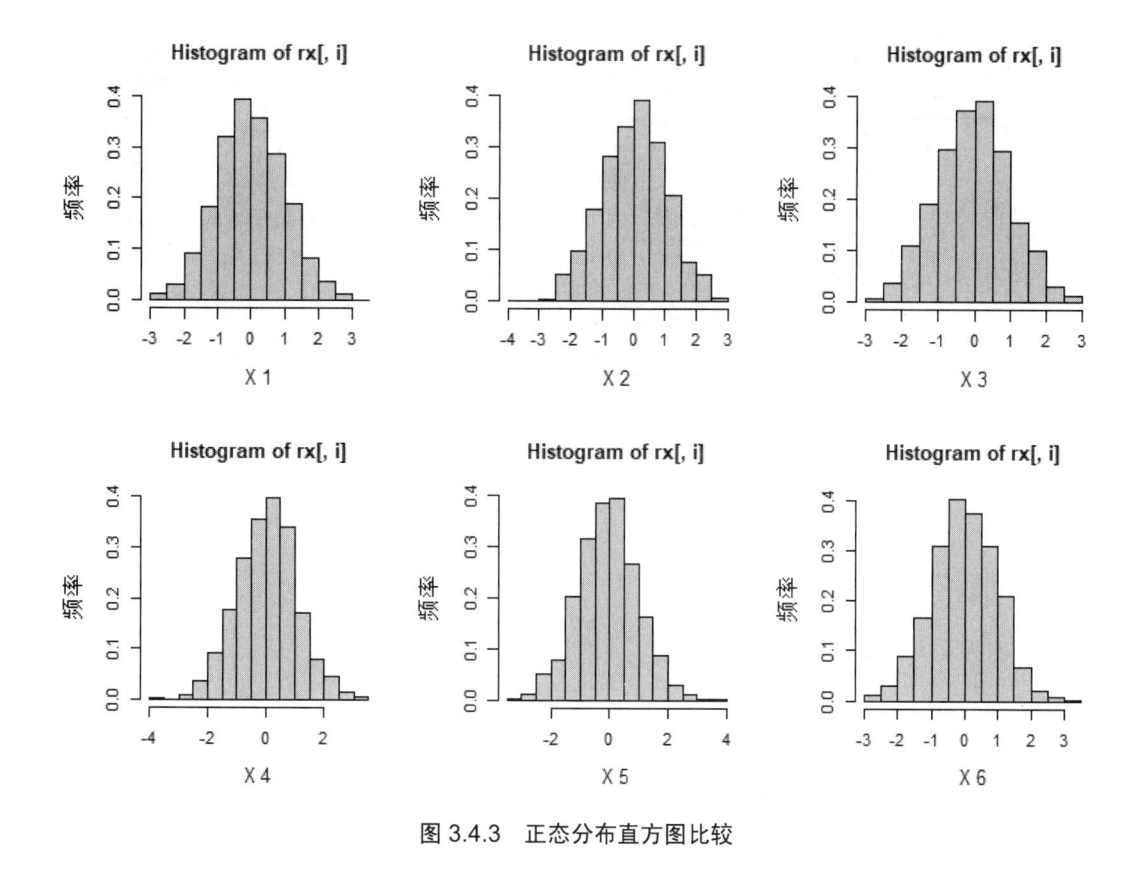

从程序 3.4.3 的输出结果可得出如下直观结论：

（1）六个随机变量之间的相关系数很小，可断定它们之间是不相关的；

（2）由正态分布随机变量不相关即独立的性质可知，六个随机变量之间是相互独立的。

从输出的每个直方图可以看出，它们之间的分布形态基本一致，对称中心为 0，中间高两端低，呈现出标准正态分布的关键特征。

3.5 抽样分布渐近正态性的模拟

χ^2 分布、t 分布、F 分布作为常见的三大抽样分布（其提出者如图 3.5.1 所示），应用广泛。从极限意义上讲，这三大抽样分布均具有渐近正态性。大多数概率统计教材中都有各种分布的渐近正态性描述，但对于实际问题中的近似正态计算，通常只是笼统地指出：当自由度很大（或满足某些极限条件）时，可利用正态分布表来查出相应的概率值。这样的说法过于模糊，对于实际问题的近似计算没有明确的指导意义，也不利于教学实践的开展。如果能够指出具体条件值，例如，在上述三个抽样分布中自由度不低于多少时可以采用正态分布近似，或者给出近似的误差不超过多少等，这样就能比较圆满地解决渐近正态性的理论和实践两方面的问题，并为渐近正态性的实际应用提供具体参考。

卡尔·皮尔逊（1857—1936）　　威廉·希利·戈赛（1857—1936）　　罗纳德.爱尔默.费雪（1890—1962）

（1900年提出 χ^2 分布）　　　　（1908年提出 t 分布）　　　　　（1924年提出 F 分布）

图 3.5.1　三大抽样分布的提出者

3.5.1 问题描述

设随机变量 $\chi_n \sim \chi^2(n)$，$T_n \sim t(n)$，$F_{m,n} \sim F(m,n)$，令

$$X_n = \frac{\chi_n - n}{\sqrt{2n}}, \quad Z_{m,n} = \frac{F_{m,n} - \dfrac{n}{n-2}}{\sqrt{\dfrac{2n^2(m+n-2)}{m(n-2)^2(n-4)}}}$$

则有

$$\lim_{n\to\infty} P(X_n \leqslant x) = \Phi(x), \quad \lim_{n\to\infty} P(T_n \leqslant x) = \Phi(x), \quad \lim_{m,n\to\infty} P(Z_{m,n} \leqslant x) = \Phi(x) \tag{3.5.1}$$

在这个结论中，我们无法看出在自由度 n（或 m, n）最小取何值时可采用正态分布进行近似计算。为给出渐近正态性的直观认识，基于 t 分布和 χ^2 分布及上述结论，分别生成分布函数图。具体过程见程序 3.5.1，输出结果见图 3.5.2。

【程序 3.5.1】分布函数比较

```
#自由度从1到10的t分布与正态分布的分布函数比较
n=1:10
x=seq(-3,3,length=100)
plot(x, pnorm(x),type='l',ylab='分布函数 F(x)',
xlab='x',xlim=c(-3,3.5),cex.lab=0.75,cex.axis=0.8)
for(i in n) lines(x,pt(x,i),lty=i+1)
text(0.75,0.9,'N(0,1)---',cex=0.75)
text(c(3.4,3.4),c(0.88,0.98),c('t(1)','t(10)'),cex=0.75)


#由标准正态分布换算出 χ² 分布，再绘制各自的分布函数曲线
n=1:10;  x=seq(-3,3,length=100)
plot(x,pnorm(x),type='l',ylab='分布函数 F(x)',
xlab='x',cex.lab=0.75,cex.axis=0.8)
for(i in n)
{ xn=sqrt(2*i)*x+i; lines(x,pchisq(xn,i),lty=2) }
text(0.6,0.5,'N(0,1)',cex=0.75)
text(-1,0.6,'X(1)-->X(10)',cex=0.75)
```

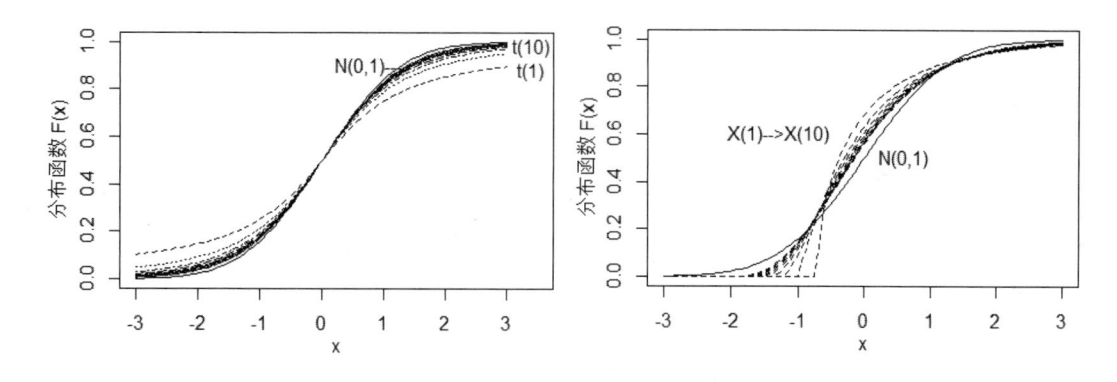

图 3.5.2　t 分布（左）和 χ^2 分布（右）与正态分布的分布函数比较

从图 3.5.2 可以看出，不同的自由度 n 对于近似计算的误差是不同的，随着自由度的增大，$t(n)$ 分布的分布函数逐渐逼近标准正态分布的分布函数，误差同时也逐步减小。到底自由度 n 取多大才可用正态分布近似呢？下面我们来解决这个问题。

3.5.2　求使用正态分布替代的最小自由度

1. 基于平均偏差平方和的分析

$t(n)$ 分布的形态与标准正态分布极其相似，为了对两者的偏差进行分析，我们采取以下两种抽样手段：（1）等间距取点，以间隔 dx 从区间 $[-A,A]$（$A>0$）中提取足够的样本点；（2）将区间 $[-A,A]$（$A>0$）细分成 3 个子区间，不同区间抽取不同数量的样本点。然后，计算两种分布逐点的偏差平方和，并与自由度 n 构成二维数组用于分析和绘图。具体过程见程序 3.5.2，输出结果见图 3.5.3。

【程序 3.5.2】平均偏差平方和与自由度的拟合

```
n=1:50;          x=seq(-3.5,3.5,by=0.01)      #此处取 n 为从 1 到 50, A=3.5,  dx=0.01
delta.fun=function(n,x) mean((pt(x,n)-pnorm(x))^2)
delta=sapply(n,delta.fun,x);   dat=data.frame(x=n,y=delta)     #把数据存入数据框变量 dat
lm.out=nls(y~1/(a+b*x^2),data=dat, start=list(a=1,b=1));   summary(lm.out)
plot(dat, type='l',ylab='平均偏差平方和',xlab='自由度 n')
lines(dat[,1],predict(lm.out,data=dat[,1]),lty=2,col= 'red')
legend('topright',lty=c(1,2),col=c('black','red'),legend=c('原始数据','拟合值'))
```

执行上述代码输出的部分结果如下：

```
Formula: y ~ 1/(a + b * x^2)
Parameters:
    Estimate   Std. Error   t value   Pr(>|t|)
a   15.1337    0.3149       48.05     <2e-16 ***
b   88.0737    0.2966       296.95    <2e-16 ***
Residual standard error: 8.121e-06 on 48 degrees of freedom
Number of iterations to convergence: 11 ,  Achieved convergence tolerance: 8.035e-07
```

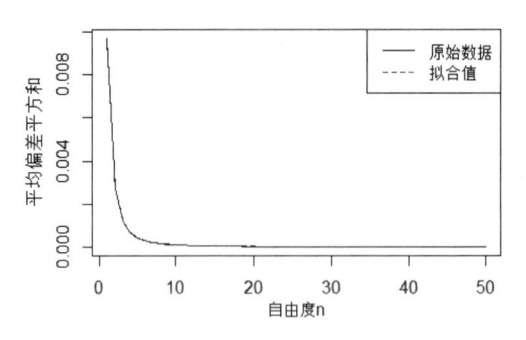

图 3.5.3 平均偏差平方和与自由度的拟合图

从图 3.5.3 的模拟结果看，随着自由度 n 的增大，平均偏差平方和急剧下降，随后平稳。直观判断当 $n \geq 20$ 时，平均偏差平方和几乎接近于 0，达到较高的近似程度。从图形判断并经过回归拟合，我们发现一个有趣的结果：这个平均偏差平方和与自由度 n 之间形成了非常完美的非线性关系。

记 x 为自由度 n，y 为平均偏差平方和，则非线性回归模型可表示为

$$y = \frac{1}{a + bx^2} \tag{3.5.2}$$

求解该模型参数的 R 程序及参数检验见程序 3.5.2，模型（3.5.2）的拟合效果图见图 3.5.3（虚线）。从图 3.5.3 可知，模型（3.5.2）很好地拟合了平均偏差平方和与自由度（二者几乎重合），其估计为

$$\hat{y} = \frac{1}{15.1337 + 88.0737 x^2} \tag{3.5.3}$$

再回看图 3.5.2 可知，t 分布与正态分布发生较大偏差的地方集中在分布的两端，但 t 分布为对称分布，两侧可能会相互抵消。为此，我们将区间划分成[-3.5,-1)，[-1,1)和[1,3.5]这 3 个子区间，然后按照 3∶1∶3 的比例等距（或随机）取点。经过多次模拟计算比较，我们没有发现平均偏差平方和与图 3.5.3 相比有明显变化。为此，我们改变策略，按照 1∶5∶1 的比例等距（或随机）抽样进行模拟，发现此时的平均偏差平方和与图 3.5.3 相比有了些变化，如图 3.5.4 所示。

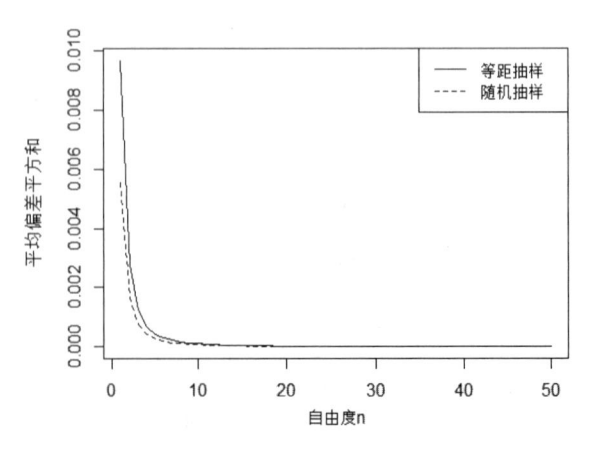

图 3.5.4 不同取点法下平均偏差平方和随自由度的变化

比较图 3.5.3 和图 3.5.4 可知，以分区域不等比例方式抽样得到的平均偏差平方和比全区间等距抽样得到的相对偏小，但没有特别显著的差异，倒是非线性回归方程的系数变化较大，下面给出按照 1∶5∶1 的比例分别在三个区间等距抽样计算的平均偏差平方和与自由度的回归模型：

$$\hat{y} = \frac{1}{37.4949 + 144.0641 x^2} \quad (3.5.4)$$

有了模型（3.5.3）和模型（3.5.4），就可以通过给定平均偏差平方和来确定最小自由度，这属于回归中的控制问题。不过此处可以简单计算一下，比如平均偏差平方和取为 0.000025 时，模型（3.5.3）得到 n=21.31，而模型（3.5.4）得到 n=16.66，此时可分别取自由度为 22 和 17。

2. 基于平均绝对偏差的分析

按照上述方式取样本点，然后计算两种分布的逐点的绝对偏差，求和取均值，并与自由度 n 构成二维数组。经分析和模拟计算，采用平均绝对偏差时，等距取点和分区间不等比例取点（即 1∶5∶1 取点）还是有差距的（见图 3.5.5），拟合采用的非线性回归模型也不一样。下面给出相应的图形和回归模型，以便进行直观比较。

在全区间等距抽样情况下，非线性回归方程和拟合图形（见图 3.5.6）如下：

$$\hat{y} = \frac{1}{0.26867 + 10.52472x} \quad (3.5.5)$$

而在分区间不等比例抽样情况下，非线性回归方程和拟合图形（见图 3.5.7）如下：

$$\hat{y} = \frac{1}{1.86809 + 13.77513x} \quad (3.5.6)$$

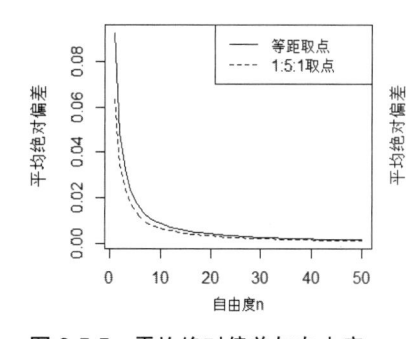

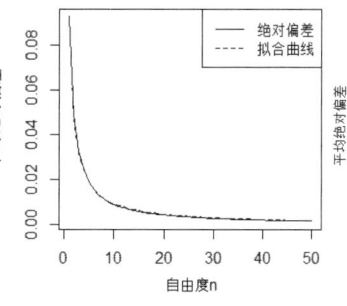

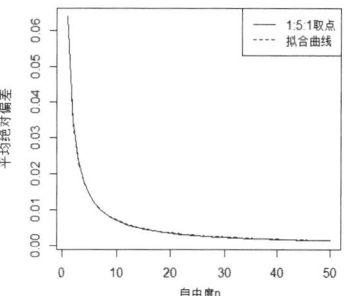

图 3.5.5　平均绝对偏差与自由度　　图 3.5.6　等距抽样拟合图形　　图 3.5.7　不等比例抽样拟合图形

此时若取绝对偏差为 0.005，可得两种情况下的自由度分别为 18.98 和 14.38，则取自由度分别为 19 和 15。

3. t 分布自由度的确定

为验证上述模型得出的结论，我们从 [−3.5, 3.5] 区间中随机抽取 5000 个点，计算上述四种自由度下的 t 分布和 $N(0,1)$ 分布的分布函数值的绝对偏差及其基本统计量，同时也给出 t 分布与正态分布的 K-L 距离的上界值的表达式：

$$I(t(n), N(0, \frac{n}{n-2})) < \frac{n+2}{2(n^2-n-2)} - \frac{1}{2n} + \frac{1}{8n^2(n+2)} + \frac{1}{6(n-1)} - \frac{n+1}{36n(n-2)} \quad (3.5.7)$$

模拟结果见表 3.5.1，图形结果如图 3.5.8 所示。

表 3.5.1　分布函数值的绝对偏差统计（基于某次随机模拟）

自由度	均值	中位数	标准差	最小值	最大值	K-L 距离
22	0.003965	0.003930	0.002213	0.000010	0.007136	0.009855
19	0.004613	0.004592	0.002545	0.000012	0.008252	0.012123
16	0.005515	0.005484	0.002995	0.000014	0.009782	0.015595
15	0.005898	0.005876	0.003180	0.000015	0.010426	0.017190

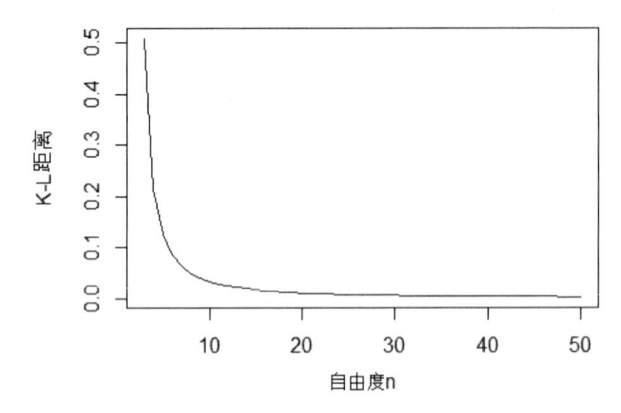

图 3.5.8　t 分布的 K-L 距离与自由度的关系

图 3.5.8 揭示了从理论上推导出来的自由度 n 与 K-L 距离的关系，而本节所描述的关系是从模拟角度推导出来的。从曲线的趋势看颇有些异曲同工，但本节的重点是给出最小自由度的估计。

4. χ^2 分布自由度的确定

下面给出 χ^2 分布与渐近正态分布的 K-L 距离的上界值的表达式：

$$I(\chi^2(n), N(n, 2n)) < \frac{1}{n} + \frac{1}{8n^3(n+2)} + \frac{1}{3n(n-2)} - \frac{1}{36(n-2)} \quad (3.5.8)$$

【程序 3.5.3】K-L 距离与自由度的关系

```
KL=function(n)
1/n+1/(8*n^3*(n+2))+1/(3*n*(n-2))-1/(36*(n-2))
plot(1:100,KL(1:100),type='l',main='',xlab='自由度 n',ylab='K-L 距离')    #产生图 3.5.9
dfun=function(n)
{ x=seq(0,2*sqrt(2*n),by=0.001)
  mean(abs(pchisq(x, n)-pnorm((x-n)/sqrt(2*n))))
}
n=1:100
delta=sapply(n, dfun)
dat=data.frame(x=n, y=delta)
plot(dat, type='l', main='', xlab='自由度 n', ylab='平均绝对偏差')    #产生图 3.5.10
```

执行以上代码，输出结果如图 3.5.9 和图 3.5.10 所示。

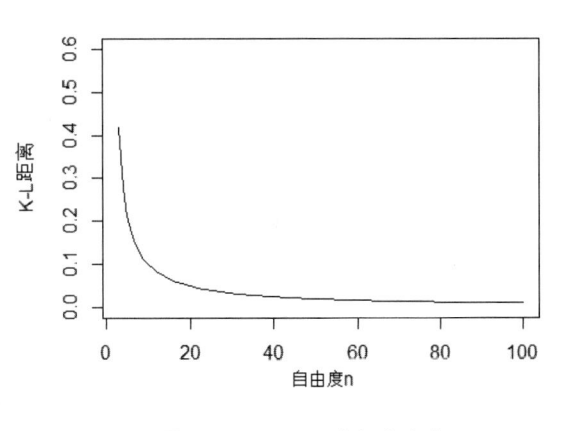

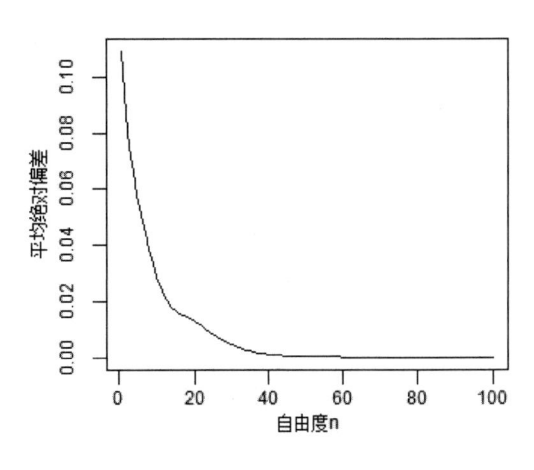

图 3.5.9　K-L 距离与自由度　　　　　图 3.5.10　平均绝对偏差与自由度

从图 3.5.10 可直观地判断，使用正态分布替代 χ^2 分布进行近似计算的自由度应不低于 40，否则可能导致较大的误差。仿照模型（3.5.2）构建非线性回归模型，估计结果如下：

$$\hat{y} = \frac{1}{10.006068 + 0.253523 x^2} \tag{3.5.9}$$

上述回归模型的检验结果如下：

```
Formula: y ~ 1/(a + b * x^2)
Parameters:
    Estimate  Std. Error  t value  Pr(>|t|)
a  10.006068    0.147172    67.99   <2e-16 ***
b   0.253523    0.007635    33.20   <2e-16 ***
Residual standard error: 0.002061 on 98 degrees of freedom
Number of iterations to convergence: 9   Achieved convergence tolerance: 6.826e-06
```

注：只给出主要信息。

同时给出平均绝对偏差随自由度变化的图形（见图 3.5.11）和结果（见表 3.5.2）。

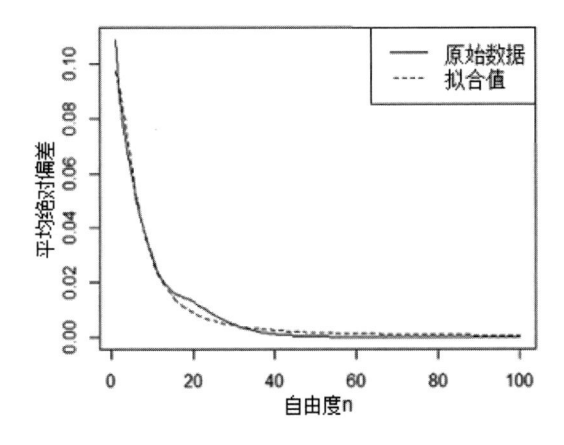

图 3.5.11　χ^2 分布的平均绝对偏差随自由度变化的图形

表 3.5.2　平均绝对偏差与自由度 n

偏差	0.001	0.0015	0.002	0.0025	0.003	0.0035	0.004	0.0045	0.005
n	62.49	50.89	43.96	39.22	35.71	32.98	30.77	28.93	27.38
n 取整	63	51	44	40	36	33	31	29	28

5. F 分布自由度的确定

F 分布有两个自由度，通常认为两个自由度都较大时可采用正态分布近似，见式（3.5.1）。先直观了解下采用上述方法处理时，F 分布与正态分布的平均绝对偏差随自由度的变化。具体过程见程序 3.5.4，输出结果见图 3.5.12。

【程序 3.5.4】平均绝对偏差与自由度(m,n)

```
delta.fun=function(m,n)
{  mx=n/(n-2)
   sd=sqrt(2*n*n*(n+m-2)/(m*(n-2)^2*(n-4)))
   x=seq(0, 2*sd, length=1000)
   mean(abs(pf(x,m,n)-pnorm(x,mx,sd)))
}
plot(0, 0, type='n', xlim=c(0,500), ylim=c(0,0.13),xlab='自由度m',ylab='平均绝对偏差')
for(n in seq(10,100,by=5))
{  m=1:500
   delta=sapply(m,delta.fun, n)
   dat=data.frame(x=m,y=delta)
   lines(dat)
}
text(40,0.10,'n=10')
text(40,0.061,'n=15')
text(40,0.045,'n=20')
text(20,0.01,'n=100')
```

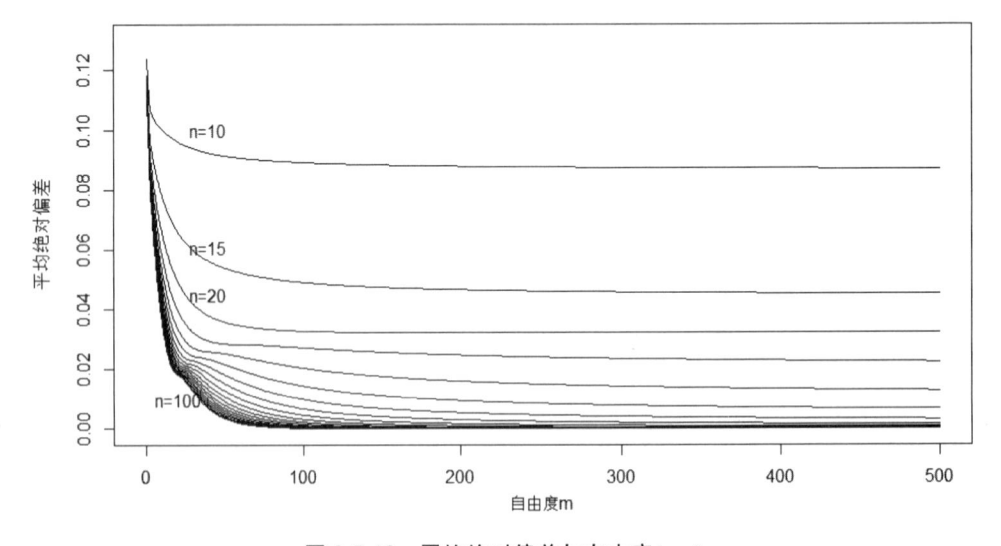

图 3.5.12　平均绝对偏差与自由度(m,n)

图 3.5.12 中每隔 5 个单位取第二自由度 n 来绘制平均绝对偏差关于第一自由度 m 的曲线。从该图可以直观地看出，随着自由度 n，m 的增大，平均绝对偏差都呈现出逐渐减小的趋势；当 n 较小时，该值随自由度 m 的增大而减小的速度很慢，而且似乎只能减小到一定程度，无法趋于 0；当 n 较大时，该值随自由度 m 增大而减小的速度非常快，呈现出与 t 分布和 χ^2 分布相同

的特性，且能快速趋于 0。当 $n=20$ 时，偏差降到约 0.032 处就非常平稳了；而当 $n \geq 25$ 时，还有下降趋势。因此，第二自由度 n 至少要达到 25，而第一自由度 m 可以通过构造基于第二自由度 n 的非线性回归模型来进行确定。

经大量模拟测试，我们发现在第二自由度 n 确定时较合适的非线性回归模型为

$$y_{(n)} = a_{(n)} + \frac{1}{b_{(n)} x_{(n)}} \tag{3.5.10}$$

其中，$x_{(n)}, y_{(n)}$ 分别表示第二自由度 n 给定时的第一自由度和平均绝对偏差，而回归系数 $a_{(n)}, b_{(n)}$ 同样是基于第二自由度 n 的。

当 n 取 $25,30,35,\cdots,60$ 时，平均绝对偏差与第一自由度的拟合曲线如图 3.5.13 所示，回归系数如表 3.5.3 所示。

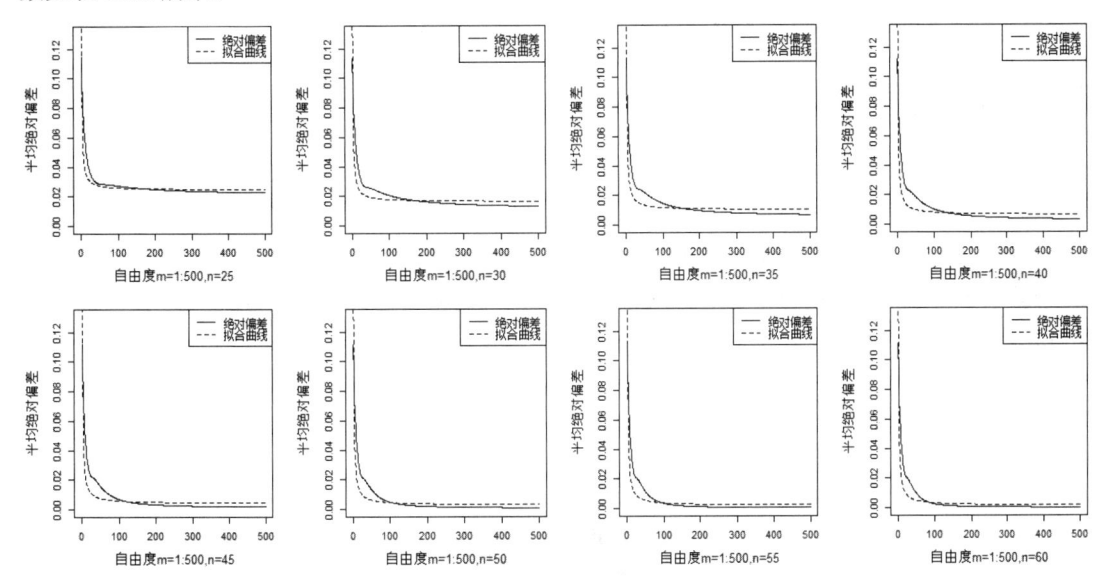

图 3.5.13 平均绝对偏差与第一自由度的拟合曲线

表 3.5.3 第二自由度与回归系数

n	25	30	35	40	45	50	55	60
$a_{(n)}$	0.024486	0.016125	0.010081	0.006308	0.004067	0.002735	0.001923	0.001409
$b_{(n)}$	7.364574	6.625053	6.190359	5.989026	5.914660	5.902815	5.919871	9.949060

通过模型及对应系数，可以很容易地求出并选择第一自由度，具体方法参见前述方法。绘制图 3.5.13 及计算表 3.5.3 数据的 R 程序如程序 3.5.5 所示。

【程序 3.5.5】平均绝对偏差与第一自由度的拟合曲线

```
op=par(mfrow=c(2,4))
ns=seq(25,60,by=5)
betas=matrix(0,nrow=2,ncol=8)
rownames(betas)=c('a','b')    #存放系数
for(i in 1:length(ns))
{  plot(0,0,type='n',xlim=c(0,500),ylim=c(0,0.13),
   xlab=paste('自由度m=1:500,n=',ns[i],sep=''), ylab='平均绝对偏差')
```

```
        m=1:500
        delta=sapply(m,delta.fun, ns[i])
        dat=data.frame(x=m,y=delta)
        lines(dat)
        lm.out=nls(y~a+1/(b*x),data=dat,start=list(a=0.02,b=1))      #求解非线性回归模型
        betas[,i]=summary(lm.out)$coef[,1]
        lines(dat[,1],predict(lm.out,data=dat[,1]),lty=2)
        legend('topright',c('绝对偏差','拟合曲线'),lty=c(1,2))
    }
    par(op)
```

这里，为满足一定的误差精度，在使用正态分布近似计算时，我们对三大经典抽样分布的自由度应满足的条件进行了有趣的探讨。最有意思的是，构造的平均绝对偏差与自由度之间满足非线性回归模型，从而可通过回归模型给出指定偏差精度下的最小自由度估计。这种方法或许可以扩展到其他具有渐近正态性的分布上。

3.6 抽样定理的模拟

对样本进行加工形成具有特定意义的统计量，并用其揭示总体的某些特征，是统计的基本工作。在使用统计量的时候，必须认识到它的随机变量本质，在必要的时候还要掌握它的概率分布。通常，称统计量的概率分布为抽样分布。对于基于实际问题构建的统计量，要想精确地刻画出它的分布规律是极为困难的。因此，人们主要通过模拟的手段对统计量的分布进行研究。

3.6.1 格里汶科定理

该定理提出者为格里汶科，如图 3.6.1 所示。

图 3.6.1 瓦列里·伊万诺维奇·格里汶科（1896—1940）

设总体 X 的分布函数为 $F(x)$，经验分布函数为 $F_n(x)$，则格里汶科定理可以描述为

$$P(\lim_{n\to\infty}\sup_{-\infty<x<+\infty}|F_n(x)-F(x)|=0)=1$$

当 $n \to +\infty$ 时，可以用经验分布函数估计分布函数。但在实际应用中，n 取多大值是个令人困惑的问题。因此，有必要通过实验来直观地解决这个问题。

从标准正态总体中分别抽取（30,100,200,1000）个样本，绘制经验分布函数并与理论分布函数进行比较，以两个图形的重叠程度来判断逼近程度（见图 3.6.2），具体代码如程序 3.6.1 所示。

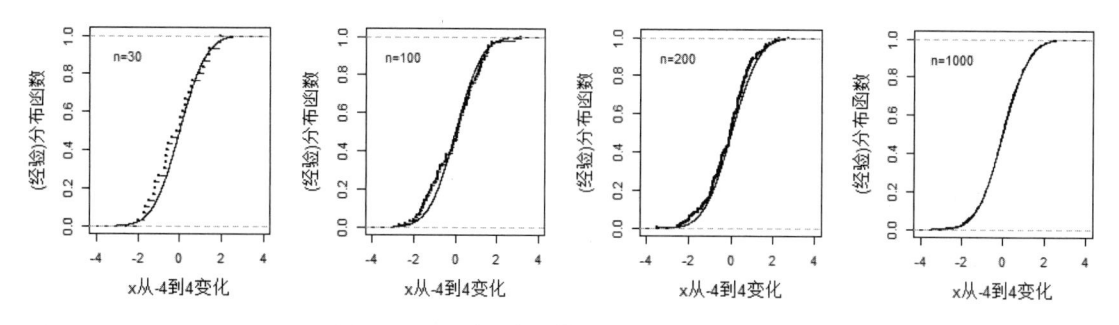

图 3.6.2 经验分布函数与理论分布函数比较

【程序 3.6.1】格里汶科定理的展示

```
ns=c(30, 100,200, 1000)
y=seq(-4,4,by=0.001)
op=par(mfrow=c(1,4))
for (i in 1:4)
{  plot(y, pnorm(y), type='l',ylab='(经验)分布函数',xlab='x 从-4 到 4 变化')
   x=rnorm(ns[i])
   lines(ecdf(x),cex=0.1)
   text(-2.5,0.9,paste('n=',ns[i],sep=''))
}
par(op)
```

由图 3.6.2 可粗略地看出，经验分布函数要较好地逼近理论分布函数，n 不能太小。当 n 介于 100~200 之间时，从逼近程度看还是可以接受的；若想得到更好的逼近效果，n 应不小于 200。从教学角度讲，直观地展示定理结论是一方面，了解定理的适用条件也是必要的。因此，建议把寻找满足某个逼近标准的最小样本量 n 的问题作为探索题，这样更能增强学生对定理的接受程度。

该定理的特别之处在于它研究的是 $|F_n(x)-F(x)|$ 变量的偏差上界，虽然理论上已经对它的分布做了证明并能给出相应的概率，但还是没给出 n 多大时才能较可靠地使用这个定理。不妨通过抽样模拟来刻画这个过程：以标准正态分布为例，让样本量 n 从 10 变到 500，对每个 n，模拟 100 次得到 100 个样本，并计算每个样本的经验分布函数与理论分布函数的最大偏差，再计算最大偏差序列的极差，最后画出极差图，具体过程如程序 3.6.2 所示。

【程序 3.6.2】格里汶科定理的展示

```
getmax=function(size,n)
{  a=numeric(size)
   for(i in 1:size)#利用K-S检验得到最大偏差
   {  x=rnorm(n)
      tmp=ks.test(x,'pnorm')
      a[i]=tmp$statistic
   }
   return(a)
}
ns=seq(10,500,by=10);  nlen=length(ns)
mat=matrix(0,nrow=2,ncol=nlen)
for(i in 1:nlen) mat[,i]=range(getmax(100, ns[i]))
plot(ns, mat[1,], ylim=c(0,max(mat[2,])+0.01),cex=0.5)
points(ns, mat[2,], cex=0.5)
for(i in 1:nlen) lines(c(ns[i], ns[i]), mat[,i])
```

最大偏差的极差图如图 3.6.3 所示。

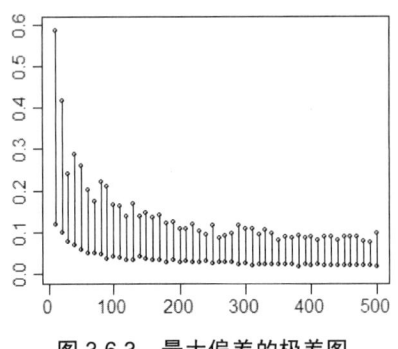

图 3.6.3　最大偏差的极差图

从图 3.6.3 可直观地看出，极差变化先随 n 的变大快速变窄，当 $n \approx 200$ 时，极差变化趋于平缓，之后基本保持不变。可见，$n \geqslant 200$ 是个不错的选择，这也进一步肯定了图 3.6.2 的结论。

3.6.2　单正态总体的抽样分布

设 $X_1, X_2, \cdots, X_n$ 是来自正态总体 $X \sim N(\mu, \sigma^2)$ 的样本，$S^2, \bar{X}$ 分别为样本方差与样本均值，则有

(1) $\bar{X} \sim N(\mu, \sigma^2/n)$ 或 $\dfrac{\bar{X}-\mu}{\sigma/\sqrt{n}} \sim N(0,1)$；　　(2) $\dfrac{(n-1)S^2}{\sigma^2} \sim \chi^2(n-1)$；

(3) $S^2, \bar{X}$ 相互独立；　　(4) $\dfrac{\bar{X}-\mu}{S/\sqrt{n}} \sim t(n-1)$。

结论（1）可以通过正态分布的独立可加性、正态分布随机变量的线性组合依然是正态分布来证明。结论（4）可以通过结论（1）、结论（2）、结论（3）推理得证，相对容易。对于结论（2）和结论（3），通常会发出这样的疑问：$\bar{X}, S^2$ 为什么会相互独立？为什么抽样分布 $(n-1)S^2/\sigma^2$ 的自由度不是 n？对于这两个疑问，从理论上证明过于数学化，并不适合大部分非数学专业的学生。但若给出定理的模拟过程，从图形上直观解释，反而能起到事半功倍的作用。

从直观角度看，由于 $X_1, X_2, \cdots, X_n$ 相互独立且均服从正态分布，因此有 $\text{cov}(X_i, X_j)\underset{i \neq j}{=} 0$，且 $\text{cov}(\bar{X}, X_i - \bar{X}) = 0$，而 $\bar{X}, X_i - \bar{X}$ 均服从正态分布，故二者相互独立，进而 $\bar{X}, S^2$ 相互独立。为了更直观地对结论（2）和结论（3）进行观察，设计这样一个程序：以 $N(1, 2^2)$ 中的 10000 个随机数为一个样本，计算 $(n-1)S^2/\sigma^2$，反复做 100 次；然后画出经验分布图并与 $\chi^2(99)$ 及 $\chi^2(100)$ 的分布图进行比较，再画出 $(n-1)S^2/\sigma^2$ 相对于 $\bar{X}$ 的散点图，如程序 3.6.3 所示。

【程序 3.6.3】独立的模拟与自由度展示

```
n=100;  times=1000;  mean=1;   sd=2
N1=99;    N2=100
mx=sn=numeric(times);   tmp=(n-1)/(sd^2)
for(i in 1:times)
{set.seed(i); x=rnorm(n,mean,sd);
mx[i]=mean(x); sn[i]=tmp*var(x) }
opar =par(mar=c(4,4,4,4),no.readonly=TRUE)
par(fig=c(0,1, 0, 1))
plot(ecdf(sn),verticals=TRUE,do.point=FALSE)
nx=seq(70,140,by=1)
lines(nx,pchisq(nx,N1),lty=2,lwd=2)
```

```
lines(nx,pchisq(nx,N2),lty=4)
legend(130,0.8,c('经验分布函数','chisq(99)',
'chisq(100)'),lty=c(1,2,4), cex=0.75, lwd=c(1,2,1))
par(fig=c(0.08, 0.58, 0.48, 0.98), new=TRUE)
plot(mx,sn)
par(opar)
```

$(n-1)S^2/\sigma^2$ 与 $\chi^2(99)$ 和 $\chi^2(100)$ 的比较如图 3.6.4 所示。

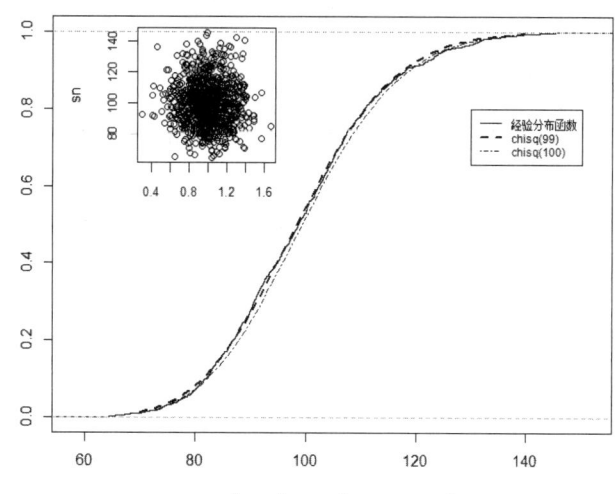

图 3.6.4 $(n-1)S^2/\sigma^2$ 与 $\chi^2(99)$ 和 $\chi^2(100)$ 的比较

由图 3.6.4 可知，$(n-1)S^2/\sigma^2$（$n=100$）抽样的经验分布与 $\chi^2(99)$ 的分布函数在大部分区域中更为接近，这也证实了 $(n-1)S^2/\sigma^2$ 的分布为 $\chi^2(n-1)$ 。而从图 3.6.4 左上角 $\bar{X}$ 与 $(n-1)S^2/\sigma^2$ 的散点图可直观看出两者之间并无趋势性关系，可断定两者相互独立。这显然已经达到使用模拟实现直观教学的效果了。

另外，我们看到，若 $\bar{X}$ 与 S^2 相互独立，则 $(\dfrac{\bar{X}-\mu}{\sigma/\sqrt{n}})^2$ 与 $(n-1)S^2/\sigma^2$ 也相互独立，而根据 χ^2 分布独立可加性可知，两者之和必定服从 $\chi^2(n)$，因此可以通过检验和的分布是否服从 $\chi^2(n)$ 来判定两者的独立性。下面以犯第一类错误的频率来揭示两者的区别，重复生成 100 组程序 3.6.3 中的样本均值和样本方差，按照上面的方法构造两者之和，然后分别进行 $\chi^2(n)$ 和 $\chi^2(n-1)$ 的同分布检验，最后以显著性水平 0.05 来分析检验 p 值。具体过程见程序 3.6.4，输出结果整理后如表 3.6.1 所示。

【程序 3.6.4】利用和统计量进行独立判定

```
n=100; times=1000; mean=1; sd=2; mx=sn=numeric(times); tmp=(n-1)/(sd^2)
pvalue=matrix(0,nrow=n,ncol=2)
for(j in 1:n)
{ for(i in 1:times)
    { x=rnorm(n,mean,sd)
      mx[i]=mean(x)
      sn[i]=tmp*var(x)
    }
  chin=(mx-mean)^2/(sd^2/n)+sn
  pvalue[j,1]=ks.test(chin,'pchisq',n)$p.value
  pvalue[j,2]=ks.test(chin,'pchisq',n-1)$p.value
}
apply(pvalue<=0.05,2,table)
```

表 3.6.1　和统计量 5 组各 100 次检验犯第一类错误的频率

序号	检验 $\chi^2(100)$ 错误率	检验 $\chi^2(99)$ 错误率
1	0.02	0.47
2	0.03	0.55
3	0.07	0.43
4	0.07	0.51
5	0.03	0.56

3.6.3　双正态总体的抽样分布

设 X_1, X_2, $\cdots$, X_m 是来自正态总体 $X \sim N(\mu_1, \sigma_1^2)$ 的样本，Y_1, Y_2, $\cdots$, Y_n 是来自正态总体 $Y \sim N(\mu_2, \sigma_2^2)$ 的样本，且总体 X 与 Y 相互独立，当 $\sigma_1 \neq \sigma_2$ 时，有一个比较特别的结论：

$$\frac{(\bar{X}-\bar{Y})-(\mu_1-\mu_2)}{\sqrt{\frac{S_1^2}{m}+\frac{S_2^2}{n}}} \sim t(\hat{v}) \qquad (3.6.1)$$

其中，$\hat{v} = \dfrac{(S_1^2/m + S_2^2/n)^2}{\dfrac{S_1^4}{m^2(m-1)} + \dfrac{S_2^4}{n^2(n-1)}}$，它是样本方差的函数，并非整数。这个参数 $\hat{v}$ 的估计是 1946 年由 Satterthwaite. F. E 在他的论文 "An approximate distribution of estimates of variance components" 中专门解决的，不妨将这个自由度称为 "Satterthwaite 近似"，其推导过程相当有技巧性，具有很好的借鉴意义。下面给出大致的推导过程。

设 $\{\chi_i\}_{i=1}^k$ 是相互独立的，且 $\chi_i \sim \chi^2(r_i)$，显然 $\sum_{i=1}^k \chi_i \sim \chi^2(\sum_{i=1}^k r_i)$。若 a_i（$i = 1, 2, \cdots, k$）为给定常数，构造统计量 $\kappa = \sum_{i=1}^k a_i \chi_i$，则统计量 κ 的分布很难确定，但是可以近似认为 $\kappa = \sum_{i=1}^k a_i \chi_i \sim \dfrac{\chi^2(\nu)}{\nu}$，即假定有常数 ν 使之近似成立。

一阶矩 $E(\kappa) = \sum_{i=1}^k E(a_i \chi_i) = \sum_{i=1}^k a_i r_i = 1$ （$E(\dfrac{\chi^2(\nu)}{\nu}) = 1$），这样解不出常数 ν 的估计值。

二阶矩 $E(\kappa^2) = E([\dfrac{\chi^2(\nu)}{\nu}]^2) = \dfrac{E([\chi^2(\nu)]^2)}{\nu^2} = \dfrac{2\nu+\nu^2}{\nu^2} = \dfrac{2}{\nu} + 1$，可解得常数 ν 的估计值，即 $\hat{v} = \dfrac{2}{(\sum_{i=1}^k a_i \chi_i)^2 - 1}$，但是要注意的是 $\hat{v}$ 可能为负值。为此，Satterthwaite 历尽千辛万苦，终于得出如下的推导过程：

$$E(\kappa^2) = E[(\sum_{i=1}^k a_i \chi_i)^2] = \text{Var}(\sum_{i=1}^k a_i \chi_i) + [E(\sum_{i=1}^k a_i \chi_i)]^2 = [E(\sum_{i=1}^k a_i \chi_i)]^2 \left[\frac{\text{Var}(\sum_{i=1}^k a_i \chi_i)}{[E(\sum_{i=1}^k a_i \chi_i)]^2} + 1\right] = \frac{\text{Var}(\sum_{i=1}^k a_i \chi_i)}{[E(\sum_{i=1}^k a_i \chi_i)]^2} + 1$$

注意，上式中利用了结论 $E(\sum_{i=1}^k a_i \chi_i) = 1$，令结果等于二阶矩，即

$$\frac{2}{\nu}+1 = = \frac{\mathrm{Var}(\sum_{i=1}^{k} a_i \chi_i)}{[E(\sum_{i=1}^{k} a_i \chi_i)]^2} + 1 \Rightarrow \nu = \frac{2[E(\sum_{i=1}^{k} a_i \chi_i)]^2}{\mathrm{Var}(\sum_{i=1}^{k} a_i \chi_i)}$$

而 $\mathrm{Var}(\sum_{i=1}^{k} a_i \chi_i) = \sum_{i=1}^{k} a_i^2 \mathrm{Var}(\chi_i) = 2\sum_{i=1}^{k} a_i^2 \frac{(E\chi_i)^2}{r_i}$，则得到常数 ν 的估计，即 $\hat{\nu} = \frac{(\sum_{i=1}^{k} a_i \chi_i)^2}{\sum_{i=1}^{k} \frac{a_i^2}{r_i} \chi_i^2}$。

对于两个正态总体，即近似有

$$\frac{\dfrac{S_x^2}{m}+\dfrac{S_y^2}{n}}{\dfrac{\sigma_x^2}{m}+\dfrac{\sigma_y^2}{n}} \xrightarrow{L} \frac{\chi^2(\nu)}{\nu}$$

其中，$\hat{\nu} = \dfrac{(\dfrac{S_x^2}{m}+\dfrac{S_y^2}{n})^2}{\dfrac{S_x^4}{m^2(m-1)}+\dfrac{S_y^4}{n^2(n-1)}}$，则有 $T = \dfrac{\bar{X}-\bar{Y}}{\sqrt{\dfrac{S_x^2}{m}+\dfrac{S_y^2}{n}}} \sim t(\hat{\nu})$，下面证明这个结论。

$$\frac{\dfrac{S_x^2}{m}+\dfrac{S_y^2}{n}}{\dfrac{\sigma_x^2}{m}+\dfrac{\sigma_y^2}{n}} = \frac{nS_x^2+mS_y^2}{n\sigma_x^2+m\sigma_y^2} = \frac{nS_x^2}{n\sigma_x^2+m\sigma_y^2} + \frac{mS_y^2}{n\sigma_x^2+m\sigma_y^2}$$

$$= \frac{n\sigma_x^2}{(m-1)(n\sigma_x^2+m\sigma_y^2)} \frac{(m-1)S_x^2}{\sigma_x^2} + \frac{m\sigma_y^2}{(n-1)(n\sigma_x^2+m\sigma_y^2)} \frac{(n-1)S_y^2}{\sigma_y^2} = a_x \chi_x + b_y \chi_y$$

其中，$a_x = \dfrac{n\sigma_x^2}{(m-1)(n\sigma_x^2+m\sigma_y^2)}$，$b_y = \dfrac{m\sigma_y^2}{(n-1)(n\sigma_x^2+m\sigma_y^2)}$，$\chi_x = \dfrac{(m-1)S_x^2}{\sigma_x^2}$ $\chi_y = \dfrac{(n-1)S_y^2}{\sigma_y^2}$，且有 $\chi_x \sim \chi^2(m-1)$，$\chi_y \sim \chi^2(n-1)$。

故 $a_x \chi_x + b_y \chi_y$ 满足 Satterthwaite 条件，可认为

$$a_x \chi_x + b_y \chi_y \sim \frac{\chi^2(\nu)}{\nu}, \quad E(a_x \chi_x + b_y \chi_y) = 1$$

其中

$$\hat{\nu} = \frac{(a_x \chi_x + b_y \chi_y)^2}{\dfrac{a_x^2}{(m-1)}\chi_x^2 + \dfrac{b_y^2}{(n-1)}\chi_y^2}$$

$$= \frac{(nS_x^2+mS_y^2)^2/(n\sigma_x^2+m\sigma_y^2)^2}{\dfrac{n^2\sigma_x^4}{(m-1)^3(n\sigma_x^2+m\sigma_y^2)^2}\dfrac{(m-1)^2 S_x^4}{\sigma_x^4} + \dfrac{m^2\sigma_y^4}{(n-1)^3(n\sigma_x^2+m\sigma_y^2)^2}\dfrac{(n-1)^2 S_y^4}{\sigma_y^4}}$$

$$= \frac{m^2 n^2 (S_x^2/m + S_y^2/n)^2}{\dfrac{n^2 S_x^4}{m-1}+\dfrac{m^2 S_y^4}{n-1}} = \frac{(S_x^2/m + S_y^2/n)^2}{\dfrac{S_x^4}{m^2(m-1)}+\dfrac{S_y^4}{n^2(n-1)}}$$

至此，得到上述结论。

下面来确认上述推导的参数 $\hat{v}$ 的估计是否与 R 语言中采用的一致。程序 3.6.5 给出的测试代码和输出结果说明上述结论就是 R 语言中采用的自由度。

【程序 3.6.5】自由度比较

```
test_v=function(mu1,mu2,sigma1,sigma2,m,n)
{  set.seed(100); x=rnorm(m,mu1,sigma1)
   set.seed(199); y=rnorm(n,mu2,sigma2)
   mx=mean(x); my=mean(y); sx=var(x);  sy=var(y)
   v1=(sx/m+sy/n)^2/((sx/m)^2/(m-1)+(sy/n)^2/(n-1))
   v2=t.test(x,y)$parameter
   c(v1,v2)
}
test_v(10,10,3,1,5,6);   test_v(10,11,2,1,15,20)
```

输出结果 1：

7.947369 7.947369

输出结果 2：

30.97753 30.97753

式（3.6.1）在双正态总体的实际问题中应用广泛，因为方差不等的情况更为常见。如果不用上述结论，而采用中心极限定理来近似，即 $\dfrac{(\overline{X}-\overline{Y})-(\mu_1-\mu_2)}{\sqrt{\dfrac{S_1^2}{m}+\dfrac{S_2^2}{n}}} \sim N(0,1)$，那么两者的实际效果有差异吗？理论上，相对于正态分布而言，$t(n)$ 分布是厚尾的，相同的统计量值，尾部的概率比正态分布来得大，故在进行假设检验时，犯第一类错误的可能性比正态分布会小一些，而犯第二类错误的概率会大一些。

3.6.4 非正态总体的抽样分布

能求得关于统计量的精确概率分布是最好的，但更多情况下求解困难甚至无法给出。常见的可精确求解概率分布的抽样定理包括以下几个。

1. 指数分布抽样定理

设 X_1, X_2, $\cdots$, X_n 是来自指数总体 $X \sim E(\lambda)$ 的样本，$\overline{X}$ 为样本均值，则

$$2n\lambda\overline{X} \sim \chi^2(2n) \qquad (3.6.2)$$

证 利用分布函数法可求得 $2\lambda X \sim E(1/2) = \chi^2(2)$，再利用 $\chi^2(n)$ 的独立可加性，可得结论。

2. 泊松分布抽样定理

设 X_1, X_2, $\cdots$, X_n 是来自泊松总体 $X \sim P(\lambda)$ 的样本，$\overline{X}$ 为样本均值，则 $n\overline{X} \sim P(n\lambda)$。需要注意的是，此处分布参数 $n\lambda$ 含有 λ，会影响实际应用。在实际问题中更关心参数 λ，因此可构造关于 λ 的抽样分布。

设 X_1, X_2, $\cdots$, X_n 是来自泊松总体 $X \sim P(\lambda)$ 的样本，则 $\begin{cases} n\lambda \sim \mathrm{Ga}(m+1,1) \\ 2n\lambda \sim \chi^2(2m+2) \end{cases}$，其中 $m = \lfloor n\overline{X} \rfloor$，

$\lfloor x \rfloor$ 表示取 x 的整数部分。

证 $X \sim P(\lambda)$ 的分布函数为 $F(x,\lambda) = \sum_{k \leq \lfloor x \rfloor} \mathrm{e}^{-\lambda} \dfrac{\lambda^k}{k!}$，对于固定的 x，$m = \lfloor x \rfloor$，$F(x,\lambda)$ 是 λ 的函数，且有如下性质：

- $\lim_{\lambda \to 0}(1 - F(x,\lambda)) = 0$
- $\lim_{\lambda \to \infty}(1 - F(x,\lambda)) = 1$

其中，$F(x,\lambda)$ 关于 λ 连续可导。

令 $g(\lambda) = 1 - F(x,\lambda) - \dfrac{1}{\Gamma(m+1)} \int_0^\lambda t^m \mathrm{e}^{-t} \mathrm{d}t$，容易推得 $\dfrac{\mathrm{d}g(\lambda)}{\mathrm{d}\lambda} = 0$，且 $g(0) = 0$，因此有

$$\begin{cases} 1 - F(x,\lambda) = \sum_{t=m+1}^\infty \dfrac{\lambda^t}{t!} \mathrm{e}^{-\lambda} = \dfrac{1}{\Gamma(m+1)} \int_0^\lambda t^m \mathrm{e}^{-t} \mathrm{d}t \\ \dfrac{1}{\Gamma(m+1)} \int_0^\lambda t^m \mathrm{e}^{-t} \mathrm{d}t = \dfrac{1}{\Gamma(m+1)} \int_0^{2\lambda} t^m \mathrm{e}^{-\frac{t}{2}} \mathrm{d}t \end{cases}$$

此时，若将未知的 λ 看成随机变量，$1 - F(x,\lambda)$ 就是它的分布函数，由上式再比照伽马分布和 χ^2 分布的密度函数和分布函数可知

$$\lambda \sim \mathrm{Ga}(m+1,1) \text{ 同时 } 2\lambda \sim \chi^2(2m+2) \tag{3.6.3}$$

因此，由泊松分布的独立可加性有 $\sum_{i=1}^n X_i \sim P(n\lambda)$，其样本观测值总和 $\sum_{i=1}^n x_i = n\bar{x}$，由式（3.6.3）可得定理结论。

3. 均匀分布抽样定理

设 X_1，X_2，$\cdots$，X_n 是来自总体 $U(0,\theta)$ 的样本，令最大次序统计量 $Y = X_{(n)}$，则

$$\left(\dfrac{Y}{\theta}\right)^n \sim U(0,1) \tag{3.6.4}$$

证 利用分布函数法，可得 $Y = X_{(n)} \sim F(x,\theta) = \begin{cases} 0, & x < 0 \\ \left(\dfrac{x}{\theta}\right)^n, & 0 \leq x < \theta \\ 1, & x \geq \theta \end{cases}$，则有 $\left(\dfrac{Y}{\theta}\right)^n \sim U(0,1)$。

另外，若 X_1，X_2，$\cdots$，X_n 是来自总体 $U(\theta,b)$ 的样本，其中 b 已知，令最小次序统计量 $Y = X_{(1)}$，可参照 $Y = X_{(n)}$ 的推导方式得到 $Y = X_{(1)}$ 的分布，有

$$\left(\dfrac{b-Y}{b-\theta}\right)^n \sim U(0,1) \tag{3.6.5}$$

通常，可通过中心极限定理来构造与统计量相关的近似概率分布，该做法的应用非常广泛，在实际问题处理中也比较有效。该做法的通用形式可以表示为

$$\dfrac{\bar{X} - E(X)}{\sqrt{D(X)/n}} \sim N(0,1) \text{ 或者 } \dfrac{\bar{X} - E(X)}{\sqrt{S^2/n}} \sim N(0,1) \tag{3.6.6}$$

下面列举几个常见分布的近似抽样定理。

1. 0-1 分布 $B(1,p)$ 抽样定理

设 X_1，X_2，$\cdots$，X_n 是来自两点分布总体 $X \sim B(1,p)$ 的样本，则当 n 充分大时，近似地有

$$\frac{\bar{X}-p}{\sqrt{p(1-p)/n}} \sim N(0,1) \tag{3.6.7}$$

2. 二项分布 $B(N,p)$ 抽样定理

设 X_1，X_2，$\cdots$，X_n 是来自总体 $X \sim B(N,p)$ 的样本，则当 n 充分大时，近似地有

$$\frac{\bar{X}-Np}{\sqrt{Np(1-p)/n}} \sim N(0,1) \tag{3.6.8}$$

3. 几何分布 $G(p)$ 抽样定理

设 X_1，X_2，$\cdots$，X_n 是来自总体 $G(p)$ 的样本，则当 n 充分大时，近似地有

$$\frac{p\bar{X}-1}{\sqrt{(1-p)/n}} \sim N(0,1) \tag{3.6.9}$$

在上述构造的统计量中，大部分都用到了样本均值 $\bar{X}$，根据中心极限定理，当 n 充分大时，$\bar{X}$ 应该呈现出正态分布的特征。下面我们通过程序 3.6.6 来展示变化的趋势，输出结果见图 3.6.5。

【程序 3.6.6】样本均值的渐近正态性

```
#分别从泊松、几何、均匀和指数分布中抽取样本量为 2, 5, 10, 30 的样本各 100 个
#然后绘制 100 个均值的核密度图，观察正态密度的特征趋势
op=par(mfrow=c(4,4));
n=c(2,5,10,30)
times=100
s_x=matrix(0,nrow=times,ncol=4)
for(k in 1:4)
{  for(i in 1:times)
   {  s_x[i,1]=mean(rpois(n[k],5))
      s_x[i,2]=mean(rgeom(n[k],1/3))
      s_x[i,3]=mean(runif(n[k],0,1))
      s_x[i,4]=mean(rexp(n[k],1/3))
   }
   for(i in 1:4)    plot(density(s_x[,i]),main='',xlab='',ylab=paste('n=',n[k]))
}
par(op)
```

由图 3.6.5 可知，随着样本量的增加，均值的抽样分布呈现出明显的正态分布特征。在实际问题处理中，应用中心极限定理一般要求样本量不低于 30；而当数据分布极不对称时，样本量一般要求不低于 50，这是很多教材中给出的建议。这个经验性的结论完全可以通过随机模拟的方法进行验证。如果读者有兴趣，甚至可以针对具体的概率分布，进一步确定一个更为精确的最低样本量。

图 3.6.5 样本均值的正态趋势

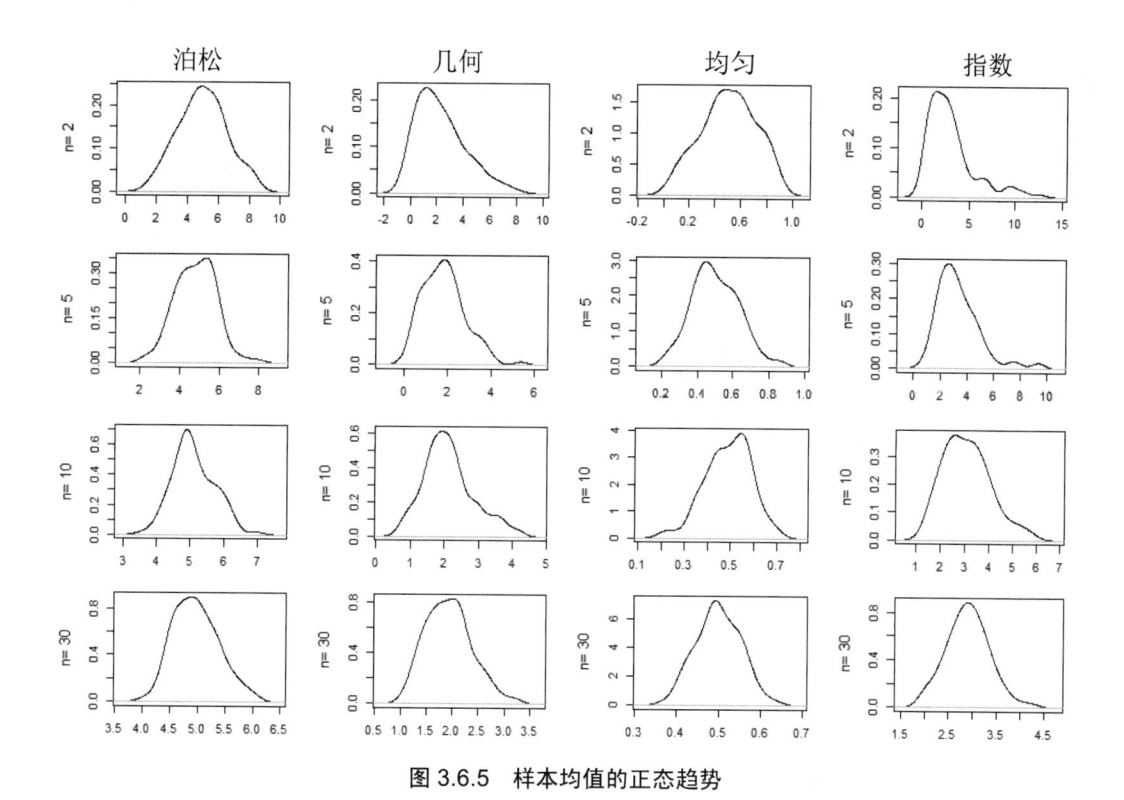

3.7 混合分布的模拟

金融资产收益率经常呈现尖峰厚尾、多峰分布的形态。气象学中的温度、压力、相对湿度等也经常呈现多峰分布的形态。由于混合分布能够很好地解释多峰分布的形态，因此在实际应用中得到了广泛使用。特别地，高斯混合分布（多元正态混合）模型经常用在数据分析领域，如聚类、判别等。

定义 3.7.1 随机变量集合 $\Psi=\{X_1,X_2,\cdots\}$，其中 $X_i \sim F_i(x)$。给定只取 0 和 1 两个值的随机变量序列 $Y_1,Y_2,\cdots$，满足 $P(Y_i=1)=p_i$，$\sum p_i=1$，即选中 X_i 的概率为 p_i，则构造

$$X \sim F(x)=\sum Y_i X_i \tag{3.7.1}$$

称随机变量 X 服从混合分布 F，其中 Y_i，X_i 之间相互独立。

定义 3.7.2 对于分布集合 $\Psi=\{f_1(x),f_2(x),\cdots\}$ 或 $\Psi=\{F_1(x),F_2(x),\cdots\}$，其中 $f_i(x)$ 为分布密度函数，$F_i(x)$ 为分布函数。给定权重向量 $\boldsymbol{p}=(p_1,p_2,\cdots)$，满足 $\sum p_i=1$，构造

$$X \sim f(x)=\sum p_i f_i(x) \text{ 或者 } X \sim F(x)=\sum p_i F_i(x) \tag{3.7.2}$$

同样称随机变量 X 服从混合分布 $f(x)$ 或 $F(x)$。

比较常见的有二元正态混合分布，如两个正态分布 $X_1 \sim N(\mu_1,\sigma_1^2)$，$X_2 \sim N(\mu_2,\sigma_2^2)$，实施混合作用的随机变量 $Y \sim B(1,p)$，则有 $YX_1+(1-Y)X_2$ 为二元正态混合分布。下面通过一个例子对二元和三元正态混合分布进行模拟。具体过程见程序 3.7.1，输出效果见图 3.7.1。

【程序 3.7.1】正态混合分布的认识

```
#Y~B(1,0.5),N(0,1),N(5,1)二元正态混合模拟
N=1000
Y=rbinom(N,1,0.5)
X=Y*rnorm(N,0,1)+(1-Y)*rnorm(N,5,1)
plot(density(X),main='',xlab='',ylab='核密度')

#Y~B(2,0.5),N(0,1),N(5,1),N(10,1)三元正态混合模拟
N=10000; Y=rbinom(N,2,0.5); X=numeric(N)
for(i in 1:N)
{ if(Y[i]==0) X[i]=rnorm(1,0,1)
  else if(Y[i]==1) X[i]=rnorm(1,5,1)
  else X[i]=rnorm(1,10,1)
}
plot(density(X),main='',xlab='',ylab='核密度')
```

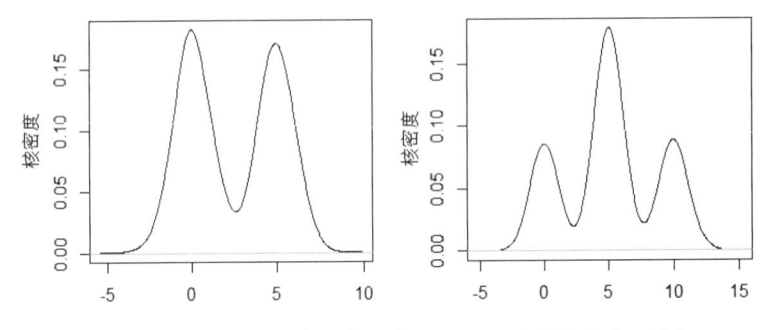

图 3.7.1　二元正态混合分布（左）/三元正态混合分布（右）

为了更方便地实现多元混合分布，我们需要快速生成选择性随机变量 Y，然后完成混合样本或者随机数的模拟。下面通过程序 3.7.2 加以说明。

【程序 3.7.2】多元正态混合分布

```
get_mixed=function(n,yprop,argmatrix)
{ Y=rmultinom(n,size=1,yprop)
  sub_mixed=function(y,argmatrix)
  { rindex=which.max(y)
    return(rnorm(1,argmatrix[rindex,1],argmatrix[rindex,2]))
  }
  apply(Y,2,sub_mixed,argmatrix)
}
yprop=dbinom(0:2,2,0.5)
argmatrix=matrix(c(0,1,5,1,10,1),nrow=3,byrow=TRUE)
x=get_mixed(30,yprop,argmatrix)
plot(density(x))
```

程序 3.7.2 实现了图 3.7.1 中的三元正态混合分布，可以利用这个模式实现更多正态混合分布，也可以实现其他各种分布的混合。

如果将式（3.7.1）中的 Y_i 变成式（3.7.2）中的 p_i，则 $\sum p_i X_i$ 将变成随机变量和的分布，就不是所谓的混合分布了。下面通过随机变量的加权来实现随机变量和的分布，具体过程见程序 3.7.3，输出效果见图 3.7.2。

【程序 3.7.3】随机变量和的分布

```
#Y~B(1,0.5),N(0,1), N(5,1)和分布模拟
N=1000;
X=0.5*rnorm(N,0,1)+0.5*rnorm(N,5,1);
plot(density(X),main='',xlab='',ylab='核密度');

#Y~B(2,0.5),N(0,1),N(5,1),N(10,1)三个正态和分布模拟
N=10000;   p=dbinom(0:2,2,0.5);
X=p[1]*rnorm(N,0,1)+p[2]*rnorm(N,5,1)+p[3]*rnorm(N,10,1);
plot(density(X),main='',xlab='',ylab='核密度');
```

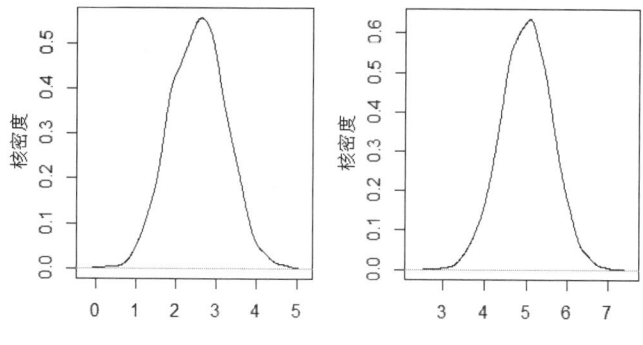

图 3.7.2　随机变量和的分布

显然，随机变量的混合与随机变量的和是完全不同的两个概念，这从程序 3.7.1 和程序 3.7.3 的输出结果可得到直观验证。另外，从程序 3.7.1 的输出结果可以看到，两个均值不等而方差相等的一维正态分布的混合将产生两个峰，三个均值不等而方差相等的一维正态分布的混合将产生三个峰。这是因为正态分布的均值之间的距离相对于方差而言比较大，远离分布之间发生的重叠区域，所以才呈现几个分布几个峰的情况。当我们缩小分布的均值或者增大分布的方差时，结果就可能完全不同。下面通过改造程序 3.7.3 来探究上述分析。具体过程见程序 3.7.4，输出结果见图 3.7.3。

【程序 3.7.4】正态混合分布的重叠

```
#Y~B(1,0.5),N(0,1), N(2,1)二元正态混合模拟
N=1000;    Y=rbinom(N,1,0.5)
X=Y*rnorm(N,0,1)+(1-Y)*rnorm(N,2,1);
plot(density(X),main='',xlab='',ylab='核密度')

#Y~B(1,0.5),N(0,1),N(5,4)二元正态混合模拟
N=10000; Y=rbinom(N,1,0.5)
X=Y*rnorm(N,0,1)+(1-Y)*rnorm(N,5,4)
plot(density(X),main='',xlab='',ylab='核密度')
```

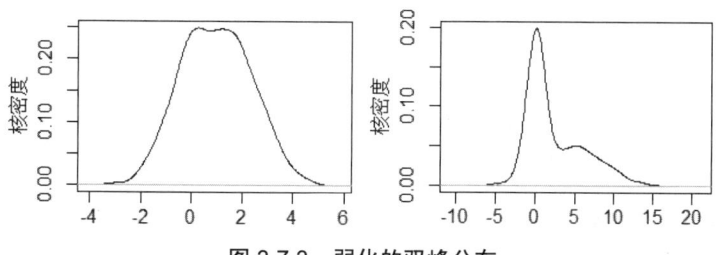

图 3.7.3　弱化的双峰分布

程序 3.7.4 及图 3.7.3 向我们展示了缩小均值或增大方差时，正态混合分布双峰特征得到弱化，在权重相等的前提下，更接近于单峰的正态分布，否则会产生偏峰拖尾的情况。

假定 $E(X_i) = \mu_i$，$D(X_i) = \sigma_i^2$，$E(X) = \mu$，$D(X) = \sigma^2$，则可推得一维混合分布的数字特征。

$$E(X) = \mu = \sum E(Y_i X_i) = \sum E(Y_i) E(X_i) = \sum p_i E(X_i) = \sum p_i \mu_i$$

$$= \int_{-\infty}^{+\infty} x f(x) \mathrm{d}x = \int_{-\infty}^{+\infty} x \sum p_i f_i(x) \mathrm{d}x = \sum p_i \int_{-\infty}^{+\infty} x f_i(x) \mathrm{d}x = \sum p_i \mu_i \quad (3.7.3)$$

$$D(X) = \sigma^2 = EX^2 - \mu^2 = \int_{-\infty}^{+\infty} x^2 \sum p_i f_i(x) \mathrm{d}x - \mu^2 = \sum p_i (\mu_i^2 + \sigma_i^2) - \mu^2$$

$$E(X - \mu)^k = \sum p_i E(X_i - \mu_i + \mu_i - \mu)^k = \sum p_i \sum_{j=0}^{k} C_k^j (\mu_i - \mu)^{k-j} E(X_i - \mu_i)^j \quad (3.7.4)$$

一般而言，高斯混合分布在分量足够多的时候几乎可以模拟任何分布。

3.8 多维分布的模拟

一维随机变量或总体的模拟有一套相当完善的理论与方法，并在各类统计软件中得到了充分的开发，使用起来也非常方便。但对二维及以上的随机变量或总体而言，其分布的精确模拟非常困难，通常借助马尔可夫链蒙特卡罗（MCMC）方法来完成近似的模拟。MCMC 方法的实现算法中，比较基础的是 Metropolis-Hastings Algorithm（简称 M-H 算法），而本节要介绍的 Gibbs Sampling（Gibbs 抽样）算法就是 M-H 算法的一种特殊情况。通过 Gibbs 抽样算法可以获取一系列近似等于指定多维概率分布或者多个随机变量联合概率分布的随机样本，该算法适用于条件分布比边缘分布更容易采样的多变量分布场合。

假设有 p 维随机变量 $(X_1, X_2, \cdots, X_p) \sim F(x_1, x_2, \cdots, x_p)$，记 $F(x_j | x_1, \cdots x_{j-1}, x_{j+1}, \cdots x_p)$ 为其他变量取值给定时 X_j（$j = 1, 2, \cdots, p$）的条件分布，以此作为马尔可夫链的状态转移概率。随机抽取服从 $F(x_1, x_2, \cdots, x_p)$ 的样本，相当于在 p 维空间中抽取坐标点，可通过在 p 个坐标轴上轮换采样的方式得到新的样本点，并以 $F(x_j | x_1, \cdots x_{j-1}, x_{j+1}, \cdots x_p)$ 作为轮换到的坐标轴 X_j 上的状态转移概率。下面给出基于坐标轮换方式的 Gibbs 抽样算法的基本步骤。

步骤 1 准备 $F(x_j | x_1, \cdots x_{j-1}, x_{j+1}, \cdots x_p)$（$j = 1, 2, \cdots, p$），状态转移次数阈值 k，样本量 n 初始坐标点 $(x_1^{(0)}, x_2^{(0)}, \cdots, x_p^{(0)})$。

步骤 2 执行 $i = 1$ to $k + n$ 次循环：

从条件分布 $F(x_1 | x_2^{(i)}, \cdots, x_p^{(i)})$ 抽样得到 $x_1^{(i+1)}$；

从条件分布 $F(x_2 | x_1^{(i+1)}, x_3^{(i)}, \cdots, x_p^{(i)})$ 抽样得到 $x_2^{(i+1)}$；

……

从条件分布 $F(x_p | x_1^{(i+1)}, \cdots, x_{p-1}^{(i+1)})$ 抽样得到 $x_p^{(i+1)}$；

从而得到一个样本点 $(x_1^{(i+1)}, x_2^{(i+1)}, \cdots, x_p^{(i+1)})$。

步骤 3 舍弃前 k 次生成的样本点，而选择后 n 次生成的样本点作为服从平稳分布 $F(x_1, x_2, \cdots, x_p)$ 的样本量为 n 的一个样本，即取 $\{(x_1^{(k+1)}, x_2^{(k+1)}, \cdots, x_p^{(k+1)}), \cdots, (x_1^{(k+n)}, x_2^{(k+n)}, \cdots, x_p^{(k+n)})\}$。

在上述 Gibbs 抽样算法中，需要先给出各个随机变量的条件分布，在高维数据处理中，条件分布可能会比联合分布更容易求解，因此 Gibbs 抽样算法在高维中的应用较多。

例 3.8.1 以最常见的二维正态分布 $N(\mu_1,\mu_2,\sigma_1^2,\sigma_2^2,\rho)$ 为例，将其改写成多维形式：

$$N(\boldsymbol{\mu},\boldsymbol{\Sigma}), \boldsymbol{\mu}=(\mu_1,\mu_2)^{\mathrm{T}}, \boldsymbol{\Sigma}=\begin{pmatrix} \sigma_1^2 & \rho\sigma_1\sigma_2 \\ \rho\sigma_1\sigma_2 & \sigma_2^2 \end{pmatrix}$$

$$X\mid Y=y \sim F_{X\mid Y}(x\mid y)=N(\mu_1+\rho\frac{\sigma_1}{\sigma_2}(y-\mu_2),\sigma_1^2(1-\rho^2))$$

$$Y\mid X=x \sim F_{Y\mid X}(y\mid x)=N(\mu_2+\rho\frac{\sigma_2}{\sigma_1}(x-\mu_1),\sigma_2^2(1-\rho^2))$$

(3.8.1)

下面以 $N(0,0,1,1,1/8)$ 为具体的联合分布来实施 Gibbs 抽样算法，由联合分布可得

$$(X\mid Y=y) \sim N(y/8, 63/64), \quad (Y\mid X=x) \sim N(x/8,\ 63/64)$$

求出样本后，将其与 R 语言的 MASS 包中的 mvrnorm 函数生成的二维正态样本以及理论上的真实分布进行常规比较，包括参数的数字特征和直观的密度图。此处密度估计采用二维核密度函数来构造，由 MASS 包中的 kde2d 函数完成。具体代码如下：

```
#初始化,样本量n=1000,状态转移次数阈值k=10,二维正态N(0,0,1,1,1/8),均值mu,
#协方差矩阵sigma,相关系数rho,初值y1=1,存储样本mat1,迭代变量x1,y1
library(MASS)
n=1000;   k=10;  y1=1; mu=c(0,0);    sigma=matrix(c(1,1/8,1/8,1),nrow=2);    rho=1/8
sd2=c(sqrt(sigma[1,1]*(1-rho^2)),sqrt(sigma[2,2]*(1-rho^2)))
mat1=matrix(0,nrow=n,ncol=2)
for(i in 1:(n+k))
{   x1=rnorm(1,mu[1]+rho*(y1-mu[2]),sd2[1])
    y1=rnorm(1,mu[2]+rho*(x1-mu[1]),sd2[2])
    if(i<=k) next
    mat1[i-k,1:2]=c(x1,y1)
}
f1=kde2d(mat1[,1],mat1[,2], n = 100, lims = c(-3,3,-3,3))
mat2=mvrnorm(n,mu=c(0,0),Sigma=sigma)
f2= kde2d(mat2[,1],mat2[,2], n = 100, lims = c(-3,3,-3,3))

denNorm=function(x,y,mu1,mu2,sigma1,sigma2,rho)
{   tmp1=(x-mu1)^2/sigma1+(y-mu2)^2/sigma2-2*rho*(x-mu1)*(y-mu2)
    exp(-tmp1/(2*(1-rho^2)))/(2*pi*sqrt(sigma1*sigma2*(1-rho^2)))
}
x=seq(-3,3,length=100)
z=outer(x,x,denNorm,mu1=mu[1],mu2=mu[2], sigma1=sigma[1,1],sigma2=sigma[2,2],rho)
op=par(mfrow=c(1,3))
persp(f1, phi = 15, theta = 20, d = 5,col='gray')     #使用其他颜色会更美观,如green3
persp(f2, phi = 15, theta = 20, d = 5,col='gray')
persp(z, phi = 15, theta = 20, d = 5,col='gray')
par(op)

apply(mat1,2,mean);   apply(mat2,2,mean);apply(mat1,2,sd);apply(mat2,2,sd)
cor(mat1[,1],mat1[,2]);   cor(mat2[,1],mat2[,2])
```

执行上述代码输出的结果见图 3.8.1 和表 3.8.1。

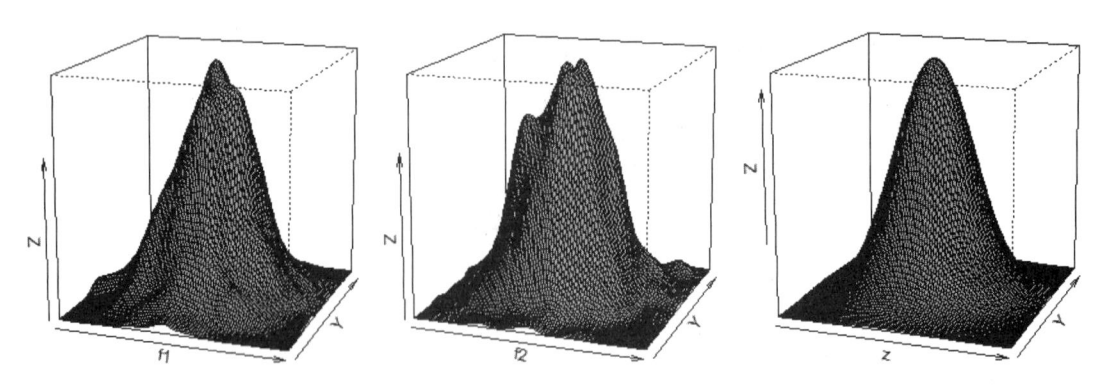

图 3.8.1　密度图（从左起分别为 Gibbs 抽样、mvrnorm 抽样、真实密度）

表 3.8.1　两种算法模拟结果的数字特征比较

	均值	标准差	相关系数
Gibbs 抽样	0.027470　0.012947	1.028047　1.015421	0.1253535
mvrnorm 抽样	−0.018186　0.008152	1.028447　0.990706	0.1443592

从表 3.8.1 数据看出，两种抽样算法的数字特征比较接近，另外核密度估计的图形输出也具有相似性，说明 Gibbs 抽样算法还是挺好用的。

例 3.8.2　对于概率论教材中常见的分布：$(X,Y) \sim f(x,y) = \begin{cases} 6x, & 0 < x < y < 1 \\ 0, & \text{其他} \end{cases}$，如何实现该分布的随机抽样？

步骤 1　求解边缘分布：

$$X \sim f_X(x) = \begin{cases} 6x(1-x), & 0 < x < 1 \\ 0, \text{其他} \end{cases}, \quad Y \sim f_Y(y) = \begin{cases} 3y^2, & 0 < y < 1 \\ 0, \text{其他} \end{cases}$$

步骤 2　求条件分布的密度函数与分布函数：

$$(X|Y=y) \sim f_{X|Y}(x|y) = \begin{cases} \dfrac{2x}{y^2}, & 0 < x < y < 1 \\ 0, \text{其他} \end{cases}, \quad (Y|X=x) \sim f_{Y|X}(y|x) = \begin{cases} \dfrac{1}{1-x}, & 0 < x < y < 1 \\ 0, \text{其他} \end{cases}$$

$$F_{X|Y}(x|y) = \begin{cases} \dfrac{x^2}{y^2}, & 0 < x < y < 1 \\ 1, & x \geqslant y > 0 \\ 0, \text{其他} \end{cases}, \quad F_{Y|X}(y|x) = \begin{cases} \dfrac{y-x}{1-x}, & 0 < x < y < 1 \\ 1, & y \geqslant 1 \\ 0, & y \leqslant x \end{cases}$$

步骤 3　求条件分布函数的反函数：

$$F_{X|Y}^{-1}(x|y) = \sqrt{x}\,y, \quad 0 < x < 1, \ 0 < y < 1,$$

$$F_{Y|X}^{-1}(y|x) = x + y - yx, \quad 0 < y < 1, \ 0 < x < 1$$

步骤 4　由定理 3.1.1 生成 $Y=y$ 条件下 X 的随机数，同理生成 $X=x$ 条件下 Y 的随机数。

$$p \sim U(0,1), \quad x_{Y=y} = F_{X|Y}^{-1}(p|y), \quad y_{X=x} = F_{Y|X}^{-1}(p|x)$$

步骤 5 利用 Gibbs 抽样算法完成 (X,Y) 随机分布的抽样迭代，具体代码如下：

```
#初始化：样本量n=1000,状态转移次数阈值k=20,初值y1=0.5,样本mat1,迭代变量x1,y1
n=1000;    k=20;   y1=0.5;   #mat1=matrix(0,nrow=n,ncol=2)
dFxy=function(x,y)    ifelse(0<x & x<1 & y<1 & x<y, 6*x,0)
qFx_y=function(p,y)   sqrt(p)*y
qFy_x=function(p,x)   x+p-p*x
for(i in 1:(n+k))
{ p=runif(1,0,1);   x1=qFx_y(p,y1);   p=runif(1,0,1);   y1=qFy_x(p,x1)
  if(i<=k) next
  mat1[i-k,1:2]=c(x1,y1)
}
f1=kde2d(mat1[,1],mat1[,2], n = 100, lims = c(0,1,0,1))

x=seq(0,1,length=100);   z=outer(x,x,dFxy)
op=par(mfrow=c(1,2))
persp(z, phi = 15, theta =-30, d = 5,col='gray')     #可用green代替gray,更为美观
persp(f1, phi = 15, theta = -30, d = 5,col='gray')
par(op)

apply(mat1,2,mean);  apply(mat1,2,sd);   cor(mat1[,1],mat1[,2])
```

执行上述代码输出的效果见图 3.8.2。

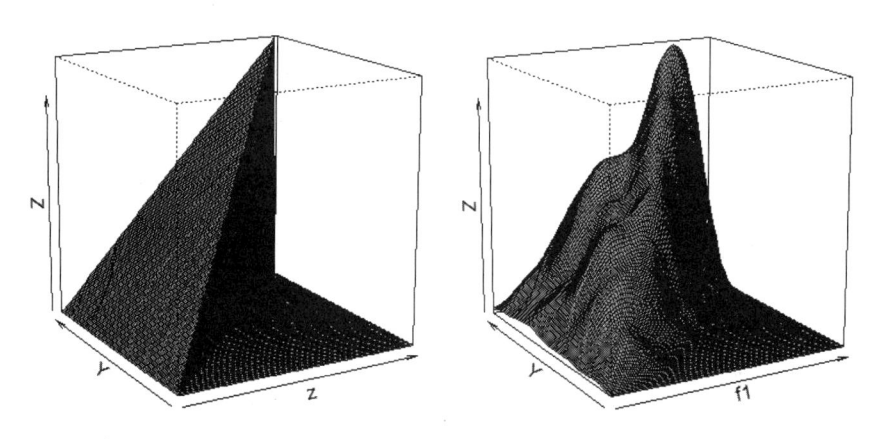

图 3.8.2 真实分布密度与随机模拟分布核密度的比较（左为真实分布，右为模拟分布）

3.9 排列组合的抽样

从 n 个对象中随机等可能抽取 m 个构成子样本，这样的子样本将产生 C_n^m 个。若将此取法作为总体随机化抽样或样本随机化重抽样方式，有助于解决统计中的一些特殊问题，比如未知总体分布前提下的置换检验等。随着 n 和 m 的增大，对 C_n^m 中的每一种组合都计算一次统计量的值，将占用大量的空间并耗费大量的计算时间。比如，仅从 50 个样本中选取 10 个进行某种计算，此时组合数 $C_{50}^{10} = 10272278170$，这么庞大的组合对计算速度和存储空间都提出了极高的要求。因此，为了提高效率，可从全部组合中随机选取一定数量的子样本进行计算，即借助 Monte-Carlo 随机模拟思想进行简化处理。这在早期算力不发达的情况下尤其有用，且有研究表

明，当 C_n^m 很大时，从全部组合中随机抽取 1000 左右的数量就能达到较好的效果。按现在的算力来讲，已经可以处理相当规模的组合计算了，但想穷尽所有组合，也还不是一件容易的事情。

例 3.9.1 总体 $X \sim N(\mu, \sigma^2)$ 的样本为 $X_1, X_2, \cdots, X_n$，从样本中随机抽取 m 个，计算每个组合的均值，并研究 C_n^m 个均值与样本均值以及总体均值的偏差。

具体代码如下：

```
n=30;  m=5;  set.seed(123); x=rnorm(30,0,1)    #准备数据
CM=combn(x,5)                                   #组合矩阵，进行 C_{30}^5 = 142506 次计算
ms=apply(CM,2,mean)                             #计算每个组合的均值
plot(density(ms))                               #绘制核密度图
mean(x);  mean(ms)                              #计算样本均值和组合均值
```

执行上述代码输出的效果见图 3.9.1。

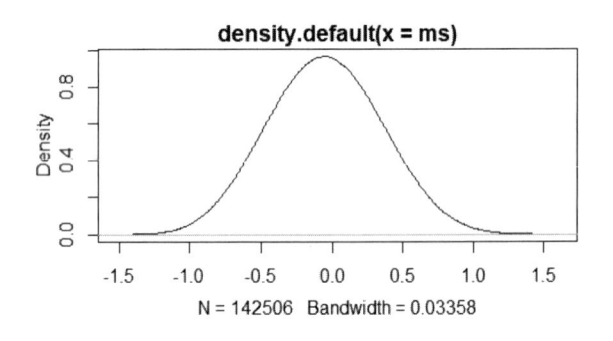

图 3.9.1 组合均值的核密度图

上述代码算出的均值都是 -0.04710376，这是显然的结果，因为每个样本点在所有组合中出现的次数都等于 C_{n-1}^{m-1}，而在每一次组合的均值计算中都提供 $\dfrac{1}{m}$ 的权重，所以所有组合均值的再平均表示成 $\dfrac{1}{C_n^m}\sum_{i=1}^{n}C_{n-1}^{m-1}\dfrac{1}{m}x_i = \dfrac{1}{C_n^m}C_{n-1}^{m-1}\dfrac{1}{m}n\bar{x} = \dfrac{C_n^m}{C_n^m}\bar{x} = \bar{x}$。

另外，对所有的组合均值绘制的核密度图虽然呈现中间高两端低且对称的特征，看起来像正态分布，但通不过正态性检验。

从上述 $C_{30}^5 = 142506$ 次计算中随机抽取 1000 次，同样计算均值并绘制核密度图，具体过程代码如下：

```
CM=combn(x,5);    set.seed(1314)                #组合矩阵，进行 C_{30}^5 = 142506 次计算
subCM=CM[,sample(ncol(CM),1000)]                #随机抽取 1000 个组合
ms=apply(subCM,2,mean)                          #计算每个组合的均值
plot(density(ms))                               #绘制核密度图
mean(ms)                                        #计算组合均值
```

执行上述代码输出的效果见图 3.9.2。

上述代码算出的均值为 -0.03831048。从两次代码输出的均值和核密度图可以看出，1000 个随机组合的效果基本可达到全部组合的效果，这使得在组合中进行随机抽样成为一种可行的手段。

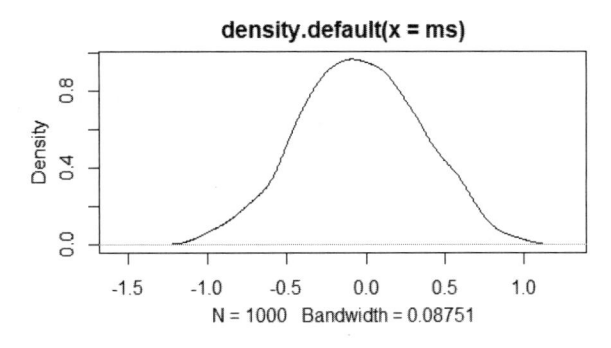

图 3.9.2　1000 个组合均值的核密度图

若将组合提升到 $C_{30}^{10} = 30045015$，再用上述的代码将无法快速得到计算结果，因为在配置为"处理器：Intel Core i7-8565U CPU@1.80GHz 1.99GHz，RAM 8.00GB（7.78GB 可用）"的条件下，执行生成组合矩阵的代码 system.time({CM=combn(30,10)}) 所花的时间（单位为 s）如下：

用户	系统	流逝
50.45	16.17	80.75

使用 combn 函数所花时间超过了 80s，显然无法满足快速模拟的需求。下面介绍 RcppAlgos 包中的几个函数，通过它们能很好地满足快速生成与计算排列组合的需求。下载、安装、查阅 RcppAlgos 包的代码如下：

```
install.packages('RcppAlgos')
library(RcppAlgos)
library(help=RcppAlgos)
```

RcppAlgos 包的相关函数如表 3.9.1 和表 3.9.2 所示。

表 3.9.1　函数系列 1

函　数	参　数	含　义
permuteGeneral 返回排列 comboGeneral 返回组合 （都是按字典序返回）	v	表示数据源数组或整数，若是正整数则表示 1~v
	m	表示从 v 中随机抽取的个数；如果为 NULL，默认长度为 length(v) 或 sum(freqs)；如果 repetition=TRUE 或者指定 freqs，则 m 可以超过 length(v)
	repetition	表示组合或排列是否可重复
	freqs	数组，每个元素值表示对应 v 中元素重复的次数
	lower	表示从第几个组合或排列开始提取
	upper	表示从第 1 个提取到第 upper 个
	constraintFun comparisonFun limitConstraints	每个组合或排列的计算/比较函数，只能是字符串，constraintFun 的取值为（mean，sum，min，max，prod）之一；comparisonFun 的取值为（>，>=，<，<=，==，!=）之一，并将 constraintFun 与 limitConstraints 进行比较
	FUN	表示施加在每个组合或排列上的函数，可自定义
	Parallel，nThreads	设置并行化多线程抽取

表 3.9.2 函数系列 2

函　　数	参　　数	含　　义
permuteSample comboSample 按字典序或随机返回排列和组合	n	表示返回的组合或排列数
	sampleVec	指定返回的组合或排列的下标数组
	seed	设置随机抽取的种子
	namedSample	设置返回的组合或排列的行名称
	其他参数同表 3.9.1	

关于 RcppAlgos 中 permuteGeneral 函数的具体使用示例如下：

```
A=permuteGeneral(10,5)                    #返回 30240×5 矩阵，每行表示一个排列，按照字典序给出
permuteGeneral(10,5,FUN=mean)             #返回列表，共计 30240 个成员，可以通过 unlist 将其变成数组
permuteGeneral(10,5,lower=3,upper=10)     #返回 8×5 矩阵，全排列中按字典序第 3 个到第 10 个的排列
#返回 100000×5 矩阵，从 1 1 1 1 1 到 10 10 10 10 10 共 10 万个
permuteGeneral(10,5,repetition=TRUE)
re=c(1,2,1,2,1,2,1,2,1,2)
B=permuteGeneral(10,5,freqs=re)           #返回 57840×5 矩阵，其中奇数位出现 1 次，偶数位出现 2 次
head(A,10);    head(B,10)                 #输出 A, B 矩阵的前 10 行
#返回排列中总和小于 20 的所有排列，1440×5 矩阵
C=permuteGeneral(10,5, constraintFun='sum',comparisonFun='<',limitConstraints=20)
```

执行上述代码输出的结果如下：

```
A      [,1] [,2] [,3] [,4] [,5]
 [1,]    1    2    3    4    5
 [2,]    1    2    3    4    6
 [3,]    1    2    3    4    7
 [4,]    1    2    3    4    8
 [5,]    1    2    3    4    9
 [6,]    1    2    3    4   10
 [7,]    1    2    3    5    4
 [8,]    1    2    3    5    6
 [9,]    1    2    3    5    7
[10,]    1    2    3    5    8

B      [,1] [,2] [,3] [,4] [,5]
 [1,]    1    2    2    3    4
 [2,]    1    2    2    3    5
 [3,]    1    2    2    3    6
 [4,]    1    2    2    3    7
 [5,]    1    2    2    3    8
 [6,]    1    2    2    3    9
 [7,]    1    2    2    3   10
 [8,]    1    2    2    4    3
 [9,]    1    2    2    4    4
[10,]    1    2    2    4    5
```

只要将参数 v 从整数改成实际的数据数组，就能实现基于排列的数据分析了。例如，从 10 个元素的数组中随机抽取 5 个，返回均值小于 0 的排列；对每个排列计算极差。具体代码如下：

```
set.seed(100);   va=rnorm(10)
C=permuteGeneral(va,5, constraintFun='mean',comparisonFun='<',limitConstraints=0)
```

```
head(C)
get.range=function(x)   max(x)-min(x)
D=unlist( permuteGeneral(va,5,FUN=get.range))
head(D)
```

执行上述代码输出的结果如下:

```
       [,1]       [,2]       [,3]        [,4]        [,5]
[1,] -0.8252594 -0.5817907 -0.50219235 -0.35986213 -0.07891709
[2,] -0.8252594 -0.5817907 -0.50219235 -0.07891709 -0.35986213
[3,] -0.8252594 -0.5817907 -0.35986213 -0.50219235 -0.07891709
[4,] -0.8252594 -0.5817907 -0.35986213 -0.07891709 -0.50219235
[5,] -0.8252594 -0.5817907 -0.07891709 -0.50219235 -0.35986213
[6,] -0.8252594 -0.5817907 -0.07891709 -0.35986213 -0.50219235

#head(D)输出
[1] 1.388977 1.388977 1.468575 1.388977 1.712044 1.388977
```

以上给出的是按字典序确定的排列,这可能不适合随机化的统计分析。基于排列组合大量计算的随机化分析理论最早是由统计学家 R. A. Fisher 于 20 世纪 30 年代提出的,它是一种非参数的方法,直到 20 世纪 80 年代才重新焕发光芒。下面通过对排列和组合的随机抽取来实现随机化的统计分析,主要由 permuteSample 和 comboSample 两个函数实现。

例 3.9.2 从 1 到 100 中随机抽取 5 个整数构成全排列或组合,从中随机抽取 6 组,并给出字典排序的序号,计算每一组的三个值(最小、最大、中位数)。注意,本例中排列总数为 9034502400,而组合总数为 75287520,都不是小数目。

```
permuteSample(100,5,n=6,seed=123,namedSample=TRUE)    #从排列中随机抽取 6 组
```

执行结果如下:

```
           [,1] [,2] [,3] [,4] [,5]
8334216106   93   25   63   44   10
8127876395   90   97   51   96   11
4109595662   46   50   29   58   14
6754409050   75   77   47   61   59
3043134280   34   69   67    7   42
5536884138   62   29   32   68   44
```

```
comboSample(100,5,n=6,seed=123,namedSample=TRUE)     #从组合中随机抽取 6 组
```

执行结果如下:

```
          [,1] [,2] [,3] [,4] [,5]
27183567    9   20   52   65   76
11723278    4   12   13   32   85
12716970    4   22   50   70   74
39446107   14   29   36   40   58
66253915   34   60   68   74   98
62435676   30   34   44   72   88
```

```
ind=c(1,100,1000,10000)          #用户自己指定序号
comboSample(100,5,n=6, namedSample=TRUE,sampleVec=ind)    #按指定需要抽取 6 组
```

执行结果如下:

```
        [,1] [,2] [,3] [,4] [,5]
1         1    2    3    4    5
100       1    2    3    5    9
1000      1    2    3   14   99
10000     1    2    5   14   74
```

```
statis.fun=function(x)  c(min(x),max(x),median(x))
A=permuteSample(100,5,n=6,seed=123,namedSample=TRUE,FUN=statis.fun)
B=comboSample(100,5,n=6, seed=123,namedSample=TRUE,FUN=statis.fun)
(mat=matrix(unlist(A),nrow=6,byrow=TRUE,dimnames=list(names(A))))    #转成矩阵
```

执行结果如下:

```
           [,1] [,2] [,3]
27183567    9   76   52
11723278    4   85   13
12716970    4   74   50
39446107   14   58   36
66253915   34   98   68
62435676   30   88   44
```

例 3.9.3 计算从 1 到 10000 中选 20 个整数组成的排列或组合数,测试从完全排列或组合中随机抽取 10000 个并返回所耗费的时间。

```
permuteCount(10000,20)
```

执行结果如下:

```
Big Integer ('bigz') :
[1] 9811672329319758397529848350932380010773380336862467662802987483747975168 0000000
```

```
comboCount(10000,20)
```

执行结果如下:

```
Big Integer ('bigz') :
[1] 40329089689367321847583694286698379982154793605060337426312000
```

```
system.time({A=permuteSample(10000,20,n=10000)})
```

执行结果如下:

```
用户  系统  流逝
0.16  0.00  0.16
```

```
system.time({A=comboSample(10000,20,n=10000)})
```

执行结果如下:

```
用户  系统  流逝
0.15  0.00  0.15
```

从上述过程数据可知,RcppAlgos 包中这几个函数的计算效率还是很高的,支撑一定样本量的排列与组合的统计计算还是挺不错的。但是,抽样函数中的样本量是有限制的,目前最高支持到 $2^{31}-1=2147483647$。虽然如此,但在绝大多数情况下,已经完全能满足常规的统计计算需求了。

3.10 实例分析——微信抢红包

红包俗称压岁钱，是春节期间长辈祝福晚辈、寓意好运的一种传统习俗。红包习俗自汉代起发展至今，历史源远流长，承载了无数美好与祝福。随着时代的发展，红包的形式越来越多，电子红包成为其中最便捷、最时尚的一种。手机抢红包，开始于 2014 年春节，腾讯公司的微信平台推出"新年红包"应用。特别是在 2015 年，央视春晚联合腾讯微信，在直播过程中不断推出企业赞助的春晚红包，据统计，微信红包收发量超过 10 亿次，而微信互动量则达到了 110 亿次，把微信红包这种电子红包形式推向了高潮。随后，央视春晚的支付宝集五福抢红包，更是把电子支付形式的抢红包搞成了全民娱乐活动。

为什么叫"抢红包"呢？因为这个"抢"字能够激发一种群体博弈的热情，可以说是概率统计与抢包策略完美融合的一种娱乐活动，突显了参与的娱乐性，更蕴含了随机不确定性。微信抢红包使用比较普遍，但是红包的分配算法却没有官方公布，只有坊间传说，因此下面以微信拼手气抢红包为例做一番探讨。

微信红包初始设置的关键参数为红包总金额、红包个数，不妨记为 (M,N)，此处规定 $M \geq 0.01$，$N > 1$。每个人抢到的红包最低金额为 0.01 元，最高金额为 $M - 0.01$。我们考虑几个有趣的问题：

（1）红包分配的算法原型是什么？
（2）每个人抢到的红包金额的数学期望是否相等？
（3）每个人抢到的红包金额的方差是否相等？
（4）先下手为强的策略是否适用于抢红包？
（5）红包金额中的最佳（大包）与最差（小包）与红包个数有什么关系？

3.10.1 红包分配算法

基本思路：依次抢到的红包金额服从[0.01,剩余红包平均金额的 2 倍-0.01]区间上的均匀分布。为讨论方便，不妨假设第 i 个抢到的红包金额为 M_i（$i=1, 2, \cdots, N$）。于是，当第 i 个红包开抢时，已消耗的红包总金额为 $M_{\text{out},i} = \sum_{j=1}^{i-1} M_j$（$i=1, 2, \cdots, N-1$），$M_{\text{out},1}=0$；剩余红包总金额为 $M_{\text{use},i} = M - M_{\text{out},i}$，则剩余红包平均金额为 $\bar{M}_{\text{use},i} = \dfrac{M_{\text{use},i}}{N-i+1}$，那么第 i 个抢到的红包金额

$$M_i|_{M_1,M_2,\cdots,M_{i-1}} \sim U(0.01, 2\bar{M}_{\text{use},i} - 0.01) \tag{3.10.1}$$

注意，这是一个以抢过前 $i-1$ 个红包为条件的均匀分布，其实，M_i 本身分布复杂，各不相同。

根据上述假设，第一个抢到的红包金额 $M_1 \sim U(0.01, 2\bar{M} - 0.01)$，而最后一个抢到的红包金额 $M_N = M_{\text{use},N}$，其中 $\bar{M} = \dfrac{M}{N} = \dfrac{M_{\text{use},1}}{N} = \dfrac{M - M_{\text{out},1}}{N} = \bar{M}_{\text{use},1}$。例如，6 元分成 6 个红包，则初始的均值为 $\bar{M}_{\text{use},1}=1.0$ 元，第一个红包金额 $M_1 \sim U(0.01,1.99)$。若第一个红包金额 M_1=0.5 元，则 $\bar{M}_{\text{use},2}=1.1$元，第二个红包金额 $M_2 \sim U(0.01, 2.2-0.01)$，以此类推。

为了验证上述思路，我们专门进行了两次真实的发红包测试，一次是（9元，3 包）共发 10

次，另一次是（6元，6包）共发 20 次，数据如表 3.10.1 所示。

表 3.10.1 实测红包数据（单位：元）

序号	实测1（9元，3包）			实测2（6元，6包）					
	第1抢	第2抢	第3抢	第1抢	第2抢	第3抢	第4抢	第5抢	第6抢
1	0.57	1.76	6.67	1.92	1.43	0.51	0.95	0.15	1.04
2	2.36	4.91	1.73	0.14	0.24	1.66	0.31	1.18	2.47
3	5.88	2.85	0.27	0.75	1.69	0.98	0.59	0.67	1.32
4	2.41	3.61	2.98	0.45	0.54	0.77	2.54	0.76	0.94
5	5.79	2.85	0.36	0.95	1.34	0.41	0.25	2.14	0.91
6	1.16	5.46	2.38	0.22	0.26	2.58	0.45	0.63	1.73
7	1.32	7.08	0.60	0.30	0.63	0.72	0.48	3.56	0.31
8	4.09	0.89	4.02	1.05	1.77	0.67	0.55	1.88	0.08
9	3.55	3.21	2.24	1.61	0.66	0.69	1.43	1.01	0.60
10	4.76	0.31	3.93	1.64	0.08	0.7	0.31	0.95	2.32
11				1.05	1.15	1.8	0.57	0.21	1.22
12				0.43	1.03	0.61	2.05	1.86	0.02
13				0.71	1.6	0.81	0.14	1.92	2.26
14				1.67	0.1	1.74	0.75	1.26	0.48
15				1.95	0.95	0.65	0.4	1.62	0.43
16				0.57	1.91	1.15	0.68	1.12	0.57
17				1.58	1.46	0.07	1.34	0.94	0.61
18				1.94	1.33	1.23	0.98	0.06	0.46
19				0.34	0.34	0.2	3.37	0.80	0.95
20				1.08	0.24	1.07	1.62	1.22	0.77
均值	3.1890	3.2930	2.5180	1.0175	0.9375	0.951	0.988	1.1970	0.9745
标准差	1.9201	2.0863	1.9947	0.6258	0.6106	0.6062	0.8486	0.8132	0.7217
中位数	2.9800	3.0300	2.3100	1.0000	0.9900	0.7450	0.6350	1.0650	0.8400
极差	5.31	6.77	6.40	1.81	1.83	2.51	3.23	3.50	2.45

对两次实测数据进行初步验证发现，第 i 次抢到红包的金额确实都满足上述基本思路，均落在区间 $[0.01, 2\bar{M}_{use,i} - 0.01]$ 中。通过对网络上大量数据的实测发现，上述的红包分配思路可能就是微信红包的算法原型，这也成为接下来开展随机模拟探究统计规律的基础。

3.10.2 红包金额的数字特征

在第一个红包金额 $M_1=x$ 的基础上，我们从理论上计算第 2 个红包金额 M_2 的概率分布，然后计算相应的数字特征。此处只是给出一个参考，所以不妨考虑红包总金额为 3 元，分配给 3 个人，因此初始每人平均 1 元。设随机变量 M_1 在区间 $(0,2)$ 上服从均匀分布，当观察到 $M_1=x$ $(0 \leqslant x \leqslant 2)$ 时，在区间 $[0, 3-x]$ 上任意取一值作为 M_2。（此处不讨论 0.01 的问题，因为当随机数取到 0 时，令其加上 0.01，当随机数取为右端点时，令其减去 0.01。）

基于上述构造，下面求解三个问题：M_2 的概率密度、$E(M_2)$、$P(M_2 \geqslant M_1)$。

由假设可得

$$f_{M_1}(x)=\begin{cases}\dfrac{1}{2}, & 0<x<2\\ 0, & \text{其他}\end{cases},\quad f_{M_2|M_1}(y|x)=\begin{cases}\dfrac{1}{3-x}, & 0<y<3-x\\ 0, & \text{其他}\end{cases}$$

然后推导联合概率密度（如图 3.10.1 所示）：

$$f(M_1,M_2)=\begin{cases}\dfrac{1}{2(3-x)}, & 0<x<2,\ 0<y<3-x\\ 0, & \text{其他}\end{cases}$$

最后得到 M_2 的密度函数（如图 3.10.2 所示）：

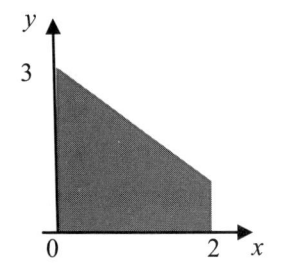

$$f_{M_2}(y)=\begin{cases}\displaystyle\int_0^2\dfrac{1}{2(3-x)}\mathrm{d}x=\dfrac{\ln 3}{2}, & 0<y<1\\ \displaystyle\int_0^{3-y}\dfrac{1}{2(3-x)}\mathrm{d}x=\dfrac{\ln 3-\ln y}{2}, & 1\leqslant y<3\\ 0, & \text{其他}\end{cases}$$

图 3.10.1　联合概率密度　　　　　　图 3.10.2　密度函数

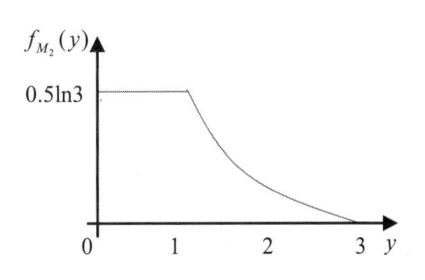

容易算得 $E(M_2)=\displaystyle\int_0^1 y\dfrac{\ln 3}{2}\mathrm{d}y+\int_1^3 y\dfrac{\ln 3-\ln y}{2}\mathrm{d}y=1=E(M_1)$

$$E(M_2^2)=\int_0^1 y^2\dfrac{\ln 3}{2}\mathrm{d}y+\int_1^3 y^2\dfrac{\ln 3-\ln y}{2}\mathrm{d}y=\dfrac{13}{9},\quad D(M_2)=\dfrac{4}{9}>D(M_1)=\dfrac{4}{12}$$

另外，$P(M_2\geqslant M_1)=\displaystyle\int_0^{\frac{3}{2}}\mathrm{d}x\int_x^{3-x}\dfrac{1}{2(3-x)}\mathrm{d}y=\dfrac{3}{2}(1-\ln 2)\approx 0.46$

通过以上构造的例子，我们看到，每次抢到的红包金额的数学期望保持相等，但是方差增大了，说明红包金额的波动增强了，出现大包或者小包的可能性增加了；另外，整体上红包金额下降的概率超过上升的概率大约为 8%，即更可能下降。

从实测 1 到实测 2，红包的个数增加了一倍，红包的平均金额越来越接近，后抢红包金额标准差也在增加，都验证了上述数字特征的推导结果。理论上，红包金额的均值相等，与抢红包顺序无关，但随着抢红包进程的推进，红包金额的方差则呈变大趋势。另外，容易推断出最后两个红包金额的分布相同。

3.10.3 红包分配的随机模拟

实测 1 中，第 1 抢得到最佳（大包）的机会大于后面两抢，但是第 1 抢的最佳（大包）的金额始终没有超过 2 倍均值，而后面两抢均有超过 2 倍均值的红包。实测 2 中也有类似的结论，只不过第 2 抢比较例外。数据整理如表 3.10.2 和表 3.10.3 所示。

表 3.10.2 实测 1 的最佳与最差统计

	最佳次数	最佳金额/元	最差次数	最差金额/元
第 1 抢	5	5.88	3	0.57
第 2 抢	4	7.08	2	0.31
第 3 抢	1	6.67	5	0.27

表 3.10.3 实测 2 的最佳与最差统计

	最佳次数	最佳金额/元	最差次数	最差金额/元
第 1 抢	5	1.95	5	0.14
第 2 抢	2	1.91	3	0.08
第 3 抢	3	2.58	2	0.07
第 4 抢	4	3.37	4	0.14
第 5 抢	3	3.56	3	0.06
第 6 抢	3	2.47	3	0.02

下面我们根据算法原型，设计实验进行随机模拟分析，以便更加细致地刻画抢红包的统计规律。实验中，我们设计红包个数从 2 个变化到 20 个，分别模拟 10000 次。为方便分析，每次初始均值均设置为 1 元，即红包总金额等于红包总数。然后简单规定，金额大于初始均值 2 倍的红包称为大包，金额小于初始均值一半的红包称为小包。模拟实验中将计算每一抢的数字特征，包括均值、中位数、标准差、最小值、最大值、极差、最佳数、最差数、大包数、小包数。具体过程见程序 3.10.1，结果见表 3.10.4。

【程序 3.10.1】红包分配算法模拟

```
Lucky_money=function(money=6, packets=6, times=10000)
{ # money 红包金额, packets 红包个数, times 模拟次数, 最小包 0.01 元, 实数保留 2 位小数
  eachm=matrix(0,nrow=times,ncol=packets)      #记录每次红包分配结果
  for(i in 1:times)
  { from=money;  man=packets;  avg2=money/man*2;      #每次模拟的初值
    for(j in 1:(packets -1))
    { tmp=round(runif(1,0.01,avg2-0.01),2)
      eachm[i,j]=tmp           #下面记录动态变化的剩余金额、红包数、剩余 2 倍均值
      from=from-tmp;   man=man-1;   avg2=from/man*2
    }
    eachm[i,packets]=from        #最后一个包
  }
  return(list(money=money,packets=packets, data=eachm))
}

Count_packets=function(luckymoney)
{ avg2=luckymoney$money/luckymoney$packets*2;   avghalf=avg2/4  #大小包临界值
  CS=matrix(0,nrow=luckymoney$packets, ncol=10)
  CS[,1]=apply(luckymoney$data, 2, mean); CS[,2]=apply(luckymoney$data, 2, median)
  CS[,3]=apply(luckymoney$data, 2, sd); CS[,4:5]=t(apply(luckymoney$data, 2, range))
  CS[,6]=CS[,5]-CS[,4];   CS[,7]=table(apply(luckymoney$data,1,which.max))
```

```
        CS[,8]=table(apply(luckymoney$data,1,which.min))
        CS[,9:10]=apply(luckymoney$data,2, function(x) c(sum(x>avg2),sum(x<avghalf)))
        colnames(CS)=c('均值','中位数','标准差','最小值','最大值','极差','最佳数','最差数','大包
数','小包数')
        return(CS)
    }
    for(i in 2:20)
    {   a=Lucky_money(money=i,packets=i)
        Count_packets(a)
    }
```

表 3.10.4 红包个数从 2 个到 20 个的各 10000 次模拟结果

红包个数	均值	中位数	标准差	最小值	最大值	极差	最佳数	最差数	大包数	小包数
2	0.988642	0.98	0.5702192	0.01	1.99	1.98	4953	5096	0	0
	1.011358	1.02	0.5702192	0.01	1.99	1.98	5047	4904	2514	2374
3	0.990286	0.98	0.5718061	0.01	1.99	1.98	3569	2914	0	2703
	1.011058	0.92	0.6673753	0.01	2.96	2.95	3305	3565	2496	885
	0.998656	0.91	0.6568885	0.01	2.96	2.95	3126	3521	967	2680
4	1.008829	1.01	0.5662116	0.01	1.99	1.98	2843	2025	0	903
	0.993583	0.96	0.6125518	0.01	2.62	2.61	2485	2370	2360	2790
	0.991065	0.88	0.6804804	0.01	3.73	3.72	2292	2807	651	997
	1.006523	0.89	0.7003394	0.01	3.73	3.72	2380	2798	2582	2761
5	1.001793	0.99	0.5711904	0.01	1.99	1.98	2167	1681	0	2598
	1.007326	0.99	0.5970602	0.01	2.45	2.44	2069	1756	2398	1007
	0.994673	0.93	0.6298403	0.01	3.09	3.08	1885	1851	491	2877
	0.993688	0.86	0.7159002	0.01	4.23	4.22	1916	2362	2457	1035
	1.002520	0.87	0.7186356	0.01	4.62	4.61	1963	2350	703	2896
6	0.996138	1.00	0.5749291	0.01	1.99	1.98	1740	1449	0	805
	0.988952	0.98	0.5903509	0.01	2.37	2.36	1661	1492	2497	2643
	1.004907	0.97	0.6132661	0.01	2.88	2.87	1681	1491	413	1026
	1.004375	0.94	0.6547270	0.01	3.80	3.79	1615	1610	2577	2921
	1.005240	0.86	0.7459055	0.01	4.97	4.96	1636	1988	604	980
	1.000388	0.87	0.7310817	0.01	5.32	5.31	1667	1970	2501	2941
7	1.000867	1.00	0.5759931	0.01	1.99	1.98	1595	1267	0	2582
	1.003449	0.99	0.5790918	0.01	2.30	2.29	1420	1246	2520	801
	0.999649	0.97	0.5990512	0.01	2.66	2.65	1331	1275	322	2649
	0.998749	0.95	0.6208016	0.01	3.10	3.09	1361	1316	2426	1009
	1.000499	0.93	0.6560281	0.01	3.70	3.69	1364	1434	488	2955
	0.992538	0.84	0.7456563	0.01	5.16	5.15	1435	1765	2505	1048
	1.004249	0.86	0.7368643	0.01	5.26	5.25	1494	1697	656	2910
8	0.997663	1.00	0.5722809	0.01	1.99	1.98	1329	1115	0	655
	0.994599	0.99	0.5774833	0.01	2.23	2.22	1187	1133	2458	2577
	1.007944	1.00	0.5883644	0.01	2.57	2.56	1169	1087	280	798
	1.000867	0.97	0.6035266	0.01	2.91	2.90	1151	1128	2496	2599
	0.997496	0.95	0.6242689	0.01	3.22	3.21	1186	1188	426	1052
	1.004542	0.92	0.6624340	0.01	4.25	4.24	1259	1195	2469	2960
	0.997433	0.85	0.7528930	0.01	5.00	4.99	1357	1607	524	1050
	0.999456	0.85	0.7473029	0.01	5.50	5.49	1362	1547	2534	2947

续表

红包个数	均值	中位数	标准差	最小值	最大值	极差	最佳数	最差数	大包数	小包数
9	0.994699	0.99	0.5708062	0.01	1.99	1.98	1176	976	0	2541
	1.002551	1.00	0.5751270	0.01	2.23	2.22	1054	974	2478	663
	1.006283	0.99	0.5878009	0.01	2.45	2.44	1063	969	239	2633
	1.002300	0.99	0.5963951	0.01	2.65	2.64	941	1037	2447	886
	1.003401	0.96	0.6125497	0.01	3.03	3.02	1057	1033	398	2691
	0.989658	0.94	0.6268466	0.01	3.65	3.64	998	1091	2451	1012
	1.008576	0.92	0.6792202	0.01	4.37	4.36	1164	1160	466	3014
	0.983099	0.83	0.7454453	0.01	4.94	4.93	1248	1418	2487	1036
	1.009433	0.86	0.7526914	0.01	5.26	5.25	1299	1342	571	2911
…	…	…	…	…	…	…	…	…	…	…

从模拟结果可以看出，每次抢红包的均值都几乎一样，标准差越来越大，即随着抢红包进程的推进红包金额均值保持不变，但分布更分散。另外，最后两抢除大小包数外，大部分特征比较接近。

最佳数出现的概率与最差数出现的概率呈现如下特征：

（1）红包个数≤5时，最佳数概率随着抢红包进程的推进减小；红包个数≥6时，最佳数概率随着抢红包进程的推进先减小再增加。

（2）红包个数≤7时，第一抢的最佳数概率最大；红包个数≥8时，最后两抢的最佳数概率最大。

（3）红包个数≤14时，最差数概率随着抢红包进程的推进增大；红包个数≥15时，最差数概率前面几个规律有变化，但最后两抢的最佳数概率依然最大。

大包出现的概率和小包出现的概率没有明显的统计规律性，但是大包金额随着抢红包进程的推进而递增，同样极差也呈现递增趋势。

中位数随着抢红包进程的推进而不断下降，而最差数概率变大，说明低于中位数的红包趋于集中，而高于中位数的红包分布更为分散。具体过程见程序3.10.2，输出效果见图3.10.3。

【程序3.10.2】9元、9个红包的模拟分布

```
a=Lucky_money(9,9);     Count_packets(a);     op=par(mfrow=c(3,3))
for(i in 1:9) hist(a$data[,i],main=paste('抢红包',i),xlab='',ylab='',freq=F)
par(op)
```

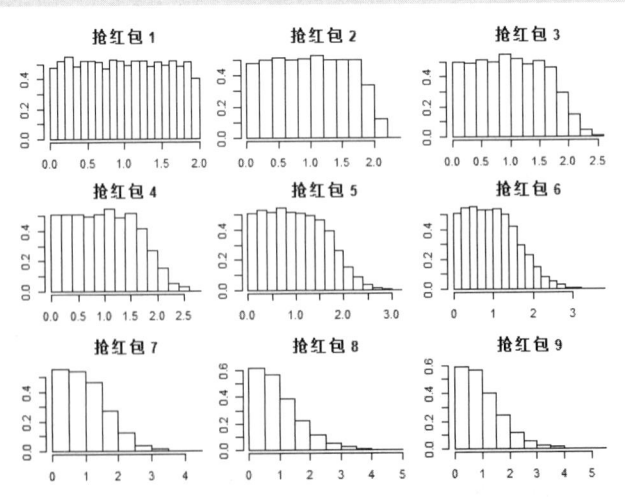

图3.10.3 9元、9个红包的模拟实验中各红包的频率直方图

从图 3.10.3 中可以看出，第 1 抢的红包金额服从均匀分布，其他各抢虽然服从有条件的均匀分布，但从直方图可以看出，从第 2 抢开始，每个红包的金额不是均匀分布的，形状是右拖尾的，即后抢得大包，但是概率极小。而且，最后两个红包的金额分布几乎是一致的。

思考与练习

1. 利用 Coveyou 和 Macpherson 提出的混合 LCG 公式 $x_n = (5^{15}x_{n-1}+1) \bmod 2^{35}$（$n=1, 2, \cdots$，初值 x_0 自行决定），完成如下工作：

   （1）设计一个[0,1]区间上的均匀随机数发生器；

   （2）利用该随机数发生器模拟估算圆周率，并与 R 语言内置的 runif 函数比较计算效果。

2. 设随机变量 (X,Y) 在半径为 r 的圆内服从二维均匀分布，试设计该随机变量随机数的发生器。

3. 利用 Monte-Carlo 思想，求由旋转抛物面 $z = 6 - x^2 - y^2$ 与 xOy 平面围成的立体的体积。

4. 设有 5 个分布：$X_1 \sim B(10,1/2)$, $X_2 \sim P(5)$, $X_3 \sim G(1/5)$, $X_4 \sim U(0,10)$, $X_5 \sim E(1/5)$，它们之间相互独立，令 $Y = X_1^* + X_2^* + X_3^* + X_4^* + X_5^*$，其中 X_i^* 为 X_i 的标准化。通过随机模拟的方式探讨随机变量 Y 可能的分布。

5. 设 $\{N(t), t \geq 0\}$ 是速率为 λ 的泊松过程，显然有 $N(0) = 0$；对于任意的 $0 < t_1 < t_2 < \cdots < t_n$，$N(t_1)$, $N(t_{i+1}) - N(t_i)$（$i = 1, 2, \cdots, n-1$）相互独立；同时对于任意的 $0 \leq s < t$，$N(t) - N(s)$, $N(t-s)$ 同分布；对于任意的 $t > 0$，$N(t) \sim P(\lambda t)$，即服从参数为 λt 的泊松分布。令第 i 个事件发生的时间为 S_i，显然 $S_0 = 0$，令 $Y_i = S_i - S_{i-1}$，则 Y_i 独立同分布，且均服从参数为 λ 的指数分布 $E(\lambda)$。根据以上描述，完成如下工作：

   （1）给出[0,T]内速率为 λ 的泊松过程的模拟算法描述；

   （2）给出[0,10]内速率为 5 的泊松过程的模拟 R 程序，并基于模拟数据简要分析模拟的合理性。

6. 假设一个保险公司的客户流量服从速率为 10（人/小时）的泊松过程，该保险公司上午 8:30 上班，下午 5:30 下班。每个客户到保险公司办理理赔业务相互独立，而且理赔额均独立服从参数为 0.01 的指数分布。根据以上描述，解决如下 3 个问题：

   （1）理论上保险公司每天的平均理赔额是多少？

   （2）请给出每天保险公司平均理赔额的模拟程序，并与理论值比较；

   （3）若客户的理赔额独立且服从 $N(100, 10^2)$，请给出模拟过程。

7. 有一个游戏节目，给出三扇门供选择，其中一扇门后面有一辆轿车，另外两扇门后面各是一只山羊，轿车是参与者的目标。主持人知道每一扇门后面是什么，主持人让参与者任意选择一扇门，但不让参与者知道门后面是什么。然后，在剩下的两扇门中，主持人打开其中一扇背后是山羊的门，并询问参与者是否更改最初的选择。请根据以上的游戏规则回答如下 3 个问题：

   （1）保持最初选择与更改最初选择获得轿车的概率分别是多少？

   （2）请设计模拟程序计算上述概率。

   （3）如果此处给出 n（$n \geq 3$）扇门，参与者任意选择后，主持人打开剩下 $n-2$ 扇背后不是轿车的门，当 $n = 3, 4, \cdots, 100$ 时上述概率分别是多少？模拟结果如何？

8. 某一供电系统由两个电池和一个充电器构成，其中一个电池供电，另一个电池备用；若一个电池电能耗尽，可马上通过充电器充电，另一个电池可无缝切换实现供电。假设供电的电池随机在 1,2,3,4,5,6 小时中耗尽电能,而电池充满电需要 2.5 小时。初始状态下,两个电池都充满电。根据以上描述,完成以下工作:

(1) 计算设备平均持续供电时间的理论值;

(2) 设计模拟系统估计设备的平均持续供电时间;

(3) 绘制模拟次数与平均持续供电时间变化图、持续供电时间频数分布图。

9. 一种青菜进货价 2.2 元/斤,零售价 3.5 元/斤,收摊处理价 1.2 元/斤,若每天青菜的售出量服从正态分布 $N(320,28^2)$,且每天青菜都售完或处理完,则进货量为多少斤时平均收益达到最大?尝试精确求解和模拟求解。

10. 模拟一个售货窗口服务排队顾客的情况,规定相邻两个顾客到达窗口的时间间隔(单位:分钟)服从指数分布 $E(0,1)$,而每个顾客的服务时长(单位:分钟)服从均匀分布 $U(5,15)$,窗口一天的总营业时间为 480 分钟。

假定服务完成后顾客马上离开,可立即为下一个顾客服务,即所有衔接时间忽略不计。请模拟求解一天的平均等待时间和平均服务人数。

第 4 章
发散思维：参数估计问题

参数估计是数理统计中的一类基本方法，应用领域极为广泛。参数估计针对总体分布中的关键参数或与总体分布相关的特征参数做出统计推断。当总体分布类型已知时，根据总体的样本信息，采用合适的统计方法，对参数进行合理的估计，就是所谓的参数估计问题。参数估计的研究内容包括参数的点估计、区间估计和估计量的评价标准等。更一般地，当总体的分布类型未知时，对总体的某些特征参数也可以通过非参数思想进行合理估计，这就涉及非参数的估计方法了。

本章主要介绍常见的点估计方法，同时提出基于逆向思维的估计法，详细探讨区间估计方法及相关问题，非参数 Bootstrap 估计方法，众数、中位数和经验分布函数的区间估计，以及混合分布参数的 EM 估计等，并通过例子阐述参数估计的应用。

本章的思维要点在于应用宽泛的视角看待参数估计方法、问题及其应用。

4.1 常见点估计方法的比较

经典的参数点估计方法主要有矩估计法和极大似然估计法，无论是理论研究还是实际问题求解，它们都有极为广泛的应用。**在实际应用任何一种方法之前，都要明确其适用条件和优缺点。**

下面先简要介绍一下点估计问题及两种点估计方法。

参数点估计问题描述：设总体 X 的分布函数 $F(x,\theta)$ 或密度函数 $f(x,\theta)$ 的形式已知，但参数 $\theta=(\theta_1,\theta_2,\cdots,\theta_k)^T \in \Theta$ 未知，其中 $k \geq 1$，Θ 为参数空间。$X_1,X_2,\cdots,X_n$ 为总体 X 的一个样本，$x_1,x_2,\cdots,x_n$ 为其观测值，求参数 θ 的估计量和估计值。

1. 矩估计法

矩估计法是英国统计学家卡尔·皮尔逊（Karl. Pearson）于 1894 年提出的，是基于大数定律构建矩方程进而求解出未知参数的一种方法，该方法有两个关键点：

（1）i 阶总体原点矩是未知参数的函数，即

$$E(X^i) = g_i(\theta), \quad i=1, 2, \cdots, k \tag{4.1.1}$$

（2）大数定律确保样本矩可以近似总体矩，即

$$\frac{1}{n}\sum_{j=1}^{n} X_j^i \xrightarrow{P} E(X^i) \tag{4.1.2}$$

联立式（4.1.1）和式（4.1.2）即可构建含 k 个未知参数的方程组，从而完成参数的估计。由于构造的方程组不同，矩估计法的解也不尽相同。基于方便性和精确性，一般构造低阶的矩方程组来进行参数估计。

2. 极大似然估计法

极大似然估计法是英国统计学家费歇（R. A. Fisher）于1912年提出的，该方法基于"概率最大的事件最有可能出现"的直观思想来构建极值方程组并求解未知参数，即在参数空间中寻找未知参数的某个值，使得样本观测值出现的概率达到最大。该方法在使用中有三个关键点：

（1）根据总体的密度函数 $f(x,\theta)$ 构造含参数及样本的似然函数

$$L(\theta) = \prod_{j=1}^{n} f(x_j, \theta) \tag{4.1.3}$$

（2）为求解方便，转化成对数似然函数

$$\ln(L(\theta)) = \sum_{j=1}^{n} \ln f(x_j, \theta) \tag{4.1.4}$$

（3）构造极值方程组

$$\frac{\partial \ln(L(\theta))}{\partial \theta_i} = 0, \quad i = 1, 2, \cdots, k \tag{4.1.5}$$

若式（4.1.5）有解，则解出的 θ 即为参数的极大似然估计；若式（4.1.5）无解，则需要从参数取值的边界上进行分析求解。

3. 两种方法的比较

两种方法虽然思想不同，但在估计 0-1 分布、泊松分布、几何分布、正态分布、指数分布等常见分布的参数时，却表现出异曲同工的效果。为了更好地比较这两种方法，下面选取泊松分布 $P(\lambda)$、均匀分布 $U(0,\theta)$ 和柯西分布 $C(\mu,1)$ 的参数估计来展示两者的区别。

例 4.1.1 对于泊松分布 $X \sim P(\lambda)$，通过1阶矩、2阶矩、3阶矩和方差都可以估计参数 λ。各阶矩前提下得到的参数估计分别满足：

$$\hat{\lambda}_1 = \bar{x}$$

$$\hat{\lambda}_2 \text{满足方程} \lambda^2 + \lambda - \frac{1}{n}\sum_{i=1}^{n} x_i^2 = 0$$

$$\hat{\lambda}_3 \text{满足方程} \lambda^3 + 3\lambda^2 + \lambda - \frac{1}{n}\sum_{i=1}^{n} x_i^3 = 0$$

$$\hat{\lambda}_4 = \frac{n-1}{n} S^2$$

为了比较四者的差别，以 $X \sim P(5)$ 模拟生成样本量从 10 到 1000（步长为 10）的样本，然后分别计算上述四个估计值，并绘制点线图到同一坐标体系中，以便直观比较。对矩估计多个解进行比较的具体代码如下：

```
library(rootSolve);    n=seq(10,1000,by=20);    times=length(n);    lambda=5;
mat=matrix(0,nrow=times,ncol=4)
```

```
est3=function(x,a)  x^3+3*x^2+x-a
est2=function(x,a)  x^2+x-a
for(i in 1:times)
{  x=rpois(n[i],lambda);
   mat[i,1]=mean(x);mat[i,2]=uniroot.all(est2,c(0,10),a=mean(x^2))
   mat[i,3]=uniroot.all(est3,c(0,10),a=mean(x^3));  mat[i,4]=(n[i]-1)*var(x)/n[i]
}
matplot(mat,type='o',pch=1:4,col=rep(1,4))       #col=1:4 更为美观
abline(h=5)
legend(40,4.5,c('1 阶矩','2 阶矩','方差','3 阶矩'),pch=1:4,col=rep(1,4))
apply(mat,2,mean)
apply(mat,2,sd)
```

执行上述代码输出的结果见图 4.1.1 和表 4.1.1。

图 4.1.1 矩估计多个解的比较图

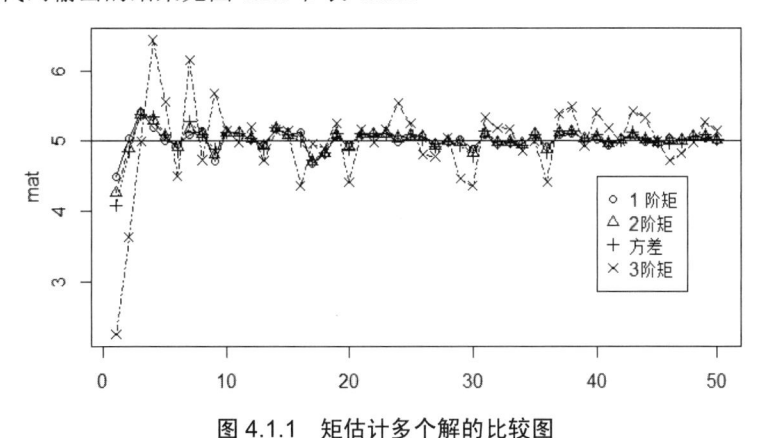

表 4.1.1 使用不同阶矩估计的比较

	1 阶矩（$\hat{\lambda}_1$）	2 阶矩（$\hat{\lambda}_2$）	3 阶矩（$\hat{\lambda}_3$）	样本方差（$\hat{\lambda}_4$）
均值	4.962050	4.962100	4.964890	4.962030
标准差	0.204185	0.209770	0.443253	0.217570
均方误差	0.042298	0.044560	0.193777	0.047831

从图 4.1.1 可以看出，1 阶矩、2 阶矩、3 阶矩得到的估计表现出高度的相关性，而由 3 阶矩得到的估计波动相比其他方式更大。表 4.1.1 中，由 1 阶矩得到的估计的均方误差最小，由 3 阶矩得到的估计的均方误差最大。虽然样本方差也是 2 阶矩，但却与采用 2 阶原点矩构造方程求解的结果有明显的差别，这一点需要引起注意。

综上所述，采用低阶矩构造方程求解参数的估计是矩估计的首选方案。

例 4.1.2 均匀分布 $U(0,\theta)$ 中参数 θ 的矩估计量是 $\hat{\theta}_1=2\bar{X}$，而极大似然估计量是 $\hat{\theta}_2 = X_{(n)} = \max\{X_i, i=1,2,\cdots,n\}$。其中，$\hat{\theta}_1$ 是 θ 的无偏估计，而 $\hat{\theta}_2$ 是 θ 的有偏估计。关于 $\hat{\theta}_2$ 的概率分布可参考 3.6 节。下面我们设计一个小样本的实验来比较这两种方法，取 $U(0,8)$ 模拟生成样本量为 20 和 100 的样本各 100 个，得到 100 个估计结果进行比较。

比较极大似然估计与矩估计的具体代码如下：

```
simulate.likelyhood=function(theta=8,uline=10,dline=6,rline=8,n=20,times=100)
{  #默认参数真值=8，上下边界线=10/6，样本量=20，模拟次数=100
   e_likely=e_moment=rep(0,times);#存放矩和极大似然估计结果的数组
   for(i in 1:times)
   {  x=runif(n,0,theta)
```

```
    e_moment[i]=2*mean(x)
    e_likely[i]=max(x)
  }    #得到估计结果
  uy=ifelse(max(e_moment)>uline,max(e_moment),uline)      #确定图形的上下边界
  dy=ifelse(min(e_moment)<dline,min(e_moment),dline)
  par(mai=c(0.5,0.5,0.5,0.5))
  plot(1:times,e_moment,type='l',main='',ylab='矩估计/极大似然估计',
xlab='',ylim=c(dy,uy),lty=3)
  #画出矩估计曲线，虚线
  lines(1:times,e_likely,type='l',lty=1)        #画出极大似然估计曲线，实线
  abline(h=theta)
  abline(h=uline,lty=2)
  abline(h=dline,lty=2)
    legend(0,uline+1.1,c('矩估计','极大似然估计'),xpd=TRUE,ncol=2,lty=c(3,1),bty='n')
}
simulate.likelyhood()          #产生图 4.1.2
simulate.likelyhood(n=100,times=100)        #产生图 4.1.3
```

执行上述代码输出的结果见图 4.1.2 和图 4.1.3。

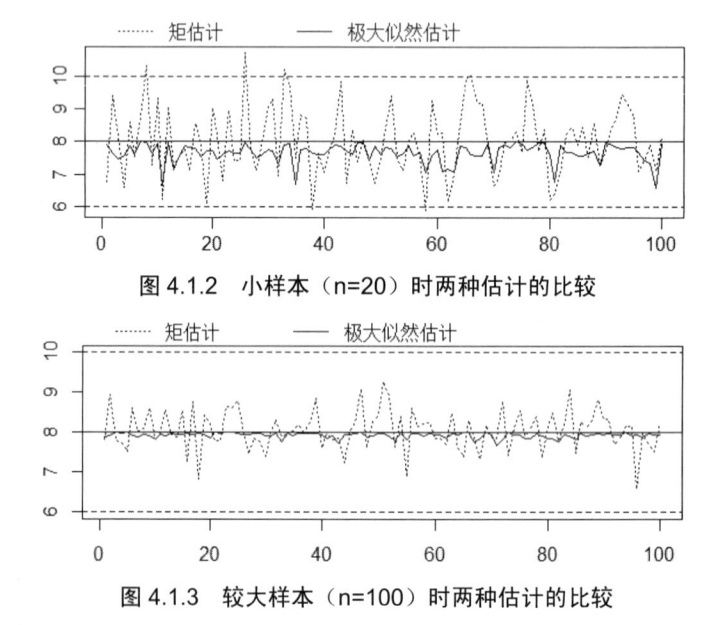

图 4.1.2 小样本（n=20）时两种估计的比较

图 4.1.3 较大样本（n=100）时两种估计的比较

针对上述模拟输出的结果，我们看到极大似然估计相对稳定，与真值相比呈现一致低估的现象；而矩估计则存在向上或向下突破设定边界的现象，而且波动比较剧烈。更特殊的是，矩估计值会小于某些样本观测值，这明显与事实不符。但是在样本量较大时，矩估计的不合理现象就消失了，两种方法的差异就越来越小了。

例 4.1.3 柯西分布 $C(\mu,1)$ 的概率密度为 $f(x,\mu) = \dfrac{1}{\pi(1+(x-\mu)^2)}$，$x \in \mathbb{R}$，$\mu > 0$ 未知。因为柯西分布的各阶矩不存在，故无法使用矩估计来进行参数估计。应用极大似然估计思想，先构造似然函数为

$$L(\mu) = \prod_{i=1}^{n} \frac{1}{\pi(1+(x_i-\mu)^2)} \tag{4.1.6}$$

对数似然函数为

$$\ln L(\mu) = -n\ln\pi - \sum_{i=1}^{n}\ln(1+(x_i-\mu)^2) \qquad (4.1.7)$$

极值方程为

$$\frac{\partial \ln L(\mu)}{\partial \mu} = \sum_{i=1}^{n}\frac{x_i-\mu}{1+(x_i-\mu)^2} = 0 \qquad (4.1.8)$$

此时无法给出显式解，可采用极值函数进行求解，如 uniroot, optimize 函数；也可以使用 maxLik 程序包中的 maxLik 函数来求解。下面通过程序来比较使用不同的函数进行柯西分布参数的极值求解是否存在差异，具体代码如下：

```
Likely1=function(mu,x) sum((x-mu)/(1+(x-mu)^2))    #定义极值方程，用于求零点
Likely2=function(mu,x) sum(log(1+(x-mu)^2))         #定义对数似然函数，用于求极小值
Est_compare=function(times=8,n=200,mu=1)
{   mu_value=matrix(0,nrow=2, ncol=times)
    for(i in 1: times)
    {   x=rcauchy(n,mu)                             #默认从 C(1,1) 中抽取 200 个随机数
        mu_value[1,i]=uniroot(Likely1,c(0,4),x=x)$root
        mu_value[2,i]=optimize(Likely2,c(0,4),x=x)$minimum
    }
    return(mu_value)
}
Est_compare()
```

执行上述代码输出的结果如下：

	[,1]	[,2]	[,3]	[,4]	[,5]	[,6]	[,7]	[,8]
[1,]	0.9855669	0.9758587	0.9402761	1.053233	0.8284263	0.9783879	0.9771555	1.155265
[2,]	0.9855753	0.9758551	0.9402600	1.053232	0.8284267	0.9783881	0.9771704	1.155266

上述结果表明，通过极值方程和对数似然函数求解极大似然估计的结果非常相近，只有微小的差异。因此，在实际应用中，这两种极值求解方式都可以使用。

例 4.1.4 假设总体服从 $U(\theta-1,\theta+1)$ 分布，其概率密度函数为

$$f(x,\theta) = \begin{cases} 1/2, & \theta-1 \leqslant x \leqslant \theta+1 \\ 0, & 其他 \end{cases}$$

试求参数 θ 的极大似然估计。

该问题对应的似然函数为 $L(\theta) = 2^{-n}$，其对数似然函数求导后无解，因此需要在参数取值的边界处通过分析法得到参数的估计。依题意有 $\theta-1 \leqslant x_1, x_2, \cdots, x_n \leqslant \theta+1$，故有

$$\max\{x_i\} - 1 \leqslant \hat{\theta} \leqslant \min\{x_i\} + 1, \quad 即 \quad x_{(n)} - 1 \leqslant \hat{\theta} \leqslant x_{(1)} + 1$$

此时得到的参数 θ 的极大似然估计不具有唯一性，而是一个取值区间。

基于两种估计的构造过程和 4 个例子的相关结果，我们得出如下几个结论：

（1）矩估计不具有唯一性，通常采用低阶矩求解；

（2）极大似然估计不像矩估计那样会出现与理论边界不符的现象（小样本时）；

（3）在采用小样本时，极大似然估计比矩估计更为稳定；在采用大样本时，没有明显差异；

（4）极大似然估计具有唯一性，不存在多解的可能；

（5）在分布已知时，矩估计适用于矩存在的场合，不像极大似然估计那样适用广泛；

（6）极大似然估计可能无法给出估计量的显式表达式，需要通过优化或极值方法求得估计值；

（7）使用数值方法求解极大似然估计时得到的结果可能会存在一定的偏差。

4.2 非参数逆向思维估计法

关于样本经验分布函数作为总体分布的估计，格里汶科定理给出了非常好的结论，保证了经验分布函数作为估计的优良性质。核密度函数作为密度函数的估计，也同样具有非常优良的性质。在常规思维中，一般使用它们估计总体的分布。既然经验分布函数和核密度函数具有优良的性质，那能否利用它们实现对总体中未知参数的估计呢？这是在教学中突发的想法，具有一定发散性，值得进一步探索。

本节的思维要点在于对常规问题的非常规思考，即转换看问题的视角。

1. 逆向法思路与模型构建

核密度函数 $f_{n,h}(x)$ 是对总体密度函数 $f(x,\theta)$ 的一种估计实现，经验分布函数 $F_n(x)$ 是对总体分布函数 $F(x,\theta)$ 的一种估计实现，不妨将这两个估计统一称为**拟合分布**，而将 $F(x,\theta)$（或 $f(x,\theta)$）统一称为**理论分布**，即

$$f_{n,h}(x) = \frac{1}{nh}\sum_{i=1}^{n} K(\frac{x_i - x}{h}) \xrightarrow{\text{估计}} f(x,\theta) \tag{4.2.1}$$

$$F_n(x) = \frac{\sum_{i=1}^{n} I(x_i \leqslant x)}{n} \xrightarrow{\text{估计}} F(x,\theta) \tag{4.2.2}$$

其中，h 称为窗宽；$K(x)$ 称为核函数；$I(x)$ 为示性函数，当条件 x 为真时，其值为 1，否则为 0。现有的很多理论和实践都说明了上述估计的合理性和优良性。

既然式（4.2.1）和式（4.2.2）的非参数型拟合分布是理论分布的良好估计，那么在此基础上，不妨逆向思考一下：拟合分布 $F_n(x)$（或 $f_{n,h}(x)$）形式上已经不含未知参数 θ 了，不妨转换其角色，将其当作最终的"理论分布"，而把含未知参数的理论分布 $F(x,\theta)$（或 $f(x,\theta)$）当作"拟合分布"，然后通过合适的手段寻找最佳的 θ 使得"拟合分布"逼近"理论分布"，这就诞生了求解未知参数点估计的一个方法，这里称之为**"非参数逆向思维法"**。

此处，合适的手段指构建度量"拟合分布"和"理论分布"偏差的损失函数，通过最优化手段确定 θ 的某个值，使得损失函数值达到最小，从而得到未知参数 θ 的最优估计，即

$$\begin{cases} \min g(\theta) = \sum_{i=1}^{n} |f_{n,h}(x_i) - f(x_i,\theta)|^q, \quad q > 0 \\ \text{s.t. } \theta \in \Theta \end{cases} \tag{4.2.3}$$

$$\begin{cases} \min g(\theta) = \sum_{i=1}^{n} |F_n(x_i) - F(x_i,\theta)|^q, \quad q > 0 \\ \text{s.t. } \theta \in \Theta \end{cases} \tag{4.2.4}$$

若上述约束优化模型的求解需要一个合理的初值，不妨取参数 θ 为参数空间 Θ 的中间值。

从形式上看，式（4.2.3）适用于连续型分布，若直接套用于离散型分布是不行的。实际上，对于离散型分布，取其密度函数的核估计为频率即可，即

$$f_n(x) = \frac{\sum_{i=1}^{n} I(x_i = x)}{n} \xrightarrow{\text{估计}} f(x,\theta) \tag{4.2.5}$$

另外，取函数 $K(x)=I(x)$，且窗宽 $h=1$，即可将式（4.2.5）统一到式（4.2.1）中。

2. 点估计的实现

考虑式（4.2.3）或式（4.2.4）中的 q 值，若取 $q=2$，则平方损失达到最小，类似最小二乘估计思想；若取 $q=1$，则绝对损失达到最小，类似最小一乘估计思想。代入样本观测值，可寻优得到 θ 的点估计。结合 R 软件给出如下过程。

步骤 1 根据样本选择合适的窗宽 h，由式（4.2.1）结合 R 软件中的 density 函数得到密度函数的核估计为 $f_{n,h}(x)$ 或者由式（4.2.2）结合 R 软件中的 ecdf 函数得到经验分布函数 $F_n(x)$。

步骤 2 选定 q 值，构建式（4.2.3）或式（4.2.4）的最优化目标函数 $g(\theta)$。

步骤 3 给定初值 θ_0 和取值区间 Θ，由 R 软件中的 nlm 优化函数得到 θ 的最优化解 $\hat{\theta}$。

若希望得到未知参数 θ 更稳定可靠的估计，可以引入 Bootstrap 方法，以 Bootstrap 方法估计的均值作为最终的点估计值。

例 4.2.1 设样本 $X_1, X_2, \cdots, X_n$ 及观测值 $x_1, x_2, \cdots, x_n$ 来自柯西分布总体 $X \sim C(\mu, \gamma)$，其概率密度函数为

$$f(x; \mu, \gamma) = \frac{1}{\pi}\left[\frac{\gamma}{\gamma^2 + (x-\mu)^2}\right], \quad \mu \in \mathbb{R}, \quad \gamma > 0$$

求参数 μ, γ 的估计值。

柯西分布的各阶矩均不存在，故无法使用矩估计法得到点估计，但可以使用极大似然估计法。而本节介绍的方法属于非参数法，故不受此限制。下面给出本节介绍的方法（简称**逆向法**）和极大似然估计法（简称**极大法**）的随机模拟比较结果，具体过程见程序 4.2.1，输出结果整理后如表 4.2.1 所示。

【程序 4.2.1】 例 4.2.1 的逆向法模拟求解

```
mu=5;  gamma=10; n=20                    #可改变此处的 n=20,50,100,200,得到表格中的数据
set.seed(12);   sample_x=rcauchy(n,mu,gamma)    #测试样本,固定随机数以便再现结果
#基于核密度函数的逆向思维求解法
kernel_density=density(sample_x)                 #核密度估计
real_density=function(x,params)  params[2]/(pi*(params[2]^2+(x-params[1])^2))
kernel_est_d=function(x,kf) { name=paste(x);  return(kf[name]/sum(kf)) } #适用于离散密度
kernel_est=function(x,kf)    #给定 x 时,基于区间插值得到密度估计值,适用于连续分布
 { ind=which.min(abs(x-kf$x));   dx=kf$x[2]-kf$x[1]   #找到所在区间,计算区间长度
   if(x-kf$x[ind]>0 & ind<kf$n)return(((kf$x[ind+1]-x)*kf$y[ind]+(x-kf$x[ind])*kf$y[ind+1])/dx)
    else if(x-kf$x[ind]<0 & ind>1) return(((x-kf$x[ind-1])*kf$y[ind]+(kf$x[ind]-x)*kf$y[ind-1])/dx)
    else  return(kf$y[ind])
 }
min_fun=function(params,x,k.est,k.fun,r.fun)   #以最小平方偏差为目标函数
 { est=sapply(x,k.est,kf=k.fun);    sum((est-r.fun(x,params))^2) }
 #最小化目标函数得到最佳值
nlm(min_fun,c(2,5),sample_x, kernel_est, kernel_density, real_density)
```

```
#基于分布函数的逆向思维求解法
real_F=function(x,params)  0.5+atan((x-params[1])/params[2])/pi
min_Fun=function(params,x,ecdf.F,real.F)  sum((ecdf.F(x)-real.F(x,params))^2)
nlm(min_Fun,c(2,5),sample_x,ecdf(sample_x),real_F)

#极大似然估计法
likely_fun=function(params,x)
{ n=length(x)
  ifelse(params[2]<0,Inf,-n*log(params[2])+sum(log(params[2]^2+(x-params[1])^2)))
}
nlm(likely_fun,c(2,5),x=sample_x)
```

表 4.2.1　逆向法与极大法对于参数 μ 和 γ 估计的模拟对比($q=2$)

样本量	参数 $\mu=0$, $\gamma=1$			参数 $\mu=5$, $\gamma=0.5$		
	极大法	式(4.2.3)逆向法	式(4.2.4)逆向法	极大法	式(4.2.3)逆向法	式(4.2.4)逆向法
20	0.292,0.868	0.249,1.154	0.311,0.871	5.146,0.434	5.125,0.577	5.155,0.435
50	0.135,0.894	0.167,1.063	0.086,0.892	5.067,0.447	5.083,0.532	5.043,0.446
100	0.161,1.084	0.134,1.317	0.115,1.080	5.080,0.542	5.067,0.659	5.057,0.540
200	0.012,1.110	0.058,1.360	0.011,1.111	5.006,0.555	5.029,0.680	5.006,0.556
500	0.030,0.996	0.025,1.216	0.022,0.996	5.015,0.498	5.012,0.608	5.011,0.498

样本量	参数 $\mu=5$, $\gamma=2$			参数 $\mu=5$, $\gamma=10$		
	极大法	式(4.2.3)逆向法	式(4.2.4)逆向法	极大法	式(4.2.3)逆向法	式(4.2.4)逆向法
20	5.584,1.736	5.499,2.308	5.622,1.741	7.921,8.682	7.494,11.538	8.109,8.706
50	5.269,1.789	5.334,2.126	5.172,1.785	6.346,8.946	6.669,10.631	5.862,8.923
100	5.322,2.168	5.268,2.634	5.229,2.160	6.607,10.841	6.340,13.171	6.145,10.801
200	5.023,2.221	5.116,2.720	5.022,2.223	5.117,11.105	5.577,13.603	5.112,11.114
500	5.060,1.992	5.050,2.433	5.044,1.992	5.303,9.962	5.248,12.163	5.218,9.962

注：模拟用的随机样本采用函数 set.seed(12) 进行固定以便分析结果可验证和可重现。

从表 4.2.1 中的结果可知，式（4.2.3）和式（4.2.4）定义的逆向法可用来求解分布参数的点估计。由于核密度估计受窗宽的影响较大，故式（4.2.3）的逆向法与极大似然估计法的偏差较式（4.2.4）的逆向法大，而式（4.2.4）的逆向法与极大似然法估计的结果非常接近。

我们再给出 $\mu=0$，$\gamma=1$ 时 100 次模拟的各种基本统计指标，以便比较这三种估计，具体代码见程序 4.2.2，输出结果整理后如表 4.2.2 所示，图形结果如图 4.2.1 和图 4.2.2 所示。

【程序 4.2.2】三种估计的比较

```
mu=0; gamma=1; n=100; mat=matrix(0,nrow=100,ncol=6)
for(i in 1:100)
{ set.seed(i)
  sample_x=rcauchy(n,mu,gamma)              #测试样本
  kernel_density=density(sample_x)           #核密度估计
  a=nlm(likely_fun,c(2,5),x=sample_x);  mat[i,1:2]=a$estimate
  a=nlm(min_fun,c(2,5),sample_x,kernel_est,kernel_density,real_density);
  mat[i,3:4]=a$estimate
  a=nlm(min_Fun,c(2,5),sample_x,ecdf(sample_x),real_F);  mat[i,5:6]=a$estimate
}
ks.test(mat[,1],mat[,3]);  ks.test(mat[,1],mat[,5]);ks.test(mat[,2],mat[,4]);
ks.test(mat[,2],mat[,6])
boxplot(mat[,c(1,3,5)],col='orange',names=c('极大法','式(4.2.3)逆向法','式(4.2.4)逆向法'),ylab='参数 $\mu$')
boxplot(mat[,c(2,4,6)], col='yellow',names=c('极大法','式(4.2.3)逆向法','式(4.2.4)逆向法'),ylab='参数 $\gamma$')
```

表 4.2.2　两个参数(μ, γ)100 次随机模拟估计值的统计指标($q = 2$)

方法	均值	标准差	与真值的绝对偏差均值	与真值的绝对偏差标准差	式(4.2.3)、式(4.2.4)与极大法的 K-S 同分布检验 p 值
极大法	0.022，0.992	0.156，0.133	0.127，0.110	0.091，0.075	
式（4.2.3）逆向法	0.054，1.185	0.177，0.178	0.148，0.111	0.110，0.152	0.367，3.21e-9
式（4.2.4）逆向法	0.004，0.998	0.168，0.134	0.140，0.110	0.092，0.075	0.468，1.000

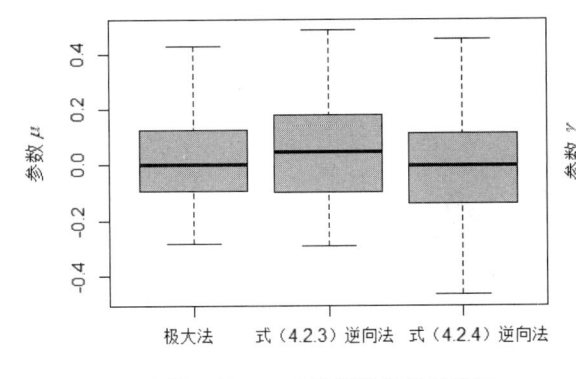

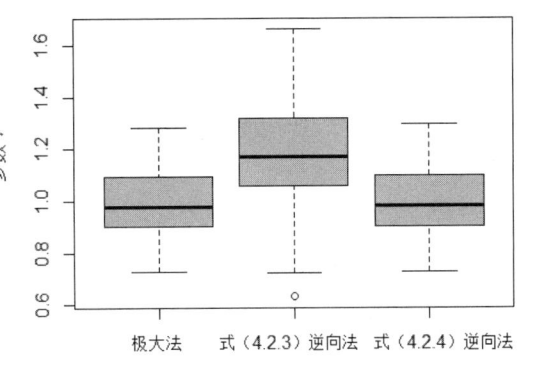

图 4.2.1　参数 μ 的 100 次模拟结果的箱线图　　图 4.2.2　参数 γ 的 100 次模拟结果的箱线图

从表 4.2.2 及图 4.2.1 可知，式（4.2.3）逆向法的各项统计指标弱于式（4.2.4）逆向法，且与极大似然估计法有较大差异。但式（4.2.4）逆向法与极大似然估计法只有微小差异，由检验 p 值可知，两者不存在统计意义上的显著差异。

另外，使用基于经验分布函数的逆向法估计 4.1 节中的例 4.1.4，得到的结果与矩估计的结果一致，说明逆向法的适用性相对来说还是比较广泛的。

在实际应用中，在面临选择基于核密度函数还是经验分布函数的逆向法时，建议优先选择基于经验分布函数的逆向法。至于如何提高基于核密度函数的逆向法的普适性，则需要在核密度估计的天生缺陷问题上进行改进，比如样本极值两端及两端外侧的估计以及最优窗宽选取等，有一定的实施难度。至于如何提高基于核密度函数的逆向法的估计精度，则需要进行样本量、最优窗宽和核函数的综合考量，这些问题都有待进一步研究。

4.3　区间估计的实现方法

从前两节可以看出，只要得到样本观测值 $x_1, x_2, \cdots, x_n$，点估计 $\hat{\theta}(x_1, x_2, \cdots, x_n)$ 就能对参数 θ 的值给出一个明确的数量概念。但是，$\hat{\theta}(x_1, x_2, \cdots, x_n)$ 仅给出了 θ 的一个近似值，并没有反映出这个近似值的误差范围和估计的可信程度，而区间估计正好弥补了点估计的这个缺点。区间估计是指找两个取值于 Θ（Θ 为未知参数 θ 的取值空间）中的统计量 $\hat{\theta}_1$ 和 $\hat{\theta}_2$（$\hat{\theta}_1 < \hat{\theta}_2$），使区间 $(\hat{\theta}_1, \hat{\theta}_2)$ 尽可能地覆盖参数 θ。事实上，由于 $\hat{\theta}_1$ 和 $\hat{\theta}_2$ 是两个统计量，因此 $(\hat{\theta}_1, \hat{\theta}_2)$ 实际上是一个随机区间，它覆盖 θ（即 $\theta \in (\hat{\theta}_1, \hat{\theta}_2)$）就是一个随机事件，这个随机事件的概率就反映了这个区间估计的可信程度；另外，区间长度 $\hat{\theta}_2 - \hat{\theta}_1$ 也是一个随机变量，$E(\hat{\theta}_2 - \hat{\theta}_1)$ 反映了区间估计的精确程度。我们自然希望反映可信程度的概率越大越好，反映精确程度的区间长度越小越好，但在实际问题中，二者常常不能同时兼顾，从而考虑在一定的可信度前提下使区间的平均长度最短（或寻找最短的区间）。上述过程可描述为

$$\min_{\hat{\theta}_1,\hat{\theta}_2\in\Theta} E(\hat{\theta}_2-\hat{\theta}_1)\,|\,P(\hat{\theta}_1<\theta<\hat{\theta}_2)=1-\alpha),\ 0<\alpha<1 \qquad(4.3.1)$$

为此，乔治·奈曼（Jerzy Neyman，如图 4.3.1 所示）在 1934 年提出了置信区间的概念，其统计思想受到了众多统计学家的重视。

图 4.3.1　乔治·奈曼（1894—1981）

下面以双侧置信区间为例，阐述求解区间估计的常见方法，并通过例子加以分析。

1. 枢轴量法

构造含参数 θ 和样本 $X_1,X_2,\cdots,X_n$ 的实值函数 $g(\theta;X_1,X_2,\cdots,X_n)$（不妨简写为 $g(\theta)$），若能确定 $g(\theta)$ 精确服从某个已知的概率分布（不妨记该分布函数为 $G(x)$），且该分布函数不含任何未知参数，则称 $g(\theta)$ 为参数 θ 的 "**枢轴统计量**"。利用已知分布函数 $G(x)$ 和置信度 $1-\alpha$，通过等概率事件的转化即可得到参数 θ 的置信度为 $1-\alpha$ 的置信区间。在实际计算中，只需要转化并求解不等式

$$P(G_1\leqslant g(\theta)\leqslant G_2)=1-\alpha \Rightarrow P(\hat{\theta}_1\leqslant\theta\leqslant\hat{\theta}_2)=1-\alpha \qquad(4.3.2)$$

用这个方法能够准确地求解出参数 θ 的置信区间，因此这个方法就成为置信区间估计中最为常见的方法，称为 "**枢轴量法**"。正态分布 $N(\mu,\sigma^2)$ 中参数的区间估计大都采用枢轴量法，如 $g(\mu)=\dfrac{\bar{X}-\mu}{\sigma/\sqrt{n}}\sim N(0,1)$。

2. 分布函数法

对参数 θ 的估计量 $\hat{\theta}$ 直接求分布函数 $F(\theta,x)$，通过构造 $g(\theta,\hat{\theta})$ 将分布函数 $F(x,\theta)$ 中的参数消去，使得 $g(\theta,\hat{\theta})$ 服从已知分布函数 $G(x)$，从而实现参数的区间估计。比如总体 $X\sim U(0,\hat{\theta})$，其极大似然估计为 $\hat{\theta}=\max\{X_i,i=1,2,\cdots,n\}=X_{(n)}$，可推导求得分布函数为

$$\hat{\theta}=X_{(n)}\sim F(\theta,x)=\begin{cases}\dfrac{x^n}{\theta^n},&0<x<\theta\\1,&x\geqslant\theta\\0,&\text{其他}\end{cases} \qquad(4.3.3)$$

令 $g(\theta,\hat{\theta})=\left(\dfrac{\hat{\theta}}{\theta}\right)^n=\left(\dfrac{X_{(n)}}{\theta}\right)^n$，则有

$$g(\theta,\hat{\theta}) \sim F(x) = \begin{cases} x, & 0 < x < 1 \\ 1, & x \geqslant 1 \\ 0, & \text{其他} \end{cases} \Rightarrow g(\theta,\hat{\theta}) \sim U(0,1) \tag{4.3.4}$$

再比如总体 $X \sim E(\lambda)$，构造 $2n\lambda X \sim E(1/2) = \chi^2(2)$，从而构造

$$g(\lambda, \bar{X}) = 2n\lambda\bar{X} \sim \chi^2(2n) \tag{4.3.5}$$

3. 近似枢轴量法

如果无法精确给出所构造的含参数 θ 和样本 $X_1, X_2, \cdots, X_n$ 的实值函数 $g(\theta)$ 的概率分布函数，但是可以利用中心极限定理等给出 $g(\theta)$ 的近似概率分布函数 $G(x)$，从而近似给出参数 θ 的置信度为 $1-\alpha$ 的置信区间，这种方法通常称为"**近似枢轴量法**"。

样本与参数的函数 $g(\theta)$ 的概率分布函数通常难以求解，所以近似枢轴量法的使用也极为广泛。例如，求解 0-1 分布 $B(1,p)$ 参数 p 的区间估计时，近似地有

$$g(p) = \frac{\bar{X} - p}{\sqrt{p(1-p)/n}} \sim N(0,1) \tag{4.3.6}$$

求解泊松分布 $P(\lambda)$ 参数 λ 的区间估计时，近似地有

$$g(\lambda) = \frac{\bar{X} - \lambda}{\sqrt{\lambda/n}} \sim N(0,1) \tag{4.3.7}$$

4. 直接求解法

如果所构造的实值函数 $g(\theta)$ 是关于参数 θ 的严格单调函数，并且其服从的分布函数 $G(x,\theta)$ 也含参数 θ，那么可考虑使用直接求解法得到参数 θ 的区间估计。下面通过例子对直接求解法进行简单介绍。

例 4.3.1 设 $X_1, X_2, \cdots, X_n$ 是来自泊松分布 $P(\lambda)$ 的样本，求 λ 的置信度为 $1-\alpha$ 的置信区间。

设 $\bar{X}$ 为样本均值，则 $n\bar{X} \sim P(n\lambda)$。此处分布参数 $n\lambda$ 含有 λ 且为 λ 严格单调函数，显然 $P(n\lambda)$ 还是未知分布。由式（4.3.2）可得参数 λ 的区间估计形式

$$P(n\hat{\lambda}_1 \leqslant n\lambda \leqslant n\hat{\lambda}_2) = 1-\alpha \Rightarrow P(\hat{\lambda}_1 \leqslant \lambda \leqslant \hat{\lambda}_2) = 1-\alpha$$

已知参数 λ 的估计为 $\hat{\lambda}=\bar{X}$，则 $n\hat{\lambda} = n\bar{X} = \sum_{i=1}^{n} X_i$，其估计值为 $n\hat{\lambda} = n\bar{x} = \sum_{i=1}^{n} x_i = K$。很显然，$n\hat{\lambda}_1$，$n\hat{\lambda}_2$ 只是 $n\hat{\lambda}$ 的两个可能取值。因此，λ 的区间估计问题就变成了在以 $n\lambda$ 为参数的泊松分布族中确定两个具体的分布参数 $n\hat{\lambda}_1$，$n\hat{\lambda}_2$，使之满足

$$\begin{cases} P(n\hat{\lambda}_1 > n\lambda) = \alpha/2 \\ P(n\hat{\lambda}_2 > n\lambda) = 1-\alpha/2 \end{cases} \xrightarrow{n\lambda = n\bar{x} = K} \begin{cases} P(n\hat{\lambda}_1 \leqslant K) = 1-\alpha/2 \\ P(n\hat{\lambda}_2 \leqslant K) = \alpha/2 \end{cases} \tag{4.3.8}$$

于是，令 $A = n\hat{\lambda}_1$，$B = n\hat{\lambda}_2$，则可以按照下面的公式寻找满足式（4.3.8）的 $n\hat{\lambda}_1$，$n\hat{\lambda}_2$，其示意图如图 4.3.2 所示。

$$\begin{cases} \sum_{i=0}^{K} e^{-A} \dfrac{A^i}{i!} = 1 - \alpha/2 \\ \sum_{i=0}^{K} e^{-B} \dfrac{B^i}{i!} = \alpha/2 \end{cases} \tag{4.3.9}$$

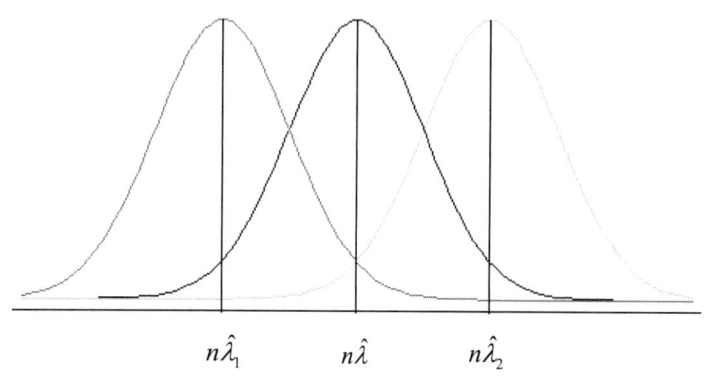

图 4.3.2 直接求解法示意图

在图 4.3.2 中，假设 $n\hat{\lambda}_1$，$n\hat{\lambda}_2$ 为该分布下的区间估计值，$n\hat{\lambda}$ 对应的是中间的分布曲线，$n\hat{\lambda}_1$，$n\hat{\lambda}_2$ 分别对应左右两条分布曲线，不妨将它们看成分布族曲线的平移。从直观角度看，左边曲线对应分布满足 $P(n\hat{\lambda}_1 \leq n\hat{\lambda}) = 1 - \alpha/2$，而右边曲线对应分布满足 $P(n\hat{\lambda}_2 \leq n\hat{\lambda}) = \alpha/2$，即式（4.3.9）。下面通过一个程序来演示直接求解法。

【程序 4.3.1】用直接求解法求泊松参数的区间估计

```
set.seed(100);  x=rpois(20,2)    #以 X~P(2) 的 20 个随机数为例，α = 0.05
K=sum(x);  n=length(x)
Direct_fun=function(lambda,K,prop) ppois(K,lambda)-prop
D_value=uniroot(Direct_fun,c(0,100),K=K,prop=0.975)$root
U_value=uniroot(Direct_fun,c(0,100),K=K,prop=0.025)$root
c(D_value/n,U_value/n)                                    #方式1：直接法求解
c(qgamma(0.025,1+K,1)/n,qgamma(0.975,1+K,1)/n)            #方式2：采用式（3.6.3）前半部分
c(qchisq(0.025,2*K+2)/(2*n),qchisq(0.975,2*K+2)/(2*n))    #方式2：采用式（3.6.3）后半部分
```

输出的结果都是：

```
1.218939   2.375580
```

采用上述三种方式得到的结果都是一致的，说明直接求解法作为一种区间估计方法具备可行性。下面以二项分布为例对直接求解法进行进一步阐述。

例 4.3.2 设 $X_1, X_2, \cdots, X_n$ 是来自二项分布总体 $X \sim B(N, p)$ 的样本，其中 N 已知，p 未知，求参数 p 的置信度为 $1-\alpha$ 的置信区间。

利用二项分布的独立可加性可得，$nN\hat{p} = n\bar{X} = \sum_{i=1}^{n} X_i$，记 $\sum_{i=1}^{n} x_i = K$，可得

$$\begin{cases} P(nN\hat{p}_1 \leq K) = 1 - \alpha/2 \\ P(nN\hat{p}_2 \leq K) = \alpha/2 \end{cases} \tag{4.3.10}$$

于是，令 $M = nN$，则可以按照下面的公式寻找满足式（4.3.10）的 $\hat{p}_1$，$\hat{p}_2$，具体过程如程序 4.3.2 所示。

$$\begin{cases} \sum_{i=0}^{K} C_M^i p^i (1-p)^{M-i} = 1-\alpha/2 \\ \sum_{i=0}^{K} C_M^i p^i (1-p)^{M-i} = \alpha/2 \end{cases} \quad (4.3.11)$$

【程序 4.3.2】用直接求解法求二项分布参数的区间估计

```
set.seed(100); x=rbinom(20,10,0.5)   #以 X ~ B(10,0.5) 的 20 个随机数为例, N = 10, α = 0.05
K=sum(x); n=length(x); N=10
Direct_fun=function(p,K,M,prop) pbinom(K,M,p)-prop
D_value=uniroot(Direct_fun,c(0,1),K=K, M=n*N,prop=0.975)$root
U_value=uniroot(Direct_fun,c(0,1),K=K, M=n*N, prop=0.025)$root
c(D_value,U_value)
```

输出的结果为：

```
0.4139278  0.5515791
```

上述程序的输出结果，结合模拟的条件 $p = 0.5$，说明直接求解法求二项分布的置信区间还是比较准确的。

例 4.3.3 对于正态分布 $N(\mu, \sigma^2)$，其中 σ^2 已知，求参数 μ 的置信度为 $1-\alpha$ 的置信区间。

设 $\bar{X}$ 为样本均值，则 $n\bar{X} \sim N(n\mu, n\sigma^2)$，该分布同样包含未知参数 μ。基于直接求解法思想，区间估计应满足 $P(n\hat{\mu}_1 \leq n\mu \leq n\hat{\mu}_2) = 1-\alpha$，此时用 $\bar{x}$ 代替参数 μ，则有

$$\begin{cases} \text{对于分布} N(n\hat{\mu}_1, n\sigma^2), \text{满足} P(n\hat{\mu}_1 \geq n\bar{x}) = \alpha/2 \\ \text{对于分布} N(n\hat{\mu}_2, n\sigma^2), \text{满足} P(n\hat{\mu}_2 \leq n\bar{x}) = \alpha/2 \end{cases}$$

此处得到的区间估计结果同枢轴量法的结果一致，如程序 4.3.3 所示。

【程序 4.3.3】用直接求解法求正态分布参数的区间估计

```
set.seed(100);n=100; x=rnorm(n);  mx=mean(x);  sdx=1/sqrt(n)     #用标准正态分布测试
rfun=function(x,mx,sdx,level) pnorm(mx,x,sdx)-level
uniroot(rfun,c(mx-2,mx),mx,sdx,0.975)
uniroot(rfun,c(mx,mx+2),mx,sdx,0.025)                            #直接求解法
c(mx-qnorm(0.975)*sdx,mx+qnorm(0.975)*sdx)                       #枢轴量法
```

两种方法的结果都是：

```
-0.1930838   0.1989090
```

5. 自助法

利用非参数 Bootstrap 方法也很容易实现参数的置信区间估计，这是利用非参数方法解决参数估计的问题，具体见 4.5 节的描述。

4.4 区间估计中的计算问题

4.3 节给出了总体 $X \sim F(x;\theta)$ 中参数 θ 的区间估计的一般过程

$$P(G_1 \leq g(\theta) \leq G_2) = 1-\alpha \Rightarrow P(\hat{\theta}_1 \leq \theta \leq \hat{\theta}_2) = 1-\alpha \quad (4.4.1)$$

其中，$\hat{\theta}_1, \hat{\theta}_2$ 都是样本 $X_1, X_2, \cdots, X_n$ 的函数。

先构造含参函数 $g(\theta) \sim G(x)$，进而求解置信区间，是典型的基于模型驱动的统计计算思维。该思维为统计理论与实践奠定了基础性的作用，应在实践中不断得到加强与训练。

在区间估计求解过程中，我们习惯使用分布的双侧分位点来推出参数的区间估计，而不考虑估计区间的长度是否达到最短。这对于区间估计的本质认知来说，还是有所欠缺的。

下面通过 4 个问题，从优化层面对区间估计进行进一步的探讨。

问题 1 所构造的 $g(\theta)$ 函数的线性属性对区间估计的精度有什么影响？

问题 2 为何习惯取 G_1，G_2 为分布 $G(x)$ 的双侧分位点 $G_{1-\alpha/2}$ 和 $G_{\alpha/2}$？

问题 3 是否存在 G_1，G_2，使得 $E(\hat{\theta}_2 - \hat{\theta}_1)$ 达到最小？若存在，该如何求解？

问题 4 如果区间 $G_2 - G_1$ 达到最短，是否可以保证 $E(\hat{\theta}_2 - \hat{\theta}_1)$ 达到最短？

其中，分位点定义采用上侧分位点，即 $P(G > G_\alpha) = \alpha$。

1. $g(\theta)$ 对区间估计精度的影响

（1）$g(\theta)$ 是 θ 的线性函数

定理 4.4.1 若 $g(\theta)$ 是 θ 的线性函数，且 $g(\theta) \sim G(x)$，并存在 G_1，G_2 使 $P(G_1 \leq g(\theta) \leq G_2) = 1 - \alpha$，若 $G_2 - G_1$ 达到最短，则由式（4.4.1）导出的区间估计 $(\hat{\theta}_1, \hat{\theta}_2)$ 可保证其区间长度最短。

证明：不妨设 $g(\theta) = A\theta + B$，其中 $A > 0$，则

$$P(G_1 \leq A\theta + B \leq G_2) = 1 - \alpha \Rightarrow P\left(\frac{G_1 - B}{A} \leq \theta \leq \frac{G_2 - B}{A}\right) = 1 - \alpha \tag{4.4.2}$$

θ 的区间估计为 $(\hat{\theta}_1, \hat{\theta}_2) = \left(\dfrac{G_1 - B}{A}, \dfrac{G_2 - B}{A}\right)$，其区间长度为 $\hat{\theta}_2 - \hat{\theta}_1 = \dfrac{G_2 - G_1}{A}$。由于 $G_2 - G_1$ 达到最短且 A 为常数，故 $\hat{\theta}_2 - \hat{\theta}_1$ 也达到最短。当 $A < 0$ 时，同理可证。

基于定理 4.4.1，我们对常见的区间估计做个梳理，发现单正态总体均值的区间估计、双正态总体均值差和方差比的区间估计、指数分布参数的区间估计都符合这个结论。

（2）$g(\theta)$ 是 θ 的非线性函数

若 $g(\theta)$ 是 θ 的非线性函数，且 $g(\theta) \sim G(x)$，由式（4.4.1）导出的区间估计 $(\hat{\theta}_1, \hat{\theta}_2)$ 是 G_1，G_2 的非线性函数，其区间长度也是 G_1，G_2 的非线性函数。因此，即使存在 G_1，G_2 使得 $P(G_1 \leq g(\theta) \leq G_2) = 1 - \alpha$ 且 $G_2 - G_1$ 达到最短，也难以判断 $\hat{\theta}_2 - \hat{\theta}_1$ 是否达到最短，后面将通过程序来说明这个问题。

同理，满足上述情况的常见区间估计有单正态总体方差的区间估计、泊松分布参数的区间估计（采用近似抽样定理时）、二项分布参数的区间估计（采用近似抽样定理时）等。

2. 关于双侧分位点

定理 4.4.2 当分布 $G(x)$ 的密度函数恰好是偶函数（即关于 y 轴对称）时，其双侧分位点 $G_{1-\alpha/2}$ 和 $G_{\alpha/2}$ 满足 $P(G_1 \leq g(\theta) \leq G_2) = 1 - \alpha$ 且能保证 $G_2 - G_1$ 区间长度达到最短，其中 $G_{1-\alpha/2} = -G_{\alpha/2}$。

基于定理 4.4.1 和定理 4.4.2，单正态总体均值的区间估计、双正态总体均值差和方差比的区间估计都可以由双侧分位点 $G_{1-\alpha/2}$ 和 $G_{\alpha/2}$ 按照式（4.4.1）直接导出，并能保证估计得到的区间长度最短。这两个定理的联合使用，也部分回答了问题 3 和问题 4。

更多情况下，分布 $G(x)$ 的密度函数并不对称，此时由其双侧分位点导出的参数的区间估计并不能保证区间长度最短，那为什么习惯上还是取其双侧分位点来导出参数的区间估计呢？一

方面是为了确保区间估计求解方式统一，这样容易推广使用；另一方面，这样导出的参数区间估计效果也不错，所以就成为习惯了，后面将通过程序加以详细说明。

3. 问题求解与程序设计

（1）最短区间存在时，求解 G_1, G_2 并与双侧分位点 $G_{1-\alpha/2}$ 和 $G_{\alpha/2}$ 进行比较。

步骤 1 构造函数 $g(\theta) \sim G(x)$，按式（4.4.1）得到区间估计 $(\hat{\theta}_1, \hat{\theta}_2)$ 及区间长度 $\hat{\theta}_2 - \hat{\theta}_1$；

步骤 2 以 $\min(\hat{\theta}_2 - \hat{\theta}_1)$ 为目标函数，以式（4.4.1）为约束条件，通过极值优化得到最佳的 G_1, G_2；

步骤 3 通过分布 $G(x)$ 的双侧分位点 $G_{1-\alpha/2}$ 和 $G_{\alpha/2}$ 得到常规区间估计的长度，并与步骤 2 中得到的 G_1, G_2 比较。

例 4.4.1 以指数分布参数 λ 的区间估计为例，由式（3.6.2）构造 $g(\lambda) = 2n\bar{X}\lambda \sim \chi^2(2n)$，显然 $g(\lambda)$ 是关于 λ 的线性函数，而分布 $G(x)$ 是非对称的。由式（4.4.1）可得

$$P(G_1 \leqslant 2n\bar{X}\lambda \leqslant G_2) = P(\frac{G_1}{2n\bar{X}} \leqslant \lambda \leqslant \frac{G_2}{2n\bar{X}}) = 1-\alpha$$

得到区间估计为 $(\frac{G_1}{2n\bar{X}}, \frac{G_2}{2n\bar{X}})$，其长度为 $\frac{G_2-G_1}{2n\bar{X}}$，因此求最短估计区间等价于求 $\min(G_2-G_1)$。

具体代码如程序 4.4.1 所示，对其运行结果整理后得到表 4.4.1。

【程序 4.4.1】指数分布参数的区间估计

```
fmin1=function(G1,n,level)          #构造目标函数，确保概率不能超过1，得到区间长度G2-G1
{  p1=pchisq(G1,2*n)
   if(p1+1-level<1) { G2=qchisq(p1+1-level,2*n) ; return(G2-G1) }
   else return(10000000)
}
min1.interval=function(n, level=0.05)    #利用优化函数，求解最短区间
{  out=optimize(fmin1,c(n/2,2*n), n, level);
   best=c(out$minimum,qchisq(1-level+pchisq (out$minimum,2*n),2*n))
   return(c(best, best[2]- best[1]))     #返回（G1,G2, G2-G1）
}
min1.quantile=function(n, level=0.05)    #给出双侧分位点及区间长度
{  quan=c(qchisq(level/2,2*n), qchisq(1-level/2,2*n))
   return(c(quan, quan[2]-quan[1]))
}
int1.mat=matrix(0,nrow=3,ncol=6)
n=c(20,30,40)
for(i in 1:3)
int1.mat[i,]=c(min1.interval(n[i],0.05), min1.quantile(n[i],0.05))
int1.mat
```

表 4.4.1 最短区间估计与常规区间估计的比较（线性、非对称）

自由度	G_1	G_2	G_2-G_1	$G_{1-\alpha/2}$	$G_{\alpha/2}$	$G_{\alpha/2}-G_{1-\alpha/2}$
$n=20$	23.31895	57.83619	34.51724	24.43304	59.34171	34.90867
$n=30$	39.32349	81.82030	42.49681	40.48175	83.29767	42.81593
$n=40$	55.96948	105.16872	49.19924	57.15317	106.62857	49.47539

例 4.4.2 方差未知时，求单正态总体均值的区间估计。通常，构造函数 $g(\mu) = \dfrac{\bar{X}-\mu}{S/\sqrt{n}} \sim t(n-1)$，

而 $g(\mu)$ 是关于 μ 的线性函数且分布 $t(n-1)$ 的密度函数是对称的。按照定理 4.4.1，可推得最短区间为 $(G_2 - G_1)S/\sqrt{n}$，因此求最短区间等价于求 $\min(G_2 - G_1)$。

具体代码如程序 4.4.2 所示，对其运行结果整理后得到表 4.4.2。

【程序 4.4.2】单正态总体均值的区间估计

```
fmin2=function(G1,n,level)        #构造目标函数，确保概率不能超过1，得到区间长度
{ p1=pt(G1,n-1);
  if(p1+1-level<1) { G2=qt(p1+1-level,n-1) ;  return(G2-G1) }
  else   return(10000000)
}
min2.interval=function(n, level=0.05)    #利用优化函数，求解最短区间
{ out=optimize(fmin2,c(-4,0), n, level)
  best=c(out$minimum, qt(1-level+pt(out$minimum,n-1),n-1))
  return(c(best, best[2]- best[1]))       #返回（G1,G2,G2-G1）
}
min2.quantile=function(n, level=0.05)    #给出双侧分位点及区间长度
{ quan=c(qt(level/2,n-1), qt(1-level/2,n-1))
  return(c(quan, quan[2]-quan[1]))
}
int2.mat=matrix(0,nrow=3,ncol=6)
n=c(20,30,40)
for(i in 1:3)
int2.mat[i,]=c(min2.interval(n[i],0.05), min2.quantile(n[i],0.05))
int2.mat
```

表 4.4.2 最短区间估计与常规区间估计的比较（线性、对称）

自由度	G_1	G_2	$G_2 - G_1$	$G_{1-\alpha/2}$	$G_{\alpha/2}$	$G_{\alpha/2} - G_{1-\alpha/2}$
$n=20$	-2.093027	2.093022	4.186048	-2.093024	2.093024	4.186048
$n=30$	-2.045239	2.045220	4.090459	-2.045230	2.045230	4.090459
$n=40$	-2.022690	2.022692	4.045382	-2.022691	2.022691	4.045382

常规区间估计在 $g(\theta)$ 为线性而 $G(x)$ 非对称时虽然没有达到区间长度最短（即精度最高），但是偏差很小，如表 4.4.1 所示。而在 $g(\theta)$ 为线性、$G(x)$ 对称时，最短区间估计就是常规区间估计，如表 4.4.2 所示。此处从极值优化角度回答了问题 3，但是其求解过程相对比较复杂，不如常规方法来得简单明了。所以综合来看，采用常规方法求区间估计具备表达式简单、估计精度较高、求解快速、计算方便等特点。

（2）比较由 $G_2 - G_1$ 达到最短与由双侧分位点分别导出的区间估计的精度。此处以 $g(\theta)$ 为非线性为例加以说明，以便解释问题 4。

例 4.4.3 以单正态总体方差 σ^2 的区间估计为例，构造函数 $g(\sigma^2) = \dfrac{(n-1)S^2}{\sigma^2} \sim \chi^2(n-1)$，显然其为 σ^2 的非线性函数。由式（4.4.1）可得

$$P(G_1 \leqslant \frac{(n-1)S^2}{\sigma^2} \leqslant G_2) = P(\frac{(n-1)S^2}{G_2} \leqslant \sigma^2 \leqslant \frac{(n-1)S^2}{G_1}) = 1-\alpha$$

即区间估计的形式为 $(\dfrac{(n-1)S^2}{G_2}, \dfrac{(n-1)S^2}{G_1})$，而最短区间等价于

$$\min\left(\frac{1}{G_1} - \frac{1}{G_2}\right) = \min\left(\frac{G_2 - G_1}{G_1 G_2}\right).$$

具体代码如程序 4.4.3 所示，对其运行结果整理后形成表 4.4.3。

【程序 4.4.3】单正态总体方差 σ^2 的区间估计

```
fmin3=function(G1,n,level)    #目标函数，确保概率不能超过1，得到区间长度1/G1-1/G2
{ p1=pchisq(G1,n-1)
  if(p1+1-level<1) { G2=qchisq(p1+1-level,n-1);  return(1/G1-1/G2) }
  else  return(10000000)
}
min3.interval=function(n,level=0.05)     #利用优化函数，针对n>=7，求解最短区间
{ out=optimize(fmin3,c(0.001, n-3), n, level)
  best=c(1/qchisq(1-level+pchisq(out$minimum, n-1), n-1), 1/out$minimum)
  return(c(best, best[2]- best[1]))      #返回（1/G2,1/G1, 1/G1-1/G2）
}
min3.quantile=function(n,level=0.05)     #给出双侧分位点及区间长度
{ quan=c(1/qchisq(1-level/2,n-1),1/qchisq(level/2,n-1))
  return(c(quan, quan[2]- quan[1]))
}
int3.mat=matrix(0,nrow=3,ncol=6)
n=c(20,30,40)
for(i in 1:3)
   int3.mat[i,]=c(min3.interval(n[i],0.05),min3.quantile(n[i],0.05))
int3.mat
```

表 4.4.3　最优区间与常规区间估计的比较（非线性）

自由度	$\dfrac{1}{G_2}$	$\dfrac{1}{G_1}$	$\dfrac{1}{G_1} - \dfrac{1}{G_2}$	$\dfrac{1}{G_{\alpha/2}}$	$\dfrac{1}{G_{1-\alpha/2}}$	$\dfrac{1}{G_{1-\alpha/2}} - \dfrac{1}{G_{\alpha/2}}$
$n=20$	0.02609128	0.10101939	0.07492811	0.03043924	0.11227734	0.08183810
$n=30$	0.01976905	0.05790140	0.03813235	0.02187117	0.06231667	0.04044549
$n=40$	0.01596450	0.03994988	0.02398538	0.01720576	0.04227557	0.02506980

从上述结果可知，当 $g(\theta)$ 为非线性时，参数的区间估计同样可以找到最短区间，而由双侧分位点得到的不是最短区间，但与最短区间相差不大。

（3）比较常规区间估计与最短区间估计的精度，以便直观解释问题 2。

例 4.4.4　有必要对由双侧分位点导出的常规区间与最短区间的精度偏差进行趋势性分析，以便更直观地把握常规区间估计。在例 4.4.3 的基础上，给出样本量为 n 的序列，以最短区间为标准，计算常规区间长度与最短区间长度的相对偏差并绘制趋势图。

具体代码如程序 4.4.4 所示，运行结果见图 4.4.1。

【程序 4.4.4】常规区间估计与最短区间估计的精度比较

```
n=7:206
level=0.05
mat=matrix(0,nrow=200,ncol=2)
for(i in 1:200)
{ best= min3.interval(n[i],level); normal=min3.quantile(n[i],level)
  mat[i,1]=n[i]; mat[i,2]=(normal[3]-best[3])/best[3]
```

```
}
    plot(mat[,1], mat[, 2],type='l', xlab='样本量n', ylab='相对误差',
cex.axis=0.75,cex.lab=0.75)
```

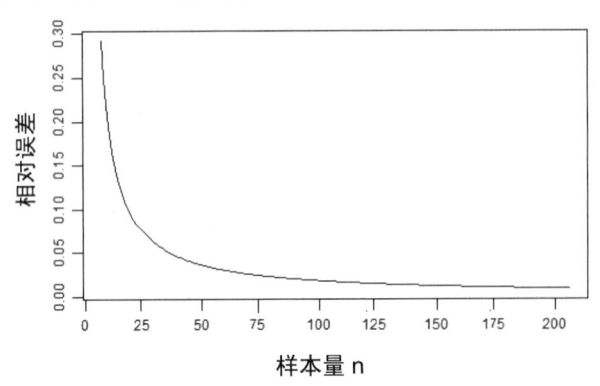

图 4.4.1　常规区间与最短区间的相对误差随样本量变化的趋势图

从图 4.4.1 可知，通过分位点得到的常规区间与最短区间的相对误差随着样本量的增加而减小；当 $n>18$ 时，相对误差小于 10%；当 $n>36$ 时，相对误差小于 5%；当 $n>178$ 时，相对误差小于 1%。这表明使用常规方法求区间估计是可行的，也直观地解释了问题 2。

通过本节的比较分析，我们看到了常规区间估计与最短区间估计之间的差异与联系，这有助于在求解实际问题时做出合适的选择。

4.5　Bootstrap 方法

Bootstrap 方法是美国斯坦福大学统计系教授布拉德利·埃弗龙（Bradley Efron，如图 4.5.1 所示）在 1979 年提出的一种非参数型的统计方法，主要用于解决小样本数据的可靠性问题。

图 4.5.1　布拉德利·埃弗龙（1938—）

通俗地讲，该方法不需要对总体的分布进行假定，更不需要增加其他限制条件，而是直接从样本数据本身入手，以随机的方式对样本数据进行划分或重组，计算出结果并给出结论，完成其他方法难以实现的统计推断。1980 年，华东师范大学的魏宗舒教授首次介绍并引入 Bootstrap 方法，并将其译作"自助法"。随着计算机的普及、计算能力的不断提升以及研究的不断深入，该方法的应用也越来越广泛。

由于该方法的重大贡献，布拉德利·埃弗龙获得了 2018 年度国际统计学奖。

本节的思维要点在于从非参数的视角解决参数的问题。

1. Bootstrap 样本及程序包

应用 Bootstrap 方法首先要产生足够多的 Bootstrap 样本，也称为自助样本。产生自助样本的方法就是对已知样本量为 n 的样本采用有放回等可能的简单随机抽样，所抽取的新样本的样

本量也是 n。为了满足估计的精度要求，通常要求自助样本较多，如 5000。

R 软件专门针对 Bootstrap 方法提供了程序包 boot 及其函数 boot，boot.ci 等。

```
boot(data, statistic, R, …)
```

其中，data 表示数据（向量、矩阵、数据框都可以）；statistic 表示估计函数，通常用来计算统计量或某个数字特征的值；R 表示模拟的次数。

boot 函数返回 boot 对象，包含 t0，t，R，data，statistic 等信息，其中 t0 表示原样本代入 statistic 函数的返回值，t 表示 R 个自助样本的 statistic 函数返回值，R 表示模拟次数，data 表示原始数据，statistic 表示估计函数。

```
boot.ci(boot.out, conf = 0.95, type = "all", var.t0 = NULL, var.t = NULL,
t0 = NULL, t = NULL, …)
```

其中，boot.out 表示 boot 函数返回的 boot 对象；conf 表示置信度；type 表示进行区间估计采用的不同模型，模型共有 5 种：norm，basic，stud，perc，bca，分别表示正态模型、基本模型、t 分布模型、百分位模型、调整百分位模型，当 type 取值为 "all" 时，表示同时采用 5 种模型；可通过修改 var.t0，var，t，t0，t 指定 boot.out 中的相应值，实现多种形式的区间估计。该函数的返回值包含上述 5 种模型计算的区间估计。

2. Bootstrap 方法的应用方式

假设总体 X 的分布函数 $F(x,\theta)$ 的形式已知，但含有未知参数 θ，θ 全部未知或部分未知，现有一样本 $x_1,x_2,\cdots,x_n$，试对总体的某些特征进行统计推断。

首先利用这个样本求出 θ 的极大似然估计值 $\hat{\theta}$，用 $\hat{\theta}$ 替换 θ，代入分布函数中得到 $F(x,\hat{\theta})$，此时认为分布函数已知，然后产生足够多个服从该分布的样本量为 n 的样本，最后利用这些样本对总体特征进行统计推断。这种应用方式通常称为**参数 Bootstrap 法**。

若总体分布未知，仅有一个样本 $x_1,x_2,\cdots,x_n$，则可根据该样本产生足够多的自助样本，并基于自助样本对总体及相关特征进行统计推断。比如，对未知参数或特征的置信区间、标准误差及均方误差进行合理的估计等。这种应用方式就是通常意义的 Bootstrap 方法，称为**非参数 Bootstrap 法**。在总体分布未知时，非参数 Bootstrap 法为统计推断提供了一种高效的解决方案。

3. Bootstrap 方法在估计中的应用

（1）使用 Bootstrap 方法的 5 种模型估计正态分布 $N(\mu,\sigma^2)$ 的二阶矩 $E(X^2) = \mu^2 + \sigma^2$ 的 95% 的置信区间。显然，从理论上并不好构造 $E(X^2) = \mu^2 + \sigma^2$ 的枢轴量，因此采用 Bootstrap 方法进行估计，那大量自助样本得到的统计量值会服从什么样的分布呢？

采用正态分布 $N(5,1)$ 进行模拟，可得 $E(X^2) = 26$，从该分布中随机抽取样本量为 20 的一个样本。在使用 Bootstrap 方法时，自助样本量取为 10000，使用样本二阶矩的均值 $\frac{1}{n}\sum_{i=1}^{n}X_i^2$ 估计 $E(X^2)$，同时计算样本二阶矩均值的方差，有了这个方差才能使用 stud 模型。代码如程序 4.5.1 所示。

【程序 4.5.1】Bootstrap 方法的解析

```
install.packages('boot');    library(boot);    n=20;    N=10000
x=rnorm(n,5,1)
boot.fun=function(x,ind)
```

```
    {   m=length(ind);
        c(mean(x[ind]^2),(m-1)*var(x[ind]^2)/m^2)
    }
bout=boot(data=x,statistic=boot.fun,R=N)
boot.ci(bout,type='all',conf=0.95)      #当boot.fun返回均值和方差时可用stud模型
#绘制直方图并叠加核密度曲线
hist(bout$t[,1],main='Bootstrap方法产生的统计量值的分布',freq=FALSE)
lines(density(bout$t[,1]))
```

执行上述代码输出的结果如下（图形结果如图 4.5.2 所示）：

```
Intervals :
Level       Normal         Basic       Studentized     Percentile          BCa
95%   (24.35, 34.58 )  (24.24, 34.53 ) (23.77, 35.17 ) (24.49, 34.78 )  (24.42, 34.69 )
```

Bootstrap 方法产生的统计量值的分布

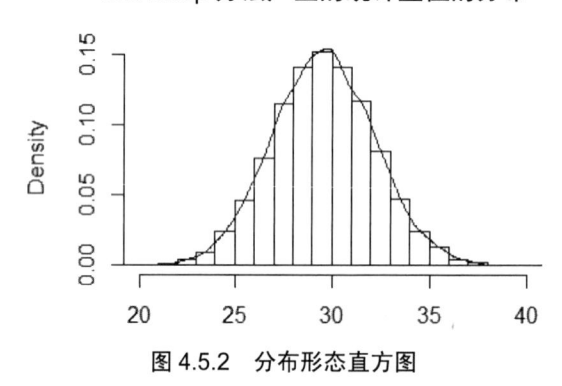

图 4.5.2　分布形态直方图

根据中心极限定理可知，由自助样本产生的大量统计量值理论上会近似服从正态分布，所以 Bootstrap 方法中才有 norm 模型。

（2）通过 Bootstrap 方法求区间估计并和常规区间估计进行比较。以方差未知时均值 μ 的区间估计为例，不妨假设参数 $\mu=10$，$\sigma^2=4$，置信度为 95%，样本量 n 分别等于 20，30 和 40。具体代码如程序 4.5.2 所示，对其运行结果整理后形成表 4.5.1。

【程序 4.5.2】常规区间估计与 Bootstrap 区间估计的比较

```
Get_sample=function(mu=10,sigma=2, n=20)              #提取随机数
{  set.seed(100);   return(rnorm(n,mean=mu,sd=sigma)) }  #使用set.seed确保数据可再现
   Get_bootstrap_int_sample=function(x, conf=0.95,Times=2000)#使用sample实现Bootstrap区间
{  n=length(x)
   mus=numeric(Times)
   for(i in 1:Times)  {  nx=sample(x,n,replace=TRUE);   mus[i]=mean(nx)   }
   mus=sort(mus)
   left=trunc(Times*(1-conf)/2);   right=Times-left
   return(c(mus[left],mus[right],mus[right]-mus[left]))
}
Est_boot=function(x,inds)   mean(x[inds])        #使用boot,boot.ci实现Bootstrap区间
Get_bootstrap_int_boot=function(x,statistic_fun,conf=0.95,times=2000,type="perc")
{  boot.out=boot(x, statistic= statistic_fun, R=times)
   interval=boot.ci(boot.out,conf=conf, type=type)
   num=length(type);   re=matrix(0,nrow=num,ncol=3)
   for(i in 1:num)
   {  a=unlist(interval[3+i]); m=length(a); re[i,1:2]=a[c(m-1,m)]; re[i,3]=re[i,2]-re[i,1] }
   rownames(re)=type;   colnames(re)=c("置信下限","置信上限","区间长度")
```

```
        return(list(boot.out=boot.out, interval=re))
}
min2.quantile=function(x,level=0.05)          #取得常规的区间估计结果
{ n=length(x);   quan=c(qt(level/2,n-1), qt(1-level/2,n-1));  mx=mean(x);   sdx=sd(x)
   return(c(mx+quan*sdx/sqrt(n), (quan[2]-quan[1])*sdx/sqrt(n)))
}

int.mat=matrix(0,nrow=3,ncol=6);  n=c(20,30,40)
for(i in 1:3)
{   x=Get_sample(10,2,n[i])     #也可以采用 Get_bootstrap_int_boot(…)$interval[1,]代替
    int.mat[i,]=c(Get_bootstrap_int_sample(x,0.05,2000),min2.quantile(x,0.05))
}
int.mat
```

表 4.5.1　非参数方法和参数方法的区间估计比较

样本量	Bootstrap 方法（某次结果）			常规方法		
	置信下限	置信上限	区间长度	置信下限	置信上限	区间长度
$n=20$	9.639416	10.88488	1.2454673	9.543137	10.88833	1.3451942
$n=30$	9.585414	10.53893	0.9535147	9.533500	10.58196	1.0484563
$n=40$	9.783912	10.66031	0.8763937	9.744021	10.65669	0.9126658

从表 4.5.1 可知，Bootstrap 方法应用在参数区间估计上的效果相当好。一方面，估计精度略优于参数方法；另一方面，估计精度随着样本量的上升而得到逐步提高。另外，非参数方法不需要对样本所服从的分布进行假定，更不需要精心构造参数的函数使其服从某一确定的分布，这是非参数方法的明显优势。

（3）实际问题的区间估计。某超市想了解顾客在超市的平均消费水平，从周一到周日的 7 天时间里，随机选取了 100 名顾客（其中周一至周五各 10 名，周六和周日各 25 名）的消费金额（单位：元）组成一个简单随机样本，如表 4.5.2 所示。

表 4.5.2　消费数据

时间	金额（元）
周一	52,150,28,54,330,210,180,32,480,120
周二	240,170,30,74,167,152,260,310,440,62
周三	422,97,84,220,140,156,88,69,108,172
周四	320,112,101,24,62,438,78,123,80,91
周五	59,75,190,270,106,456,82,43,133,50
周六	192,243,222,510,108,150,180,218,180,92,180,260,240,402,136,173,386,178,98,156,82,130,68,160,142
周日	169,292,186,88,196,378,450,108,132,145,260,192,172,70,166,398,440,100,125,55,177,215,265,150,200

完成如下两个问题：

①根据样本估计顾客的平均消费金额及置信度为 95%的置信区间。

②若将周一至周五的消费金额看成一个总体，将周六和周日的消费金额看成另一个总体，试对两个总体的平均消费金额及平均消费金额偏差进行 95%置信度的区间估计。

分析：上面给出的是消费金额的抽样数据，显然我们并不知道消费金额总体服从的具体分布，可能会直观地（想当然地）认为消费金额总体服从正态分布，从而使用正态总体抽样定理

来实现区间估计。虽然这是一种处理方式，但很容易犯错误。下面我们先对数据进行正态性检验，不妨取显著性水平为 0.05，具体过程见程序 4.5.3。

【程序 4.5.3】正态性检验

```
dat=c(52,150,28,54,330,210,180,32,480,120,240,170,30,74,167,152,260,310,440,62,422,
      97,84,220,140,156,88,69,108,172,320,112,101,24,62,438,78,123,80,91,59,75,190,270,106,
      456,82,43,133,50,192,243,222,510,108,150,180,218,180,92,180,260,240,402,136,173,386,
      178,98,156,82,130,68,160,142,169,292,186,88,196,378,450,108,132,145,260,192,172,70,166,
      398,440,100,125,55,177,215,265,150,200)

ks.test(dat,'pnorm',mean(dat),sd(dat))
d15=dat[1:50]
ks.test(d15,'pnorm',mean(d15),sd(d15))    #工作日消费数据
d67=dat[51:100]
ks.test(d67,'pnorm',mean(d67),sd(d67))    #周末消费数据
ks.test(d15,d67)
```

对输出结果进行分析得到如下结论：

①全部数据的检验结果为"D=0.1502, p-value=0.022"，说明正态性假定不能接受。

②周一至周五数据的检验结果为"D=0.1608, p-value=0.151"，说明无法拒绝正态性假定。

③周六至周日数据的检验结果为"D=0.1811, p-value=0.075"，说明不能拒绝正态性假定。

④两个阶段数据的同分布检验结果为"D = 0.3400, p-value = 0.006"，说明两个阶段数据分属不同分布。

根据程序 4.5.3 的检验结果综合来看，难以接受消费数据的正态性假定。另外，工作日和周末消费数据也没有通过同分布检验，所以比较适合采用 Bootstrap 方法进行求解，具体过程见程序 4.5.4。

【程序 4.5.4】问题求解

```
#问题①
c(总平均=mean(dat),工作日平均=mean(d15), 周末平均= mean(d67))
c(周末_工作日平均偏差=mean(d67)-mean(d15))
consume_avg=function(x,inds)   mean(x[inds])
Get_bootstrap_int_boot(dat,consume_avg,times=10000,type=c("perc","norm","basic","bca"))


#问题②
I1=Get_bootstrap_int_boot(d15,consume_avg,times=10000,type=c("perc","norm","basic","bca"))
I2=Get_bootstrap_int_boot(d67,consume_avg,times=10000,type=c("perc","norm","basic","bca"))
dis=sort(I2$boot.out$t-I1$boot.out$t)              #对均值差从小到大排序
c(差值下限=dis[250],差值上限=dis[9750])            #得到均值差的置信区间
op=par(mfrow=c(2,2))                               #通过图形展示平均消费金额与平均消费金额偏差
hist(I1$boot.out$t,main='工作日平均消费金额模拟分布',freq=F,xlab='')
hist(I2$boot.out$t,main='周末平均消费金额模拟分布',freq=F,xlab='')
hist(dis,main='周末与工作日平均消费金额偏差模拟分布 1',freq=F,xlab='')
boxplot(dis,main='周末与工作日平均消费金额偏差模拟分布 2')
par(op)
```

执行上述代码，输出结果整理如下：

问题①输出结果				置信下限	置信上限	区间长度
总平均	工作日平均	周末平均	perc	157.321	202.809	45.488
180.05	159.80	200.30	norm	156.641	202.219	45.578
			basic	157.881	203.459	45.578
周末_工作日平均偏差		40.5	bca	158.656	205.001	46.345

问题②输出结果				周末平均消费金额的95%置信区间结果		
				置信下限	置信上限	区间长度
工作日平均消费金额的95%置信区间结果			perc	170.928	229.629	58.701
	置信下限	置信上限	区间长度	norm	169.981	228.740	58.759
perc	125.426	194.201	68.775	basic	171.860	230.619	58.759
norm	124.040	192.256	68.216	bca	174.226	233.532	59.306
basic	127.344	195.560	68.216				
bca	129.916	199.237	69.321				

周末平均消费金额-工作日平均消费金额的95%置信区间

置信下限	置信上限
-4.52	84.20

在问题①的输出结果中，我们看到总平均与工作日平均、周末平均都有较大偏差，其中工作日平均和周末平均的差距更大，所以使用正态分布来求区间估计不合适。采用程序 4.5.2 中的代码，对全部数据采用 Bootstrap 方法中的四种算法，由 10000 个自助样本可得到上述的区间估计，比如某次模拟结果为(157.321,202.809)。

在问题②的输出结果中，基于 perc 算法的工作日平均消费金额大致介于(125.426,194.201)中，而周末平均消费金额介于(170.928,229.629)中，两者有较大的差异，在原始数据中周末与工作日平均消费金额偏差为 40.5 元，而模拟结果中偏差的置信区间大致为(-4.52,84.20)，如图 4.5.3 所示。

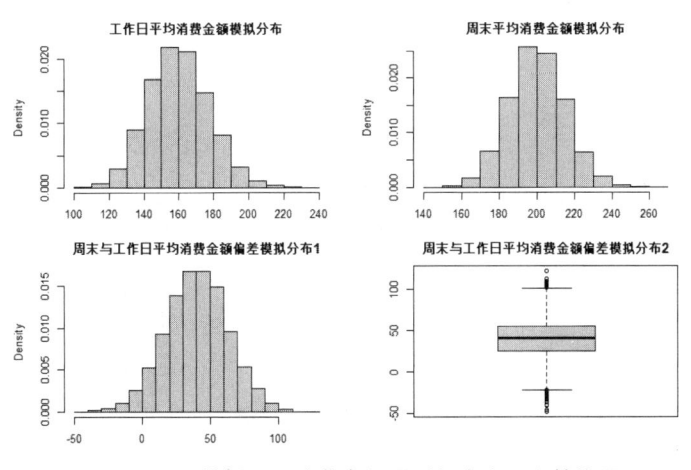

图 4.5.3 模拟平均消费金额得到的直方图和箱线图

（4）均方误差 $E(\hat{\theta}-\theta)^2$ 的估计。在参数 θ 真值未知的前提下，根本无法精确计算均方误差，所以只能采用估计的方式。Bootstrap 方法给出了一种实现手段。

在 $E(\hat{\theta}-\theta)^2$ 中，以原始数据估计出 $\hat{\theta}_0$ 代替参数 θ 的真值，然后将自助样本产生的 $\hat{\theta}_i$ 作为对 $\theta=\hat{\theta}_0$ 的估计，从而实现对均方误差的估计。模拟采用正态分布 $N(5,1)$，随机抽取样本量为 50 的一个样本，估计总体均值并求出均方误差，理论上可计算得到总体均值估计的均方误差为 $\frac{\sigma^2}{n}=\frac{1}{50}=0.05$，总体方差估计的均方误差等于 $\frac{2\sigma^4}{n-1}=\frac{2}{49}=0.04081633$。在使用 Bootstrap 方法时，取自助样本量为 10000，具体过程见程序 4.5.5。

【程序 4.5.5】估计均方误差

```
n=50;     N=10000
boot.fun=function(x,ind)  c(mean(x[ind]), var(x[ind]))
mse=matrix(0,nrow=2,ncol=5)
for(i in 1:5)
{ x=rnorm(n,5,1)
  bout=boot(data=x,statistic=boot.fun,R=N)
  mse[1,i]=mean((bout$t[,1]-bout$t0[1])^2)
  mse[2,i]=mean((bout$t[,2]-bout$t0[2])^2)
}
mse
```

执行上述代码输出的结果如下：

	[,1]	[,2]	[,3]	[,4]	[,5]
均值.均方误差	0.02385203	0.01600114	0.01633349	0.01831176	0.02219512
方差.均方误差	0.05422544	0.02433109	0.02063176	0.03448238	0.05899309

从上述模拟输出的结果看，使用 Bootstrap 方法能够解决均方误差的估计问题，并且效果还不错。

4.6 混合分布参数的 EM 估计

对于包含较少参数的常规分布问题，经典的矩估计法和极大似然估计法都是比较有效的参数估计方法。但是对于一些包含隐变量的复杂分布问题，这两种方法就显得捉襟见肘。本节讨论 EM（Expectation Maximization，期望最大化）算法，该算法由 Arthur P. Dempster，Nan Laird 和 Donald Rubin（见图 4.6.1）于 1977 年在论文"Maximum Likelihood from Incomplete Data via the EM Algorithm"中正式提出，主要用来解决包含隐变量的模型的参数估计问题，其应用领域非常广泛，如混合分布参数估计、机器学习、计算机视觉的聚类分析等。

图 4.6.1 EM 算法的提出者

通常把无法直接观测的随机变量称为**隐变量**。对于包含隐变量的模型，由于隐变量无法观测，会导致无法对模型参数应用极大似然估计法进行直接求解。

本节注重解决包含隐变量的模型的参数估计问题，思维要点聚焦于具体问题具体分析。

例 4.6.1 以 m 元正态混合模型（$m=2$）为例，其形式为

$$X \sim f(x;\boldsymbol{\theta}) = \sum_{k=1}^{m} a_k f(x;\boldsymbol{\theta}_k) = a_1 f(x;\mu_1,\sigma_1^2) + a_2 f(x;\mu_2,\sigma_2^2) \qquad (4.6.1)$$

其中，$a_1 \geq 0$，$a_2 \geq 0$，$a_1 + a_2 = 1$；$\boldsymbol{\theta}_1 = (\mu_1, \sigma_1^2)$，$\boldsymbol{\theta}_2 = (\mu_2, \sigma_2^2)$；$f(x;\mu_1,\sigma_1^2)$ 和 $f(x;\mu_2,\sigma_2^2)$ 分别为正态分布 $N(\mu_1,\sigma_1^2)$ 和 $N(\mu_2,\sigma_2^2)$ 的密度函数，它们常被称为构成混合正态模型的**分模型**；本问题中的参数 $\boldsymbol{\theta} = (a_1, a_2, \boldsymbol{\theta}_1, \boldsymbol{\theta}_2)$。

由二元正态混合模型的构造过程可知，对于满足式（4.6.1）的总体 X 及样本 $x_1, x_2, \cdots, x_n$ 而言，只知道每个样本点必定来自某个分模型，但是不知道具体来自哪个分模型。显然，这样的观测数据是不完整的，缺失了样本点的**指示性信息**。这个指示性信息就是用来表示样本点来自哪个分模型的，由于在观测中缺失了，所以称其为隐变量。不妨将该变量假设为 Z，显然 Z 是服从 0-1 分布的随机变量，其分布形式是明确的，只是参数未知。

为了实现 m 元正态混合模型参数 $\boldsymbol{\theta} = (a_1, a_2, \cdots, a_m, \boldsymbol{\theta}_1, \boldsymbol{\theta}_2, \cdots, \boldsymbol{\theta}_m)$ 的估计，引入隐变量

$$Z_{ik} = \begin{cases} 1, & \text{第}i\text{个观测值来自第}k\text{个分模型} \\ 0, & \text{第}i\text{个观测值不是来自第}k\text{个分模型} \end{cases} \quad i=1,2,\cdots,n;\ k=1,2,\cdots,m \qquad (4.6.2)$$

显然，$Z_{ik} \sim B(1, a_k)$，$\sum_{k=1}^{m} Z_{ik} = 1$，$\sum_{i=1}^{n}\sum_{k=1}^{m} Z_{ik} = n$。注意，该例中 $m=2$。至此，引入指示性的隐变量后，我们可以将不完整的数据变成形式上完整的数据，即**完全数据**：

$$\text{总体}(X, Z),\ \text{样本观测值}(x_i, z_{i1}, z_{i2}, \cdots, z_{im}),\ i=1,2,\cdots,n \qquad (4.6.3)$$

下面简要描述 EM 算法解决混合正态模型参数估计的过程。

（1）对包含隐变量的完全数据，构造似然函数及对数似然函数。

$$L(x,z,\boldsymbol{\theta}) = \prod_{i=1}^{n} f(x_i;z,\boldsymbol{\theta}) = \prod_{i=1}^{n} f(x_i, z_{i1}, z_{i2}, \cdots, z_{im};\boldsymbol{\theta}) = \prod_{i=1}^{n}\left(\sum_{k=1}^{m} z_{ik} a_k f(x_i,\boldsymbol{\theta}_k)\right)$$

$$\xrightarrow{\sum_{k=1}^{m} z_{ik}=1} = \prod_{i=1}^{n}\prod_{k=1}^{m} [a_k f(x_i,\boldsymbol{\theta}_k)]^{z_{ik}} = \prod_{k=1}^{m}\prod_{i=1}^{n} [a_k f(x_i,\boldsymbol{\theta}_k)]^{z_{ik}} \qquad (\textbf{技巧 1}：\text{和化积})$$

$$= \prod_{k=1}^{m} a_k^{z_{1k}+z_{2k}+\cdots+z_{nk}} \prod_{i=1}^{n} [f(x_i,\boldsymbol{\theta}_k)]^{z_{ik}} = \prod_{k=1}^{m} a_k^{\sum_{i=1}^{n} z_{ik}} \prod_{i=1}^{n} [f(x_i,\boldsymbol{\theta}_k)]^{z_{ik}}$$

$$\xrightarrow{\sum_{i=1}^{n} z_{ik}=n_k} = \prod_{k=1}^{m} a_k^{n_k} \prod_{i=1}^{n} [f(x_i,\boldsymbol{\theta}_k)]^{z_{ik}} \qquad (4.6.4)$$

$$\ln L(x,z,\boldsymbol{\theta}) = \sum_{k=1}^{m} n_k \ln(a_k) + \sum_{k=1}^{m}\sum_{i=1}^{n} z_{ik} \ln f(x_i, \boldsymbol{\theta}_k)$$

$$= \sum_{k=1}^{m} n_k \ln(a_k) + \sum_{k=1}^{m}\sum_{i=1}^{n} z_{ik}\left(\ln(1/\sqrt{2\pi}) - \frac{1}{2}\ln(\sigma_k^2) - \frac{(x_i-\mu_k)^2}{2\sigma_k^2}\right) \qquad (4.6.5)$$

（2）EM 算法的 E 步骤，对式（4.6.5）的对数似然函数基于隐变量求期望，构建可迭代的目标函数。

因为式（4.6.5）中只有 z_{ik} 是随机变量，因此对数似然函数的期望主要考虑的是隐变量的数学期望问题，这个转化的好处是将随机变量的问题转化为确定的数学期望问题。构建目标函数：

$$Q(\boldsymbol{\theta}|x,\boldsymbol{\theta}^{(s)}) = E(\ln L(x,z,\boldsymbol{\theta})) = E\left(\sum_{k=1}^{m} n_k \ln(a_k) + \sum_{k=1}^{m}\sum_{i=1}^{n} z_{ik} \ln f(x_i,\boldsymbol{\theta}_k)\right)$$

$$= E\left(\sum_{k=1}^{m} n_k \ln(a_k)\right) + E\left(\sum_{k=1}^{m}\sum_{i=1}^{n} z_{ik} \ln f(x_i,\boldsymbol{\theta}_k)\right)$$

（技巧 2：目标函数与数学期望关联）

$$= E\left(\sum_{k=1}^{m}\sum_{i=1}^{n} z_{ik} \ln(a_k)\right) + E\left(\sum_{k=1}^{m}\sum_{i=1}^{n} z_{ik} \ln f(x_i,\boldsymbol{\theta}_k)\right)$$

$$= \sum_{k=1}^{m}\sum_{i=1}^{n} E(z_{ik}) \ln(a_k) + \sum_{k=1}^{m}\sum_{i=1}^{n} E(z_{ik}) \ln f(x_i,\boldsymbol{\theta}_k) \tag{4.6.6}$$

显然，$E(z_{ik}) = 1 \cdot P(z_{ik}=1|x_i) + 0 \cdot P(z_{ik}=0|x_i) = P(z_{ik}=1|x_i)$，如何通过样本观测值估计这个数学期望呢？这就需要用到贝叶斯概率的思想，同时利用参数 $\boldsymbol{\theta}$ 第 s 步的迭代值。

$$P(z_{ik}=1|x_i) = \frac{P(z_{ik}=1, X=x_i)}{P(X=x_i)} = \frac{P(z_{ik}=1)P(X=x_i|z_{ik}=1)}{\sum_{j=1}^{m} P(z_{ij}=1)P(X=x_i|z_{ij}=1)} \triangleq \frac{a_k f(x_i; \boldsymbol{\theta}_k^{(s)})}{\sum_{j=1}^{m} a_j f(x_i; \boldsymbol{\theta}_j^{(s)})} = \hat{z}_{ik} \tag{4.6.7}$$

用 $\hat{z}_{ik}$ 替代 $E(z_{ik})$（**技巧 3**：用上一步的参数估计值计算隐变量的数学期望），目标函数变为

$$Q(\boldsymbol{\theta}|x,\boldsymbol{\theta}^{(s)}) = \sum_{k=1}^{m}\sum_{i=1}^{n} \hat{z}_{ik} \ln(a_k) + \sum_{k=1}^{m}\sum_{i=1}^{n} \hat{z}_{ik} \ln f(x_i,\boldsymbol{\theta}_k) \tag{4.6.8}$$

这样，未知的隐变量问题变成未知的数学期望问题，未知的数学期望问题变成由上一步迭代值确定的优化问题，转化之后目标函数 $Q(\boldsymbol{\theta}|x,\boldsymbol{\theta}^{(s)})$ 就不含未知信息了（隐变量消失了），下面的步骤又转为常规的极大似然估计。

（3）EM 算法的 M 步骤，将使得目标函数最大化的参数 $\boldsymbol{\theta}$ 作为其第 $s+1$ 步迭代值，这一步的主要方法就是极大似然估计法。

$$\boldsymbol{\theta}^{(s+1)} = \arg\max_{\boldsymbol{\theta}} Q(\boldsymbol{\theta}|x,\boldsymbol{\theta}^{(s)}) \tag{4.6.9}$$

（4）重复执行（2）和（3）直到目标函数前后两步的绝对偏差小于给定的精度 ε（$\varepsilon > 0$），即

$$|Q(\boldsymbol{\theta}|x,\boldsymbol{\theta}^{(s+1)}) - Q(\boldsymbol{\theta}|x,\boldsymbol{\theta}^{(s)})| < \varepsilon \tag{4.6.10}$$

最后，取 $\boldsymbol{\theta}^{(s+1)}$ 作为参数 $\boldsymbol{\theta}$ 的估计值。

前面的 4 个步骤给出了使用 EM 算法的基本过程、相关技巧，下面给出关键步骤与算法流程图，对 EM 算法做个总结，如图 4.6.2 所示。

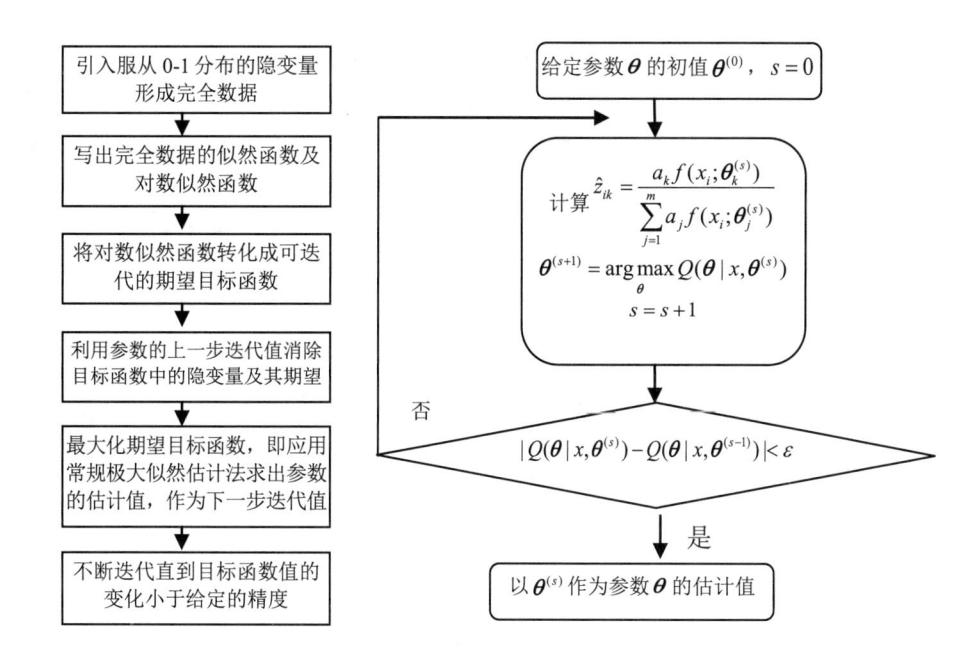

图 4.6.2　EM 算法的关键步骤与算法流程图

例 4.6.1 的具体求解主要是分解式（4.6.8）和极值化式（4.6.9），其中

$$Q(\boldsymbol{\theta}\,|\,x,\boldsymbol{\theta}^{(s)}) = \sum_{k=1}^{m}\sum_{i=1}^{n}\hat{z}_{ik}\ln(a_k) + \sum_{k=1}^{m}\sum_{i=1}^{n}\hat{z}_{ik}\ln f(x_i,\boldsymbol{\theta}_k)$$

$$= \sum_{k=1}^{m}\sum_{i=1}^{n}\hat{z}_{ik}\ln(a_k) + \sum_{k=1}^{m}\sum_{i=1}^{n}\hat{z}_{ik}\left(\ln(\frac{1}{\sqrt{2\pi}}) - \frac{1}{2}\ln(\sigma_k^2) - \frac{(x_i - \mu_k)^2}{2\sigma_k^2}\right)$$

$$\begin{cases}\dfrac{\partial Q}{\partial \mu_k} = \sum_{i=1}^{n}\hat{z}_{ik}\dfrac{x_i - \mu_k}{2\sigma_k^2} = 0 \Rightarrow \sum_{i=1}^{n}\hat{z}_{ik}(x_i - \mu_k) = 0 \\ \dfrac{\partial Q}{\partial \sigma_k^2} = \sum_{i=1}^{n}\hat{z}_{ik}\left(-\dfrac{1}{2\sigma_k^2} + \dfrac{(x_i - \mu_k)^2}{2\sigma_k^4}\right) = 0\end{cases} \Rightarrow \begin{cases}\hat{\mu}_k^{(s+1)} = \hat{\mu}_k = \dfrac{\sum_{i=1}^{n}\hat{z}_{ik}x_i}{\sum_{i=1}^{n}\hat{z}_{ik}} \\ (\sigma_k^2)^{(s+1)} = \hat{\sigma}_k^2 = \dfrac{\sum_{i=1}^{n}\hat{z}_{ik}(x_i - \hat{\mu}_k)^2}{\sum_{i=1}^{n}\hat{z}_{ik}}\end{cases} \quad (4.6.11)$$

再使用拉格朗日乘子法求有约束条件的 a_k

$$L(a_k) = \sum_{k=1}^{m}\sum_{i=1}^{n}\hat{z}_{ik}\ln(a_k) + \lambda(\sum_{k=1}^{m}a_k - 1),\quad \sum_{k=1}^{m}a_k = 1$$

$$\begin{cases}\dfrac{\partial L(a_k)}{\partial a_k} = \sum_{i=1}^{n}\hat{z}_{ik}\cdot\dfrac{1}{a_k} + \lambda = 0 \\ \sum_{i=1}^{n}a_k = 1\end{cases} \Rightarrow \begin{cases}\sum_{k=1}^{m}\sum_{i=1}^{n}\hat{z}_{ik}\cdot\dfrac{1}{\lambda} = -\sum_{k=1}^{m}a_k \Rightarrow \dfrac{n}{\lambda} = -1 \Rightarrow \lambda = -n \\ a_k = -\sum_{i=1}^{n}\hat{z}_{ik}\cdot\dfrac{1}{\lambda} = \dfrac{\sum_{i=1}^{n}\hat{z}_{ik}}{n}\end{cases} \quad (4.6.12)$$

取 $\boldsymbol{\theta} = (a_1, a_2, \mu_1, \sigma_1^2, \mu_2, \sigma_2^2) = (0.6, 0.4, 1, 1, 5, 4)$，按照如下流程模拟产生样本量为 30 的样本，

$Z \sim B(1,0.6)$ 产生 30 个随机数，然后分别产生 30 个服从 $N(1,1)$ 和 $N(5,2^2)$ 的随机数 X_1 和 X_2，并计算最终样本 $X = Z \cdot X_1 + (1-Z) \cdot X_2$，然后由 EM 算法估计 $\boldsymbol{\theta} = (a_1, a_2, \mu_1, \sigma_1^2, \mu_2, \sigma_2^2)$ 的值，再与理论值进行比较。为方便起见，模拟中用标准差代替方差，此时 $\boldsymbol{\theta} = (a_1, a_2, \mu_1, \sigma_1^2, \mu_2, \sigma_2^2)$ 变为 $\boldsymbol{\theta} = (a_1, a_2, \mu_1, \sigma_1, \sigma_2)$。

使用 EM 算法估计二元正态混合分布参数的过程分为两步：产生模拟数据和实现估计算法。第一步，产生模拟数据的代码如下：

```
N=30;    M=2    #样本量和总体个数，并给出参数(0.6,0.4,1,1,5,2)
theta=list(a=c(0.6,0.4), arg=matrix(c(1,1,5,2),ncol=M, byrow=FALSE))
#为便于测试与验证，特固定随机数种子
set.seed(100);    Z=rbinom(N,1,theta$a[1])
set.seed(200);    X1=rnorm(N,theta$arg[1,1],theta$arg[2,1])
set.seed(300);    X2=rnorm(N,theta$arg[1,2],theta$arg[2,2])
(x=Z*X1+(1-Z)*X2);
plot(density(x))    #测试数据的大致样子
```

执行上述代码输出的结果如下：

[1]	1.08475635	1.22646034	1.43255650	1.55806524	1.05975527	0.88535913
[7]	6.63478395	0.70294870	1.16815003	2.41987233	9.43254841	4.81891923
[13]	0.53069776	1.57504497	6.02434524	5.10005948	0.95756180	2.44210693
[19]	0.07910658	5.58610263	1.21946647	6.26651589	2.66934898	5.26978625
[25]	1.39418221	-0.49707261	5.46981677	7.67734763	-0.03961692	1.15366751

模拟生成的最终样本的核密度估计如图 4.6.3 所示。

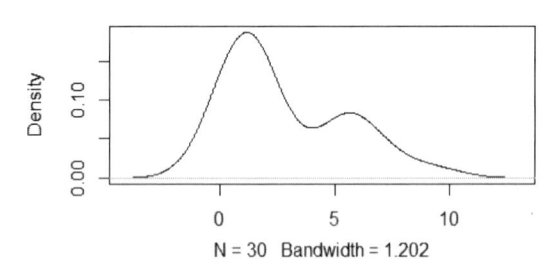

图 4.6.3 核密度估计

第二步，实现估计算法的代码如下：

```
#为了便于与前面的推导过程对应，以下的代码均不做优化与简化
get_zmatrix=function(x,theta)
{  n=length(x);   m=length(theta$a);   z=matrix(0,nrow=n,ncol=m)
   for(i in 1:n)
   {  for(k in 1:m)  z[i,k]=theta$a[k]*dnorm(x[i],theta$arg[1,k],theta$arg[2,k])
      S=sum(z[i,])
      for(k in 1:m)  z[i,k]=z[i,k]/S
   }
   return(z)
}
get_Q=function(x,zmatrix,theta)
{  s1=0;   s2=0;   n=length(x);   m=ncol(zmatrix)
   for(k in 1:m) s1=s1+sum(zmatrix[,k])*log(theta$a[k])
      for(k in 1:m)
         for(i in 1:n)
            s2=s2+zmatrix[i,k]*log(dnorm(x[i],theta$arg[1,k],theta$arg[2,k]))
   return(s1+s2)
```

```
 }
 get_theta=function(x,zmatrix)
 {  n=length(x);      m=ncol(zmatrix);   sz=apply(zmatrix,2,sum);      a=sz/n
    arg=matrix(0,nrow=2,ncol=m)
    for(k in 1:m)
    {  arg[1,k]=sum(zmatrix[,k]*x)/sz[k];
       arg[2,k]=sqrt(sum(zmatrix[,k]*(x-arg[1,k])^2)/sz[k])
    }
    return(list(a=a,arg=arg))
 }
 Run_EM=function(x,theta_0,times=100,abs.tol=0.001)
 {  Q=numeric(2);   zmatrix=get_zmatrix(x,theta_0)
    Q[1]=get_Q(x,zmatrix,theta_0)
    for(s in 1:times)
    {  theta=get_theta(x,zmatrix);   zmatrix=get_zmatrix(x,theta);
       Q[2]=get_Q(x,zmatrix,theta)
       if(abs(Q[2]-Q[1])<abs.tol) break  else Q[1]=Q[2]
    }
    return(list(theta_0=theta_0,theta=theta, Q=Q,iterations=s,max.iterations=times,
abs.error=abs(Q[2]-Q[1])))
 }
 theta_0=list(a=c(0.5,0.5), arg=matrix(c(1,1,6,2),ncol=2, byrow=FALSE))   #给出初值
 Run_EM(x,theta_0)
```

执行上述代码输出的结果如下：

```
$theta_0
$theta_0$a
[1] 0.5 0.5

$theta_0$arg
     [,1]  [,2]
[1,]   1     6
[2,]   1     2


$theta
$theta$a
[1] 0.6616639 0.3383361

$theta$arg
     [,1]      [,2]
[1,] 1.140959  6.172826
[2,] 0.7702938 1.3972537

$Q
[1] -59.98072 -59.98012

$iterations
[1] 12

$max.iterations
[1] 100

$abs.error
[1] 0.0006027122
```

算法在迭代第 12 次时满足精度 0.001 要求，此时 $\boldsymbol{\theta}=(a_1,a_2,\mu_1,\sigma_1,\mu_2,\sigma_2)$ 的估计为：

(0.6616639,0.3383361,1.14.959,0.7702938,6.172826,1.3972537)

该结果与理论值还是有一定距离,下面改变样本量,其他保持不变,得到的估计结果如表 4.6.1 所示。

表 4.6.1 估计结果

样本量 n	参数 $\theta=(a_1,a_2,\mu_1,\sigma_1,\mu_2,\sigma_2)$	迭代次数
100	0.5629832,0.4370168,1.0061050,0.8037060,5.543959,2.007711	27
1000	0.5607374,0.4392626,0.9711758,0.9299047,5.097472,2.067624	83

由表 4.6.1 可以看出,EM 算法随着样本量的增加不断收敛于真实值,说明算法还是可行的。

R 语言的程序包 mixtools 中的 normalmixEM 函数提供了对正态混合分布参数的估计,下面通过它对 faithful 数据中的 waiting 变量进行 6 个混合分布参数的估计。

首先,直观描述一下 waiting 变量对应的正态混合分布形态,通过执行代码 plot(density (faithful$waiting))可得到该变量的核密度图,如图 4.6.4 所示。

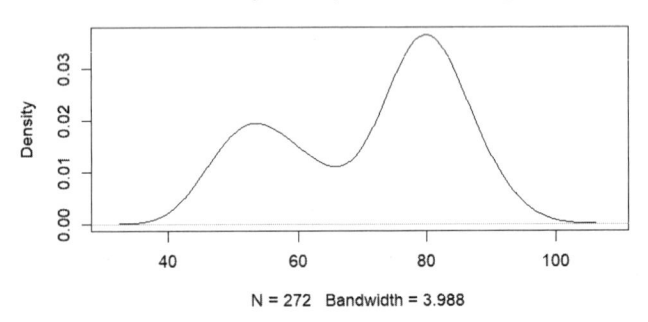

图 4.6.4 waiting 变量的核密度图

其次,由图 4.6.4 预估 $\mu_1=55, \mu_2=80$,然后分别用正态分布密度最大值法来预估标准差,即

$$\begin{cases} 1/(\sigma_1\sqrt{2\pi}) = 0.02 \\ 1/(\sigma_2\sqrt{2\pi}) = 0.035 \end{cases} \Rightarrow \begin{cases} \sigma_1 = 19.95 \\ \sigma_2 = 11.40 \end{cases}$$

最后,给出迭代初值 theta_0=list(a=c(0.5,0.5), arg=matrix(c(55,19.95,80,11.40), ncol=2, byrow=FALSE)),并执行 Run_EM(faithful$waiting, theta_0)和程序包 mixtools 中的 normalmixEM,即 normalmixEM(faithful$waiting, arbvar=FALSE, epsilon=1e−03, fast=TRUE)。

Run_EM 和 normalmixEM 的输出结果如表 4.6.2 所示。

表 4.6.2 Run_EM 和 normalmixEM 的输出结果

Run_EM 的输出结果	normalmixEM 的输出结果
$theta$a [1] 0.3610857 0.6389143 $theta$arg [,1] [,2] [1,] 54.621505 80.095270 [2,] 5.876914 5.863544	$lambda [1] 0.3609393 0.6390607 $mu [1] 54.61664 80.09219 $sigma [1] 5.868839

由表 4.6.2 的数据可知，两个算法得到的结果非常接近。

另外，程序包 mclust 的 densityMclust 函数也能实现对正态混合分布参数的估计，可以使用 a=densityMclust(faithful$waiting); 然后输出 a$parameters 得到类似上述的结果。当然，mclust 还可以实现基于 EM 算法的聚类，详情可见该程序包的 Examples。

4.7 众数的估计方法

众数（Mode）是总体分布上具有明显集中趋势的位置特征，在形态上表现为密度最大值所在的位置，在实际观测数据中表现为出现频率最高的数据，代表了数据的一般水平或状态。众数由英国的统计学家卡尔·皮尔逊（Karl Pearson）首先提出并应用在生物统计学中。当总体分布单峰对称时，众数、均值和中位数重合；当分布有偏、重尾或多峰时，均值和中位数并不能很好地代表分布的中心，此时众数就成为更合适的选择，因为它是以最可能出现的值作为中心的估计。由于其稳健性，众数在社会经济领域应用广泛。在带有缺失数据、异常数据、偏态数据等复杂环境中，众数回归模型已成为研究热点。关于众数的应用还在不断地挖掘中。

众数作为总体分布中出现频率最高的标志值，对其求解或估计的研究也具有多样性，体现了统计思维的特点。对于离散型总体，当数据具有集中趋势时，通常用频数最大的取值点来估计众数；当数据不具有集中趋势时，众数呈现出不唯一的情况，难以表达总体特征。对于连续型总体，无法通过频数最大的方式来估计众数，因此就产生了众数估计的需求，这就是本节要探讨的内容。

本节以求解唯一的众数作为目标，聚焦于多角度的模型构建与方法设计。

设连续总体 X 的分布函数为 $F(x)$，密度函数为 $f(x)$，样本及其观测值为 $X_1, X_2, \cdots, X_n$ 和 $x_1, x_2, \cdots, x_n$，估计该总体的众数 M_o 以及 M_o 的置信度为 $1-\alpha$ 的置信区间。

1. 皮尔逊经验法

统计学家卡尔·皮尔逊对总体的均值、中位数和众数进行了系统的研究，给出几个结论：

（1）对于对称、单峰分布的总体，其均值、中位数和众数是重合的；

（2）当分布偏态不严重时，三者之间呈现相对固定的关系。在位置上，对于右偏、单峰分布的总体，众数<中位数<均值；反之，则均值<中位数<众数。偏态越严重，均值受到极端值的影响就越大，但对中位数和众数的影响较弱，如图 4.7.1 所示。

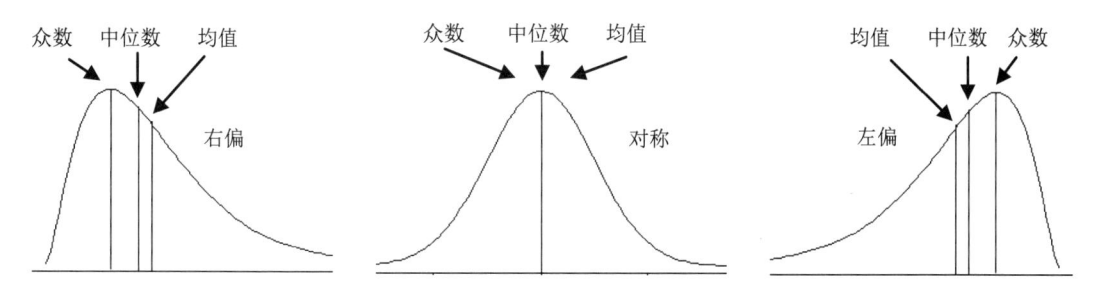

图 4.7.1 三个数字特征的位置示意图

卡尔·皮尔逊对均值、中位数和众数固定关系的研究形成了皮尔逊经验公式

$$\hat{M}_o = \bar{X} - 3(\bar{X} - M_e) \tag{4.7.1}$$

其中，$\bar{X}$ 是样本均值，M_e 是样本中位数。显然，这个公式融合了偏态时众数、均值和中位数三者的相对位置关系。

2. 基于分组的众数估计

对于连续总体，其样本观测值出现重复的概率极低，因此在研究数据分布特征时，通常对样本数据进行合理分组。从众数的表现形式来看，众数出现在频数最高的分组中是非常合理的，因此产生了基于分组的众数估计方法。

按照某种规则分组后，假设形成 m 个分组，分组区间记为 $(a_i, a_{i+1}]$（$i=1,2,\cdots,m$），第 i 个区间的频数记为 n_i（$i=1,2,\cdots,m$），第 i 个分组的区间长度记为 $d_i = a_{i+1} - a_i$（$i=1,2,\cdots,m$）。

从图 4.7.2 可以看出，众数应该位于区间 $(a_2, a_3]$ 中，那么到底是区间的哪个位置比较合适呢？不同的思维方式会产生不同的方法或处理方式，设最大频数所在的区间为第 k 个，即 $(a_k, a_{k+1}]$。

（1）简单的取中规则，以区间中点作为众数估计

$$\hat{M}_o = \frac{a_k + a_{k+1}}{2} \tag{4.7.2}$$

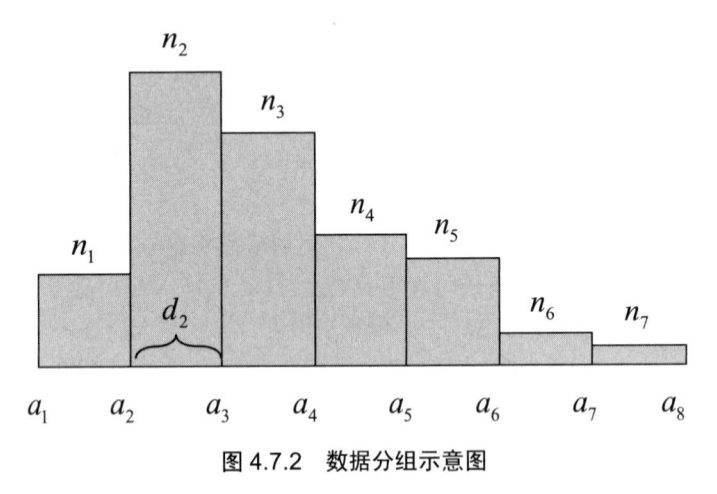

图 4.7.2　数据分组示意图

（2）考虑相邻区间频数的影响，以线性插值方式寻求众数估计。若第 $k+1$ 组的频数超过第 $k-1$ 组的频数，即 $n_{k+1} \geq n_{k-1}$，则众数应偏向区间的上限 a_{k+1}，否则偏向区间的下限 a_k。为此按图 4.7.3 方式连线，以交点对应的横坐标作为众数的估计，体现相邻频数的影响。

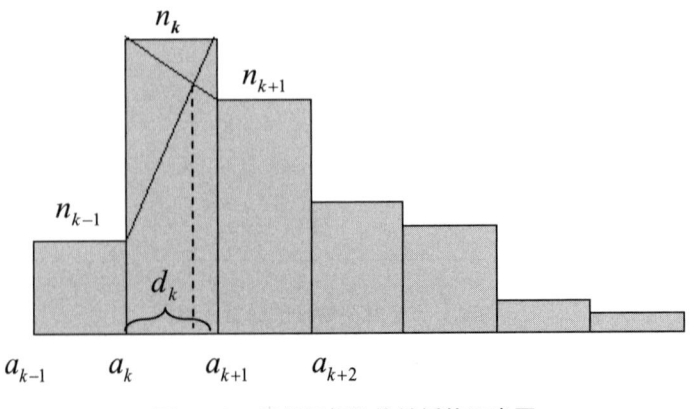

图 4.7.3　相邻区间的线性插值示意图

根据两条直线的交点来确定众数，经计算得到

$$\hat{M}_o = \begin{cases} a_k + \dfrac{n_k - n_{k-1}}{2n_k - n_{k-1} - n_{k+1}} d_k \text{ 或 } a_{k+1} - \dfrac{n_k - n_{k+1}}{2n_k - n_{k-1} - n_{k+1}} d_k, & 1 < k < m \\ \dfrac{a_k + a_{k+1}}{2}, & n_{k-1} = n_k = n_{k+1}, \ k = 1 \text{ 或 } k = m \end{cases} \quad (4.7.3)$$

当相邻两组的频数相等时，式（4.7.3）与式（4.7.2）结果相等，因此式（4.7.2）是式（4.7.3）的特殊形式。

比例分配法，根据相邻频数 n_{k-1}, n_{k+1} 的各自占比分配频数最大区间的长度 d_k，即

$$\hat{M}_o = \begin{cases} a_k + \dfrac{n_{k+1}}{n_{k-1} + n_{k+1}} d_k \text{ 或 } a_{k+1} - \dfrac{n_{k-1}}{n_{k-1} + n_{k+1}} d_k, & 1 < k < m \\ \dfrac{a_k + a_{k+1}}{2}, & k = 1 \text{ 或 } k = m \end{cases} \quad (4.7.4)$$

显然，式（4.7.2）也是式（4.7.4）在相邻两组的频数相等时的特殊形式。

众数的插值法还有很多种实现形式，比如，有人提出使用黄金分割比例 0.618，使用全部频数参与比例分配等。无论采用何种分组插值模型，都要考虑可能出现的极端情况，比如指数分布总体的样本有可能使得最大频数组出现在第一个区间，式（4.7.3）和式（4.7.4）做出了相应的调整。当然，当最大频数所在组满足 $1 < k < m$ 时，使用该组左侧频数之和与右侧频数之和来构造插值或许也是一种可行的方式。

3. 基于核密度的众数估计

众数从形态上表现为密度最大值所在的位置，因此通过密度函数求解众数应该是一种合理的方案。为此，基于样本数据，使用核密度估计方法对总体的密度函数做出估计，然后再求得密度最大值对应的位置，即可得到众数的估计。

设 $\hat{f}_{n,h}(x) = \dfrac{1}{nh} \sum_{i=1}^{n} K(\dfrac{x_i - x}{h})$ 是总体密度函数 $f(x)$ 的估计，则众数估计为

$$\hat{M}_0 = x^*, \quad \max_{x} \{\hat{f}_{n,h}(x), x \in (-\infty, +\infty)\} \quad (4.7.5)$$

其中，h 为窗宽，$K(x)$ 为核函数。该方法的关键在于选择合适的窗宽 h，这在实践中是一个核心问题。

4. 基于 Bootstrap 方法的众数估计

若将上述各种方法同 Bootstrap 思想结合起来，就可以构造出众数的 Bootstrap 方法的置信区间估计。Bootstrap 方法可以参考本章前面的内容，此处就不再赘述了。

5. 模拟实验

对于上述各种方法，下面以 $\chi^2(n)$ 分布为例来模拟众数的求解，并计算理论众数，以便通过估算均方误差 $E(\hat{M}_0 - M_0)^2$ 进行简单比较，具体过程见程序 4.7.1。

【程序 4.7.1】众数估计的实现

```
mode.pearson=function(x)              #方法1：皮尔逊经验法
{ mx=mean(x); me=median(x)
```

```
        return(mx-3*(mx-me))
}
mode.groups=function(x, a,method)         #方法2：分组估计
{   m=length(a)-1
    ni=table(cut(x,breaks=a))             #各组频数
    di=a[2:(m+1)]-a[1:m]                  #各组区间长度
    k=which.max(ni)                       # k 最大频数所在组
    if(k==1 || k==m || method==1)         # (1) 组中点
        return((a[k]+a[k+1])/2)
    if(method==2)                         # (2) 线性插值
    {  tmp=(ni[k]-ni[k-1])/(2*ni[k]-ni[k-1]-ni[k+1])
       return(a[k]+tmp*di[k])
    }
    else if(method==3)                    # (3) 比例分配
    {  tmp=ni[k+1]/(ni[k-1]+ni[k+1])*di[k]
       return(a[k]+tmp)
    }
}
mode.kernel=function(x)                   #方法3：核密度
{   fnh=density(x,n=1025)
    k=which.max(fnh$y)
    return(fnh$x[k])
}
#下面做5组实验，χ² 自由度从5到9，固定种子100
#记录自由度、理论值、均值、中位数、5种方法结果
n=5:9;    mat=matrix(0,nrow=5,ncol=9)
for(i in 1:5)
{   set.seed(100);    x=rchisq(50,n[i])
    tmp=optimize(dchisq,c(0,n[i]*2),df=n[i],maximum=TRUE)
    mat[i,1]=n[i];        mat[i,2]=tmp$maximum
    mat[i,3]=mean(x);     mat[i,4]=median(x)
    mat[i,5]=mode.pearson(x)
    a=hist(x)$breaks;     mat[i,6]=mode.groups(x,a,1)
    mat[i,7]=mode.groups(x,a,2);  mat[i,8]=mode.groups(x,a,3)
    mat[i,9]=mode.kernel(x)
}
Mat
```

执行上述代码，整理输出结果如表 4.7.1 所示。

表 4.7.1 输出结果

n	理论值	均值	中位数	皮尔逊	组中点	线性插值	比例分配	核密度
5	2.999987	4.408474	3.712944	2.321884	3.0	3.142857	3.100000	3.276453
6	3.999998	5.432410	4.678362	3.170265	3.0	4.000000	3.368421	4.251813
7	4.999999	6.459032	5.647097	4.023226	5.0	5.142857	5.047619	5.223593
8	6.000018	7.927572	7.339018	6.161909	7.5	7.272727	7.291667	5.996822
9	6.999995	8.950437	8.362148	7.185570	7.5	7.857143	8.157895	6.946784
均方误差				0.432603	0.699989	0.479062	0.684050	0.038536

从表 4.7.1 可以看到，上述 5 种方法都能对众数进行估计，但在均方误差指标上呈现出一定的差异。其中，核密度估计法是最有效的，其次是皮尔逊经验法和线性插值法，而组中点法和比例分配法表现相对较差。其实，这几种方法都有局限性，核密度估计法依赖于窗宽的选取；皮尔逊经验法不能用在偏态严重的数据分布中；而其他三种方法则依赖于合理的分组，分组对

于众数的估计具有决定性的影响。

但在更多的实验中，这 5 种方法按照均方误差从小到大排序形成三个类别，第一类：核密度估计法，第二类：线性插值法和比例分配法，第三类：皮尔逊经验法和组中点法。

特别地，$\chi^2(n)$ 的密度函数 $f(x) = \dfrac{1}{2^{\frac{n}{2}}\Gamma(\frac{n}{2})} x^{\frac{n}{2}-1} e^{-\frac{x}{2}} (x \geq 0)$ 的最大值点为

$$\begin{cases} n-2, & n > 2 \\ 0, & n = 1, 2 \end{cases}$$

其中，当 $n = 1$ 或 2 时，密度函数无极值点，不妨将极大值记为 0；而当 $n > 2$ 时，密度函数在 $n-2$ 处达到极大值。可通过对密度函数的求导构造极值方程进而求解。

4.8 中位数的区间估计

中位数是总体分布的一个重要位置特征。在实际问题处理中，由于中位数受极值的影响较小，具有稳健性，因此在很多应用场合中，中位数发挥了独到的作用。

本节从不同切入点思考中位数的置信区间估计问题，形成多种可行的解决方案。

定义 4.8.1 设总体 X 的分布函数为 $F(x)$，给定概率 p $(0 < p < 1)$，若 x_p 满足

$$x_p = \inf\{x \mid F(x) \geq p\}$$

则称其为总体 X 关于 p 的分位数，简称 p 分位数。其中，当 $p = 0.5$ 时，称 $x_{0.5}$ 为总体 X 的理论上的中位数，简称总体中位数，记为 m。

显然，若总体 X 服从连续分布，则可通过求解方程 $F(x) = 0.5$ 得到总体中位数。若总体服从离散分布，则通常无法通过方程 $F(x) = 0.5$ 得到合适且唯一的总体中位数，故通过 $\inf\{x \mid F(x) \geq p\}$ 确保总体中位数的唯一性。

若总体的密度函数 $f(x)$ 是关于 m_0 对称的，则其理论中位数 $m = m_0$，典型的如正态分布 $N(\mu, \sigma^2)$、t 分布 $t(n)$、柯西分布 $C(\mu, \lambda)$ 等。而对于呈现右偏（偏度大于 0）的总体分布，即右侧厚尾的分布，数学期望大于理论中位数；反之，数学期望小于理论中位数。典型的如 $\chi^2(n)$、$F(m,n)$、指数分布 $E(\lambda)$ 等。

定义 4.8.2 设总体 X 的样本为 $X_1, X_2, \cdots, X_n$，$X_{(1)}, X_{(2)}, \cdots, X_{(n)}$ 为其次序统计量，则称

$$X_{0.5} = \begin{cases} X_{(\frac{n+1}{2})}, & n \text{ 为奇数} \\ (X_{(\frac{n}{2})} + X_{(\frac{n}{2}+1)})/2, & n \text{ 为偶数} \end{cases} \quad (4.8.1)$$

为样本中位数。对于 $p \neq 0.5$ 的样本分位数 X_p，定义的方式具有多样性

$$\begin{cases} X_p = X_{(\lfloor np \rfloor + 1)} \\ X_p = X_{(\lfloor (n+1)p \rfloor)} \\ X_p = \inf\{x \mid F_n(x) \geq p\} \end{cases} \quad (4.8.2)$$

定理 4.8.1 设总体 X 的密度函数为 $f(x)$，$X_1, X_2, \cdots, X_n$ 为其样本，x_p 为总体的 p 分位数，

若 $f(x)$ 在 x_p 处连续且 $f(x_p)>0$，则样本分位数 X_p 的渐近分布为 $N(x_p, \dfrac{p(1-p)}{nf^2(x_p)})$。

对于理论中位数 m，若满足定理条件，则可代入 $p=0.5$ 得到样本中位数 $X_{0.5}$ 的渐近分布

$$N(m, \frac{1}{4nf^2(m)})$$

即近似有

$$2\sqrt{n}f(m)(X_{0.5}-m) \sim N(0,1) \tag{4.8.3}$$

因此，给定置信度 $1-\alpha$，依据置信区间的定义，近似有

$$P(|2\sqrt{n}f(m)(X_{0.5}-m)| \leqslant \mu_{\alpha/2}) = 1-\alpha$$

则可推得置信区间为

$$\left[X_{0.5} - \frac{\mu_{\alpha/2}}{2\sqrt{n}f(m)}, X_{0.5} + \frac{\mu_{\alpha/2}}{2\sqrt{n}f(m)} \right] \tag{4.8.4}$$

在实际情况中，总体的分布通常是未知的，因此无从得知 $f(x)$ 在 x_p 处是否连续且 $f(x_p)>0$，这极大地限制了定理 4.8.1 的使用。但是应该看到，在给定样本观测值 $x_1, x_2, \cdots, x_n$ 时，可以通过核密度估计法得到总体密度函数 $f(x)$ 的估计，不妨记为 $\hat{f}_{n,h}(x)$，其中 h 为窗宽，这样就解决了密度函数未知的问题。另外，通过使用样本中位数估计总体中位数，代入核密度估计中，同时解决了密度函数在中位数处值的计算问题，从而可以使用定理 4.8.1 的结论实现对理论中位数的置信区间的近似求解。

其实，对于核密度估计 $\hat{f}_h(x)$，也可寻找满足下式的近似中位数及其密度值

$$\hat{x}_{0.5} = \inf\{x \mid \int_{-\infty}^{x} \hat{f}_{n,h}(t)dt \geqslant 0.5\} \rightarrow \hat{f}_{n,h}(\hat{x}_{0.5}) \tag{4.8.5}$$

将式（4.8.5）代入式（4.8.4）中，即可得到中位数近似的置信区间。特别地，在 R 语言中可以通过 density 函数得到核密度估计，并通过设置等距采样点个数实现密度插值，这对于计算式（4.8.5）带来了便利。

例 4.8.1 构建模拟数据，以随机种子 99 得到标准正态分布总体的 100 个随机数，然后求该总体中位数的置信度为 95% 的置信区间。

具体实现代码如程序 4.8.1 所示，对输出结果整理后得到表 4.8.1。

【程序 4.8.1】中位数理论下区间估计的三种近似实现代码

```
set.seed(99);   n=100;   x=rnorm(100)           #得到模拟数据
xm=median(x);        conf=0.95                  #求得样本中位数1，设定置信度
u_half=qnorm((1+conf)/2)                        #N(0,1)上侧0.025的分位数

f_h=density(x,n=1024)                           #生成核密度函数
index=which.min(abs(f_h$x-xm))                  #寻找最接近样本中位数的插值点位置
f_m1=f_h$y[index]                               #取得密度估计值1
dx=f_h$x[2]-f_h$x[1]                            #等距区间的长度
index=which.min(abs(cumsum(f_h$y*dx)-0.5))      #累计概率并找出最接近0.5的位置
x_half=f_h$x[index]                             #取得基于核密度的中位数估计2
f_m2=f_h$y[index]                               #取得密度值估计2
```

```
dm1=u_half/(2*sqrt(n)*f_m1)                    #区间偏差 1
dm2= u_half/(2*sqrt(n)*f_m2)                   #区间偏差 2

(inter1=c(xm-dm1,xm+dm1))                      #方法 1: 置信区间 1
(inter2=c(xm-dm2,xm+dm2))                      #方法 2: 置信区间 2
(inter3=c(x_half-dm2, x_half+dm2))             #方法 3: 置信区间 3
```

表 4.8.1 三种区间估计结果

	方法 1	方法 2	方法 3
区间	−0.143518, 0.243136	−0.147986, 0.247604	−0.195476, 0.200114

从表 4.8.1 可以看出，应用核密度估计法得到中位数和中位数处的密度值后再计算置信区间相比于其他两种方法，所得估计的区间长度更长。

对样本 $X_1, X_2, \cdots, X_n$ 而言，设总体中位数为 m，可构造如下服从二项分布的统计量

$$S^+ = \sum_{i=1}^{n} I(X_i \leq m) \sim B(n, 1/2) \tag{4.8.6}$$

其中，当 x 为真时，$I(x)=1$，否则 $I(x)=0$。可由二项分布得到两个位置值 (L, U)，并确保两个位置相对于分布的中心 C 对称，同时 $U-L$ 达到最小，即满足

$$\min_{L,U}\{p = P(L \leq S^+ \leq U) \mid p \geq 1-\alpha, C-L = U-C\} \tag{4.8.7}$$

由于 $B(n, 1/2)$ 是对称分布，其对称点 C 与 n 的奇偶性密切相关，即

$$C = \begin{cases} \dfrac{n}{2}, & n \text{ 为偶数} \\ (\dfrac{n-1}{2}, \dfrac{n+1}{2}), & n \text{ 为奇数} \end{cases} \tag{4.8.8}$$

以式 (4.8.8) 的对称点为中心往两侧扩展，寻找对称的两个位置值 (L, U) 满足式 (4.8.7)，然后取 (L, U) 的次序统计量构成区间作为中位数的置信度为 $1-\alpha$ 的置信区间，即

$$[X_{(L)}, X_{(U)}] \tag{4.8.9}$$

上述计算结果整理后如表 4.8.2 所示。

表 4.8.2 $B(100, 1/2)$ 基于对称点 51 逐层扩展的概率变化

区间	50,52	49,53	48,54	47,55	46,56	45,57	44,58	43,59	42,60	41,61
概率	0.231145	0.375764	0.507250	0.622314	0.719225	0.797768	0.859013	0.904951	0.938087	0.961067

若以 95%作为置信度，区间[41,60]和[40,59]对应的概率均为 0.953956，区间长度都是 19，与表 4.8.2 中的对称区间[41,61]相比，区间长度小 1 个单位，概率更小，也更接近 0.95。各区间的分布及概率如表 4.8.3 所示。

表 4.8.3 $B(99, 1/2)$ 基于对称点 49,50 逐层扩展的概率变化

区间	49,50	48,51	47,52	46,53	45,54	44,55	43,56	42,57	41,58	40,59
概率	0.159179	0.312115	0.453287	0.578477	0.685120	0.772374	0.840930	0.892648	0.930099	0.956125

同样以 95%作为置信度，区间[41,60]和[39,58]对应的概率都是 0.951787，区间长度都等于 19，与表 4.8.3 中的对称区间[40,59]相比，区间整体向左或向右平移 1 个单位，区间长度不变，但是概率更小，更接近 0.95。

不难发现，区间长度更短或概率更小的区间，其左右位置与对称区间相差不超过 2 个单位，因此，在对中位数的区间估计的对称性影响较小的前提下，将式（4.8.9）调整为

$$[X_{(L)}, X_{(U)}] \text{ 或 } \{[X_{(L-1)}, X_{(U-1)}], [X_{(L-1)}, X_{(U)}], [X_{(L+1)}, X_{(U)}], [X_{(L+1)}, X_{(U+1)}]\} \text{ 之一}$$

满足右侧条件之一：$\begin{cases} P(S^+ \in [L,U]) > P(S^+ \in [L-1,U-1]) \geqslant 1-a \\ P(S^+ \in [L,U]) > P(S^+ \in [L-1,U]) \geqslant 1-a \\ P(X \in [L,U]) > P(X \in [L,U+1]) \geqslant 1-a \\ P(X \in [L,U]) > P(X \in [L+1,U+1]) \geqslant 1-a \end{cases}$ (4.8.10)

通过实验发现，样本量 n 越小，越难有效地满足置信度的要求，但式（4.8.10）得到的区间能确保区间概率比对称区间更小且区间长度更短。但若置信区间有对称性要求，$[X_{(L)}, X_{(U)}]$ 通常是接近最优的选择。

例 4.8.2 对于例 4.8.1 的模拟数据，给出基于式（4.8.9）和式（4.8.10）的置信区间估计。具体代码如程序 4.8.2 所示，输出结果整理后如表 4.8.4 所示。

【程序 4.8.2】基于二项分布的中位数区间估计实现代码

```
#求得对称中心C
findLU=function(n,conf=0.95)
{ if(n %% 2==0){ C=c(n/2,n/2); p=dbinom(C[1],n,1/2) }
    else { C=c((n-1)/2,(n+1)/2); p=2*dbinom(C[1],n,1/2) }
  k=0;  mat=matrix(0,nrow=1,ncol=3)



  #确保对称区间概率恰好不小于置信度
  while(p<conf)
  { k=k+1; p=sum(dbinom((C[1]-k):(C[2]+k),n,1/2))
      if(C[1]-k==0) break
  }
  L=C[1]-k;   U=C[2]+k;
  mat[1,]=c(L,U,p)                    #区间1：区间确保对称
  L1=L;   U1=U;   p1=p+dbinom(L-1,n,1/2)-dbinom(U,n,1/2)
  if(p1>=conf & p1<p)                 #区间2：区间概率更接近置信度
  {  L1=L1-1;   U1=U1-1;   mat=rbind(mat,c(L1,U1,p1))   }

  L1=L;   U1=U
  p1=p-dbinom(L1,n,1/2)+dbinom(U1+1,n,1/2)
  if(p1>=conf & p1<p)                 #区间3：区间概率更接近置信度
  {  L1=L1+1;   U1=U1+1;   mat=rbind(mat,c(L1,U1,p1))   }


  L1=L;   U1=U
  p1=p-dbinom(L1,n,1/2)
  if(p1>=conf) {   L1=L1+1;  } else p1=p
  p2=p1-dbinom(U1,n,1/2)
  if(p2>=conf) {   U1=U1-1; p1=p2  }
  if(L1 != L || U1 != U)              #区间4：区间概率更接近置信度
      mat=rbind(mat,c(L1,U1,p1))

  L1=L;   U1=U
  p1=p-dbinom(U1,n,1/2)
  if(p1>=conf) {   U1=U1-1;   }   else p1=p
```

```
    p2=p1-dbinom(L1,n,1/2)
    if(p2>=conf) {  L1=L1+1; p1=p2 }
    if(L1 != L || U1 != U)          #区间5：区间概率更接近置信度
       mat=rbind(mat,c(L1,U1,p1))
    unique(mat)                     #去除重复的区间
}
set.seed(99);  n=100;  x=sort(rnorm(n))
conf=0.95
LU=findLU(n=n, conf=conf)
for(i in 1:nrow(LU))
print(x[LU[i,]])
```

表 4.8.4 5 种置信区间估计结果

[L,U,p]	[40, 60, 0.964800]	[39, 59, 0.961067]	[41, 61, 0.961067]
区间	−0.155080　0.204899	−0.162918　0.141429	−0.146294　0.209689
[L,U,p]	[41, 60, 0.952956]	[40, 59, 0.953956]	
区间	−0.146294　0.204899	−0.155080　0.141429	

上述 5 种结果之间相差不大，但与表 4.8.2 相比，所得估计的区间长度明显变小，对称性也得到一定的提升。因此，将它们作为中位数的区间估计也是不错的。

对于中位数这个比较特殊的数字特征，除了上述的两套方法，使用 4.5 节的 Bootstrap 方法也可以得到较好的置信区间估计，计算过程如程序 4.8.3 所示，输出结果整理后如表 4.8.5 所示。

【程序 4.8.3】基于 Bootstrap 方法的中位数区间估计

```
library(boot)
set.seed(99);  n=100;  x=sort(rnorm(n));
conf=0.95;

median_fun=function(dat, ind)  median(dat[ind])
boot.out=boot(x, statistic=median_fun,R=10000)
boot.ci(boot.out, conf=conf)
```

表 4.8.5 4 种置信区间估计结果

方法	Normal	Basic
区间	−0.100628　0.224248	−0.105280　0.245912
方法	Percentile	BCa
区间	−0.146294　0.204899	−0.150687　0.175559

观察表 4.8.4 和表 4.8.5 会发现，除一个区间估计结果相同外，其他方法得到的区间估计存在一定偏差，但区间长度比较接近；另外，表 4.8.5 中的 Normal 方法和 Basic 方法的结果相近，Percentile 方法和 BCa 方法的结果相近。

4.9　经验分布函数的区间估计

经验分布函数 $F_n(x)$ 作为总体分布函数 $F(x)$ 的优良估计，实现了任给一个实数 $x \in (-\infty, +\infty)$ 时 $F(x)$ 值的估计，那么 $F(x)$ 的区间估计又如何求呢？将逐点的区间估计连起来，就可得到分布函数 $F(x)$ 的置信区间带的估计。

本节从经验分布函数的定义出发寻找解决问题的突破口。

1. 基于二项分布与中心极限定理的置信区间

对于总体 $X \sim F(x)$，其样本及观测值为 $X_1, X_2, \cdots, X_n$ 和 $x_1, x_2, \cdots, x_n$。记示性函数为 $I(x)$，其定义见 4.2 节，则经验分布函数表示为 $F_n(x) = \dfrac{1}{n}\sum_{i=1}^{n} I(x_i \leqslant x)$。令 $Y_i = I(X_i \leqslant x)$，有

$$P(Y_i = 1) = P(X_i \leqslant x) = P(X \leqslant x) = F(x)$$

则有 $Y_i \sim B(1, F(x))$，根据样本的独立同分布特性，可得

$$\sum_{i=1}^{n} Y_i \sim B(n, F(x)) \tag{4.9.1}$$

由二项分布知识可得，$E(\sum_{i=1}^{n} Y_i) = nF(x), D(\sum_{i=1}^{n} Y_i) = nF(x)(1-F(x))$，则有

$$E(F_n(x)) = F(x), D(F_n(x)) = \frac{F(x)(1-F(x))}{n}$$

再由中心极限定理可得近似分布

$$\frac{F_n(x) - F(x)}{\sqrt{\dfrac{F(x)(1-F(x))}{n}}} \sim N(0,1) \tag{4.9.2}$$

给定置信度 $1-\alpha$，由置信区间估计要求可得 $P\left(\left|\dfrac{F_n(x)-F(x)}{\sqrt{\dfrac{F(x)(1-F(x))}{n}}}\right| \leqslant \mu_{\alpha/2}\right) = 1-\alpha$，即

$$P((1+\mu_{\alpha/2}^2/n)F^2(x) - (2F_n(x)+\mu_{\alpha/2}^2/n)F(x) + F_n^2(x) \leqslant 0) = 1-\alpha$$

令 $a = (1+\mu_{\alpha/2}^2/n)F^2(x), b = (2F_n(x)+\mu_{\alpha/2}^2/n)F(x), c = F_n^2(x)$，则

$$P(aF^2(x) - bF(x) + c \leqslant 0) = 1-\alpha$$

解上述一元二次方程，以它的两个根构成置信区间

$$\left(\frac{b-\sqrt{b^2-4ac}}{2a}, \frac{b+\sqrt{b^2-4ac}}{2a}\right) \tag{4.9.3}$$

将样本点 $x_1, x_2, \cdots, x_n$ 从小到大排序后依次代入式（4.9.3），可得到逐点的置信区间，可绘制成置信区间带。上述估计需要求解一元二次方程，复杂度较高，因此可以将式（4.9.2）分母中的 $F(x)$ 用 $F_n(x)$ 代替，形成简化的置信区间

$$\left(\max\left(F_n(x) - \mu_{\alpha/2}\sqrt{\frac{F_n(x)(1-F_n(x))}{n}}, 0\right), \min\left(F_n(x) + \mu_{\alpha/2}\sqrt{\frac{F_n(x)(1-F_n(x))}{n}}, 1\right)\right) \tag{4.9.4}$$

2. 基于 Dvoretzky–Kiefer–Wolfowitz（DKW）不等式的置信区间估计

Dvoretzky–Kiefer–Wolfowitz（DKW）不等式：对于任意正整数 n 及任意 $\varepsilon > 0$，都有

$$P(\sup_x |F_n(x) - F(x)| > \varepsilon) \leqslant 2\mathrm{e}^{-2n\varepsilon^2}$$

即
$$P(\sup_x |F_n(x)-F(x)| \leqslant \varepsilon) \geqslant 1-2e^{-2n\varepsilon^2} \tag{4.9.5}$$

令 $1-2e^{-2n\varepsilon^2}=1-\alpha$,代入式(4.9.5)可得 $F(x)$ 的置信区间为

$$\begin{aligned}&\left(\max(F_n(x)-\varepsilon,0),\min(F_n(x)+\varepsilon,1)\right)\\&=\left(\max\left(F_n(x)-\left(\frac{\ln(2/\alpha)}{2n}\right)^{1/2},0\right),\min\left(F_n(x)+\left(\frac{\ln(2/\alpha)}{2n}\right)^{1/2},1\right)\right)\end{aligned} \tag{4.9.6}$$

至此,构造了分布函数 $F(x)$ 的置信度为 $1-\alpha$ 的三个置信区间,下面通过模拟数据对三种估计方法进行比较。具体过程见程序 4.9.1,输出结果见图 4.9.1。

【程序 4.9.1】分布函数的置信区间估计

```
inter.method1_2=function(x,conf=0.95,simple=FALSE)
{  u_a_2=qnorm((1+conf)/2);     n=length(x);    Fn=ecdf(x)(x)
   if(simple==FALSE)
   {  A=(1+u_a_2^2/n);    B=(2*Fn+u_a_2^2/n);    C=Fn^2;    A2=2*A
      root=sqrt(B^2-4*A*C)
      inter=cbind((B-root)/A2,(B+root)/A2)
   }
   else
   {  UF=u_a_2*sqrt(Fn*(1-Fn)/n);
      inter=cbind(Fn-UF,Fn+UF)
   }
   inter[inter[,1]<0,1]=0;    inter[inter[,2]>1,2]=1
   return(inter)
}
inter.method3=function(x,conf=0.95)
{  n=length(x);    Fn=ecdf(x)(x);    eps=sqrt(log(2/(1-conf))/(2*n))
   inter=cbind(Fn-eps,Fn+eps);    inter[inter[,1]<0,1]=0;    inter[inter[,2]>1,2]=1
   return(inter)
}
set.seed(100);    x=sort(rnorm(100))
op=par(mfrow=c(1,3))
mat=inter.method1_2(x,0.95)
plot(ecdf(x),do.point=FALSE,verticals=TRUE,main='Method1')
lines(x,mat[,1],lty=2);   lines(x,mat[,2],lty=2)         #区间估计的上下限
mat=inter.method1_2(x,0.95,TRUE)
plot(ecdf(x),do.point=FALSE,verticals=TRUE,main='Method2')
lines(x,mat[,1],lty=2);   lines(x,mat[,2],lty=2)
mat=inter.method3(x,0.95)
plot(ecdf(x),do.point=FALSE,verticals=TRUE,main='Method3')
lines(x,mat[,1],lty=2);   lines(x,mat[,2],lty=2)
par(op)
```

由图 4.9.1 可知,基于 DKW 不等式(Method3)得到的置信区间估计的波动比较大,而基于二项分布的两种置信区间估计的偏差不大,从直观上看可能更为合理一些。

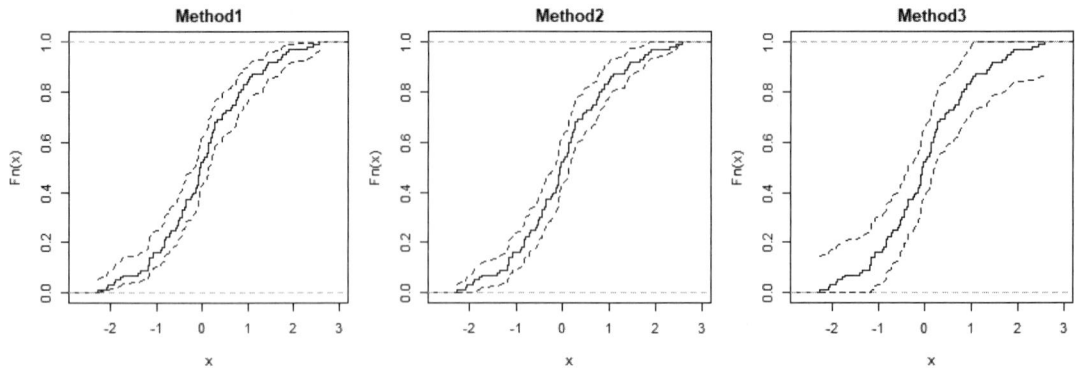

图 4.9.1 三种经验分布置信区间

4.10 参数估计的综合与模拟

构造随机模拟环境开展问题探索并对问题的研究结论进行模拟验证是一项基本统计技能，也是对统计思维的一种模拟实现。本节以常规的综合型参数估计问题为切入点，研究总体、样本一体化的随机模拟环境的构造，并基于随机模拟环境实现对估计的有效监督，形成构造、求解、监督的闭环。

因此，本节的思维要点集中在"自己动手，丰衣足食"上。

例 4.10.1 已知总体 X 的密度函数为 $f(x,\theta,C) = \begin{cases} \theta C^\theta x^{-(\theta+1)}, x > C \\ 0, x \leq C \end{cases}$，其中 $\theta > 0$，$C > 0$，两者均为未知参数，尝试构造总体的随机模拟环境并完成参数的估计与评价。为了较好地说明随机模拟与参数估计的相关内容，特别设计了以下 5 个问题：

（1）若总体存在一阶原点矩和二阶原点矩，则参数的取值区间如何变化？

（2）设计总体的随机模拟环境，即生成与总体相关的 4 个函数：分布函数、密度函数、分位数函数和随机数生成函数，并绘制分布函数和密度函数随参数的变化图形。

（3）求两个参数的矩估计、极大似然估计、逆向法估计，并通过（2）构造的随机模拟环境给出不同方法前提下，样本量分别为 50，100，200，500 时，各执行 100 次计算的结果。

（4）选择或设计合适的评价指标，比较（3）中的三种方法。

（5）选择合适的方法给出两个参数置信度为 95% 的置信区间。

解：对于问题（1），用矩估计法先求总体的一阶原点矩和二阶原点矩方程组

$$\begin{cases} E(X) = \dfrac{C\theta}{\theta-1} \triangleq \bar{X} = a & (4.10.1) \\ E(X^2) = \dfrac{\theta C^\theta}{-\theta+2} x^{-\theta+2} \Big|_C^{+\infty} = \dfrac{C^2\theta}{\theta-2} \triangleq \dfrac{1}{n}\sum_{i=1}^{n} X_i^2 = b & (4.10.2) \end{cases}$$

由问题描述可知，总体的一阶原点矩和二阶原点矩都要大于 0，因此在式（4.10.1）中，参数 $C > 0$，同时 $\theta > 1$；而在式（4.10.2）中，参数 $\theta > 2$。综上所述可知，参数必须满足 $C > 0$，$\theta > 2$。

对于问题（2），在参数取值区间确定的条件下，构造合理的随机模拟环境

$$F(x) = \begin{cases} \int_C^x \theta C^\theta x^{-(\theta+1)} dx, x > C \\ 0, x \leqslant C \end{cases} = \begin{cases} 1 - \left(\dfrac{C}{x}\right)^\theta, x > C, \theta > 2 \\ 0, x \leqslant C \end{cases} \tag{4.10.3}$$

$$F^{-1}(x) = C(1-x)^{-\frac{1}{\theta}}, \ 0 \leqslant x \leqslant 1 \tag{4.10.4}$$

利用定理 3.1.1，即由服从均匀分布 $U(0,1)$ 的 Y，代入 $F^{-1}(x)$ 得到 X，则 X 的分布函数为 $F(x)$。因此，通过均匀分布的随机样本可得到该总体的随机样本。为便于代码实现，不妨假设该总体的名称为 try，则构造 R 语言中的 4 个函数 ptry，dtry，qtry 和 rtry 分别实现分布函数、密度函数、分位数函数和随机数生成函数。具体过程如程序 4.10.1 所示。

【程序 4.10.1】随机模拟函数实现

```
ptry=function(x,C,theta)   #分布函数
{  if(theta<=2 || C<=0) stop("参数'theta'应>2,'C'应>0")
   ifelse(x>C,1-(C/x)^theta,0)    }
dtry=function(x,C,theta)   #密度函数
{  if(theta<=2 || C<=0) stop("参数'theta'应>2,'C'应>0")
   ifelse(x>C,theta*C^theta*x^(-(theta+1)) ,0)   }
qtry=function(p,C,theta)   #分位数函数
{  if(theta<=2 || C<=0) stop("参数'theta'应>2,'C'应>0")
   ifelse(p>=0 && p<=1,C*(1-p)^(-1/theta),stop("必须 0<=p<=1"))
}
rtry=function(n,C,theta)   #随机数生成函数
{  if(theta<=2 || C<=0) stop("参数'theta'应>2,'C'应>0")
   Y=runif(n,0,1);       C*(1-Y)^(-1/theta)
}
#固定θ=3，绘制 C 分别取 0.5，1，1.5，2 时的分布函数图和密度函数图
#固定 C=0.5，绘制θ分别取 2.1，2.5，3.0，3.5 时的分布函数图和密度函数图
C=c(0.5,1,1.5,2);   pic=4;    theta=3
plot(0,xlim=c(0,10),ylim=c(0,1),type='n',xlab='x',ylab='F(x)')
text(6,0.7,'从左到右参数 C=0.5,1.0,1.5,2.0')
for(i  in 1:pic)
{  dx=seq(C[i],10,length=100)
   lines(dx,ptry(dx,C[i],theta),type='l',lty=i)
}
C=0.5;   theta=c(2.1,2.5,3.0,3.5)
plot(0,xlim=c(0,10),ylim=c(0,1),type='n',xlab='x',ylab='F(x)')
text(6,0.7,'从右到左参数 theta=2.1,2.5,3.0,3.5')
for(i  in 1:pic)
{  dx=seq(C,10,length=100)
   lines(dx,ptry(dx,C,theta[i]),type='l',lty=i)
}

C=c(0.5,1,1.5,2);      theta=3
plot(0,xlim=c(0,7),ylim=c(0,3.5),type='n',xlab='x',ylab='f(x)')
text(5,2.0,'从左到右参数 C=0.5,1.0,1.5,2.0')
for(i  in 1:pic)
{  dx=seq(C[i]+0.0001,7,length=100)
   lines(dx,dtry(dx,C[i],theta),type='l',lty=i)
}
```

```
C=0.5;    theta=c(2.1,2.5,3.0,3.5)
plot(0,xlim=c(C,3),ylim=c(0,8),type='n',xlab='x',ylab='f(x)')
text(2,6.0,'从左到右参数theta=2.1,2.5,3.0,3.5')
for(i  in 1:pic)
{   dx=seq(C+0.0001,3,length=100)
    lines(dx,dtry(dx,C,theta[i]),type='l',lty=i)
}
```

对于问题（3），求参数的矩估计，由式（4.10.1）可得

$$\theta = \frac{a}{a-C} \tag{4.10.5}$$

代入式（4.10.2）得到关于参数 C 的一元二次方程，解得 $C = \dfrac{b \pm \sqrt{b^2 - a^2 b}}{a}$。由问题可知，$a > C$ 且 $b > a^2$，则有 $\dfrac{b}{a} > C$，因此舍去值较大的根，可得参数 C 的矩估计为

$$\hat{C} = \frac{b - \sqrt{b^2 - a^2 b}}{a} \tag{4.10.6}$$

代入式（4.10.5）得到参数 θ 的矩估计为

$$\hat{\theta} = \frac{a}{a-\hat{C}} = 1 + \sqrt{\frac{b}{b-a^2}} \tag{4.10.7}$$

或者利用 $D(X) \approx \dfrac{n-1}{n} S^2$ 来进行矩估计方程组的构建，即

$$\begin{cases} E(X) = \dfrac{C\theta}{\theta-1} \approx \bar{X} = a \\ D(X) = E(X^2) - [E(X)]^2 = \dfrac{C^2 \theta}{(\theta-1)^2 (\theta-2)} \approx \dfrac{n-1}{n} S^2 = b^* \end{cases}$$

从而得到另一种形式表达的矩估计

$$\begin{cases} \hat{\theta} = 1 + \sqrt{1 + \dfrac{a^2}{b^*}} \\ \hat{C} = \dfrac{a(\hat{\theta}-1)}{\hat{\theta}} \end{cases} \tag{4.10.8}$$

需要特别说明的是，式（4.10.7）和式（4.10.8）只是表示形式不一样，结果是一致的。

求参数的极大似然估计，构造似然函数

$$L(C,\theta) = \prod_{i=1}^{n} f(x_i, C, \theta) = \prod_{i=1}^{n} \theta C^\theta x_i^{-(\theta+1)} = \theta^n C^{n\theta} \prod_{i=1}^{n} x_i^{-(\theta+1)}$$

对数似然函数为

$$\ln L(C, \theta) = n \ln \theta + n\theta \ln C - (\theta+1) \sum_{i=1}^{n} \ln x_i$$

构造参数的偏导方程组

$$\begin{cases} \dfrac{\partial \ln L(C,\theta)}{\partial C} = \dfrac{n\theta}{C} = 0 \\ \dfrac{\partial \ln L(C,\theta)}{\partial \theta} = \dfrac{n}{\theta} + n\ln C - \sum_{i=1}^{n}\ln x_i = 0 \end{cases}$$

第一个方程无解，通过边界分析可得参数 C 的极大似然估计为

$$\hat{C} = \min\{x_i, i=1,2,\cdots,n\} \tag{4.10.9}$$

从而求得参数 θ 的极大似然估计为

$$\hat{\theta} = \dfrac{1}{\dfrac{1}{n}\sum_{i=1}^{n}\ln x_i - \ln \hat{C}} = \dfrac{1}{\dfrac{1}{n}\sum_{i=1}^{n}(\ln x_i - \ln \hat{C})} = \dfrac{1}{\dfrac{1}{n}\sum_{i=1}^{n}\ln \dfrac{x_i}{\hat{C}}} \tag{4.10.10}$$

求参数的逆向法估计，依据式（4.2.4），假设样本为 $x_1, x_2, \cdots, x_n$，取 $q=2$，构造优化方程

$$\begin{cases} \min g(C,\theta) = \sum_{i=1}^{n} |F_n(x_i) - F(x_i, C, \theta)|^2 \\ \text{s.t.} \quad \theta > 2, C > 0 \end{cases} \tag{4.10.11}$$

可通过 R 语言的 nlm 函数实现求解，具体过程如程序 4.10.2 所示。

【程序 4.10.2】三个估计的模拟求解

```
#step1 构造模拟环境初始信息
#mat: 对4个样本量记录矩估计、极大似然估计和逆向法估计的100次模拟结果
n=c(50,100,200,500);   times=100;   m=length(n)
C=1;    theta=3
mat=numeric(times*m*6);   dim(mat)=c(times,6,m)
#step2 基本函数准备
ptry=function(x,C,theta)   #返回分布函数值
{  if(theta<=2 || C<=0) return(0)
   ifelse(x>C,1-(C/x)^theta,0)
}
#保证nlm函数能执行，ptry此处改成返回0，不影响最终估计

rtry=function(n,C,theta)   #随机数产生函数
{  if(theta<=2 || C<=0) stop("参数'theta'应>2,'C'应>0")
   Y=runif(n,0,1);    return( C*(1-Y)^(-1/theta))
}

real.F=function(x,params)  #理论分布函数，服务于逆向法
ptry(x,params[1],params[2])

#params 指的是 C 和 θ 两个参数
#ecdf.F 指的是经验分布函数
min_Fun=function(params,x,ecdf.F,real.F)
{  sum((ecdf.F(x)-real.F(x,params))^2)    }
#step3 获得估计结果
for(i  in 1:m)
{  for(j   in 1:times)
   {  sample_x=rtry(n[i],C,theta)
```

```
            a=mean(sample_x);    b=mean(sample_x^2)
            #mat[j,1:2,i]存储n[i]样本量下第j次模拟的两个参数的矩估计
            mat[j,1,i]=(b-sqrt(b*(b-a^2)))/a
            mat[j,2,i]=a/(a-mat[j,1,i])
            #mat[j,3:4,i]存储n[i]样本量下第j次模拟的两个参数的极大似然估计
            mat[j,3,i]=min(sample_x)
            mat[j,4,i]=1/mean(log(sample_x/mat[j,3,i]))
            #mat[j,5:6,i]存储n[i]样本量下第j次模拟的两个参数的逆向法估计
            ecdf.F=ecdf(sample_x)
            Q=nlm(min_Fun,c(1,3), sample_x, ecdf.F, real.F)
            mat[j,5:6,i]=Q$estimate
     }
}
mat    #输出模拟结果
```

对于问题（4），由于模拟中给出了参数的真实值，因此可以在已知参数真实值的前提下选择合适的评价标准，比如，可采用均方误差进行量化比较，通过箱线图进行直观比较。

$$\begin{cases} \text{MSE}(\hat{C}) = E(\hat{C}-C)^2 \approx \frac{1}{n}\sum_{i=1}^{n}(\hat{C}_i-C)^2 \\ \text{MSE}(\hat{\theta}) = E(\hat{\theta}-\theta)^2 \approx \frac{1}{n}\sum_{i=1}^{n}(\hat{\theta}_i-\theta)^2 \end{cases} \quad (4.10.12)$$

具体过程如程序 4.10.3 所示。

【程序 4.10.3】均方误差计算与箱线图

```
#对估计结果执行MSE测算
MSE=matrix(0,nrow=m,ncol=6)
for(i in 1:m)
{
   for(j in c(1,3,5)) MSE[i,j]=mean((mat[,j,i]-C)^2)
   for(j in c(2,4,6)) MSE[i,j]=mean((mat[,j,i]-theta)^2)
}
MSE
#对估计结果执行箱线图比较
Op=par(mfrow=c(2,m))
for(i in 1:m)
   boxplot(mat[,c(1,3,5),i],xlab=paste('n=',n[i]),ylab='C',names=c('矩','极','逆'))
for(i in 1:m)
   boxplot(mat[,c(2,4,6),i],xlab=paste('n=',n[i]),ylab='theta',names=c('矩','极','逆'))
par(Op)
```

执行上述代码，输出结果整理后如表 4.10.1 所示，图形结果如图 4.10.1 所示。

表 4.10.1 MSE 结果比较（基于某次模拟结果）

样本量 n	矩估计 MSE($\hat{C}$)	矩估计 MSE($\hat{\theta}$)	极大似然估计 MSE($\hat{C}$)	极大似然估计 MSE($\hat{\theta}$)	逆向法估计 MSE($\hat{C}$)	逆向法估计 MSE($\hat{\theta}$)
50	0.014922	0.860027	6.233775e-05	0.194600	3.972714e-04	0.275614
100	0.004188	0.452619	1.572883e-05	0.089662	1.101988e-04	0.123635
200	0.003163	0.301368	7.161275e-06	0.048750	8.685406e-05	0.060988
500	0.002232	0.159824	1.164630e-06	0.015383	2.544907e-05	0.021227

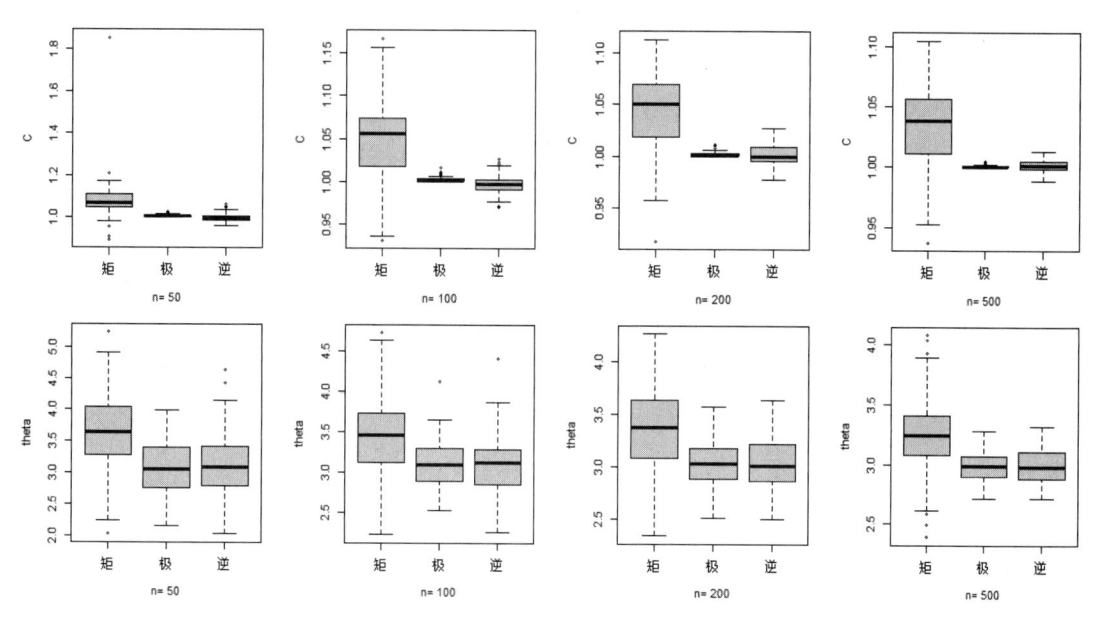

图 4.10.1 两个参数三种估计法的箱线图比较

从表 4.10.1 和图 4.10.1 可以看出，极大似然估计法的整体效果优于逆向法，逆向法优于矩估计法。从无偏性看，矩估计法整体上呈现比较明显的高估，是"有偏"的，而其他两种方法基本上是"无偏"的。从有效性看，矩估计法的波动幅度最大，其次是逆向法，极大似然估计法的整体波动幅度最小。从一致性看，随着样本量的增大，三种估计法的均方误差都有减小的趋势，即呈现出"收敛"的趋势。

对于问题（5），构造含参数 C 和 θ 的枢轴量，使之服从完全已知的分布，以便求解区间估计，显然存在较大困难。因此，采用非参数 Bootstrap 思想来求解参数 C 和 θ 的置信区间。以极大似然估计法结合 Bootstrap 思想为例，依然在样本量为 50，100，200，500 的前提下各模拟 10 次，给出置信度为 95% 的 Bootstrap 置信区间带。过程如程序 4.10.4 所示，输出结果见图 4.10.2。

【程序 4.10.4】Bootstrap 区间估计

```
# E1 是参数 C 的估计, E2 是参数 θ 的估计
Statis.para=function(dat, ind)
{ E1=min(dat[ind]);   E2=1/mean(log(dat[ind]/E1))
   return(c(E1,E2))
}
# m 种样本量各占矩阵 4 列（其中 2 列给参数 C, 2 列给参数 θ），通过 index 指定参数
times_here=10
inter.mat=matrix(0,nrow=times_here, ncol=m*4)
for(j  in 1:m)
{ for(i  in 1:times_here)
  { sample_x=rtry(n[j], C, theta)
    bout=boot(sample_x, statistic=Statis.para, R=10000)
    inter.mat[i, (j*4-3):(j*4-2)]=
       boot.ci(bout,type='norm',index=1)$normal[2:3]
    inter.mat[i,(j*4-1):(j*4)]=
       boot.ci(bout,type='norm',index=2)$normal[2:3]
  }
}
inter.mat
```

```
Op=par(mfrow=c(2,4))
for(i in 1:4)
{   plot(1:10,inter.mat[,i*4-3],type='o',ylim=c(0.95,1.05),xlab=paste('n=',n[i]),
ylab='C')
    lines(1:10,inter.mat[,i*4-2],type='o')
}
for(i in 1:4)
{   plot(1:10,inter.mat[,i*4-1],type='o',ylim=c(1.5,4.5),xlab=paste('n=',n[i]),
ylab='theta')
    lines(1:10,inter.mat[,i*4],type='o')
}
par(Op)
```

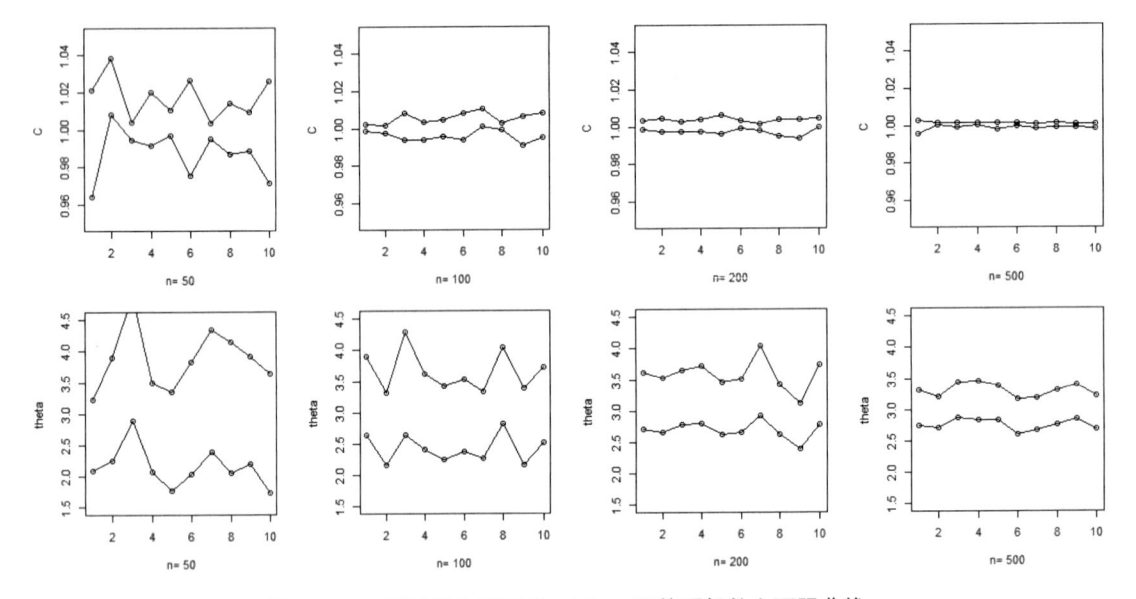

图 4.10.2　不同样本量下 Bootstrap 置信区间的上下限曲线

从图 4.10.2 中可以看出，在相同置信度下，两个参数的区间估计的上下限构成的曲线随着样本量的增大向参数真实值不断收窄，说明估计的精度不断提高。可参照上述过程，实现矩估计法和逆向法的区间估计。

4.11　实例分析——传染病潜伏期的估计

传染病的潜伏期指的是病原体侵入机体至最早出现临床症状的时间长度。关于潜伏期的研究始于 20 世纪初的流行病学调查。1914 年，数十位加利福尼亚人在加利福尼亚州汉福德（Hanford）的教堂晚宴上不幸身染伤寒病毒。经过几十年的研究，人们比较一致地认为，众多疾病的潜伏期遵循一定的模式，该模式由 20 世纪 50 年代的流行病学家 Philip E. Sartwell 正式确认，并定义为 Sartwell 法则。该法则的基本认知是：大多数情况下症状出现较快，而其他情况则发作缓慢，还有一小部分要潜伏很久，整体分布呈现钟形右倾拖长尾形状。但是，关于该法则的内在机理，病理学界一直未能给予合理的解释。

Strogatz 和博士生 Bertrand Ottino-Löffler 通过数学建模，利用概率论中的两个经典问题"收集优惠券"和"随机游走"，提出了一个简单计算细菌感染或癌细胞接管一个健康细胞网络需要的时间,进而计算发病概率。他们发现,在大多数情况下,细菌繁育孵化时间的分布接近对数正态分布,即潜伏期的对数而不是潜伏期本身呈现正态分布。若假设随机变量 X 表示某病症的潜伏期,则

$$\log(X) \sim N(\mu, \sigma^2)$$

2020 年 2 月,国家卫生专家组组长、中国工程院院士钟南山领衔团队开展新型冠状病毒感染的临床特征研究,通过 31 个省级行政区 552 家医院提取了截至 2020 年 1 月 29 日的 1099 个病例,经统计分析后,提出病毒的潜伏期 X 的中位数为 3.0 天,即 $\log(X)$ 的均值 $\mu = \log(3)$,潜伏期为 0~24 天,最长潜伏期为 24 天(且仅有 1 例)。

在均值 $\mu = \log(3)$ 已经确定的前提下,$\log(X)$ 的标准差越大,潜伏期的尾部概率也越大。根据钟南山院士团队的论文,应用蒙特卡洛模拟方法,当 $\log(X)$ 的标准差 $\sigma = 0.64$ 时,1099 个病例中最长潜伏期的中位数为 24 天。该分布的密度函数如图 4.11.1 所示,模拟验证过程见程序 4.11.1。

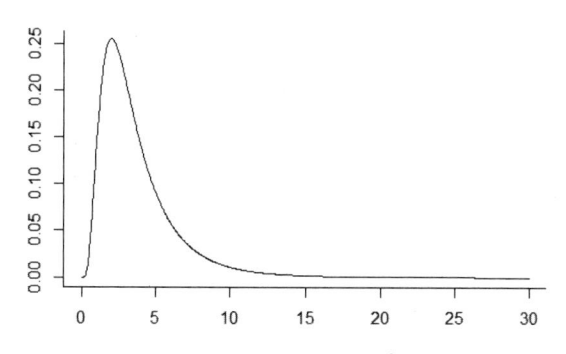

图 4.11.1　$\log(X) \sim N(\log(3), 0.64^2)$ 的密度函数

【程序 4.11.1】关于最长潜伏期 24 天的模拟验证

```
N=10000;     maxT=numeric(N)
for(i  in 1:N)
{  X=rlnorm(1099,log(3),0.64);  maxT[i]=max(X)   }
median(maxT)
```

经过多次模拟,最大潜伏期的中位数都在 23.50 左右,并没有达到或超过最长潜伏期 24 天,这说明两个参数的设置可能还需要进行修正。

在上述对数正态分布 $\log(X) \sim N(\log(3), 0.64^2)$ 中,可知超过 90% 的患者的潜伏期在 7 天以内,超过 99% 的患者的潜伏期在 14 天以内,计算过程如下:

$$\Phi(\frac{\log(7) - \log(3)}{0.64}) = 0.9072, \quad \Phi(\frac{\log(14) - \log(3)}{0.64}) = 0.9920$$

很显然,潜伏期超过 14 天的概率约为 0.8%(千分之八),而潜伏期超过 24 天的概率约为 0.057%(万分之五点七),这是个极小的概率。因此,根据现实情况做出隔离 14 天的决定是符合概率统计规律的。

在程序 4.11.1 中,模拟得到的最长潜伏期均不到 24 天。为此,在已知均值 $\mu = \log(3)$ 的前提下,以最长潜伏期中位数 24 天为目标函数,以寻优方式求标准差 σ,具体过程见程序 4.11.2。

【程序 4.11.2】关于标准差 σ 的模拟求解

```
Findsigma=function(sigma, n=1099, mu=log(3), Me=24,times=10000)
{
   maxT=numeric(times)
   for(i   in 1:times)
   { X=rlnorm(n,mu,sigma);     maxT[i]=max(X)   }
   return(abs(median(maxT)-Me))
}
optimize(Findsigma,c(0.01,0.99))
```

执行上述代码输出的结果如下：

```
$minimum
[1] 0.6439302
$objective
[1] 0.05031634

$minimum
[1] 0.6447059
$objective
[1] 0.1151948

$minimum
[1] 0.6450279
$objective
[1] 0.01139807

$minimum
[1] 0.6472877
$objective
[1] 0.1193295

$minimum
[1] 0.647484
$objective
[1] 0.040825
```

经过 5 次模拟求解，得到标准差的中位数大致为 0.645，并以 0.645 作为标准差重新执行程序 4.11.1 多次，发现输出的结果都非常接近 24，此时潜伏期不超过 7，14 和 24 天的概率分别为 0.9055163，0.9915364 和 0.9993678。

思考与练习

1. 数据集 faithful 保存了美国黄石国家公园 Faithful 火山 272 次爆发的持续时间（eruptions）和间歇时间（waiting），单位均为分钟。完成以下两个任务：

（1）估计火山爆发持续时间（和间歇时间）的概率密度。

（2）估计火山爆发持续时间（和间歇时间）的概率密度的置信度为 95% 的置信区间带。

2. 对程序包 survival 中的 lung 数据进行生存特征分析，比如使用 Kaplan-Meier 曲线方法，该方法绘制的生存曲线刻画了患者生存率随时间变化的特征，横坐标为时间，纵坐标为生存率。从曲线上可以得到各个时间点的生存率值（又称为时点生存率）。该方法在计算生存率的过程中充分利用了删失数据所提供的不完全信息，并使用了乘积极限法思想，即各时点的累计生存率是由此前所有时点的生存概率连乘得到的。

$$\begin{cases} S(t_i) = S(t_{i-1})(1 - d_i/n_i), t_0 = 0, S(0) = 1 \\ S(t_{i-1}) \text{指} t_{i-1} \text{年还存活的概率;} \\ d_i \text{指在} t_i \text{年死亡的人数;} \\ n_i \text{指在} t_i \text{年之前还存活的人数。} \end{cases}, \quad \begin{cases} \text{Greenwood 生存率标准误差近似公式} \\ \text{SE}(S(t_i)) = S(t_i) \sqrt{\sum_{j=1}^{i} \frac{d_j}{n_j(n_j - d_j)}} \\ S(t_i) \pm \mu_{\alpha/2} \text{SE}(S(t_i)) \end{cases}$$

完成以下两个任务：

（1）估计生存曲线。

（2）估计每个时点生存率的置信度为 95% 的置信区间。

可将以上估计的结果与程序包 survival 中的 survfit 函数的执行结果进行比较。

注：关于 Kaplan-Meier 曲线的介绍可以参考文章 "画说统计|生存分析之 Kaplan-Meier 曲线都告诉我们什么"。

3. 三参数 Weibull 分布是由瑞典科学家 W.Weibull 在两参数 Weibull 分布模拟基础上建立的，它包含形状、尺度和位置三个参数，常见的指数分布、瑞利分布等都是它的特例。该分布对小样本抽样试验数据有很好的适应性，广泛应用在可靠性研究领域，其概率密度为

$$f(x, \alpha, \beta, \mu) = \frac{\alpha}{\beta} \left(\frac{x - \mu}{\beta} \right)^{\alpha - 1} e^{-\left(\frac{x - \mu}{\beta} \right)^{\alpha}}, \quad x \geq \mu > 0, \alpha > 0, \beta > 0$$

其中 α 为形状参数，β 为尺度参数，μ 为位置参数。记该分布为 $W(\alpha, \beta, \mu)$。请完成以下三个任务：

（1）在 R 语言中设定随机种子 100，然后给出 $W(\alpha, \beta, \mu)$ 的样本量为 20，50，100 的模拟数据。

（2）尝试寻找合适的方法估计该分布中的三个参数。

（3）分别基于模拟数据给出三个参数的置信度为 95% 的置信区间。

注：程序包 FAdist 中提供了三参数 Weibull 分布模拟的四个函数，从函数定义看，其实是双参数 Weibull 分布的简单引用。

4. 取参数 $\theta = (a_1, a_2, \mu_1, \sigma_1^2, \mu_2, \sigma_2^2) = (0.3, 0.7, 1, 4, 8, 9)$，按照如下流程模拟产生样本量为 50 的样本，即 $Z \sim B(1, 0.7)$ 产生 50 个随机数，然后分别产生 50 个服从 $N(1, 2^2)$ 和 $N(8, 3^2)$ 的随机数 X_1, X_2，模拟生成样本 $X = Z \cdot X_1 + (1 - Z) \cdot X_2$，完成如下三个任务：

（1）绘制样本 X 的核密度估计图，观察混合分布的情况。

（2）通过 EM 算法估计参数 $\theta = (a_1, a_2, \mu_1, \sigma_1^2, \mu_2, \sigma_2^2)$ 的值，并与理论值进行比较。

（3）给出样本 X 的经验分布函数，并给出总体分布函数置信度为 95% 的置信区间带。

第 5 章
探究思维：假设检验问题

假设检验是统计推断的一种重要形式，具有重要的理论与应用价值。现实中的很多问题都能转化成假设检验问题，因此假设检验在众多领域中发挥着重要的作用。基于对总体分布的不同假定，假设检验一般分为两种类型：参数型假设检验与非参数型假设检验。假设检验的实现过程可概括为以下四步：

分析问题并提出假设➔构造检验统计量➔依据样本计算检验 P 值➔给出结论。

本章仅对假设检验中的一些问题进行探究，作为常规假设检验内容的补充与扩展，主要包括检验 P 值的解析、基于 Bootstrap 的假设检验法、假设检验与区间估计的转化、直观的分布检验方法、χ^2（卡方）检验、基于距离分布的 χ^2 检验、独立性检验、置换检验等。

5.1 检验 P 值的解析

假设检验中的应用问题归结起来有两大类：一是决策性检验问题，即给定显著性水平 α，构造检验统计量，根据样本计算检验问题的拒绝域，进而做出接受或拒绝原假设的结论，这是教科书中给出的经典做法；二是显著性检验问题，主要应用在各领域的数据分析中，目的是给出拒绝原假设的证据或者力度有多大，这是数据分析研究领域中常用的做法。

定义 5.1.1 假设检验问题中，通过样本观测值确定的拒绝原假设的最小显著性水平 α 称为**检验 P 值**。检验 P 值越小，说明概率越小的事件在一次试验中发生了，则拒绝原假设的力度就越强，拒绝的理由也就越充分，同时犯第一类错误的概率也越小，即通常讲的**显著性**。卡尔·皮尔逊最早提出检验 P 值的概念及计算，而罗纳尔德·费雪则大力推动了检验 P 值的应用。

通常情况下，先确定假设检验问题的检验统计量 $g(X_1, X_2, \cdots, X_n)$ 及其所服从的完全已知的分布函数 $G(x)$，再给出检验方法及拒绝原假设的方式，然后根据样本观测值 $x_1, x_2, \cdots, x_n$ 计算检验统计量值 $g(x_1, x_2, \cdots, x_n)$，再由检验统计量的分布函数 $G(x)$ 计算发生不利于原假设且比出现 $g(x_1, x_2, \cdots, x_n)$ 还要极端的事件的概率，这个概率就是**检验 P 值**。在原假设成立时，这个概率本应较大，若实际样本观测值代入计算后发现发生这个事件的概率很小，显然与原假设不符。因此，检验 P 值就确定了拒绝原假设的显著性，即检验 P 值越小，说明拒绝原假设而犯错误的概率就越小。

例 5.1.1 对于来自正态总体 $N(\mu, \sigma^2)$ 的样本 $X_1, X_2, \cdots, X_n$ 及观测值 $x_1, x_2, \cdots, x_n$，假定 σ^2 已知，对于假设检验问题 $H_0: \mu = \mu_0$，$H_1: \mu \neq \mu_0$，计算检验 P 值。

构造检验统计量并确定其分布：$g(\mu, X_1, X_2, \cdots, X_n) = \dfrac{\overline{X} - \mu}{\sigma/\sqrt{n}} \sim N(0,1) = G(x)$。

依据题意，当 H_0 成立时，由于 $\overline{X}$ 是 μ 的优良估计，故检验统计量 $g(\mu, X_1, X_2, \cdots, X_n)$ 必然较小，其绝对值接近 0。因此，不利于原假设的情况就是 $|g(\mu, X_1, X_2, \cdots, X_n)|$ 很大，即偏离 0 两端较远，那么就计算它超过绝对值 $|g(\mu, x_1, x_2, \cdots, x_n)|$ 这个事件的概率，即

$$P(|g(\mu, X_1, X_2, \cdots, X_n)| > |g(\mu, x_1, x_2, \cdots, x_n)|) = P\left(\left|\dfrac{\overline{X} - \mu_0}{\sigma/\sqrt{n}}\right| > \left|\dfrac{\overline{x} - \mu_0}{\sigma/\sqrt{n}}\right|\right) \quad (5.1.1)$$

若 $\sigma^2 = 1$，样本观测值为 -0.1121, 0.8428, -0.0875, 0.2016, -1.5592, 0.1718, -0.6770, 2.0763, -1.4699, -0.6231；检验问题为 $H_0: \mu = 0, H_1: \mu \neq 0$，则算得 $\overline{x} = -0.12363$，检验 p 值为

$$P\left(\left|\dfrac{\overline{X} - \mu_0}{\sigma/\sqrt{n}}\right| > \left|\dfrac{\overline{x} - \mu_0}{\sigma/\sqrt{n}}\right|\right) = P\left(\left|\dfrac{\overline{X}}{\sigma/\sqrt{n}}\right| > \left|\dfrac{-0.12363}{1/\sqrt{10}}\right|\right) = P\left(\left|\dfrac{\overline{X}}{\sigma/\sqrt{n}}\right| > 0.39095\right) = 0.69583$$

本例中检验 p 值等于 0.69583，这个值较大，说明上述事件符合原假设成立这个前提，即没有充足的理由拒绝原假设。

例 5.1.2 对于来自正态总体 $N(\mu, \sigma^2)$ 的样本 $X_1, X_2, \cdots, X_n$ 及观测值 $x_1, x_2, \cdots, x_n$，假定 σ^2 已知，对于假设检验问题 $H_0: \mu \leq \mu_0, H_1: \mu > \mu_0$，计算检验 p 值。

构造检验统计量并确定分布：$g(\mu, X_1, X_2, \cdots, X_n) = \dfrac{\overline{X} - \mu}{\sigma/\sqrt{n}} \sim N(0,1) = G(x)$。

同例 5.1.1，在 $H_0: \mu \leq \mu_0$ 成立时，不利于原假设的方向就是 $\mu > \mu_0$，且必定有

$$P(g(\mu, X_1, X_2, \cdots, X_n) > g(\mu_0, x_1, x_2, \cdots, x_n)) \leq P(g(\mu, X_1, X_2, \cdots, X_n) > g(\mu, x_1, x_2, \cdots, x_n))$$

因此，更不利于 H_0 的情况就是 $g(\mu, X_1, X_2, \cdots, X_n) \geq g(\mu_0, x_1, x_2, \cdots, x_n)$ 事件的发生，则计算

$$P(g(\mu, X_1, X_2, \cdots, X_n) > g(\mu_0, x_1, x_2, \cdots, x_n)) = P\left(\dfrac{\overline{X} - \mu}{\sigma/\sqrt{n}} > \dfrac{\overline{x} - \mu_0}{\sigma/\sqrt{n}}\right) \quad (5.1.2)$$

假设 $\sigma^2 = 1$，$\mu_0 = 0$，数据同例 5.1.1，将 $\overline{x} = -0.12363$ 代入式 (5.1.2)

$$P\left(\dfrac{\overline{X} - \mu}{\sigma/\sqrt{n}} > \dfrac{\overline{x} - \mu_0}{\sigma/\sqrt{n}}\right) = P\left(\dfrac{\overline{X} - \mu}{\sigma/\sqrt{n}} > \dfrac{-0.12363}{1/\sqrt{10}}\right) = P\left(\dfrac{\overline{X} - \mu}{\sigma/\sqrt{n}} > -0.39095\right) = 0.84792$$

得到的检验 p 值较大，说明没有充足的理由拒绝原假设。

相对于业界常用的显著性水平 0.05，通常以检验 p 值<0.05 作为拒绝原假设的习惯性约定。很多统计软件中对检验 p 值所代表的显著性水平做出了定性描述，如表 5.1.1 所示。

表 5.1.1 检验 p 值的范围说明

P 值范围	≤0.001	≤0.01	≤0.05	≤0.1	其他
显著性符号	***	**	*	(*) 或 •	空
显著性说明	高度显著	非常显著	显著	一般显著	不显著

在检验 p 值计算中，关键是确定检验统计量及其分布和拒绝原假设这个事件的构造。

综上所述，我们做出如下 4 点总结：

(1) 检验 p 值是 H_0 为真的前提下发生比出现样本观测值更极端的事件的概率。

(2) 检验 p 值是基于样本观测值拒绝 H_0 的最小显著性水平，即拒绝 H_0 而犯错误的概率。

(3) 检验 p 值是 H_0 为真前提下接受当前样本观测值的概率。

(4) 检验 p 值是 H_0 的支持程度，也是给出检验决策结论的一种方式。

5.2 基于 Bootstrap 思想的检验 p 值估计法

参数型假设检验，特别是基于正态总体的假设检验，无论是理论研究还是实际应用都已经非常成熟了。参数型假设检验的前提要求总体服从的分布形式或分布族是已知的，这对构造检验统计量并确定其分布以及精确计算检验 p 值都提供了有利的条件。但在实际问题中，总体的分布通常是未知的，于是人们就希望在不假定总体分布的前提下，基于数据本身来构造反映总体特征或问题的统计量，从而达到统计推断的目的，这也是非参数统计的宗旨。非参数检验作为非参数统计的一个重要分支，在医学、生物学、信息学、金融、管理、教育等众多领域应用广泛。

如何构造检验统计量并计算检验 p 值，是非参数检验的一个关键问题，特别是在样本量较小的情况下，这个问题尤为突出。但是我们也要注意到，由于非参数型方法不假定总体分布，对原始数据的使用也不像参数型方法，因此可能会导致其有效性低于参数型方法。不过，通过 Bootstrap 方法可以很好地给出总体特征的估计、精度表示及区间估计、假设检验等，甚至发现常规检验方法中可能存在的不稳定问题。检验 p 值的估计是非参数型假设检验中的基本问题，这方面的理论研究成果非常丰富。

本节将探讨相对宽泛的检验 p 值的估计方法及其适用范围。

1. 问题描述

设总体 X 的分布函数为 $F(x)$，但 $F(x)$ 未知，$X_1, X_2, \cdots, X_n$ 和 $x_1, x_2, \cdots, x_n$ 分别为其样本和样本观测值。为推断与总体相关的某些问题，构造统计量 $T = T(X_1, X_2, \cdots, X_n)$，但由于 $F(x)$ 未知，因此对统计量 T 的研究基本上都归入非参数领域。

假设检验应用广泛，很多实际问题都可以转化成假设检验而得到较好解决，且基本上都是通过计算检验 p 值来进行推断的。但是如果统计量 T 的分布难以确定，就会导致检验 p 值的计算变得无章可循，实际问题也就难以得到有效的解决。

本节在总体分布未知且样本量较小的条件下，避开统计量的理论分布探讨，单纯从模拟仿真的角度，通过 Bootstrap 方法产生的自助样本构造检验统计量并结合随机模拟、经验分布和核密度估计等方法实现原假设下的检验 p 值的估计，从而在一定程度上解决了上述假定条件下假设检验的推断问题。

2. 主要理论和工具

（1）格里汶科（Glivenko）定理给出了用样本的经验分布函数估计总体的分布函数的理论保证，即设总体 X 的分布函数为 $F(x)$，经验分布函数为 $F_n(x)$，则有

$$\lim_{n \to \infty} P(\sup_{-\infty < x < +\infty} |F(x) - F_n(x)| = 0) = 1 \tag{5.2.1}$$

（2）Bootstrap 思想提供了实施有效统计推断的可能，即对于预先构造（或待研究）的样本函数 $T(X_1, X_2, \cdots, X_n; F_n)$，通过大量自助样本实施观测值的随机模拟，将仅有的一个观测值 $T_x(x_1, x_2, \cdots, x_n; F_n)$ 变成足够多的观测值，从而在统计意义上实施有效推断。具体过程可表示为：将 $x_1, x_2, \cdots, x_n$ 作为母本，从该母本中随机重复抽取大量的子样本 $x_1^i, x_2^i, \cdots, x_n^i$，并计算

$T_{x^i}(x_1^i, x_2^i, \cdots, x_n^i; \hat{F}_n^i)$ 作为 $T(X_1, X_2, \cdots, X_n; F_n)$ 的估计，然后根据这些估计研究 $T(X_1, X_2, \cdots, X_n; F_n)$ 的分布规律，其中 $\hat{F}_n^i$ 表示子样本 $x_1^i, x_2^i, \cdots, x_n^i$ 的经验分布函数。这里基于这样一个推理：如果 $\hat{F}_n$ 是 F_n 的良好估计，则 $T(X_1, X_2, \cdots, X_n; F_n)$ 的分布规律就会体现在大量的 $T_{x^i}(x_1^i, x_2^i, \cdots, x_n^i; \hat{F}_n^i)$ 中。

（3）核密度估计给出了对总体密度函数的有效估计。设 $K(x)$ 为定义在 $(-\infty, +\infty)$ 上的一个 Borel 可测函数，h_n 为常数，且 $h_n > 0$，则称

$$f_{n,h_n}(x) = \frac{1}{nh_n}\sum_{i=1}^n K\left(\frac{x-x_i}{h_n}\right) \tag{5.2.2}$$

为总体密度函数 $f(x)$ 的一个核估计，其中，$K(x)$ 为核函数（常使用对称型的密度函数代替），h_n 称为窗宽。利用核密度估计法可对 $T(X_1, X_2, \cdots, X_n; F_n)$ 的密度进行估计。

3. 检验 p 值估计的基本思路和算法

先确定假设检验问题和检验类型，构造检验统计量；然后利用 Bootstrap 思想重抽样得到检验统计量的模拟抽样序列；在抽样序列的基础上，利用 Bootstrap 方法、经验分布法和核密度法计算不同检验问题对应的检验 p 值。

（1）三类检验问题

假定检验统计量为 $T(X_1, X_2, \cdots, X_n; F_n)$，其一次试验的值为 $T_x(x_1, x_2, \cdots, x_n)$，检验 p 值的直观意义表示为发生比检验统计量取 $T_x(x_1, x_2, \cdots, x_n)$ 更极端事件的概率。对于三类假设检验问题，下面给出检验 p 值的形式表示。

① 双侧检验，$p_1 = P(T > T_x(x_1, x_2, \cdots, x_n))$，如果 $p_1 < 0.5$，则检验 p 值 $= 2p_1$，否则检验 p 值 $= 2(1-p_1)$。

② 右侧检验，检验 p 值 $= P(T > T_x(x_1, x_2, \cdots, x_n))$。

③ 左侧检验，检验 p 值 $= P(T < T_x(x_1, x_2, \cdots, x_n))$。

（2）检验 p 值的模拟估计

依据 Bootstrap 思想对样本 $x_1, x_2, \cdots, x_n$ 重抽样 N 次，即 $x_1^i, x_2^i, \cdots, x_n^i$，$i = 1, \cdots, N$，得到 $T(X_1, X_2, \cdots, X_n; F_n)$ 的 N 个模拟值，即 $T_i = T_{x^i}(x_1^i, x_2^i, \cdots, x_n^i; \hat{F}_n^i)$，$i = 1, 2, \cdots, N$。有了足够多的模拟值 $\{T_i\}_i^N$，基于上述理论，就可以从随机模拟角度研究 $T(X_1, X_2, \cdots, X_n; F_n)$ 的检验 p 值的估计。

（3）用 Bootstrap 方法估计检验 p 值

① 将估值序列 $\{T_i\}_i^N$ 按值从小到大排序，仍然记为 $\{T_i\}_i^N$。

② 计算 $T = T_x(x_1, x_2, \cdots, x_n; F_n)$，并确定 T 值在序列 $\{T_i\}_i^N$ 中的位置 T_R。如果 T 值无法在序列中完全匹配到，则 T 值必然落在序列内部某两个相邻值构成的区间中，则可通过线性插值得到 T_R 的位置估计。

设 $T \in (T_i, T_{i+1})$，则

$$T_R = T_i + \frac{T - T_i}{T_{i+1} - T_i}, \quad 1 \leqslant i \leqslant N-1 \tag{5.2.3}$$

③ 基于 Bootstrap 的百分位数法，给出三类检验问题的检验 p 值公式

$$\text{双侧检验 } p \text{ 值} = 1 - \left|1 - \frac{2T_R}{N}\right|; \quad \text{右侧检验 } p \text{ 值} = 1 - \frac{T_R}{N}; \quad \text{左侧检验 } p \text{ 值} = \frac{T_R}{N} \tag{5.2.4}$$

另外，还可以基于 $\{T_i^*\}_i^N$，通过中心极限定理将其近似成正态分布，从而给出相应的检验 p 值估计。

（4）用经验分布法估计检验 p 值

构造 $\{T_i^*\}_i^N$ 序列的经验分布函数 $\hat{F}_{T,N}(x)$，由格里汶科定理可得 $\hat{F}_{T,N}(x)\xrightarrow{W} F_{T,n}(x)$，由此可得出三类检验问题的检验 p 值公式

$$\text{双侧 } p \text{ 值}=1-|1-2\hat{F}_{T,N}(T)|;\text{ 右侧 } p \text{ 值}=1-\hat{F}_{T,N}(T);\text{ 左侧 } p \text{ 值}=\hat{F}_{T,N}(T) \quad (5.2.5)$$

通过经验分布法得到的检验 p 值本质上和通过 Bootstrap 方法得到的检验 p 值是一致的，只是表达方式不同而已。

（5）用核密度法估计检验 p 值

① 选择合适的窗宽及核函数，构造 $\{T_i^*\}_i^N$ 序列的核密度估计函数 $f_{N,h_N}(x)$。

② 根据分布函数和密度函数的关系，可计算概率 $F_T(x) = P(T \leqslant x) = \int_{-\infty}^{x} f_{N,h_N}(t)\,\mathrm{d}t$。

③ 记 $p_1 = P(T \leqslant T_x) = \int_{-\infty}^{T_x} f_{N,h_N}(t)\,\mathrm{d}t$，$p_2 = P(T \geqslant T_x) = \int_{T_x}^{+\infty} f_{N,h_N}(t)\,\mathrm{d}t$，则

$$\begin{cases} \text{双侧检验 } p \text{ 值} = 2p_1\ (p_1 < 0.5) \text{ 或 } 2p_2\ (p_2 < 0.5) \\ \text{右侧检验 } p \text{ 值} = p_2;\text{ 左侧检验 } p \text{ 值} = p_1 \end{cases} \quad (5.2.6)$$

4. 模拟分析与 R 实现

为了更好地说明本节提出的算法，下面给出正态型参数检验和非参数检验的两个例子，并与常规的假设检验进行比较。

例 5.2.1 设总体 $X \sim N(100, \sigma^2)$，其中 σ^2 未知（模拟取 $\sigma^2 = 16$），其样本为 $X_1, X_2, \cdots, X_{20}$，观测值为 100.09, 100.53, 101.84, 94.25, 101.35, 101.88, 100.96, 96.45, 102.87, 98.82, 99.88, 96.97, 105.99, 103.23, 100.60, 95.67, 101.89, 100.65, 97.48, 99.13。试给出关于 $E(X) = 100$ 的三类假设检验问题的检验 p 值。

解： 上述问题可通过单正态总体 t 检验完成，即构造检验统计量 $Z = \dfrac{\overline{X}-\mu_0}{S/\sqrt{n}} \sim t(n-1)$。程序 5.2.1 给出了常规 t 检验的代码，非参数方法由程序 5.2.2 实现，两者的比较见表 5.2.1。

【程序 5.2.1】常规 t 检验

```
x=c(100.09, 100.53, 101.84, 94.25, 101.35, 101.88, 100.96, 96.45, 102.87, 98.82,99.88,
    96.97,105.99, 103.23, 100.60, 95.67, 101.89, 100.65, 97.48, 99.13)
t.test(x,alternative='two.sided',mu=100)
t.test(x,alternative='less',mu=100)
t.test(x,alternative='greater',mu=100)
```

【程序 5.2.2】非参数方法

```
install.packages('boot'); library(boot)           #下载并安装 boot 包
R.fun=function(da,ind,mu)                         #定义统计量函数
{ (mean(da[ind])-mu)*sqrt(length(da[ind]))/sd(da[ind]) }
boot.getdata=function(x,statistic,R=10000,mu)     #获得 R=10000 个自助样本
{ return(boot(x,statistic,R,mu=mu)) }
#算法1, Bootstrap 方法
boot.test=function(boot.out,alternative=c('two.sided','less','greater'))
{ ord_t=rank(c(boot.out$t0,boot.out$t))          #p1 左侧检验, p2 右侧检验, p3 双侧检验, 下同
```

```
    p1=ord_t[1]/boot.out$R;        p2=1-p1;        p3=ifelse(p1<0.5,2*p1,2*p2)
    p.value=switch(match.arg(alternative),less=p1,greater=p2,two.sided=p3)
    data.frame(t0=boot.out$t0,p.value=p.value,alternative=alternative,N=boot.out$R)
}
#算法2，经验分布法
ecdf.test=function(boot.out,alternative=c('two.sided','less','greater'))
{   Fn=ecdf(boot.out$t)
    p1=Fn(boot.out$t0);         p2=1-p1;        p3=ifelse(p1<0.5,2*p1,2*p2)
    p.value=switch(match.arg(alternative),less=p1,greater=p2,two.sided=p3)
    data.frame(t0=boot.out$t0,p.value=p.value,alternative=alternative,N=boot.out$R)
}
#算法3，核密度法
kernel.test=function(boot.out,alternative=c('two.sided','less','greater'),n=1024)
{   fn=density(boot.out$t,n)       #获得核密度函数
    dx=fn$x[2]-fn$x[1]             #获得小区间间距(等间距)
    index=which.min(abs(boot.out$t0-fn$x))    #获得统计量值最接近的区间端点
    if(index==1 && boot$out$t0<=fn$x[1]){ p1=0;   p2=1;   p3=0 }    #在第1个端点左侧
    else if (index==n && boot$out$t0>=fn$x[n]) { p1=1;   p2=0;   p3=0 }  #在最后1个端点右侧
    else{                          #如果在内部区间，则采用梯形公式近似计算积分值
        index=index-1
        if(index==0) { p1=(boot.out$t0-fn$x[1])*(fn$y[1]+fn$y[2])/2;   p2=1-p1 }   #第1个区间
        else if (index==n-1) {
            p2=(boot.out$t0-fn$x[n-1])*(fn$y[n-1]+fn$y[n])/2;   p1=1-p2 }  #最后区间
        else{ p1=sum(dx*(fn$y[1:index]+fn$y[2:(index+1)])))/2+
            (boot.out$t0-fn$x[index+1])*(fn$y[index+1]+fn$y[index+2])/2;  p2=1-p1}  #中间区间
        p3=ifelse(p1<0.5,2*p1,2*p2)
    }
    p.value=switch(match.arg(alternative),less=p1,greater=p2,two.sided=p3)
    data.frame(t0=boot.out$t0,p.value=p.value,alternative=alternative,N=boot.out$R)
}
boot.out=boot.getdata(x,R.fun,R=10000,mu=100)   #得到统计量函数10000个自助估值
boot.test(boot.out,alternative='two.sided')       #算法1 输出，修改alternative可得其他值
ecdf.test(boot.out,alternative='two.sided')       #算法2 输出
kernel.test(boot.out,alternative='two.sided',n=1024)     #算法3 输出
```

表 5.2.1 常规算法与非参数方法的检验 P 值

类型	常规算法 取 $\sigma^2=16$	t 检验法	非参数方法 Bootstrap 方法	经验分布法	核密度法
双侧检验	0.976362	0.966901	0.987800	0.987600	0.998354
左侧检验	0.511818	0.516549	0.493900	0.493800	0.499130
右侧检验	0.488181	0.483451	0.506100	0.506200	0.500870

通过表 5.2.1 可以看出，三种算法较常规算法在左侧检验 p 值的估计方面略微偏小，从而导致右侧检验 p 值相应变大，同时双侧检验的 p 值也略微偏大。实际上，对于非参数方法，定义的统计量函数可以更简单，也不像参数方法一样需要明确的已知分布才能计算检验 p 值。此处若定义 $Z=\bar{X}-\mu_0$，也可方便地算出该问题的检验 p 值。

如果研究的问题是：设 $Y=X^2$，求 $E(Y)=10016$ 的三种假设检验问题的检验 p 值，显然使用常规的方法难以计算检验 p 值，而非参数方法却可以很轻松地估计出检验 p 值，只需将统计量函数定义为

$$Z=\mu^2+\frac{n-1}{n}S^2=10000+\frac{n-1}{n}S^2 \quad （注：E(Y)=[E(X)]^2+\sigma^2=\mu^2+\sigma^2）$$

例 5.2.2　中风患者与健康成人血液中的尿酸浓度数据如表 5.2.2 所示，请问这两类人血液中的尿酸浓度的变异是否存在显著差异。

表 5.2.2　中风患者与健康成人血液中的尿酸浓度数据

中风患者 (x)	8.2	10.7	7.5	14.6	6.3	9.2	11.9	5.6	12.8	5.2	4.9	13.5
健康成人 (y)	4.7	6.3	5.2	6.8	5.6	4.2	6.0	7.4	8.1	6.5		

本例的假设检验问题可表示为

$$H_0：两类人的尿酸浓度的方差相等，即 \sigma_1^2 = \sigma_2^2 \quad H_1：\sigma_1^2 \neq \sigma_2^2 \qquad (5.2.7)$$

《非参数统计》（王星编著）提出采用 Moses 检验法，并给出了拒绝 H_0 的推断。Moses 检验法的操作是将两类样本分组，保证每组长度都一样，如各分成 m_1, m_2 组；然后计算两类样本各小组的离差平方和 SSA_i, SSB_j （$i = 1, 2, \cdots, m_1, j = 1, 2, \cdots, m_2$）；将 SSA_i, SSB_j 合并后计算样本 1 的 m_1 个组的秩和 S，从而构造 Moses 统计量 T_M，即

$$T_M = S - \frac{m_1(m_1 + 1)}{2} \qquad (5.2.8)$$

《非参数统计》指出，如果两组数据的方差存在很大差异，那么平均来看，其中一组的离差平方和比另一组的离差平方和要小。该教材按每组 3 个样本点依据前后顺序将样本 1 分成 4 组，将样本 2 分成 3 组且弃用最后一个样本点，并给出 Mann-Whitney 的 W_α 表法进行查表检验。该教材很好地介绍了这种方法，并给出了具体的计算过程。此处，我们对其中的三个细节问题进行深入探讨：一是如何分组，二是不能正好分组时弃用哪些样本点，三是检验的结论是否会随分组不同而不同。我们认为，引入随机分组和随机弃用，结合大量模拟来进行检验，可能更符合实际情况。

为了说明上述问题，设计程序 5.2.3。

【程序 5.2.3】Moses 方法的某 1000 次模拟

```
x=c(8.2,10.7,7.5,14.6,6.3,9.2,11.9,5.6,12.8,5.2,4.9,13.5)
y=c(4.7,6.3,5.2,6.8,5.6,4.2,6.0,7.4,8.1,6.5)
simulate.moses=function(x,y,glen=3,times=1000)
{  nx=length(x);   ny=length(y);    m1=nx %/% glen;    m2=ny%/%glen    #得到分组数 m1,m2
   matx=matrix(0,nrow=glen,ncol=m1);
   maty=matrix(0,nrow=glen,ncol=m2)                                    #以矩阵列存储分组点
   local.fun=function(x,y,glen,m1,m2,matx,maty)
   {  nx=x
      for(i in 1:m1)
      { matx[,i]=sample(nx,glen,replace=FALSE); nx=setdiff(nx,matx[,i]) }   #x 分组
      ny=y
      for(i in 1:m2)
      { maty[,i]=sample(ny,glen,replace=FALSE);  ny=setdiff(ny,maty[,i]) }  #y 分组
        sx=apply(matx,2,var);  sy=apply(maty,2,var)       #各组长度相同，计算各组样本方差
        names(sx)=paste('x',1:m1,sep='')
        S=sum(rank(c(sx,sy))[paste('x',1:m1,sep='')])     #x 的合并秩和
        c(S-m1*(m1+1)/2,sum(1:(m1+m2))-S-m2*(m2+1)/2)     #返回 TMx 和 TMy 的值
   }
   t(replicate(times,local.fun(x,y,glen,m1,m2,matx,maty)))  #转置形成 times 行 2 列矩阵
}
```

```
Tmp=simulate.moses(x,y)
table(Tmp[,1])                                          #得到类似表 5.2.3 的结果
```

执行以上代码，整理输出结果如表 5.2.3 所示。

表 5.2.3　Moses 方法的某 1000 次随机模拟的统计结果

TM 值（x 组）	3	5	6	7	8	9	10	11	12
出现次数	1	1	2	5	22	82	119	151	617

按照《非参数统计》提供的方法，得到显著性水平为 0.05 时的临界值 0 和 12，上述程序模拟 1000 次，合计出现了 383 次接受原假设的情况（如表 5.2.3 所示），且经过多次模拟表明，出现上述检验错误的概率大致都在 38%左右。这说明不同的随机分组和取点会造成检验结论的不同，即必须慎重考虑上述三个细节问题。

为此，有必要充分考虑上述三个细节问题，并探讨更加稳定的算法来解决方差相等与否的检验问题。我们先对数据进行基本分析，计算其样本均值、样本方差和样本极差，直观判断两组数据的差异性，如表 5.2.4 所示。

表 5.2.4　基本统计量

样本	均值	方差	最小值	最大值	极差
x	9.2	11.80909	4.9	14.6	9.7
y	6.08	1.446222	4.2	8.1	3.9

从表 5.2.4 可以看出，这两组数据的各项统计量指标都存在较大的差异，检验的结论应该拒绝原假设才合理。为了避免出现上述随机分组、取点的干扰，引入刀切法思想，即构造原样本的舍一样本方差

$$S_{-i}^2 (i=1,2,\cdots,n) \tag{5.2.9}$$

以表 5.2.2 中的数据为例，依次去掉样本 x 的 1 个样本点，计算舍一方差 S_{x-i}^2，共 12（$m_1=12$）个；样本 y 的舍一方差 S_{y-i}^2 共 10（$m_2=10$）个。借鉴 Moses 检验的做法（注意，此处每组的长度不等），构造统计量

$$T_{Mx} = S - \frac{m_1(m_1+1)}{2}, \quad T_{My} = \frac{m_1(m_1+1+2m_2)}{2} - S \tag{5.2.10}$$

若式（5.2.7）中的原假设成立，则上述两个 T_M 值既不太大也不太小，否则可拒绝原假设。为此设计程序 5.2.4。

【程序 5.2.4】《非参数统计》中的方法与非参数方法的比较

```
x=c(8.2,10.7,7.5,14.6,6.3,9.2,11.9,5.6,12.8,5.2,4.9,13.5)
y=c(4.7,6.3,5.2,6.8,5.6,4.2,6.0,7.4,8.1,6.5);
lenx=length(x);  leny=length(y);  vx=numeric(lenx); vy=numeric(leny)  #存放样本方差
for(i in 1:lenx) vx[i]=var(x[-i])
for(i in 1:leny) vy[i]=var(y[-i])
vxname=paste('x',1:lenx,sep='');   names(vx)=vxname  #赋值名字，便于求秩和
S=sum(rank(sort(c(vx,vy)))[vxname])
TMX=S-lenx*(lenx+1)/2;        TMY=sum(1:(lenx+leny))-S-leny*(leny+1)/2
p.value=ifelse(TMX>TMY,pwilcox(TMY,leny,lenx)+1-pwilcox(TMX,lenx,leny),
pwilcox(TMX,lenx,leny)+1-pwilcox(TMY,leny,lenx))
c(TMx=TMX,TMy=TMY,p.value=p.value)
```

执行上述代码的输出结果如下:

```
TMx            TMy            p.value
1.200000e+02   0.000000e+00   1.546441e-06
```

输出结果整理后如表 5.2.5 所示。

表 5.2.5 检验 p 值的比较

类型	《非参数统计》中的 Moses 检验	修正后的 Moses 检验
双侧检验	0.0285	1.546441e-06

从表 5.2.5 可以看出,修正后的 Moses 检验得到的检验 p 值远小于《非参数统计》中的 Moses 检验得到的检验 p 值,相对于《非参数统计》而言有更强的理由拒绝原假设。

例 5.2.1 说明了使用 Bootstrap 进行检验 p 值估计的可行性,例 5.2.2 说明 Bootstrap 方法可用来解释一些不当的做法。总的来说,使用 Bootstrap 方法估计检验 p 值的关键在于构造合适的统计量,确定统计量的类型(连续或离散),然后通过自助样本的经验分布序列得到统计量的近似分布,进而给出检验 p 值的估计。

5.3 假设检验与区间估计之间的互推

假设检验与区间估计是统计推断的两种基本形式,特别是在参数型领域,两者之间有着密切的联系。有学者对两者之间的关系进行了大量的研究与探讨,深刻剖析它们的异同点、适用条件和注意事项,并揭示了它们之间普遍存在的相互转换的对偶关系。

下面,我们通过具体的例子和模拟实验对它们的关系进行一番探究。

1. 假设检验与区间估计的关键连接点

设样本 $X_1, X_2, \cdots, X_n$ 及观测值 $x_1, x_2, \cdots, x_n$ 来自总体 $F(x, \theta)$,其中参数 $\theta \in \Theta$。

决策性假设检验问题:给定显著性水平 α,根据上述样本及总体信息,对问题的假设做出接受或者拒绝的判断。以双侧假设检验为例,问题的假设为 $H_0: \theta = \theta_0, H_1: \theta \neq \theta_0$。

置信区间估计问题:给定置信度 $1-\alpha$,根据上述样本及总体信息,求 θ 的置信区间。

作为两种不同的统计推断方法,它们有很多异同点。这两个问题都依赖总体信息与样本数据,由于样本观测的随机性,导致两者结论也呈现不同程度的随机性,同时存在结论的可靠性问题。另外,决策性假设检验是一个定性问题,而置信区间估计是一个定量问题,即它们解决实际问题的方式不同。

从两个方法的应用过程看,我们发现它们都构造了相同的包含参数和样本的函数 $g(\theta, X_1, X_2, \cdots, X_n)$,并确保该函数服从已知的分布函数 $G(x)$,即 $g(\theta, X_1, X_2, \cdots, X_n) \sim G(x)$。这成为假设检验与区间估计的关键连接点,也是它们之间相互推导的基础。

2. 以置信区间推导假设检验

利用置信区间估计可以实现决策性检验问题的定性判断。

例 5.3.1 样本 $X_1, X_2, \cdots, X_n$ 及观测值 $x_1, x_2, \cdots, x_n$ 来自正态总体 $N(\mu, \sigma^2)$,给定显著性水平 α,考虑双侧检验问题 $H_0: \mu = \mu_0, H_1: \mu \neq \mu_0$。根据样本信息,完成假设检验。

构造含参数和样本的函数并确定其分布

$$g(\mu, X_1, X_2, \cdots, X_n) = \frac{\bar{X} - \mu}{S/\sqrt{n}} \sim t(n-1) \tag{5.3.1}$$

由显著性水平得到置信度 $1-\alpha$，根据 $P(|\frac{\overline{X}-\mu}{S/\sqrt{n}}|\leq t_{\alpha/2}(n-1))=1-\alpha$ 得到

$$P(\overline{X}-t_{\alpha/2}(n-1)\frac{S}{\sqrt{n}}\leq \mu \leq \overline{X}+t_{\alpha/2}(n-1)\frac{S}{\sqrt{n}})=1-\alpha \tag{5.3.2}$$

则置信区间估计为 $I_\mu=[\overline{X}-t_{\alpha/2}(n-1)\frac{S}{\sqrt{n}},\ \overline{X}+t_{\alpha/2}(n-1)\frac{S}{\sqrt{n}}]$，它是包含参数的大概率区间。反之，$I_\mu$ 的对立区间 $\overline{I}_\mu=\mathbb{R}-I_\mu$ 则是包含参数的小概率区间（$\mathbb{R}$ 为实数域），或者说若 $\mu\in\overline{I}_\mu$，则小概率事件发生。所以，当原假设 $H_0:\mu=\mu_0$ 成立时，我们可以使用 $\mu_0\in I_\mu$ 或者 $\mu_0\in\overline{I}_\mu$ 来实现检验问题的定性判断。

直观上看，置信区间可对应假设检验的接受域，置信区间的对立区间可对应假设检验的拒绝域。这样就实现了从置信区间估计推导假设检验结论的过程。

3. 以假设检验推导置信区间

利用假设检验也可以推导置信区间，对于例 5.3.1，我们给出检验问题的主要过程：

构造检验统计量并确定其分布

$$g(\mu,X_1,X_2,\cdots,X_n)=\frac{\overline{X}-\mu}{S/\sqrt{n}}\sim t(n-1)$$

根据检验问题，构造小概率（显著性水平 α）事件，满足

$$P(|\frac{\overline{X}-\mu}{S/\sqrt{n}}|\geq t_{\alpha/2}(n-1))=\alpha$$

从而得到检验统计量的拒绝域 W 和接受域 A

$$W=(-\infty,-t_{\alpha/2}(n-1))\cup(t_{\alpha/2}(n-1),+\infty), \quad A=[-t_{\alpha/2}(n-1),t_{\alpha/2}(n-1)]$$

当 $H_0:\mu=\mu_0$ 成立时，若观察到 $\mu_0\in W$，则小概率事件发生，于是拒绝原假设 $H_0:\mu=\mu_0$。反之，则没有足够的理由拒绝原假设，即做出"接受"的决策。此时，将 $\frac{\overline{X}-\mu}{S/\sqrt{n}}$ 的接受域 A 转化成关于参数 μ 的不等式（μ 的接受域）

$$A_\mu=[\overline{X}-t_{\alpha/2}(n-1)\frac{S}{\sqrt{n}},\ \overline{X}+t_{\alpha/2}(n-1)\frac{S}{\sqrt{n}}]\Rightarrow P(\mu\in A_\mu)=1-\alpha \tag{5.3.3}$$

则取置信区间估计为 $I_\mu=A_\mu$，它就是包含参数 μ 的大概率区间。至此，就完成了假设检验到置信区间的推导。

上述过程给出了假设检验与置信区间互推的可能，其中是否存在使用上的误区呢？学者何平平指出，假设检验中标准误的计算需要假定 H_0 成立，而置信区间估计中标准误的计算不存在 H_0 假定。所以，当二者的标准误计算不同时，不能也不应该由其中之一的结论推出另外一个的结论。

例 5.3.2 假设样本 $X_1,X_2,\cdots,X_m$ 来自总体 $X\sim P(\lambda_1)$，样本 $Y_1,Y_2,\cdots,Y_n$ 来自总体 $Y\sim P(\lambda_2)$，两个总体相互独立。取显著性水平为 α，分别求两个总体参数差的置信区间估计和相等性检验。

（1）$\lambda_1 - \lambda_2$ 的置信区间估计

采用 $\bar{X} - \bar{Y}$ 作为 $\lambda_1 - \lambda_2$ 的点估计，可知标准误 $\sigma(\bar{X} - \bar{Y}) = \sqrt{\dfrac{\lambda_1}{m} + \dfrac{\lambda_2}{n}}$，由于参数均未知，则使用 $\bar{X}$ 代替 λ_1、$\bar{Y}$ 代替 λ_2，于是得到标准误的估计为

$$\text{se}(\bar{X} - \bar{Y}) = \sqrt{\dfrac{\bar{X}}{m} + \dfrac{\bar{Y}}{n}} \tag{5.3.4}$$

由中心极限定理近似可得 $\dfrac{\bar{X} - \bar{Y} - (\lambda_1 - \lambda_2)}{\sqrt{\dfrac{\bar{X}}{m} + \dfrac{\bar{Y}}{n}}} \sim N(0,1)$，于是得到近似的置信区间估计为

$$\bar{X} - \bar{Y} \pm \mu_{\alpha/2}\, \text{se}(\bar{X} - \bar{Y}) \tag{5.3.5}$$

（2）$H_0 : \lambda_1 = \lambda_2$ 的假设检验

假定 $H_0 : \lambda_1 = \lambda_2$ 成立，则此时 $\lambda = \lambda_1 = \lambda_2$，因此对 λ 比较好的估计是合并样本的均值，即

$$\hat{\lambda} = \dfrac{\sum_{i=1}^{m} X_i + \sum_{j=1}^{n} Y_j}{m+n} = (\bar{X} + \bar{Y})\left(\dfrac{1}{m} + \dfrac{1}{n}\right) \tag{5.3.6}$$

则 $\sigma(\bar{X} - \bar{Y}) = \sqrt{\lambda\left(\dfrac{1}{m} + \dfrac{1}{n}\right)}$，由式（5.3.4）可得其估计

$$\text{se}_0(\bar{X} - \bar{Y}) = \sqrt{\hat{\lambda}\left(\dfrac{1}{m} + \dfrac{1}{n}\right)} \tag{5.3.7}$$

由中心极限定理近似可得 $\dfrac{\bar{X} - \bar{Y} - (\lambda_1 - \lambda_2)}{\text{se}_0(\bar{X} - \bar{Y})} \sim N(0,1)$，于是得到近似的置信区间估计为

$$\bar{X} - \bar{Y} \pm \mu_{\alpha/2}\, \text{se}_0(\bar{X} - \bar{Y}) \tag{5.3.8}$$

比较式（5.3.5）和式（5.3.8）可知，两种方法中的标准误的计算前提不一样，特别是假设检验。假定 $H_0 : \lambda_1 = \lambda_2$ 成立与否对标准误的计算是有明显差别的。

假设 $X_1, X_2, \cdots, X_m$ 的观测值（10 个）为 2, 2, 4, 0, 5, 0, 3, 1, 3, 1，$Y_1, Y_2, \cdots, Y_n$ 的观测值（15 个）为 2, 4, 4, 6, 2, 5, 3, 4, 2, 0, 4, 5, 4, 3, 3。

基本计算数据：$m=10$, $\bar{x}=2.1$, $n=15$, $\bar{y}=3.4$, $\bar{x}-\bar{y}=-1.3$, $\hat{\lambda}=2.88$, $\mu_{0.025}=1.959964$。

由式（5.3.4）可得标准误为

$$\text{se}(\bar{X} - \bar{Y}) = \sqrt{\dfrac{\bar{X}}{m} + \dfrac{\bar{Y}}{n}} = 0.6608076$$

由式（5.3.5）可得近似置信区间估计为

$$(-1.3 - 1.959964 \times 0.6608076, -1.3 + 1.959964 \times 0.6608076) = (-2.595159, -0.004841)$$

而基于式（5.3.6）和式（5.3.7）可得标准误

$$\text{se}_0(\bar{X} - \bar{Y}) = \sqrt{\hat{\lambda}\left(\dfrac{1}{m} + \dfrac{1}{n}\right)} = \sqrt{2.88 \times \left(\dfrac{1}{10} + \dfrac{1}{15}\right)} = 0.6928203$$

由式（5.3.8）计算可得近似置信区间估计为

$$(-1.3-1.959964\times 0.6928203, -1.3+1.959964\times 0.6928203)=(-2.657903, 0.057903)$$

例 5.3.2 给出了两种方法互推存在的问题，其实出现这个问题的关键在于标准误中包含待检验的参数，因此要避免出现这个问题，只要保证两种方法的标准误估计一致即可。

5.4 基于 Q-Q 图的分布拟合优度检验

分布拟合优度检验是数理统计中的一项重要内容，有着极为广泛的应用。经典而又通用的方法包括 χ^2 拟合优度检验法、K-S 检验法等。其中，χ^2 拟合优度检验法既适合离散型随机变量，也适合连续型随机变量，而 K-S 检验法一般只适合连续型随机变量，这两个方法都能给出一个检验 p 值供决策参考。除了上述的方法外，也经常采用以直观图形呈现的检验方法，最具有代表性的就是 P-P 图检验法和 Q-Q 图检验法。

下面我们一起探讨直观检验的原理，并通过具体的例子来应用直观检验。

1. 直观检验的原理

所谓 P-P（Probability-Probability，概率-概率）图，就是样本的累加频率与指定分布的累加概率之间的关系图；而在 Q-Q（Quantile-Quantile，样本分位数-理论分位数）图中，两个分位数经过变换处理将形成一条直线，从而直观地判定数据可能服从的概率分布。由于正态分布的常见性，在众多教科书和研究文献中，P-P 图和 Q-Q 图检验法常用于正态性检验中。其实，这两种检验法也同样适用于各种离散型和连续型分布的直观检验。

对于假设检验问题 $H_0: X$ 的分布函数为 $F(x)$，已知随机变量（或总体）X 的一个样本 $X_1, X_2, \cdots, X_n$ 及其观测值 $x_1, x_2, \cdots, x_n$，定义样本的经验分布函数 $F_n(x) = \frac{1}{n}\sum_{i=1}^{n} I(x_i \leqslant x)$，其中 $I(x) = \begin{cases} 1, & x\text{为真} \\ 0, & x\text{为假} \end{cases}$。记 $x_1, x_2, \cdots, x_n$ 从小到大的排序结果为 $x_{(1)} < x_{(2)} < \cdots < x_{(m)}$，$n_{(i)} = \sum_{j=1}^{n} I(x_j = x_{(i)})$，$i = 1, 2, \cdots, m$。经验分布函数在 $x_{(i)}$ 处的值可以表示为

$$F_n(x_{(i)}) = \frac{1}{n}\sum_{j=1}^{n} I(x_j \leqslant x_{(i)}) = \frac{1}{n}\sum_{j=1}^{i} n_{(j)} \tag{5.4.1}$$

由格里汶科定理可知，样本的经验分布函数是总体分布函数的优良估计，对于 $p = F(x)$ 的反函数，不妨记为 $F^{-1}(p)$，其定义为

$$x = F^{-1}(p) = \inf\{x : F(x) \geqslant p\} \tag{5.4.2}$$

则对任意的 $i = 1, 2, \cdots, m$，有

$$F(x_{(i)}) \approx F_n(x_{(i)}) = \frac{1}{n}\sum_{j=1}^{i} n_{(j)} \Rightarrow \begin{cases} p_{(i)} = F(x_{(i)}) \approx F_n(x_{(i)}) = \frac{1}{n}\sum_{j=1}^{i} n_{(j)} = p_{n(i)} \\ x_{(i)} \approx F^{-1}(F_n(x_{(i)})) = F^{-1}(\frac{1}{n}\sum_{j=1}^{i} n_{(j)}) = t_{(i)} \end{cases} \tag{5.4.3}$$

根据式（5.4.3），能得到 P-P 图所对应的散点数对 $(p_{(i)}, p_{n(i)})$ 和 Q-Q 图所对应的散点数对

$(x_{(i)}, t_{(i)})(i=1,2,\cdots,m)$。如果样本确实来自待检验总体,则散点数据对就会紧紧围绕并贴近直线 $y=x$,这就是直观检验的基本依据。这两个检验的本质思想是一致的,都用到了频率估计概率,只是实现的形式不同而已。

从上述理论推导可知,完成 P-P 图或 Q-Q 图检验的关键是找到散点数对。在实际计算中,当 $i=n$ 时,$F_n(x_{(n)})=1$,通常 $F(x_{(n)})\neq 1$,因此需要对 $\frac{1}{n}\sum_{j=1}^{i}n_{(j)}$ 进行修正,常用的修正方案如表 5.4.1 所示。

表 5.4.1 累加频率的修正方案

方案 1	方案 2	方案 3	方案 4
$\frac{1}{n+1}\sum_{j=1}^{i}n_{(j)}$	$\frac{1}{n}(\sum_{j=1}^{i}n_{(j)}-\frac{1}{2})$	$\frac{1}{n}(\sum_{j=1}^{i}n_{(j)}-a), 0<a\leqslant\frac{1}{2}$	$\frac{1}{n+1/4}(\sum_{j=1}^{i}n_{(j)}-\frac{3}{8})$

其中,方案 4 是国际标准 GB/T 4882-2001 推荐使用的,方案 3 是对方案 2 进行的一般化。

2. 直观检验的实现

(1) 连续型分布的图检验——以指数分布为例

对于检验问题 $H_0: X\sim E(\lambda)$,不妨假设参数 λ 已知。若参数 λ 未知,可以用其估计 $\hat{\lambda}=\frac{1}{\bar{X}}$ 代替。指数分布 $E(\lambda)$ 的分布函数为 $F(x)=\begin{cases}1-e^{-\lambda x}, x>0\\ 0, x\leqslant 0\end{cases}$,在 $x>0$ 时,其反函数为 $F^{-1}(x)=-\frac{1}{\lambda}\ln(1-x)$。将样本观测值 $x_1,x_2,\cdots,x_n$ 从小到大排序,不妨记为 $x_{(1)}<x_{(2)}<\cdots<x_{(m)}$,由式(5.4.3)可得

$$\begin{cases}p_{(i)}=1-e^{-\lambda x_{(i)}}\approx \frac{1}{n}\sum_{j=1}^{i}n_{(j)}=p_{n(i)}\\ x_{(i)}\approx -\frac{1}{\lambda}\ln(1-\frac{1}{n}\sum_{j=1}^{i}n_{(j)})=t_{(i)}\end{cases} \quad (5.4.4)$$

于是,可找到检验使用的数对 $(p_{(i)}, p_{n(i)})$ 和 $(x_{(i)}, t_{(i)})$。更一般地,如果是对指数分布的参数 λ 进行检验,则上述结论可以转化成

$$\lambda x_{(i)}\approx -\ln(1-\frac{1}{n}\sum_{j=1}^{i}n_{(j)})=t_{(i)} \quad (5.4.5)$$

得到新的数对 $(\lambda x_{(i)}, t_{(i)})$,这样不但容易完成检验问题,还能对参数 λ 给出直观估计。实际计算中,数据修正时若采用方案 3,不妨取 $a=0.25$。

(2) 离散型分布的图检验——以泊松分布为例

对于检验问题 $H_0: X\sim P(\lambda)$,不妨假设参数 λ 已知。若参数 λ 未知,可以用其估计 $\hat{\lambda}=\bar{X}$ 代替。泊松分布的分布函数为 $y=F(x)=\sum_{j=0}^{x}e^{-\lambda}\frac{\lambda^j}{j!}$,样本观测值为 $x_1,x_2,\cdots,x_n$,从小到大排序结果为 $x_{(1)}<x_{(2)}<\cdots<x_{(m)}$,由式(5.4.1)、式(5.4.2)和式(5.4.3)可得

$$\begin{cases} p_{(i)} = \sum_{j=0}^{x_{(i)}} e^{-\lambda} \dfrac{\lambda^j}{j!} \approx \dfrac{1}{n} \sum_{j=1}^{i} n_{(i)} = p_{n(i)} \\ x_{(i)} \approx \inf\{x : F(x) \geqslant \dfrac{1}{n} \sum_{j=1}^{i} n_{(i)}\} = t_{(i)} \end{cases}$$
（5.4.6）

至此，找到检验用的数对 $(p_{(i)}, p_{n(i)})$ 和 $(x_{(i)}, t_{(i)})$，观察其是否在一条直线上，即可判定样本是否服从泊松分布。实际计算中，数据修正时不妨采用方案 3，取 $a=0.25$。

（3）模拟实验

实验一：关于指数分布的直观检验实验设计过程

步骤 1：不妨以 $\lambda=2$ 模拟生成指数分布的 100 个随机数，并记为 x，对 x 从小到大排序后形成样本分位数 $x_{(i)}(i=1,2,\cdots,n)$。

步骤 2：计算样本均值，从而估计参数 $\hat{\lambda}=1/\bar{x}$；由于 x 中没有重复值，故由式（5.4.4）可直接计算 $t_{(i)} = -0.5 * \ln(1-(i-0.25)/100)$，$p_{(i)} = 1 - e^{-\hat{\lambda} x_{(i)}}$，从而得到数对 $(x_{(i)}, t_{(i)})$ 和 $(p_{(i)}, p_{n(i)})$。

步骤 3：绘制散点 $(x_{(i)}, t_{(i)})$ 和 $(p_{(i)}, p_{n(i)})$（$i=1,2,\cdots,n$）和直线 $y=x$，得到 Q-Q 图和 P-P 图。

实验二：关于泊松分布的直观检验实验设计过程

步骤 1：不妨以 $\lambda=4$ 模拟生成泊松分布的 100 个随机数，并记为 x。由于 x 中有重复值，所以需要计算 $n_{(i)}$，并得到 x 中不重复值的集合，从小到大排序后形成样本分位数 $x_{(i)}(i=1,2,\cdots,m)$。

步骤 2：样本均值估计参数 $\hat{\lambda}=\bar{x}$，根据式（5.4.6）计算 $t_{(i)} = \inf\{x : F(x) \geqslant \dfrac{1}{n}(\sum_{j=1}^{i} n_{(i)} - 0.25)\}$ 和 $p_{(i)} = \sum_{j=0}^{x_{(i)}} e^{-\hat{\lambda}} \dfrac{\hat{\lambda}^j}{j!}$，从而得到数对 $(x_{(i)}, t_{(i)})$ 和 $(p_{(i)}, p_{n(i)})$。

步骤 3：绘制散点 $(x_{(i)}, t_{(i)})$ 和 $(p_{(i)}, p_{n(i)})$（$i=1,2,\cdots,n$）和直线 $y=x$，得到 Q-Q 图和 P-P 图。

上述两个实验的代码见程序 5.4.1。

【程序 5.4.1】P-P 图和 Q-Q 图检验的 R 软件实验代码

```
#指数分布直观图法检验模拟，产生图5.4.1
set.seed(100);    n=100;    xi=sort(rexp(n,2))
lambda=1/mean(xi)   #此处先估计参数
pni=((1:100)-0.25)/n
pi=1-exp(-lambda*xi)
ti=-0.5*log(1-pni)
op=par(mfrow=c(1,2))
plot(xi,ti,col='black',main='Q-Q plot',xlab='xi',ylab='ti')
abline(a=0,b=1,col='black',lw=2)
plot(pni,pi,col='black',main='P-P plot',xlab='pni',ylab='pi')
abline(a=0,b=1,col='black',lw=2)
par(op)

#泊松分布直观图法检验模拟，产生图5.4.2
set.seed(100);    n=100;    x=rpois(n,4)
lambda=mean(x)   #此处先估计参数
xi=sort(unique(x));            ni=table(x)
pni=(cumsum(ni)-0.25)/n;       ti=qpois(pni,lambda)
```

```
pi=ppois(xi,lambda)
op=par(mfrow=c(1,2))
plot(xi,ti,col='black',main='Q-Q plot',xlab='xi',ylab='ti')
abline(a=0,b=1,col='black',lw=2)
plot(pni,pi,col='black',main='P-P plot',xlab='pni',ylab='pi')
abline(a=0,b=1,col='black',lw=2)
par(op)
```

执行以上代码，输出结果如图 5.4.1 和图 5.4.2 所示。

图 5.4.1　指数分布的 Q-Q 图和 P-P 图

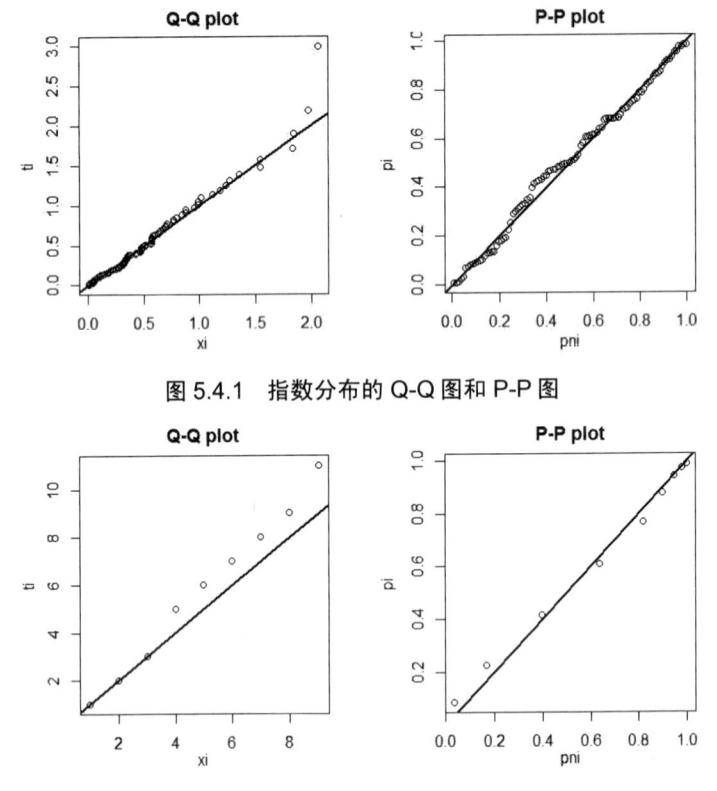

图 5.4.2　泊松分布的 Q-Q 图和 P-P 图

3. 直观检验的注意事项

P-P 图和 Q-Q 图检验法通过一条直线对总体分布检验进行直观判定，这是此类方法最大的特点。在使用此类方法的过程中，有一些地方需要特别注意。

（1）为了与实际计算相符，需要对累加频率进行修正，但修正方案并无固定的标准。

（2）离散型分布检验中的两个分位数计算比较烦琐，样本分位数的计算需要先对离散样本数据进行归并统计，而理论分位数的计算需要求解满足 $F(x) \geqslant p$ 的最小下界 x，这与连续型分布存在较大的差异。

（3）对于离散型分布而言，若随机变量的取值过少或者样本量过小，则 Q-Q 图检验法的偏差将非常大，从而失去直观检验的意义。

（4）在原假设 H_0 为真的前提下，不论是离散型分布还是连续型分布，在最大样本点 $x_{(n)}$ 附近的散点数对与直线 $y = x$ 之间都会呈现较大偏差，这是方法本身的构造过程决定的。

（5）P-P 图检验法对数据及数据量的敏感度远低于 Q-Q 图检验法。

4. 直观检验的思考

P-P 图和 Q-Q 图检验中还有一些值得继续思考和探索的问题：

（1）P-P 图和 Q-Q 图检验右侧尾部存在较大偏差的修正模型构建。

（2）离散型分布检验中样本的离散特性对分位数计算及 P-P 图、Q-Q 图绘制的影响及修正模型构建。

（3）在 P-P 图和 Q-Q 图直观检验的基础上如何增强检验评价的量化程度，以便达到提供类似检验 p 值一样的效果？

（4）实施直观检验是否对样本点的个数有最低要求？如果有，是多大？

上述问题或许可以通过设计和构建不同的随机模拟实验进行进一步探索。

5.5 同分布族的直观检验方法

同分布检验是分布拟合优度检验中的一项重要内容，在数据分析领域作用突出。比较常见的方法有 Kolmogorov-Smirnov（K-S）检验，它是由柯尔莫哥洛夫（Andrey Nikolaevich Kolmogorov）和斯米诺夫（Valadimir Ivanovich Smirnov）提出的，见图 5.5.1。K-S 检验一般只适用于连续型分布，它既可以完成单个总体分布检验，也可以完成两个总体的同分布检验，检验结果通过检验 p 值呈现。该方法无法一次性完成超过两个以上总体的同分布检验。在实际应用中，以图形为代表的直观检验设计对于数据的预处理意义重大，如 5.4 节介绍的 P-P 图和 Q-Q 图检验法，因此多总体直观检验的研究具有现实意义。

左：柯尔莫哥洛夫（1903—1987）
右：斯米诺夫（1887—1974）

图 5.5.1　K-S 检验的重要贡献者

本节将研究双总体同分布的直观检验，然后扩展到多总体同分布族的直观检验。

1. 同分布族检验的原理

（1）P 分位数。

定义 5.5.1　设实值函数 $F(x)$ 为总体 X 的分布函数，若实数 x 为 $F(x)$ 的 P 分位数，其中 $p \in (0,1)$，则 x 只需满足 $x = F^{-1}(p) = \inf\{x | F(x) \geq p\}$。

定义 5.5.2　总体 X 的样本为 $X_1, X_2, \cdots, X_n$，其观测值为 $x_1, x_2, \cdots, x_n$，则其经验分布函数为

$$F_n(x) = \frac{1}{n}\sum_{i=1}^{n} I(x_i \leq x), \text{ 其中 } I(x) = \begin{cases} 1, & x = \text{TRUE} \\ 0, & x = \text{FALSE} \end{cases} \quad (5.5.1)$$

定义 5.5.3 设实数 x 为经验分布函数 $F_n(x)$ 的 P 分位数，其中 $p \in (0,1)$，则 x 只需满足

$$x = \inf\{x \mid F_n(x) \geq p\} \tag{5.5.2}$$

该分位数等价于对样本观测值 $x_1, x_2, \cdots, x_n$ 从小到大排序，形成 $x_{(1)} \leq x_{(2)} \leq \cdots \leq x_{(n)}$ 后，寻找最小的下标 i 使其满足 $i/n \geq p$，此时 $x_{(i)}$ 即为所求的分位数。

（2）对于同分布假设检验问题 $H_0: F_X(x)=F_Y(x)$，其中 $F_X(x)$ 和 $F_Y(x)$ 分别为总体 X 和 Y 的分布函数，$F_X^{-1}(x)$ 和 $F_Y^{-1}(x)$ 分别为 $F_X(x)$ 和 $F_Y(x)$ 的反函数，如果 H_0 成立，则对于 $\forall p \in (0,1)$，由 $F_X(x)=p=F_Y(y)$ 得 $x = F_X^{-1}(p)=F_Y^{-1}(p)=y$，即两总体的分位数恒等，必然位于直线 $y=x$ 上。

（3）对于同分布族假设检验问题 $H_0: F_X(x), F_Y(x) \in \{F(x,\theta), \theta \in \Theta\}$，其中 $F(x,\theta)$ 表示随参数 θ 变化的分布函数族，Θ 为 θ 的取值空间，以一类指数分布族 $E(\lambda), \lambda = \{\lambda_1, \lambda_2\}$ 和正态分布族 $N(\mu, \sigma^2), (\mu, \sigma^2) = \{(\mu_1, \sigma_1^2), (\mu_1, \sigma_2^2)\}$ 为例，显然对于 $\forall p \in (0,1)$，在求分位数时，易得

$$\begin{cases} F(x, \lambda_1) = F(y, \lambda_2) = p \Rightarrow y = \dfrac{\lambda_1}{\lambda_2} x \\ \Phi\left(\dfrac{x-\mu_1}{\sigma_1}\right) = \Phi\left(\dfrac{y-\mu_2}{\sigma_2}\right) = p \Rightarrow y = \dfrac{\sigma_2}{\sigma_1}(x-\mu_1) + \mu_2 \end{cases} \tag{5.5.3}$$

其中，$\Phi(x)$ 为标准正态分布的分布函数。上述两个分布族的分位数之间均呈现直线关系，而不管分布的参数如何取值，这个关系可以推广到所有分布。对于一般的分布族，近似地，不妨假设总体 X 的期望与方差分别为 $E(X)=\mu(\theta)$ 和 $D(X) = \sigma^2(\theta)$，利用中心极限定理可得

$$F(x,\theta) = P(X \leq x \mid \theta) = P\left(\frac{X-\mu(\theta)}{\sigma(\theta)} \leq \frac{x-\mu(\theta)}{\sigma(\theta)}\right) \approx \Phi\left(\frac{x-\mu(\theta)}{\sigma(\theta)}\right)$$

则利用式（5.5.3），有

$$\Phi\left(\frac{x-\mu(\theta_1)}{\sigma(\theta_1)}\right) = p = \Phi\left(\frac{y-\mu(\theta_2)}{\sigma(\theta_2)}\right)$$

可推得

$$\frac{x-\mu(\theta_1)}{\sigma(\theta_1)} = \frac{y-\mu(\theta_2)}{\sigma(\theta_2)} \Rightarrow y = \frac{\sigma(\theta_2)}{\sigma(\theta_1)}(x - \mu(\theta_1)) + \mu(\theta_2) \tag{5.5.4}$$

即同分布族的两个分布的分位数之间同样呈现直线关系。

可将（2）和（3）的检验问题统一，对于同分布族的两个总体而言，分位数在理论上满足直线方程

$$y = a + bx$$

其中，截距 a 表示两个总体中心位置上的相对距离，而系数 b 表示两个总体尺度上的相对大小。若 $a=0$, $b=1$，则两个总体同分布。若 $a \neq 0$ 或 $b \neq 1$（$b \neq 0$），则两个总体同属一个分布族，此时，若 $a>0$，则表示总体 Y 分布在总体 X 的右侧，反之则在左侧；若 $b>1$，则表示总体 Y 的分布比总体 X 更为平缓、更为分散，反之则更为陡峭、更为集中。经典理论告诉我们，两个随机变量依概率 1 呈线性关系的充要条件是相关系数绝对等于 1，即

$$\exists b \neq 0, P(y = a + bx) = 1 \Leftrightarrow |\rho_{xy}| = 1$$

因此，可以用两个分位数的样本相关系数 cor 作为评价同分布程度的一个指标。

上述结论可以直接应用在两个以上的总体同分布比较中，此时只需选择其中一个当作参照总体，其他各个总体相对于它绘制上述直线方程，若多条直线重合，则为同分布；若多条直线平行，则说明各总体只是中心位置发生平移；若各直线相交，则说明中心位置有偏移、尺度有缩放。这样处理的最直接效应就是可非常直观地判断出各个总体的归属及相互关系。

（4）格里汶科定理 $P(\lim_{n\to\infty} \sup_{-\infty<x<\infty} |F_n(x)-F(x)|=0)=1$ 告诉我们：当样本量足够大时，样本的经验分布函数几乎处处等于总体的分布函数，因此经验分布函数是总体分布函数的优良估计。在实际应用中有 $F(x) \approx F_n(x)$，这使得利用经验分布函数进行同分布检验成为可能。

（5）检验过程

对于总体 X 的一个样本 $X_1, X_2, \cdots, X_m$ 及观测值 $x_1, x_2, \cdots, x_m$，总体 Y 的一个样本 $Y_1, Y_2, \cdots, Y_n$ 及观测值 $y_1, y_2, \cdots, y_n$，利用格里汶科定理，以 $F_{X,m}(x)$ 和 $F_{Y,n}(y)$ 的分位数近似 $F_X(x)$ 和 $F_Y(x)$ 的分位数，在同分布或同分布族的假设前提下，构建两个样本分位数的关系。若其近似满足直线关系，则直观上认可同分布或同分布族的假设。至于如何确定直线方程，可以通过构建两个样本分位数的一元线性回归方程 $y=a+bx$，再利用最小二乘法得到 a 和 b 的估计，同时利用直线方程的 F 检验的 P 值和两个分位数序列的相关系数值作为直观检验的量化结论。

2. 同分布族直观检验的算法设计

（1）同分布检验的步骤

针对总体 X 的样本观测值 $x_1, x_2, \cdots, x_m$ 和总体 Y 的样本观测值 $y_1, y_2, \cdots, y_n$ 进行同分布检验。

①生成样本的经验分布函数 $F_{X,m}(x)$ 和 $F_{Y,n}(y)$。

②给出等差序列 P，从 0 到 1，步长为 dp。

③将 P 代入式（5.5.2）计算分位数，形成坐标 (x_p, y_p) 序列。

④绘制 (x_p, y_p) 序列的散点图。

⑤以 (x_p, y_p) 序列求解回归方程 $y=a+bx$ 并绘制该直线，给出系数检验结果。

⑥判断 (x_p, y_p) 序列是否位于直线 $y=a+bx$ 附近，计算直线方程检验 P 值和相关系数，完成检验。

（2）同分布族检验的步骤

针对总体 X_i 的样本观测值 $x_{i,1}, x_{i,2}, \cdots, x_{i,n}$（$i=1,2,\cdots,k$），进行 k 个总体同分布族检验。

①生成样本的经验分布函数 $F_{X_i,n}(x)$（$i=1,2,\cdots,k$）。

②给出等差序列 P，从 0 到 1，步长为 dp。

③将 P 代入式（5.5.2）计算分位数，形成 k 维坐标 $(x_{1p}, x_{2p}, \cdots, x_{kp})$。

④不妨以 x_{1p} 为参照，绘制 (x_{1p}, x_{ip})（$i=2,\cdots,k$）的 $k-1$ 个散点图。

⑤以 (x_{1p}, x_{ip}) 求解回归方程 $y=a_i+b_i x$ 并绘制 $k-1$ 条直线，给出 $k-1$ 对系数检验结果。

⑥判断 (x_{1p}, x_{ip}) 是否位于直线 $y=a_i+b_i x$（$i=1,2,\cdots,k$）附近，计算直线方程检验 P 值和相关系数，完成检验。

3. 模拟检验

（1）同分布模拟检验

以泊松分布 $P(10)$、均匀分布 $U(0,5)$、指数分布 $E(2)$、正态分布 $N(50,2^2)$、卡方分布

$\chi^2(20)$ 和 F 分布 $F(10,20)$ 共 6 个分布为例,分别生成样本量 n=100 的两个样本,进行同分布模拟检验,过程见程序 5.5.1。

【程序 5.5.1】同分布模拟检验

```
#得到经验分布函数的分位数,其中p是概率,fun是经验分布函数,x为fun的横坐标分隔点
getq=function(p,fun,x)
{  a=fun(x)-p;    a=a[a<=0];   x[which.max(a)]   }

#根据随机数生成函数rfun及其参数para得到该分布的随机数序列x和经验分布函数fx
getrdata=function(n,rfun,para)
{  plen=length(para)
   if(plen==1)   x=rfun(n,para[1])
   else if(plen==2) x=rfun(n,para[1],para[2])
   else if(plen==3) x=rfun(n,para[1],para[2],para[3])
   x=sort(x);   fx=ecdf(x)
   list(x=x,fx=fx)
}

getqdata=function(n,rdat)   #依据整数n生成等距概率序列p,得到经验分布fx对应的分位数序列qx
{  p=seq(0,1,length=n);   qx=unlist(sapply(p,getq,rdat$fx,rdat$x));   return(qx)  }

drawqdata=function(qdat,draw=TRUE,main,xlim=NULL,ylim=NULL)     #绘制分位数的散点图和直线
{  n=min(length(qdat$qx),length(qdat$qy))  #可能得到的分位数序列的长度会相差1,故取最小长度
   lmxy=summary(lm(qdat$qy[1:n]~qdat$qx[1:n]))
   if(draw==TRUE)
   {
       if(is.null(xlim) || is.null(ylim))
          plot(qdat$qx[1:n],qdat$qy[1:n],main=main,xlab='X 分位数',ylab='Y 分位数',
cex.main=0.9,cex.lab=0.9)
       else
          plot(qdat$qx[1:n],qdat$qy[1:n],main=main,xlab='X 分位数',ylab='Y 分位数',
xlim=xlim,ylim=ylim,cex.main=0.9,cex.lab=0.9)
       abline(a=lmxy$coeff[1,1],b=lmxy$coeff[2,1])
   }
   p.value=1-pf(lmxy$fstatistic[1],lmxy$fstatistic[2],lmxy$fstatistic[3])
   names(p.value)=NULL
   list(caption='回归方程显著性',pvalue=p.value,cor=cor(qdat$qx[1:n],qdat$qy[1:n]))
}
op=par(mfrow=c(2,3))
rx=getrdata(100,rpois,c(10));   qx=getqdata(100,rx);
ry=getrdata(100,rpois,c(10));   qy=getqdata(100,ry);
qdat=list(qx=qx,qy=qy);
drawqdata(qdat,main='泊松分布 P(10)同分布检验',xlim=c(0,20),ylim=c(0,20))

rx=getrdata(100,runif,c(0,5));   qx=getqdata(100,rx);
ry=getrdata(100,runif,c(0,5));   qy=getqdata(100,ry);
qdat=list(qx=qx,qy=qy);
drawqdata(qdat,main='均匀分布 U(0,5)同分布检验',xlim=c(0,5),ylim=c(0,5))

rx=getrdata(100,rexp,c(2));   qx=getqdata(100,rx);
ry=getrdata(100,rexp,c(2));   qy=getqdata(100,ry);
qdat=list(qx=qx,qy=qy);
drawqdata(qdat,main='指数分布 E(2)同分布检验',xlim=c(0,2),ylim=c(0,2))

rx=getrdata(100,rnorm,c(50,2));   qx=getqdata(100,rx);
```

```
ry=getrdata(100,rnorm,c(50,2));  qy=getqdata(100,ry)
qdat=list(qx=qx,qy=qy);
drawqdata(qdat,main='正态分布 N(50,4)同分布检验',xlim=c(40,60),ylim=c(40,60))

rx=getrdata(100,rchisq,c(20));  qx=getqdata(100,rx);
ry=getrdata(100,rchisq,c(20));  qy=getqdata(100,ry)
qdat=list(qx=qx,qy=qy);
drawqdata(qdat,main='卡方分布 X(20)同分布检验',xlim=c(0,40),ylim=c(0,40))

rx=getrdata(100,rf,c(10,20));  qx=getqdata(100,rx);
ry=getrdata(100,rf,c(10,20));  qy=getqdata(100,ry)
qdat=list(qx=qx,qy=qy);
drawqdata(qdat,main='F 分布 F(10,20)同分布检验',xlim=c(0,6),ylim=c(0,6))
par(op)
```

执行以上代码，输出结果如图 5.5.2 所示。

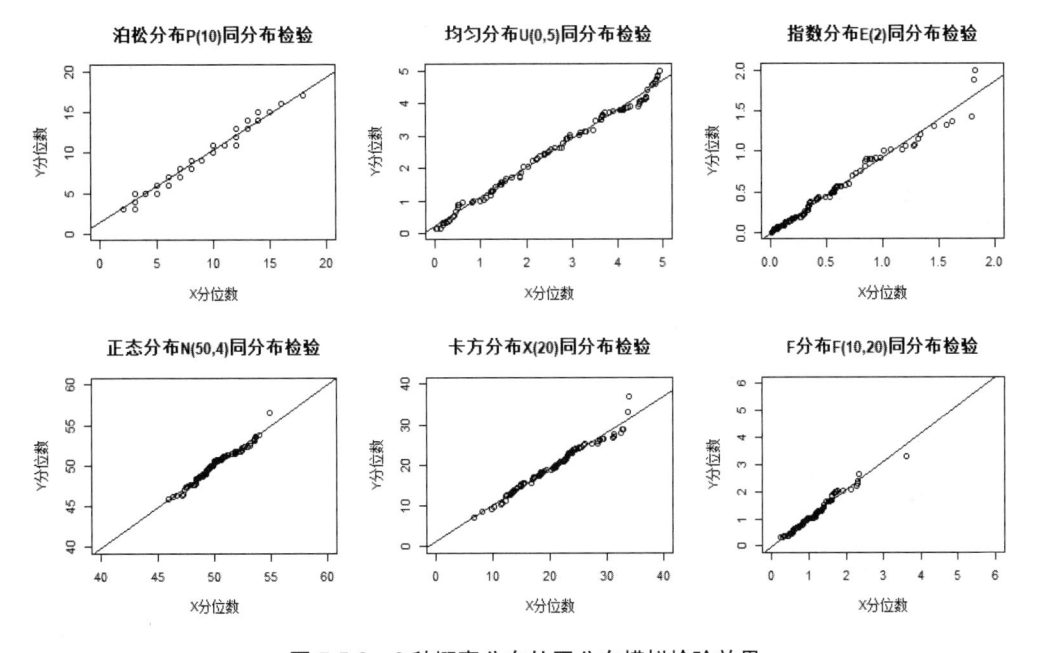

图 5.5.2 6 种概率分布的同分布模拟检验效果

检验难免犯错，对于一种检验方法，通常需要控制犯第一类错误的概率，这个概率常称为显著性水平。针对上述 6 种常见的分布及同分布检验方法，设计样本量 n 从 10 到 500 的模拟检验各 100 次，计算检验方法在显著性水平取 0.05 时犯第一类错误的平均频率，进而对犯第一类错误的概率进行估计，同时给出表示同分布近似程度的相关系数。在实际计算中，分位数序列的长度（算法中等差序列 P 的长度）在样本量小于 100 时取为样本量，在样本量大等于 100 时取为 100。具体结果见表 5.5.1。

表 5.5.1 不同样本量时犯第一类错误的平均频率、相关系数和回归系数（各模拟 100 次）

分布	指标	n=10	n=20	n=50	n=100	n=200	n=500
$P(10)$	p 值	0.0057(2)	2.95×10^{-5}	2.57×10^{-15}	0.0000	0.0000	0.0000
	cor	0.9133	0.9314	0.9637	0.9768	0.9814	0.9884
	a,b	0.2313,0.9903	0.2414,0.9736	0.2451,0.9732	0.2842,0.9642	0.1355,0.9846	0.0953,0.9876

续表

分布	指标	$n=10$	$n=20$	$n=50$	$n=100$	$n=200$	$n=500$
$U(0,5)$	p 值	0.0013	1.51×10^{-8}	0.0000	0.0000	0.0000	0.0000
	cor	0.9245	0.9613	0.9846	0.9923	0.9959	0.9983
	a,b	0.2055,0.9433	0.0995,0.9476	0.0580,0.9977	0.0315,0.9921	0.0275,0.9958	0.0085,1.0032
$E(2)$	p 值	0.0019(1)	1.22×10^{-6}	6.69×10^{-13}	0.0000	0.0000	0.0000
	cor	0.9330	0.9464	0.9696	0.9779	0.9842	0.9898
	a,b	−0.0124,1.1321	0.0147,1.0194	0.0087,0.9974	0.0084,0.9729	0.0031,0.9936	−0.0011,1.0106
$N(50,2^2)$	p 值	0.0011	5.10×10^{-8}	0.0000	0.0000	0.0000	0.0000
	cor	0.9289	0.9575	0.9767	0.9884	0.9937	0.9962
	a,b	−0.7295,1.0138	0.9553,0.9800	1.1190,0.9772	−0.1519,1.0031	0.5522,0.9894	−0.1484,1.0026
$\chi^2(20)$	p 值	0.0015	2.68×10^{-8}	0.0000	0.0000	0.0000	0.0000
	cor	0.9286	0.9533	0.9770	0.9857	0.9913	0.9949
	a,b	−0.3421,1.0356	0.6207,0.9766	0.2044,0.9857	0.0279,0.9961	0.0855,0.9937	0.0581,0.9933
$F(10,20)$	p 值	0.0012	3.82×10^{-6}	2.22×10^{-18}	0.0000	0.0000	0.0000
	cor	0.9355	0.9476	0.9637	0.9767	0.9788	0.9893
	a,b	−0.0317,1.0619	0.0125,1.0041	0.0201,0.9843	−0.0072,1.0088	0.0126,0.9926	−0.0043,1.0118

注：检验 p 值括号内的数字表示 100 次模拟检验中检验 p 值超过 0.05 的次数

从图 5.5.1 和表 5.5.1 可知，本节设计的同分布检验算法只在样本量较小（$n=10$）时出现极少数的检验错误；在对两个分位数的线性回归分析建模中，检验 p 值均小于显著性水平，而回归系数中表征斜率的参数 b 均接近 1，表征截距的参数 a 的绝对值随着样本量的增多呈现明显的下降趋势，符合同分布的预期假定。总体上，本节算法在检验同分布问题上呈现出较好的直观检验效果。

对于泊松分布、正态分布的同分布检验，表 5.5.1 给出的参数 a 的数据不够理想，为此继续扩大样本量进行模拟实验发现，随着样本量的增大，参数 a 的绝对值同样呈现下降趋势，但是并非严格意义上的下降，还会出现波动与反复。

（2）同分布族模拟检验

以泊松分布 $P(\lambda)$ 和正态分布 $N(\mu,\sigma^2)$ 为例，其中泊松分布的参数取 $\lambda=5,10,15,20,25,30$，正态分布的参数取 $(\mu,\sigma^2)=\{(0,1),(1,1),(2,4),(5,4),(5,1),(20,9),(25,9),(30,4)\}$，分别取样本量 $n=100$ 进行同分布族的直观检验，过程见程序 5.5.2。

【程序 5.5.2】同分布族的直观检验

```
lambda=c(5,10,15,20,25,30);  n=100;  m=6;
rpdat=rep(list(0),m);  qpdat=rep(list(0),m)  #产生图5.5.3
cols=gray.colors(5,0.1,0.3) #使用c('black','red','blue','green','pink')会更容易区分
for(i in 1:m)
{ rpdat[[i]]=getrdata(n,rpois,c(lambda[i]));
  qpdat[[i]]=getqdata(n,rpdat[[i]]) }
drawn=min(sapply(qpdat,length))
plot(qpdat[[1]][1:drawn],qpdat[[6]][1:drawn],xlim=c(0,10),ylim=c(0,45), xlab='λ=5 为横坐标',ylab='其他为纵坐标')
```

```
for(i in 6:2)
{ points(qpdat[[1]][1:drawn],qpdat[[i]][1:drawn],col=cols[7-i])
  lmi=lm(qpdat[[i]][1:drawn]~qpdat[[1]][1:drawn])
  abline(lmi,col=cols[7-i],lty=7-i)
}
legend(0,45,c('λ=30~λ=5','λ=25~λ=5','λ=20~λ=5','λ=15~λ=5','λ=10~λ=5'),lty=1:5,
col=cols,text.col=cols)
#产生图5.5.4
para=matrix(c(0,1,1,1,5,4,5,1,20,9,25,9,30,4),nrow=7,byrow=TRUE)
n=100;  m=7;    rpdat=rep(list(0),m);      qpdat=rep(list(0),m)
cols= gray.colors(7,0.1,0.3)
#使用c('black','red','blue','green','yellow','pink','gray', 'purple')会更直观
for(i in 1:m)
{ rpdat[[i]]=getrdata(n,rnorm,para[i,]);    qpdat[[i]]=getqdata(n,rpdat[[i]]) }
drawn=min(sapply(qpdat,length))
plot(qpdat[[1]][1:drawn],qpdat[[7]][1:drawn],xlim=c(-3,2),ylim=c(-10,50),
xlab='N(0,1)为横坐标',ylab='其他为纵坐标')
for(i in 2:7)
{ points(qpdat[[1]][1:drawn],qpdat[[i]][1:drawn],col=cols[i])
  lmi=lm(qpdat[[i]][1:drawn]~qpdat[[1]][1:drawn]);
  abline(lmi,col=cols[i],lty=i)
}
legend(-3,50,c('1. N(1,1)~N(0,1)','2. N(5,4)~N(0,1)','3. N(5,1)~N(0,1)', '4. N(20,9)~
N(0,1)','5. N(25,9)~N(0,1)','6. N(30,4)~N(0,1)'), text.col=cols[2:7],lty=1:7)
text(-1,30,'分布6');   text(-1,19,'分布5');   text(0.3,17,'分布4')
text(-0.7,7,'分布3');  text(1,13,'分布2');    text(1,-1,'分布1')
```

执行以上代码，输出结果如图5.5.3和图5.5.4所示。

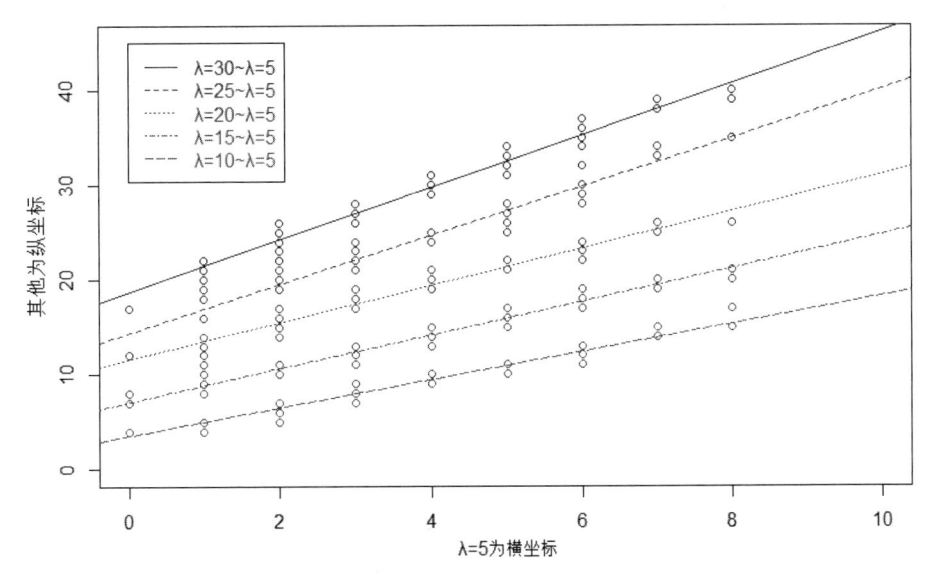

图5.5.3　泊松分布族的同分布检验

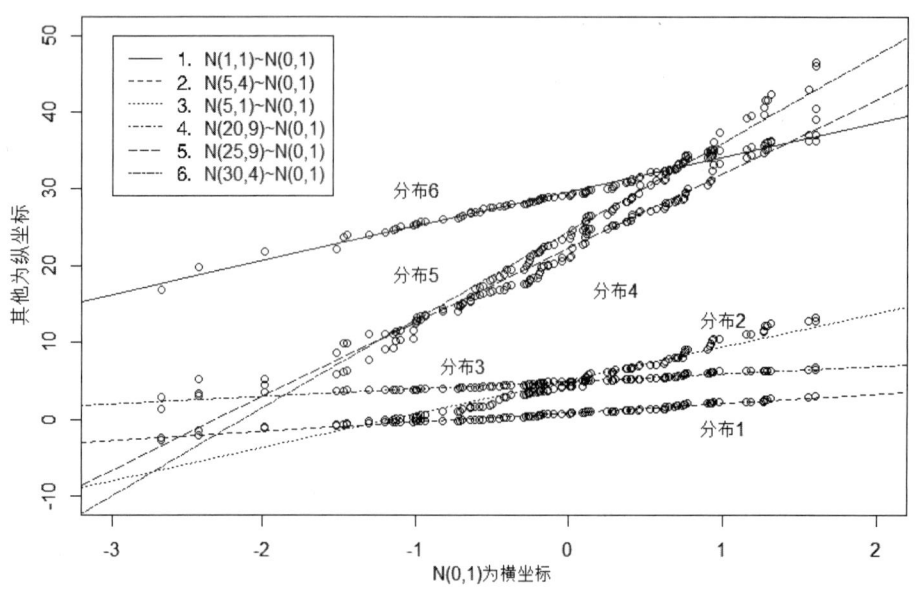

图 5.5.4　正态分布族的同分布检验

从图 5.5.3 可知，泊松分布只有一个参数，故进行同分布族检验时，同一样本的分位数重叠现象比较明显，不同样本的分位数及其拟合回归直线整体呈现平行状态，很好地验证了本节方法的结论。从图 5.5.4 可知，拥有两个参数的正态分布进行同分布族检验时，散点图均呈现近似直线状态，而基于散点所作的拟合回归直线则呈现平行状态，充分验证了本节所提方法的直观意义。其中，当方差相同时，同分布检验的分位数散点以及拟合的回归直线均呈现平行状态（如"分布 1"散点与"分布 3"散点、"分布 2"散点与"分布 6"散点以及"分布 4"散点与"分布 5"散点）；当均值相同、方差不同时，散点所在的直线会明显相交（如"分布 2"散点与"分布 3"散点、"分布 1"散点），而且方差与 $N(0,1)$ 的方差之比值越大，直线的斜率越大，相交的情况越明显。

在很多实际问题中，比如方差分析，对样本的同分布提出了严格要求，某些模型驱动的统计方法需要在特定的分布假定下才能实施，某些分析多样本的非参数方法也同样对同分布提出了基本要求，Monte-Carlo 随机模拟方法涉及多维问题建模的时候，也对多组随机数的独立同分布性提出了基本要求等。本节详细探讨了同分布和同分布族直观检验的原理和统一形式，指明同分布检验只是同分布族检验的一个特例。通过算法设计和模拟实验展示了同分布族检验的可行性和有效性，为多样本的同分布检验提供了一种直观可行的参考。

5.6　χ^2 检验法的非常规探讨

χ^2（卡方）检验法由英国统计学家卡尔·皮尔逊（Karl Pearson）于 1900 年首次提出，因此该方法也称为 Pearson-χ^2（皮尔逊卡方）检验法。它是非参数型检验领域的一个重要工具，主要针对计数型数据进行分析，其根本思想在于比较理论频数和实际频数的吻合程度或拟合优度问题。因此，在分布检验、独立性检验、一致性检验等众多方面应用广泛。

χ^2 检验法的具体应用不是本节的重点，本节先阐述 χ^2 检验法的基本原理，然后探讨 χ^2 检验法中有趣的问题。

1. χ^2 检验法的基本原理

针对某个假设检验问题 H_0，设收集到 m 个类别的观察频数，不妨记为 $\boldsymbol{O}=(n_1,n_2,\cdots,n_m)^{\mathrm{T}}$，令总频数 $N=\sum_{i=1}^{m}n_i$。在 H_0 成立的条件下，计算每个类别的理论概率 $\boldsymbol{p}=(p_1,p_2,\cdots,p_m)^{\mathrm{T}}$，同时计算每个类别的期望频数 $\boldsymbol{E}=N\boldsymbol{p}=(Np_1,Np_2,\cdots,Np_m)^{\mathrm{T}}$。于是，构造观察频数与期望频数的偏差程度统计量

$$\chi^2=\sum_{i=1}^{m}\frac{(O_i-E_i)^2}{E_i}=\sum_{i=1}^{m}\frac{(n_i-Np_i)^2}{Np_i}=\sum_{i=1}^{m}\frac{n_i^2}{Np_i}-N$$

在总频数 N 较大时，构造的 χ^2 统计量近似服从自由度为 $m-1$ 的 $\chi^2(m-1)$ 分布。若每个类别的理论概率 $\boldsymbol{p}=(p_1,p_2,\cdots,p_m)^{\mathrm{T}}$ 采用估计值，并且在计算的过程中需要预先估计 k 个未知参数，则自由度变更为 $m-1-k$，即检验统计量近似服从 $\chi^2(m-1-k)$ 分布

$$k\chi^2=\sum_{i=1}^{m}\frac{(O_i-E_i)^2}{E_i}=\begin{cases}\sum_{i=1}^{m}\dfrac{(n_i-Np_i)^2}{Np_i}\sim\chi^2(m-1),&\text{总体中无待估参数}\\[2mm]\sum_{i=1}^{m}\dfrac{(n_i-N\hat{p}_i)^2}{N\hat{p}_i}\sim\chi^2(m-1-k),&\text{总体中有}k\text{个待估参数}\end{cases}\quad(5.6.1)$$

此处，O_i-E_i 表示的是各个类别实际频数与期望频数的偏差，取平方的目的是确保偏差为正，否则会正负值相互抵消。另外，偏差的大小还有个相对的概念，所以将偏差平方与期望频数相除得到累加的相对偏差，以便客观反映观察频数与期望频数的偏差程度。当然，以这种方式构造检验统计量也便于得到它的近似概率分布。

χ^2 分布是连续型分布，但却用来处理离散的计数数据，因此会附带一些条件，比如，在分布检验中，要求总频数 N 不低于 40，每个类别的期望频数不低于 5；在独立性检验中，要求出现期望频数低于 5 但不低于 1 的类别占比不高于 20%；等等。

2. 关于近似分布

式（5.6.1）给出了偏差统计量 χ^2 的近似分布，在理论上解决了这一类问题的假设检验，可以说贡献巨大。但是，这个近似分布准确吗？在双正态总体均值差的检验中，曾经用到过 Satterthwaite 近似，此处 χ^2 的近似分布是否会存在一个最佳自由度呢？这就是本节要探讨的有趣问题。下面我们通过模拟检验来探讨上述两个问题。

（1）验证式（5.6.1）给出的分布

假设 R 软件中的 runif 函数产生的随机数是完全随机的，为方便起见，考虑如下假设

$$H_0: p_i=0.1,\ i=1,2,\cdots,10$$

即将[0,1]区间等距划分成 10 个互不相交的小区间，将产生的 N 个随机数投射到各个小区间，显然，随机数落在每个小区间的概率 p_i 都等于 0.1。然后，统计落入每个小区间的随机数个数，形成观察频数。根据 p_i，可计算期望频数为 Np_i，于是构造出满足式（5.6.1）的 χ^2 统计量，其近似服从 $\chi^2(9)$。下面通过 K-S 检验、核密度、经验分布函数、数字特征四种方式进行验证。具体过程见程序 5.6.1。

【程序 5.6.1】均匀性检验的近似分布模拟

```
N=1000;  m=10;  pi=rep(1/m,m);    bk=seq(0,1,by=1/m)  #随机数总量，概率，区间划分
times=1000;    chis=numeric(times)                    #重复1000次，得到统计量值序列
```

```
for(i in 1:times)
{ x=runif(N,0,1);    ni=table(cut(x,breaks=bk));    chis[i]=sum(ni^2/(N*pi))-N   }
dx=seq(0,3*m,length=100)    #为了画理论上 chi(9)的密度/分布函数
op=par(mfrow=c(1,2))
plot(dx,dchisq(dx,m-1),type='l',main='密度比较',ylab='密度值')
lines(density(chis),lty=2);    legend(15,0.1,c('真实密度','核密度'),lty=1:2)
plot(dx,pchisq(dx,m-1),type='l',main='分布比较',ylab='分布函数值')
lines(ecdf(chis),do.points=FALSE,lty=2);
legend(10,0.5,c('真实分布函数','经验分布函数'), lty=1:2)
par(op)
ks.test(chis,'pchisq',m-1);    mean(chis);    var(chis)
```

执行上述代码输出的结果如下（图形结果见图5.6.1）：

```
One-sample Kolmogorov-Smirnov test
data:  chis
D = 0.026021, p-value = 0.5074
alternative hypothesis: two-sided

[1] 8.8469
[1] 18.35854
```

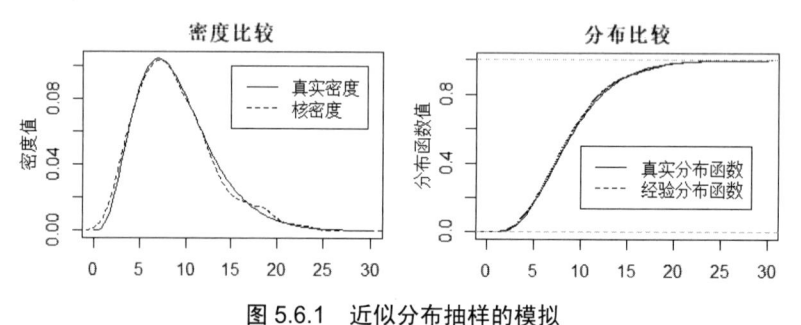

图 5.6.1 近似分布抽样的模拟

可以看出，式（5.6.1）给出的结论与模拟结果是非常吻合的。

下面针对含参数 P 的二项分布 $B(5,p)$ 进行分布检验的模拟，假设 $H_0: X \sim B(5,p)$，可得知分成 6 个类别，参数 P 的估计 $\hat{p}=\bar{x}/5$，而满足式（5.6.1）的 χ^2 统计量近似服从 $\chi^2(4)$。具体过程见程序 5.6.2。

【程序 5.6.2】二项分布的分布检验模拟

```
N=1000;   n=5;    p=0.5;    m=n+1      #随机数总量，以 B(5,0.5)产生二项分布随机数，类别个数 m
times=1000;    chis=numeric(times)   #重复 1000 次，得到统计量值序列
for(i in 1:times)
{ x=rbinom(N,n,0.5);   ep=mean(x)/n;   p_i=dbinom(0:n,n,ep)
  ni=table(x);   chis[i]=sum(ni^2/(N*p_i))-N
}
dx=seq(0,3*(m-2),length=100)        #为了画理论上 chi(4)的密度/分布函数
op=par(mfrow=c(1,2))
plot(dx,dchisq(dx,m-2),type='l',main='密度比较',ylab='密度值')
lines(density(chis),lty=2); legend(6,0.17,c('密度函数','核密度函数'),lty=1:2,cex=0.8)
plot(dx,pchisq(dx,m-2),type='l',main='分布比较',ylab='分布函数值')
lines(ecdf(chis),do.points=F,lty=2);
legend(4.5,0.6,c('分布函数','经验分布函数'), lty=1:2,cex=0.8)
par(op)
ks.test(chis,'pchisq',m-2); mean(chis); var(chis)   #理论上应通过 K-S 检验，均值=4，方差=8
```

执行上述代码输出的结果如下（图形结果见图 5.6.2）：

```
One-sample Kolmogorov-Smirnov test
data:  chis
D = 0.024049, p-value = 0.6095
alternative hypothesis: two-sided

[1] 3.917806
[1] 7.811115
```

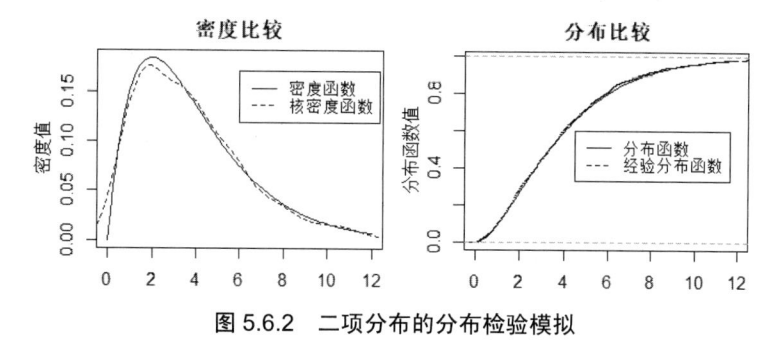

图 5.6.2　二项分布的分布检验模拟

可以看出，在未知参数先估计的前提下，模拟结果与式（5.6.1）给出的结论也是非常吻合的。

（2）寻找式（5.6.1）近似分布的最佳自由度

扩展程序 5.6.1，以生成的 1000 个 χ^2 统计量值为数据，以不同自由度的 χ^2 分布逼近，通过 K-S 检验实现分布检验，找出其中检验 p 值最大的情况，并与理论上的 $\chi^2(9)$ 分布进行比较。具体过程见程序 5.6.3。

【程序 5.6.3】寻找最优分布参数

```
N=1000; br=seq(0,1,by=0.1); p=rep(0.1,10); npi=N*p; times=1000; chis=numeric(times)
for(i in 1:times)
{ x=runif(N,0,1); ni=table(cut(x,breaks=br)); chis[i]=sum(ni^2/npi)-N }
#式(5.6.1)表明理论上服从 chisq(9)
ks.test(chis,'pchisq',9)
fun=function(x,distribution,dat)   ks.test(dat,distribution,x)$p.value
maxp=optimize(fun,c(8.5,9.5),distribution='pchisq',dat=chis,maximum=TRUE)
x=seq(8.5,9.5,length=400)
px=sapply(x,fun,distribution='pchisq',dat=chis)
x9=which.min(abs(x-9))
plot(x,px,type='l',ylab='p.value')
lines(c(9,9),c(0,px[x9]))
maxp
```

下面给出重复执行两次上述代码的输出结果（图形结果见图 5.6.3）：

```
One-sample Kolmogorov-Smirnov test
data:  chis
D = 0.024526, p-value = 0.5844
alternative hypothesis: two-sided

$maximum
[1] 8.907969

$objective
[1] 0.775383
```

```
One-sample Kolmogorov-Smirnov test
data:  chis
D = 0.032272, p-value = 0.2486
alternative hypothesis: two-sided

$maximum
[1] 9.141466

$objective
[1] 0.7339166
```

注：模拟结果具有随机性，上述仅是某两次的模拟结果。

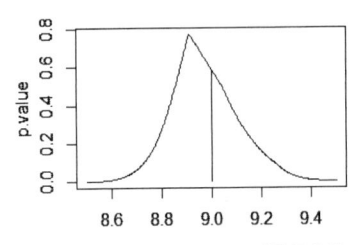

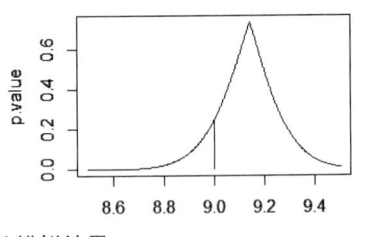

图 5.6.3　某两次的模拟结果

可以看出，上述模拟过程中确实会找到一个使得检验 p 值达到最大的自由度，它并非整数。而理论上的自由度 9 在模拟中并不是最佳自由度，其检验 p 值通常不大。遗憾的是，每次模拟的最佳自由度找不出特别的规律，因此此处也无法给出最佳自由度的确定性公式。另外，将程序 5.6.3 执行 100 次，发现其中有 7 次 $\chi^2(9)$ 分布检验的检验 p 值小于 0.05，而最佳自由度的检验 p 值最小为 0.1843，平均比理论分布的检验 p 值高 0.3396，最优 p 值与理论 p 值之差的极差为 (0.000278, 0.908234)，此时的输出结果见图 5.6.4。

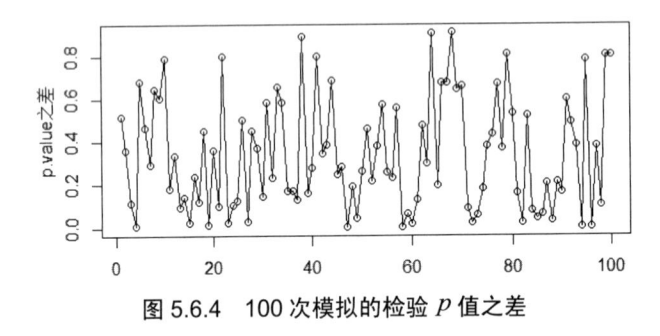

图 5.6.4　100 次模拟的检验 p 值之差

在 χ^2 检验中是否存在最佳自由度？若存在，最佳自由度如何确定？上述模拟过程仅抛出问题，读者可以进一步思考。

5.7　基于距离的分布拟合优度 χ^2 检验

分布拟合优度 χ^2 检验通过对样本数据划分区间，然后统计各区间中的实际频数并计算各区间的期望频数，进而构造偏差统计量来完成分布检验。该检验在执行过程中对区间划分要求较高，区间划分不同或者区间划分不合理都会导致检验统计量的分布及其取值产生较大差异，甚至影响或改变检验的结论。有没有一种方法能够避免带有主观色彩的区间划分，却依然能够使用 χ^2 检验的思想完成分布的拟合优度检验呢？这是一个值得研究的问题。

先观察两个图形，一个是标准正态分布的密度图，另一个是 $\chi^2(30)$ 分布的密度图，将概率从 0 到 1 按照步长 0.1 进行 10 等分，并用对应的分割点及垂线分割密度所围成的区域，即相邻两线之间所围成的面积都等于 0.1，该过程简称为**分布的概率 10 等分**。当然，也可以将 0 到 1 划分成 m 个等分，实现分布的**概率 m 等分**，大致如图 5.7.1 所示。

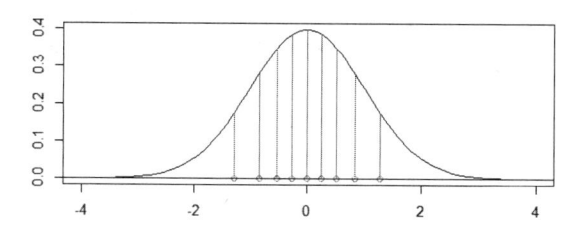

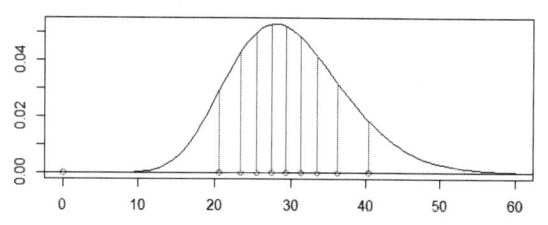

图 5.7.1 概率等分图（左边是标准正态分布，右边是 χ^2 分布）

通过概率等分，我们希望实现固定分组，避免为主观的"最优"划分区间而烦恼。但为了能够精确地实现概率等分，将问题的研究范畴限制在连续型随机变量或连续总体上。

定义 5.7.1 设总体 X 的分布函数为 $F(x)$，记为 $X \sim F(x)$，$F^{-1}(x)$ 为其反函数，若对于任意给定的 $0 \leq p \leq 1$，存在 x_p，使得 $F(x_p)=p$ 或者 $x_p=F^{-1}(p)$，则称 x_p 为总体 X 的 p 分位数。

设总体 $X \sim F(x,\theta)$，其样本为 $X_1, X_2, \cdots, X_n$，样本观测值为 $x_1, x_2, \cdots, x_n$，按照概率 10 等分方式，$p_i = \dfrac{i}{10}$，$Q_i = F^{-1}(p_i, \theta)(i=0,1,\cdots,10)$，得到总体对应的 11 个分位数 $Q_0, Q_1, \cdots, Q_{10}$，计算 10 个概率等分的区间长度

$$d_i = Q_i - Q_{i-1}, \quad i=1,2,\cdots,10 \tag{5.7.1}$$

对样本从小到大排序得到 $x_{(1)}, x_{(2)}, \cdots, x_{(n)}$，按照概率 10 等分方式得到 11 个分位数，记为 $q_0, q_1, \cdots, q_{10}$，其一般可以采取次序统计量和经验分布函数两种方式求得，两者非常接近：

$$q_i = x_{(\lfloor 0.1ni \rfloor)}, \quad i=0,1,\cdots,10 \tag{5.7.2}$$

$$q_i = \inf\{x \mid F_n(x) \geq i*0.1\}, \quad i=0,1,\cdots,10 \tag{5.7.3}$$

计算基于样本的 10 个概率等分的区间长度

$$d_{(i)} = q_i - q_{i-1}, \quad i=1,2,\cdots,10 \tag{5.7.4}$$

至此，我们得到了两个非常有用的信息：基于概率等分的分位数和区间长度，能否利用它们构造检验统计量呢？我们猜想，总体和样本基于概率等分的分位数之间应该相差不大，由此产生的区间长度之间的偏差也相应较小。为了验证上述猜想，不妨还以 $N(0,1)$ 和 $\chi^2(n)$ 为例，分别针对不同的样本量，获取总体和样本各 10 个概率等分的区间长度之差。具体过程如程序 5.7.1 所示。

【程序 5.7.1】概率等分下的分位数与区间长度模拟

```
p=seq(0,1,by=0.1)              #概率 10 等分
xQ=qnorm(p)                    #xQ 为理论分布的等分分位数
N=100                          #N 为模拟次数
dis=matrix(0,nrow=N,ncol=8)    #dis 存储 4 种样本量下的分位数绝对偏差和区间长度绝对偏差的均值

n=c(50,100,200,500)            #n 为样本量
for(i in 1:4)
{ for(j in 1:N)
```

```
        { x=sort(rnorm(n[i]))        #x 为某次模拟样本
          ind=trunc(n[i]*p);         #样本分位数下标:头尾分别是 1 和 n
          ind[1]=1;   ind[11]=n[i]
          xq=x[ind]                  #依据次序统计量法提取分位数
          d1=xq[2:11]-xq[1:10]       #样本概率等分区间长度
          d2=xQ[2:11]-xQ[1:10]       #总体概率等分区间长度
          dis[j,2*(i-1)+1]=mean(abs(xq[2:10]-xQ[2:10]))  #奇数列存放分位数绝对偏差均值
          dis[j,2*(i-1)+2]=mean(abs(d2[2:8]-d1[2:8]))    #偶数列存放区间长度绝对偏差均值
        }
  }
  apply(dis,2,mean);                 #计算各列均值
```

注:将 qnorm 和 rnorm 换成 qchisq 和 rchisq 可以完成卡方模拟。

执行以上代码并整理输出结果,如表 5.7.1 所示。

表 5.7.1　100 次模拟的偏差均值

分布	样本量 n=50 分位数	区间长度	样本量 n=100 分位数	区间长度	样本量 n=200 分位数	区间长度	样本量 n=500 分位数	区间长度
$N(0,1)$	0.158650	0.096767	0.110908	0.076634	0.082136	0.052201	0.048762	0.033458
$\chi^2(30)$	1.125561	0.744309	0.839847	0.539641	0.625051	0.381927	0.404680	0.239908

对于很多连续总体,概率 0 和 1 对应的分位数都是极端值,比如 $-\infty$ 和 $+\infty$ 等,所以在构造偏差的时候略去了 0 和 1 两个分位数以及与此相关的两个区间长度。从表 5.7.1 可知,随着模拟样本量的增大,概率等分的分位数绝对偏差和区间长度绝对偏差的均值都不大,而且都呈现出明显的下降趋势。这验证了上述猜想,同时这个事实有助于构造度量区间长度偏差的拟合优度检验统计量。

鉴于连续总体的分布范围,剔除头尾两个区间长度,采用中间的 8 个区间长度参与构造检验统计量。

仿照 χ^2 检验统计量的构造,给出基于概率等分的区间长度偏差的统计量

$$L = \sum_{i=2}^{9} \frac{(d_{(i)} - d_i)^2}{d_i} \qquad (5.7.5)$$

以正态分布 $N(10,1)$ 作为模拟源,随机抽取样本量为 50,100,200 的样本,并分别实施 100 到 500 次不等的重复模拟,形成四个(样本量,模拟次数)组合:(50,100),(50,200),(100,500)和 (200,500)。过程如程序 5.7.2 所示。

【程序 5.7.2】关于统计量 L 的模拟

```
getL=function(N=500,n=100)                              #N 为模拟次数,n 为样本量
{ x2=numeric(N)
  for(i in 1:N)
  { x=rnorm(n,10,1); x=sort(x);  mx=mean(x); sdx=sd(x) #估计分布参数
    srcdis=qnorm(seq(0,1,by=0.1),mx,sdx);
    srcdis=srcdis[3:10]-srcdis[2:9]                     #理论区间长度
    index=trunc(n*seq(0,1,by=0.1));
    dstdis=x[index[3:10]]-x[index[2:9]]                 #样本区间长度
    x2[i]=sum((srcdis-dstdis)^2/srcdis)
  }
  return(x2)
}
x1=getL(N=100,n=50);x2=getL(N=200,n=50);
x3=getL(N=500,n=100);   x4=getL(N=500,n=200)
```

```
op=par(mfrow=c(1,4))
plot(density(x1),main='样本量n=50');    plot(density(x2),main='样本量n=50')
plot(density(x3),main='样本量n=100');   plot(density(x4),main='样本量n=200')
par(op)
```

执行以上代码，输出结果如图 5.7.2 所示。

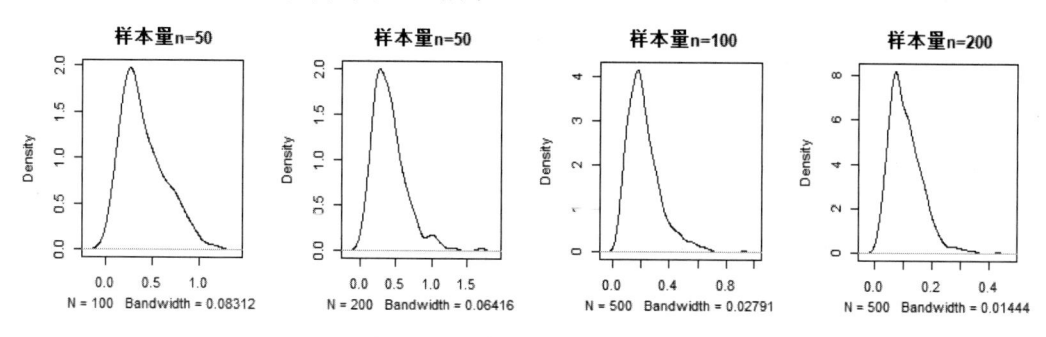

图 5.7.2　统计量 L 的核密度图

经过模拟发现，统计量 L 的核密度呈现出类似卡方分布的样子，但是无法对应到具体的卡方分布，因为其密度值与卡方分布的密度值存在较大差异。因此，我们猜测需要对统计量 L 乘上一个尺度缩放的系数。

定义 5.7.2　基于概率等分的区间长度偏差的检验统计量定义为

$$L^2 = \frac{n}{\pi S}\sum_{i=2}^{9}\frac{(d_{(i)}-d_i)^2}{d_i} \xrightarrow{L} \chi^2(7) \tag{5.7.6}$$

其中，n 为样本量，S 为样本标准差，π 为圆周率。此处的尺度缩放系数 $\frac{n}{\pi S}$ 确实在模拟中呈现出非常好的效果，下面给出它的模拟验证。

对程序 5.7.2 中的函数 getL 进行简单的修改，并构造模拟数据的核密度与理论分布的密度、经验分布与理论分布的分布函数进行直观对比，具体过程见程序 5.7.3。

【程序 5.7.3】关于统计量 L^2 的模拟

```
getL2=function(N=500,n=100)
{ x2=numeric(N)
    for(i in 1:N)
      { x=rnorm(n,10,1);   x=sort(x);   mx=mean(x); sdx=sd(x)
        srcdis=qnorm(seq(0,1,by=0.1),mx,sdx);     srcdis=srcdis[3:10]-srcdis[2:9]
        index=trunc(n*seq(0,1,by=0.1));   dstdis=x[index[3:10]]-x[index[2:9]]
        x2[i]=sum((srcdis-dstdis)^2/srcdis)*(n/(base::pi*sdx))
      }
    return(x2)
}
L1=getL2(N=500,n=50);   L2=getL2(N=500,n=100);   L3=getL2(N=500,n=200)
x=seq(0,20,length=100)
op=par(mfrow=c(2,3))
plot(density(L1),main='样本量n=50',lty=2);     lines(x,dchisq(x,7))
plot(density(L2),main='样本量n=100',lty=2);    lines(x,dchisq(x,7))
plot(density(L3),main='样本量n=200',lty=2);    lines(x,dchisq(x,7))
plot(ecdf(L1), do.point=FALSE,lty=2,main='样本量n=50');    lines(x,pchisq(x,7))
plot(ecdf(L2), do.point=FALSE,lty=2,main='样本量n=100');   lines(x,pchisq(x,7))
plot(ecdf(L3),do.point=FALSE,lty=2,main='样本量n=200');    lines(x,pchisq(x,7))
par(op)
```

执行以上代码，输出结果如图 5.7.3 所示。

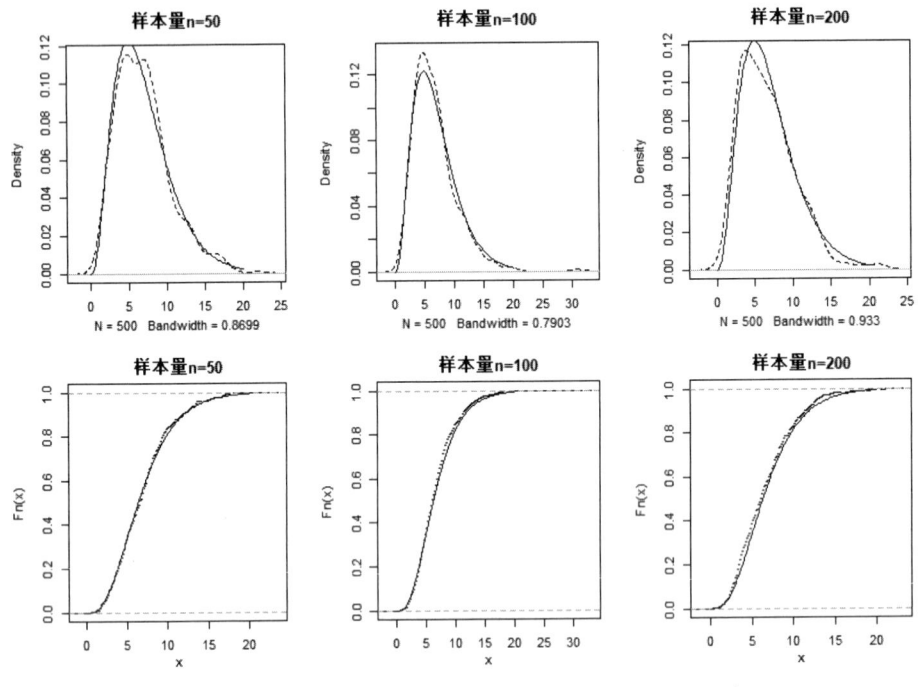

图 5.7.3　核密度和经验分布函数图（叠加实线的卡方分布）

从图 5.7.3 可以看出，式（5.7.6）给出的检验统计量 L^2 的模拟分布与卡方分布 $\chi^2(7)$ 的吻合度非常好。为此，我们扩大模拟的分布源，引入 $E(1/3)$，$t(10)$，$\chi^2(20)$，$F(10,30)$ 等常见的连续型分布，只需要简单修改程序 5.7.3 中的 getL2 函数即可完成各种分布的模拟，具体的模拟结果如图 5.7.4、图 5.7.5、图 5.7.6 和图 5.7.7 所示。

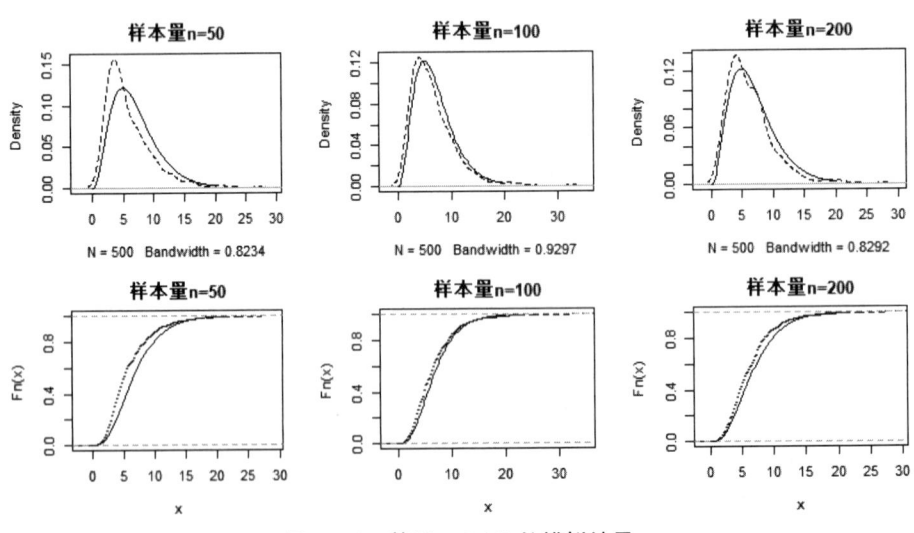

图 5.7.4　基于 $E(1/3)$ 的模拟结果

图 5.7.5 基于 $t(10)$ 的模拟结果

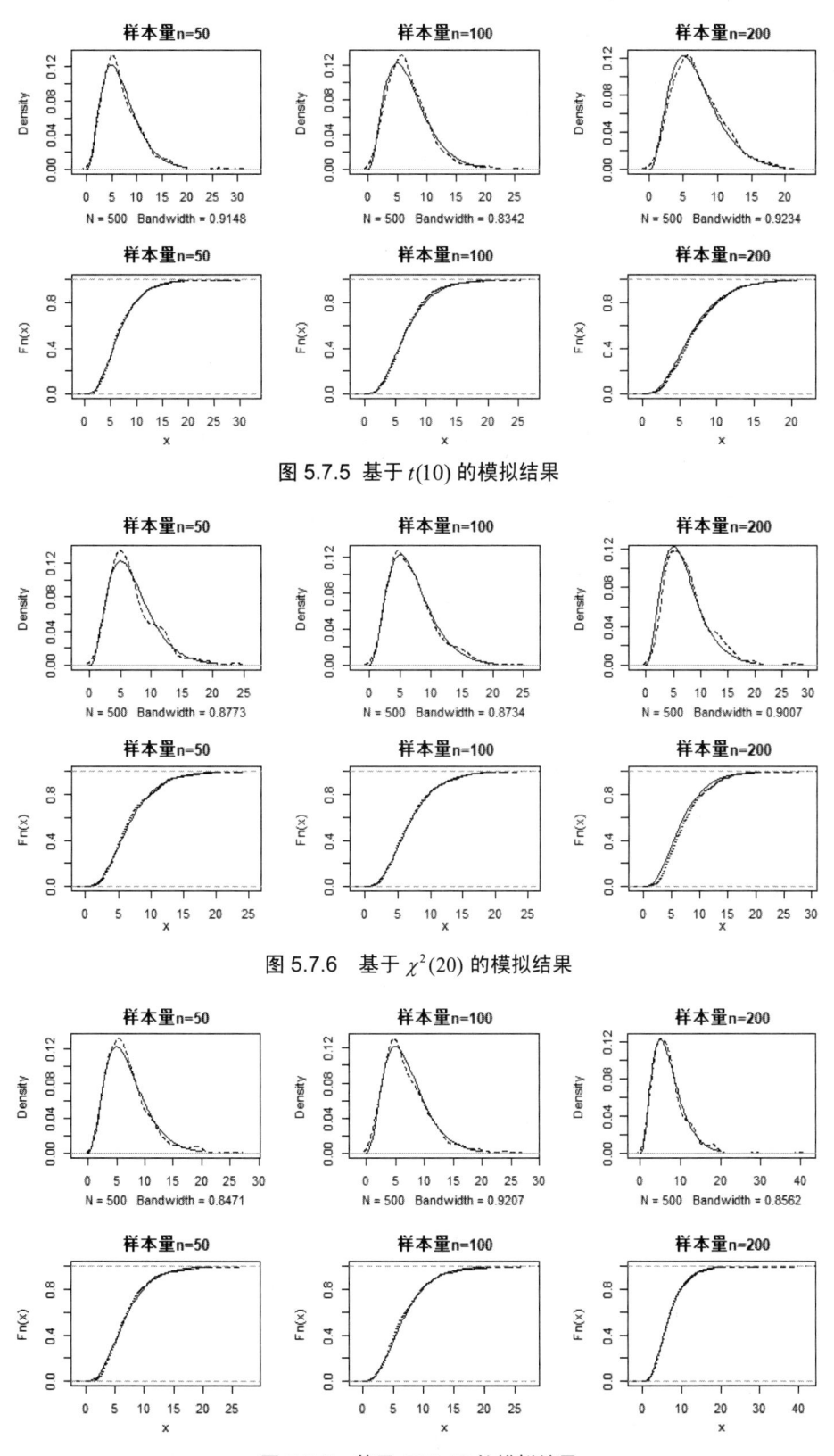

图 5.7.6 基于 $\chi^2(20)$ 的模拟结果

图 5.7.7 基于 $F(10,30)$ 的模拟结果

从上述几个连续型分布的模拟来看，定义 5.7.2 提出的检验统计量 L^2 直观上看还是相当不错的。下面给出更为细致的量化评价，分别对 $N(0,1)$，$t(18)$，$E(1/3)$，$\chi^2(20)$ 进行样本量从 20 到 1000 不等的重复模拟（每个样本量重复 100 次模拟），记录模拟数据下的统计量 L^2 与 $\chi^2(7)$ 进行同分布检验时的检验 p 值及相关数字特征，如程序 5.7.4 所示。

【程序 5.7.4】量化评价

```
getL2=function(N=500,n=100)
{ x2=numeric(N);    p=seq(0,1,by=0.1)
  for(i in 1:N)
  { x=rchisq(n,20);  x=sort(x);    mx=mean(x);    sdx=sd(x)
    srcdis=qchisq(p,20);    srcdis=srcdis[3:10]-srcdis[2:9]
    index=trunc(n*p);    dstdis=x[index[3:10]]-x[index[2:9]]
    x2[i]=sum((srcdis-dstdis)^2/srcdis)*(n/(base::pi*sdx))
  }
  return(x2)
}
ns=c(seq(30,200,by=20),200,300,400,500,600,700,800,900,1000);    m=length(ns)
infos=matrix(0,nrow=m,ncol=6)
each_time=100
for(ind in 1:m)
{ pv=numeric(each_time)
  for(i in 1:each_time)
  { L2=getL2(N=100,n=ns[ind])
    free=7
    pv[i]=ks.test(L2,'pchisq',free)$p.value
  }
  infos[ind,1]=ns[ind]
  infos[ind,2]=sum(pv<0.05);    infos[ind,3]=mean(pv);    infos[ind,4]=sd(pv)
  infos[ind,5:6]=range(pv)
}
infos
```

执行以上代码并整理输出结果，如表 5.7.2 所示。

表 5.7.2　量化评价表

n	$t(18)$ 失败	均值	标准差	最小	最大	$N(0,1)$ 失败	均值	标准差	最小	最大
30	4	0.554489	0.299521	0.008027	0.998325	5	0.465059	0.287511	0.002153	0.979707
50	6	0.513370	0.300166	0.000597	0.990035	9	0.466692	0.301186	0.003560	0.984407
70	2	0.469715	0.274646	0.001197	0.994612	5	0.517360	0.307345	0.012780	0.991963
90	7	0.508451	0.297856	0.000385	0.997928	4	0.517233	0.282529	0.001776	0.978500
110	6	0.494104	0.314719	0.018130	0.985003	9	0.478698	0.310780	0.003436	0.998749
130	2	0.543387	0.283268	0.021921	0.998605	12	0.412180	0.303263	0.006343	0.992752
150	3	0.542630	0.287589	0.002256	0.999629	8	0.445215	0.310117	0.004637	0.989660
170	5	0.508776	0.312371	0.011979	0.997781	8	0.477403	0.322831	0.003604	0.991877
190	10	0.492457	0.309734	0.001871	0.993736	12	0.433733	0.282670	0.003383	0.994446
200	5	0.497629	0.274198	0.002103	0.997073	12	0.461016	0.313913	0.009361	0.999997
300	1	0.501671	0.287308	0.012329	0.999587	7	0.428592	0.296238	0.008900	0.967330

续表

n	失败	均值	标准差	最小	最大	失败	均值	标准差	最小	最大
			$t(18)$					$N(0,1)$		
400	10	0.406345	0.282252	0.002005	0.990238	7	0.451896	0.297742	0.002051	0.999130
500	5	0.409739	0.294852	0.003439	0.999132	14	0.428864	0.317406	0.003911	0.992563
600	5	0.459043	0.297282	0.004534	0.999890	8	0.389469	0.289589	0.001741	0.984081
700	9	0.424914	0.284931	0.001584	0.985013	10	0.447224	0.296615	0.002881	0.999972
800	7	0.477691	0.297628	0.006841	0.985258	8	0.409388	0.273128	0.002185	0.993310
900	6	0.485654	0.319449	0.002099	0.999634	10	0.477473	0.315248	0.001194	0.999991
1000	9	0.464632	0.312390	0.004019	0.996081	9	0.429786	0.294653	0.002647	0.996894

n	失败	均值	标准差	最小	最大	失败	均值	标准差	最小	最大
			$E(1/3)$					chisq(20)		
30	37	0.246903	0.259876	0.000242	0.958287	14	0.413285	0.299947	0.000049	0.995631
50	19	0.344695	0.297014	0.000672	0.994126	7	0.480409	0.294109	0.018320	0.999831
70	11	0.356090	0.287321	0.005667	0.973047	5	0.516657	0.298662	0.003258	0.999474
90	16	0.418101	0.302283	0.002026	0.991907	7	0.452774	0.290120	0.008570	0.992538
110	10	0.439256	0.298109	0.000661	0.999838	6	0.511106	0.298366	0.004626	0.979816
130	12	0.388757	0.293172	0.001088	0.993096	5	0.471953	0.303214	0.016310	0.998537
150	6	0.416236	0.281280	0.006229	0.988841	6	0.484322	0.298230	0.003063	0.980872
170	4	0.495242	0.278145	0.007590	0.999579	5	0.476573	0.279421	0.007085	0.998551
190	5	0.430813	0.297966	0.004371	0.992731	6	0.471819	0.289206	0.001094	0.981043
200	11	0.421845	0.290166	0.002549	0.999970	10	0.467015	0.305332	0.004526	0.995758
300	9	0.453429	0.288680	0.001476	0.997657	6	0.494259	0.307929	0.005406	0.983048
400	5	0.477705	0.296690	0.003250	0.994431	6	0.500677	0.305179	0.010821	0.996368
500	6	0.471488	0.277471	0.001335	0.994933	5	0.453785	0.274090	0.002611	0.999032
600	4	0.427136	0.270753	0.008042	0.983700	6	0.440041	0.297688	0.000051	0.995612
700	9	0.478649	0.302268	0.004542	0.970145	8	0.418816	0.282087	0.005259	0.999056
800	1	0.474838	0.267915	0.030967	0.991417	9	0.462855	0.308785	0.007040	0.998375
900	9	0.443913	0.304894	0.002482	0.998107	9	0.461979	0.306918	0.006469	0.999528
1000	4	0.537634	0.279934	0.000837	0.988454	12	0.417609	0.309833	0.001019	0.979902

在式（5.7.6）中，由于在计算区间概率时不涉及未知参数的估计，且只用了中间的 8 个区间，所以检验的自由度为 7。自由度的减少肯定会对检验结果产生影响，如何将头尾两端的区间并入计算，也是一个值得探讨的问题。

5.8 连续总体的独立性检验

独立性表达了变量之间的一种重要关系，是解决很多实际问题的前提条件，因此独立性成为统计推断中的一项重要研究内容。独立性检验方法主要有列联表独立性检验法、秩检验法、游程检验法等。本节主要讨论基于 χ^2 思想的多个连续总体之间相互独立的检验问题。

1. 列联表独立性检验

列联表独立性检验主要用于研究两个分类总体之间的独立性问题。因为列联表记录的都是不同类别的计数数据，因此，从形式上看独立性讨论的都是有限分类的离散总体，如表 5.8.1 所示。

表 5.8.1 两个总体的 $R \times C$ 列联表形式

A 总体	B 总体				行和
	B_1	B_2	...	B_C	
A_1	n_{11}	n_{11}	...	n_{1C}	$n_{1\cdot}$
A_2	n_{21}	n_{21}	...	n_{2C}	$n_{2\cdot}$
...	...	...	...	...	...
A_R	n_{R1}	n_{R2}	...	n_{RC}	$n_{R\cdot}$
列和	$n_{\cdot 1}$	$n_{\cdot 2}$	...	$n_{\cdot C}$	N

注：N 为频数总和，$n_{i\cdot}$ 表示第 i 行之和，$n_{\cdot j}$ 表示第 j 列之和。

检验问题 H_0：A 与 B 总体相互独立，H_1：A 与 B 总体不独立。

假定每个交叉单元对应的事件 $A_i B_j$ 的概率 $P(A_i B_j) = p_{ij}$（$i=1,2,\cdots,R, j=1,2,\cdots,C$），则理论上的期望频数为 Np_{ij}，对应的实际观测频数为 n_{ij}。原假设 H_0 成立时，理论上 n_{ij} 与 Np_{ij} 的相对偏差应较小，因而可构造 χ^2 检验统计量

$$\chi^2 = \sum_{i=1}^{R}\sum_{j=1}^{C} \frac{(n_{ij} - Np_{ij})^2}{Np_{ij}} = \sum_{i=1}^{R}\sum_{j=1}^{C} \frac{n_{ij}^2}{Np_{ij}} - N \tag{5.8.1}$$

若原假设 H_0 成立，则对任意一对 (i,j) 而言，都有 $P(A_i B_j) = P(A_i)P(B_j)$。不妨令 $p_{i\cdot} = P(A_i)$，$p_{\cdot j} = P(B_j)$，则式（5.8.1）又可表示为

$$\chi^2 = \sum_{i=1}^{R}\sum_{j=1}^{C} \frac{(n_{ij} - Np_{ij})^2}{Np_{ij}} = \sum_{i=1}^{R}\sum_{j=1}^{C} \frac{(n_{ij} - Np_{i\cdot}p_{\cdot j})^2}{Np_{i\cdot}p_{\cdot j}} = \sum_{i=1}^{R}\sum_{j=1}^{C} \frac{n_{ij}^2}{Np_{i\cdot}p_{\cdot j}} - N \tag{5.8.2}$$

在实际问题中，$p_{ij}, p_{i\cdot}, p_{\cdot j}$ 均未知，所以常用频率估计概率，$\hat{p}_{i\cdot} = \frac{n_{i\cdot}}{N}$，$\hat{p}_{\cdot j} = \frac{n_{\cdot j}}{N}$，从而有 $\hat{p}_{ij} = \frac{n_{i\cdot}}{N} \frac{n_{\cdot j}}{N}$，即期望频数可近似表示为 $N\hat{p}_{ij} = \frac{n_{i\cdot} n_{\cdot j}}{N}$。此时，式（5.8.2）变为

$$\begin{aligned}\chi^2 &= \sum_{i=1}^{R}\sum_{j=1}^{C} \frac{(n_{ij} - N\hat{p}_{ij})^2}{N\hat{p}_{ij}} = \sum_{i=1}^{R}\sum_{j=1}^{C} \frac{(n_{ij} - N\hat{p}_{i\cdot}\hat{p}_{\cdot j})^2}{N\hat{p}_{i\cdot}\hat{p}_{\cdot j}} \\ &= \sum_{i=1}^{R}\sum_{j=1}^{C} \frac{(n_{ij} - n_{i\cdot}n_{\cdot j}/N)^2}{n_{i\cdot}n_{\cdot j}/N} = \sum_{i=1}^{R}\sum_{j=1}^{C} \frac{(Nn_{ij} - n_{i\cdot}n_{\cdot j})^2}{Nn_{i\cdot}n_{\cdot j}} = \sum_{i=1}^{R}\sum_{j=1}^{C} \frac{Nn_{ij}^2}{n_{i\cdot}n_{\cdot j}} - N\end{aligned} \tag{5.8.3}$$

式（5.8.3）中的检验统计量 χ^2 近似服从 $\chi^2((R-1)(C-1))$ 分布，因此可以通过它对假设检验问题进行检验。对于给定的显著性水平 α，若 $\chi^2 > \chi_\alpha^2((R-1)(C-1))$ 则拒绝原假设，认为总体 A 和 B 之间有密切的关系。当然，也可以计算检验 p 值 $= P(\chi^2((R-1)(C-1)) > \chi^2)$。

特别地，常见 $R = C = 2$ 的列联表，此时式（5.8.3）简化为

$$\chi^2 = \frac{N(n_{11}n_{22} - n_{12}n_{21})^2}{n_{1\cdot}n_{2\cdot}n_{\cdot 1}n_{\cdot 2}} \sim \chi^2(1) \tag{5.8.4}$$

2. 两个连续总体的独立性检验

离散分类总体的独立性检验使用上述的方法比较直接，也比较容易解决。那么对于两个连续总体的样本数据，如何判定它们独立呢？这是一个值得探讨的问题。

定义 5.8.1 设随机变量 $(X,Y) \sim F(x,y)$，若对于任意实数 x, y，都有

$$F(x,y) = P(X \leq x, Y \leq y) = P(X \leq x)P(Y \leq x) = F_X(x)F_Y(y) \quad (5.8.5)$$

则称随机变量 X 和 Y 相互独立。

样本 $(X_i, Y_i)(i=1,2,\cdots,n)$ 来自总体 (X,Y)，如何构造检验统计量对 X 和 Y 的独立性进行评判？这里需要先解决两个基本问题。

问题 1 连续数据的分块离散化，即对样本数据进行合理的区域划分，不妨将 $X_1, X_2, \cdots, X_n$ 分成 R 个区间，记为 $A_1, A_2, \cdots, A_R$，其中 $A_1 \subset A_2 \subset \cdots \subset A_R$；把 $Y_1, Y_2, \cdots, Y_n$ 分成 C 个区间，记为 $B_1, B_2, \cdots, B_C$，其中 $B_1 \subset B_2 \subset \cdots \subset B_C$；然后依据表 5.8.1 统计各个交叉区间中的观测频数。此处的区间划分是依次包含的关系，以便与式（5.8.5）对应起来。

当然，区间也可以是互不相交的区间，确保 $\bigcup_{i=1}^{R} A_i = \bigcup_{i=1}^{C} B_i = (-\infty, +\infty)$。

问题 2 确定各个交叉区间的观测频数，即统计出现在 $A_i \cap B_j$ 区域的样本点数 n_{ij}

$$n_{ij} = \#\{(x,y) \mid (x,y) \in A_i \cap B_j\} \quad (5.8.6)$$

其中，运算符 $\#\{S\}$ 表示求集合 S 中的元素个数。

以 $[0,1] \times [0,1]$ 区域上的二维均匀分布为例，进行模拟分析。生成 100 个样本点，然后各自划分成 5 个等距区间，按照式（5.8.6）进行观测频数计算，具体过程见程序 5.8.1 和程序 5.8.2。

【程序 5.8.1】均匀分布独立性模拟检验

```
n=100;  R=C=5;  A=seq(0,1,length=6)[-1];  B=seq(0,1,length=6)[-1]   #各去掉第一个 0
set.seed(100);     xy=cbind(runif(n),runif(n))    #为了实验可复现
FX=ecdf(xy[,1]);   FY=ecdf(xy[,2])                #分别得到边缘的经验分布函数
nij=matrix(0,nrow=R,ncol=C)                       #计算联合观测频数
for(r in 1:R)
for(c in 1:C)   nij[r,c]=sum(xy[,1]<=A[r] & xy[,2]<=B[c])
pij=outer(FX(A),FY(B))                            #计算联合概率，由经验分布函数相乘得到
x2=sum((nij-pij*n)^2/(pij*n))                     #计算卡方统计量值
p.value=1-pchisq(x2,(R-1)*(C-1))                  #计算检验 p 值
rownames(nij)=rownames(pij)=paste('A',1:R,sep='')
colnames(nij)=colnames(pij)=paste('B',1:C,sep='')
nij;   pij;   p.value;
```

执行上述代码的输出结果如下：

```
nij  B1   B2   B3   B4   B5
A1    3    4    7    9   11
A2   11   19   25   34   38
A3   17   30   41   55   61
A4   23   38   52   69   82
A5   26   41   59   78  100

pij    B1     B2     B3     B4     B5
A1  0.0286 0.0451 0.0649 0.0858 0.11
A2  0.0988 0.1558 0.2242 0.2964 0.38
A3  0.1586 0.2501 0.3599 0.4758 0.61
A4  0.2132 0.3362 0.4838 0.6396 0.82
A5  0.2600 0.4100 0.5900 0.7800 1.00

[1] 0.9852362  这是输出的检验 p 值
```

【程序 5.8.2】均匀分布独立性模拟检验

```
#仅修改程序 5.8.1 中的第二行代码,其他不变
set.seed(100)
xy=cbind((x=runif(n)),y=x+rnorm(n,0,0.05))    #构造相关样本,增加微小正态扰动
xy[xy[,2]<0,2]=0
xy[xy[,2]>1,2]=1                              #避免值超出[0,1]区间
```

执行上述代码的输出结果如下:

```
nij  B1 B2 B3 B4 B5
A1   10 11 11 11 11
A2   14 36 38 38 38
A3   14 39 57 61 61
A4   14 39 60 80 82
A5   14 39 60 82 100

pij   B1      B2      B3     B4      B5
A1   0.0154  0.0429  0.066  0.0902  0.11
A2   0.0532  0.1482  0.228  0.3116  0.38
A3   0.0854  0.2379  0.366  0.5002  0.61
A4   0.1148  0.3198  0.492  0.6724  0.82
A5   0.1400  0.3900  0.600  0.8200  1.00
```

[1] 0   这是输出的检验 p 值

从程序 5.8.1 和程序 5.8.2 的输出结果来看,对于观测的连续样本,采用划分区间构造检验统计量的方式可以实现独立性检验。程序 5.8.1 中的是独立样本,程序 5.8.2 中的是相关样本,检验都能得到预期的结果。为了进一步说明上述做法的可行性,我们分别对上述检验进行 1000 次重复(随机种子也从 1 到 1000),以显著性水平 0.05 来统计犯第一类错误和第二类错误的频率。对程序 5.8.1 执行 1000 次模拟,没有一例发生误判,最小的检验 p 值为 0.095440;而对程序 5.8.2 执行的 1000 次模拟中,几乎所有的检验 p 值都等于 0。

为了进一步说明上述方法的适用性,我们引入二维正态分布 $N(\mu_1, \mu_2, \sigma_1^2, \sigma_2^2, \rho)$ 的独立性检验。通过 ρ 的变化来看检验方法的敏感性,具体如程序 5.8.3 所示。

【程序 5.8.3】二维正态分布独立性模拟检验

```
library(MASS)                                              #以便使用其中的 mvrnorm 函数
chitest_fun=function(rho, n=100, seed=100,justpvalue=FALSE)
{ Sigma=matrix(c(1,rho,rho,1),nrow=2,byrow=TRUE)           #协方差矩阵
   if(is.null(seed)==FALSE)   set.seed(seed)
   xy=mvrnorm(n,rep(0,2),Sigma)                            #得到二维正态 N(0,0,1,1,ρ) 的随机数
   R=5;  C=5                                               #各自分成R,C组,设置区间划分点,形成A,B划分
   dx=(max(xy[,1])-min(xy[,1]))/R
   dy=(max(xy[,2])-min(xy[,2]))/C
   A=seq(min(xy[,1]),max(xy[,1]),length=R+1)[-1]           #去掉第一个端点
   B=seq(min(xy[,2]),max(xy[,2]),length=C+1)[-1]
   A[R]=max(xy[,1])+dx/10
   B[C]=max(xy[,2])+dy/10                                  #最右端点稍大一些
   FX=ecdf(xy[,1]);   FY=ecdf(xy[,2])                      #得到各自的经验分布函数,以便近似联合概率
   nij=matrix(0,nrow=R,ncol=C)                             #计算联合频数
   for(r in 1:R)
     for(c in 1:C)
       nij[r,c]=sum(xy[,1]<=A[r] & xy[,2]<=B[c])
   pij=outer(FX(A),FY(B))                                  #计算联合概率,由经验分布函数相乘得到
   x2=sum((nij-pij*n)^2/(pij*n));
```

```
    p.value=1-pchisq(x2,(R-1)*(C-1))         #计算卡方统计量值,检验 p 值
    if(justpvalue==TRUE)   return(p.value )
    else
    {  rownames(nij)=rownames(pij)=paste('A',1:R,sep='')
       colnames(nij)=colnames(pij)=paste('B',1:C,sep='')
       return(list(nij=nij, pij=pij,p.value=p.value))
    }
}
chitest_fun(rho=0.01,n=100,seed=100)
```

执行上述代码的输出结果如下：

```
nij  B1  B2  B3  B4  B5
A1    0   2   2   2   2
A2    7  13  19  20  20
A3   15  37  65  68  68
A4   18  46  82  90  92
A5   19  50  89  98 100


pij  B1      B2     B3      B4      B5
A1   0.0038  0.01   0.0178  0.0196  0.02
A2   0.0380  0.10   0.1780  0.1960  0.20
A3   0.1292  0.34   0.6052  0.6664  0.68
A4   0.1748  0.46   0.8188  0.9016  0.92
A5   0.1900  0.50   0.8900  0.9800  1.00

[1] 0.987359  这是输出的检验 p 值
```

为了说明相关系数 ρ 对检验的影响，我们依然固定随机数种子为 100，然后让相关系数 ρ 从 0.01 变到 1，即从独立到线性相等进行变化，绘制对应的检验 p 值随相关系数 ρ 的变化曲线。具体见程序 5.8.4。

【程序 5.8.4】检验 p 值随相关系数 ρ 变化的模拟检验（样本量为 100）

```
rho=seq(0.01,1,by=0.01)
pvalue=sapply(rho,chitest_fun,justpvalue=TRUE)
plot(rho,pvalue,type='o')
abline(h=0.05);text(0.1,0.1,'0.05')       #添加 pvalue=0.05 的水平线
```

执行以上代码，输出结果如图 5.8.1 所示。

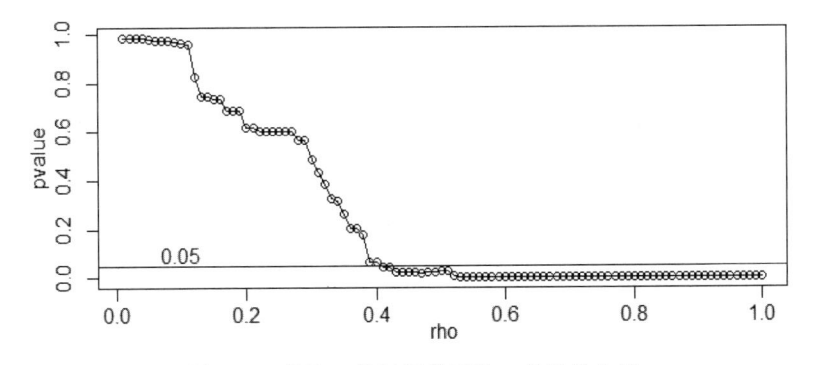

图 5.8.1 检验 p 值随相关系数 ρ 的变化曲线

从图 5.8.1 可以看出，在相关系数从 0 变到 1（即独立性不断降低）的过程中，检验 p 值也逐渐减小。在相关系数 ρ=0.41 时，检验 p 值=0.044427。当相关系数 $\rho \geqslant 0.41$ 时，检验 p 值 <

0.05，即拒绝原假设（独立）的理由越发充分。

下面分别取消随机数种子和样本量的限定，进行更广泛的模拟，如程序 5.8.5 所示。

【程序 5.8.5】检验 P 值随相关系数 ρ 变化模拟检验（无随机种子，n=100）

```
rho=seq(0.01,1,by=0.01)
pvalue=sapply(rho,chitest_fun,justpvalue=TRUE,seed=NULL)
plot(rho,pvalue,type='o');   abline(h=0.05);
text(0.1,0.1,'0.05')
```

执行四次以上代码，输出结果如图 5.8.2 所示。

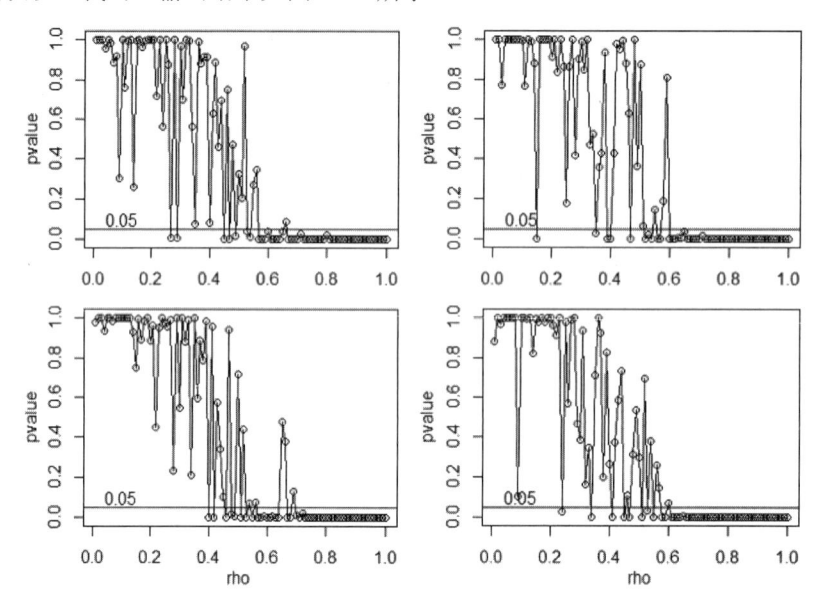

图 5.8.2　检验 P 值随相关系数 ρ 的变化曲线

程序 5.8.5 给出了样本量为 100 时四组随机检验的结果，如图 5.8.2 所示。我们看到了与固定随机种子时类似的结果，即相关系数越大，独立性检验越难通过，而在相关系数大于 0.6 时，出现误判的情况（犯第二类错误）极为少见。

那么，随着样本量的增大，犯第二类错误的概率是否会大为减小呢？下面我们继续构造四组检验来进行简单的对比。样本量分别取 100，200，500，1000，无固定随机种子，然后进行模拟，同样绘制检验 p 值随相关系数 ρ 的变化曲线。具体过程见程序 5.8.6。

【程序 5.8.6】检验 P 值随相关系数 ρ 变化模拟检验（无随机种子，n=100,200,500,1000）

```
rho=seq(0.01,1,by=0.01)
op=par(mfrow=c(2,2))
n=c(100,200,500,1000)
for(i in 1:4)
{  pvalue=sapply(rho,chitest_fun,justpvalue=TRUE,seed=NULL,n=n[i])
   plot(rho,pvalue,type='o',main=paste('n=',n[i]))
   abline(h=0.05);text(0.1,0.1,'0.05')
}
par(op)
```

执行以上代码，输出结果如图 5.8.3 所示。

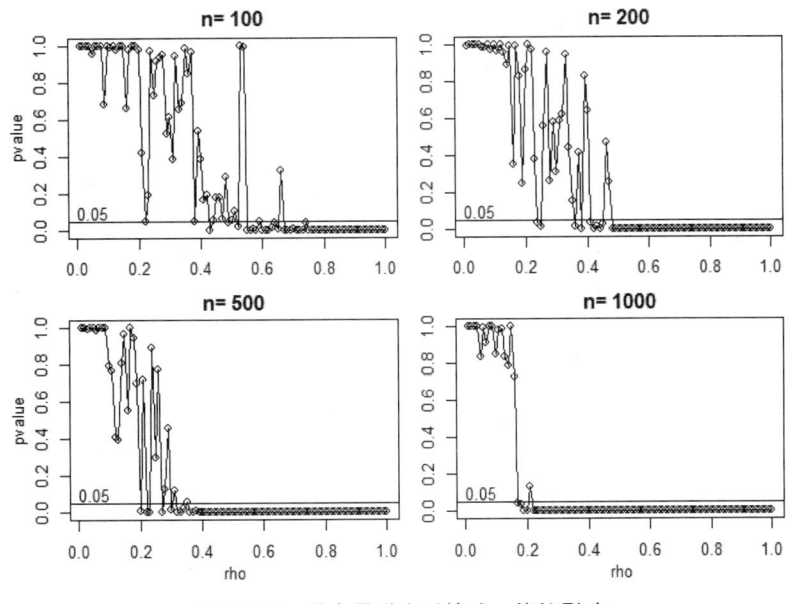

图 5.8.3　样本量增大对检验 p 值的影响

从图 5.8.3 可以看出，样本量的增大使得检验的准确性大为提升，犯第二类错误的可能性大为降低，同时检验 p 值低于 0.05 对应的相关系数的取值不断得到前移（向 0 方向移动）。

不妨再思考一个问题：如果观测到两个连续总体的样本，两个样本的样本量可相等也可不等，如 $X_1, X_2, \cdots, X_m$ 和 $Y_1, Y_2, \cdots, Y_n$，能否执行上述的独立性检验？

如果上述问题中没有给出联合观测的样本，而只有单独观测的两个样本，从理论上讲，是无法执行独立性检验的，因为只有边缘分布、没有联合分布是无法推断独立性的。这可以从定义 5.8.1 中得到验证。

5.9　置换检验

置换检验（Permutation Test）也称为随机化检验或重随机化检验，是由英国统计学家 R. A. Fisher（见图 5.9.1）和 E. G. J. Pitman 于 20 世纪 30 年代提出的一种基于大量计算的非参数统计检验方法。由于计算水平的限制，该理论方法一直未得到重视，直到 20 世纪 80 年代才被重新挖掘并不断焕发光芒。

图 5.9.1　R. A. Fisher（1890—1962）

置换检验特别能适应总体分布未知及样本量较小的场合，可以解决其他常规方法无法解决的问题，因此得到了广泛的推广。该理论方法利用样本数据的全排列（组合）或随机排列大量计算统计量的值，以构造统计量的经验分布，进而给出检验问题的检验 p 值，从而完成统计推断。置换检验无须对总体的分布做出特定的假设，而是完全基于数据本身所包含的信息来解决问题，是一种典型的数据驱动的统计方法，这是它最明显的特点。

置换检验的基本思想是：在 H_0 成立的前提下，根据实际问题的需要构造一个有针对性的检验统计量，然后基于样本数据实施合理的排列或组合，形成大量的子样本，并计算子样本的检验统计量值，进而给出检验统计量的理论分布，再求出实际问题的检验 p 值，最终完成统计推断，从而解决问题。但是在实际计算中，如 1.9 节所示，排列或组合的数量太多，无法在有限的算力和存储空间的前提下完成全部计算，因此通常采用模拟的方式得到检验统计量的近似分布，然后再估计出实际问题的检验 p 值。

基于置换检验的基本思想，如果可穷尽所有的排列或组合，将得到检验统计的所有可能值，那么就可以得到检验统计量的理论分布，此时得到的检验 p 值就是精确的；如果无法穷尽排列或组合，而只是随机抽取一定数量的排列或组合来构造检验统计量的分布，那么相当于得到检验统计量的经验分布，此时得到的检验 p 值就是近似的。

下面以两个独立样本均值的差异性检验为例，阐述置换检验的基本过程。假设两个总体的均值相等，则两个总体的样本均值应该差异不大，若以均值差作为检验统计量进行检验，应该不容易拒绝原假设。将两个总体的样本混合起来，然后随机分成两组，并保持两组的样本量与原来的样本量一致，这样得到的两个新样本称为**置换样本**，再次计算检验统计量（样本均值差）也应该不容易拒绝原假设。

例 5.9.1 给定来自总体 X 的样本 $x_1, x_2, \cdots, x_n$ 和来自总体 Y 的样本 $y_1, y_2, \cdots, y_m$ 两组数据，是否可认为两个总体均值相等？

由于无法确定总体是否服从正态分布，因此不宜直接使用 t 检验，而采用如下过程。

（1）检验问题为 $H_0: \mu_X = \mu_Y \quad H_1: \mu_X \neq \mu_Y$。

（2）构造检验统计量 $T = \bar{X} - \bar{Y}$，并计算原始样本的精确差 $t_0 = \bar{x} - \bar{y}$。

（3）混合两个样本形成新样本 $\{x_1, x_2, \cdots, x_n, y_1, y_2, \cdots, y_m\}$，共 $n+m$ 个，然后按照 C_{n+m}^n 方式重新分成两组，其中 n 个作为 X 的子样本，剩余的 m 个作为 Y 的子样本，对每一个分组样本计算检验统计量的值 $t_i = \bar{x}_i - \bar{y}_i$（ $i = 1, 2, \cdots, C_{n+m}^n$）。

（4）计算 t_i（ $i = 1, 2, \cdots, C_{n+m}^n$）中绝对值超过 $|t_0|$ 的频率作为本问题的检验 P 值的估计。

（5）若检验 p 值小于显著性水平（比如 0.05）则拒绝原假设，否则就接受原假设。

具体过程的实现代码如程序 5.9.1 所示。

【程序 5.9.1】模拟数据的均值差置换检验

```
library(RcppAlgos)              #载入 RcppAlgos 包，以便实施排列组合计算
n=20;   m=15;   nm=35           #组合数 C_35^20=3247943160 超过一般机器上限
set.seed(100);   x=rnorm(n)     # N(0,1), N(0.5,1)各 20, 15 个随机数
set.seed(111);   y=rnorm(m,0.5,1)
z=c(x,y);   t0=mean(x)-mean(y)
N=100000                        #下面通过组合的 10000 个抽样来完成检验
statis.fun=function(indx,dat)
{  indy=setdiff(1:length(dat),indx)  #得到混合样本中总体 Y 的置换样本下标
   mean(dat[indx])-mean(dat[indy])   #计算置换样本的均值差
```

```
        }
        indx=comboSample(v=nm,m=n,n=N)            #得到混合样本中总体 x 的置换样本下标
        ts=apply(indx,1,statis.fun, dat=z)
        plot(density(ts),main='置换偏差的核密度')   #绘制 ts 的核密度图
        (p.value=sum(abs(ts)>abs(t0))/N)           #估计并输出检验 p 值=0.70662
```

执行以上代码，输出结果如图 5.9.2 所示。

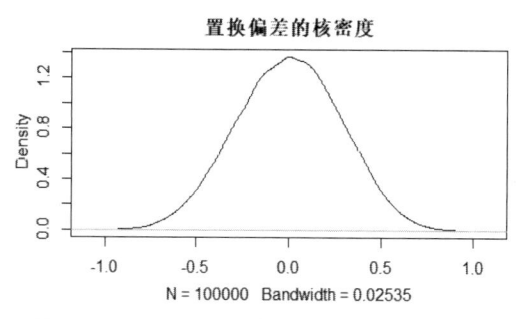

图 5.9.2　10000 次模拟下置换偏差的核密度

R 软件中提供了 coin 和 lmPerm 等包用来实现常见的置换检验，如均值差、相关系数、列联表卡方、秩和独立性等。下面介绍 coin 包中的几个主要函数，见表 5.9.1。

表 5.9.1　coin 包中的主要函数

函数	描述
oneway_test(formula, data, distribution,⋯)	两个样本或 k 个样本均值差异性的置换检验 formula 形如 y~x|block，其中 x 是分类因子，block 是分层因子 data 是 data.frame 格式，存放上述数据 distribution 参数有三种值，字符串 exact 表示精确检验，字符串 asymptotic 表示渐近分布检验，非字符串的 approximate(nresample=R) 表示采用 Monte Carlo 模拟 R 次
wilcox_test(⋯)	两个样本秩和独立性置换检验，参数同上
median_test(⋯)	中位数置换检验，参数同上
kruskal_test(⋯)	多总体同分布置换检验，参数同上
normal_test(⋯)	正态性置换检验，参数同上
chisq_test(⋯)	列联表独立性卡方的置换检验，参数同上
spearman_test(⋯)	相关系数的置换检验，参数同上
sign_test(⋯)	符号检验的置换检验，参数同上
wilcoxsign_test(⋯)	均值相等的 wilcox 符号秩置换检验，参数同上
friedman_test(⋯)	多样本均值差异性的置换检验，参数同上
quade_test(⋯)	对称性的置换检验，参数同上
cmh_test(⋯)	分层卡方独立性问题的置换检验，参数同上

【程序 5.9.2】使用 coin 包中的函数修改程序 5.9.1

```
library(coin)                                                    #载入 coin 包
n=20;        m=15;       nm=35
set.seed(100);    x=rnorm(n)
set.seed(111);    y=rnorm(m,0.5,1)
dat=data.frame(y=c(x,y),x=as.factor(c(rep(1,20),rep(2,15))))
#形成数据框，注意此处因子列是必须的
oneway_test(y~x,data=dat,distribution="exact")                   #采用精确检验
oneway_test(y~x,data=dat,distribution="asymptotic")              #采用渐近分布检验
```

```
oneway_test(y~x,data=dat,distribution=approximate(nresample=10000)) #采用抽样模拟检验
```

采用精确检验输出的结果如下：

```
Exact Two-Sample Fisher-Pitman Permutation Test
data:  y by x (1, 2)
Z = -0.39017, p-value = 0.7058
alternative hypothesis: true mu is not equal to 0
```

采用渐近分布检验输出的结果如下：

```
Asymptotic Two-Sample Fisher-Pitman Permutation Test
data:  y by x (1, 2)
Z = -0.39017, p-value = 0.6964
alternative hypothesis: true mu is not equal to 0
```

采用抽样模拟检验输出的结果如下：

```
Approximative Two-Sample Fisher-Pitman Permutation Test
data:  y by x (1, 2)
Z = -0.39017, p-value = 0.7007
alternative hypothesis: true mu is not equal to 0
```

程序 5.9.1 与程序 5.9.2 输出的检验 p 值非常接近，但从效率上讲，coin 包的函数确实比手工分解的计算速度快多了。

例 5.9.2 对同种检验品采用四种脱水方法，每种方法重复 5 次，请根据测得的脱水率（%）数据分析四种方法的结果是否有差异。

方法 1：1.6,1.7,1.9,1.9,2.0；方法 2：1.5,1.6,1.6,1.7,2.0；

方法 3：1.4,1.6,1.6,1.7,1.9；方法 4：1.1,1.1,1.2,1.3,1.6。

分析：脱水率是比例数据，不能直接采用方差分析等常规方法，可采用 Kruskal-Wallis 检验或者 Kruskal-Wallis 置换检验，具体过程如程序 5.9.3 所示。

【程序 5.9.3】Kruskal-Wallis 检验

```
testdata=data.frame(water=c(1.6,1.7,1.9,1.9,2.0,1.5,1.6,1.6,1.7,2.0,1.4,1.6,1.6,1.7,
1.9,1.1,1.1,1.2,1.3,1.6),method=as.factor(c(rep("法 1",5),rep("法 2",5),rep("法 3",5),
rep("法 4",5))))
kruskal.test(water~method, data=testdata)
kruskal_test(water~method, data=testdata,distribution="asymptotic")
kruskal_test(water~method, data=testdata,distribution=approximate(nresample=1000))
```

执行上述代码输出的结果依次如下：

```
Kruskal-Wallis rank sum test
data:  water by method
Kruskal-Wallis chi-squared = 10.241, df = 3, p-value = 0.01663

Asymptotic Kruskal-Wallis Test
data:  water by method (法1, 法2, 法3, 法4)
chi-squared = 10.241, df = 3, p-value = 0.01663

Approximative Kruskal-Wallis Test
data:  water by method (法1, 法2, 法3, 法4)
chi-squared = 10.241, p-value = 0.008
```

三种检验方式的检验 p 值都较小，所以给出拒绝原假设的结论，即四种方法在测定脱水率

方面存在显著的差异。如果想确定到底是哪些方法之间存在显著差异,还需要进一步对任意两组进行差异性检验,这可通过 pairwise.wilcox.test 检验完成,此处不再赘述。

置换检验可以解决很多小样本、总体分布未知的检验问题,其意义非凡。掌握了它的基本思想和原理,可以较好地利用它解决实际中看似不好解决的检验问题,也可以通过构造相应的检验统计量,自行设计相应的检验程序,完成对实际问题的检验。

5.10 实例分析——关于圆周率 π 的检验问题

圆周率 π 是一个神奇的数字,它是一个无限不循环的无理数,对它的研究经久不衰。中国很早就开始计算圆周率,公元前 1 世纪的数学著作《周髀算经》里就已有"周三径一"的记载,即圆的周长和直径的比是 3∶1。但这在实际的运算中会产生很大的错误。公元 3 世纪的著名数学家刘徽发现,"周三径一"仅是圆的内接正六边形周长与直径的比。他认为,将圆内的多边形边数无限增多时,其周长就逼近圆的周长,并由此创立"割圆术"。他从圆的内接正 192 边形开始,一直算到内接正 3072 边形,结果算得 π=3.1416,这个结果已是当时世界上最准确的圆周率了。公元 429 年,中国南北朝时期最著名的科学家祖冲之(见图 5.10.1)横空出世,他后来将圆周率精确到了小数点后面 7 位,即 3.1415926,同时为了便于记忆和实用,他又算出了两个近似的分数 355/113 和 22/7,这两个数分别称为"密率"和"约率"。祖冲之算出来的圆周率精度在后来 800 年里一直领先世界。

图 5.10.1 祖冲之(429—500)

注:蒋兆和以竺可桢为模特绘制

圆周率极具神秘色彩,也极具诱惑,对于科学家而言,算得越多似乎越有成就感,而各个国家也借助圆周率的计算彰显自己的计算实力,因为计算圆周率能用于检验超级计算机的计算能力。谷歌公司的日本籍员工 Emma Haruka Iwao 在 2019 年 3 月 14 日将圆周率算到了 31.4 万亿位,整个计算历时 121 天。2021 年 8 月,瑞士研究人员历时 108 天将圆周率精确计算到小数点后 62.8 万亿位。2022 年 6 月 10 日,Emma Haruka Iwao 再次通过谷歌云的计算引擎将圆周率算到了 100 万亿位,整个计算历时 157 天 23 小时 31 分钟 7.6 秒。

问题 1 如果给你圆周率小数点后 n 位,请问这些数字的出现有规律吗?

对于这个问题,不妨将是否有规律理解成 0 到 9 共 10 个数字的出现是否随机的问题,而是否随机又可以转化成等可能随机抽取的检验问题,即提出如下的假设:

$$H_0: p_i = \frac{1}{10}, \quad i = 0, 1, \cdots, 9 \quad \text{vs} \quad H_1: \text{至少存在一个 } p_i \neq \frac{1}{10}$$

然后,利用 χ^2 检验法进行检验,即执行如下的步骤。

步骤 1：统计每个数字出现的频数 $n_i (i=0,1,\cdots,9)$；

步骤 2：构建检验统计量

$$\chi^2 = \sum_{i=0}^{9} \frac{(n_i - np_i)^2}{np_i} \sim \chi^2(9)$$

步骤 3：计算检验 P 值，并根据 P 值给出结论。检验 P 值计算公式为

$$P(\chi^2(9) > \chi^2)$$

上述步骤的实现代码如程序 5.10.1 所示。

【程序 5.10.1】关于圆周率 10 个数字的等可能检验

```
pis=scan('pi12.txt',what=character())   #从文件读取数据
pis=unlist(strsplit(pis,split=''))      #字符串分解成字符数据
n_i=table(pis);   n=sum(n_i)            #计算各个数字的频数和总字符数
barplot(n_i)
p_i=1/10;   freedom=9                    #实施 χ² 检验
x2=sum((n_i-n*p_i)^2/(n*p_i))
1-pchisq(x2,freedom)
```

执行以上代码，输出结果如图 5.10.2 所示。

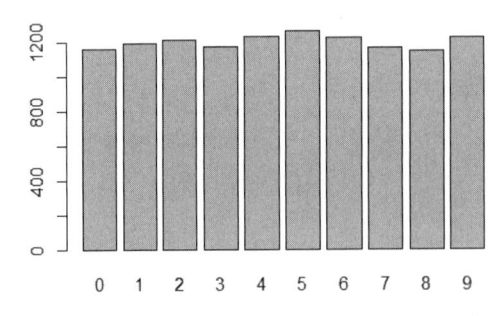

图 5.10.2　圆周率小数点后 12000 位 0~9 的频数分布

计算得到检验统计量值为 10.62333，检验 p 值为 0.3024133，故没有理由拒绝 0~9 10 个数字随机等可能出现，从而认为圆周率小数点后的数字出现是没有规律的。

有人统计了小数点后 2000 亿位数字中的 0 到 9 10 个数字分别出现的次数，具体如下：

20000030841,19999914711,20000136978,20000069393,19999921691,
19999917053,19999881515,19999967594,20000291044,19999869180

基于如此巨大规模的统计，这 10 个数字的出现频率几乎相等，越发说明各个数字是等可能出现的。

问题 2　圆周率是无限不循环无理数，那两位数组合是否也是等可能出现的呢？其中，数字 0 看成 00，1 看成 01，以此类推直到 99，共 100 种组合。

将问题 2 转化成与问题 1 类似的等可能假设检验问题，同样采用 χ^2 检验法检验

$$H_0: p_i = \frac{1}{100}, \quad i=0,1,\cdots,99 \quad \text{vs} \quad H_1: \text{至少存在一个} \ p_i \neq \frac{1}{100}$$

实现问题 2 的代码如程序 5.10.2 所示。

【程序 5.10.2】关于圆周率的 100 组两位数等可能检验

```
pis=scan('pi12.txt',what=character())    #从文件读取数据
ns=numeric(100)                          #记录 100 组频数
for(i in 0:99)                           #计算组合的频数
   ns[i+1]=length(grepRaw(sprintf('%.2d',i),pis,all=TRUE))
n=sum(ns);  barplot(ns)                  #绘制频数图
p_i=1/100;   freedom=99                  #实施 $\chi^2$ 检验,计算统计量值和检验 p 值
x2=sum((ns-n*p_i)^2/(n*p_i))
1-pchisq(x2,freedom)
```

执行以上代码,输出结果如图 5.10.3 所示。

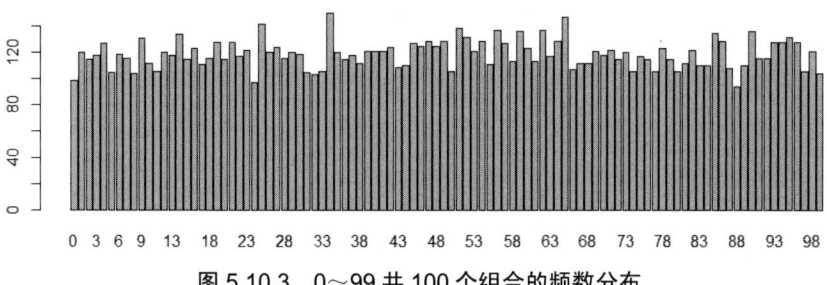

图 5.10.3 0~99 共 100 个组合的频数分布

计算得到检验统计量值为 94.79032,检验 p 值为 0.6010041,该值较大,故没有理由拒绝这 100 组数字随机等可能出现。

有人猜测,圆周率的无限不循环中会出现任意组合的数字,比如"0123456789"这样连续的 10 个数字组合。如果按照概率来讲,仅从 10 次随机抽取试验组成 10 个数字组合来看,出现上述特殊组合的概率是 10^{-10}。如此小概率的事件,放到无限不循环的圆周率中,相当于做了无限次试验,其发生几乎是必然的。3 个数字组合的等可能性检验不再赘述。

问题 3   利用圆周率的无限不循环,能否得到优良的均匀分布随机数呢?

鉴于圆周率的无限不循环,所以采用随机起点、定长截取的方式构造随机数,这是一种对圆周率数字最简单的利用,如果简单的利用都能得到较好的随机数,那么就说明圆周率具备提取优良随机数的潜质。另外,对生成的随机数进行数字特征、均匀性、随机独立性等方面的分析,并与统计软件中的均匀分布随机数进行比较。具体过程见程序 5.10.3。

【程序 5.10.3】利用圆周率构造均匀分布随机数生成器

```
pis=scan('pi200.txt',what=character())    #从文件中提取数据
pis=as.integer(unlist(strsplit(pis,split='')))  #分割字符串,将字符转化成整数
pi.len=length(pis)                        #长度,此处等于 20 万
runif.pi=function(n,index)                #index 表示起点,n 表示随机数个数
{ rs=numeric(n);   plus=10^(8:0)
   for(i in 1:n)
   { num=pis[index:(index+8)]             #提取连续 9 个数字形成一个大整数
      xi=sum(num*plus)
      rs[i]=xi/1000000000                 #转化成[0,1]区间中的实数
      index=(index+7) %% pi.len           #index 以步长 7 平移实施循环递增
   }
   rs
}
unif.chisq.test=function(ns,ps)           #基于分组概率和频数实施 $\chi^2$ 检验
{ m=length(ns);   n=sum(ns)
   x2=sum((ns-n*ps)^2/(n*ps))
```

```
    1-pchisq(x2,m-1)
}
rn=c(100*(1:5),1000*(1:5))                    #10 组样本量,以便实施 10 次比较检验
mat=matrix(0,nrow=10,ncol=10)                 #记录 10 组随机数的 10 个评价信息
times=100; half=50          #各 5 个特征：样本均值与方差,检验 p 值及<0.05 比例,相关系数
                            #每个样本量执行 100 次模拟,前后各 50 次,实施配对比较
breaks=seq(0,1,by=0.1); ps=rep(0.1,10);       #[0,1]区间 10 等分,每个区间概率相等
for(i in 1:10)
{ smat=matrix(0,nrow=times,ncol=8)
  for(j in 1:half)           #对每个 rn[i],实施 j, half+j 的配对比较,存入前四列
  { r1=runif.pi(rn[i],j);    r2=runif.pi(rn[i],half+j)
    ns1=table(cut(r1,breaks))
    ns2=table(cut(r2,breaks))
    smat[j,1]=mean(r1);    smat[half+j,1]=mean(r2)  #分别计算均值、方差、检验 p 值
    smat[j,2]=var(r1);     smat[half+j,2]=var(r2)
    smat[j,3]=unif.chisq.test(ns1,ps)
    smat[half+j,3]=unif.chisq.test(ns2,ps)
    smat[j,4]=cor(r1,r2)                         #两组随机数的相关系数
    set.seed(j);         r1=runif(rn[i])         #用 R 语言中的 runif 实施上述过程
    set.seed(half+j);    r2=runif(rn[i])
    ns1=table(cut(r1,breaks));   s2=table(cut(r1,breaks))
    smat[j,5]=mean(r1); smat[half+j,5]=mean(r2)
    smat[j,6]=var(r1);  smat[half+j,6]=var(r2)
    smat[j,7]=unif.chisq.test(ns1,ps)
    smat[half+j,7]=unif.chisq.test(ns2,ps)
    smat[j,8]=cor(r1,r2)
  }
  mat[i,1:3]=apply(smat[,1:3],2,mean)
  mat[i,6:8]=apply(smat[,5:7],2,mean)
  mat[i,4]=sum(smat[,3]<0.05)/times
  mat[i,9]=sum(smat[,7]<0.05)/times
  mat[i,5]=mean(abs(smat[1:half,4]))
  mat[i,10]=mean(abs(smat[1:half,8]))
  #计算均值、方差、检验 p 值的均值,检验 p 值不超过 0.05 的比例,相关系数的均值（只有 50 个）
}
mat
```

对于均匀分布 $U(0,1)$，可知其 $E(X) = 0.5$，$D(X) = 1/12 = 0.8333$，如果生成的两组均匀分布随机数序列相互独立，至少可以看出相关系数接近 0。另外，执行 χ^2 同分布检验，检验 p 值的均值应该较大，同时与显著性水平 0.05 比较，多次模拟计算出现第一类错误的频率也应在此附近。

执行上述代码并整理输出结果，如表 5.10.1 所示。

表 5.10.1 每个样本量 n 执行 100 次模拟的随机数的比较结果

样本量	基于圆周率的随机数					R 软件中的 runif 随机数				
n	$E(X)$	$D(X)$	p 值	<0.05	ρ	$E(X)$	$D(X)$	p 值	<0.05	ρ
100	0.4921	0.0832	0.5983	0	0.0805	0.4988	0.0832	0.5289	0.01	0.0837
200	0.4986	0.0847	0.6514	0	0.0502	0.5010	0.0838	0.5602	0.04	0.0578
300	0.5063	0.0833	0.6724	0	0.0484	0.5012	0.0836	0.5657	0.03	0.0447
400	0.5122	0.0824	0.5022	0	0.0412	0.5007	0.0835	0.4766	0.03	0.0383
500	0.5074	0.0834	0.5958	0	0.0384	0.5003	0.0837	0.5202	0.02	0.0328
1000	0.5021	0.0825	0.4472	0	0.0213	0.5001	0.0839	0.4856	0.04	0.0218

续表

样本量	基于圆周率的随机数					R 软件中的 runif 随机数				
n	$E(X)$	$D(X)$	p 值	<0.05	ρ	$E(X)$	$D(X)$	p 值	<0.05	ρ
2000	0.4986	0.0824	0.5343	0	0.0150	0.4999	0.0836	0.4968	0.01	0.0173
3000	0.5010	0.0825	0.5718	0	0.0076	0.5004	0.0835	0.5058	0.00	0.0112
4000	0.5004	0.0830	0.5170	0	0.0103	0.5003	0.0834	0.4904	0.04	0.0103
5000	0.5005	0.0832	0.4867	0	0.0074	0.5007	0.0834	0.4926	0.07	0.0096
平均	0.5019	0.0831	0.5577	0	0.0320	0.5003	0.0836	0.5123	0.03	0.0327

从表 5.10.1 可以看出，基于圆周率生成的随机数的期望和方差的估计值也非常接近理论值，与统计软件的 runif 性能相当；检验 p 值相对较大，而且发生第一类错误的概率是 0，优于 runif；另外，不同序列的相关系数也相对较小。从上述特征比较可以看出，由圆周率产生的随机数的统计性能还是不错的。

综上所述，圆周率这个神奇的数字是值得深入研究和探索的。

思考与练习

1. 斯特鲁普效应（Stroop）是著名的心理学现象之一，由美国心理学家约翰·莱德利·斯特鲁普（John. Riddly. Stroop）于 1935 年首先提出，它表明了优势反应对非优势反应的干扰。认知表述颜色的文字与认知字体颜色一般被认为是两个不同的认知过程。当被测者被要求回答有颜色意义的字体的颜色时，回答文字本身的意义为优势反应，而回答字体颜色为非优势反应，若字体颜色与文字意义不同，被测者往往会反应速度下降，出错率上升。由于优势反应的干扰，个体难以迅速、准确地对非优势刺激做出反应的现象叫"斯特鲁普效应"。斯特鲁普测试评估中有两个重要变量：命中次数和响应时间。通常，该测试对于评估阿尔茨海默病、精神分裂症和亨廷顿舞蹈病患者的执行功能特别有用。若想亲自测试一下，可访问"Interactive Stroop Effect Experiment"网站。附录 A 中表 A.3 的 stroop.csv 数据集共 25 条记录，含 congrument 和 incongrument 两列数据，分别为表述颜色的文字意义与字体颜色一致和不一致时被测者的反应时间，尝试针对该数据集完成以下任务：

（1）进行数据的描述性统计分析，并给出基本结论。
（2）使用多种检验方法对数据进行分析，并给出斯特鲁普效应存在与否的结论。

2. 针对第 2 章思考与练习中的第 1 题的钻石数据，回答如下假设检验问题：
（1）钻石的总量、价格、长度、宽度、深度是否服从正态分布？
（2）不同透明度下的价格（长度、宽度或深度）是否同分布？
（3）采用不同方式切割的钻石价格是否有显著差异？
（4）不同颜色的钻石价格是否有显著差异？

3. 在实施 χ^2 检验时，需要主观地对总体进行区间划分，才能构造出检验统计量。因此，如何划分区间成为实施该检验的关键一步，而且不同的区间划分对检验也会产生重要的影响。通过各种概率分布的模拟数据，尝试构建一种自动的区间划分方案，确保最佳的检验效果。

4. 经验分布函数是分布函数的优良估计，基于此构建了 K-S 分布拟合优度检验。同样，核密度估计是概率密度的优良估计，理论上通过核密度估计也能构建类似 K-S 分布拟合优度检验的方法，请结合各种概率分布的模拟数据，尝试构建基于核密度估计的分布拟合优度检验方法。

第 6 章
优化思维：回归分析问题

回归分析是研究变量之间相互依赖关系的一种统计方法，是统计中三大经典应用之一，也是统计中应用最广泛的分支之一。众所周知，"回归"一词最早是由英国著名生物统计学家弗兰西斯·高尔顿（Francis Galton，见图 6.1.1）在 19 世纪末期研究子代与父代的身高遗传关系时提出的。后来，英国著名统计学家卡尔·皮尔逊（Karl Pearson）等人收集了 1078 个家庭中父代与子代的身高数据，从而建立了第一个回归方程，揭示了人类身高遗传中神奇的回归效应。虽然高尔顿提出的回归思想源于生物遗传规律，但回归的现实意义比最初的意义要广泛得多。回归分析在社会、经济、生物、医学等方面都有广泛的应用。它的思想已经渗透到数理统计的众多分支以及学科中，只要涉及与预测相关的问题，基本都能看到回归的身影。

图 6.1.1　高尔顿（1822—1911）

回归分析的主要工作是基于历史数据进行模型构建，尝试对新的数据进行模型应用，实现特定的"预测"功能。模型构建需要考虑模型的拟合与评价问题，而模型应用则需要考虑模型的适用性、精度与效果等问题。

本章主要探讨回归分析的线性模型、拟合度、模型检验与模型选择等常见问题。

6.1　回归模型概述

回归分析是通过建立回归模型来研究相关变量的关系并做出相应估计和预测的一种统计方法。通常，把可以在一定范围内随意地取指定数值（即可控）的变量称为**自变量**（如前面所说的父代身高），记为 x；而把自变量取定后，虽可观测但不可控制的变量（或研究对象）称为**因变量**（如前面所指的子代身高等），记为 y。其中，因变量 y 是随机变量；自变量 x 可以是随机变量，也可以是非随机变量。为便于阐述，本章假定 x 是非随机变量。当给定自变量 x 时，因变量 y 是随机变量，故无法唯一确定。因此，因变量 y 的估计或预测值通常取其条件数学期望 $E(y|x)$，它是自变量 x 的函数，称为**回归函数**或**经验回归方程**，记为

$$\hat{y} = f(x) = E(y|x) \tag{6.1.1}$$

为此，把 x 和 y 之间的关系表示为

$$y = E(y|x) + \varepsilon = f(x) + \varepsilon$$

其中，ε 称为**随机误差**，它表示自变量 x 之外的其他因素对因变量 y 的影响，显然 $E(\varepsilon)=0$。为简单起见，通常假设 $D(\varepsilon)=\sigma^2$，并称

$$\begin{cases} y = f(x) + \varepsilon \\ E(\varepsilon) = 0, D(\varepsilon) = \sigma^2 \end{cases} \tag{6.1.2}$$

为**回归模型**。设 $x_1, x_2, \cdots, x_p$ 为自变量，y 为因变量，根据回归函数 $f(x)$ 的不同形式，将回归模型简单分为三大类：

- p 元线性回归模型 $\begin{cases} y = \beta_0 + \beta_1 x_1 + \cdots + \beta_p x_p + \varepsilon \\ E(\varepsilon) = 0, \ D(\varepsilon) = \sigma^2 \end{cases}$，其中，$\beta_i$（$i=0,1,\cdots,p$）为回归系数。

- 非线性回归模型 $\begin{cases} y = f(x_1, x_2, \cdots, x_p; \boldsymbol{\beta}) + \varepsilon \\ E(\varepsilon) = 0, \ D(\varepsilon) = \sigma^2 \end{cases}$，其中，$\boldsymbol{\beta}$ 为回归系数（向量）。

- 非参数回归模型 $\begin{cases} y = f(x_1, x_2, \cdots, x_p; y) + \varepsilon \\ E(\varepsilon) = 0, \ D(\varepsilon) = \sigma^2 \end{cases}$。

对于 p 元线性回归模型，为了估计线性回归模型中的未知参数，我们对变量 $x_1, x_2 \cdots, x_p$ 和 y 进行了 n 次观测，得到一组样本观测值，记为 $(x_{i1}, x_{i2} \cdots, x_{ip}, y_i)$（$i=1,2,\cdots,n$）。将样本代入线性回归模型，得

$$\begin{cases} y_i = \beta_0 + \beta_1 x_{i1} + \cdots + \beta_p x_{ip} + \varepsilon_i \\ E(\varepsilon_i) = 0, D(\varepsilon_i) = \sigma^2, i = 1, 2, \cdots, n \\ \varepsilon_1, \varepsilon_2, \cdots, \varepsilon_n \text{互不相关} \end{cases} \tag{6.1.3}$$

记 $\boldsymbol{Y} = \begin{bmatrix} y_1 \\ y_2 \\ \vdots \\ y_n \end{bmatrix}, \boldsymbol{\beta} = \begin{bmatrix} \beta_0 \\ \beta_1 \\ \vdots \\ \beta_p \end{bmatrix}, \boldsymbol{X} = \begin{bmatrix} 1 & x_{11} & \cdots & x_{1p} \\ 1 & x_{21} & \cdots & x_{2p} \\ \vdots & \vdots & & \vdots \\ 1 & x_{n1} & \cdots & x_{np} \end{bmatrix}, \boldsymbol{e} = \begin{bmatrix} \varepsilon_1 \\ \varepsilon_2 \\ \vdots \\ \varepsilon_n \end{bmatrix}$

则线性回归模型可表示为矩阵形式：

$$\begin{cases} \boldsymbol{Y} = \boldsymbol{X\beta} + \boldsymbol{e} \\ E(\boldsymbol{e}) = 0, D(\boldsymbol{e}) = \sigma^2 \boldsymbol{I}_n \end{cases} \tag{6.1.4}$$

模型（6.1.4）称为**高斯-马尔可夫（Gauss-Markov）线性回归模型**（高斯和马尔可夫如图 6.1.2 所示），更强的条件是假设误差服从正态分布，即 $\boldsymbol{e} \sim N(0, \sigma^2 \boldsymbol{I}_n)$。其中，$\boldsymbol{I}_n$ 为 n 阶单位矩阵；$\boldsymbol{Y}$ 为 n 维可观测随机向量；$\boldsymbol{X}$ 为已知的 $n \times (p+1)$ 矩阵，通常称为**设计矩阵**；$\boldsymbol{\beta}$ 为 $p+1$ 维未知参数向量，$\boldsymbol{e}$ 为 n 维随机向量。为满足可解性，一般要求 $n > p$，且秩 $\text{rank}(\boldsymbol{X}) = p+1$。

高斯（1822—1911）　马尔可夫（1856—1922）

图 6.1.2　高斯和马尔可夫

基于最小二乘准则及矩阵运算得到参数 $\boldsymbol{\beta}$、方差 σ^2 以及回归方程的估计如下：

$$\begin{cases} \hat{\boldsymbol{\beta}} = (\boldsymbol{X}^\mathrm{T}\boldsymbol{X})^{-1}\boldsymbol{X}^\mathrm{T}\boldsymbol{Y}, \quad \hat{\sigma}^2 = \dfrac{(\boldsymbol{Y}-\boldsymbol{X}\hat{\boldsymbol{\beta}})^\mathrm{T}(\boldsymbol{Y}-\boldsymbol{X}\hat{\boldsymbol{\beta}})}{n-p-1} \\ \hat{y}(\boldsymbol{x}) = \boldsymbol{x}^\mathrm{T}\hat{\boldsymbol{\beta}} = \boldsymbol{x}^\mathrm{T}(\boldsymbol{X}^\mathrm{T}\boldsymbol{X})^{-1}\boldsymbol{X}^\mathrm{T}\boldsymbol{Y} = \boldsymbol{W}_n^\mathrm{T}(\boldsymbol{x})\boldsymbol{Y} = \sum_{i=1}^n W_{n,i}(\boldsymbol{x})y_i \end{cases} \quad (6.1.5)$$

对于非线性回归模型，在某些场合下可以转化成线性回归模型进行求解；而对于不能转化成线性回归模型的非线性回归模型，也可通过使用最小二乘准则并采用高斯-牛顿迭代法进行求解。

对于非参数回归模型，通常需要确定合适的窗宽 h_n 和核函数 $K(x)$ 构造核权函数，得到

$$\hat{y}(\boldsymbol{x}) = \sum_{i=1}^n \dfrac{K\left(\dfrac{x_i-x}{h_n}\right)}{\sum_{j=1}^n K\left(\dfrac{x_j-x}{h_n}\right)} y_i = \boldsymbol{W}_n^\mathrm{T}(\boldsymbol{x})\boldsymbol{Y} = \sum_{i=1}^n W_{n,i}(\boldsymbol{x})y_i \quad (6.1.6)$$

对照式（6.1.5）和式（6.1.6），我们发现两者在形式上具有统一性，即都可以看成是在自变量 $\boldsymbol{x}$ 给定时，构造与其相关的权重 $\boldsymbol{W}_n^\mathrm{T}(\boldsymbol{x})$，对样本中给出的因变量 $\boldsymbol{Y}$ 进行加权平均。这也为构造更宽泛的回归模型提供了一种参考。

6.2 拟合度解析

线性回归模型是回归分析中最为经典的模型，它最大的特点就是假设因变量与自变量之间呈现明确的线性关系。特别地，当因变量与自变量都是一维变量时，就假设两者之间呈直线关系。事实上，在实际问题研究中，变量之间往往呈现出典型的非线性关系。此时，若用线性模型来建模，必然会遇到拟合效果差的问题。若用高阶多项式来建模，理论上可以做到充分拟合，但是会产生剧烈的波动。这就产生了拟合不足与过度拟合的问题，因此回归模型在拟合问题上，也需要寻找拟合不足与过度拟合的平衡，即拟合"度"的问题。

早期做回归分析通常使用全部数据集进行建模，因此在评价模型的时候主要关注决定系数这个重要指标。虽然这反映了回归模型对数据集的拟合程度，但并不能反映回归模型的预测能力，要怎样才能体现出预测能力呢？人们发现，通过合适的比例分割数据集可以同时服务模型构建与模型预测。因此，现在比较流行的做法是将数据集分割成训练集和测试集两个部分，用训练集进行模型构建，再用测试集进行模型评估。更一般的做法是将训练集再分成两个部分：训练集和验证集，以训练集进行模型构建，以验证集辅助模型构建，最后以测试集评估模型。这种三段式使用数据集的思想在机器学习领域特别受推崇。常见的三段式比例有 8∶1∶1，当数据量较小时也有用 6∶2∶2。如果采用两段式，数据量较小时常采用比例 7∶3，而数据量较大时则常采用比例 8∶2 或 9∶1。上述做法通常被认为是采用交叉验证的思想来对模型进行训练和评估。

机器学习领域非常关心模型的**泛化能力**，即基于训练集构建的模型对训练集之外的数据集（新样本）的适应性或预测能力。通常，泛化能力强的模型被认为是比较好的模型。一般情况下，在训练集上表现差的模型，在测试集上表现也不会好；在训练集上表现好的模型，虽然不敢保证在测试集上也表现好，但表现好的可能性会更高。

定义 6.2.1 基于训练集构建的模型，如果无法准确地表达训练集的特征，即模型对训练集的拟合程度比较差，就称模型**欠拟合（Under Fitting）**或拟合不足。而如果模型能够较为准确

地表达训练集的特征，但无法准确地预测出测试集的特征，即在训练集上拟合程度较高，但在测试集上拟合程度较差，就称模型**过拟合**（**Over Fitting**）。

上述定义中，由于欠拟合的模型过于简单，无法表达训练集的特征，使得欠拟合的模型在训练集和测试集上表现都比较差。而过拟合的模型在训练过程中，为了逼近所有训练集数据，导致对测试集的特征描述失真，因此过拟合虽然在训练集上表现较好，但无法全局性地把握全部数据集的特征，从而在测试集上表现较差。

下面通过构造一个回归程序来展示欠拟合与过拟合这两种现象，具体代码见程序 6.2.1。实验中，自变量 x 取为 [0,1.25] 区间上的均匀分布随机数，因变量 y 取为 $\cos(2\pi x)+\varepsilon$，其中 $\varepsilon \sim N(0,0.1^2)$，取随机种子为 100。通过构建一元线性回归来展示欠拟合，通过构造高阶多项式回归来展示过拟合。评价拟合效果的指标采用平均误差平方和

$$\mathrm{MSE} = \frac{1}{n}\sum_{i=1}^{n}(y_i - \hat{y}_i)^2$$

一元线性回归模型为

$$y = \beta_0 + \beta_1 x + \varepsilon \tag{6.2.1}$$

【**程序 6.2.1**】**拟合度实验**

```
Reg.mse=function(y,yfit) {  return(mean((y-yfit)^2))  }   #计算平均误差 MSE
set.seed(100);  n=100;  x=seq(0,1.25,length=n);  y=cos(2*pi*x)+rnorm(100,0,0.1)
alldata=data.frame(x=x,y=y)                               #产生数据集
ratio=0.8;  n_train=round(n*ratio);  n_test=n-n_train     #设定两段式比例和数据量
set.seed(99);  index=sort(sample(1:n,n_train))            #产生随机下标并排序，提取训练集和测试集
Train=data.frame(alldata[index,])                         #提取训练集
Test=data.frame(alldata[-index,])                         #提取测试集
lm1=lm(y~x,data=Train);       summary(lm1)                #构建一元线性回归模型并输出结果
plot(alldata$x,alldata$y);    lines(Train$x,lm1$fitted.values)  #绘制训练集模型拟合结果
Testyfit=predict(lm1,newdata=data.frame(x=Test$x))        #对测试集预测结果
Reg.mse(Train$y,lm1$fitted.values)                        #输出训练集的 MSE
Reg.mse(Test$y,Testyfit)                                  #输出测试集的 MSE
```

执行上述代码输出的结果如下（图形结果如图 6.2.1 所示）：

```
Coefficients:
            Estimate Std. Error t value Pr(>|t|)
(Intercept)  -0.2956     0.1615  -1.830  0.07108 .
  x           0.6190     0.2313   2.676  0.00907 **
---
Signif. codes:  0 '***' 0.001 '**' 0.01 '*' 0.05 '.' 0.1 ' ' 1

Residual standard error: 0.6904 on 78 degrees of freedom
Multiple R-squared:  0.0841,    Adjusted R-squared:  0.07236
F-statistic: 7.162 on 1 and 78 DF,  p-value: 0.009072
0.4648032       #训练集 MSE
0.5027661       #测试集 MSE, 比训练集的 MSE 大很多
```

从程序 6.2.1 的输出结果中可以看到，线性模型得到的均方误差为 0.6904，而方程（变量 x 的系数）的显著性检验 p 值为 0.009072。形式上，显著性检验 p 值挺小的，说明方程的拟合效果应该不错。实际上，从图 6.2.1 可以看到，回归效果其实相当差。况且，决定系数 $R^2 = 0.0841$，说明模型只能解释大概 8%的数据，显然这不是一个好的模型。另外，得到训练集的平均误差为

0.4648032，测试集的平均误差为 0.5027661，对于因变量 y 的取值大部分介于区间[-1,1]而言，这个平均偏差实在太大了。由于直线模型的限制，它只能拟合数据中间的大部分，两端的趋势性特征无法兼顾，导致模型表现糟糕。这就是典型的**欠拟合现象**。

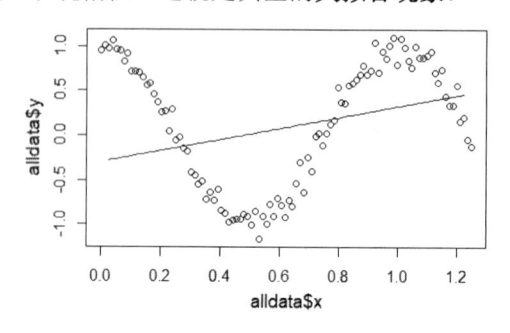

图 6.2.1　全部数据集与回归直线

计算方法中的多项式逼近理论告诉我们，采用多项式可以逼近任意复杂的曲线，即可以逼近任意函数。下面通过多项式回归来提升拟合度，并观察过拟合现象。

定义 6.2.2　研究一个因变量与另一个自变量或一组自变量之间多项式的回归分析方法称为**多项式回归**。当自变量为一个时，称为**一元多项式回归**；当自变量为多个时，称为**多元多项式回归**。为方便起见，把包含从 1 次到 n 次全部多项式的回归称为**完全多项式回归**。

多项式回归可以通过线性化手段转化成多元线性回归，比如在上述线性回归中增加自变量的平方项，就构建了一元二次多项式回归，具体如下：

$$y = \beta_0 + \beta_1 x + \beta_2 x^2 + \varepsilon \tag{6.2.2}$$

下面给出一元二次多项式回归的程序，代码如程序 6.2.2 所示。

【程序 6.2.2】一元二次多项式回归

```
#数据集和变量定义等基于程序 6.2.1
tx=x[index];   nx=x[-index]                           #临时变量
Train=data.frame(x=tx,x2=tx^2,y=y[index])             #训练集
Test=data.frame(x=nx,x2=nx^2,y=y[-index])             #测试集
lm2=lm(y~.,data=Train);    summary(lm2)               #构建多项式回归模型，输出结果
plot(x,y); lines(Train$x,lm2$fitted.value,lty=2)      #绘制回归曲线
Testyfit=predict(lm2,newdata=data.frame(Test[,1:2]))  #测试集回归结果
Reg.mse(Train$y,lm2$fitted.values)                    #输出训练集的 MSE
Reg.mse(Test$y,Testyfit)                              #输出测试集的 MSE
```

执行上述代码输出的结果如下（图形结果如图 6.2.2 所示）：

```
Coefficients:
            Estimate Std. Error t value Pr(>|t|)
(Intercept)   0.9900     0.1664   5.948 7.51e-08 ***
    x        -5.3851     0.6155  -8.749 3.65e-13 ***
    x2        4.9162     0.4882  10.071 1.06e-15 ***
---
Signif. codes:  0 '***' 0.001 '**' 0.01 '*' 0.05 '.' 0.1 ' ' 1

Residual standard error: 0.4565 on 77 degrees of freedom
Multiple R-squared:  0.6047,    Adjusted R-squared:  0.5945
F-statistic:  58.9 on 2 and 77 DF,  p-value: 3.02e-16
```

```
0.2005874        #训练集平均误差
0.7791201        #测试集平均误差
```

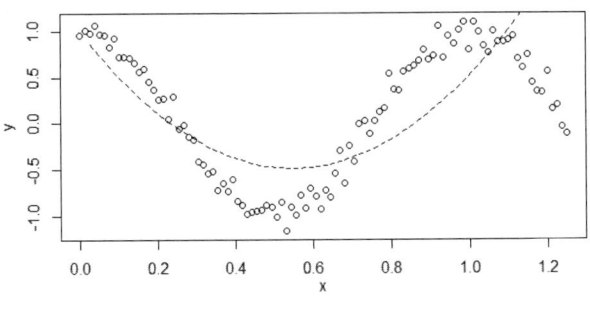

图 6.2.2　一元二次多项式回归模拟

从输出结果看，一元二次多项式回归模型的决定系数从 8%提升到 60%左右，方程的检验 p 值更小了，训练集的平均误差得到大幅下降，但不足的是测试集的平均误差却上升了。总之，这个新模型实现了一个不小的飞跃，但是与期望中的决定系数接近 1 还有相当大的距离，所以不妨提高多项式的阶数，采用更高阶多项式来拟合上述训练数据。理论上可以无限地增加多项式的阶数，但实际上会遇到几个致命问题，如自变量个数超过样本量、高阶多项式之间的相关性不断提升等，这些都将导致模型的不可估计。

相比一元一次回归模型，图 6.2.2 的拟合抓住了中间大部分数据的趋势，但是右侧尾部的数据趋势没有体现出来，说明当前的模型依然处于欠拟合状态。下面构造 3 到 14 阶完全多项式回归来进一步拟合，具体过程见程序 6.2.3。

【程序 6.2.3】3 到 14 阶完全多项式回归

```
#数据集和变量定义等基于程序 6.2.1，选取 3 到 14 阶构建 12 个高阶完全多项式回归
Polydata=function(x,y,power)                #生成多项式回归用的数据集
{ dat=data.frame(y=y)
  for(i in 1:power)   dat=cbind(x^i,dat)
  names(dat)=c(paste('x',1:power,sep=''),'y')
  return(dat)
}
tx=x[index];  ty=y[index];  nx=x[-index];  ny=y[-index]  #临时变量
op=par(mfrow=c(3,4));       rmse=NULL          #记录 R2、训练集和测试集的平均误差
for(i in 3:14)
{ Train=Polydata(tx,ty,i);    Test= Polydata(nx,ny,i)  #训练集、测试集
  lmi=lm(y~.,data=Train);     tmp=summary(lmi)         #构建多项式回归模型，输出结果
  plot(x,y,main=paste('最高阶',i)); lines(Train$x1,lmi$fitted.value,lty=2)  #绘制回归曲线
  Testyfit=predict(lmi,newdata=Test)              #测试集回归结果
  rmse=rbind(rmse,c(i,tmp$r.squared,Reg.mse(Train$y,lmi$fitted.values),
     Reg.mse(Test$y,Testyfit)))
}
par(op)
rmse
```

执行上述代码输出的结果如下（图形结果如图 6.2.3 所示）：

```
最高阶 R2        训练集 mse   测试集 mse
    3 0.8574519 0.072340510 0.222815561
    4 0.9571729 0.021733955 0.048963587
    5 0.9765765 0.011886991 0.012480003
    6 0.9784984 0.010911643 0.013797242
```

```
 7 0.9793408 0.010484162 0.010391280
 8 0.9795436 0.010381233 0.008545987
 9 0.9795501 0.010377968 0.008753329
10 0.9802313 0.010032239 0.025252931
11 0.9806525 0.009818502 0.037812448
12 0.9808668 0.009709750 0.019332538
13 0.9809463 0.009669387 0.046878882
14 0.9810948 0.009594021 0.095041795
```

从上述输出的结果可以看出，在完全多项式回归的设定下，决定系数不断接近 1，训练集的平均误差随着阶数的上升而下降，而测试集的平均误差先下降后又波动上升。这说明当前选取的完全多项式回归是无法实现较好预测功能的，即存在严重的**过拟合现象**。出现这种现象的主要原因在于完全多项式之间存在较高的相关性，即数据存在严重的多重共线性。比如，查看 14 阶时训练集的相关系数，发现其中自变量之间最小的相关系数为 0.7464508，最大的超过 0.9990288，说明自变量之间的相关性非常强。

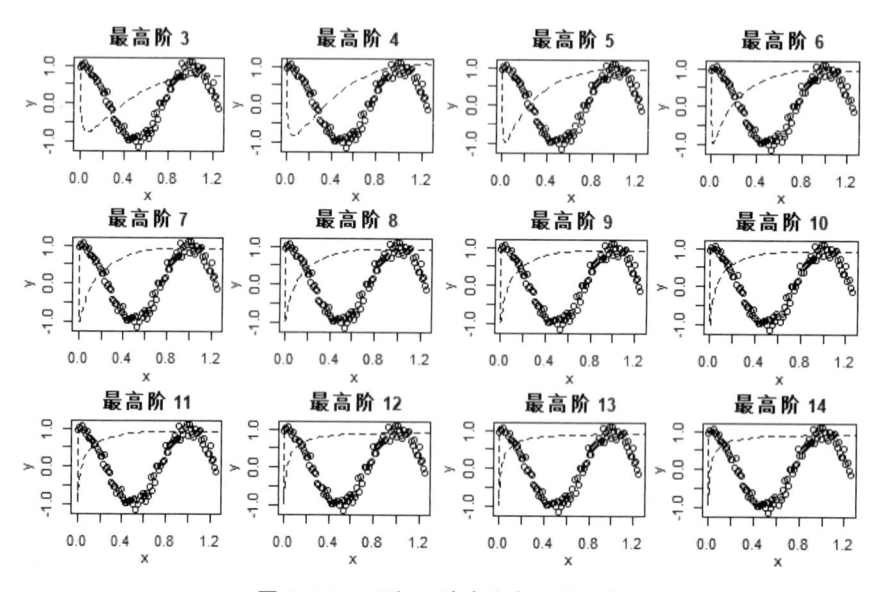

图 6.2.3 3 到 14 阶完全多项式回归

除了完全多项式回归，真正意义上的多项式回归更多采用的是正交多项式回归。下面通过 R 语言中的 poly 函数来实现正交多项式回归，具体如程序 6.2.4 所示，输出结果整理后如表 6.2.1 所示，图形结果如图 6.2.4 所示。

【程序 6.2.4】从 2 到 21 阶构建 20 个高阶正交多项式回归

```
#数据集和变量定义等基于程序 6.2.1，选取 2 到 21 阶构建 20 个高阶正交多项式回归
Train=data.frame(x=x[index],y=y[index])
Test=data.frame(x=x[-index],y=y[-index])              #训练集、测试集
op=par(mfrow=c(4,5));      rmse=NULL                  #记录 R2、训练集和测试集的平均误差
for(i in 2:21)
{ lmi=lm(y~1+poly(x,degree=i),data=Train);            #构建多项式回归
  tmp=summary(lmi)                                    #输出回归结果
  plot(x,y,main=paste('最高阶',i)); lines(Train$x,lmi$fitted.value)   #绘制回归曲线
  Testyfit=predict(lmi,newdata=data.frame(x=Test$x))                  #计算测试集回归结果
  rmse=rbind(rmse,c(i,tmp$r.squared, Reg.mse(Train$y,lmi$fitted.values),
  Reg.mse(Test$y, Testyfit)))
```

```
}
par(op);    rmse
```

表 6.2.1 2 到 21 阶正交多项式回归的评价指标

最高阶	R2	训练集 MSE	测试集 MSE	最高阶	R2	训练集 MSE	测试集 MSE
2	0.604740	0.200587	0.779120	12	0.980867	0.009710	0.019333
3	0.857452	0.072341	0.222816	13	0.980946	0.009669	0.046879
4	0.957173	0.021734	0.048964	14	0.981095	0.009594	0.095042
5	0.976577	0.011887	0.012480	15	0.981164	0.009559	0.222461
6	0.978498	0.010912	0.013797	16	0.981199	0.009541	0.113588
7	0.979341	0.010484	0.010391	17	0.981203	0.009539	0.054680
8	0.979544	0.010381	0.008546	18	0.981413	0.009433	1.618716
9	0.979550	0.010378	0.008753	19	0.981447	0.009415	0.728909
10	0.980231	0.010032	0.025253	20	0.981468	0.009405	1.489773
11	0.980653	0.009819	0.037812	21	0.981542	0.009367	31.050297

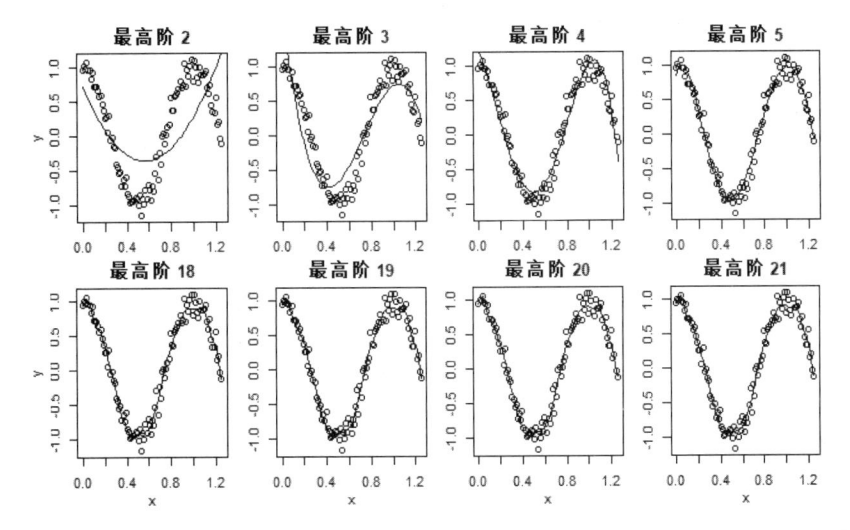

图 6.2.4 正交多项式回归（6 到 17 阶正交多项式回归的图形很相似，故仅给出头尾各 4 个图形）

在表 6.2.1 中，决定系数随着阶数上升而上升，不断接近 1。训练集的平均误差随着阶数上升而快速下降，不断接近 0。但是测试集的平均误差也是先下降后又上升，特别是当阶数超过 17 时，波动变得复杂，上升更为明显。这个现象说明阶数不断上升使得回归模型变得越发复杂，模型会使用多项式去拟合数据中的误差（噪声）数据，即产生高阶正交多项式回归的过拟合现象。从欠拟合到过拟合的变化过程，似乎也预示着可能存在一个最佳阶数的多项式回归。

6.3 过拟合的正则化校正

6.2 节回顾了回归模型的欠拟合与过拟合问题，特别探讨了正交多项式回归中的过拟合问题。从图 6.2.4 可以看出，高阶正交多项式回归的拟合结果在 4 阶到 21 阶之间区别不是很大，但是从表 6.2.1 中的误差结果却能够清晰地看出模型的变化。为了寻找最佳阶数正交多项式回归，我们对表 6.2.1 中的训练集误差与测试集误差进行同步观察，然后绘制多项式阶数与平均误差（MSE）之间的点线图，见图 6.3.1。

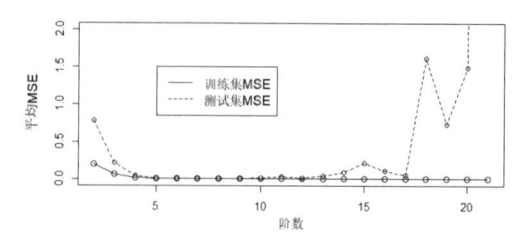

图 6.3.1 两类回归平均误差随阶数变化的趋势（阶数为 2~23）

在图 6.3.1 中，当阶数从 2 到 5 变化时，两个 MSE 均呈现同步下降趋势；当阶数从 5 到 12 变化时，两个 MSE 呈现大致相同的变化趋势。另外，在阶数等于 10 时，测试集的 MSE 曲线有上穿训练集的 MSE 曲线的趋势；当阶数超过 17 时，测试集的 MSE 曲线波动剧烈。那么到底选择哪个阶数来构建正交多项式回归呢？这个问题值得进一步探索。

我们通过改变训练集与测试集之间的比例，重复上述的分析过程，以便同时了解训练集和测试集大小对模型平均误差的影响。具体过程见程序 6.3.1，输出结果见图 6.3.2。

【程序 6.3.1】选取阶数从 2 到 20 构建 19 个高阶正交多项式回归

```
#数据集和变量定义等基于程序 6.2.1,选取阶数从 2 到 20 构建 19 个高阶正交多项式回归
ratio=seq(0.6,0.9,by=0.1); op=par(mfrow=c(2,2))
for(j in 1:length(ratio))
{ n_train=round(n*ratio[j]);         n_test=n-n_train  #两段式比例
  set.seed(99);  index=sort(sample(1:n,n_train))
  Train=data.frame(x=x[index],y=y[index]);
  Test= data.frame(x=x[-index],y=y[-index])             #训练集、测试集
  rmse=NULL                                             #记录 R2、训练集和测试集的平均误差
  for(i in 2:20)
  { lmi=lm(y~poly(x,degree=i),data=Train);  tmp=summary(lmi) #构建多项式回归,输出结果
    Testyfit=predict(lmi,newdata=Test)                  #测试集回归结果
    rmse=rbind(rmse,c(i,tmp$r.squared, Reg.mse(Train$y,lmi$fitted.values),
Reg.mse(Test$y,Testyfit)))
  }
  Ylim=max(rmse[,3:4])
  plot(rmse[,1],rmse[,3],type='o',ylim=c(0,Ylim),xlab='阶数',ylab='平均误差',main=paste('比例',ratio[j]))
  lines(rmse[,1],rmse[,4],type='o',lty=2)
  legend(5,Ylim*0.9,c('训练集 MSE','测试集 MSE'),lty=1:2,cex=0.8)
}
par(op)
```

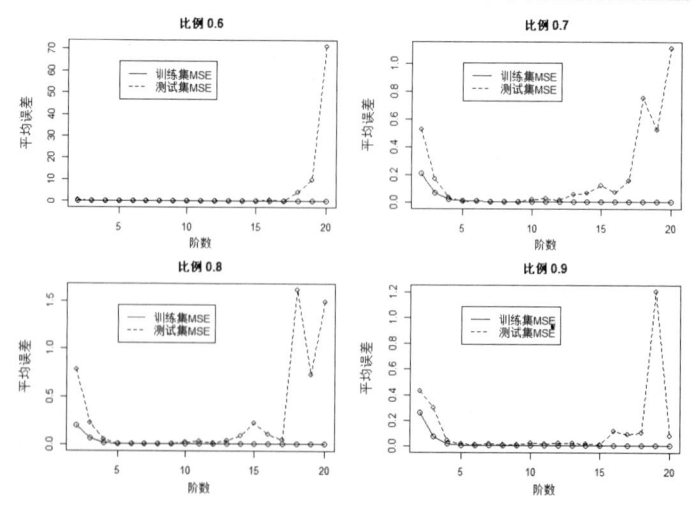

图 6.3.2 不同数据集比例下的多项式回归

在图 6.3.2 中，数据集按不同比例分配时，MSE 呈现相似的变化趋势，并且在阶数为 5-10 之间时都能使得测试集的 MSE 保持较小，而此时训练集的 MSE 也已经大幅下降。在随后的阶数模拟中，测试集的 MSE 均呈现上升趋势。虽然很难从这样的正交多项式回归结果中得出准确的阶数来确保回归模型不至于欠拟合和过拟合，但是综合数据集比例、测试集 MSE 最小，训练集 MSE 较小，可合理推断使用阶数介于 5～10 的正交多项式来构建回归模型（比如阶数取 8）可以达到综合效果较好。

综上所述，可以通过提高正交多项式的阶数来使得模型在训练集中的拟合效果达到近乎完美，但是不加限制地引入高阶变量，会严重导致模型在测试集中表现糟糕，从而无法将模型应用于预测。在模型拟合效果与变量数量上进行权衡，确保模型拟合效果较好，同时模型不至于太复杂，就需要用到正则化方法。简单来说，正则化方法是对模型复杂度进行控制的方法，它引入了对模型参数的惩罚措施，去掉了不必要的参数，确保模型更为简单可用。

在回归模型中使用正则化方法，需要先定义好损失函数，以度量发生错误的程度。假设数据集由 $(x,y)=\{(x_i,y_i), i=1,2,\cdots,n\}$ 构成，回归方程为 $f(x,\boldsymbol{\beta}), \boldsymbol{\beta}=(\beta_0, \beta_1,\cdots\beta_p)^\mathrm{T}$，常见的损失函数可表示为：

（1）0-1 损失函数 $L_0 = L(y, f(x,\boldsymbol{\beta})) = \begin{cases} 1, & y = f(x,\boldsymbol{\beta}) \\ 0, & y \neq f(x,\boldsymbol{\beta}) \end{cases}$；

（2）绝对损失函数 $L_1 = L(y, f(x,\boldsymbol{\beta})) = |y - f(x,\boldsymbol{\beta})|$；

（3）平方损失函数 $L_2 = L(y, f(x,\boldsymbol{\beta})) = (y - f(x,\boldsymbol{\beta}))^2$。

然后，确定模型复杂度关于参数 $\boldsymbol{\beta}$ 的函数 $J(\boldsymbol{\beta})$，并为其赋以权重（$\lambda \geq 0$）作为惩罚项，以便对模型规模进行适当调节，达到简化并校正模型复杂度的目的。一种比较常见的方式是构造结构风险最小的目标函数 $R(\boldsymbol{\beta})$，比如应用 L_2 准则于拟合偏差与回归系数，通常表示为

$$R(\boldsymbol{\beta}) = L_2(y, f(x,\boldsymbol{\beta})) + \lambda J(\boldsymbol{\beta}) = \frac{1}{n}\sum_{i=1}^{n}(y_i - f(x_i,\boldsymbol{\beta}))^2 + \lambda \sum_{i=1}^{p}\beta_i^2 \qquad (6.3.1)$$

对上述目标函数实施最小化，意味着损失函数和模型复杂度的平衡并确保回归综合效果。通常，满足式（6.3.1）的模型能够避免过拟合，表现出较强的泛化能力，提高模型的可用性。

在式（6.3.1）中，$L_2(y, f(x,\boldsymbol{\beta}))$ 负责最小化误差，在线性模型中它会随 $\boldsymbol{\beta}$ 规模的增大而减小。但是 $\boldsymbol{\beta}$ 规模的增大，不管是 $\boldsymbol{\beta}$ 的绝对值大，还是 $\boldsymbol{\beta}$ 中非零的个数多，都可能使 $J(\boldsymbol{\beta})$ 增大，从而使 $R(\boldsymbol{\beta})$ 增加，因此最小化 $R(\boldsymbol{\beta})$ 就是达到 $L_2(y, f(x,\boldsymbol{\beta}))$ 和 $J(\boldsymbol{\beta})$ 的综合平衡最小化。为了使 $J(\boldsymbol{\beta})$ 能够起到制衡作用，必须确保 $J(\boldsymbol{\beta})$ 本身是 $\boldsymbol{\beta}$ 的单调递增函数，这是构造复杂度函数的基本要求之一。另外，参数 λ 称为正则化超参数，起着控制模型复杂度的作用。如果 λ 取值很大，则意味着严厉控制模型复杂度，最终会导致回归系数 $\boldsymbol{\beta}$ 趋于零，倾向于选择较少自变量的模型；而如果 λ 取值很小，则意味着只是微调模型复杂度，最终会导致回归系数 $\boldsymbol{\beta}$ 接近无正则化的结果，就像直接使用线性回归的结果一样，倾向于选择更多自变量的模型。因此，在实际问题处理中，需要为 λ 设置一个合适值，以便平衡拟合效果与模型复杂度。

为了找到合适的 λ 值，我们针对训练集实施阶数等于 6 和阶数等于 11 的正交多项式回归的正则化，并通过测试集的拟合效果寻找这两个阶数下的最佳 λ 值，以便构建全数据集的正交多项式回归。

完成上述工作需要用到程序包 glmnet，它提供一个训练正则化线性模型参数的函数 glmnet。该函数返回三列数据：Df，%Dev 和 lambda。其中，Df 表示模型中非零权重的个数（相当于非零的回归系数有几个，不包括常数项）；%Dev 表示线性模型的决定系数 R^2 值；lambda 表示模型复杂度的参数 λ。在返回值中，第一行结果的 Df=0，表示线性模型是一个常数模型，此时对应的%Dev 为最小值 0，而 lambda 最大；返回值的最后一行对应的 Df=自变量个数，lambda 最小（比 0 稍大一点），而%Dev 值最大，非常接近直接使用 lm 的结果。简单来讲，返回值罗列了从最严正则化参数到最松正则化参数变化过程的拟合度。

为了得到每个 lambda 值对应的回归系数，可以调用 coef（glmnet 对象，s=lambda），这同样适用于 predict 函数中，如程序 6.3.2 中所示，输出结果见图 6.3.3。

【程序 6.3.2】选取阶数 6 和 11 构建正交多项式回归的正则化

```
#数据集和变量定义等基于程序6.2.1,选取阶数6和11构建正交多项式回归的正则化
library(glmnet)
ratio=0.8;  n_train=round(n*0.8);  n_test=n-n_train    #两段式比例
set.seed(99);  index=sort(sample(1:n,n_train))    #产生随机下标并排序,提取训练集和测试集
Train=data.frame(alldata[index,])                 #训练集
Test=data.frame(alldata[-index,])                 #测试集
glfit6=glmnet(poly(Train$x,degree=6),Train$y)     #正则化得到参数λ各种取值对应的效果
glfit11=glmnet(poly(Train$x,degree=11),Train$y)   #正则化得到参数λ各种取值对应的效果
getmse_glmnet=function(glfit, degree, dat)
{  Res=data.frame()
   for(lambda in glfit$lambda)                    #对每个lambda计算测试集的平均误差
   Res=rbind(Res,data.frame(lambda=lambda,
       mse=Reg.mse(dat$y, predict(glfit,poly(dat$x,degree=degree),s=lambda))))
   return(Res)
}
Resfit6=getmse_glmnet(glfit6, 6, Test);   Resfit11=getmse_glmnet(glfit11,11,Test)
Op=par(mfrow=c(1,2))  #绘制测试集平均误差与lambda之间关系的变化图
plot(Resfit6,main='degree=6',type='o',cex.main=0.8,cex.lab=0.8)
plot(Resfit11,main='degree=11',type='o',cex.main=0.8,cex.lab=0.8)
par(Op)
```

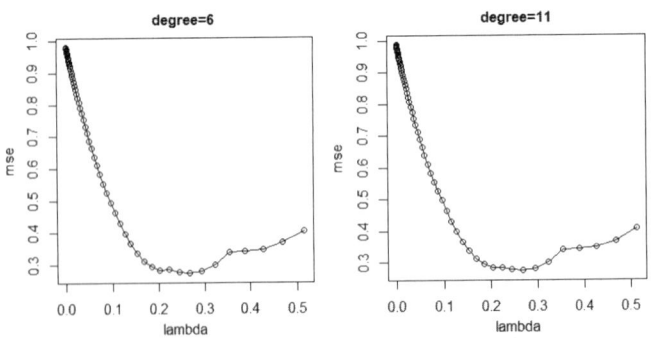

图 6.3.3 不同 lambda 下测试集平均误差的变化

从图 6.3.3 可以看出，在这两个模型中，当正则化参数 λ 的取值在 0.26 附近时，测试集的表现最好。我们通过 Resfit6[which.min(Resfit6$mse),]和 Resfit11[which.min(Resfit11$mse),] 可得测试集最小平均误差所在的数据行（第 8 行），两者返回结果是一致的（lambda=0.2680101，mse=0.2736385）。所以，上述程序中没有必要对不同的阶数执行相同的操作，只要选择一个阶数相对高一些的进行一次计算即可。基于正则化计算结果，取这两个模型对应的回归系数（实

际是相同的）。最佳正则化参数及回归系数的代码和相关结果如程序 6.3.3 所示。

【程序 6.3.3】最佳正则化参数及回归系数

```
bestlambda=Resfit6[which.min(Resfit6$mse),]$lambda
coef(glfit6,s=bestlambda)
coef(glfit11,s=bestlambda)
```

执行上述代码输出的结果如下：

```
7 x 1 sparse Matrix of class "dgCMatrix"
                    s1
(Intercept)  0.08414683
1            .
2            2.20037300
3           -0.80592961
4            .
5            .
6            .
12 x 1 sparse Matrix of class "dgCMatrix"
                    s1
(Intercept)  0.08414683
1            .
2            2.20037300
3           -0.80592961
4            .
5            .
6            .
7            .
8            .
9            .
10           .
11           .
```

利用正则化的结果，我们在训练集和测试集共同作用的基础上得到一个比较好的正则化参数，同时也得到构建得比较好的正交多项式模型（如程序 6.3.3 所示）。现在我们将最佳的正则化参数应用到全部数据集中进行正交多项式回归，如程序 6.3.4 所示。

【程序 6.3.4】最佳正则多项式回归

```
#数据集和变量定义等基于程序 6.2.1 和程序 6.3.2
glfitall=glmnet(poly(alldata$x,degree=11),alldata$y)  #正则化得到参数λ各种取值对应的效果
coef(glfitall,s=bestlambda)                            #此处 bestlambda 同程序 6.3.3
glfitall_fix=glmnet(poly(alldata$x,degree=11),alldata$y,lambda=bestlambda)
                                                       #指定 lambda 正则化
coef(glfitall_fix)
```

执行上述代码输出的结果如下：

```
12 x 1 sparse Matrix of class "dgCMatrix"
                    s1
(Intercept)  0.13127585
1            .
2            1.69449214
3           -1.56310007
4           -0.03109217
5            .
6            .
```

```
7              .
8              .
9              .
10             .
11             .
12 x 1 sparse Matrix of class "dgCMatrix"
                      s0
(Intercept)    0.1312759
1              .
2              1.6944921
3             -1.5631001
4              .
5              .
6              .
7              .
8              .
9              .
10             .
11             .
```

程序 6.3.4 中的 bestlambda 取自程序 6.3.3 中的 bestlambda，但是在 glfitall$lambda 中没有出现这个 bestlambda，而是使用 coef 函数，R 语言自动进行了调整，输出了 lambda 等于 bestlambda 时的回归系数。这个值与使用特定 lambda=bestlambda 进行正则化时的结果相近。这样就从 11 个特征中共同选出了 2 阶和 3 阶两个变量来构建模型。

至此，完成了对正交多项式模型的正则化校正。即使使用较高阶数的多项式进行回归，也能通过正则化选出合适的模型，这正是正则化思想简约而不简单的魅力所在。

6.4　寻找合适的回归模型

6.3 节利用正则化思想对回归模型进行校正并给出了一种构建合适回归模型的思路。回归分析是用来研究总体各变量之间关系的一种方法，而总体的内在规律是通过样本数据呈现的。只有使用合适的模型才能准确描述样本数据的特征，进而揭示总体规律。因此，选择合适的回归模型是应用回归模型分析数据的关键。

没有一种回归模型可以处理所有的样本数据，也没有一个样本数据可以适合所有的回归模型，回归模型与样本数据以及实际需求之间存在相互选择与相互适应的关系。以下提出的 4 类基本问题可作为选择回归模型的参考：

（1）样本数据是否能够支撑所研究的问题？这涉及样本数据的质量问题，高质量的样本数据才能真实地反映总体特征，也有助于回归模型的高效配合。

（2）样本数据自变量之间、自变量与因变量之间的关系探索是否基本准确？这很重要，因为变量之间的独立或相关的关系会对模型类型的选择产生决定性的影响。

（3）样本数据的类型归属是否准确？不同的数据类型同样会影响模型的选择，比如数据是离散、分类或者连续等类型时，其对应的模型就明显不同。

（4）模型的验证与评价是否与研究问题的需求相适应？这涉及模型的效果判定与优化改进。显然，需求不同，模型就不同。

1. 常见的回归模型

目前比较常见的回归模型主要包括：

> **经典的线性回归模型系列** 主要研究变量之间相互依赖的相关关系的一种模型，如一元线性回归模型、多元线性回归模型以及逐步回归模型等。一般情况下，因变量是连续变量；自变量可以是连续变量，也可以是离散变量，但以连续变量居多。

> **非线性回归模型** 主要研究变量之间非线性结构关系的一种模型，即回归函数相对于回归系数而言具备非线性结构。变量的属性同线性回归模型。

> **Logistic 回归模型** 研究自变量与因变量二元取值概率之间关系的一种模型。自变量可以是连续或离散变量，因变量均可以转化成值为 0 或 1 的二元变量，而模型常计算因变量取值为 0 或 1 的概率。

> **多项式回归模型** 研究一个因变量与一个或多个自变量间呈现多项式关系的一种模型，如一元多项式回归模型、多元多项式回归模型。通常，多项式回归模型被认为是线性回归模型的一种扩展，此时自变量与因变量均为连续变量。

> **Ridge 回归（岭回归）模型** 主要研究自变量之间具有多重共线性的线性回归模型，属于线性回归模型的一种扩展，常用来解决线性回归模型中设计矩阵病态导致求解不稳定的问题。

> **Lasso 回归模型** 主要研究自变量之间具有多重共线性的线性回归模型，是一种压缩估计，属于线性回归模型的一种扩展，常用来挑选自变量。

> **ElasticNet 回归模型** 研究问题同岭回归模型和 Lasso 回归模型，是它们两个的综合，通常称为弹性回归模型。

> **SoftMax 回归模型** 主要研究自变量与取值为多分类的因变量之间关系的一种回归模型。

> **Possion 计数回归模型** 主要研究自变量与取值为频数的因变量之间关系的一种回归模型。

> **半参数/非参数回归模型** 非参数回归模型主要研究未知总体分布条件下不含参数的回归模型，适用广泛而灵活。而半参数回归模型既有参数部分又有非参数部分，与现实情况的契合度比较高，应用也比较广泛。

> **偏最小二乘回归模型** 主要研究多个因变量与多个自变量关系的一种回归模型，特别适合各变量内部高度线性相关的情况。另外，偏最小二乘回归模型可较好地解决样本个数少于变量个数的问题。

通常，可以根据因变量的数据属性实现常见回归模型的初步挑选，具体见图 6.4.1。

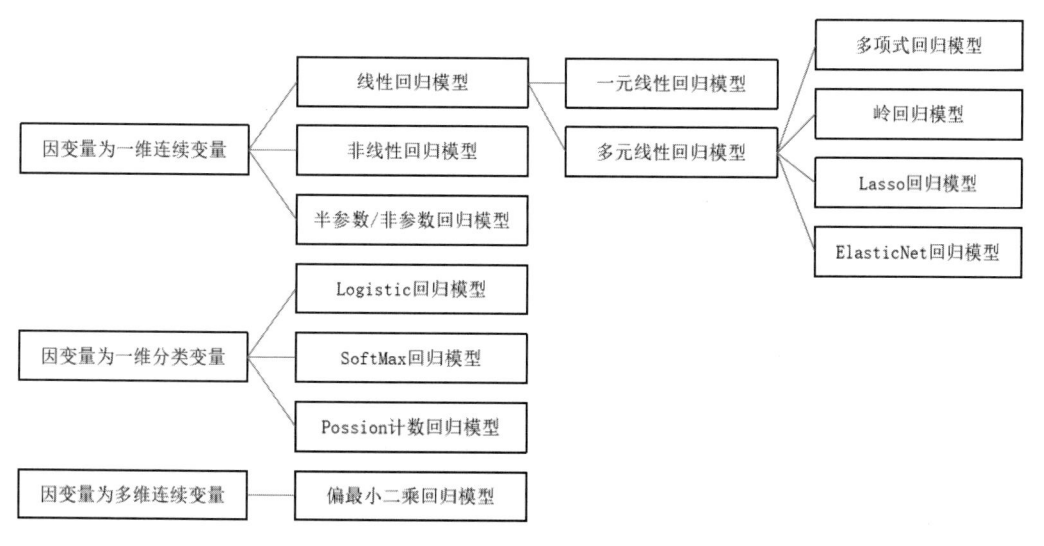

图 6.4.1 回归模型的初选路径

2. 正则化与回归

记 $f(x, \boldsymbol{\beta})$ 为线性回归函数，扩展式（6.3.1）为如下更为通用的形式：

$$\min_{\boldsymbol{\beta}} R(\boldsymbol{\beta}) = \frac{1}{n}\sum_{i=1}^{n}(y_i - f(x_i, \boldsymbol{\beta}))^2 + \frac{1}{2}(1-a)\lambda\sum_{i=1}^{p}\beta_i^2 + a\lambda\sum_{i=1}^{p}|\beta_i| \qquad (6.4.1)$$

其中，$0 \leqslant a \leqslant 1$，称为混合比；$\lambda \geqslant 0$，称为惩罚系数。当 $a=0$ 时，式（6.4.1）即为 Ridge 回归模型；当 $a=1$ 时，式（6.4.1）即为 Lasso 回归模型；当 $0 < a < 1$ 时，式（6.4.1）即为 ElasticNet 回归模型；而当 $\lambda=0$ 时，式（6.4.1）就是经典的线性回归模型。

引入惩罚系数的目的就是在确保均方误差较小的同时，回归系数 $\boldsymbol{\beta}$ 的个数不至于太膨胀。一般情况下，可以通过交叉验证的方式得到 λ 和 a 较为合适的估计。

下面通过一个多重共线性的例子来阐述上述正则化与各种回归模型。数据来自 lars 包中的 diabetes 数据集，该数据集是与糖尿病患者的血液检测指标相关的，包括 x，y，x2 三个内部变量，其中，x 是数据框，包含 442 行 10 列；y 是一维数组；x2 有 442 行 64 列，含 x 部分列之间的交互项。

一般可以通过两个方式来简单度量样本数据的多重共线性：一个是设计矩阵的条件数，常记为 κ；另一个是方差膨胀因子，常记为 VIF。记样本数据集为 $(x_1, x_2, \cdots, x_p, y)$，则依据线性回归，对于设计矩阵 $X^\mathrm{T}X$，求特征根，则条件数定义为

$$\kappa = \sqrt{\frac{\lambda_{\max}}{\lambda_{\min}}} \qquad (6.4.2)$$

作为参考，当条件数大于 15 时，说明样本数据存在多重共线性问题；而当条件数大于 30 时，则说明样本数据存在严重的多重共线性问题。

以 x_j 为因变量，以除它之外的其他 x_i 为自变量建立线性回归模型，计算模型的决定系数 R_j^2。如果 R_j^2 较小，则说明 x_j 被其他自变量解释的程度较低。记 $1-R_j^2$ 为变量 x_j 的容忍度，则其方差膨胀因子定义为

$$\mathrm{VIF}_j = \frac{1}{1-R_j^2} \qquad (6.4.3)$$

作为参考，当容忍度小于 0.2（或 0.1）或 VIF 大于 5（或 10）时，说明样本数据存在严重的多重共线性问题。关于多重共线性的代码如程序 6.4.1 所示。

【程序 6.4.1】diabetes 数据的多重共线性表示

```
install.packages('lars');   install.packages('car')
library(lars);              library(car)
data(diabetes)
dat=as.data.frame(cbind(diabetes[['x']],y=diabetes$y))
dat2=as.data.frame(cbind(diabetes[['x2']],y=diabetes$y))
kappa(dat[,1:10])
kappa(dat2[,1:64])
sort(vif(lm(y~.,data=dat)),decreasing=TRUE)[1:3]
sort(vif(lm(y~.,data=dat2)),decreasing=TRUE)[1:6]
```

执行上述代码输出的结果如下：

数据 x 的条件数为 28.64763，数据 x2 的条件数为 11427.09
数据 x 中排在前三位的 VIF 分别为

```
             tc       ldl      hdl
      59.20379 39.19438 15.40235
数据 x2 中排在前 6 位的 VIF 分别为
             tc       ldl      hdl       ltg    'tc:ltg'   'tc:ldl'
      1295001.21 1000312.11 180836.83 139965.06  61177.87   48901.66
```

上述输出结果表明，不管是数据 x 还是 x2，都存在严重的多重共线性问题。下面就以上述数据为例，尝试实施消除多重共线性的回归模型。

通过三种算法实现岭回归模型：使用自动选择岭回归参数的 linearRidge 函数（来自 ridge 包），使用交叉验证获得最优参数的 cv.glmnet 函数，使用手工寻找最优参数的 glmnet 函数。具体过程如程序 6.4.2 所示，输出结果见图 6.4.2、图 6.4.3 和图 6.4.4。

【程序 6.4.2】三种算法实现岭回归

```r
#数据来自程序 6.4.1
library(glmnet)
library(ridge)
autoridge=linearRidge(y~.,data=dat)
summary(autoridge)                                  #算法1，输出是稳定的

train_n=round(nrow(dat)*0.65)
set.seed(99)                                        #为了测试输出可复现
index=sample(1:nrow(dat),train_n)                   #分割训练集与测试集
Train=as.matrix(dat)[index,]
Test=as.matrix(dat)[-index,]

Reg.mse=function(y,yfit)   mean((y-yfit)^2)         #均方误差
getmse_glmnet=function(glfit,dat)                   #计算正则化后的均方误差
{  Res=data.frame();   xs=ncol(dat)-1               #变量个数记为 xs
   for(lambda in glfit$lambda)                      #对每个 lambda 计算测试集的平均误差
   Res=rbind(Res,data.frame(lambda=lambda,mse=Reg.mse(dat[,xs+1],predict(glfit,dat[,1:xs],s=lambda))))
   return(Res)
}
g1=cv.glmnet(Train[,1:10],Train[,11],alpha=0)
RMSE=getmse_glmnet(g1,Test)
i=which.min(RMSE$mse)
bestlambda= RMSE$lambda[i]
glfit=glmnet(dat[,1:10],dat[,11],alpha=0,lambda=bestlambda)
#将学习的 lambda 应用到全部数据集
coef(glfit,s=bestlambda)
bestlambda

g2=glmnet(Train[,1:10],Train[,11],alpha=0)
RMSE=getmse_glmnet(g2,Test)
i=which.min(RMSE$mse)
bestlambda= RMSE$lambda[i]
glfit=glmnet(dat[,1:10],dat[,11],alpha=0,lambda=bestlambda)
#将学习的 lambda 应用到全部数据集
coef(glfit,s=bestlambda)
bestlambda

plot(g1)                                            #输出 log(lambda) 与均方误差的变化图
```

```
Call:
linearRidge(formula = y ~ ., data = dat)

Coefficients:
            Estimate  Scaled estimate  Std. Error (scaled)  t value (scaled)  Pr(>|t|)
(Intercept)  152.133               NA                   NA                NA        NA
age           -4.816           -4.816               57.599             0.084  0.933372
sex         -228.124         -228.124               58.710             3.886  0.000102 ***
bmi          515.391          515.391               63.156             8.161  4.44e-16 ***
map          316.125          316.125               62.340             5.071  3.96e-07 ***
tc          -206.171         -206.171              102.045             2.020  0.043343 *
ldl           13.835           13.835               99.620             0.139  0.889547
hdl         -150.203         -150.203               91.810             1.636  0.101836
tch          115.787          115.787              114.508             1.011  0.311935
ltg          518.312          518.312               76.632             6.764  1.35e-11 ***
glu           75.172           75.172               63.061             1.192  0.233241
---
Signif. codes:  0 '***' 0.001 '**' 0.01 '*' 0.05 '.' 0.1 ' ' 1

Ridge parameter: 0.02804224, chosen automatically, computed using 7 PCs

Degrees of freedom: model 8.698 , variance 8.064 , residual 9.332
```

图 6.4.2　linearRidge 的输出结果

```
11 x 1 sparse Matrix of class "dgCMatrix"
                     s1
(Intercept)  152.133484
age           -1.977771
sex         -218.773945
bmi          504.515078
map          309.744322
tc          -120.247217
ldl          -49.368392
hdl         -180.485383
tch          113.385924
ltg          473.109858
glu           80.582787

[1] 4.502073
```

图 6.4.3　cv.glmnet 和 glmnet 的输出结果　　　图 6.4.4　均方误差随 log(lambda) 变化

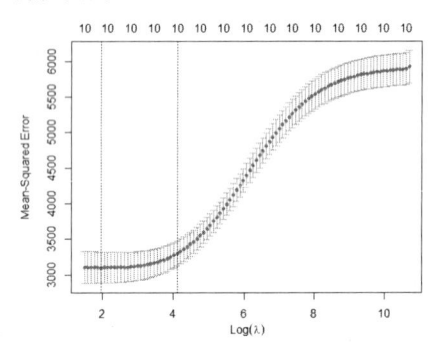

程序 6.4.2 的输出结果不尽相同，如果将 cv.glmnet 直接作用在 dat 数据上，得到的最佳 lambda 为 44.502073，回归系数也与上述不同。如果在 cv.glmnet 和 glmnet 中分别指定 lambda 的范围，比如将 lambda 赋值为 seq(0.001,50,length=2000)，那么两者得到的结果一样，只是此时最佳 lambda 为 12.30691，与自动获得的 lambda 非常接近。同样，可将程序 6.4.2 作用于程序 6.4.1 中的 dat2 数据集，此处不再赘述。

类似地，可构造关于 Lasso 回归的实验，此时采用两种算法：一是使用 lars 包的 lars 函数和 cv.lars 函数，二是利用 glmnet 和 cv.glmnet 函数。具体代码见程序 6.4.3。

【程序 6.4.3】用 lars 包实现 Lasso 回归

```
#数据来自程序 6.4.1
library(lars)
dat=as.matrix(dat)
lasso1=lars(dat[,1:10], dat[,11])
lasso1
summary(lasso1)
plot(lasso1)
```

执行上述代码的输出结果如下（图形结果如图 6.4.5 所示）：

```
R-squared: 0.518
Sequence of Lasso moves:
     bmi ltg map hdl sex glu tc tch ldl age hdl hdl
Var    3   9   4   7   2  10  5   8   6   1  -7   7
Step   1   2   3   4   5   6  7   8   9  10  11  12
```

注1：lasso1 的输出，Step 行表示执行第几步；Var 行表示每一步选入的变量序号。

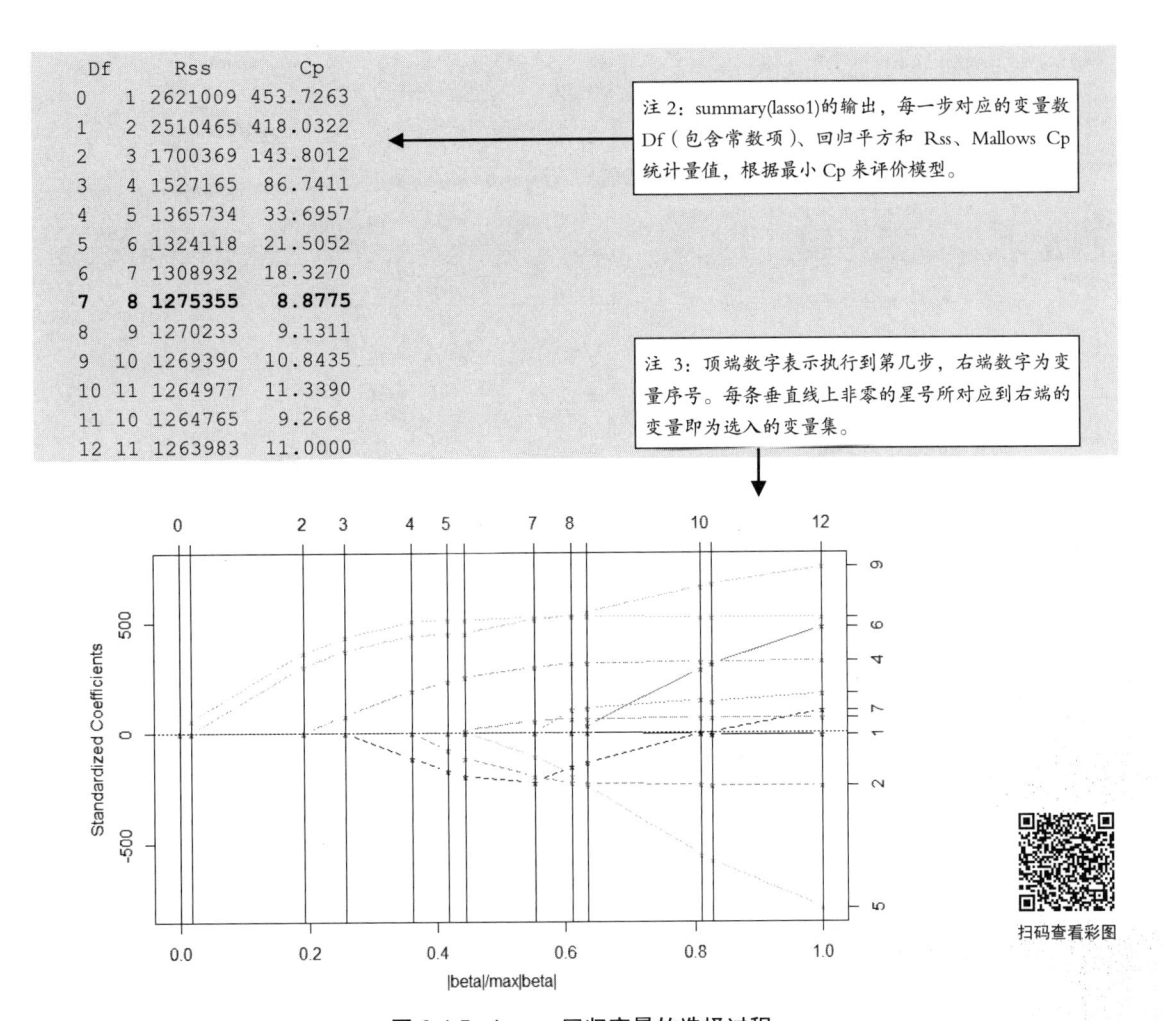

```
     Df    Rss        Cp
0     1   2621009   453.7263
1     2   2510465   418.0322
2     3   1700369   143.8012
3     4   1527165    86.7411
4     5   1365734    33.6957
5     6   1324118    21.5052
6     7   1308932    18.3270
7     8   1275355     8.8775
8     9   1270233     9.1311
9    10   1269390    10.8435
10   11   1264977    11.3390
11   10   1264765     9.2668
12   11   1263983    11.0000
```

注 2：summary(lasso1)的输出，每一步对应的变量数 Df（包含常数项）、回归平方和 Rss、Mallows Cp 统计量值，根据最小 Cp 来评价模型。

注 3：顶端数字表示执行到第几步，右端数字为变量序号。每条垂直线上非零的星号所对应到右端的变量即为选入的变量集。

图 6.4.5　Lasso 回归变量的选择过程

上述结果中最小 Cp 为第 7 步对应的 8.8775，可知此时选入的变量有 7 个，分别是编号为 2，3，4，5，7，9，10 的变量。以下代码可以得到模型对应的回归系数，注意，参数 s=step+1。

```
coef.lars(lasso1,mode="step",s=8)
age        sex        bmi       map        tc         ldl       hdl        tch       ltg        glu
0.00000   -197.75650  522.26485  297.15974  -103.94625  0.00000  -223.92603  0.00000   514.74948  54.76768
```

为了得到完整的模型，需要将回归系数中的常数项（截距）求出来，下面的代码用于求截距：

```
predict(lasso1,data.frame(0,0,0,0,0,0,0,0,0,0),s=8)
```

输出结果中有$fit项，其值为 152.1335，这个结果与程序 6.4.2 输出的(Intercept)一致。

也可以利用 cv.lars 函数引入交叉验证的方式实现 Lasso 回归，该函数中的 K 参数指的就是 K-折交叉验证的"折"，即将数据 K 等分。每次使用其中 K-1 份数据建模，剩余 1 份数据用于测试，并计算测试集的均方误差，这样的过程重复 K 次，以最后的最小平均均方误差来挑选变量。具体过程见程序 6.4.4。

【程序 6.4.4】用 cv.lars 实现 Lasso 回归

```
#数据来自程序 6.4.1，提取系数时使用程序 6.4.3 的 lasso1
library(lars)
```

```
dat=as.matrix(dat)
cvlasso=cv.lars(dat[,1:10], dat[,11], K=15)    #进行15折交叉验证，选入8个变量
coef.lars(lasso1,mode="fraction",s= cvlasso$index[which.min(cvlasso$cv)])
```

执行上述代码输出的结果如下（图形结果如图 6.4.6 所示）：

```
age       sex         bmi        map        tc          ldl       hdl         tch       ltg        glu
0.00000  -218.55654  525.65169  309.78873  -170.76489  0.00000  -171.55513  77.94772  525.86634  61.89211
```

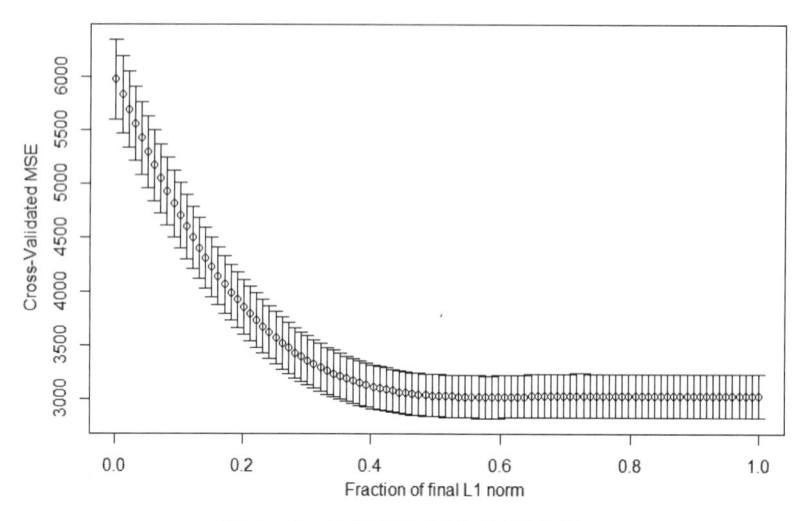

图 6.4.6 *K*-折交叉验证 CV 变化图

程序 6.4.4 给出了某次使用 15 折交叉验证的结果，由于交叉验证的随机性，该方法得到的结果不具备唯一性，且差异较大。再执行一次程序 6.4.4，可得到另一个结果：

```
age       sex         bmi        map        tc         ldl       hdl         tch      ltg        glu
0.00000  -191.55441  521.52585  293.93261  -96.43052  0.00000  -221.91015  0.00000  510.24084  51.68106
```

基于相同数据，我们使用通用的正则化函数 glmnet 和 cv.glmnet 来进行 Lasso 回归。具体如程序 6.4.5 所示，输出结果见图 6.4.7 和图 6.4.8。

【程序 6.4.5】用 glmnet 实现 Lasso 回归

```
#数据来自程序6.4.1、程序6.4.2
library(glmnet);    gtrain=glmnet(Train[,1:10],Train[,11],alpha=1); #训练集得到lambda
RMSE=getmse_glmnet(gtrain,Test);  i=which.min(RMSE$mse); bestlambda= RMSE$lambda[i];
glasso=glmnet(dat[,1:10],dat[,11],alpha=1,lambda=bestlambda);
#使用bestlambda对dat进行处理
bestlambda;           coef(glasso,s=bestlambda);       #得到对应的回归系数，见图6.4.7

cvg1=cv.glmnet(dat[,1:10],dat[,11],alpha=1);     #直接在dat上通过交叉验证得到结果
cvg1$lambda.min ;     coef(cvg1,s=cvg1$lambda.min); #cv.glmnet每次的结果不同，见图6.4.8

cvg2=cv.glmnet(Train[,1:10],Train[,11],alpha=1)
RMSE=getmse_glmnet(cvg2,Test);  i=which.min(RMSE$mse);    bestlambda= RMSE$lambda[i];
glasso=cv.glmnet(dat[,1:10],dat[,11],alpha=1,lambda=c(bestlambda,1));
bestlambda;           coef(glasso,s=bestlambda);       #得到的结果与glmnet一致
```

其中，glmnet 输出的 bestlambda=0.2962063，cv.glmnet 输出的 lambda.min=0.0556754。

```
11 x 1 sparse Matrix of class "dgCMatrix"
                       s1
(Intercept)    152.13348
age             .
sex           -224.78518
bmi            526.39535
map            313.42188
tc            -188.01496
ldl             .
hdl           -159.20952
tch             97.71046
ltg            528.78341
glu             64.00064
```

图 6.4.7 glmnet 的结果

```
11 x 1 sparse Matrix of class "dgCMatrix"
                       s1
(Intercept)    152.13348
age             -6.62609
sex           -235.98713
bmi            522.13081
map            321.24746
tc            -565.68036
ldl            298.49852
hdl             .
tch            145.55907
ltg            667.99392
glu             66.80703
```

图 6.4.8 cv.glmnet 的某次结果

针对式（6.4.1）使用不同的 a 可以实现不同的混合正则化处理模型。当然，通过有针对性的程序包 msgps，还可以实现适应性 Lasso 回归、ElasticNet 回归等。

6.5 组合回归模型

同一个问题的研究过程中可能会产生不同的模型，这些模型各有优缺点，以至于没有哪一个模型可以完美地解决问题。将多种不同的模型进行组合，形成一个超级决策模型，是否能够更好地解决问题呢？这就是组合模型或组合预测要研究的问题。

假设对于数据 (x_i, y_i)（$i=1,2,\cdots,n$），已经构建了 m 个回归函数 $f_1, f_2, \cdots, f_m$，构造组合回归函数为

$$f(x) = w_0 + \sum_{i=1}^{m} w_i f_i(x) \qquad (6.5.1)$$

其中，w_0 为截距；$w_1, w_2, \cdots, w_m$ 为 $f_1, f_2, \cdots, f_m$ 的系数，或者称为权重，但不要求满足归一化。实现这样的组合回归要解决以下几个问题：

（1）如何估计 $f_1, f_2, \cdots, f_m$？

（2）如何估计系数 $w_0, w_1, w_2, \cdots, w_m$？

（3）如何评价 $f(x)$ 的效果？

为解决上述几个问题，将数据集按照适当比例分割成训练集和测试集，以测试集的均方误差作为评价标准，单独构建 $f_1, f_2, \cdots, f_m$ 模型，然后综合形成 $f(x)$ 组合模型。

以程序 6.4.1 的数据为例，以 6.4 节的各个实验结果分别构建 f_1——多元线性回归模型、f_2——自动岭回归模型（图 6.4.2）、f_3——正则化 glmnet 岭回归模型（图 6.4.3）、f_4——lars 包中的 Lasso 回归模型（程序 6.4.3）、f_5——lars 包中的 cv.lasso 回归模型（程序 6.4.4）、f_6——正则化 glmnet 中的 Lasso 回归模型（图 6.4.7）。除了多元线性回归模型系数外，各模型的回归系数均可从 6.4 节找到，此处汇总成表 6.5.1。

表 6.5.1　6 个回归模型的系数表

	f_1（多元线性回归模型）	f_2（自动岭回归模型）	f_3（正则化 glmnet 岭回归模型）	f_4（lars 包中的 Lasso 回归模型）	f_5（lars 包中的 cv.lasso 回归模型）	f_6（正则化 glmnet 中的 Lasso 回归模型）
截距	152.13348	152.13348	152.13348	152.13348	152.13348	152.13348
age	-10.01220	-4.815512	-1.977771	0.00000	0.00000	0.00000

续表

	f_1（多元线性回归模型）	f_2（自动岭回归模型）	f_3（正则化glmnet岭回归模型）	f_4（lars包中的Lasso回归模型）	f_5（lars包中的cv.lasso回归模型）	f_6（正则化glmnet中的Lasso回归模型）
sex	−239.81909	−228.124150	−218.773945	−197.75650	−218.55654	−224.78518
bmi	519.83979	515.39146	504.515078	522.26485	525.65169	526.39535
map	324.39043	316.125015	309.744322	297.15974	309.78873	313.42188
tc	−792.18416	−206.170928	−120.247217	−103.94625	−170.76489	−188.01496
ld1	476.74584	13.834985	−49.368392	0.00000	0.00000	0.00000
hd1	101.04457	−150.203093	−180.485383	−223.92603	−171.55513	−159.20952
tch	177.06418	115.787370	113.385924	0.00000	77.94772	97.71046
ltg	751.27932	518.312484	473.109858	514.74948	525.86634	528.78341
glu	67.62539	75.171503	80.582787	54.76768	61.89211	64.00064

从形式上看，模型 $f(x)$ 就像以 $f_1, f_2, f_3, f_4, f_5, f_6$ 作为自变量、以 $f(x)$ 作为因变量的线性回归模型。但是，注意到 $f_1, f_2, f_3, f_4, f_5, f_6$ 之间是高度相关的，即存在严重的共线性问题。除 f_1 之外，其他各个模型都是经过一定程度优化得到的结果，所以可认为这些模型已经不需要再进行调整了，只需要找出合适的权重系数 $w_1, w_2, \cdots, w_m$ 即可。为了避免多重共线性的影响，还是采用"训练集+测试集+正则化"的思路来进行权重选取。

显然，将表 6.5.1 给出的模型记为矩阵 $\boldsymbol{\beta}_{(P+1)\times m}$（$P$ 为数据中的自变量个数，m 为模型个数），将数据集记为 $(\boldsymbol{X}_{n\times(P+1)}, \boldsymbol{Y}_{n\times 1})$，含值为 1 的常数列，系数 $\boldsymbol{W} = (w_0, w_1, w_2, \cdots, w_m)^\mathrm{T}$ 增加值为 1 的常数列构成模型矩阵 $\boldsymbol{F} = \boldsymbol{F}_{n\times(m+1)} = (\boldsymbol{1}_{n\times 1}, \boldsymbol{X}_{n\times(P+1)}\boldsymbol{\beta}_{(P+1)\times m})$，则有

$$\boldsymbol{FW} = \boldsymbol{Y} \tag{6.5.2}$$

按照多元线性回归的矩阵求解的推演过程，可得

$$\boldsymbol{W} = (\boldsymbol{F}^\mathrm{T}\boldsymbol{F})^{-1}\boldsymbol{F}^\mathrm{T}\boldsymbol{Y} \tag{6.5.3}$$

$\boldsymbol{F}$ 各列之间的相关性很强，因此需要对模型（6.5.3）进行改造，下面以正则化处理为主进行模型改造。具体过程见程序 6.5.1。

【程序 6.5.1】组合回归正则化处理

```
#数据来自程序 6.4.1，训练集的比例为 0.7，测试集的比例为 0.3
#表 6.5.1 的第一行数据都相同，存入单变量 intercept，其他以矩阵存入变量 beta，数据见表 6.5.1
data(diabetes);dat=as.matrix(cbind(diabetes[['x']],y=diabetes$y))
train_n=round(nrow(dat)*0.7);  index=sample(1:nrow(dat),train_n)
Train=dat[index,]
Test= dat[-index,]
F1=cbind(Train[,-11]%*%beta+intercept, Train[,11])    #得到模型(6.5.3)中的训练集的(F,Y)
F2=cbind(Test[,-11]%*%beta+intercept,Test[,11])       #得到模型(6.5.3)中的测试集的(F,Y)
Fall=cbind(dat[,1:10]%*%beta+intercept,dat[,11])      #得到全部数据集的(F,Y)
gtrain=glmnet(F1[,1:6], F1[,7],alpha=0.5,intercept=TRUE)#训练集得到 lambda
RMSE=getmse_glmnet(gtrain,F2)
i=which.min(RMSE$mse)
bestlambda= RMSE$lambda[i]
glasso=glmnet(Fall[,1:6],Fall[,7],alpha=0.5,lambda=bestlambda,intercept=TRUE)
RMSE[i,]
coef(gtrain,s=bestlambda)                             #输出训练集最佳组合系数
coef(glasso,s=bestlambda)                             #输出全数据集对应的组合系数
```

```
for(i in 1:6)
  print(Reg.mse(F2[,i],F2[,7]))        #输出 6 个模型的测试集平均误差
```

执行上述代码输出的结果如下：

```
最佳 lambda 在第 40 行
40 2.945224 3201.013

训练集中最佳的组合系数
7 x 1 sparse Matrix of class "dgCMatrix"
                    s1
(Intercept) -0.6992724
f1           0.3373501
f2           0.1119214
f3           0.0751962
f4           0.1613290
f5           0.1553619
f6           0.1521894

全数据集对应的组合系数
7 x 1 sparse Matrix of class "dgCMatrix"
                   s1
(Intercept) 2.5059183
f1          0.2973443
f2          0.1316853
f3          0.1190477
f4          0.1132660
f5          0.1516064
f6          0.1705786

6 个模型在测试集的平均误差
f1=3186.246
f2=3178.221
f3=3175.738
f4=3208.505
f5=3190.881
f6=3187.237
```

上述 6 个模型的测试集平均误差都比组合模型的平均误差大。

程序 6.5.1 的输出结果表明：组合回归在测试集上的表现优于每个回归模型，这说明组合回归的预测能力（泛化能力）比较强。不过，虽然得到了式（6.5.1）的组合系数，但还要注意组合系数不是真正意义上的加权平均。如果将式（6.5.1）改造为

$$f(x) = \sum_{i=1}^{m} w_i f_i(x), \quad w_i \geq 0, \sum_{i=1}^{m} w_i = 1 \tag{6.5.4}$$

则可能会想着通过线性规划在全部数据集上求解上述组合系数，遗憾的是，若最小化准则为平均误差，则会发现 f_1 的权重系数几乎接近 1，其他回归模型的权重几乎接近 0。主要原因在于：基于最小二乘估计得到的回归模型 f_1，就是使得平均误差达到最小的回归模型。上述过程以程序 6.5.2 给出。

【**程序 6.5.2**】*线性规划求解*

```
library(Rsolnp);    #系数 Fall 来自程序 6.5.1
efun=function(x) sum(x)
minf=function(x)
```

```
{  m=length(x);
   mean((Fall[,1:m]%*%as.matrix(x)-Fall[,m+1])^2)
}
w=rep(1/6,6)
(sol=solnp(w,fun=minf,eqfun=efun,eqB=c(1),LB=rep(0,6),UB=rep(1,6)))
```

6.6 分类与回归

当因变量是具有若干水平的分类变量（定性变量）时，线性回归模型就不适用了。当因变量是两水平分类变量时，常用 Logistic 回归模型或 Probit 回归模型将分类问题转化成关于概率估计的问题；当涉及多水平分类变量时，常采用 Possion 计数回归模型等。上述模型常应用在流行病学、调查数据分析等领域中。

6.6.1 Logistic 回归模型

如果因变量是二值定性变量，通常会建立 Logistic 回归模型，下面通过一个具体例子来介绍该模型。

例 6.6.1 40 名肺癌患者的生存资料如表 6.6.1 所示，其中，x_1 表示生活行动能力评分（1~100 分），x_2 表示患者的年龄，x_3 表示患者从诊断到进入研究的时间（月），x_4 表示肿瘤类型（"0"是鳞癌，"1"小型细胞癌，"2"是腺癌，"3"是大型细胞癌），x_5 表示化疗方法（"1"表示常规，"0"表示新方法），y 表示患者的生存时间（"0"表示生存时间短，即生存时间小于 200 天，"1"表示生存时间长（大于或等于 200 天））。数据见附录 A 表 A.3 中的 cancer.xlsx。请根据这些数据构建 Logistic 回归模型。

表 6.6.1 40 名肺癌患者的生存资料

序号	x_1	x_2	x_3	x_4	x_5	y	序号	x_1	x_2	x_3	x_4	x_5	y
1	70	64	5	1	1	1	21	60	37	13	1	1	0
2	60	63	9	1	1	0	22	90	54	12	1	0	1
3	70	65	11	1	1	0	23	50	52	8	1	0	1
4	40	69	10	1	1	0	24	70	50	7	1	0	1
5	40	63	58	1	1	0	25	20	65	21	1	0	0
6	70	48	9	1	1	0	26	80	52	28	1	0	1
7	70	48	11	1	1	0	27	60	70	13	1	0	0
8	80	63	4	2	1	0	28	50	40	13	1	0	0
9	60	63	14	2	1	0	29	70	36	22	2	0	0
10	30	53	4	2	1	0	30	40	44	36	2	0	0
11	80	43	12	2	1	0	31	30	54	9	2	0	0
12	40	55	2	2	1	0	32	30	59	87	2	0	0
13	60	66	25	2	1	1	33	40	69	5	3	0	0
14	40	67	23	2	1	0	34	60	50	22	3	0	0
15	20	61	19	3	1	0	35	80	62	4	3	0	0
16	50	63	4	3	1	0	36	70	68	15	0	0	0
17	50	66	16	0	1	0	37	30	39	4	0	0	0
18	40	68	12	0	1	0	38	60	49	11	0	0	0
19	80	41	12	0	1	1	39	80	64	10	0	0	1
20	70	53	8	0	1	1	40	70	67	18	0	0	1

解：以因变量 y 作为二值定性变量，可将其看成服从参数为 p 的 0-1 分布随机变量，其中记 $P(y=1)=p$， $P(y=0)=1-p$，则 $\dfrac{P(y=1)}{P(y=0)} = \dfrac{p}{1-p}$ 就表达了 $P(y=1)$ 与 $P(y=0)$ 的优势比，记为 Odd，而 $\ln\dfrac{p}{1-p} \in (-\infty, +\infty)$ 使得将其与线性模型对接成为可能，即构建模型

$$\ln(\frac{p}{1-p}) = \boldsymbol{X}^\mathrm{T}\boldsymbol{\beta} + \varepsilon = \beta_0 + \beta_1 x_1 + \beta_2 x_2 + \beta_3 x_3 + \beta_4 x_4 + \beta_5 x_5 + \varepsilon \qquad (6.6.1)$$

由于其左侧函数被称为 Logit 函数，故称该模型为 Logistic 回归模型，它隶属于广义线性回归模型。去掉式（6.6.1）中的误差项，可推出 $P(y=1)$ 的值为

$$p = \frac{e^{\beta_0 + \beta_1 x_1 + \beta_2 x_2 + \beta_3 x_3 + \beta_4 x_4 + \beta_5 x_5}}{1 + e^{\beta_0 + \beta_1 x_1 + \beta_2 x_2 + \beta_3 x_3 + \beta_4 x_4 + \beta_5 x_5}} = \frac{1}{1 + e^{-(\beta_0 + \beta_1 x_1 + \beta_2 x_2 + \beta_3 x_3 + \beta_4 x_4 + \beta_5 x_5)}} \qquad (6.6.2)$$

在 R 语言中，广义线性回归模型通过 glm 函数求解，下面给出使用 glm 求解的过程，如程序 6.6.1 所示。

【程序 6.6.1】 Logistic 回归

```
lm.out=glm(y~.,family=binomial,data=dat)
summary(lm.out)
```

执行上述代码输出的结果如下：

```
Coefficients:
            Estimate  Std. Error  z value  Pr(>|z|)
(Intercept) -7.01140     4.47534   -1.567    0.1172
x1           0.09994     0.04304    2.322    0.0202 *
x2           0.01415     0.04697    0.301    0.7631
x3           0.01749     0.05458    0.320    0.7486
x4          -1.08297     0.58721   -1.844    0.0651 .
x5          -0.61309     0.96066   -0.638    0.5233
---
Signif. codes:  0 '***' 0.001 '**' 0.01 '*' 0.05 '.' 0.1 ' ' 1

(Dispersion parameter for binomial family taken to be 1)

    Null deviance: 44.987  on 39  degrees of freedom
Residual deviance: 28.392  on 34  degrees of freedom
AIC: 40.392

Number of Fisher Scoring iterations: 6
```

由上述输出结果可得回归模型为

$$p = \frac{e^{-7.01140 + 0.09994 x_1 + 0.01415 x_2 + 0.01749 x_3 - 1.08297 x_4 - 0.61309 x_5}}{1 + e^{-7.01140 + 0.09994 x_1 + 0.01415 x_2 + 0.01749 x_3 - 1.08297 x_4 - 0.61309 x_5}}$$

从系数的检验角度讲，上述模型的结果非常不理想，因为 x2, x3, x5 都没有通过显著性检验，x4 处于显著水平 0.05 附近，只有 x1 通过了显著性检验。因此，有必要对模型进行逐步回归，具体代码如下：

```
lm.out2=step(lm.out)
summary(lm.out2)
```

执行上述代码输出的结果如下：

```
Coefficients:
             Estimate   Std. Error   z value   Pr(>|z|)
(Intercept)  -6.13755   2.73844      -2.241    0.0250 *
x1            0.09759   0.04079       2.393    0.0167 *
x4           -1.12524   0.60239      -1.868    0.0618 .
```

依据默认的 AIC 准则，逐步回归选择了变量 x1 和 x4，检验基本上达到建模的要求。此时得到的回归模型为

$$p = \frac{e^{-7.01140+0.09994x_1-1.12524x_4}}{1+e^{-7.01140+0.09994x_1-1.12524x_4}}$$

预测的概率值如果小于 0.5，则判定 y=0，否则判定 y=1，全模型和逐步回归模型得到的回代结果一样，0 判成 1 的有 1 个，1 判成 0 的有 4 个，回代正确率均为 87.5%。具体代码如下：

```
pre=predict(lm.out,newdata=dat[,1:5]);    p1=exp(pre)/(1+exp(pre));  p1=ifelse(p1<0.5,0,1)
pre=predict(lm.out2,newdata=dat[,1:5]);   p2=exp(pre)/(1+exp(pre));  p2=ifelse(p1<0.5,0,1)
table(dat[,6],p1);      table(dat[,6],p2)
```

注意，此处以概率值 0.5 作为分类的临界点，只是对分类的一种处理方式，实际问题的临界点需要具体问题具体分析。

6.6.2 Probit 回归模型

与 Logistic 回归模型类似的是 Probit 回归模型，它也是对 $P(y=1)=p$，$P(y=0)=1-p$ 进行处理的模型，不同的是它假设概率由标准正态分布函数计算得到，即

$$p = \Phi(\boldsymbol{X}^{\mathrm{T}}\boldsymbol{\beta}+\varepsilon) = \Phi(\beta_0+\beta_1x_1+\beta_2x_2+\beta_3x_3+\beta_4x_4+\beta_5x_5+\varepsilon) \quad (6.6.3)$$

即

$$\Phi^{-1}(p) = \boldsymbol{X}^{\mathrm{T}}\boldsymbol{\beta}+\varepsilon = \beta_0+\beta_1x_1+\beta_2x_2+\beta_3x_3+\beta_4x_4+\beta_5x_5+\varepsilon \quad (6.6.4)$$

显然，$\Phi^{-1}(p) \in (-\infty, +\infty)$，因此将其与线性模型对接是完全可行的。具体过程见程序 6.6.2。

【程序 6.6.2】Probit 回归

```
lm.out3=glm(y~.,family=binomial(link='probit'),data=dat)
summary(lm.out3)    #给出主要结果
```

执行上述代码输出的结果如下：

```
Coefficients:
             Estimate   Std. Error   z value   Pr(>|z|)
(Intercept)  -4.07525   2.37800      -1.714    0.0866 .
x1            0.05653   0.02256       2.506    0.0122 *
x2            0.01012   0.02622       0.386    0.6996
x3            0.01112   0.02640       0.421    0.6736
x4           -0.60538   0.32526      -1.861    0.0627 .
x5           -0.38665   0.54164      -0.714    0.4753
---
Signif. codes:  0 '***' 0.001 '**' 0.01 '*' 0.05 '.' 0.1 ' ' 1
```

```
(Dispersion parameter for binomial family taken to be 1)

    Null deviance: 44.987  on 39  degrees of freedom
Residual deviance: 28.471  on 34  degrees of freedom
AIC: 40.471

Number of Fisher Scoring iterations: 7
```

继续对上述模型执行逐步回归操作:

```
lm.out4=step(lm.out3)
summary(lm.out4)
```

执行上述代码输出的结果如下:

```
Coefficients:
            Estimate  Std. Error  z value  Pr(>|z|)
(Intercept) -3.38958    1.40250   -2.417    0.0157 *
x1           0.05415    0.02104    2.574    0.0100 *
x4          -0.62206    0.32951   -1.888    0.0590 .
---
Signif. codes:  0 '***' 0.001 '**' 0.01 '*' 0.05 '.' 0.1 ' ' 1

(Dispersion parameter for binomial family taken to be 1)

    Null deviance: 44.987  on 39  degrees of freedom
Residual deviance: 29.290  on 37  degrees of freedom
AIC: 35.29

Number of Fisher Scoring iterations: 7
```

无论是采用 Logistic 回归模型还是 Probit 回归模型, 解释并评价模型的输出结果都是关键的一步。下面通过构造数据, 借助概率来解释和评价模型。具体代码如下:

```
ndat1=data.frame(x1=seq(30,70,by=10), x4=rep(2,5))
ndat1$prob=predict(lm.out4,newdata=ndat1,type='response')
ndat1
ndat2=data.frame(x1=rep(50,5), x4=0:4)
ndat2$prob=predict(lm.out4,newdata=ndat2,type='response')
ndat
```

执行上述代码输出的结果如下:

```
  x1 x4      prob
1 30  2  0.001309532
2 40  2  0.006798349
3 50  2  0.027036221
4 60  2  0.083061989
5 70  2  0.199536897

  x1 x4      prob
1 60  0  0.44407603
2 60  1  0.22281981
3 60  2  0.08306199
4 60  3  0.02238400
5 60  4  0.00428321
```

上述数据 ndat1 中, x1 从 30 变到 70, 而 x4 保持在中位数不变, 此时预测的生存时间 y 超过 200 天的概率不断上升。在数据 ndat2 中，x4 从 0 变到 4，而 x1 保持在中位数附近，此时预测的生存时间超过 200 天的概率不断下降。通过改变一个自变量，而控制其他自变量保持不变的方式，可以看出每个自变量对因变量的影响。

容易发现，Logistic 与 Probit 两个回归模型解决的是相同的问题，通常在实际使用中采用一个就可以了。由于 Logistic 回归模型表达的优势更容易让人接受，所以它的应用要比 Probit 回归模型更为广泛，但这并非意味着 Logistic 回归模型的效果就一定比 Probit 回归模型更好。

R 语言程序包 robust 中的 glmRob 函数提供拟合稳健的广义线性回归模型的功能，含稳健 Logistic 回归模型；程序包 mlogit 中的 mlogit 函数能够处理因变量具有两个以上无序类别的多项式 Logistic 回归模型；程序包 rms 中的 lrm 函数能够处理因变量具有多个有序类别的 Logistic 回归模型。

6.6.3 Poisson 计数回归模型

在实际问题处理过程中，比如对问卷调查数据统计出频数后，要分析频数与哪些自变量有关系，并希望实现通过自变量对频数进行预测的功能，就要用到 Poisson 计数回归模型。

对于泊松分布 $X \sim P(\lambda)$，其均值和方差均为 λ（$\lambda > 0$），在实践中会将参数 λ 看成自变量的函数。而 $\ln(\lambda) \in (-\infty, +\infty)$，使得其与线性模型对接成为可能，从而建立回归模型

$$\ln(\lambda) = \boldsymbol{X}^{\mathrm{T}} \boldsymbol{\beta} + \varepsilon \tag{6.6.5}$$

称为 Poisson 计数回归模型。

下面通过程序包 robust 中的 breslow.dat 癫痫数据（其部分数据如表 6.6.2 所示）来展示 Poisson 计数回归模型，该数据将患有癫痫的患者随机分为两组，分别服用抗癫痫药物和安慰剂。在随后 4 次（每次间隔 2 周）连续的门诊就诊中，报告前两周的癫痫发作次数。

表 6.6.2 breslow.dat 的部分数据

ID	Y_1	Y_2	Y_3	Y_4	Base	Age	Trt	Ysum	sumY	Age10	Base4
230	2	1	2	1	9	40	placebo	6	6	4	2.25
234	3	1	4	2	10	19	placebo	10	10	1.9	2.5
238	13	15	13	12	47	22	placebo	53	53	2.2	11.75
101	11	14	9	8	76	18	progabide	42	42	1.8	19
102	8	7	9	4	38	32	progabide	28	28	3.2	9.5
103	0	4	3	0	19	20	progabide	7	7	2	4.75

在表 6.6.2 中，ID 是患者编号；Y_1 到 Y_4 表示前 8 周每 2 周的癫痫发作次数，其总和为 Ysum 或 sumY；Base 是前 8 周癫痫发作基准次数，Base4 是其值除以 4；Age 是患者的年龄，Age10 是其值除以 10；Trt 提供两种方式，一种是 progabide（抗癫痫药物），另一种是 placebo（安慰剂）。

将 Base，Age，Trt 作为自变量，sumY 作为因变量来构建 Poisson 计数回归模型。当然，使用 Base4，Age10，Trt 作为自变量，SumY 作为因变量效果也是等价的。这样选择的目的是看药物治疗是否能够减少癫痫发作次数。从给出的数据看，使用药物治疗的 8 周发作次数有下降的趋势。具体的过程见程序 6.6.3。

【程序 6.6.3】Poisson 计数回归

```
data(breslow.dat, package='robust')
lm.pois=glm(sumY~Base+Age+Trt, data=breslow.dat,family=poisson())
summary(lm.pois)
```

执行上述代码输出的结果如下：

```
Coefficients:
               Estimate  Std. Error  z value  Pr(>|z|)
(Intercept)   1.9488259   0.1356191   14.370   < 2e-16 ***
Base          0.0226517   0.0005093   44.476   < 2e-16 ***
Age           0.0227401   0.0040240    5.651  1.59e-08 ***
Trtprogabide -0.1527009   0.0478051   -3.194    0.0014 **
---
Signif. codes:  0 '***' 0.001 '**' 0.01 '*' 0.05 '.' 0.1 ' ' 1

(Dispersion parameter for poisson family taken to be 1)
    Null deviance: 2122.73  on 58  degrees of freedom
Residual deviance:  559.44  on 55  degrees of freedom
AIC: 850.71
Number of Fisher Scoring iterations: 5
```

在输出结果中，Intercept=1.9488259 表示其他自变量都取 0 时，$\ln(\lambda)$即癫痫发作次数的对数均值的取值，但可能没有实际意义。Base 的系数为 0.0226517，说明在保持其他两个自变量不变时，Base 对应的基准次数每增加 1 次，相应的$\ln(\lambda)$将平均增加 0.0226517。

其实，通过实施$\lambda=e^{\ln(\lambda)}$将各个回归系数变为原先模型中的参数形式，可能会看得更为直接。例如，执行代码 exp(coef(lm.pois))将得到如下结果：

```
(Intercept)        Base         Age   Trtprogabide
  7.0204403   1.0229102   1.0230007      0.8583864
```

此时，Base 每增加 1 次，平均癫痫发作次数将乘以 1.0229102，说明基准次数增加与较高的癫痫发作次数相关。由于 Trt 的系数值为 0.8583864，说明服用药物将使得平均癫痫发作次数降低，相对于安慰剂而言，降低的程度还比较明显，达到 15%左右。

6.6.4 过度离势问题

所谓过度离势，表示的是观测到的因变量的方差大于其理论上的方差，它的存在会导致奇异的标准误检验和不精确的显著性检验，从而影响或降低模型的可解释性与合理性。因此，在构建模型中，需要对过度离势进行检验和适当纠正，以确保模型的可解释性与可用性。

在 Logistic 回归模型中，理论方差是$np(1-p)$；而在 Poisson 计数回归模型中，理论方差与期望相同，都是λ。如何来判定是否具有过度离势呢？一种简单可行的方法是构造如下评判指标：

$$\psi = \frac{\text{模型的偏差}}{\text{模型的自由度}}$$

如果离势的值（即ψ）远大于 1，则说明存在过度离势。比如，对于回归模型 lm.out4 和 lm.pois，按照如下方式计算：

```
deviance(lm.out4)/df.residual(lm.out4)
```

```
deviance(lm.pois)/df.residual(lm.pois)
```

执行上述代码输出的结果如下：

```
[1]0.7916331
[2]10.1717
```

上述结果说明，Logistic 回归模型不存在过度离势，而 Poisson 计数回归模型存在过度离势，因此需要对 Poisson 计数回归模型进行适当纠偏，此时可以通过使用广义线性模型的 family="quassipoisson"代替 family="poisson"来完成。对于 Logistic 回归模型，也可以使用 family=quasibinomial()代替 family=binomial()。

6.7 实例分析——无配对样本回归

对于给定的配对样本数据 (x_i, y_i)（$i=1,2,\cdots,n$），可以很自然地建立回归模型

$$y = f(x) + \varepsilon$$

即使存在部分删失数据，比如对于极少量的样本点 (x_i, y_i)，出现只有自变量 x_i 而没有对应的因变量 y_i 或者只有因变量 y_i 而没有对应的自变量 x_i 的情况，因为删失的数量少，所以可以通过各种手段进行补救（缺失值填补），然后按照常规的方式构建回归模型。但是，如果绝大多数样本点或者全部样本点都缺失配对关系，即样本点构成中要么只有自变量而没有对应的因变量，要么只有因变量而没有对应的自变量，且自变量和因变量又都有一定数量的独立观测值，那么构建回归模型便会几乎成为一项不可能完成的工作。

6.7.1 问题再现

在 2022 年高教社杯全国大学生数学建模竞赛的 C 题"古代玻璃制品的成分分析与鉴别"中，构造了这样一个问题场景：古代玻璃制品挖掘出来后，经判定呈现风化、未风化、风化与未风化并存三种状态，通过某种检测手段，测得玻璃制品在风化点处或未风化点处的各种化学成分的占比。研究的问题是"根据当前风化点处的检测数据推测风化前的化学成分含量"。这个问题从形式上看就是基本的回归问题，只要有风化前后的配对数据就可以构建有监督的回归模型。哪怕提供同一玻璃制品风化点处和未风化点处的化学成分检测值，也可以在一定程度上构建弱监督的回归模型。

但是，题目就是如此神奇地给出无配对的样本数据，这在时间逻辑上是可以理解的，因为我们不能穿越到古代去完成这项极富想象力的工作。题目几乎没有给出同一玻璃制品的风化点处和未风化点处的化学成分检测值（58 个玻璃制品，只有 49 号和 50 号两个玻璃制品是同时检测的）。表 6.7.1 给出了经过整理的样本数据（仅以化学成分二氧化硅为例）。

表 6.7.1 玻璃制品采样点的二氧化硅成分比例值（二氧化硅数据均为百分比）

玻璃制品编号	类型	表面风化	采样点	风化标记	二氧化硅	玻璃制品编号	类型	表面风化	采样点	风化标记	二氧化硅
01	高钾	未风化	01	0	69.33	03	高钾	未风化	03 部位 2	0	61.71
02	铅钡	风化	02	1	36.28	04	高钾	未风化	04	0	65.88
03	高钾	未风化	03 部位 1	0	87.05	05	高钾	未风化	05	0	61.58

续表

玻璃制品编号	类型	表面风化	采样点	风化标记	二氧化硅	玻璃制品编号	类型	表面风化	采样点	风化标记	二氧化硅
06	高钾	未风化	06 部位 2	0	59.81	34	铅钡	风化	34	1	35.78
06	高钾	未风化	06 部位 1	0	67.65	35	铅钡	未风化	35	0	65.91
07	高钾	风化	07	1	92.63	36	铅钡	风化	36	1	39.57
08	铅钡	风化	08	1	20.14	37	铅钡	未风化	37	0	60.12
08	铅钡	风化	08 严重风化点	1	4.61	38	铅钡	风化	38	1	32.93
09	高钾	风化	09	1	95.02	39	铅钡	风化	39	1	26.25
10	高钾	风化	10	1	96.77	40	铅钡	风化	40	1	16.71
11	铅钡	风化	11	1	33.59	41	铅钡	风化	41	1	18.46
12	高钾	风化	12	1	94.29	42	铅钡	风化	42 未风化点 1	0	51.26
13	高钾	未风化	13	0	59.01	42	铅钡	风化	42 未风化点 2	0	51.33
14	高钾	未风化	14	0	62.47	43	铅钡	风化	43 部位 2	1	21.7
15	高钾	未风化	15	0	61.87	43	铅钡	风化	43 部位 1	1	12.41
16	高钾	未风化	16	0	65.18	44	铅钡	风化	44 未风化点	0	60.74
17	高钾	未风化	17	0	60.71	45	铅钡	未风化	45	0	61.28
18	高钾	未风化	18	0	79.46	46	铅钡	未风化	46	0	55.21
19	铅钡	风化	19	1	29.64	47	铅钡	未风化	47	0	51.54
20	铅钡	未风化	20	0	37.36	48	铅钡	风化	48	1	53.33
21	高钾	未风化	21	0	76.68	49	铅钡	风化	49 未风化点	0	54.61
22	高钾	风化	22	1	92.35	49	铅钡	风化	49	1	28.79
23	铅钡	风化	23 未风化点	0	53.79	50	铅钡	风化	50 未风化点	0	45.02
24	铅钡	未风化	24	0	31.94	50	铅钡	风化	50	1	17.98
25	铅钡	风化	25 未风化点	0	50.61	51	铅钡	风化	51 部位 1	1	24.61
26	铅钡	风化	26	1	19.79	51	铅钡	风化	51 部位 2	1	21.35
26	铅钡	风化	26 严重风化点	1	3.72	52	铅钡	风化	52	1	25.74
27	高钾	风化	27	1	92.72	53	铅钡	风化	53 未风化点	0	63.66
28	铅钡	风化	28 未风化点	0	68.08	54	铅钡	风化	54	1	22.28
29	铅钡	风化	29 未风化点	0	63.3	54	铅钡	风化	54 严重风化点	1	17.11
30	铅钡	未风化	30 部位 1	0	34.34	55	铅钡	无风化	55	0	49.01
30	铅钡	未风化	30 部位 2	0	36.93	56	铅钡	风化	56	1	29.15
31	铅钡	未风化	31	0	65.91	57	铅钡	风化	57	1	25.42
32	铅钡	未风化	32	0	69.71	58	铅钡	风化	58	1	30.39
33	铅钡	未风化	33	0	75.51						

注：数据来源于附录 A 中的 2022Cnew.xlsx。

在表 6.7.1 的数据中，玻璃制品分成高钾和铅钡两种，出土的玻璃制品表面判定为风化、未风化两种情况。每个玻璃制品可能有 1 个或 2 个采样点，如无特别说明，采样点的风化属性与玻璃制品的表面风化属性一致，例如，编号为 01 和 02 的玻璃制品的采样点的风化属性分别对应未风化和风化；若有特别说明，例如，编号为 25 的玻璃制品的表面风化属性为"风化"，而采样点标记为"25 未风化点"，则说明该采样点的风化属性为未风化，25 为其编号。为此，给原始数据增加一列"风化标记"，其中，0 表示该采样点未风化，1 表示风化。

对于表 6.7.1 给出的 69 个采样点，无法给出每一个样本点的检测配对信息，即风化点检测值和未风化点检测值。如果将风化后的成分检测值当作自变量，将未风化的成分检测值当作因变量，则上述样本点要么是自变量 x，要么是因变量 y，根本没有两者的配对检测数据 (x,y)，因此无法构建基本的回归模型 $y=f(x)+\varepsilon$。基于上述数据，如何完成题目的推测任务，看起来是一个值得研究的问题。

根据类型和风化标记整理可得如表 6.7.2 所示的自变量和因变量检测值列表。

表 6.7.2 自变量和因变量检测值列表（二氧化硅数据均为百分比）

高钾玻璃				铅钡玻璃							
因变量		自变量		因变量				自变量			
风化标记	二氧化硅	风化标记	二氧化硅	风化标记	二氧化硅	风化标记	二氧化硅	风化标记	二氧化硅	风化标记	二氧化硅
0	69.33	1	92.63	0	37.36	0	51.33	1	36.28	1	12.41
0	87.05	1	95.02	0	53.79	0	60.74	1	20.14	1	53.33
0	61.71	1	96.77	0	31.94	0	61.28	1	4.61	1	28.79
0	65.88	1	94.29	0	50.61	0	55.21	1	33.59	1	17.98
0	61.58	1	92.35	0	68.08	0	51.54	1	29.64	1	24.61
0	59.81	1	92.72	0	63.3	0	54.61	1	19.79	1	21.35
0	67.65			0	34.34	0	45.02	1	3.72	1	25.74
0	59.01			0	36.93	0	63.66	1	35.78	1	22.28
0	62.47			0	65.91	0	49.01	1	39.57	1	17.11
0	61.87			0	69.71			1	32.93	1	29.15
0	65.18			0	75.51			1	26.25	1	25.42
0	60.71			0	65.91			1	16.71	1	30.39
0	79.46			0	60.12			1	18.46		
0	76.68			0	51.26			1	21.7		

从表 6.7.2 可以看出，高钾玻璃风化点的二氧化硅成分比例都非常高，与未风化点的二氧化硅成分比例差距显著；而铅钡玻璃风化点的二氧化硅成分比例较低，与未风化点的二氧化硅成分比例差距也较大。因此，两种玻璃的风化与未风化的采样点的化学成分比例存在相反的规律，分开构建推测模型更为合适，也更合理。

6.7.2 模型构建与应用

1. 问题的一般化

对于非配对独立检测的自变量 $x=(x_1,x_2,\cdots,x_n)$ 和因变量 $y=(y_1,y_2,\cdots,y_m)$，n 与 m 不尽相同，给定自变量的检测值 $x=x_0$，确定回归方程 $f(x)$，推测因变量 $y_{|x=x_0}=f(x_0)$。

从形式上看，这两个变量的检测样本是独立的，而且检测过程都受到随机因素的影响，因此它们都是随机变量，在它们之间能否构建某种回归模型真的无法确定。

先对两个变量取值的同步关系进行定性判定，若自变量递增时因变量也递增，则判定为同步关系，否则判定为异步关系。这个关系对于构建模型具有指导作用，就像一元线性回归模型中斜率为正还是为负决定模型的方向一样。

由于上述问题的局限性，下面从合理性假设入手，尝试建立某种意义下的回归模型。

2. 模型构建

模型 1：基于概率分布的假定

假设检测值服从某种分布（通常检测值服从正态分布），结合两个变量的同步性判定，可从概率相等上构建如下回归模型（示意图见图 6.7.1）：

$$\begin{cases} \Phi(\dfrac{x-\bar{x}}{S_x}) = \Phi(\dfrac{y-\bar{y}}{S_y}) \Rightarrow y = \dfrac{S_y}{S_x}(x-\bar{x}) + \bar{y}, & x \text{ 与 } y \text{ 同步} \\ \Phi(\dfrac{x-\bar{x}}{S_x}) = \Phi(\dfrac{\bar{y}-y}{S_y}) \Rightarrow y = \bar{y} - \dfrac{S_y}{S_x}(x-\bar{x}), & x \text{ 与 } y \text{ 异步} \end{cases} \tag{6.7.1}$$

其中，$\bar{x}, \bar{y}, S_x, S_y$ 分别为两个样本的均值和标准差，上述模型主要考虑到两个样本的均值，并以样本标准差构造同步或者异步的斜率。

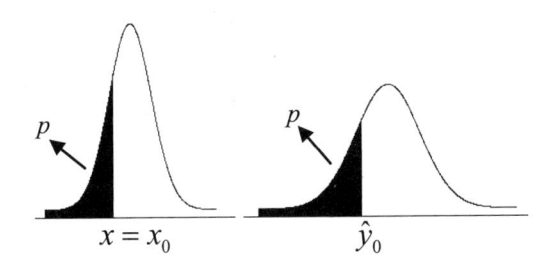

图 6.7.1 模型（6.7.1）的示意图

模型 2：基于经验分布的假定

直接假设检测值服从正态分布可能有点随意，所以使用经验分布来替代正态分布，对模型（6.7.1）进行适当改造，形成

$$\begin{cases} F_{nx}(x) = F_{ny}(y) \Rightarrow y = F_{ny}^{-1}(F_{nx}(x)), & x \text{ 与 } y \text{ 同步} \\ F_{nx}(x) = 1 - F_{ny}(y) \Rightarrow y = F_{ny}^{-1}(1 - F_{nx}(x)), & x \text{ 与 } y \text{ 异步} \end{cases} \tag{6.7.2}$$

其中，$F_{nx}(x)$，$F_{ny}(y)$ 分别为两个样本的经验分布函数，$F_{ny}^{-1}(x)$ 为经验分布函数 $F_{ny}(y)$ 的反函数，即分位数。在实际处理中，可以通过分位数匹配来完成估计。以同步为例，给出的 x_0 位于自变量样本的 p 分位数处，则估计的 y_0 也应该在因变量样本的 p 分位数处；若不正好在 p 分位数处，则可以通过 p 分位数附近的相邻插值完成。若是异步，则应对应到因变量样本的 $1-p$ 分位数处。

3. 模拟

模型（6.7.1）的模拟程序如下：

```
#自变量x~N(0,1)取自标准正态分布，因变量y=2x+N(0,0.3)，形成配对样本(x,y)
#提取100个，然后随机将样本等分成2组，一组仅留自变量，另一组仅留因变量
#两者之间是同步关系；如果将系数由2变成-2，那么就是异步关系
set.seed(111); x=rnorm(100)
set.seed(222); y=2*x+rnorm(100,0,0.3)
set.seed(333); indx=sample(1:100,50,replace=FALSE)
d1=data.frame(x=x[indx],y=y[indx])
```

```
d2=data.frame(x=x[-indx],y=y[-indx])
#d1 的 x 当作自变量，y 留作检验；d2 的 y 当作因变量，x 留作检验

lm.first.model=function(x0,x,y)
{   mx=mean(x);    my=mean(y);    sx=sd(x);    sy=sd(y)
    sy*(x0-mx)/sx+my
}
d1$ny= lm.first.model (d1$x,d1$x,d2$y)
d1new=d1[order(d1$x),]
plot(d1new$x,d1new$y,type='o',xlab='自变量 x',ylab='因变量 y',lty=1)
lines(d1new$x,d1new$ny,type='o',lty=2)
legend(1,-2,c('原始值','估计值'),lty=1:2,pch=c(1,1))
```

执行上述代码输出的结果见图 6.7.2。

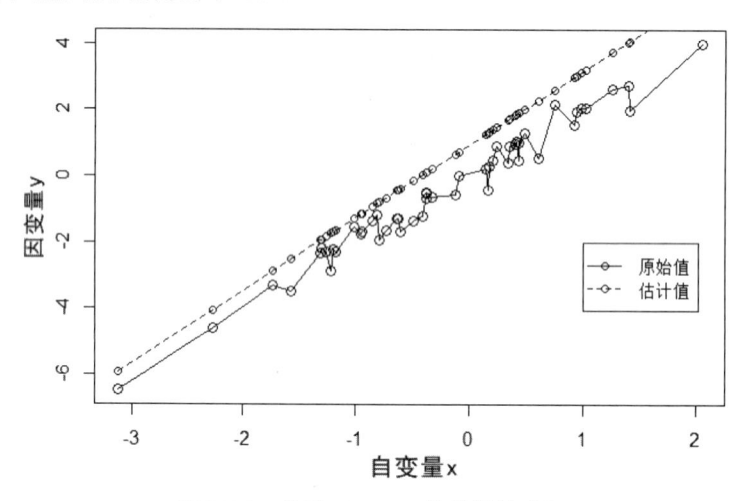

图 6.7.2　模型（6.7.1）的模拟估计图

模型（6.7.2）的模拟程序如下所示：

```
#数据 d1 和 d2 同上
lm.second.model=function(x0,x,y)
{   min.y=function(y0,ecdfy,p)  abs(ecdfy(y0)-p)    #极值法求满足 p 的分位点
    ecdfx=ecdf(x)
    ecdfy=ecdf(y)
    m=length(x0)
    value=numeric(m)
    for(i in 1:m)
    { find=optimize(min.y,range(y),ecdfy=ecdfy,p=ecdfx(x0[i]))
      value[i]=find$minimu
    }
    value
}
d1$ny2=lm.second.model(d1$x,d1$x,d2$y);    d1new=d1[order(d1$x),]    #为了画图
plot(d1new$x,d1new$y,lty=1,pch=1,type='o',xlab='自变量 x',ylab='因变量 y')
lines(d1new$x,d1new$ny,lty=2,pch=16,type='o')   #模型（6.7.1）的结果
lines(d1new$x,d1new$ny2,lty=3,pch=3,type='o')   #模型（6.7.2）的结果
legend(1,-2,c('原数据','模型（6.7.1）','模型（6.7.2）'),lty=1:3,pch=c(1,16,3))
```

执行上述代码输出的结果见图 6.7.3 和图 6.7.4。

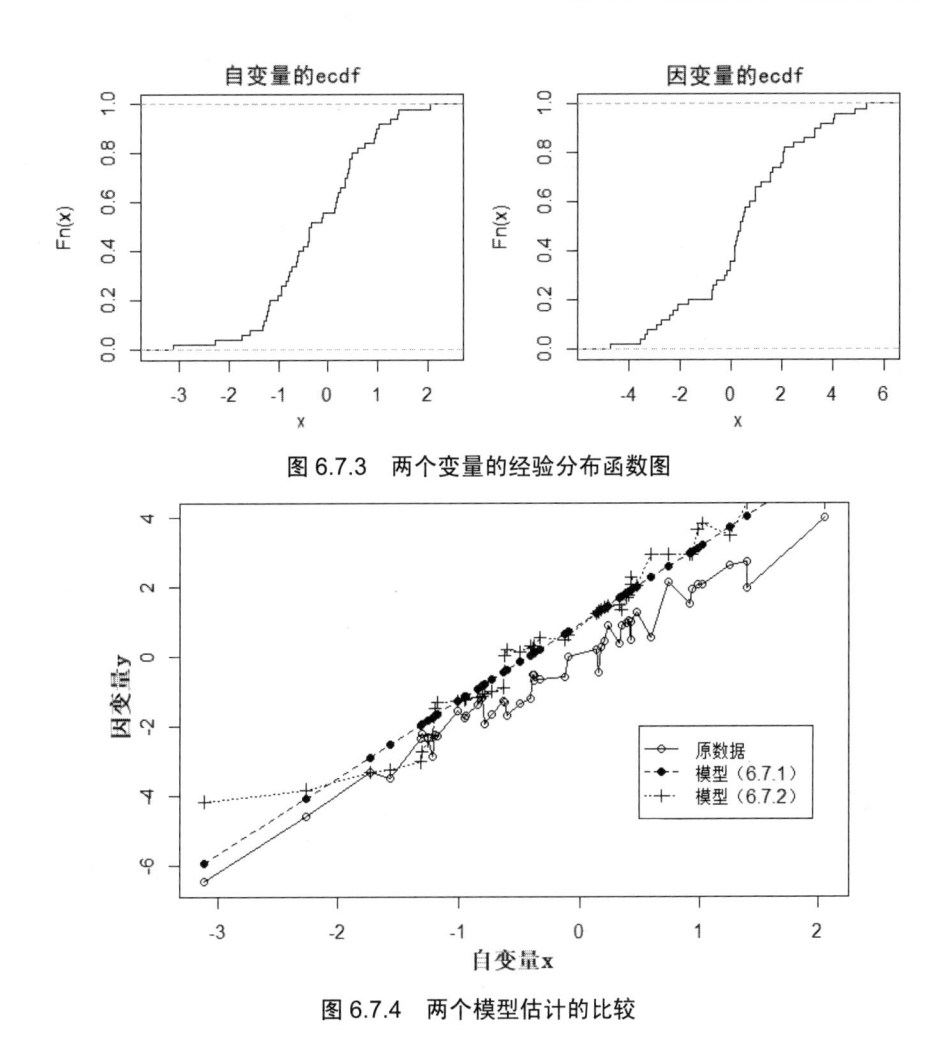

图 6.7.3 两个变量的经验分布函数图

图 6.7.4 两个模型估计的比较

从上述模拟过程看，在确定两个变量同步（或异步）时，这两种模型的估计结果总体上确保了同步性（或异步性），同时呈现系统性的高估（低估）情况。因此，可以适当引入偏差控制，以便降低估计的偏差。

4. 模型应用

将两个模型方法应用到表 6.7.2 的数据中，就可以在测定风化点的情况下，推测未风化点的情况。至此，给出了无配对样本的一种回归模型，模型是否符合实际情况，还有待进一步验证。

思考与练习

1. 针对第 2 章思考与练习第 1 题中的 diamonds 数据，完成如下任务：
（1）选择合适的比例将样本数据划分成训练集和测试集，并制定合适的模型评价方案；
（2）选择合适的自变量，构建钻石价格的线性回归与预测模型；
（3）引入虚拟变量，构建钻石价格的线性回归与预测模型；
（4）选择合适的自变量，构建最佳正交多项式回归与预测模型；
（5）基于上述回归模型，尝试构建组合回归与预测模型。
2. 准确检测鲍鱼的年龄对确定其价格非常重要。目前，检测鲍鱼年龄成本高昂，效率低下，通常要切开壳并通过显微镜计算环数来估计鲍鱼的年龄。请访问 UCI 机器学习资源网站，下载其中的 Abalone（鲍鱼）数据集，构建回归模型预测鲍鱼的年龄。该数据集有 4177 行、9 列，含 8 个自变量，需要预测的是因变量"环数"，该值加 1.5 就是鲍鱼的年龄。可参考某些网络文章给出的说明及构建的模型，尝试完成如下任务：

（1）解读数据，找出不合理的样本点，并给出合适的处理方式；

（2）构建预测鲍鱼年龄的多元线性回归模型；

（3）引入变量选择（逐步回归、Lasso 回归等）重新构建回归模型；

（4）构建最佳正交多项式回归模型；

（5）结合机器学习理论与方法，构建 boosting、bagging、随机森林、神经网络、支持向量机等回归模型；

（6）尝试对上述各种模型构建组合回归模型。

3. 访问 UCI 机器学习资源网站，下载其中的 Wine Quality 数据集，里面包括红葡萄酒和白葡萄酒的两个 CSV 数据文件，每个文件包括 12 个变量：11 个自变量和 1 个因变量，它们都是数值型。变量描述如下：

No	属性	字段描述	No	属性	字段描述
1	fixed acidity	非挥发性酸	7	total sulfur dioxide	总二氧化硫
2	volatile acidity	挥发性酸	8	density	密度
3	citric acid	柠檬酸	9	pH	酸碱度
4	residual sugar	残糖	10	sulphates	硫酸盐
5	chlorides	氯化物	11	alcohol	酒精
6	free sulfur dioxide	游离二氧化硫	12	Quality（score between 0 and 10）	葡萄酒质量（0～10）

尝试完成以下任务：

（1）完成数据的描述性统计分析，找出影响葡萄酒质量的主要因素；

（2）构建多元线性回归模型，并寻求最优回归模型；

（3）葡萄酒质量实际上可看成分类变量，构建葡萄酒质量分类机器学习模型；

（4）尝试通过挑选或组合变量的方式进行降维，实现回归或判别模型。

注：关于该数据集的分析文章非常多，可上网搜索参考。

第 7 章
工程思维：图像处理中的统计问题

图像处理通常指数字图像处理，是采用计算机对数字图像进行分析，从而解决实际问题的过程。在很多实际问题中，通常需要对数字化的彩色图像进行灰度化与二值化，以便简化图像处理。由于图像包含了众多信息，因此占用较大的存储空间与网络传送带宽，为此在图像处理中经常需要进行图像压缩。数字图像处理包括图像隐藏、图像增强、图像修复、图像识别、图像分割等，在众多领域中应用广泛。图像是一类特殊的数据，擅长数据分析的概率统计在图像处理中同样发挥着重要的作用。

本章重点阐述概率统计方法在图像处理中的基本应用，从工程思维的角度探讨其中蕴含的概率统计思想。

7.1 灰度图像的生成

客观世界中，以自然形式呈现出的图像通常称作物理图像。计算机不能处理物理图像，所以需要先借助一些工具将真实世界的物理图像变成数字形式，形成便于计算机处理的数据形态，这个过程通常称为数字化，而数字化后的物理图像通常称为数字图像。

定义 7.1.1 数字图像是指物理图像的连续信号值被离散化后，由被称作像素的小块区域组成的二维数字矩阵或二维数字数组。此时，数字图像对应二维像素矩阵。

连续信号的物理图像变成离散数字图像过程中两个最重要的概念是采样与量化。单位长度上采样的像素个数称为分辨率，即通常看到的 PPI（Pixels Per Inch）和 DPI（Dots Per Inch）。采样越密集，图像的分辨率越高，图像就越清晰，对应的存储空间也越大。量化是采样后，将图像色彩或亮度浓淡的连续变化值离散化为整数值的过程。量化级越高，图像的色彩越丰富，对应的存储空间也越大。常见的图像有二值图像、灰度图像和真彩图像，它们的基本信息如表 7.1.1 所示。

表 7.1.1 三种图像的基本信息

图像	量化级	每个像素的取值范围	颜色分量	存储空间
二值图像	2^1	0~1	0 黑 1 白，一种	1 比特
灰度图像	2^8	0~255	R=G=B，一种	1 字节
真彩图像	2^{24}	0~16777215	R, G, B, 三种	3 字节

1. 灰度化公式

将真彩图像转化成灰度图像，主要的思路是将真彩图像中每个像素的 R, G, B 三个颜色值综合成一个灰度值，通常采用加权平均的方式。

$$\text{gray}(i,j) = \omega_R \text{Pixel}[i,j].R + \omega_G \text{Pixel}[i,j].G + \omega_B \text{Pixel}[i,j].B \tag{7.1.1}$$

其中，$\omega_R \geq 0$，$\omega_G \geq 0$，$\omega_B \geq 0$，$\omega_R+\omega_G+\omega_B=1$，Pixel[$i,j$]表示真彩图像中包含 R，G，B 三种颜色分量的像素点位于像素矩阵的第(i,j)单元。如表 7.1.1 所示，若 Pixel[i,j] 中的三种颜色分量取值相等，则真彩图像就变成灰度图像了。由此可见，灰度化是降维处理的一种技巧。

通过式（7.1.1）转化后的图像，整体上要符合人类视觉对图像的感知。真彩图像转化成 256 级灰度图像之后，本质上就是通过从黑到白的亮度层次感来展现图像。那么如何选择合适的加权向量 $\omega=(\omega_R,\omega_G,\omega_B)^T$ 呢？目前通行的权重向量 $\omega=(0.299,0.587,0.114)^T$，该权重被认为是最符合人类感知的一个权重。不过，有时也采用平均权重 $\omega=(1/3,1/3,1/3)^T$。著名图像处理软件 Adobe Photoshop 使用如下公式：

$$\text{gray}(i,j) = [0.2973\text{Pixel}[i,j].R^\gamma + 0.6274\text{Pixel}[i,j].G^\gamma + 0.0753\text{Pixel}[i,j].B^\gamma]^{1/\gamma} \tag{7.1.2}$$

其中，$\gamma=2.2$。

下面，我们构造 8 种灰度化公式（算术平均、最大值、最小值、G 分量、几何平均、心理学、Adobe、调和平均），将真彩图像转化为灰度图像并将其与原图对比。具体过程见程序 7.1.1，输出结果见图 7.1.1。

【程序 7.1.1】8 种灰度化公式

```
   library(jpeg);      jpg=readJPEG('lena.jpg');       wh=dim(jpg)
   op=par(mfrow=c(3,3))
   plot(c(0,wh[1]),c(0,wh[2]),type='n',xlab='',ylab='',main='原图');
rasterImage(jpg,0,0,wh[1],wh[2])
   gray1=(jpg[,,1]+jpg[,,2]+jpg[,,3])/3
   plot(c(0,wh[1]),c(0,wh[2]),type='n',xlab='',ylab='',main='算术平均');
rasterImage(gray1,0,0,wh[1],wh[2])
   gray2=apply(jpg,c(1,2),max)
   plot(c(0,wh[1]),c(0,wh[2]),type='n',xlab='',ylab='',main='最大值');
rasterImage(gray2,0,0,wh[1],wh[2])
   gray3=apply(jpg,c(1,2),min)
   plot(c(0,wh[1]),c(0,wh[2]),type='n',xlab='',ylab='',main='最小值');
rasterImage(gray3,0,0,wh[1],wh[2])
   gray4=jpg[,,2]
   plot(c(0,wh[1]),c(0,wh[2]),type='n',xlab='',ylab='',main='G 分量');
rasterImage(gray4,0,0,wh[1],wh[2])
   gray5=(jpg[,,1]*jpg[,,2]*jpg[,,3])^(1/3)
   plot(c(0,wh[1]),c(0,wh[2]),type='n',xlab='',ylab='',main='几何平均');
rasterImage(gray5,0,0,wh[1],wh[2])
   gray6=(0.299*jpg[,,1]+0.587*jpg[,,2]+0.114*jpg[,,3])
   plot(c(0,wh[1]),c(0,wh[2]),type='n',xlab='',ylab='',main='心理学');
rasterImage(gray6,0,0,wh[1],wh[2])
   gray7=(0.2973*jpg[,,1]^2.2+0.6274*jpg[,,2]^2.2+0.0753*jpg[,,3]^2.2)^(1/2.2)
   plot(c(0,wh[1]),c(0,wh[2]),type='n',xlab='',ylab='',main='Adobe');
rasterImage(gray7,0,0,wh[1],wh[2])
   harmonic=function(x) length(x)/sum(1/x);   gray8=apply(jpg,c(1,2),harmonic)
   plot(c(0,wh[1]),c(0,wh[2]),type='n',xlab='',ylab='',main='调和平均');
rasterImage(gray8,0,0,wh[1],wh[2])
   par(op)
```

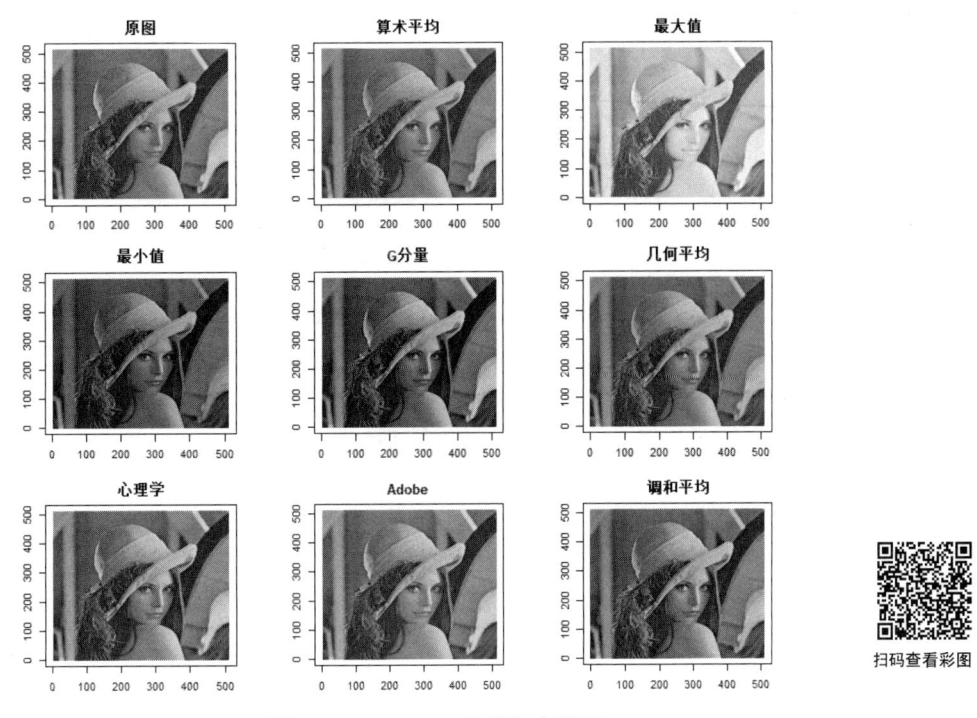

图 7.1.1 lena.jpg 及其灰度展示

从图 7.1.1 中可以看出，采用三个分量中的最大值作为灰度值的图像有一种曝光过度的感觉，而采用三个分量中的最小值作为灰度值的图像整体上亮度偏暗。剩下的 6 幅图看不出特别明显的亮度差异。这里讲的都是整体上对图像亮度的感觉。那么如何较为科学地评价不同状态下灰度图像给人造成的感觉上的差异呢？下面从灰度图像的数字特征入手，对其进行基本的统计分析。

JPG 图片中的每个像素转化出来的灰度值的取值范围均为[0,1]，需要乘以 255 并取整后才能得到 0~255 的灰度量级。

2. 数字特征

将灰度值当作数据，从统计角度观察灰度图像的各种数字特征，比如均值、中位数、最大值、最小值、方差、极差、偏度、峰度等。对这些数字特征的深入研究，有助于对灰度图像进行量化评价，同时也有助于对图像进行进一步处理，如图像识别、聚类、轮廓提取、特征分割等。

由于灰度图像最多只有 256 个量级，所以常对灰度量级进行频率分布的研究。假设灰度图像 gray 的像素总数为 N，最高量级为 L，则可计算得到每个量级的频数为 $n_i(i=0,1,\cdots,L)$，因此得到灰度的频率值为

$$p_i = \frac{n_i}{N}, \quad i=0,1,\cdots,L$$

可以据此定义灰度图像的各种数字特征，如表 7.1.2 所示。当然，部分特征也可以通过灰度值直接计算。表 7.1.2 中的熵是表达图像中平均信息量多少的一种特征，图像的一维熵表示图像中灰度分布的聚集特征所包含的信息量。计算灰度图像的数字特征的具体过程见程序 7.1.2，输

出结果整理后如表 7.1.3 所示。

表 7.1.2 灰度图像的数字特征

r 阶矩 μ_r	方差 σ^2	偏度（Skewness）	峰度（Kurtosis）	能量（Energy）	熵（Entropy）
$\sum_{i=0}^{L} i^r p_i$	$\sum_{i=0}^{L} (i-\mu)^2 p_i$	$\dfrac{1}{\sigma^3}\sum_{i=0}^{L}(i-\mu)^3 p_i$	$\dfrac{1}{\sigma^4}\sum_{i=0}^{L}(i-\mu)^4 p_i$	$\sum_{i=0}^{L} p_i^2$	$-\sum_{i=0}^{L} p_i \log p_i$

【程序 7.1.2】灰度图的数字特征

```
#基于程序 7.1.1 产生的各种数据
library(moments)       #载入 moments 包，以便使用偏度函数 skewness、峰度函数 kurtosis
Feature_gray=function(gray)
{ realgray=round(as.vector(gray)*255);    hs=table(realgray)
  levels=as.integer(names(hs));    pi=hs/prod(dim(gray));    L=length(hs)
  feat=c(mean=sum(levels*pi));    feat=c(feat,median=median(realgray));
  feat=c(feat,min=levels[1])  feat=c(feat,max=levels[L]);
  feat=c(feat,var=var(realgray));
  feat=c(feat,skew=skewness(realgray));   feat=c(feat,kurt=kurtosis(realgray))
  feat=c(feat,energy=sum(pi^2));          feat=c(feat,entropy=-sum(pi*log2(pi)))
  feat
}
Feature_gray(gray1);   Feature_gray(gray2);   Feature_gray(gray3);   Feature_gray(gray4);
Feature_gray(gray5);   Feature_gray(gray6);   Feature_gray(gray7);   Feature_gray(gray8)
```

表 7.1.3 数字特征的比较

算法	均值	中位数	最小值	最大值	方差	偏度	峰度	能量	熵
算术平均	128.2226	133	34	237	1828.9701	−0.1042	2.1942	0.0071	7.2909
最大值	180.3861	196	53	255	2403.1131	−0.7090	2.2368	0.0077	7.2551
最小值	91.7783	95	0	224	2047.9520	−0.0938	2.3729	0.0067	7.3910
G 分量	99.0420	97	0	255	2787.5137	0.2233	2.2502	0.0056	7.5940
几何平均	121.5455	125	0	236	2010.8640	−0.0566	2.2343	0.0066	7.3939
心理学	124.0424	129	22	249	2289.2842	−0.0829	2.1573	0.0063	7.4454
Adobe	132.0579	139	31	251	2079.9945	−0.1680	2.1616	0.0068	7.3523
调和平均	115.7194	118	0	235	2198.5972	−0.0463	2.2741	0.0062	7.4711

注：此处峰度没有减去 3。

从表 7.1.3 可知，基于最大值法的灰度图像在均值、中位数、偏度三个特征上与其他算法有显著的差异。程序 7.1.3 使用这三个特征对上述 8 种算法进行简单的分类。

【程序 7.1.3】灰度化算法的简单分类

```
#基于程序 7.1.1 产生的各种数据，假定已将表 7.1.3 中的 10 列数据存入变量 feature 数据框
kmeans(feature[,c(2,3,7)],centers=3)    #使用数据中的第 2, 3, 7 列进行聚类
```

执行上述代码输出的结果如下：

```
Kmeans clustering with 3 clusters of sizes 5, 2, 1
Cluster means:
       均值   中位数   偏度
1  124.31753  128.8  -0.0916014
2   95.41013   96.0   0.0647540
3  180.38605  196.0  -0.7089630
Clustering vector:
 [1] 3 2 1 1 3 3 3
```

```
Within cluster sum of squares by cluster:
[1] 409.65988   28.43093    0.00000
 (between_SS / total_SS =  96.3 %)
```

程序 7.1.3 中使用常见的 Kmeans 聚类算法，得到了上述 8 种算法的三种分类结果：{最大值}、{最小值,G 分量}和{算术平均,几何平均,心理学,Adobe,调和平均}。

灰度化是数字图像降维的一种方式，经常作为图像分割、识别、聚类等应用的基础工作之一，并在医学、监控、检索等众多领域广泛应用。

7.2 灰度图像的直方图

灰度图像使用 256 个量级来表示图像，对 256 个可能的量级进行频数统计将得到亮度直方图。亮度直方图通常又被称为灰度直方图。灰度直方图是对灰度图像的一种直观评价方法，可对其对应的频数数据进行更精细的统计分析。从某种角度讲，直方图可对应到随机变量的分布密度函数。

1. 绘制灰度直方图

定 义 7.2.1 将一幅图像的灰度值矩阵 $\text{gray}_{W\times H}$ 转化成 $0\sim 255$ 量级的整数矩阵 $\text{Gray}_{W\times H}=\lfloor 255\times\text{gray}_{W\times H}\rfloor$（四舍五入取整），然后对由 0 到 255 共 256 个量级进行频数或频率统计，形成一个维度为 256 的向量，该向量称为图像的灰度频数（频率）直方图（Gray histogram），简称为灰度直方图，记为 Hist：

$$\begin{cases}\text{Hist}(k)=\sum_{i=1}^{H}\sum_{j=1}^{W}I(\text{Gray}(i,j)=k), & \text{频数直方图}\\ \text{Hist}(k)=\dfrac{1}{WH}\sum_{i=1}^{H}\sum_{j=1}^{W}I(\text{Gray}(i,j)=k), & \text{频率直方图}\end{cases}, k=0,1,\cdots,255 \quad (7.2.1)$$

其中，$I(x)$ 为示性函数，当条件 x 为真时，$I(x)=1$；否则 $I(x)=0$。通常，使用灰度直方图容易进行图像之间的比较。通过灰度直方图可以方便地得到每个灰度级别的频数或频率，整体上展示图像的灰度分布特征。

由于每个像素的灰度值为介于 0 到 255 的整数，而 7.1 节中各种公式的计算结果通常为实数，因此需要转化成整数灰度值，虽然在取整过程中存在细微的差别，但基本可忽略。下面基于程序 7.1.1 的数据，绘制 8 种灰度化算法对应的灰度直方图，如程序 7.2.1 所示，输出结果见图 7.2.1。

【程序 7.2.1】灰度直方图

```
#基于程序 7.1.1 产生的各种数据
Drawhist=function(gray,main)
{   hist=table(round(gray*255))
    plot(hist,xlim=c(0,255),ylim=c(0,3500),main=main, ylab='频数',axes=FALSE)
    axis(1,at=seq(0,255,by=50),labels=seq(0,255,by=50),cex=0.8)
    axis(2,at=seq(0,3500,by=500),labels=seq(0,3500,by=500),cex=0.8)
}
op=par(mfrow=c(2,4))
Drawhist(gray1,'算术平均')
Drawhist(gray2,'最大值')
Drawhist(gray3,'最小值')
```

```
Drawhist(gray4,'G 分量')
Drawhist(gray5,'几何平均')
Drawhist(gray6,'心理学')
Drawhist(gray7,'Adobe')
Drawhist(gray8, '调和平均')
par(op)
```

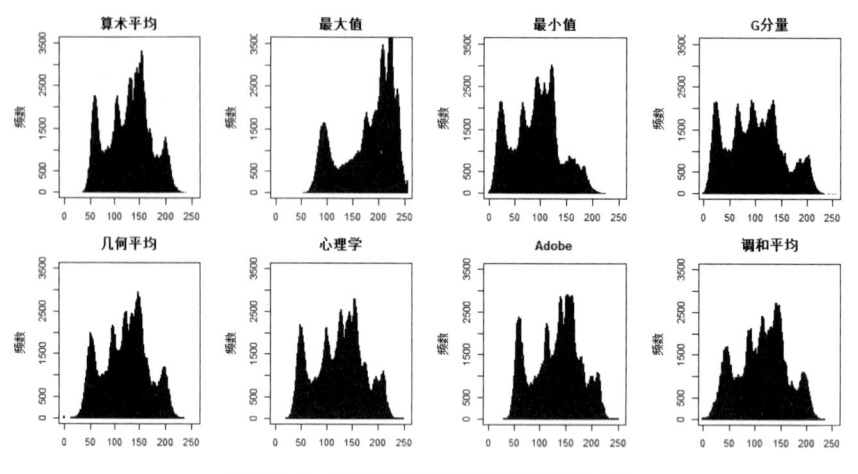

图 7.2.1　8 种灰度化算法的灰度直方图

在图 7.2.1 中，基于分量最大值的灰度直方图，其灰度值整体明显偏大（值越大，图像越白或者说越亮）；基于分量最小值的灰度直方图，其灰度值相对偏小（值越小，图像越暗）；而其他几种算法的灰度直方图差异并不明显。

2. 灰度直方图的作用

在构建灰度直方图过程中，由于去掉了图像的空间位置信息，因此灰度直方图相同的两幅图像，其图像内容可能完全不同。根据灰度直方图并不能判定两幅图像的相似性。那么灰度直方图能用来解决什么问题呢？其实，灰度直方图在数字图像的质量分析、特征提取、边缘检测、目标识别等方面特别有用。

（1）图像质量分析

从直方图的分布形态上看，如果直方图的分布比较均匀，则对应图像的层次就比较分明，图像的辨识程度就比较高，从而图像的质量相对较高。若直方图的分布大部分集中在[0,255]区间的某一个子区间内，则说明图像可能曝光过度或者曝光严重不足，导致图像辨识度不够，从而图像的质量相对偏低。其中，若直方图集中在亮度值大的区域，则说明曝光过度，图像整体偏亮，比如图 7.2.1 中"最大值"对应的子图；否则就是曝光不足，图像整体偏暗。

基于式（7.1.1），可构造一个目标函数，寻找最佳的权重系数来生成灰度图像。比如，构建目标函数为最小化灰度均值，假设像素矩阵的行数和列数（即图像高和宽）分别为 H, W：

$$\min \quad f = \frac{1}{WH}(\sum_{i=1}^{H}\sum_{j=1}^{W}(\omega_R \text{Pixel}[i,j].R + \omega_G \text{Pixel}[i,j].G + \omega_B \text{Pixel}[i,j].B))$$
$$\text{s.t.} \begin{cases} \omega_R + \omega_G + \omega_B = 1 \\ 0 \leqslant \omega_R, \omega_G, \omega_B \leqslant 1 \end{cases} \tag{7.2.2}$$

程序 7.2.2 给出了"最佳"灰度图像的计算过程。

【程序 7.2.2】满足最小化灰度均值的"最佳"灰度图像

```
#基于程序 7.1.1 产生的数据
library(Rsolnp)
min_f=function(w)
{ gray=w[1]*jpg[,,1]+w[2]*jpg[,,2]+w[3]*jpg[,,3]; return(mean(as.vector(gray)*255)); }
eqfun=function(weight) sum(weight)
w_start=c(1/3,1/3,1/3)
sol=solnp(w_start,fun=min_f,eqfun=eqfun,eqB=c(1),LB=c(0,0,0),UB=c(1,1,1))
sol
```

执行上述代码输出的结果如下：

```
$pars
[1] 0.000000001157  0.999999621169  0.000000377673

$convergence
[1] 0

$values
[1] 128.22435   99.04198   99.04198   99.04198
```

根据程序 7.2.2 的输出结果，可得到最小化灰度均值的加权向量是(0,1,0)，对应的是图 7.2.1 中的"G 分量"灰度图像。虽然灰度均值最小，但是方差还是比较大的，所以灰度直方图的分布比较广，而且比较均匀，图像看起来不至于偏暗，反而亮度层次比较合理。

对比度衡量的是图像中从黑到白的渐变层次。对比度值越大，图像的渐变层次就越多，图像的色彩表现就越丰富。针对灰度图像而言，对比度越大，图像的亮度层次就越多，图像的视觉效果就越好。宽广的直方图说明图像的对比度比较大，狭窄的直方图说明图像的对比度比较小。下面，先了解对比度的几个计算公式，然后借助对比度来构建"最佳"的灰度图像。

设灰度图像对应的数字矩阵为 gray，其行数为 H，列数为 W，则像素点的个数为 $N = H \times W$。记灰度差分矩阵为 dgray，其行数为 $H-1$，列数为 $W-1$，其中，$\text{dgray}[i,j] = |\text{gray}[i+1,j+1] - \text{gray}[i,j]|$（$i=1 \to H-1, j=1 \to W-1$）。假设差值绝对值最大为 M，则其对应的直方图记为 Hist，它记录了 0 到 M 共 $M+1$ 个差分绝对值的频数。

算法 1 基于灰度直方图计算对比度。对比度

$$\text{contrast} = \sum_{i=1}^{M} i^2 \frac{\text{Hist}[i]}{N} \tag{7.2.3}$$

(i,j) 像素及其相邻的 8 个像素如表 7.2.1 所示。

表 7.2.1 (i,j) 像素及其相邻的 8 个像素

$i-1, j-1$	$i-1, j$	$i-1, j+1$
$i, j-1$	i, j	$i, j+1$
$i+1, j-1$	$i+1, j$	$i+1, j+1$

算法 2 基于表 7.2.1 中相邻的 4 个像素计算对比度。

将数字矩阵 gray 上下各增加一行，仍记为 gray，然后在新的 gray 左右各增加一列，形成新的灰度数字矩阵 gray，此时行、列数变为 $H+2$ 和 $W+2$，矩阵的下标从 1 开始，则对比度

$$\text{contrast} = \frac{1}{4N-2H-2W} \sum_{i=2}^{H+1} \sum_{j=2}^{W+1} \begin{bmatrix} (\text{gray}[i,j]-\text{gray}[i,j-1])^2 + \\ (\text{gray}[i,j]-\text{gray}[i,j+1])^2 + \\ (\text{gray}[i,j]-\text{gray}[i-1,j])^2 + \\ (\text{gray}[i,j]-\text{gray}[i+1,j])^2 \end{bmatrix} \quad (7.2.4)$$

其中，$4N-2H-2W$ 表示有效偏差平方项的个数。

算法 3 基于表 7.2.1 中相邻的 8 个像素计算对比度。

按照算法 2 的思路将数字矩阵 $\text{gray}_{H \times W}$ 变成 $\text{gray}_{(H+2) \times (W+2)}$，则有效的偏差平方项个数为 $N^* = 8N - 6H - 6W + 4$。对比度

$$\text{contrast} = \frac{1}{N^*} \left(\sum_{i=2}^{H+1} \sum_{j=2}^{W+1} \begin{bmatrix} (\text{gray}[i,j]-\text{gray}[i,j-1])^2 + \\ (\text{gray}[i,j]-\text{gray}[i,j+1])^2 + \\ (\text{gray}[i,j]-\text{gray}[i-1,j])^2 + \\ (\text{gray}[i,j]-\text{gray}[i+1,j])^2 + \\ (\text{gray}[i,j]-\text{gray}[i-1,j-1])^2 + \\ (\text{gray}[i,j]-\text{gray}[i-1,j+1])^2 + \\ (\text{gray}[i,j]-\text{gray}[i+1,j-1])^2 + \\ (\text{gray}[i,j]-\text{gray}[i+1,j+1])^2 \end{bmatrix} - \begin{pmatrix} \left(\sum_{i=2}^{H+1} 2*(\text{gray}[i,2]-\text{gray}[i-1,1])^2 + \\ 2*(\text{gray}[i,W+1]-\text{gray}[i-1,W+2])^2 \right) \\ + \left(\sum_{j=2}^{W+1} 2*(\text{gray}[2,j]-\text{gray}[1,j-1])^2 + \\ 2*(\text{gray}[H+1,j]-\text{gray}[H+2,j])^2 \right) \end{pmatrix} \right) \quad (7.2.5)$$

具体计算过程见程序 7.2.3，输出结果整理后如表 7.2.2 所示。

【程序 7.2.3】对比度算法

```
#基于程序7.1.1 产生的jpg和gray系列数据
#算法1
Get_dgray_contrast=function(gray)
{ dims=dim(gray); dgray=abs(gray[2:dims[1],2:dims[2]]-gray[1:(dims[1]-1),1:(dims[2]-1)])
  ht=table(round(as.vector(dgray*255)))
  levels=as.integer(names(ht))
  return(sum(levels^2*ht)/prod(dims))
}
#算法2 和算法3
Get_gray_constrast=function(gray,points=4)
{ dims=dim(gray); Ngray=rbind(gray[1,], gray,gray[dims[1],])    #增加第一行与最后一行
  Ngray=cbind(Ngray[,1],Ngray,Ngray[,dims[2]])                   #增加第一列与最后一列
  Ngray=Ngray*255                                                 #变成灰度值
  if (points==4) {    #算法2 没有多加一个平方
    Con=sum((Ngray[2:(dims[1]+1),2:(dims[2]+1)]-Ngray[1:dims[1],2:(dims[2]+1)])^2+
      (Ngray[2:(dims[1]+1),2:(dims[2]+1)]-Ngray[3:(dims[1]+2),2:(dims[2]+1)])^2+
      (Ngray[2:(dims[1]+1),2:(dims[2]+1)]-Ngray[2:(dims[1]+1),1:dims[2]])^2+
      (Ngray[2:(dims[1]+1),2:(dims[2]+1)]-Ngray[2:(dims[1]+1),3:(dims[2]+2)])^2);
    return(Con/(4*prod(dims)-2*dims[1]-2*dims[2]))
  }
  else  {            #算法3 四边元素每个多加了2个平方项
    Con= sum((Ngray[2:(dims[1]+1),2:(dims[2]+1)]-Ngray[1:dims[1],2:(dims[2]+1)])^2+
      (Ngray[2:(dims[1]+1),2:(dims[2]+1)]-Ngray[3:(dims[1]+2),2:(dims[2]+1)])^2+
      (Ngray[2:(dims[1]+1),2:(dims[2]+1)]-Ngray[2:(dims[1]+1),1:dims[2]])^2+
      (Ngray[2:(dims[1]+1),2:(dims[2]+1)]-Ngray[2:(dims[1]+1),3:(dims[2]+2)])^2+
      (Ngray[2:(dims[1]+1),2:(dims[2]+1)]-Ngray[1:dims[1],1:dims[2]])^2+
      (Ngray[2:(dims[1]+1),2:(dims[2]+1)]-Ngray[1:dims[1],3:(dims[2]+2)])^2+
      (Ngray[2:(dims[1]+1),2:(dims[2]+1)]-Ngray[3:(dims[1]+2),1:dims[2]])^2+
```

```
            (Ngray[2:(dims[1]+1),2:(dims[2]+1)]-Ngray[3:(dims[1]+2),3:(dims[2]+2)])^2)
        Con=Con-2*sum((Ngray[c(2,dims[1]+1),2:(dims[2]+1)]- Ngray[c(2,dims[1]+1),1:dims[2]])^2)-
2*sum((Ngray[2:(dims[1]+1),c(2,dims[2]+1)]- Ngray[1:dims[1],c(2,dims[2]+1)])^2)
        return(Con/(8*prod(dims)-6*dims[1]-6*dims[2]+4))
    }
}
Get_dgray_constrast(gray1)
Get_gray_constrast(gray1,4)
Get_gray_constrast(gray1,8)
#以此类推,可以将程序7.1.1的gray1到gray8代入三种算法
```

表7.2.2 对比度算法比较

算法	算术平均	最大值	最小值	G分量	几何平均	心理学	Adobe	调和平均
算法1	160.2056	164.4931	197.3760	224.6269	186.0025	182.3496	156.0263	211.8314
算法2	83.9954	84.6845	104.9565	114.6632	97.9790	93.4429	79.5876	111.8417
算法3	114.1378	115.0871	142.3152	157.3102	133.0572	127.8780	108.8349	151.9835

参照程序7.2.2的做法,可以构建基于对比度的非线性规划,得到所谓"最佳"权重的灰度图像,具体内容此处就不再赘述了。

(2)图像二值化

图像二值化是通过设定一个阈值(Threshold)将图像中的背景与前景分别变成白色与黑色的过程。利用灰度直方图信息可以构建实现二值化图像的阈值,这方面算法的研究成果很多,算法也比较成熟,而且有相当一部分算法借助了概率统计的思想,比如灰度均值法、双峰法、最大熵阈值法、P分位法、迭代法、OTSU二值化算法等。

此处,以灰度图像的均值与中位数构造二值化阈值,来生成二值化图像,公式为

$$\text{Threshold} = \frac{\text{mean} + \text{median}}{2} \quad (7.2.6)$$

其中,mean为灰度均值,median为灰度中位数。

下面基于程序7.1.1的数据,应用式(7.2.6)生成二值化阈值,实施图像二值化,具体代码见程序7.2.4,输出结果见图7.2.2。

【程序7.2.4】二值化图像

```
#基于程序7.1.1产生的jpg和8种算法的gray数据
Th_mean=function(gray)  (mean(gray)+ median(gray))/2
draw2pic=function(gray, threshold, main)
{ g=gray; g[gray[,]<=threshold]=0;  g[gray[,]>threshold]=1
    plot(c(0,wh[1]),c(0,wh[2]),type='n',xlab='',ylab='',main=main)
    rasterImage(g,0,0,wh[1],wh[2])
}
wh=dim(jpg)
op=par(mfrow=c(3,3))
plot(c(0,wh[1]),c(0,wh[2]),type='n',xlab='',ylab='',main='原图');
rasterImage(jpg,0,0,wh[1],wh[2])
th=Th_mean(gray1); draw2pic(gray1,th,'算术平均')
th=Th_mean(gray2); draw2pic(gray2,th,'最大值')
th=Th_mean(gray3); draw2pic(gray3,th,'最小值')
th=Th_mean(gray4); draw2pic(gray4,th,'G分量')
th=Th_mean(gray5); draw2pic(gray5,th,'几何平均')
th=Th_mean(gray6); draw2pic(gray6,th,'心理学')
th=Th_mean(gray7); draw2pic(gray7,th,'Adobe')
```

```
th=Th_mean(gray8);   draw2pic(gray8,th,'调和平均')
par(op)
```

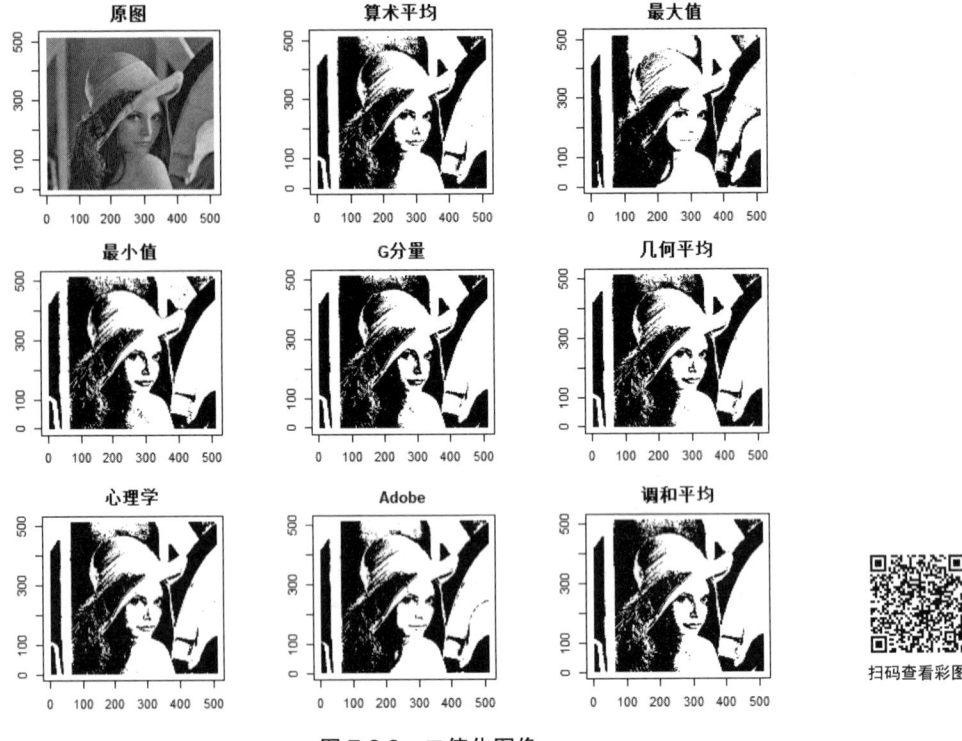

图 7.2.2　二值化图像

从图 7.2.2 可以看出，使用式（7.2.6）的整体效果还是不错的。

利用直方图还可以对图像进行很多操作，其中统计方法的使用也很广泛，下一节我们将探讨图像二值化方法中充分体现统计思想的 OTSU 二值化算法和 Kmeans 聚类二值化算法。

7.3　图像二值化方法

二值化图像是指只包含黑色和白色两种灰度值的图像，而生成二值化图像的方法称为图像二值化方法。图像二值化通常是先将图像转化成灰度图像，然后通过一定算法确定一个合适的阈值，将不高于阈值的图像灰度设置成 0（黑色），而将高于灰度阈值的图像灰度设置成 255（白色），从而将图像转化成二值化图像。因为二值化图像的应用非常广泛，所以对图像二值化方法的研究成果非常丰富。

本节主要介绍统计色彩浓厚的两种图像二值化方法：OTSU 二值化算法和 Kmeans 聚类二值化算法。

7.3.1　OTSU 二值化算法

OTSU 二值化算法又称为最大化类间方差法，它是由日本学者大津展之（Nobuyuki Otsu，见图 7.3.1）于 1979 年基于灰度直方图提出的一种自适应获取全局二值化阈值的计算方法。通常，OTSU 二值化算法被认为是图像分割中阈值选取的最佳算法。

图 7.3.1　大津展之（1947—）

假定一幅灰度图像能够根据阈值将前景区与背景区一分为二，该算法通过阈值将灰度直方图划分为前景和背景两类，分别计算两类的灰度均值，进而构造两类之间的离差平方和并使之最大化，从而确定最佳阈值。该算法保证所区分的两个类别之间的灰度量级差异最大，在思想上应用了聚类思想，即内聚外散。

假定图像的灰度量级为 0 到 255，图像的像素点总数为 N。图像对应的灰度直方图频率为 H，为便于讨论，假设它是一个长度为 256 的一维数组，记录了对应灰度量级的频率（即像素占比），数组的下标从 0 开始。目标是找到一个最佳阈值 $T \in [0, 255]$，将图像划分为前景 C_0 和背景 C_1，即将灰度量级介于 $[0, T]$ 的全部置为黑、灰度量级介于 $[T+1, 255]$ 的全部置为白，从而实现二值化。下面给出具体的推导与算法步骤。

步骤 1 基于阈值构造类间离差平方和。

计算灰度量级 i 对应的频率（当作概率）：$p_i = H_i = P$（灰度级），$i = 0, 1, \cdots, 255$；

计算前景的像素比例（前景概率）：$\omega_0 = P(C_0) = \sum_{i=0}^{T} H_i$；

计算背景的像素比例（背景概率）：$\omega_1 = P(C_1) = \sum_{i=T+1}^{255} H_i = 1 - \omega_0$；

计算前景的灰度均值：$\mu_0 = \sum_{i=0}^{T} i \cdot P(i|C_0) = \sum_{i=0}^{T} i \cdot p_i / \omega_0 = \frac{1}{\omega_0} \sum_{i=0}^{T} i \cdot H_i$；

计算背景的灰度均值：$\mu_1 = \sum_{i=T+1}^{255} i \cdot P(i|C_1) = \sum_{i=T+1}^{255} i \cdot p_i / \omega_1 = \frac{1}{\omega_1} \sum_{i=T+1}^{255} i \cdot H_i$；

计算总的灰度均值：$\mu = \sum_{i=0}^{255} i \cdot H_i = \omega_0 \mu_0 + \omega_1 \mu_1$。

其中，μ，ω_0，μ_0，ω_1，μ_1 都是阈值 T 的函数，且有 $1 = \omega_0 + \omega_1$，$\mu = \omega_0 \mu_0 + \omega_1 \mu_1$。若将 μ_0，μ_1 视作随机变量 μ_* 的取值，且 $P(\mu_* = \mu_0) = P(C_0) = \omega_0$，$P(\mu_* = \mu_1) = P(C_1) = \omega_1$，$E(\mu_*) = \mu$，则表征随机变量离散程度的方差 $D(\mu_*)$ 等于

$$\omega_0 (\mu_0 - \mu)^2 + \omega_1 (\mu_1 - \mu)^2 \tag{7.3.1}$$

因此，为区分前景 C_0 和背景 C_1，由式（7.3.1）可构造表示两类间差异程度的函数 $L(T)$：

$$\begin{aligned} L(T) &= \omega_0 (\mu_0 - \mu)^2 + \omega_1 (\mu_1 - \mu)^2 = \omega_0 (\mu_0 - \omega_0 \mu_0 - \omega_1 \mu_1)^2 + \omega_1 (\mu_1 - \omega_0 \mu_0 - \omega_1 \mu_1)^2 \\ &= \omega_0 (\mu_0 (1 - \omega_0) - \omega_1 \mu_1)^2 + \omega_1 (\mu_1 (1 - \omega_1) - \omega_0 \mu_0)^2 \\ &= \omega_0 (\mu_0 \omega_1 - \omega_1 \mu_1)^2 + \omega_1 (\mu_1 \omega_0 - \omega_0 \mu_0)^2 = \omega_0 \omega_1 (\omega_0 + \omega_1)(\mu_0 - \mu_1)^2 \\ &= \omega_0 \omega_1 (\mu_0 - \mu_1)^2 \end{aligned}$$

步骤 2 让阈值 T 从 0 到 255 遍历直方图的所有灰度量级，找出最大的 $L(T)$ 及对应的 T。

步骤 3 实施二值化，具体过程见程序 7.3.1，输出结果整理后如表 7.3.1 所示。

【程序 7.3.1】OTSU 二值化算法

```
#基于程序7.1.1产生的jpg和8种算法的gray数据以及程序7.2.4的draw2pic函数
OTSU_threshold=function(gray)
{ N=prod(dim(gray));    H=table(round(as.vector(gray)*255))/N
  Levels=as.integer(names(H));    Levels_N=length(Levels)
  Threshold=numeric(Levels_N)
  for(i in 1:(Levels_N-1))
  { w0=sum(H[1:i]);    w1=1-w0;    u0=sum(Levels[1:i]*H[1:i])/w0
```

```
        u1=sum(Levels[(i+1):Levels_N]*H[(i+1):Levels_N])/w1
        Threshold[i]=w0*w1*(u0-u1)^2
    }
    Max_i=which.max(Threshold);    Max=Levels[Max_i]
    list(otsu=Max, otsu_index=Max_i, levels=Levels, threshold=Threshold)
}
wh=dim(jpg)
op=par(mfrow=c(3,3))
plot(c(0,wh[1]),c(0,wh[2]),type='n',xlab='',ylab='',main='原图');
rasterImage(jpg,0,0,wh[1],wh[2])
(th=OTSU_threshold(gray1)$otsu);    draw2pic(gray1,th/255,'算术平均')
(th=OTSU_threshold(gray2)$otsu);    draw2pic(gray2,th/255,'最大值')
(th=OTSU_threshold(gray3)$otsu);    draw2pic(gray3,th/255,'最小值')
(th=OTSU_threshold(gray4)$otsu);    draw2pic(gray4,th/255,'G 分量')
(th=OTSU_threshold(gray5)$otsu);    draw2pic(gray5,th/255,'几何平均')
(th=OTSU_threshold(gray6)$otsu);    draw2pic(gray6,th/255,'心理学')
(th=OTSU_threshold(gray7)$otsu);    draw2pic(gray7,th/255,'Adobe')
(th=OTSU_threshold(gray8)$otsu);    draw2pic(gray8,th/255,'调和平均')
par(op)
```

表 7.3.1　8 种算法的 OTSU 阈值（结合表 7.1.3 的数字特征）

算法	算术平均	最大值	最小值	G 分量	几何平均	心理学	Adobe	调和平均
OTSU	121	160	86	101	115	117	124	110
均值	128.2226	180.3861	91.7783	99.0420	121.5455	124.0424	132.0579	115.7194
中位数	133	196	95	97	125	129	139	118

从表 7.3.1 可以看出，除了"G 分量"外，OTSU 二值化算法产生的最佳阈值都比灰度均值和灰度中位数低。下面将 OTSU 二值化算法得到的阈值叠加到灰度直方图（图 7.2.1）中，如图 7.3.2 和图 7.3.3 所示。

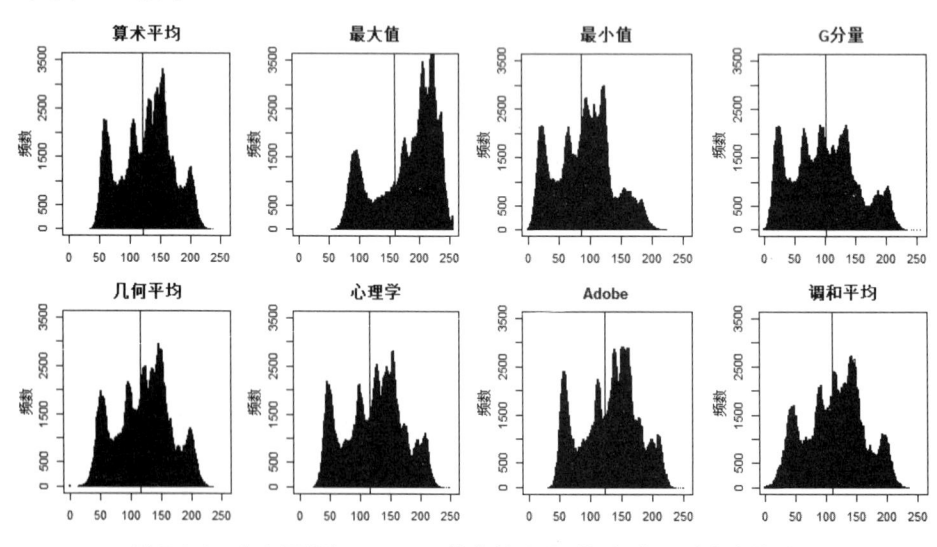

图 7.3.2　直方图叠加 OTSU 二值化算法得到的阈值（垂直直线处）

从图 7.3.2 可以看出，基于"最大值"的 OTSU 二值化图像效果最差，基于 G 分量的 OTSU 二值化图像效果也比较差，因为图像中的人物脸型变化太大，其他的几种算法效果相差不大。

OTSU 二值化算法的优点是基于统计思想，实现简单。从构造过程看，当前景与背景的面积相差不大时，能够有效地对图像进行二值化分割。但是，当图像中前景与背景的面积相差很大时，表现为直方图没有明显的双峰或者双峰的大小相差很大，分割效果不佳；当前景与背景的灰度值有较大的重叠时，也无法有效地区分前景与背景。导致这种现象出现的根本原因在于：灰度直方图本身只有量级的频数大小信息而没有量级的所在空间位置信息，而 OTSU 二值化算法完全基于灰度直方图，因此对噪声也相当敏感。

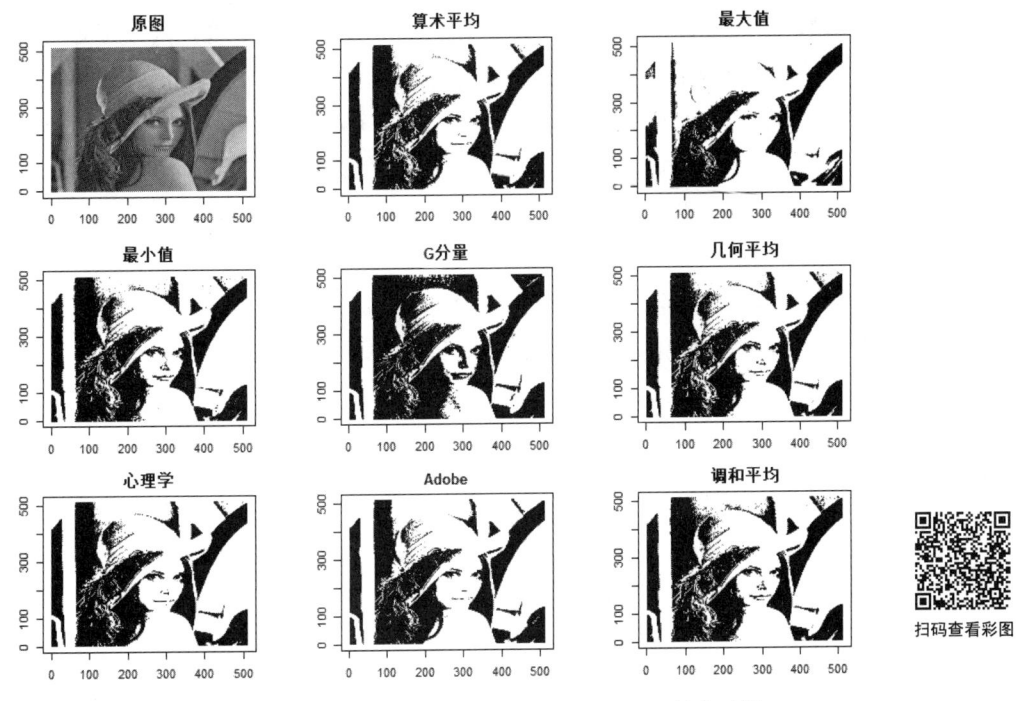

图 7.3.3 8 种灰度化算法基于 OTSU 思想的二值化比较

其实，OTSU 二值化算法的思想本质上与有序样品的二分法是一致的，也是内聚外散的聚类思想，即每类与类均值的偏差平方和（组内离差平方和）达到最小，类间的偏差平方和（组间离差平方和）达到最大，也等价于组内离差平方和与组间离差平方和之比达到最小。它们可通过等式"组内离差平方和+组间离差平方和=总离差平方和"推导出来。

7.3.2 Kmeans 聚类二值化算法

Kmeans 聚类算法是一种简单快速的聚类算法，通常作为精细化分类研究的前奏，有助于发现数据的分类规律。它通过选取适当的聚类个数 k，将数据合理分类后再研究分类数据的特点，从而实现对数据的预处理功能。该算法具有合理性、便利性和快速性，广泛应用于生物学、Web 文档分类、模式识别、图像处理等领域。

Kmeans 聚类算法的步骤如下：

步骤 1 在样本中随机选取 k 个样本点作为初始中心点（向量）；

步骤 2 遍历所有样本点，计算样本到中心的某种距离，将每个样本点划分到距离最近的中心点（向量），即聚类；

步骤 3 计算每个中心（向量）的平均值，将其作为新的聚类中心点（向量）；

步骤 4 重复步骤 2 和步骤 3，直到 k 个中心点（向量）不再变化（即迭代收敛）。为避免可能存在的迭代不收敛情况，可以设置一个迭代上限。

如果在步骤 1 中选择的初始中心点接近或者就是最终的聚类中心点，则 Kmeans 聚类算法的迭代收敛将非常快。但是，如果初始中心点选择得不好，则可能会导致无法收敛或者分类效果不好。另外，Kmeans 聚类算法的每一次迭代都需要重新遍历计算，特别是对于大样本数据，其计算量是不容忽视的。

对于灰度图像，当选择 $k=2$ 时，Kmeans 聚类算法将实现二值化图像，具体的操作步骤如下：

步骤 1　按照某种灰度化方法得到彩色图像（宽为 W、高为 H）的灰度图像 gray（数字矩阵）；

步骤 2　将数字矩阵 gray 转化成一维数组，仍然记为 gray；

步骤 3　对一维数组 gray 实施 $k=2$ 的 Kmeans 聚类，得到二维聚类中心向量 centers；

步骤 4　将 gray 中值不超过 centers 向量均值的全部设置成 0，其他设置成 1，实现二值化过程；

步骤 5　重新将 gray 变成数字矩阵，并绘制该二值化图像。

在 R 软件中，使用 kmeans 函数完成 Kmeans 聚类，该函数的主要参数包括：

➢ x　一维数组、矩阵或数据框，表示待聚类数据；

➢ centers　聚类中心的个数或者表示聚类中心一维数组；

➢ iter.max　迭代上限。

该函数返回 Kmeans 对象，包括 cluster（分类结果）、centers（聚类中心）、totss（总平方和）、withinss（组内平方和）、betweenss（组间平方和）等。通过 betweenss/totss 可以得到分类效果的评价。具体过程如程序 7.3.2 所示，输出结果见图 7.3.4。

【程序 7.3.2】Kmeans 二值化过程

```
library(jpeg);
jpg=readJPEG('lena.jpg');        wh=dim(jpg)
op=par(mfrow=c(1,3));            #划分成 1 行 3 列绘图区域
plot(c(0,wh[1]),c(0,wh[2]),type='n',xlab='',ylab='',main='原图')    #第 1 列绘制原图
rasterImage(jpg,0,0,wh[1],wh[2])
gray=(0.299*jpg[,,1]+0.587*jpg[,,2]+0.114*jpg[,,3])                 #心理学灰度图像
plot(c(0,wh[1]),c(0,wh[2]),type='n',xlab='',ylab='',main='心理学灰度')  #第 2 列绘制灰度图
rasterImage(gray,0,0,wh[1],wh[2])
gray=as.vector(gray)                #按列序转化成一维数组
a=kmeans(gray,2)                    #实施 Kmeans 聚类
#以下三种方式都可以进行二值化
gray[gray<=mean(a$centers)]=0;gray[gray>mean(a$centers)]=1
#gray[a$cluster==1]=0;    gray[a$cluster==2]=1
#gray=a$cluster-1
gray=matrix(gray, nrow=wh[1])       #按列序转化成矩阵
plot(c(0,wh[1]),c(0,wh[2]),type='n',xlab='',ylab='',main='Kmeans 二值化')
rasterImage(gray,0,0,wh[1],wh[2])   #第 3 列绘制二值化图像
par(op)
a$centers;   a$betweenss/a$totss    #显示聚类中心和分类效果评价指标
```

执行上述代码输出的结果如下：

第 1 类中心 0.2998995，　　第 2 类中心　0.6184353
分类效果指标：0.6993463

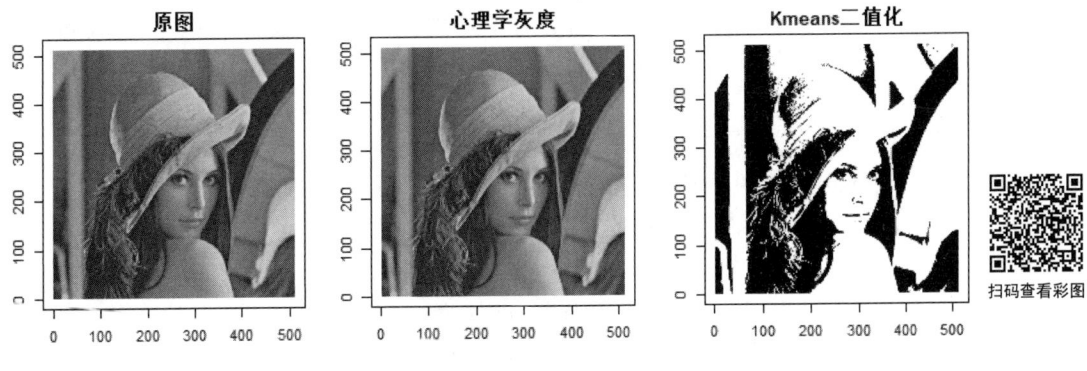

图 7.3.4 Kmeans 聚类二值化图像

从 Kmeans 聚类效果图看，该算法作为图像二值化方法还是不错的。实际上，基于 Kmeans 聚类思想，不但可以实现图像二值化，还可以针对图像的 RGB 三色分别实施 Kmeans 聚类，实现不同颜色分量的图像分割应用等功能。

7.4 图像匹配

图像匹配（Image Matching），指的是通过对图像内容、特征、结构、关系、纹理及灰度等的对应关系进行相似性和一致性分析，寻求相似图像目标的一种方法。常见的图像匹配方法有两大类：特征匹配法和灰度匹配法。特征匹配法的主要思想是在两幅原始图像中提取特征，然后建立两幅图像之间特征的匹配对应关系。灰度匹配法通常也称为相关匹配算法，主要思想在于构造空间二维滑动模板并应用相关准则进行图像匹配。

假设有两幅图像 A 和 B，图像 A 是源图，图像 B 是目标图，此处规定两种匹配应用：一种是图像 A 与图像 B 匹配，另一种是图像 A 与图像 B 中的子图匹配。第一种应用中常要求图像 A 和图像 B 的尺寸相同，第二种应用中要求图像 A 在宽、高两个方向上不大于图像 B。

定义 7.4.1 图像相似度是用来描述两幅图像相似程度的数字特征，记为 R_{AB}，取值范围为 [-1,1]，该值越接近 1，则图像越相似；若 $R_{AB}=1$，则图像 A 和图像 B 完全相似（可认为相同）；该值越接近 0，甚至比 0 小，则图像越不相似。在一定程度上，可以将相似度与随机变量间的相关系数或一致性建立联系，只是对其解读方式不同而已。

根据式（7.1.1）和式（7.2.1），记图像 A 和图像 B 的灰度图矩阵和灰度频率直方图分别为 gray_A，Hist_A，gray_B 和 Hist_B，图像的宽度和高度分别为 W_A，H_A，W_B，H_B。下面给出图象匹配的 3 种模型。

图像匹配模型 1：相关系数法

一幅图像对应唯一的灰度直方图，但是同一个直方图却可以对应不同的图像，即图像与灰度直方图之间不是一一对应的关系。在一定的应用场合下，基于灰度直方图的相关系数，可以快速实现图像的匹配搜索与相似识别。该相关系数定义为

$$R_{AB} = \frac{\sum_{i=0}^{255}(\text{Hist}_A(i) - \overline{\text{Hist}_A})(\text{Hist}_B(i) - \overline{\text{Hist}_B})}{\sqrt{\sum_{i=0}^{255}(\text{Hist}_A(i) - \overline{\text{Hist}_A})^2}\sqrt{\sum_{i=0}^{255}(\text{Hist}_B(i) - \overline{\text{Hist}_B})^2}} \quad (7.4.1)$$

其中，$\overline{\text{Hist}_A}$ 和 $\overline{\text{Hist}_B}$ 分别表示直方图 Hist_A 和直方图 Hist_B 的均值，R_{AB} 是 Hist_A 和 Hist_B 两个直方图的相关系数。该模型利用相关系数的大小表示两幅图像的相似度，从而实现匹配图像，其优点可以总结如下：

（1）每幅图像由一个长度为 256 的向量构成特征向量。

（2）支持不同尺寸的全图匹配，特别是等比例缩放的图像。

（3）支持等尺寸或不等尺寸的子图匹配。

将经典图像 LENA（512 像素×512 像素）缩放至 256 像素×256 像素，采用式（7.1.1）进行灰度化，然后利用式（7.2.1）进行灰度频数直方图计算，最后用式（7.4.1）计算相似度，得到 $R_{AB}=0.992846$。通过绘制两个图像的灰度频率直方图，发现相似度非常高。上述过程见程序 7.4.1，输出结果见图 7.4.1。

【程序 7.4.1】直方图匹配法

```
Get_hist=function(jpgname)    #确保得到的是 256 个元素的向量
{   jpg=readJPEG(jpgname);
    gray= round(255*(0.299*jpg[,,1]+0.587*jpg[,,2]+0.114*jpg[,,3]))
    gray=table(gray);   Hist=numeric(256);   names(Hist)=paste(1:256)
    Hist[names(gray)]=gray/sum(gray)
    return(Hist)
}
Hist1=Get_hist('lena.jpg')
Hist2=Get_hist('lena_256.jpg')
cor(Hist1,Hist2)
par(mfrow=c(1,2));
plot(Hist1,type='l',xlab='256 个量级')
plot(Hist2,type='l',xlab='256 个量级')
```

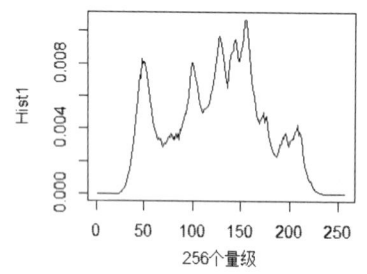

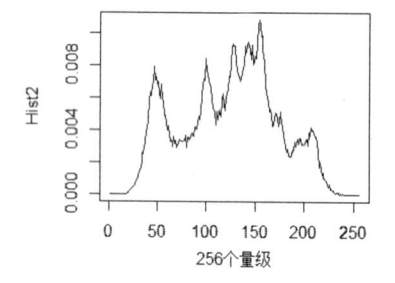

图 7.4.1 灰度直方图

由于不同的图像内容可以得到相同或极其相近的灰度直方图，会导致上述模型失效，为了提高模型的内容匹配精度，可以对图像分块进行直方图匹配，再综合分析相似度，比如，将多个块的相似度相乘得到总的相似度。该模型的缺点主要集中在它只用了图像色彩的数量分布信息，而没有考虑其空间分布信息。在图像灰度化和直方图化的过程中，算法的计算量同图像的尺寸成正比，但相似度的计算量基本上是固定的。因此，如果提前将图像的灰度直方图向量作为特征记录下来，可以较好地实现大批量图像的快速检索。

图像匹配模型 2：距离法

该模型基于等尺寸的两幅图像灰度值之间的某种距离来构造相似度，从而实现基于距离的图像匹配。这些距离的设计也吻合基本的统计思想，统一形式如下：

$$R_{AB}=1-\frac{1}{WH}\sum_{i=1}^{H}\sum_{j=1}^{W}|\text{gray}_A(i,j)-\text{gray}_B(i,j)|^p, p>0$$

若 $p=1$，则称为平均绝对差（Mean Absolute Differences，MAD）算法；若 $p=2$，则称为平均误差平方和（Mean Square Differences，MSD）算法，也称为均方差算法。该模型应用在图像匹配上精度较高，思路简单，易于实现。但是，它比较容易受到噪声影响，且由于计算量大，在大规模图像匹配中不具有优势。

截取经典图像 LENA 的眼部形成源图（尺寸为 120 像素×60 像素），而 LENA 图（尺寸为 512 像素×512 像素）为目标图，尝试在目标图中找出源图所在的位置，即实现子图匹配。实现过程如程序 7.4.2 所示，所提取子图见图 7.4.2。

【程序 7.4.2】子图匹配

```
Get_gray=function(jpgname)                #转化成灰度图
{  jpg=readJPEG(jpgname)
   gray= 0.299*jpg[,,1]+0.587*jpg[,,2]+0.114*jpg[,,3]
   return(gray)
}
Get_Rij=function(gray1,gray2, i, j,p=1)   #匹配 gray1 和 gray2 左上角(i,j)→(i+h-1,j+w-1)子图
{  w=ncol(gray1);    h=nrow(gray1)
   gray=gray2[i:(i+h-1),j:(j+w-1)]
   S=1-sum(abs(gray1-gray)^p)/(w*h)
   return(S)
}
gray1=Get_gray('lena_120_60.jpg');    gray2=Get_gray('lena.jpg')
newW=ncol(gray2)-ncol(gray1)+1;       newH=nrow(gray2)-nrow(gray1)+1
R=matrix(0,nrow=newH,ncol=newW)       #从左上角到右下角记录每个坐标位置的匹配相似度
for(i in 1:newH)                      #需要耗费较长时间
  for(j in 1:newW)
    R[i,j]=Get_Rij(gray1,gray2,i,j)
which(R==max(R), arr.ind=TRUE)        #找出相似度最大的坐标起点
```

图 7.4.2 LENA 图和眼部子图（从行 232、列 242 开始截取高 60 像素、宽 120 像素的区域）

当 $p=1$ 时，$\max(R) = 0.9956011$，坐标 row = 232，col = 242；当 $p=2$ 时，$\max(R) = 0.9999657$，坐标 row = 232，col = 242。这两个算法得到的结果是一致的。

图像匹配模型 3：感知哈希算法

哈希算法是一种流行的数据降维方法，主要思想是将任意长度的输入映射成一串固定长度

的二进制哈希码，然后借助汉明距离来度量二进制哈希码之间的相似度。比如，应用在图像匹配上，可以度量图像之间的语义相似度。

感知哈希算法（Perceptual Hash Algorithm）是一类哈希算法的总称，它对每幅图像生成一个"指纹"字符串（即哈希串），然后比较不同图像的"指纹"字符串来实现图像匹配。两个"指纹"字符串越接近，说明图像越相似。该算法由 Neal Krawetz 博士提出。

该算法非常适合缩略图的匹配，Google 的图像搜索采用的就是感知哈希算法。这个算法的实现原理已经广为传播，主要有以下几个步骤：

步骤 1 缩小图像尺寸到 8 像素×8 像素，即只有 64 像素，去除细节，只保留结构、明暗的基本信息，如图 7.4.3 所示。

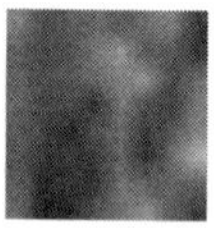

图 7.4.3 缩放到 8 像素×8 像素的 LENA 图（此处放大 8 倍显示）

步骤 2 简化色彩，将上述缩略图转化成灰度图 gray。

步骤 3 计算灰度均值，即计算 64 灰度像素的均值 $\overline{gray}$。

步骤 4 生成哈希字符串，将 64 灰度像素与灰度均值比较，大于或等于均值的记为 1，否则记为 0，按照确定的顺序形成由 64 个 0 或 1 组成的字符串，这就是所谓的"指纹"字符串。

步骤 5 计算相似度 $R_{AB}=1-\dfrac{HD_{AB}}{64}$；或者使用汉明距离（Hamming Distance），记为 HD_{AB}。

所谓汉明距离 HD_{AB}，就是两个"指纹"字符串之间不相同的字符个数。如果 HD_{AB} 不超过 5，说明两幅图片很相似；如果 HD_{AB} 大于 10，则说明它们是两幅不同的图片。因此，必须确保 $R_{AB} \geq 0.921875$（对应于 $HD_{AB} \leq 5$）；而当 $HD_{AB} \geq 10$ 时，$R_{AB} \leq 0.84375$。

由于每幅图像对应一个 64 位的"指纹"字符串，存储上只需要 8 字节，非常节省空间；另外，计算相似度只需要比较两个 64 位的字符串的不同字符个数，计算量非常小；因此该算法非常适合海量图像的检索与匹配。

下面使用程序包 magick 对图像进行操作，实现感知哈希算法中哈希串的计算，具体过程如程序 7.4.3 所示。

【程序 7.4.3】感知哈希算法

```
install.packages('magick');    library(magick)
Get_Hash=function(jpgname)
{   jpg=image_read(jpgname)                    #读取图像
    jpg=image_scale(jpg, '8x8')                #缩放图像成 8 像素×8 像素
    jpg=as.integer(image_data(jpg))            #提取图像数据并将其转化成整数 8×8×3 的三维数组
    gray=as.vector( 0.299*jpg[,,1]+0.587*jpg[,,2]+0.114*jpg[,,3])   #灰度化
    mean_gray=mean(gray);    hash=numeric(64);    hash[gray>=mean_gray]=1
    return(hash)
}
Get_Hash('lena.jpg')
```

执行上述代码输出的结果如下：

[1]1111101100000001010000011100000111111110110011100011100011110

为什么 HD_{AB} 不超过 5 时两幅图像相似，而 HD_{AB} 大于 10 时两幅图像不同呢？这个问题值

得进一步探索。

7.5 图像特征提取

要想对图像进行快速的识别或分类，就需要对图像的特征进行定义与提取，形成类似于 7.4 节的哈希串那样的"指纹"字符串，然后对特征进行学习或进一步的处理，以便形成一种模式。图像有纹理、边缘、颜色、形状等特征，如何提取并量化图像特征，是一项极富创造力的工作，也是决定图像处理效果的关键一环。

本节通过方向梯度直方图展示对图像边缘特征的描述。在本节中，将再次看到直方图工具的深度应用。

7.5.1 梯度方向直方图

梯度方向直方图（Histogram of Oriented Gradient，HOG）通过计算和统计图像局部区域的梯度方向的直方图来构成图像特征，可以用来进行物体检测，特别是行人检测。Navneet Dalal 和 Bill Triggs 在论文 "Histograms of Oriented Gradients for Human Detection" 中阐述了梯度方向直方图在行人检测方面的突出效果。

对于二维函数 $g(x,y)$，其梯度就是该函数在 x 和 y 两个方向上的偏导数构成的向量 $(g_x(x,y), g_y(x,y))$，该向量可通过幅值 g 和角度 θ 加以表示，具体如图 7.5.1 所示。

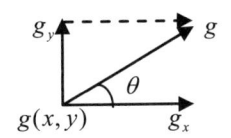

图 7.5.1 梯度示意图

$$g = \sqrt{g_x^2(x,y) + g_y^2(x,y)}, \quad \theta = \arctan\frac{g_y(x,y)}{g_x(x,y)} \tag{7.5.1}$$

对图像而言，可将其看成二维离散函数 $g(x,y)$ 指向坐标 (x,y) 处的颜色或灰度。考虑到图像最小的变化单位为 1 像素，则图像的梯度构成为：

$$\begin{aligned} g_x(x,y) &= g(x+1,y) - g(x,y) \quad \text{或者} \quad [g(x+1,y) - g(x-1,y)]/2 \\ g_y(x,y) &= g(x,y+1) - g(x,y) \quad \text{或者} \quad [g(x,y+1) - g(x,y-1)]/2 \end{aligned} \tag{7.5.2}$$

图像的边缘一般都是通过对图像进行梯度运算来实现的，它的作用是加强边缘特征。先对角度的范围进行限定，比如取 $[0,2\pi]$ 或 $[0,\pi]$，然后将其等分成 m 个区间（常用 9 个区间）。提取一个图像单元（比如 8 像素×8 像素），并将单元中的所有图像点 $g(x,y)$ 的梯度按照角度范围进行幅值的统计，形成不同角度区间的幅值直方图，即梯度方向直方图。

7.5.2 图像 HOG 计算

下面给出图像 HOG 计算的步骤，以便实现图像特征的 HOG 表示：

步骤 1 将整个图像或者图像中感兴趣的矩形图像块缩放到 64 像素×128 像素，形成样本图像；计算每个像素点的灰度值以及梯度 (g_{ij}, θ_{ij})（$i = 1, 2, \cdots, 128$，$j = 1, 2, \cdots, 64$）；

步骤 2　将样本图像按照 8 像素×8 像素为一个单元（Cell）切割成横向长为 8 个单元、纵向长为 16 个单元的网格；

步骤 3　将梯度角度的取值区间 $[0,\pi]$ 等分成 9 个容器区间（Bin），将每个单元中的 8 像素×8 像素（64 像素）的梯度幅值依据角度所属区间投入 9 个容器区间之一进行幅值累加统计，然后按顺序拼成长度为 9 的单元直方图特征（长度为 9 的一维数组）；

步骤 4　以 2×2 个相邻单元构成一个方块（Block），以单元为最小单位，从左到右滑动方块窗口可形成有重叠的 7 个横向方块，从上到下纵向滑动则会形成 15 个纵向方块，整个图像将产生 105 个方块；

步骤 5　将方块中的每个单元中长度为 9 的单元直方图特征按行序依次拼接，形成长度为 36 的方块直方图特征（以长度为 36 的一维数组表示）；

步骤 6　将 105 个方块直方图特征按行序拼接，形成长度为 $105\times 36=3780$ 的样本图像直方图特征（长度为 3780 的一维数组）。至此，每一幅图像就都与其直方图特征对应了。

上述过程的示意图如图 7.5.2 所示，计算过程见程序 7.5.1。

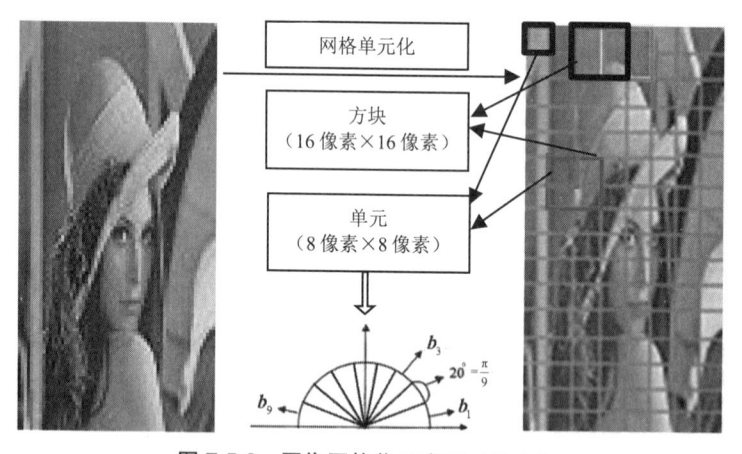

图 7.5.2　图像网格化示意图（放大）

【程序 7.5.1】计算图像中第一个 8 像素×8 像素的单元的梯度

```
library(magick)
Get_gray=function(jpgname)
{  jpg=image_read(jpgname)            #读取图像
   jpg=image_scale(jpg, '64x128!')    #缩放图像到 64 像素×128 像素
   jpg=as.integer(image_data(jpg))    #提取图像数据并将其转化成 64×128×3 的三维数组
   gray= trunc(0.299*jpg[,,1]+0.587*jpg[,,2]+0.114*jpg[,,3])   #灰度化
   return(gray)
}
gray=Get_gray('lena.jpg')
a=gray[1:8,2:9]-gray[1:8,1:8]         #x 方向
b=gray[2:9,1:8]-gray[1:8,1:8]         #y 方向
g=round(sqrt(a^2+b^2))                #梯度幅值 g
theta= atan(b/(a+1e-6))*2/pi*90       #梯度角度 theta，避免分母为 0
theta[theta<0]=180+theta[theta<0];  theta=round(theta)

bins=seq(0,180,by=20)                 #分成 9 个容器区间
add.hist=function(g,theta,bins)       #按角度 theta 分配幅值 g 到 9 个容器区间中
{  a=as.integer(cut(theta,breaks=bins));  a[is.na(a)]=1   #得到所在区间，并处理 0 变成 NA 的情况
   hist=numeric(9)
```

```
    for(i in 1: length(theta))
    { dx1=theta[i]-bins[a[i]];   bili1=1-dx1/20;   bili2=dx1/20   #按比例加权分配幅值
      hist[a[i]]=hist[a[i]]+bili1*g[i]
      if(a[i]==9)   hist[1]=hist[1]+bili2*g[i]         #区间头尾衔接，180 与 0 等价
      else    hist[a[i]+1]=hist[a[i]+1]+bili2*g[i]     #否则在相邻区间进行分配
    }
    return(hist)
}
add.hist(g,theta,bins)

gray[1:8,1:8]        #输出下面第 1 个矩阵
gray[1:8,2:9]        #输出下面第 2 个矩阵
gray[2:9,1:8]        #输出下面第 3 个矩阵
gray[2:9,2:9]        #输出下面第 4 个矩阵
g                    #输出下面第 5 个矩阵
theta                #输出下面第 6 个矩阵
```

执行上述代码的输出结果如下：

```
     [,1] [,2] [,3] [,4] [,5] [,6] [,7] [,8]
[1,] 160  160  157  155  160  169  167  133
[2,] 159  156  154  154  158  170  166  130
[3,] 156  157  156  153  159  169  164  128
[4,] 157  156  156  154  163  169  161  126
[5,] 155  156  156  156  165  165  159  127
[6,] 155  157  156  157  165  162  158  130
[7,] 156  158  157  161  166  159  158  127
[8,] 157  158  160  166  166  158  160  127

     [,1] [,2] [,3] [,4] [,5] [,6] [,7] [,8]
[1,] 160  157  155  160  169  167  133  94
[2,] 156  154  154  158  170  166  130  93
[3,] 157  156  153  159  169  164  128  91
[4,] 156  156  154  163  169  161  126  92
[5,] 156  156  156  165  165  159  127  91
[6,] 157  156  157  165  162  158  130  93
[7,] 158  157  161  166  159  158  127  89
[8,] 158  160  166  166  158  160  127  90

     [,1] [,2] [,3] [,4] [,5] [,6] [,7] [,8]
[1,] 159  156  154  154  158  170  166  130
[2,] 156  157  156  153  159  169  164  128
[3,] 157  156  156  154  163  169  161  126
[4,] 155  156  156  156  165  165  159  127
[5,] 155  157  156  157  165  162  158  130
[6,] 156  158  157  161  166  159  158  127
[7,] 157  158  160  166  166  158  160  127
[8,] 157  159  162  168  165  158  159  127

     [,1] [,2] [,3] [,4] [,5] [,6] [,7] [,8]
[1,] 156  154  154  158  170  166  130  93
[2,] 157  156  153  159  169  164  128  91
[3,] 156  156  154  163  169  161  126  92
[4,] 156  156  156  165  165  159  127  91
[5,] 157  156  157  165  162  158  130  93
[6,] 158  157  161  166  159  158  127  89
[7,] 158  160  166  166  158  160  127  90
```

```
[8,]  159  162  168  165  158  159  127   91

      [,1] [,2] [,3] [,4] [,5] [,6] [,7] [,8]
[1,]    1    5    4    5    9    2   34   39
[2,]    4    2    2    4   12    4   36   37
[3,]    1    1    3    6   11    5   36   37
[4,]    2    0    2    9    6    9   35   34
[5,]    1    1    0    9    0    7   32   36
[6,]    2    1    1    9    3    5   28   37
[7,]    2    1    5    7    7    1   31   38
[8,]    1    2    6    2    8    2   33   37

      [,1] [,2] [,3] [,4] [,5] [,6] [,7] [,8]
[1,]   90   53   56  169  167  153    2    4
[2,]   45  153   90  166    5   14    3    3
[3,]   45   45    0    9   22    0    5    3
[4,]   63    0    0   13   18   27    3  178
[5,]    0   90    0    6    0   27    2  175
[6,]   27  135   45   27  162   37    0    5
[7,]   27    0   37   45    0   45  176    0
[8,]    0   27   18   90    7    0    2    0
```

将[0,180]的角度区间等分成 9 个子区间，以每个子区间的左侧值为刻度，并按刻度从小到大依次赋予区间号为 1~9，具体如表 7.5.1 所示。

表 7.5.1 幅值区间分配

刻度	0	20	40	60	80	100	120	140	160
区间号	1	2	3	4	5	6	7	8	9

对于输出的幅值矩阵 g（第 5 个矩阵）和角度矩阵 theta（第 6 个矩阵），以 g[1,1]=1、theta[1,1]=90 以及 g[5,8]=36、theta[5,8]=175 为例，说明幅值区间分配过程：theta=90 落在刻度 80（对应区间号 5）和刻度 100（对应区间号 6）的正中间，即 $0.5\times80+0.5\times100=90$，因此将 theta=90 对应的幅值 1 按照相等比例分配 0.5 到区间 5、分配 0.5 到区间 6。同理，theta=175 落在刻度 160 和 180 之间，且 $0.25\times160+0.75\times180=175$，而刻度 180 就相当于刻度 0，因此两个刻度分别对应区间号为 9 和 1，故将 theta=175 对应的幅值 36 分配 $36\times0.25=9$ 到区间 9、分配 $36\times0.75=27$ 到区间 1。以此类推，完成所有幅值的区间分配，最后得到该单元中 9 个区间的幅值直方图。

第 1 单元 9 维的直方图特征为：541.95，119.90，34.25，11.90，3.30，3.00，0.25，2.15，35.30。

按上述规则，可计算所有单元的 9 维特征并存入三维数组中，第 1 维 9 行表示 9 个直方图特征值，第 2 维 8 列表示横向 8 个单元，第 3 维 16 个表示纵向分成 16 组，具体计算过程如程序 7.5.2 所示，输出结果见图 7.5.3。

【程序 7.5.2】计算所有单元的梯度

```
Get_Cell.hist=function(gray, bins)
{ dx=8;  dy=8;  hist=array(0, 16*8*9);  dim(hist)=c(9,8,16)
  for(i in 1:16)
  { fy=(i-1)*dy+1;  ty=i*dy
    for(j in 1:8)
    { fx=(j-1)*dx+1;  tx=j*dx
```

```
                    if(j<8)  a=gray[fy:ty,fx:tx+1]-gray[fy:ty,fx:tx]      #x方向
                    else a= cbind(gray[fy:ty,(fx+1):tx]-gray[fy:ty,fx:(tx-1)],0);
                    if(i<16)  b=gray[fy:ty+1,fx:tx]-gray[fy:ty,fx:tx]     #y方向
                    else   b= rbind(gray[(fy+1):ty,fx:tx]-gray[fy:(ty-1),fx:tx],0)
                    g=as.vector(sqrt(a^2+b^2))                #梯度幅值 g
                    theta=as.vector(atan(b/(a+1e-6))*2/pi*90)  #梯度角度 theta，避免分母为 0
                    theta[theta<0]=180+theta[theta<0];   theta=round(theta)
                    hist[,j,i]=add.hist(g,theta,bins)
                }
            }
        return(hist)
    }
Cell.hist=Get_Cell.hist(gray,bins)
Cell.hist[,,c(1,16)]          #显示第一行和最后一行的 8 个单元的 9 维特征，每个单元占一列。
```

```
, , 1
            [,1]        [,2]       [,3]       [,4]        [,5]        [,6]       [,7]        [,8]
 [1,] 543.1228675 186.9485718  23.948683  26.14156 129.3949921 252.729378 757.91681  108.544191
 [2,] 120.9128776  43.8172982  12.215763  25.23483  33.8478968  33.100247  60.40281  281.302080
 [3,]  35.7327984   0.7826238  15.880925  11.79179  14.7587508  14.519721  13.55406  268.025878
 [4,]  12.2777395   3.8013156   9.795312  18.53701  14.8626037  11.131583  28.93251   45.122033
 [5,]   3.3354102   4.6708204  11.903597  27.39270   4.1770510  14.362920  11.11627   63.568187
 [6,]   3.0000000   4.0000000   9.000000  10.67082   2.5000000  10.568187  46.71373   61.000000
 [7,]   0.3535534   0.3535534   2.828427  10.22129   0.3535534   6.833994  58.71830    4.298655
 [8,]   2.6259078  12.2433249  11.615777  16.73799   2.3818004  16.772180 195.41150    8.808777
 [9,]  36.0818329  74.2971783   8.659827  15.87194  38.5040860 146.899701 456.86448   33.485739

, , 2
            [,1]        [,2]       [,3]       [,4]        [,5]        [,6]       [,7]        [,8]
 [1,] 1990.0675091 359.26908 364.202909  78.011308  97.636781 957.480348 290.23998 363.791442
 [2,]  169.0854333 231.67389 357.792670 134.527377  28.090865  34.482514 397.18449 508.431137
 [3,]    4.2500000  69.29454 199.288715 361.016190  13.330596   4.080441 276.90049 195.730312
 [4,]    0.0000000  41.01450  77.303829  89.918497   6.409080   9.521029  65.85860  44.986213
 [5,]    0.3041381  26.20899  42.339640   0.500000   9.006231   0.000000  33.33328  49.769319
 [6,]    5.7786244   5.33541  17.220696  34.789732  11.633895   2.347871  13.75238  29.993058
 [7,]   33.2986549  16.44851   5.922636   7.944576   6.316827  13.658158  23.24314  12.084236
 [8,]   45.6665343  38.32331  49.802200   8.887847   7.614702  38.732370  55.79235   6.363961
 [9,]  428.9446754  97.45985 123.351455   9.578226  39.767896 385.251427 185.97733  34.075216
```

图 7.5.3　单元直方图数据

对上述三维数组中的连续两个下标进行处理，就能得到 2×2 个相邻单元构成的方块（Block）的直方图特征，共 36 维。然后，将得到的 36 个 h_i 信息按如下两个法则之一进行归一化。

（1）L2-norm 法则：$h_i = \dfrac{h_i}{\sqrt{\sum\limits_{j=1}^{36} h_j^2 + \varepsilon}} (i=1,2,\cdots,36)$。

（2）L1-norm 法则：$h_i = \dfrac{h_i}{\sqrt{\sum\limits_{j=1}^{36} h_i + \varepsilon}} (i=1,2,\cdots,36)$。

公式中的 ε 是很小的一个正数，主要作用是避免分母为 0。

方块直方图的计算过程如程序 7.5.3 所示，输出结果见图 7.5.4。

【程序 7.5.3】计算方块包含 2×2 个单元的直方图特征

```
Get_Block.hist=function(cell.hist)
{   Lasthist=matrix(0,15*7*36);      dim(Lasthist)=c(36,7,15)    #做法同上
    Eps=1e-6;
```

```
        for(i in 1:15)
        { for(j in 1:7)
            { Lasthist[,j,i]=c(cell.hist[,j,i],cell.hist[,j+1,i],cell.hist[,j,i+1],
cell.hist[,j+1,i+1])                        #4个单元成方块
              Asum=sqrt(sum(Lasthist[,j,i]^2)+Eps)    #按L2-norm法则实施归一化
              Lasthist[,j,i]=Lasthist[,j,i]/Asum
            }
        }
        return(Lasthist)
    }
    Lasthist=Get_Block.hist(Cell.hist)
    Lasthist[1:9,,1]                         #数据太多,就显示第一行7个方块中的前9行数据
```

```
             [,1]         [,2]         [,3]        [,4]        [,5]        [,6]        [,7]
[1,]  0.5974120925  0.627084527  0.07977035  0.06684412  0.268456060  0.190031436  0.526132072
[2,]  0.1329990312  0.146977051  0.04068932  0.06452558  0.070224302  0.024888628  0.041930532
[3,]  0.0393045609  0.002625167  0.05289756  0.03015167  0.030620011  0.010917620  0.009408981
[4,]  0.0135049921  0.012750812  0.03262707  0.04739923  0.030835475  0.008370023  0.020084423
[5,]  0.0036688096  0.015667406  0.03964953  0.07004327  0.008666136  0.010799719  0.007716715
[6,]  0.0032998726  0.013417263  0.02997798  0.02728534  0.005186755  0.007946396  0.032427822
[7,]  0.0003888937  0.001185930  0.00942117  0.02613589  0.000733518  0.005138594  0.040761176
[8,]  0.0028883870  0.041067977  0.03869084  0.04279912  0.004941526  0.012611282  0.135651109
[9,]  0.0396884841  0.249216191  0.02884490  0.04058463  0.079884507  0.110456337  0.317147021
```

图 7.5.4 方块直方图数据

最后,按行序拼合 105 个方块即可得到图像的直方图特征,代码如下:

```
Graphhist=as.vector(Lasthist)     #按行序拼合形成3780个元素的一维数组
```

图像 HOG 计算为图像特征提取与挖掘创造了条件,值得进一步探索与研究。Navneet Dalal 在论文中对 HOG 的应用做了大量测试,以便给出单元和方块尺寸的最佳选择方案,比如单元的尺寸选择集$\{4\times4, 6\times6, 8\times8, 10\times10, 12\times12\}$以及方块包含单元个数的选择集$\{1\times1, 2\times2, 3\times3, 4\times4\}$。

最终,对于行人检测问题,当每个方块含 3×3 个单元、每个单元含 6 像素×6 像素时达到最小的"Miss Rate"(漏检率),其值大约为 10.4%,说明其检测的效果还是相当不错的。Navneet Dalal 论文中的测试结果呈现在图 7.5.5 中。

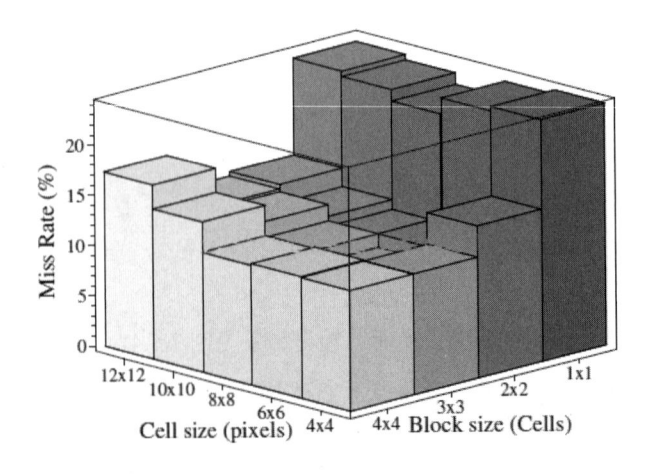

图 7.5.5 Navneet Dalal 论文中的测试结果

7.6 初识机器学习

21世纪，我们步入了人工智能（简称AI）时代，经过人类不懈的努力，已经产生了一批比较成熟的AI框架，其中最引人注目的莫过于TensorFlow（兼容CPU和GPU）。TensorFlow是Google开源的机器学习框架，AlphaGo就是利用TensorFlow进行训练的。Keras是基于TensorFlow和Theano的深度学习库，是由纯Python编写而成的高层神经网络API。可以认为，Keras是以TensorFlow或Theano作为后端引擎而实现的一种灵活、快速的前端接口。虽然它们是基于Python的，但R软件实现了支持上述框架的程序包（keras和tensorflow），所以在R软件中也可以方便地开展深度学习的研究。当然，机器学习框架还有不少，比如MXNet，PyTorch，XGBoost，Scikit-learn等。

本节主要介绍在RStudio软件中利用keras和tensorflow两个程序包及其数据集完成简单的卷积神经网络机器学习的过程，更多内容可访问其官方网站查阅。

1. 安装RStudio软件和程序包

（1）下载并安装RStudio桌面版，然后在RStudio中安装程序包keras和tensorflow，具体代码如程序7.6.1所示。

【程序7.6.1】安装程序包keras和tensorflow

```
install.packages("tensorflow")
install.packages("keras")
library(tensorflow)
library(keras)                          #当前的keras和tensorflow版本都是2.11.0
                                        #使用tensorflow包提供的函数自动安装
install_tensorflow(version = "2.6-cpu",pip_options = "--user")
```

若安装成功，会显示如下内容：

```
Installation complete.
Restarting R session...
```

（2）测试安装可用性，代码如下：

```
library(tensorflow)
tf$constant("Hello Tensorflow!")        #显示如下内容
tf.Tensor(b'Hello Tensorflow!', shape=(), dtype=string)
```

注意，在RGui中也可以实现上述过程，虽然install_tensorflow(…)执行得不太顺畅。

2. 使用数据集

（1）数据集介绍

数据集mnist是关于手写数字的灰度图片集，包括60000个训练样本和10000个测试样本，每个样本点包括图像点阵数据（尺寸为28像素×28像素的灰度矩阵）和1个类别（范围从0到9正好对应数字0到9）。程序包keras中的函数dataset_mnist()用于加载该数据集，返回值为列表类型，包含train和test两个列表对象。train（或test）列表对象包含x和y两个数组对象，其中x是三维数组，y是一维数组。

数据集fashion_mnist是关于服装鞋帽的灰度图片集，同样包含60000个训练样本和10000个测试样本，每个样本点包括图像数据（尺寸28像素×28像素的灰度矩阵）和1个类别信息（0到9）。10个类别依次为t-shirt（T恤）、trouser（牛仔裤）、pullover（套衫）、dress（裙子)、coat（外套）、sandal（凉鞋）、shirt（衬衫）、sneaker（运动鞋）、bag（包）和 ankle boot（短靴）。程序包 keras 中的函数 dataset_fashion_mnist()用于加载该数据集，返回值为列表类型，包含 train 和 test 两个列表对象。train（或 test）列表对象包含 x 和 y 两个数组对象，其中 x 是三维数组，y 是一维数组。

通过命令??keras 可以查看 keras 关联的多个数据集，如图 7.6.1 所示。

```
说明页面：
           keras::dataset_boston_housing    Boston housing price regression dataset
           keras::dataset_cifar10           CIFAR10 small image classification
           keras::dataset_cifar100          CIFAR100 small image classification
           keras::dataset_fashion_mnist     Fashion-MNIST database of fashion articles
           keras::dataset_imdb              IMDB Movie reviews sentiment classification
           keras::dataset_mnist             MNIST database of handwritten digits
           keras::dataset_reuters           Reuters newswire topics classification
           keras::image_dataset_from_directory    Create a dataset from a directory
           keras::text_dataset_from_directory     Generate a 'tf.data.Dataset' from text files in a
           keras::timeseries_dataset_from_array   Creates a dataset of sliding windows over a ti
```

图 7.6.1　keras 关联的数据集

下面以 fashion_mnist 数据集为例阐述对上述数据集的使用。

（2）加载数据集

具体代码如下：

```
fashion=keras::dataset_fashion_mnist();
dim(fashion$train$x);    dim(fashion$train$y)
x_train=fashion$train$x;  y_train=fashion$train$y
x_test=fashion$test$x;    y_test=fashion$test$y
```

执行上述代码输出的结果如下：

```
60000    28    28    #分别表示样本量、图像宽度、图像高度；数组元素为 0~255 的灰度
60000                #表示样本量；数组元素为 0~9 的数字，表示类别
```

（3）显示数据集中的图像

具体代码如程序 7.6.2 所示。

【程序 7.6.2】显示数据集中的图像

```
install.packages("jpeg");      library(jpeg)              #安装并加载 jpeg 程序包
draw_image=function(imgdat)                               #显示图像数据
{   wh=dim(imgdat)
    plot(c(0,wh[1]),c(0,wh[2]),type='n', xlab='', ylab='')
    rasterImage(imgdat,0,0,wh[1],wh[2])
}
#显示训练集和测试集的第 1 幅图像，因为使用 jpeg 程序包绘制的图像数据需要介于[0,1]之间
draw_image(x_train[1,,]/255)
draw_image(x_test[1,,]/255)
```

执行上述代码输出的结果如图 7.6.2 所示。

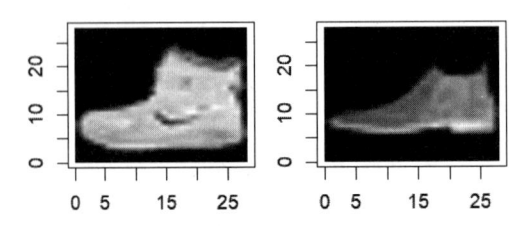

图 7.6.2　图片展示（左为训练集，右为测试集）

3. 创建机器学习模型

（1）转化数据集

具体代码如程序 7.6.3 所示。

【**程序 7.6.3**】**转化数据集**

```
x_train=x_train/255;    x_test=x_test/255               #灰度转化成 0~1 之间的实数
y_train=to_categorical(y_train, num_classes=10)         #转化成 60000×10 的矩阵
y_test=to_categorical(y_test, num_classes=10)           #转化成 10000×10 的矩阵
class_names=c('t-shirt','trouser','pullover','dress','coat','sandal','shirt','sneaker',
'bag','ankle boot')
dim(x_train)=c(nrow(x_train),28,28,1)                   #更改图像的数据维度
dim(x_test)=c(nrow(x_test),28,28,1)
```

（2）创建模型

具体代码如程序 7.6.4 所示。

【**程序 7.6.4**】**创建模型**

```
inputs=layer_input(shape=c(28,28,1))                    #按更改的数据维度，否则为 c(28,28)
prediction_out=inputs %>%
  layer_batch_normalization(name='norm') %>%            #标准化数据
  layer_zero_padding_2d(padding = c(2, 2)) %>%          #上下添加 2 行，左右添加 2 列
  layer_conv_2d(6,kernel_size = c(5,5),strides = c(1,1),    #卷积层
padding='valid',activation = 'tanh',name='conv_1') %>%
  layer_max_pooling_2d(pool_size=c(2, 2),strides =c(2,2),name='pool_1' ) %>%
  layer_conv_2d(16,kernel_size=c(5,5),strides=c(1,1),
padding='valid',activation = 'tanh',name='conv_2') %>%
  layer_max_pooling_2d(pool_size=c(2, 2),strides =c(2,2), name='pool_2' ) %>%
  layer_flatten(name='flat_1') %>%                      #扁平化数据
  layer_dense(120,activation='tanh',name='d_t1') %>%    #为输出添加神经网络层
  layer_dense(84,activation='tanh',name='d_t2') %>%
  layer_dense(10,activation='softmax',name='d_soft');
model=keras_model(inputs=inputs,outputs=prediction_out) #创建模型

summary(model)                                          #查看模型基本信息
```

执行上述代码输出的结果如下：

```
Layer (type)
input_1 (InputLayer)
norm (BatchNormalization)
zero_padding2d (ZeroPadding2D)
conv_1 (Conv2D)
pool_1 (MaxPooling2D)
conv_2 (Conv2D)
pool_2 (MaxPooling2D)
flat_1 (Flatten)
d_t1 (Dense)
d_t2 (Dense)
d_soft (Dense)

Output Shape
[(None, 28, 28, 1)]
```

```
(None, 28, 28, 1)
(None, 32, 32, 1)
(None, 28, 28, 6)
(None, 14, 14, 6)
(None, 10, 10, 16)
(None, 5, 5, 16)
(None, 400)
(None, 120)
(None, 84)
(None, 10)

Param #
0
4
0
156
0
2416
0
0
48120
10164
850

Total params: 61,710
Trainable params: 61,708
Non-trainable params: 2
```

（3）配置（编译）模型

具体代码如下：

```
model %>%        #引入 accuracy 和 mse 两种评价，分别输出两种结果
compile(optimizer='rmsprop',loss='categorical_crossentropy', metrics=c('accuracy', 'mse'))
```

其中，参数 loss 指损失函数，用来优化模型（Keras 官网上提供的损失函数很多，categorical_crossentropy 只是其中的一种，表示多分类对数损失函数）；而参数 metrics 指定评价模型性能的函数，不参与模型的优化过程，是可选参数。

（4）训练模型

对数据集(x_train,y_train)进行训练，其中，参数 x 和 y 指定训练集中的数据和标签，batch_size 指定梯度更新的样本数量，默认为 32，此处设置为 128；参数 epochs 的取值为正整数，表示训练迭代的轮次，本例采用 10 轮迭代，即到了第 10 轮就停止迭代；参数 validation_split 的取值介于[0,1]之间，指定训练集中用作验证的数据比例，此处为 0.2，表示 80%的数据参与模型构建，20%的数据用于模型验证，共同促进模型优化。具体代码如程序 7.6.5 所示。

【程序 7.6.5】训练模型

```
library(ggplot2)
fit_result= model %>%
        fit(x=x_train, y=y_train,batch_size =128, epochs=10, validation_split=0.2)
#可视化模型训练过程
plot(fit_result)+theme_bw(base_family ='STKaiti') +
```

```
geom_point(aes(shape=data),size=3)+ggtitle('神经网络训练模型')
```

上述过程需要执行较长的一段时间，会输出较多的中间结果数据。此处省略大部分输出，仅给出最后一步的迭代结果（图形输出结果见图 7.6.3）：

```
Epoch 10/10
375/375 [===] - 13s 35ms/step - loss: 0.1783 - accuracy: 0.9350 - mse: 0.0096 -
val_loss: 0.22738 - val_accuracy: 0.8996 - val_mse: 0.0143
```

在模型优化的最后一轮迭代结果中，训练数据的损失函数值为 0.1783，正确率为 0.9350，而均方误差为 0.0096。而在输出的迭代过程图中，上层子图表示损失函数，可以看到训练集的损失函数值不断下降，验证集的损失函数值稳定在 0.3 以下；中层子图表示正确率，其中训练集的正确率持续上升，验证集的正确率稳定在 90%左右；下层子图展示了与损失函数相同的趋势。将优化模型结果重新应用到整个训练集，得到损失函数值为 0.18095，正确率为 0.93467，均方误差为 0.00963。要特别注意的是，每次训练模型的输出结果都可能不同，但是数值变化不大。

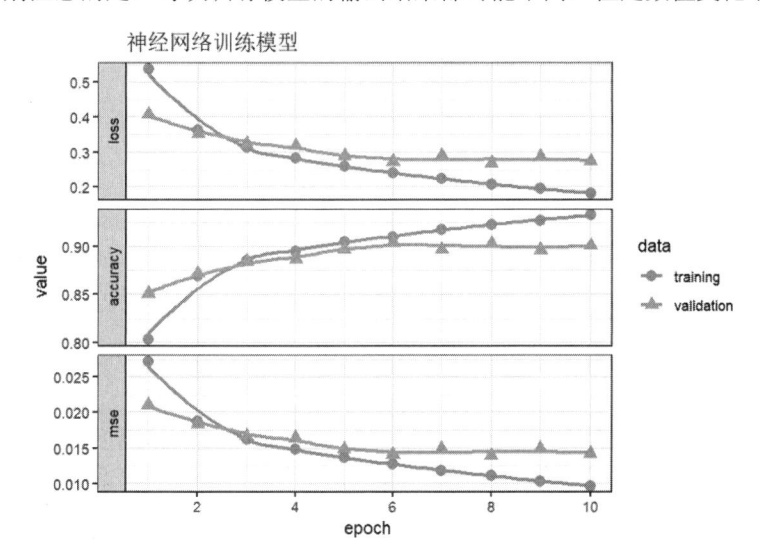

图 7.6.3　训练过程图

（5）评估模型 1（针对测试集）

经过训练集的 10 轮迭代得到的优化模型，达到建模集（占训练集 80%）93%左右的正确率和验证集（占训练集 20%）90%左右的正确率，这样的效果应该可用于测试集，具体代码如下：

```
model %>% evaluate(x_test,y_test)
```

执行上述代码输出的结果如下：

```
313/313 [====] - 1s 4ms/step - loss: 0.2859 - accuracy: 0.8953 - mse: 0.0149
     loss   accuracy      mse
0.28585702 0.89529997 0.01487107
```

在输出结果中，损失函数值约为 0.28586，正确率约为 0.89530，均方误差约为 0.01487，说明模型在测试集上的表现还是不错的。下面通过混淆矩阵查看各类之间的分类情况。

（6）评估模型 2：混淆矩阵（针对训练集与测试集）

predict 函数能够得到模型预测的概率结果，通过与实际类别比较，可以得到细致的混淆矩阵，用于了解各类的判别结果。由于 y_train 和 y_test 已经扩展成 10 列的矩阵了，因此预测的结果也是 10 列的矩阵，需要找出每行中取值最大的所在列作为所属类别。具体代码如下：

```
train_pre = model %>% predict(x_train)      #训练集的混淆矩阵，维度为 60000×10
test_pre <- model %>% predict(x_test)       #测试集的混淆矩阵，维度为 10000×10
head(train_pre,7)                           #显示测试回代的前 5 个判别结果
```

执行上述代码输出的结果如图 7.6.4 所示。

```
            [,1]         [,2]         [,3]         [,4]         [,5]         [,6]         [,7]
[1,] 3.376716e-07 2.815134e-06 1.823048e-06 2.099448e-07 1.085157e-06 2.686602e-04 5.713973e-06
[2,] 9.908064e-01 5.540017e-07 2.219622e-04 5.829932e-04 3.379875e-05 1.209108e-07 8.335044e-03
[3,] 8.506787e-01 1.479752e-04 2.472471e-02 6.373300e-02 8.415147e-04 4.116662e-07 5.866223e-02
[4,] 6.476406e-03 1.347063e-03 1.321642e-04 9.835274e-01 5.272627e-05 7.963589e-06 8.236839e-03
[5,] 4.495453e-01 2.970559e-02 1.027316e-03 3.027720e-01 1.255867e-04 5.679607e-06 2.162413e-01
[6,] 1.159863e-03 6.078328e-08 9.969152e-01 1.075844e-05 8.244855e-05 2.742726e-06 1.827030e-03
[7,] 7.103967e-07 6.943853e-07 1.391125e-06 1.543604e-06 5.695148e-07 1.076265e-05 5.157188e-07
            [,8]         [,9]        [,10]
[1,] 1.289073e-03 1.613325e-05 9.984140e-01
[2,] 6.082299e-06 3.418801e-06 9.677800e-06
[3,] 6.152735e-04 1.405461e-05 5.821025e-04
[4,] 2.080259e-04 1.066377e-05 7.916735e-07
[5,] 1.463883e-04 2.974182e-04 1.335528e-04
[6,] 1.795038e-07 1.003512e-06 5.942511e-07
[7,] 9.996203e-01 2.074394e-06 3.613688e-04
```

图 7.6.4　判别结果

混淆矩阵计算的代码如程序 7.6.6 所示。

【程序 7.6.6】混淆矩阵计算

```
train_preclass= as.factor(apply(train_pre,1,which.max) -1)    #原始类别从 0 开始，故此处
                                                              #需要-1
test_preclass=as.factor(apply(test_pre,1,which.max)-1)
library(caret)                                                #载入程序包以便计算混淆矩阵
#与原始的数据比较
train_confusion=confusionMatrix(train_preclass,as.factor(fashion$train$y))
test_confusion=confusionMatrix(test_preclass,as.factor(fashion$test$y))
(train_cmat=train_confusion$table)
(test_cmat=test_confusion$table)
```

执行上述代码输出的结果如图 7.6.5 所示。

```
          Reference                                           Reference
Prediction    0    1    2    3    4    5    6    7    8    9  Prediction    0    1    2    3    4    5    6    7    8    9
         0 4810    1   36   22    4    1  167    0    7    0           0  743    1   10   10    0    0   52    0    2    0
         1   10 5945    2   33   12    1    0    0    2    0           1    3  978    0   11    2    1    3    0    2    0
         2   52    0 5241    8  152    0  196    0    4    0           2   14    0  815    6   44    0   53    0    2    0
         3  151   45   48 5761  158    1  131    0   13    0           3   32   16    8  920   44    1   34    0    6    0
         4   11    3  352  103 5393    0  213    0    6    0           4    5    1   84   25  842    0   72    0    1    0
         5    1    0    0    0    0 5906    0   17    2   19           5    2    1    0    0    0  968    0   10    2    7
         6  951    4  319   72  276    5 5273    0   23    0           6  192    1   81   24   68    0  783    0    5    0
         7    0    0    0    0    0   69    0 5852    2   96           7    0    0    0    0    0   19    0  953    4   31
         8   14    2    2    1    4   11    2 5940    0           8    9    2    2    4    0    2    3    0  976    1
         9    0    0    0    0    0   16    0  129    1 5885           9    0    0    0    0    0    9    0   37    0  961
```

图 7.6.5　混淆矩阵（左边为训练集，右边为测试集）

至此，已完成使用 keras 进行机器学习的基本过程，更详细的内容可以通过访问 Keras 官网以及阅读互联网上有关机器学习的各类文章获得，本节的内容仅仅用于抛砖引玉。

4. 应用模型

在网络上下载 2 张图片，都做成 28 像素×28 像素的灰度图，如图 7.6.6 所示，然后应用本节模型进行判别。具体代码如程序 7.6.7 所示。

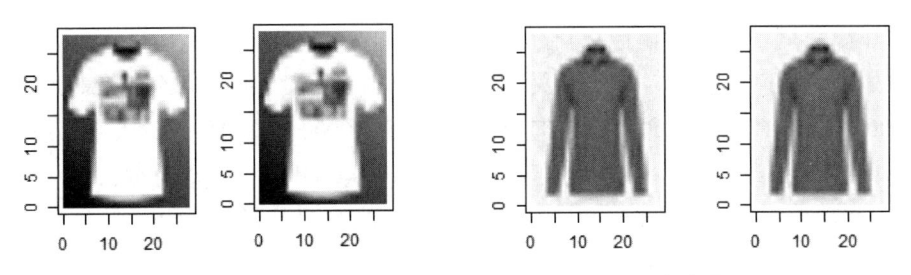

图 7.6.6　网络下载图片及其灰度图（左边是 t-shirt.jpg，右边是 shirt.jpg）

【程序 7.6.7】模型的具体应用

```
predict_user=function(filename, model, names)
{   a=readJPEG(filename)
    a_gray=get_gray(a)                                          #取得灰度图
    dim(a_gray)=c(1,28,28,1)
    a_pre=model %>% predict(a_gray)                             #维度转化并预测
    result=list(pro=round(a_pre,4),class=names[which.max(a_pre)])  #返回概率及类别
}
predict_user("t_shirt.jpg",class_names)
predict_user("shirt.jpg",class_names)
```

执行上述代码输出的结果如下：

	[,1]	[,2]	[,3]	[,4]	[,5]	[,6]	[,7]	[,8]	[,9]	[,10]
	0.8606	0	0.0033	0.0015	1e-04	0	0.1343	0	2e-04	0
	[,1]	[,2]	[,3]	[,4]	[,5]	[,6]	[,7]	[,8]	[,9]	[,10]
	0.0931	4e-04	0.4797	0.0166	0.0039	0.0074	0.1858	0	0.213	1e-04

由上述输出结果可知，模型将 t_shirt.jpg 图片正确归入"t-shirt"类别（隶属该类别的概率最大，为 0.8606），而将 shirt.jpg 图片错判到"pullover"类别（隶属该类别的概率最大，为 0.4797）。虽然 shirt.jpg 图片归类错误，但判成"shirt"类别的概率也排在前三。显然，当前的模型还无法做到完全准确，有待进一步改进。

7.7　实例分析——图像分类

关于图像的深度学习和机器学习领域中，来自多伦多大学计算机科学学院的 CIFAR-10 数据集经常被提及和使用。该数据集有三个版本，本节将使用其中的 cifar-10 binary version（suitable for C programs）版本的数据集。CIFAR-10 数据集包含 60000 幅 32 像素×32 像素的彩色图像。这些图像包括 10 个类别：飞机、汽车、鸟、猫、鹿、狗、青蛙、马、船和卡车。每类图像有 6000 幅，包含 5000 幅训练图和 1000 幅测试图。

下面基于本章探讨的方法，通过该数据集进行图像识别。

7.7.1　读取数据集

下载数据集 cifar-10-binary.tar.gz 并解压，将看到 8 个文件：readme.html 文件记录了该数据集的基本信息；batches.meta.txt 文件记录了 10 个类别的名称；而 data_batch_1.bin 到 data_batch_5.bin 共 5 个文件记录了 10 个类别的 50000 幅图像，其中每个类别有 5000 幅图像；每个文件含 10000 幅图像，但其中包含的 10 个类别的图像数量不尽相同；test_batch.bin 文件记录了 10 个类别的测试图像，共计 10000 幅，每个类别各有 1000 幅图像。

每幅图像占 3073 字节，第 1 字节存放类别编号（1~10），然后每 1024 字节存放一个色彩分量的数据，分别存放 R、G、B 三色数据。图像数据连续存放，所以每个训练集文件的大小都是 30730000 字节。下面的代码将第一个训练集文件的 10000 幅图像数据读入 images 列表对象中，该对象包含 rgbs 子列表和 labels 类别标签数组。假设解压文件目录存放在用户设定的工作目录中，且名称保持 cifar-10-binary 不变。读取数据集的代码如程序 7.7.1 所示。

【程序 7.7.1】读取数据集的代码

```
# 根据文件名数组，每个文件图像数，图像宽度、高度、颜色量级
read.cifar10.data = function(filenames,eachnum=10000,w=32,h=32,depth=3)
{   files=length(filenames);    blocksize=w*h*3         #每次读取的图像数据量
    rgbs=matrix(0,nrow=files*eachnum,ncol=blocksize)    #预分配矩阵加快读取速度
    labs = integer(eachnum*files)
    index=0;
    for(j in 1:files)                                   #支持多个文件读取
    {   rb.read = file(filenames[j], "rb")
        for(i in 1:eachnum)
        {   lab = readBin(rb.read, integer(), size=1, n=1, endian="big")
            pic = as.integer(readBin(rb.read, raw(), size=1, n=blocksize,endian="big"))
            rgbs[index+i,]=pic;       labs[index+i] = lab
        }
        index=index+eachnum
        close(rb.read)
        cat("读取完成 :", filenames[j], "\n")
    }
    return(list(rgbs=array(rgbs,dim=c(files*eachnum,w,h,depth)),labels=labs))
}
filenames="cifar-10-binary\\cifar-10-batches-bin\\data_batch_1.bin"
images=read.cifar10.data(filenames)
#读入类别
pic.class=readLines("cifar-10-binary\\cifar-10-batches-bin\\batches.meta.txt")
```

注意，可通过 7.6 节介绍的程序包 keras 提供的 dataset_cifar10() 函数下载数据集，但耗时较长。通过显示图像数据来验证读取的正确性，绘制图像的代码如程序 7.7.2 所示。

【程序 7.7.2】绘制图像

```
library(jpeg)
draw_image=function(image, title)    #显示图像和类别信息
{   wh=dim(image)
    b=array(0,dim=c(wh[2],wh[1],3))
    for(i in 1:3) b[,,i]=t(image[,,i]);
    plot(c(0,wh[2]),c(0,wh[1]),type='n', xlab='', ylab='',main=title)
    rasterImage(b,0,0,wh[2],wh[1])
}
table(images$labels)
op=par(mfrow=c(3,10),mai=c(0.5,0.5,0.5,0.2))
#数据转成 0~1 区间
for(i in 1:30)   draw_image(images$rgbs[i,,,]/255,pic.class[images$labels[i]+1])
par(op)
```

执行上述代码输出的结果如图 7.7.1 所示。

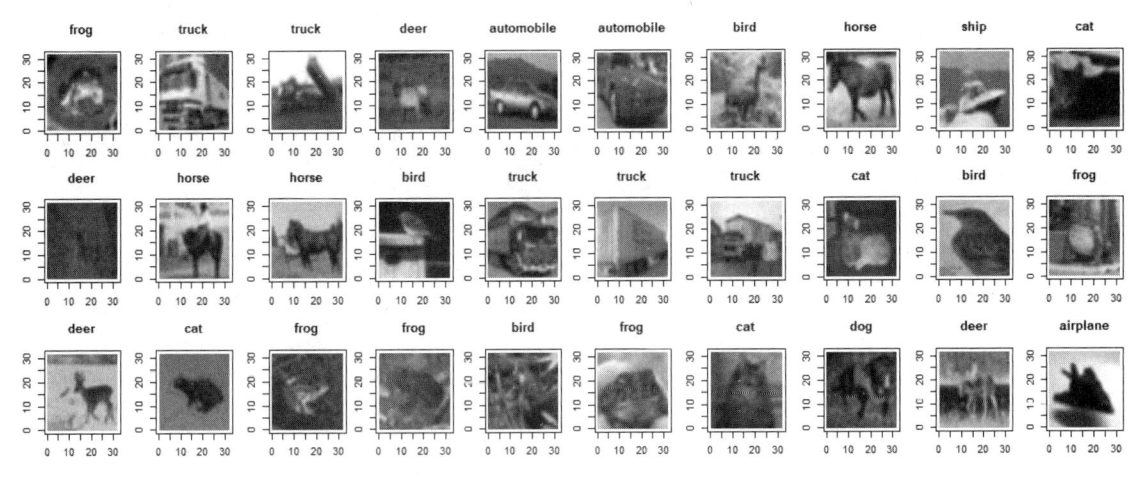

图 7.7.1 CIFAR-10 数据集第一个训练集中的前 30 幅图像

7.7.2 图像的描述性统计

对于第一个训练集的 10000 幅图像，通过 table(images$labels)可以得到各个类别图像的数量，具体如表 7.7.1 所示。

表 7.7.1 第一个训练集中 10 个类别的图像数量

类别	airplane	automobile	bird	cat	deer	dog	frog	horse	ship	truck
数量	1005	974	1032	1016	999	937	1030	1001	1025	981

获取各个图像的灰度矩阵和灰度直方图向量，具体代码如程序 7.7.3 所示。

【程序 7.7.3】获取图像的灰度矩阵和灰度直方图向量

```
get_gray=function(image)              #image 来自 images$rgbs[index,,,]
{ gray= 0.299* image[,,1]+0.587* image[,,2]+0.114* image[,, 3]
  return(as.numeric(gray))
}
get_hist=function(image)              #image 来自 images$rgbs[index,,,]
{ gray=round(get_gray(image))
  a=table(gray);  hist=numeric(256);  names(hist)=0:255;  hist[names(a)]=a
  return(hist)
}
get_all_gray=function(images)         #得到所有图像的灰度图数据和类别，形成数据框
{ n=nrow(images$rgbs);     grays=matrix(0,nrow=n,ncol=1024)
  for(i in 1:n) grays[i,]=get_gray(images$rgbs[i,,,])
  grays=as.data.frame(grays);  names(grays)=1:1024;  grays$label=images$labels
  return(grays)
}
get_all_hist=function(images)         #得到所有图像的直方图和类别，形成数据框
{ n=nrow(images$rgbs);     hists=matrix(0,nrow=n,col=256)
  for(i in 1:n)  hists[i,]=get_hist(images$rgbs[i,,,])
  hists=as.data.frame(hists);   names(hists)=0:255;hists$label=images$labels
  return(hists)
}
```

实现图像的类哈希编码，具体代码如程序 7.7.4 所示。

【程序 7.7.4】图像的类哈希编码

```
#get_hash 函数的参数说明：图像灰度、图像宽和高、单元尺寸、是否用哈希编码(0/1 转化)
get_hash=function(gray, pw=32,ph=32,cell=8,usehash=FALSE)
{  nx=pw %/% cell;    ny= ph %/% cell    #横向和纵向按照单元尺寸分割个数
   c2= cell ^2                            #单元包含点数
   nhash=(pw*ph) %/% c2                   #哈希串长度
   hash=numeric(nhash)                    #哈希数组
   datfrom=1;    hashfrom=1               #数据起点，哈希数组起点
   for(i in 1:ny)   #按照 cell×cell 计算灰度均值，存入哈希数组
   {  mat=matrix(gray[datfrom:(datfrom+ cell*pw-1)],ncol=pw,byrow=TRUE)
      mx=apply(mat,2,sum);        mx=matrix(mx,ncol= cell,byrow=TRUE)
      mx=apply(mx,1,sum)/c2;      hash[hashfrom:(hashfrom+nx-1)]=mx
      datfrom=datfrom+ cell*pw;   hashfrom=hashfrom+nx
   }
   if(usehash)   return(as.integer(hash>=mean(gray)))  else  return(hash)
}
grays=get_all_gray(images)
cellsize=4;    hashlens=(32/cellsize)^2
hashdata=as.data.frame(t(apply(grays[,1:1024], 1, get_hash,cell=cellsize,usehash=TRUE)))
names(hashdata)=1:hashlens;   hashdata$label=images$labels
cor(hashdata)[hashlens,]                 #取出 label 与各列的相关系数
lda.out=lda(label~., data=hashdata)
tmp=predict(lda.out, hashdata[,1:hashlens])$class
tmp=table(hashdata$label,tmp)
sum(diag(tmp))/10000
```

对灰度图像使用 8 像素×8 像素单元得到灰度均值并与整体灰度均值进行比较，若小于整体灰度均值则转化成 0，否则转化成 1，以此实施二值化。对其计算相关系数，发现类别 label 与 1～16 个哈希列的相关系数绝对值都非常小，如表 7.7.2 所示。

表 7.7.2 相关系数表

哈希列	1	2	3	4	5	6	7	8
相关系数	0.0718	0.06328	0.05298	0.0590	-0.0183	0.0187	0.0120	-0.0133
哈希列	9	10	11	12	13	14	15	16
相关系数	-0.0711	-0.0227	-0.0171	-0.0845	-0.0739	-0.0840	-0.0859	-0.0809

对上述二值化数据直接使用 Fisher 判别，得到的回代准确率仅为 22.37%，而先使用 4 像素×4 像素单元进行二值化然后使用 Fisher 判别，回代准确率提升到 26.88%，但依然很低。表 7.7.2 说明这些哈希值与类别呈现弱相关性，大致也决定了这个较低的判别结果。

显然，基于灰度图（哈希表）和基本的统计判别方法无法实现令人满意的判别效果。因此，下面尝试通过神经网络的机器学习构建上述图片集的识别模型。

7.7.3 机器学习模型

对于 CIFAR-10 数据集，采用较多的是"卷积—池化—卷积—池化—扁平—连接—输出"的处理方式，具体过程如图 7.7.2 所示。

第 7 章 工程思维：图像处理中的统计问题

```
图像集数据 → 图像训练集={数据(50000，32×32×3)+类别(50000,10×10)}

序贯模型 → model = keras model sequential( )

卷积层 → conv_2d(filter=32,kernel_size=c(3,3),padding='same',
         activation='relu',input_shape=c(32,32,3))      #32 像素×32 像素图像，共 32 幅
         dropout(rate=0.25)                              #随机去掉 25%样本

池化层：缩减采样 → max_pooling_2d(pool_size=c(2, 2),    #16 像素×16 像素图像，共 32 幅
                  strides = c(2,2))

卷积层 → conv_2d (filter=64,kernel_size=c(3,3),padding='same',
         activation='relu')                              #16 像素×16 像素图像，共 64 幅
         dropout(rate=0.25)                              #随机去掉 25%样本

池化层：缩减采样 → max_pooling_2d(pool_size=c(2,2),strides=c(2,2)) #8 像素×8 像素图像，共 64 幅

扁平层 → flatten( )                                       #共 4096 个神经元
         dropout(rate=0.25)                              #随机去掉 25%神经元

完全连接层 → dense(1024,activation='relu',name='d_t1')   #共 1024 个神经元
            dropout(rate=0.25)                           #随机去掉 25%神经元

输出层 → dense(10,activation='softmax',name='d_soft')    #10 个神经元

编译模型 → compile(optimizer='adam',loss='categorical_crossentropy',
           metrics=c('accuracy','mse'))

训练模型 → fit(x = train_x, y =train_y,batch_size =32, epochs = 10,validation_split = 0.2)

评估模型 → evaluate(train_x, train_y);    evaluate(test_x, test_y)

应用模型 → predict(data_x)                #data_x 需和 train_x，test_x 具有相同的维数
```

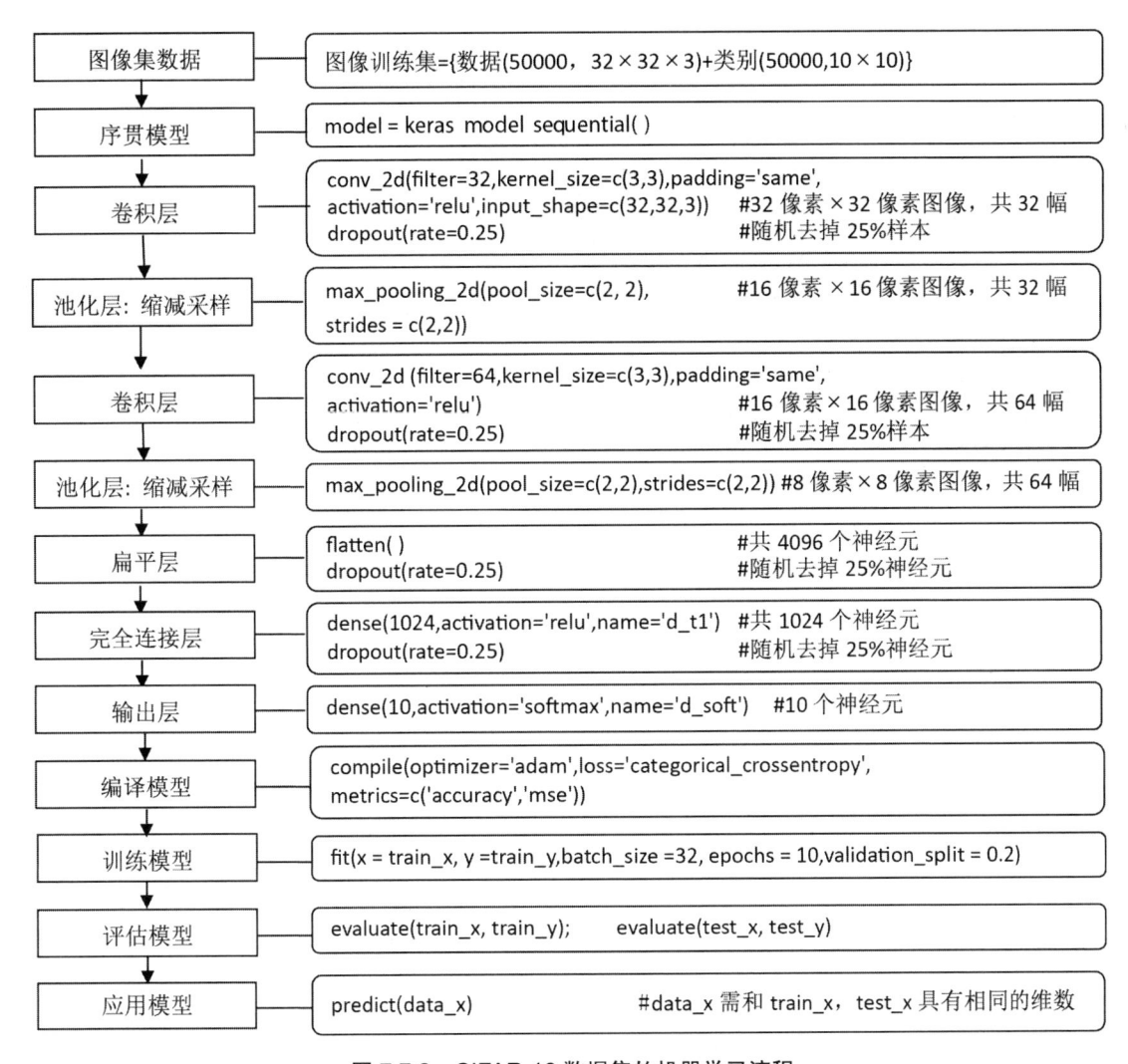

图 7.7.2 CIFAR-10 数据集的机器学习流程

上述过程大都通过管道实现流程的衔接，简化了中间变量，提高了处理效率。具体代码如程序 7.7.5 所示。

【程序 7.7.5】机器学习过程

```
#1 读取数据：根据文件名，每个文件中的图像数量，图像宽度，高度，颜色深度
read.cifar10.data = function(filenames,eachnum=10000,w=32,h=32,depth=3)
{  files=length(filenames);    blocksize=w*h*3         #每次读取的图像数据量
   rgbs=matrix(0,nrow=files*eachnum,ncol=blocksize)    #预分配矩阵加快读取速度
   labs = integer(eachnum*files);     index=0
   for(j in 1:files)
   {  rb.read = file(filenames[j], "rb")
      for(i in 1:eachnum)
      {  lab = readBin(rb.read, integer(), size=1, n=1, endian="big")
         pic = as.integer(readBin(rb.read, raw(), size=1, n=blocksize,endian="big"))
         rgbs[index+i,]=pic;          labs[index+i] = lab
      }
      index=index+eachnum
      close(rb.read);            cat("读取完成 :", filenames[j], "\n")
```

```r
        }
        return(list(rgbs=array(rgbs,dim=c(files*eachnum,w,h,depth)),labels=labs))
    }
    filenames=character(5)           #生成图像文件路径数组，读入训练集 train 和测试集 test
    for(i in 1:5) filenames[i] = paste("cifar-10-binary\\cifar-10-batches-bin\\data_batch_",
i,".bin",sep="")
    train=read.cifar10.data(filenames)
    test=read.cifar10.data(paste("cifar-10-binary\\cifar-10-batches-
bin\\test_batch.bin",sep=""))
    #读入类别
    class_names =readLines("cifar-10-binary\\cifar-10-batches-bin\\batches.meta.txt")
    #2 数据预处理
    train_x=train$rgbs/255;          train_y=to_categorical(train$labels, num_classes = 10)
    test_x=test$rgbs/255;            test_y= to_categorical(test$labels, num_classes = 10)
    #3 构建并编译模型
    model=keras_model_sequential()
    model %>%
      layer_conv_2d(filter=32,kernel_size = c(3,3),padding='same',activation = 'relu',
input_shape=c(32,32,3),name='conv_1') %>%
      layer_dropout(rate=0.25) %>%
      layer_max_pooling_2d(pool_size = c(2, 2),strides = c(2,2),name ='pool_1' ) %>%
      layer_conv_2d(filter=64,kernel_size = c(3,3),padding='same',activation = 'relu',
name='conv_2') %>%
      layer_dropout(rate=0.25) %>%
      layer_max_pooling_2d(pool_size = c(2, 2),strides = c(2,2),name ='pool_2' ) %>%
      layer_flatten() %>%
      layer_dropout(rate=0.25) %>%
      layer_dense(1024,activation='relu',name='d_t1') %>%
      layer_dense(10,activation='softmax',name='d_soft')
    summary(model)                   #输出模型配置以便观察
    model %>% compile(optimizer = 'adam',loss ='categorical_crossentropy', metrics =
c('accuracy','mse'))
    #4 模型训练，20%的数据作为验证集
    fit_result= model %>% fit(x = train_x, y =train_y,batch_size =32, epochs = 10,
validation_split = 0.2)
    #5 可视化训练过程
    plot(fit_result)+theme_bw(base_family='STKaiti')+
geom_point(aes(shape=data),size=3)+ggtitle('机器学习-神经网络模型')
    #6 模型评估 1
    model %>% evaluate(train_x,train_y);    model %>% evaluate(test_x,test_y)
    #7 模型评估 2，使用混淆矩阵，需要程序包 caret 和 ggplot2 的支持
    show_confusion=function(pre_class,old_class,class_names,title)
    { #pre_class, old_class 都是 factor 类型，class_names 是类别名称，title 是显示的标题
      classnum=length(class_names)
      confum=confusionMatrix(pre_class,old_class)
      confumat=as.data.frame(confum$table)
      confumat[,1:2]=apply(confumat[,1:2],2,as.integer)
      ggplot(confumat,aes(x=Reference,y = Prediction))+
        geom_tile(aes(fill = Freq))+
        geom_text(aes(label = Freq))+
        scale_x_continuous(breaks =0:(classnum-1),label = class_names)+
        scale_y_continuous(breaks = unique(confumat$Prediction),trans ='reverse',label
= class_names)+
        scale_fill_gradient2(low='darkblue', high='lightgreen', guide='colorbar')+
```

```
        ggtitle(title)
    }
    train_pre = model %>% predict(train_x)      #返回隶属10个类别的概率矩阵
    train_preclass = as.factor(apply(train_pre,1,which.max))-1   #返回1~10的类别下标,需减1
                                                                 #转化成0~9
    test_pre = model %>% predict(test_x)
    test_preclass = as.factor(apply(test_pre,1,which.max))-1
    show_confusion(train_preclass,as.factor(train$labels),class_names,'神经网络模型在训练
集上的表现')
    show_confusion(test_preclass,as.factor(test$labels),class_names,'神经网络模型在测试集上
的表现')
```

训练模型时采用10轮迭代,输出的结果如下:

```
Epoch 1/10
1250/1250 [==============================] - 78s 62ms/step - loss: 1.4450 - accuracy:
0.4784 - mse: 0.0650 - val_loss: 1.2358 - val_accuracy: 0.5910 - val_mse: 0.0571
Epoch 2/10
1250/1250 [==============================] - 106s 85ms/step - loss: 1.0910 - accuracy:
0.6143 - mse: 0.0512 - val_loss: 1.0621 - val_accuracy: 0.6483 - val_mse: 0.0496
Epoch 3/10
1250/1250 [==============================] - 95s 76ms/step - loss: 0.9250 - accuracy:
0.6734 - mse: 0.0441 - val_loss: 0.9902 - val_accuracy: 0.6797 - val_mse: 0.0459
Epoch 4/10
1250/1250 [==============================] - 103s 83ms/step - loss: 0.7827 - accuracy:
0.7246 - mse: 0.0379 - val_loss: 0.9172 - val_accuracy: 0.6918 - val_mse: 0.0428
Epoch 5/10
1250/1250 [==============================] - 98s 78ms/step - loss: 0.6540 - accuracy:
0.7689 - mse: 0.0322 - val_loss: 0.8600 - val_accuracy: 0.7036 - val_mse: 0.0404
Epoch 6/10
1250/1250 [==============================] - 100s 80ms/step - loss: 0.5436 - accuracy:
0.8099 - mse: 0.0271 - val_loss: 0.8865 - val_accuracy: 0.6959 - val_mse: 0.0411
Epoch 7/10
1250/1250 [==============================] - 102s 82ms/step - loss: 0.4443 - accuracy:
0.8425 - mse: 0.0225 - val_loss: 0.8779 - val_accuracy: 0.7009 - val_mse: 0.0410
Epoch 8/10
1250/1250 [==============================] - 93s 75ms/step - loss: 0.3593 - accuracy:
0.8749 - mse: 0.0183 - val_loss: 0.8520 - val_accuracy: 0.7102 - val_mse: 0.0396
Epoch 9/10
1250/1250 [==============================] - 99s 79ms/step - loss: 0.3120 - accuracy:
0.8927 - mse: 0.0159 - val_loss: 0.9033 - val_accuracy: 0.7094 - val_mse: 0.0409
Epoch 10/10
1250/1250 [==============================] - 95s 76ms/step - loss: 0.2690 - accuracy:
0.9065 - mse: 0.0138 - val_loss: 0.9250 - val_accuracy: 0.7103 - val_mse: 0.0413
```

每次运行结果都不太一样,因为在程序 7.7.5 中的训练集使用了随机比例分配。该程序在 RStudio 软件中运行比较顺畅,在 RGui 软件中会出现一些问题。

将训练过程直观化,形成三个指标的过程图,以便进行直观评价,如图 7.7.3 所示。从图 7.7.3 可以看出,验证集的损失函数、正确率以及均方误差的变化随着轮次的增加呈现先急后缓的趋势,这意味着迭代的轮次不是越多越好,否则容易出现过拟合的现象。

图 7.7.3　10 轮迭代指标图

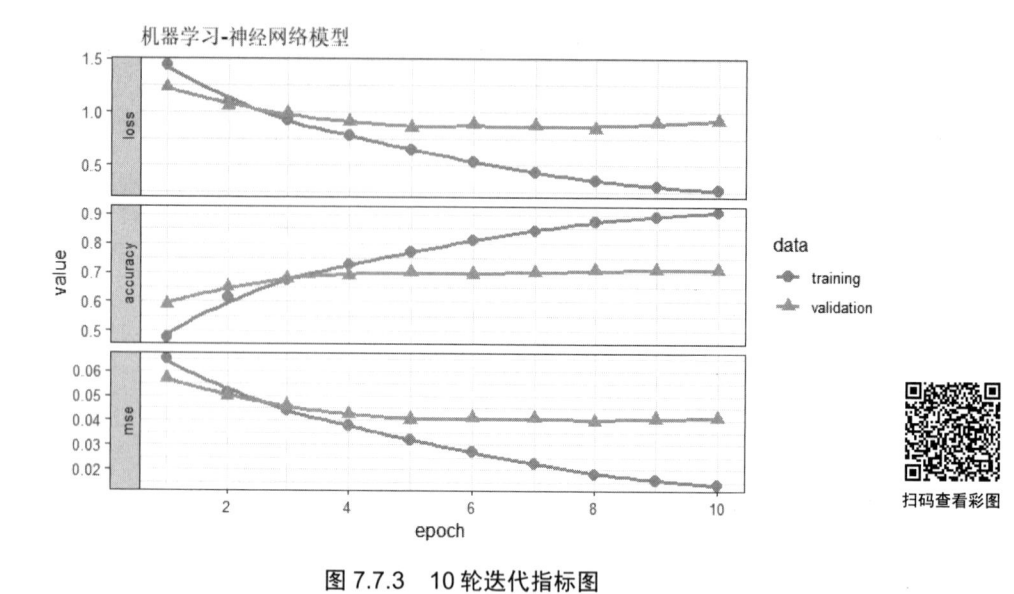

对模型进行评估时，针对训练集和测试集分别得到表 7.7.3 所示的结果及如图 7.7.4 和图 7.7.5 所示的混淆矩阵。

表 7.7.3　模型评估结果

训练集			测试集		
loss	accuracy	mse	loss	accuracy	mse
0.31096014	0.91693997	0.01364902	0.95223302	0.704299999	0.04216706

图 7.7.4　混淆矩阵（训练样本）

图 7.7.5　混淆矩阵（测试样本）

使用机器学习方式确实得到了比常规判别方法更好的结果,这是技术进步带来的成就。可以通过修改构建模型步骤中的"卷积层、池化层及全连接层"相关参数或者增加相应的层对模型进行进一步的处理,或许还能继续改进模型训练和测试的效果。

思考与练习

1. 通过 R 语言相关程序包提取手机中一张带有人物的照片,将该彩色照片及其灰度图、二值化图片、灰度直方图一同绘制到图像窗口中(以 2 行×2 列方式划分画布区域)。

2. 基于灰度化过程,构建一种灰度化算法,实现自定义灰度图。

3. 基于二值化过程,构建一种二值化算法,实现自定义二值化图片。

4. 提取手机中的 200 张照片作为图片集,尝试构建一种快速聚类的方法,实现对图片集的简单聚类,比如常见的风景与人物照片的归类。

5. 自拍一张人物头像照片,尝试构建一种子图快速匹配算法,找出练习题 4 的图片集中所有匹配到的图片。

6. 对于程序包 keras 中的 CIFAR-10 数据集,尝试完成如下两项工作:

(1)采用不同的"卷积→池化→扁平→隐藏"方式进行分类模型构建,并进行比较。

(2)使用本章的图像灰度图或者哈希值代替图像像素 RGB 值进行机器学习。

7. 对于程序包 keras 中的手写数字 mnist 数据集,尝试通过机器学习模型进行分类与预测。

8. 对于程序包 keras 中的 CIFAR-100 数据集,尝试完成如下两项工作:

(1)使用像素的 RGB 三原色建立机器学习模型进行分类与预测;

(2)使用本章的图像灰度图或者哈希值代替图像像素 RGB 值进行机器学习。

第 8 章
决策思维：文本挖掘中的统计问题

文字是记录人类文明活动的一种重要工具和主要形式。在海量的文本中蕴含着许多有价值的信息，通过对文本数据的探索、挖掘、统计与分析，能够形成一种认知模式，有助于人们更好地回望过去、理解现在和预测未来。

中华文化博大精深，中文语义具有语境多样性，因此中文分词更具挑战。本章重点阐述文本数据挖掘中的中文分词、词云可视化、分词算法、文本描述性统计和文本评价等内容。

8.1 中文分词与词云可视化

文本数据的可视化是一种直观、快速展示文本信息的重要手段，对文本中关键词的频数进行统计，依据频数有规律地绘制主要关键词的信息，有助于突出文本数据的内在价值。

分词是对文本数据最基本的加工处理，在有效分词的基础上，可对词进行频数统计，并合理估计词的概率分布，从而使得利用概率统计思想解决文本数据的相关问题成为可能。

在 R 软件中，分词可用程序包 jiebaR，词云可视化可用程序包 wordcloud 和 wordcloud2。jiebaR 是一款高效的 R 语言中文分词包，支持最大概率法（Maximum Probability）、隐马尔可夫模型（Hidden Markov Model）、索引模型（QuerySegment）和混合模型（MixSegment）四种分词模式，同时有词性标注、关键词提取和文本 Simhash 相似度比较等功能。而程序包 wordcloud 及 wordcloud2 则主要根据词频以不同颜色、尺寸、形状和旋转等方式直观显示词语，突出词频分析结果的可视化程度。

下面给出一个例子：将中国共产党第二十次全国代表大会的报告（简称二十大报告）全文写入文本文件"report20.txt"，将本书从内容简介到目录的所有文本写入文本文件"book.txt"中，然后利用 jiebaR 进行分词，通过 wordcloud 和 wordcloud2 进行词云绘制，以展示二十大报告的关键词汇以及本书的关键词汇。代码如程序 8.1.1 所示。

【程序 8.1.1】词云图

```
install.packages('jiebaR')                                    #安装三个程序包
install.packages('wordcloud2')
install.packages('wordcloud')
library(jiebaR);   library(wordcloud2);   library(wordcloud)   #载入三个程序包
show.wordcloud=function(filename,shape='star')
{   txt=readLines(filename);    #需要将文本文件保存成UTF-8格式，否则读入的是乱码
    txt_new=gsub('[\t|?|a-z|A-Z|0-9]','', txt);
    txt_new=gsub('[一|二|三|四|五|六|七|八|九|十|的|和|与|也|地|将|等|或|个|在|是|对|从|到|各]','', txt_new)
    seg=worker( );              freq1=freq(segment(txt_new,seg))
```

```
        index=order(-freq1[,2]);      freq1=freq1[index,]
        #左侧子图
        wordcloud(freq1$char,freq1$freq,colors = rainbow(nrow(freq1)), random.order=F)
        wordcloud2(freq1,size = 1,minRotation = -pi/3, maxRotation = pi/3,rotateRatio = 0.8,
fontFamily = "微软雅黑", color = "random-light",shape=shape)       #右侧子图
    }
    show.wordcloud('report20.txt')
    show.wordcloud('book.txt',shape='pentagon')
```

wordcloud2 函数输出的词云图形会通过默认浏览器打开，由于颜色随机，所以每次运行得到的图形的色彩均不同；而 wordcloud 函数直接在 R 软件中输出图形。输出结果大致如图 8.1.1 和图 8.1.2 所示。

图 8.1.1　二十大报告全文的词云图

二十大报告的词云充分体现了党和国家坚持发展与建设，全面推进中国式现代化，加强党的领导和始终以人民为中心的执政理念。

图 8.1.2　本书从内容简介到目录的文本的词云图

程序包 jiebaR 中的 worker 函数非常重要，它根据各种给定参数完成分词相关的工作，具体的函数定义如下，其参数及含义如表 8.1.1 所示。

```
worker(type ="mix", dict = DICTPATH, hmm = HMMPATH, user = USERPATH,idf = IDFPATH,
stop_word = STOPPATH, write = T, qmax =20, topn =5, encoding ="UTF-8", detect = T,
symbol = F, lines = 1e+05, output =NULL, bylines = F,  user_weight ="max")
```

表 8.1.1 worker 函数的参数及其含义

参数	类型	含义
type	字符型	分词引擎的类型，包括 mix，mp，hmm，full，query，tag，simhash，keywords，分别对应混合、支持最大概率、隐马尔可夫、全模式、索引、词性标注、文本 Simhash 相似度比较、关键词
dict	字符型	词库路径，除不支持上述的 query 外，其他都支持
hmm	字符型	指向隐马尔可夫模型的路径，不支持 mp 和 full 两种引擎
user	字符型	指向用户词库路径，支持 mix，full，tag 和 mp 引擎
idf	字符型	指向逆文本频率指数路径，支持 simhash 和 keywords 两种引擎
stop_word	字符型	指向停用词文件路径，应用于 simhash，keywords 等引擎
qmax	整数	词的最大查询长度，应用于 query 引擎
topn	整数	关键词的个数，应用于 simhash 和 keywords 引擎
encoding	字符型	指定输入文件的字符编码方式
symbol	逻辑型	是否在句子中保留符号，默认是 FALSE
lines	整数	读取文件时一次读取的最大行数
output	字符型	输出文件的路径，服务于分段和语音标记的 worker
bylines	整数	返回输入的文件的行数
user_weight	字符型	指定用户词库中词的权重，有 min，max 和 median 三种选择

第二个重要的函数是 segment，它将基于分词环境设置指示 worker 完成分词工作，返回分词的结果，类型为字符型数组。该函数定义为 segment(code, jiebar, mod =NULL)，参数及其含义如表 8.1.2 所示。

表 8.1.2 segment 函数的参数及其含义

参数	类型	含义
code	字符型	指定文本字符串或者文本文件路径
jiebar	字符型	指向 jiebaR 的 worker 函数返回值
mod	字符型	指向分词引擎，如 mix，hmm，query，full 或 mp

该包中的其他函数及其参数、说明如表 8.1.3 所示。

表 8.1.3 其他函数及其参数、说明

函数	参数	说明
freq	x	字符型数组，返回 data.frame，其第一列为 char 词语，第二列为 freq 频数
keywords	code, jiebar	根据引擎为 keywords 的 worker，将字符串 code（不是字符数组）的关键词提取出来。若要指定关键词个数，需要在 worker 函数中设置 topn。此处，参数 jiebar 指的就是 worker 函数的返回值
tagging	code, jiebar	根据引擎为 tag 的 worker，对字符串 code 或文本文件路径（不是字符数组）进行分词并标注词性，具体标签符号可上网搜索。jiebar 参数的意义同上
new_user_word	worker, words	将用户词库中的 words 字符串数组增加到 worker 对象中
show_dictpath	无参数	返回词库所在的路径，即 worker 中的参数 dict。比如，dir(show_dictpath())将列出 jiebaR 使用的词典及文件
filter_segment	input, filter_words	对输入的字符串 input 过滤掉 filter_words 指定的词语

该包用到的词库文件如表 8.1.4 所示。

表 8.1.4　词库文件的组成及描述

文件	组成	描述
jieba.dict.zip 中的 jieba.dict.utf8	每行三列数据，分别为：词语、频数、类型	总共 584429 行数据，最基本的语料库，从中可查询任何一个字或词的频数
user.dict.utf8	用户自定义的词典，每行一个词语，可包括类型	默认有 5 个词语
stop_words.utf8	每行一个停用词	分词中不需要作为结果的词，比如"的"、"啊"以及各种标点符号等，默认有 1534 行

关于词库，使用默认的似乎不起作用，需要在 worker 中明确指定。比如，将停用词文件 stop_words.utf8 复制到工作目录中，再执行下面的代码才能起到停用词作用：

```
seg=worker('tag',stop_word='stop_words.utf8')
```

关于每个词的词性标签，可参考表 8.1.5。

表 8.1.5　词性对照表

符号	对应名称	说明	符号	对应名称	说明
Ag	形语素	形容词性语素。形容词代码为 a，语素代码 g 前面置以 A	ns	地名	名词代码 n 和处所词代码 s 并在一起
a	形容词	取单词 adjective 的第 1 个字母	nt	机构团体	"团"的声母为 t，名词代码 n 和 t 并在一起
ad	副形词	直接作状语的形容词。形容词代码 a 和副词代码 d 并在一起	nz	其他专名	"专"的声母的第 1 个字母为 z，名词代码 n 和 z 并在一起
an	名形词	具有名词功能的形容词。形容词代码 a 和名词代码 n 并在一起	o	拟声词	取单词 onomatopoeia 的第 1 个字母
b	区别词	取汉字"别"的声母	p	介词	取单词 prepositional 的第 1 个字母
c	连词	取单词 conjunction 的第 1 个字母	q	量词	取单词 quantity 的第 1 个字母
Dg	副语素	副词性语素。副词代码为 d，语素代码 g 前面置以 D	r	代词	取单词 pronoun 的第 2 个字母，因为 p 已用于介词
d	副词	取单词 adverb 的第 2 个字母，因其第 1 个字母已用于形容词	s	处所词	取单词 space 的第 1 个字母
e	叹词	取单词 exclamation 的第 1 个字母	Tg	时语素	时间词性语素。时间词代码为 t，在语素的代码 g 前面置以 T
f	方位词	取汉字"方"的声母	t	时间词	取单词 time 的第 1 个字母
g	语素	取汉字"根"的声母，绝大多数语素都能作为合成词的"词根"	u	助词	取单词 auxiliary 的第 2 个字母，因 a 已用于形容词
h	前接成分	取单词 head 的第 1 个字母	Vg	动语素	动词性语素。动词代码为 v，在语素的代码 g 前面置以 V
i	成语	取单词 idiom 的第 1 个字母	v	动词	取单词 verb 的第 1 个字母
j	简称略语	取汉字"简"的声母	vd	副动词	直接作状语的动词。动词和副词的代码并在一起
k	后接成分	—	vn	名动词	指具有名词功能的动词。动词和名词的代码并在一起

续表

符号	对应名称	说明	符号	对应名称	说明
l	习用语	取"临"的声母，习用语尚未成为常用语，有点"临时性"	w	标点符号	—
m	数词	取单词 numeral 的第 3 个字母 m，因为 n，u 已有他用	x	非语素字	非语素字只是一个符号，字母 x 通常用于代表未知数、符号
Ng	名语素	名词性语素。名词代码为 n，语素代码 g 前面置以 N	y	语气词	取汉字"语"的声母
n	名词	取单词 noun 的第 1 个字母	z	状态词	取汉字"状"的声母的前一个字母
nr	人名	名词代码 n 和"人（ren）"的声母并在一起			

8.2 分词的实现算法

分词是自然语言处理（NLP）的基础工作，特别是中文分词，难度较高。中文以字为单位，字的组合构成词，不同的组合有不同含义。由于中文的博大精深，对一个句子，不同的分词方式可能会产生完全不同的分词解读效果。分词时没有统一的规范、歧义切分、多组合切分、交集切分以及未登录词等，都是中文分词困难的体现。

相邻搭配的字同时出现的次数越多，其构成一个词语的可能性就越大。因此，给定语料库，对其所包含的所有字与字的组合（简称字组）的频率进行统计，若字组的频率（简称词频）超过一个给定阈值，则判断其可能为一个词语，这就形成了**全切分分词法**。而 8.1 节中的程序包 jiebaR 提供的就是基于词频统计的分词方法，但它采用动态规划查找最大概率路径，即找出基于词频的最大切分组合来进行分词。而对于未登录词（即不在库中的词语），则采用了基于汉字成词能力的隐马尔可夫模型（HMM），使用维特比（Viterbi）算法实现。

1. 分词模型

现代分词方法大多源于概率统计方法，其样本内容绝大部分来自公认的**标准语料库**，如人民日报的语料等。为了进一步说明分词问题，以"福州大学城国家科技园"为例进行说明，可能得到多种分词方式：

福州/大学城/国家/科技园，福州/大学/城/国家/科技/园，福州大学城/国家科技园

显然，第一种分词方式的概率比第二种大得多，这涉及语言模型问题。所谓**语言模型**，就是计算一个句子成为常规意义下正常句子的概率模型。假设一个句子 S 的 m 种分词方式为

$$S_i = \{W_{i,1}, W_{i,2}, \cdots, W_{i,n_i}\}, \ i=1,2,\cdots,m$$

其中，S_i 表示第 i 种分词方式，n_i 表示第 i 种分词方式 S_i 的词语总量，$W_{i,j}$ 表示第 i 种分词方式 S_i 的第 j 个词语。

分词就是最大化分词组合概率，即找出某种分词方式使其产生的词语组合概率最大，即

$$P(S_*) = \max_i P(S_i) = \max_i P(W_{i,1}, W_{i,2}, \cdots, W_{i,n_i}) \tag{8.2.1}$$

上述概率称为**联合分布概率**，由概率的乘法公式可知

$$P(W_{i,1},W_{i,2},\cdots,W_{i,n_i})=P(W_{i,1})P(W_{i,2}|W_{i,1})\cdots P(W_{i,n_i}|W_{i,1},W_{i,2}\cdots,W_{i,n_i-1}) \quad (8.2.2)$$

上述联合分布概率的计算复杂度非常高，且可能存在概率为 0 的问题。具体如下：

（1）条件概率可能性太多，无法有效计算。

（2）某些生僻词或相邻分词的联合分布没在语料库中出现，导致出现概率为 0 的情况。

为解决上述问题，就需要用到语言模型。首先引入马尔可夫假设：任意一个词出现的概率只与它前面出现的有限个词有关。此处，"有限个"若为 $N-1$ 个（$N \geq 1$），就称基于马尔可夫假设的语言模型为 **N 元语言模型**，比较常用的是二元语言模型和三元语言模型等。

一元语言模型 中假设每个词出现是独立的，则式（8.2.2）变成

$$P(W_{i,1},W_{i,2},\cdots,W_{i,n_i})=P(W_{i,1})P(W_{i,2})\cdots P(W_{i,n_i})$$

该概率可通过语料库中对应词出现的概率（通常用频率代替）相乘得到。

二元语言模型 中假设每个词出现只与上一个词有关，则式（8.2.2）变成

$$P(W_{i,1},W_{i,2},\cdots,W_{i,n_i})=P(W_{i,1})P(W_{i,2}|W_{i,1})\cdots P(W_{i,n_i}|W_{i,n_i-1})$$

同样，通过语料库可以近似计算任意一个二元条件概率

$$P(W_{i,j+1}|W_{i,j})=\frac{P(W_{i,j+1},W_{i,j})}{P(W_{i,j})}\approx\frac{\text{freq}(W_{i,j+1},W_{i,j})}{\text{freq}(W_{i,j})}, \quad j=1,2,\cdots,n_i-1$$

其中，$\text{freq}(W)$ 表示 W 在语料库中出现的频数，$\text{freq}(W_1,W_2)$ 表示 W_1 和 W_2 在语料库中同时出现的频数。

通过以上方法可求出各种分词组合的联合分布概率，进而找到最大概率对应的分词组合，即为最大概率下的**最优分词**。

但是，如果语料库庞大，在满足归一性的前提下，每个词出现的概率将非常小，由式（8.2.2）乘积计算的分词概率结果将非常之小，甚至产生计算溢出问题。为此，对于上述概率计算问题，通过对数方式将乘法运算变成加法运算，从而避免相乘为 0 与溢出问题，即

$$\log(P(W_{i,1},W_{i,2},\cdots,W_{i,n_i}))=\log(P(W_{i,1}))+\log(P(W_{i,2}|W_{i,1}))+\cdots+\log(P(W_{i,n_i}|W_{i,1},W_{i,2}\cdots,W_{i,n_i-1}))$$

求概率极大值的问题，可以通过取对数相反数（$-\ln(P)$）的方式进一步转化为求极小值问题，并将概率为零的词语赋予一个极小的概率值，如 1e-10，经对数化并取相反数（-ln(1e-10) 约为 23.03）使其变成较大的数，这样有利于问题表述，还不影响极小值求解。

在实际操作中，当文本句子够长时，其分词组合情况将非常多，要遍历所有组合，再从中找出最优分词，计算复杂度将非常高，难以快速实现。为了提高分词的效率，需要采用动态规划算法，其中最为著名的是**维特比（Viterbi）算法**。

维特比算法由安德鲁·维特比（Andrew Viterbi）于 1967 年提出，用于在数字通信链路中求解卷积以消除噪声。此算法被广泛应用于在 CDMA 和 GSM 数字蜂窝网络、拨号调制解调器、卫星、深空通信和 802.11 无线网络中求解卷积码。维特比算法是一个特殊但应用广泛的动态规划算法。利用动态规划，可以解决任何一个图中的最短路径问题。而维特比算法是针对特殊的图——篱笆网络（Lattice）的有向图最短路径问题而提出的。它之所以重要，是因为凡是使用隐马尔可夫模型描述的问题都可以用它来解码，包括数字通信、语音识别、机器翻译、拼音转汉字、分词等。

2. 维特比算法的分词过程

维特比算法主要用来解决动态规划最优化问题，基于局部最优寻找全局最优，是一种动态规划最大概率寻找法。下面通过"福州大学城国家科技园"的分词过程来阐述该算法。

（1）首先通过所建立的语料库，确定一个句子中所有可能的字或词语的概率及-log(P)。假设从某语料库统计得到的所有可能的字或词语概率及-log(P)如表8.2.1所示。

表 8.2.1 所有可能的字或词语的概率及-log(P)

字或词语	福	州	福州	大	学	大学	城	大学城	国	家	国家	科技	园	科技园
概率	0.06	0.01	0.15	0.05	0.01	0.15	0.01	0.1	0.1	0.05	0.1	0.12	0.01	0.08
-log(P)	2.81	4.61	1.90	3.00	4.61	1.90	4.61	2.30	2.30	3.00	2.30	2.12	4.61	2.53

假设"科""技"这两个字没有出现，则分别赋予1e-10的概率，其-log(P)均为23.03。

（2）创建带权重的有向图。

将句子补上开始和结束，然后按每个字分割出节点，每个字对应一个节点，每个节点代表其之前的字，如图8.2.1所示。

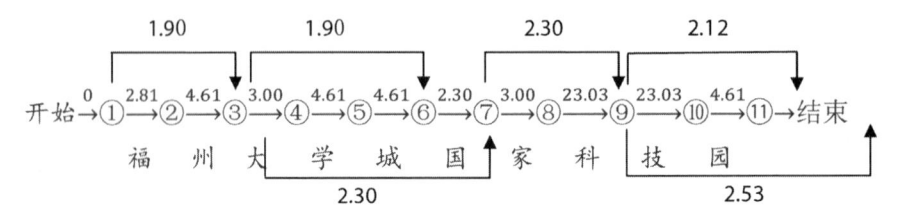

图 8.2.1 节点与权重有向图

上述编号①到⑪表示节点，每个节点代表其前面的字，比如①代表起始空状态，此时概率为1，对应的-log(1)则为0；②代表"福"字，⑪代表"园"字。节点与节点之间的连线表示边，其上的数字为权重，可以是概率P或-log(P)，图8.2.1使用-log(P)。路径①→③表示从起点①到③的字连成一个词，如上对应了"福州"。

（3）计算每个节点的最大概率或最小的-log(P)。

定义函数$g(i)$表示从节点①到第i个节点的最大概率值或最短路径的值，显然用-log(P)代替概率作为权重，通过加法实现最短路径计算会更为方便。表8.2.2采用最短路径方式计算到达每个节点的最短路径。在第i个节点最短的基础上计算第$i+1$个节点，但到达第$i+1$个节点的最短路径不一定是从第i个节点开始的，可以从前面的节点到达。

表 8.2.2 计算过程

节点	函数	多条可能路径计算	选择	到第i个节点的最短路径
①	g(1)	=0	√	
②	g(2)	=g(1)+2.81=2.81	√	→②
③	g(3)	=g(2)+4.61=7.42		→③
		=g(1)+1.90=1.90	√	
④	g(4)	=g(3)+3.00=4.90	√	→③→④
⑤	g(5)	=g(4)+4.61=9.51		→③→⑤
		=g(3)+1.90=3.80	√	
⑥	g(6)	=g(5)+4.61=8.41		→③→⑥
		=g(3)+2.30=4.20	√	

续表

节点	函数	多条可能路径计算	选择	到第 i 个节点的最短路径
⑦	g(7)	=g(6)+2.30=6.50	√	→③→⑥→⑦→⑧
⑧	g(8)	=g(7)+3.00=9.50 =g(6)+2.30=6.50	√	→③→⑥→⑧
⑨	g(9)	=g(8)+23.03=29.53	√	→③→⑥→⑧→⑨
⑩	g(10)	=g(9)+23.03=42.56 =g(8)+2.12=8.62	√	→③→⑥→⑧→⑩
⑪	g(11)	=g(10)+4.61=13.23 =g(8)+2.53=9.03	√	→③→⑥→⑧→⑪

到达终点时，最短的路径是①→③→⑥→⑧→⑪，其中，①→③表示从节点②到节点③的字组合在一起构成一个语句，③→⑥则表示节点④到节点⑥对应的字组合在一起构成一个词语，同理，⑧→⑪则表示从节点⑨到节点⑪的字组合在一起构成一个词语，于是得到最优分词结果为

{福州，大学城，国家，科技园}

上述求解最短路径（最优分词）的算法就是维特比算法在分词上的具体应用。

为了完成第一步，我们利用表 8.1.3 中的 show_dictpath() 函数得到 jiebaR 的语料库路径，将其中的 jieba.dict.zip 文件解压后得到 "jieba.dict.utf8" 文件，通过 scan 函数读入再转化成数据框，然后计算每个可能词语的概率 P 以及 $-\log(P)$ 以便处理。具体过程如程序 8.2.1 所示。

【程序 8.2.1】获取权重

```
fname=show_dictpath()
fname=paste(fname, '/jieba.dict.utf8',sep='')    #上述两句得到语料库路径
a=scan(fname,what=list('','',''),sep=' ',encoding='utf-8',fileEncoding='utf-8')
dat=data.frame(words=a[[1]], freq=as.integer(a[[2]]), type=a[[3]])
ind1=match('福',dat[,1])
ind2=match('福州',dat[,1])      #得到行下标后可访问所在行频数等
dat[ind1,]                      #显示词所在行信息
dat[ind2,]
words=c('福','州','福州','大','学','大学','城','大学城','国','家','国家','科','技','科技',
'园','科技园')
freq=sapply(words,match,table=dat[,1]);    #需要较长的检索时间,大概耗费 13 秒
sumfreq=sum(dat[,2]);weight=-log(freq/sumfreq)   #得到有向图中的权重
round(weight,2)                 #保留 2 位小数
```

执行上述代码输出的结果如下:

```
         words    freq    type
386128   福       2920    ns
         words    freq    type
386328   福州     897     ns

 福     州     福州   大     学     大学   城     大学城  国     家     国家   科     技
 5.42  6.15   5.42   6.38   6.28   6.37   6.44   6.37    6.49   6.23   6.49   5.41   5.94
 科技  园     科技园
 5.41  6.50   5.41
```

用此处权重代替图 8.2.1 中的权重，重新计算一遍最短路径，得到的最短路径也是①→③→⑥→⑧→⑪，对应的最优分词结果也是**{福州，大学城，国家，科技园}**，具体的计算过程不再赘述。

8.3 朴素贝叶斯决策

文字是人类记录信息的重要手段，也是人类交流的一种重要媒介。一部著作、一篇报告、一首诗歌等，都蕴含着人类的情感、记忆和丰富的信息，通过文本数据的挖掘与分析技术，在浩瀚的文字海洋中探索规律并发现其价值，已成为一个非常重要的研究方向。通过对文档内容（文本）进行分析并结合其他机器学习和人工智能手段，能够实现文档聚类、文档归类判别、自动文摘、文本数据压缩等各种应用，同时在各个领域发挥重要的作用。

中文词语的特殊性在于，它的含义在不同的语境中可能完全不同。本节主要在中文文本分词的基础上，结合贝叶斯概率介绍一种基于文本的贝叶斯决策，探讨文本统计的一种实现。托马斯·贝叶斯（见图 8.3.1）提出了贝叶斯概率的公式，是贝叶斯统计的创立者。

图 8.3.1　托马斯·贝叶斯（1702—1763）

8.3.1　文本中的贝叶斯概率

假定某种应用中将文档分成 C 类，其中 $C>1$。基于该应用给出样本量为 n 的学习样本，不妨将样本记为 (X,Y)，其中 X 表示文档内容，Y 为文档类别，取值为 1 到 C 的整数。为了便于描述上述问题，基于分词技术，将文档内容 X 简化表示成词语集合，如 $X=\{W_1,W_2,\cdots,W_p\}$，$W_i(i=1,2,...,p)$ 表示词语。很显然，这种简化可能无法真实准确地表达文档的内在逻辑，因为它忽略了词语之间的逻辑顺序，会导致不同的语义得到相同的词语集合（如"我怕老鼠"和"老鼠怕我"都处理成"我，怕，老鼠"），虽然可能产生歧义，但依然不失为一种可行的方式。

一个文档所包含的词语数量已经很大，而 n 个文档汇总起来就更为庞大了。如何选择有代表性并能有效区分文档类别的词语集合，是一个难题。要注意的是，这里选出的词语集合是各类文档特征词语汇集而成的，但从每类甚至每个文档中提取特征词语后，还不一定都含有上述词语集合。为了便于分析，假设训练样本为

$$(w_{i1},w_{i2},\cdots,w_{ip},y_i),\ \ i=1,2,\cdots,n \tag{8.3.1}$$

为了能够在给定 $X=\{w_1,w_2,\cdots,w_p\}$ 时推断其所在的类别 $Y=y$，不妨假设 (X,Y) 的联合概率

为 $P(X=(w_1,w_2,\cdots,w_p),Y=y)$，$y\in[1,C]$。依据概率论中的乘法公式，可得

$$P(X=(w_1,w_2,\cdots,w_p),Y=y)=\begin{cases}P(X=(w_1,w_2,\cdots,w_p)|Y=y)P(Y=y)\\P(Y=y|X=(w_1,w_2,\cdots,w_p))P(X=(w_1,w_2,\cdots,w_p))\end{cases}$$

由此可得归到 y 类的概率 $P(Y=y|X=(w_1,w_2,\cdots,w_p))$，也称为后验概率，即

$$P(Y=y|X=(w_1,w_2,\cdots,w_p))=\frac{P(X=(w_1,w_2,\cdots,w_p)|Y=y)P(Y=y)}{P(X=(w_1,w_2,\cdots,w_p))} \tag{8.3.2}$$

其中，$P(Y=y)$ 为归到 y 类的先验概率，而称

$$P(X=(w_1,w_2,\cdots,w_p))=\sum_{c=1}^{C}P(X=(w_1,w_2,\cdots,w_p)|Y=c)P(Y=c)$$

为全概率，因此式（8.3.2）是典型的贝叶斯概率。若以概率最大化作为判定归类的准则，即

$$\begin{aligned}P(Y=y|X=(w_1,w_2,\cdots,w_p))&=\max_{1\leqslant c\leqslant C}\frac{P(X=(w_1,w_2,\cdots,w_p)|Y=c)P(Y=c)}{P(X=(w_1,w_2,\cdots,w_p))}\\&=\max_{1\leqslant c\leqslant C}P(X=(w_1,w_2,\cdots,w_p)|Y=c)P(Y=c)\end{aligned} \tag{8.3.3}$$

则判定具有特征组合 $X=(w_1,w_2,\cdots,w_p)$ 的样本归到 y 类。此处对各样本点（文档）归类概率计算时，分母均相同，故只需比较分子即可。

8.3.2 概率计算的简化

如何实现式（8.3.3）的计算呢？这涉及概率的估计问题，基于大数定律，使用频率估计概率是一种行之有效的估计手段。因此，对于样本训练集，以样本训练集中出现 $\{Y=c\}$ 的频率估计 $P(Y=c)$ 是合适的，即

$$P(Y=c)\approx\frac{\#\{S(Y=c)\}}{n}=\frac{n_c}{n} \tag{8.3.4}$$

其中，$\#\{S\}$ 表示集合 S 中的元素个数并记为 n_c，基于式（8.3.1）的 n 个样本点，有

$$S(Y=c)=\{i\,|\,y_i=c,i=1,2,\cdots,n\}$$

而对于 $P(X=(w_1,w_2,\cdots,w_p)|Y=c)$ 的估计，就需要基于合理的条件独立性假设了，即认为在 $\{Y=c\}$ 的条件下，$w_1,w_2,\cdots,w_p$ 的出现是相互独立的。这样的假定虽然不一定准确，但是一种对条件概率分布的简化处理，具有一定的合理性和现实可行性。

（1）若全局词语集合 $\{W_1,W_2,\cdots,W_p\}$ 与 $\{w_1,w_2,\cdots,w_p\}$ 一一对应，即 $w_j=W_j$，则

$$\begin{aligned}&P(X=(w_1,w_2,\cdots,w_p)|Y=c)\\&=P(w_1=W_1|Y=c)\cdots P(w_p=W_p|Y=c)\\&=\prod_{j=1}^{p}P(w_j=W_j|Y=c)\end{aligned} \tag{8.3.5}$$

依据大数定律，式（8.3.5）中的概率项 $P(w_j=W_j|Y=c)$ 可近似表示为

$$P(w_j = W_j \mid Y = c) \approx \frac{\#\{S(w_j = W_j)\}}{\#\{S(Y = c)\}} = \frac{\#\{S(w_j = W_j)\}}{n_c} \tag{8.3.6}$$

其中，$S(w_j = W_j) = \{i \mid w_j = W_{i,j}, i = 1, 2, \cdots, n\}$，表示训练样本集中出现 w_j 特征的样本点集合，不妨将该集合的元素个数记为 n_{W_j}。于是，式（8.3.3）可以简化成

$$\begin{aligned}
&\max_{1 \leqslant c \leqslant C} P(X = (w_1, w_2, \cdots, w_p) \mid Y = c) P(Y = c) \\
&= \max_{1 \leqslant c \leqslant C} \left(\prod_{j=1}^{p} \frac{\#\{S(w_j = W_j)\}}{\#\{S(Y = c)\}} \right) \frac{\#\{S(Y = c)\}}{n} \\
&= \max_{1 \leqslant c \leqslant C} \left(\prod_{j=1}^{p} \frac{\#\{S(w_j = W_j)\}}{n_c} \right) \frac{n_c}{n} = \max_{1 \leqslant c \leqslant C} \left(\prod_{j=1}^{p} \frac{n_{W_j}}{n_c} \right) \frac{n_c}{n}
\end{aligned} \tag{8.3.7}$$

为了避免连乘导致的计算溢出，将式（8.3.7）取对数，即

$$\begin{aligned}
&\max_{1 \leqslant c \leqslant C} \ln(P(X = (w_1, w_2, \cdots, w_p) \mid Y = c) P(Y = c)) \\
&\approx \max_{1 \leqslant c \leqslant C} \ln \left(\left(\prod_{j=1}^{p} \frac{n_{W_j}}{n_c} \right) \frac{n_c}{n} \right) = \max_{1 \leqslant c \leqslant C} \sum_{j=1}^{p} \ln \left(\frac{n_{W_j}}{n_c} \right) + \ln \frac{n_c}{n}
\end{aligned} \tag{8.3.8}$$

为避免出现 $\ln(0)$ 的问题，可技术性地认为 w_i 特征至少出现 1 次，同时分母的总量上增加 2，抵消分子加 1 的影响。于是，式（8.3.8）可进一步近似成

$$\max_{1 \leqslant c \leqslant C} \ln(P(X = (w_1, w_2, \cdots, w_p) \mid Y = c) P(Y = c)) \approx \max_{1 \leqslant c \leqslant C} \sum_{j=1}^{p} \ln \left(\frac{n_{w_j} + 1}{n_c + 2} \right) + \ln \frac{n_c}{n} \tag{8.3.9}$$

（2）若部分 $w_j = $ "（即 $u_j \neq W_j$），即某些全局特征词语 W_j 没有在待判样本点中出现，则可通过对立事件方式进行概率估计，该特征没有出现的概率等于 1-该特征出现的概率，即

$$P(w_j = \text{"} \mid Y = c) = 1 - P(w_j = W_j \mid Y = c)$$

综上所述，若 $I(x) = \begin{cases} 1, & x \text{为真} \\ 0, & x \text{为假} \end{cases}$，则概率 $P(X = (w_1, w_2, \cdots, w_p) \mid Y = c)$ 的估计统一表示为

$$\begin{aligned}
&\max_{1 \leqslant c \leqslant C} \ln(P(X = (w_1, w_2, \cdots, w_p) \mid Y = c) P(Y = c)) \\
&\approx \max_{1 \leqslant c \leqslant C} \sum_{j=1}^{p} \left(\ln \frac{n_{W_j} + 1}{n_c + 2} \right)^{I(w_j = W_j)} \left(\ln(1 - \frac{n_{W_j} + 1}{n_c + 2}) \right)^{1 - I(w_j = W_j)} + \ln(\frac{n_c}{n})
\end{aligned} \tag{8.3.10}$$

至此，便得到了基于文件粒度估算 $P(Y = c)$ 和 $P(X = (w_1, w_2, \cdots, w_p) \mid Y = c)$ 的过程，式（8.3.10）呈现了 0-1 分布的形式，故称上述基于分词分类的模型为伯努利模型。

显然，上述的伯努利模型只考虑到词语出现与否，它的计算粒度只到文件数量这一级，没有考虑到词语出现的频数。因此，若将计算粒度精细到词语，从词语出现的频数来估计 $P(Y = c)$ 和 $P(X = (w_1, w_2, \cdots, w_p) \mid Y = c)$，就能得到一种新的分类模型。

8.3.3 实例计算

"概率论和数理统计"课程是由两个学科分支构成的，它们研究的问题既有关联，又有明

显区别。假设分析了 10 篇文档，并按照某种方式提取特征词语形成词语集合 $\{W_1, W_2, \cdots, W_p\}$，然后按照"概率"和"统计"两种类别对文档进行分类，数据如下。

词语集合={概率，随机变量，随机事件，密度函数，分布函数，期望，方差，相关系数，大数定律，中心极限定理，总体，样本，抽样，统计量，估计，检验}，可得 $p=16$。样本数据的类别信息如表 8.3.1 所示。

表 8.3.1 样本数据的类别信息

文档	特征词语	类别
1	概率，随机事件，随机变量，密度函数，分布函数	概率
2	样本，密度函数，统计量，估计，期望	统计
3	大数定律，中心极限定理，期望，方差，分布函数	概率
4	大数定律，中心极限定理，估计，统计量	统计
5	随机变量，期望，相关系数	概率
6	总体，抽样，统计量，概率，密度函数	统计
7	分布函数，总体，估计，中心极限定理，统计量	统计
8	总体，样本，统计量，中心极限定理，检验	统计
9	概率，检验，统计量，总体	统计
10	概率，大数定律，期望，方差，估计	概率

给定一个新文档 $X=\{$概率，总体，样本，统计量，检验，分布函数，中心极限定理$\}$，下面给出该文档的归类过程。

步骤 1 计算基本数据。

确定类别及频率：$C=\{c_1=$概率$, c_2=$统计$\}$，$n_{c_1}=4$，$n_{c_2}=6$，$n=10$，$p=16$。统计过程如程序 8.3.1 所示，输出结果整理后如表 8.3.2 所示。

【**程序 8.3.1**】**计算特征词语频数**

```
X=list(x1=c('概率','随机事件','随机变量','密度函数','分布函数'),
x2=c('样本','密度函数','统计量','估计','期望'),x3=c('大数定律','中心极限定理','期望','方差','分布函数'),
x4=c('大数定律','中心极限定理','估计','统计量'),x5=c('随机变量','期望','相关系数'),
x6=c('总体','抽样','统计量','概率','密度函数'),x7=c('分布函数','总体','估计','中心极限定理','统计量'),
x8=c('总体','样本','统计量','中心极限定理','检验'),x9=c('概率','检验','统计量','总体'),
x10=c('概率','大数定律','期望','方差','估计'),y=c(1,2,1,2,1,2,2,2,2,1))
W=c('概率','随机变量','随机事件','密度函数','分布函数','期望','方差','相关系数','大数定律','中心极限定理','总体','样本','抽样','统计量','估计','检验')          #全局词语集合
a=rep(1,16);    names(a)=W                    #临时变量，为了计算频数
f1=rep(0,16);   names(f1)=W;    f2=f1         #f1,f2 用来记录分类的特征频数
for(i in 1:10)
  if(X$y[i]==1)  f1[X[[i]]]= f1[X[[i]]]+a[X[[i]]]  else  f2[X[[i]]]= f2[X[[i]]]+a[X[[i]]]
f1;  f2                                        #输出分类统计的频数
```

表 8.3.2 特征词语及频数

词语	概率	随机变量	随机事件	密度函数	分布函数	期望	方差	相关系数
c_1 中频数	2	2	1	1	2	3	2	1
c_2 中频数	2	0	0	2	1	1	0	0

续表

词语	大数定律	中心极限定理	总体	样本	抽样	统计量	估计	检验
c_1中频数	2	1	0	0	0	0	1	0
c_2中频数	1	3	4	2	1	6	3	2

步骤 2 根据式（8.3.10）进行计算，过程见程序 8.3.2，输出结果整理后如表 8.3.3 和表 8.3.4 所示。

【程序 8.3.2】判别结果

```
x=c('概率','总体','样本','统计量','检验','分布函数','中心极限定理')  #待判样本点
n=c(4,6,10)                                                       #先验分布
p=numeric(2)                                                      #存储两个类的概率对数
p1=(f1+1)/(n[1]+2)
p2=(f2+1)/(n[2]+2)                                                #得到表 8.3.3 中的数据
for(i in length(W))
{ if(W[i] %in% x) { p[1]=p[1]+log(p1[i]);    p[2]=p[2]+log(p2[i]); }
  else { p[1]=p[1]+log(1-p1[i]);    p[2]=p[2]+log(1-p2[i]); }
}
p[1]=p[1]+log(n[1]/n[3])
p[2]=p[2]+log(n[2]/n[3])
p
```

表 8.3.3 过程表

词语	概率	随机变量	随机事件	密度函数	分布函数	期望	方差	相关系数
c_1中频数	2	2	1	1	2	3	2	1
$\dfrac{n_{W_j}+1}{n_{c_1}+2}$	1/2	1/2	1/3	1/3	1/2	2/3	1/2	1/3
c_2中频数	2	0	0	2	1	1	0	0
$\dfrac{n_{W_j}+1}{n_{c_2}+2}$	3/8	1/8	1/8	3/8	1/4	1/4	1/8	1/8

词语	大数定律	中心极限定理	总体	样本	抽样	统计量	估计	检验
c_1中频数	2	1	0	0	0	0	1	0
$\dfrac{n_{W_j}+1}{n_{c_1}+2}$	1/2	1/3	1/6	1/6	1/6	1/6	1/3	1/6
c_2中频数	1	3	4	2	1	6	3	2
$\dfrac{n_{W_j}+1}{n_{c_2}+2}$	1/4	1/2	5/8	2/8	1/4	7/8	1/2	2/8

表 8.3.4 结果表

类别	$\sum_{j=1}^{p}\left(\ln\dfrac{n_{W_j}+1}{n_c+2}\right)^{I(w_j=W_j)}\left(\ln\left(1-\dfrac{n_{W_j}+1}{n_c+2}\right)\right)^{1-I(w_j=W_j)}$	$\ln(\dfrac{n_c}{n})$	总和
概率 c_1	−1.7917595	−0.9162907	−2.7080502
统计 c_2	−0.9808293	−0.5108256	−1.491655

因此，从计算结果看，给定的样本点 $X=\{$概率，总体，样本，统计量，检验，分布函数，中心极限定理$\}$被判到 c_2 类统计文档中。

8.4 实例分析——酒店评价的统计分析

顾客对服务行业的评论或评价是顾客对所接受服务质量的最直接反馈，里面包含着非常丰富的信息。对这些信息的挖掘有利于评估顾客对服务的满意度和关注点，发现服务中存在的问题等。对大量的评论或评价文本进行词频和情感分析，能够较好地挖掘出其价值，从而对服务质量的提升提供有效的参考并辅助决策。

现提供一组某酒店的二分类评价数据，共计 7765 条记录，每条记录由标签和内容构成，通过逗号分隔，即"label,review"。其中，标签 label 为 1 表示该记录对应的评价内容（review）是正向的，共有 5322 条；标签 label 为 0 表示对应的评价内容（review）是负向的，共有 2443 条。假定数据文件名为"hotelreview.txt"，存放在工作目录下。分别提取正向/负向评价各 3 条，如表 8.4.1 所示。

表 8.4.1 某酒店的评价数据

标签	内容
1	总的来说，这样的酒店配这样的价格还算可以，希望赶快装修，给我的客人留些好的印象
1	商务大床房，房间很大，床有 2m 宽，整体感觉经济实惠，不错
1	总体感觉不错，美中不足的是房与房之间隔音效果不太好，还有房价感觉稍高
0	标准间太差，房间还不如 3 星的，而且设施非常陈旧，建议酒店把老的标准间重新改善
0	我 3.6 预订好的 180 元的标间，当我到的时候竟然说有会议，房间满了，我订的房间没有了，太不讲信誉了。唉！下次再也不会住了
0	房间的环境非常差，而且房间还不隔音，住得不舒服

8.4.1 探索性分析

（1）读取酒店评价数据，分解标签和内容，形成便于处理的数据。具体过程如程序 8.4.1 所示。

【程序 8.4.1】读取数据形成数据框

```
get.info=function(lines)          #从每行文本中提取 label 和 review，形成 data.frame
{  n=length(lines)
   dat=data.frame(label=rep(1,n),review=rep('',n))
   for(i in 1:n)
   {  label=as.integer(substring(lines[i],1,1))        #提取 label
      review=substring(lines[i],3,nchar(lines[i]))     #提取 review
      dat[i,]=data.frame(label=label,review=review)    #形成记录
   }
   dat$labe=as.factor(dat$label)
   return(dat)
}
reviews=readLines('hotelreview.txt')          #按行读入评价数据
dat=get.info(reviews[2:length(reviews)])      #第一行是标题，从第二行开始提取
tail(dat[,1]);    tail(dat[,2])               #输出部分数据，以便大概验证一下读取的数量和内容
```

（2）实施词频分析，包括分词处理、词频计算、关键词提取等。

使用停止词过滤机制，对评论数据进行分词，具体操作如程序 8.4.2 所示。

【程序 8.4.2】对表 8.4.1 进行分词

```
seg=worker(stop_word='stop_words.utf8')    #该文件已经存放到工作目录中
apply(tmpdat,1, segment,seg))              #假设表 8.4.1 的 6 条数据存放在 tmpdat 数据框中
```

执行上述代码，输出结果整理后如表 8.4.2 所示。

表 8.4.2　输出结果

标签	内容
1	"酒店""配""价格""还算""希望""赶快""装修""客人""留些""印象"
1	"商务""大床""房""房间""很大""床有""m""宽""整体""感觉""经济""实惠""不错"
1	"总体""感觉""不错""美中不足""房""房""之间""隔音""效果""不太好""房价""感觉""稍""高"
0	"标准间""太差""房间""星""设施""非常""陈旧""建议""酒店""老""标准间""重新""改善"
0	"3.6""预订""180""标间""竟然""说""会议""房间""满""我订""房间""没有""太""讲""信誉""下次""再也不会""住"
0	"房间""环境""非常""差""房间""隔音""住""舒服"

对全部酒店评价数据进行分词，并按照 TF-IDF 规则进行关键词提取，其中，TF（Term Frequency，词频）表示一个词语在文档中出现的频率，其计算公式为

$$TF = \frac{词语在文档中出现的次数}{文档中词语的总数}$$

IDF（Inverse Document Frequency，逆文档频率）是一个词语的重要性度量，与该词语的常见程度成反比，其计算公式为

$$IDF = \log\left(\frac{语料库文档总数}{包含该词语的文档数 + 1}\right)$$

将一个词语的 TF 与 IDF 相乘，就得到该词语的 TF-IDF。它的主要思想在于，如果某个词语在一篇文章中出现的频率 TF 很高，并且在其他文章中很少出现，则可认为该词语具有很好的类别区分能力，适合用来分类。其计算公式为

$$TF\text{-}IDF = TF * IDF$$

显然，TF-IDF 与词语在文档中出现的次数成正比，与其在所有文档中出现的次数成反比。某个词语越重要，其 TF-IDF 值就越大，因此可以采用 TF-IDF 来提取文档的关键词，形成特征词向量。

通过 show_dictpath()函数得到 jiebaR 的语料库路径，将其中的 idf.zip 文件解压后得到"idf.utf8"文件，将该文件复制到工作目录中，然后读取该文件内容到数据框变量中，这就是上述的 IDF 数据。具体过程如程序 8.4.3 所示。

【程序 8.4.3】读取 IDF 数据

```
idf=scan(file="idf.utf8",what=list(char=character(),idf=0.0),sep=' ',encoding='utf-8',fileEncoding='utf-8')
idf=as.data.frame(idf)    #将列表转化成数据框
head(idf)
```

执行上述代码，输出结果整理后如表 8.4.3 所示。

表 8.4.3 输出结果

编号	char	idf
1	劳动防护	13.90068
2	生化学	13.90068
3	奥萨贝尔	13.90068
4	考察队员	13.90068
5	岗上	11.50278
6	倒车挡	12.29124

计算评价数据中每个词语的频数以便提取关键词，具体过程如程序 8.4.4 所示。

【程序 8.4.4】提取关键词

```
freq1=freq(segment(dat[,2],seg))
index=order(-freq1[,2])      # 按照词频从大到小排序
freq1=freq1[index,]          # 重组词频数据
head(freq1)
```

执行上述代码，输出结果整理后如表 8.4.4 所示。

表 8.4.4 输出结果

编号	char	freq
13490	酒店	10055
13942	房间	6981
14308	不错	3885
20016	服务	3400
5610	没有	3177
19052	住	3175

计算词语的 TF-IDF，并提取排名前 10 的词语。为实现该功能，将数据框 freq1 和 idf 按照 char 字段进行合并；对于 freq1 中没有对应 idf 值的词语，强行将其 idf 赋值为 0，以便能够实现 TF-IDF 值的计算；最后根据 TF-IDF 值从大到小进行排序，如程序 8.4.5 所示。

【程序 8.4.5】提取关键词（自己动手手动实现）

```
tmp=merge(freq1,idf,by="char",all.x=TRUE)   #构造所有词语的 char，freq1 和 idf 数据框
tmp[is.na(tmp$idf),3]=0                      #设置无对应 idf 的词语的 idf=0
tmp$tf_idf=tmp$freq*tmp$idf                  #计算每个词语的 TF-IDF 值
head(tmp[order(-tmp$tf_idf),],10)            #得到 TF-IDF 排序前 10 的词
```

执行上述代码，输出的 tmp 数据框的前 10 行数据整理后如表 8.4.5 所示。

表 8.4.5 tmp 数据框的前 10 行数据

编号	char	freq	idf	tf_idf
12460	酒店	10055	7.197490	72370.757
7191	房间	6981	6.781042	47338.454
2702	不错	3885	6.188234	24041.288
18573	入住	2651	9.040865	23967.334
7646	服务	3400	5.342151	18163.312
27649	早餐	1996	8.597373	17160.356
17475	前台	1748	9.357383	16356.705
24493	携程	1442	10.809635	15587.494

续表

编号	char	freq	idf	tf_idf
7664	服务员	1409	8.910245	12554.535
2553	宾馆	1407	8.317181	11702.274

程序 8.4.5 也可用 jiebaR 中的 vector_keywords 函数加以实现，但是与上述的手动实现过程略有不同，最大的区别在于无对应 idf 值的词语的处理方式。具体代码如程序 8.4.6 所示。

【程序 8.4.6】提取关键词（函数实现）

```
keys=worker("keywords", topn=10)        #提取关键词 10 个
segkey1=segment(dat[,2],seg)            #对所有评价数据进行分词，seg 见程序 8.4.2
vector_keywords(segkey1,keys)           #对分词数据按照 TF-IDF 提取关键词 10 个
```

执行上述代码输出的结果如下：

```
72370.8 47338.5 37272 24241.5 24041.3 23967.3 18163.3 17160.4 16356.7 15613.1
"酒店""房间""住""说""不错""入住""服务""早餐""前台""月"
```

若在 segkey1=segment(dat[,2],seg) 中将 seg 用 keys 代替，则会出现如下的错误提示：

```
Error in segment(dat[, 2], keys) :
      不是所有的"segment" %in% class(jiebar)都是 TRUE
```

这说明程序 8.4.5 手动进行 TF-IDF 计算时，freq1 中存在无对应 idf 值的词语，从输出结果看，手动过程得到的结果更符合实际情况。因为词语"住""说""月"等对于问题的分析可能没有实质性的作用。

（3）正向/负向评价文本的词云。

对上述词频做简单分析，发现所有评价数据产生的词频的平均值为 10.9426，而标准差超过 99。在对词频超过某些数值的统计中，发现词频不低于 100 的词语超过 500 个，如表 8.4.6 所示。为此，在绘制词云的时候可以考虑设置一个词频阈值。

表 8.4.6　词频数量统计

词频范围	≥10	≥20	≥30	≥40	≥50	≥60	≥70	≥80	≥90	≥100
总量	3376	2000	1438	1167	968	831	733	652	565	519

另外，"酒店"一词的词频最高，达到 10055，虽然词频最高，但本身分析的就是酒店，因此应该将其排除在外。为此，引入自定义过滤机制，将一些特殊的词语从分析中移除。这些词语包括但不限于{"酒店","住","说","月","日","年","元","时","会","没","里","分钟","入","点","般"}以及数字、字母等。具体过程如程序 8.4.7 所示。

【程序 8.4.7】引入特定过滤词

```
seg=worker(stop_word='stop_words.utf8')
ndat=gsub('[\t|?a-z|A-z|0-9|酒店|住|说|年|月|日|元|时|分钟|会|没|里|入|点|般]','', dat[,2])
ndat=gsub('[一|二|三|四|五|六|七|八|九|十|的|和|与|也|地|将|等|或|个|在|是|对|从|到|各]','', ndat)
seg=segment(ndat,seg)
freq1=freq(seg)
index=order(-freq1[,2])
freq1=freq1[index,]
```

在该酒店的二分类评价数据中，正向评价有 5322 条，负向评价有 2443 条，分别提取词频排名前 100 的词语绘制词云。具体过程如程序 8.4.8 所示，输出结果见图 8.4.1。

【程序 8.4.8】 *正向/负向建模数据的词云比较*

```
show.wordcloud_dataframe=function(dat,minfreq=5)   #传入未分词数据 dat
{ seg=worker(stop_word='stop_words.utf8')
    ndat=gsub('[\t|?|a-z|A-z|0-9|酒店|住|说|年|月|日|元|时|分钟|会|没|里|入|点|般]','', dat)
    ndat=gsub('[一|二|三|四|五|六|七|八|九|十|的|和|与|也|地|将|等|或|个|在|是|对|从|到|各]','', ndat)
    seg=segment(ndat,seg)
    freq1=freq(seg)
    index=order(-freq1[,2])
    freq1=freq1[index,]
    wordcloud(freq1$char,freq1$freq,colors = rainbow(nrow(freq1)), random.order=F, min.freq=minfreq)
}
show.wordcloud_dataframe(dat[dat[,1]==1,2],100)    #(a)子图，显示频数>=100
show.wordcloud_dataframe(dat[dat[,1]==0,2],100)    #(b)子图，显示阈值>=100
```

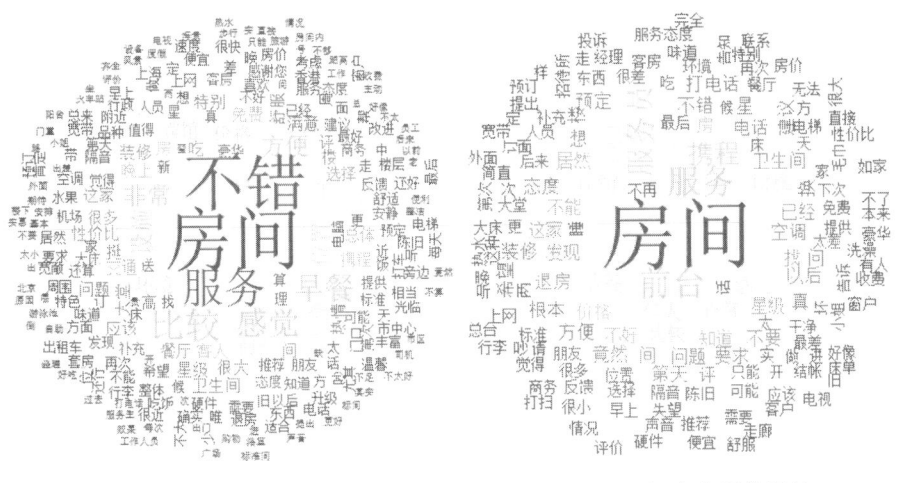

（a）正向评价词云　　　　　　　　　（b）负向评价词云

图 8.4.1　酒店评价数据的词云

从图 8.4.1 可知，正向与负向评价数据的词云有相当部分的重叠，说明顾客对酒店评价的关注点具有共性；而没有重叠的部分，或许能够揭示两类评价各自独特的关注点。具体过程如程序 8.4.9 所示。

【程序 8.4.9】 *正向/负向建模数据的重叠分析*

```
get_freqs=function(dat)     #传入未分词数据 dat，返回词频
{ seg=worker(stop_word='stop_words.utf8')
    ndat=gsub('[\t|?|a-z|A-z|0-9|酒店|住|说|年|月|日|元|时|分钟|会|没|里|入|点|般]','', dat)
    ndat=gsub('[一|二|三|四|五|六|七|八|九|十|的|和|与|也|地|将|等|或|个|在|是|对|从|到|各]','', ndat)
    seg=segment(ndat,seg)
    freq1=freq(seg)
    index=order(-freq1[,2])
    freq1=freq1[index,]
    return(freq1)
}
freq1= get_freqs(dat[dat[,1]==1,2])
freq2= get_freqs(dat[dat[,1]==0,2])
same=merge(freq1,freq2,by='char')          #按照词语进行列的合并列
same=same[order(-same[,2],-same[,3]),]     #按照合并后的词频从大到小排序
```

```
head(same,100)                              #显示合并后的前 100 个相同词语
freq1=freq1[order(-freq1[,2]),][1:100,]     #各提取词频前 100 的词语
freq2=freq2[order(-freq2[,2]),][1:100,]
same2=merge(freq1,freq2,by='char')
same2=same2[order(-same2[,2],-same2[,3]),]  #提取重叠词语及频数
same2                                       #intersect(freq1[,1],freq2[,1])可得到重叠词语集合
```

same 输出的是正向和负向评价数据中的前 100 个重叠词语（按照正向频数、负向频数从大到小排序），而 same2 输出的是正向和负向词频排名前 100 的重叠词语（64 个）。排在前面的重叠词语大致相同。下面给出前 16 个重叠词语，如表 8.4.7 所示，其中，freq.x 表示正向评价的词频，freq.y 表示负向评价的词频。

表 8.4.7　重叠词语

char	freq.x	freq.y	char	freq.x	freq.y
房间	4185	2778	设施	1029	520
不错	3580	265	环境	898	220
服务	2406	970	价格	887	402
比较	1882	439	位置	875	215
感觉	1549	521	宾馆	862	533
早餐	1444	559	前台	808	924
方便	1314	245	干净	767	174
非常	1306	540	服务员	707	702

对于酒店而言，一般会从环境、卫生、设施、价格、服务五个方面进行评价，并最终给出综合评价。表 8.4.7 展示的重叠词语基本能够映射到上述五个方面。

（4）正向/负向评价数据词语数量的比较

一般而言，负向评价的情绪相比正向评价而言会更为强烈一些，那么反映在词语数量上是否也会更多呢？为此，分别提取正向和负向各 2200 条评价数据，计算超过不同词频阈值的词语数量，以此来简单比较两者。具体过程如程序 8.4.10 所示，输出结果整理后如表 8.4.8 所示，图形结果如图 8.4.2 所示。

【程序 8.4.10】正负向等量数据的词语数量比较

```
freq1= get_freqs(dat[dat[,1]==1,2][1:2200])
freq2=get_freqs(dat[dat[,1]==0,2][1:2200])
freqlimit=seq(5,100,by=5)
sums=matrix(0,nrow=2,ncol=length(freqlimit))
for( i in 1:length(freqlimit))
{  sums[1,i]=sum(freq1[,2]>=freqlimit[i])
   sums[2,i]=sum(freq2[,2]>=freqlimit[i])
}
sums
c(nrow(freq1),sum(freq1[,2])/nrow(freq1), nrow(freq2), sum(freq2[,2])/nrow(freq2))
```

表 8.4.8　正向/负向等量评价记录的词语数量统计

词频范围	≥5	≥10	≥15	≥20	≥25	≥30	≥35	≥40	≥45	≥50
正向	1907	1017	713	548	450	369	311	266	220	201
负向	2778	1531	1075	807	672	568	491	433	370	332

续表

词频范围	≥55	≥60	≥65	≥70	≥75	≥80	≥85	≥90	≥95	≥100
正向	186	169	150	138	127	112	104	99	88	84
负向	292	271	247	224	206	188	176	164	157	145

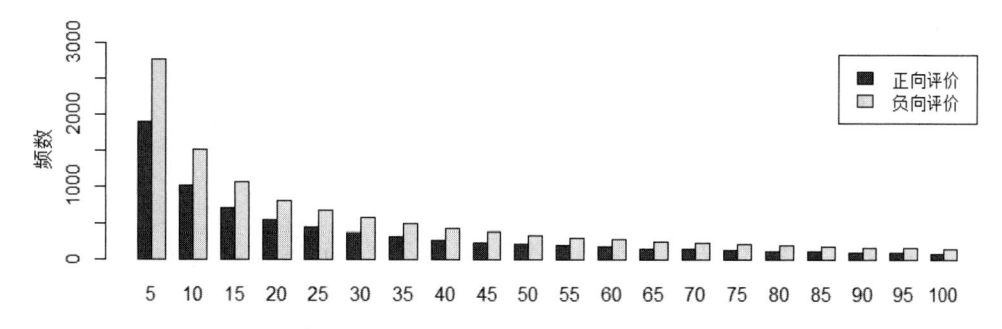

图 8.4.2　超过特定频数的词频比较

Label=1 的总词语量为 11409，每个词语的平均频数为 5.677；而 Label=0 的总词语量为 16526，每个词语的平均频数为 5.925。负向评价的词语总量远超正向评价的词语总量，同时平均词频也偏大一些。

（5）正向/负向评价数据的长度分析

对于建模使用的正向/负向评价数据，评价文本长度是否也隐含着部分可以利用的信息呢？下面对此进行描述性统计，过程如程序 8.4.11 所示，输出结果整理后如表 8.4.9 所示，图形结果如图 8.4.3 所示。

【程序 8.4.11】正向/负向建模数据的文本长度（基于字符数量）分析

```
get_length_statis=function(dat)     #传入未分词数据 dat,返回词频
{ a=sapply(dat,nchar)
  basic=c(mean=mean(a), sd=sd(a), min=min(a),max=max(a),median=median(a))
  list(lens=a, basic=basic)
}
opt=get_length_statis(dat[1:4800,2])
pes=get_length_statis(dat[dat[,1]==0,2][1:2200])
plot(density(opt$lens),xlim=c(0,3000),ylim=c(0,0.009))
lines(density(pes$lens),lty=3,pch=3)
legend(2000,0.008, legend=c('正向评价', '负向评价'), lty=c(1,3))
opt$basic
pes$basic
```

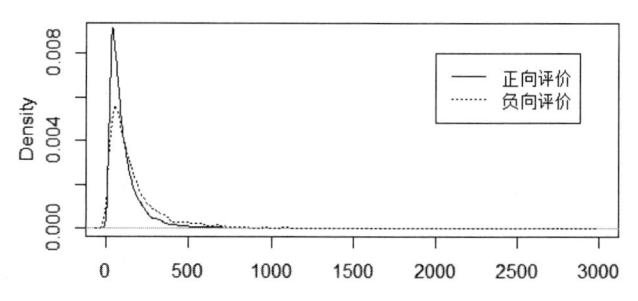

图 8.4.3　正向/负向评价数据文本长度的核密度图

表 8.4.9 关于评价文本长度的基本统计量比较

指标	均值	标准差	最小值	最大值	中位数
正向评价	111.1108	117.7228	2.0000	1459.0000	75.0000
负向评价	165.1973	183.8039	2.0000	2926.0000	109.0000

从评价文本长度的基本统计量可以看出，从均值、中位数和最大值三个方面看，负向评价表达的内容会更为具体和详细，因此其承载的情绪相对于正向评价而言会更为强烈一些。但是从核密度图和极差分布看，单纯使用文本长度难以实现有效的分类评价。

8.4.2 贝叶斯决策

为了公平起见，各提取正向和负向的 2200 条评价数据共同构成训练集，这样可保证先验概率相等。下面给出基于朴素贝叶斯分类的过程。

通过对正向与负向评价数据各自前 100 个关键词语的比较，发现存在 62 个重叠关键词语，各剩余 38 个非重叠关键词语。因此，可以构建包含 138 个关键词语的集合。然后，对每一条评价文本进行分词，形成如 8.3.3 节例题所示的分类训练集，并且约定判别的规则是式（8.3.10），同时为了量化这个公式，定义隶属度等于表 8.3.4 中总和的交换占比，即

$$c_1 隶属度 = \frac{c_2 对应的总和}{c_1 对应的总和 + c_2 对应的总和}$$

先生成训练集，如程序 8.4.12 所示。

【程序 8.4.12】生成训练集

```
get_W=function(Train)
{ freq0= get_freqs(Train[Train[,1]==0,2])
  freq1=get_freqs(Train[Train[,1]==1,2])
  freq0_100=freq0[order(-freq0[,2]),][1:100,]    #各提取词频前 100 的词语
  freq1_100=freq1[order(-freq1[,2]),][1:100,]
  words=union(freq0_100[,1], freq1_100[,1])      #得到关键词语集
  W=merge(freq0[freq0[,1] %in% words,], freq1[freq1[,1] %in% words,],by='char')
  W=W[order(-W[,2],-W[,3]),]    #按照正向和负向词频从大到小排序得到带频数的词语集
  list(W=W, same=intersect(freq0_100[,1],freq1_100[,1]))
}
get_line_words =function(dat)        #传入字符串数组，返回词语及其频数、类型列表
{ seg=worker(stop_word='stop_words.utf8')
  ndat=gsub('[\t|?|a-z|A-z|0-9|酒店|住|说|年|月|日|元|时|分钟|会|没|里|入|点|般]','', dat)
  ndat=gsub('[一|二|三|四|五|六|七|八|九|十|的|和|与|也|地|将|等|或|个|在|是|对|从|到|各]','', ndat)
  seg=sapply(ndat,segment,jiebar=seg)
  lapply(seg,freq)        #返回值 list, 每个元素是一个 data.frame
}
compute_log_probability=function( Train, W)
{ n=c(sum(W[,2]),sum(W[,3]));  n=c(n,sum(n))  #先验分布频数（负向、正向词语总频数）
  nT=nrow(Train);   Bayes=numeric(nT);  Belong=Bayes;  Words=Bayes
  p1=( W[,2]+1)/(n[1]+2);     p2=( W[,3]+1)/(n[2]+2);    nW=nrow(W)
  Train_freq=get_line_words(Train[,2])          #针对每条评价进行分词并统计频数
  for(line  in 1: nT)
  { x=Train_freq[[line]]
    p=numeric(2)        #存储两对数, p[1]对应 label=0, p[2]对应 label=1
    Winx=integer(nW);
    Winx[pmatch(x[,1],W[,1])]=1;  Winx[is.na(Winx)]=0        #匹配到赋值 1, 否则赋值 0
```

```
            p[1]=sum(log(p1^Winx*(1-p1)^(1-Winx)));  p[2]=sum(log(p2^Winx*(1-p2)^(1-Winx)))
            p[1]=p[1]+log(n[1]/n[3]);      p[2]=p[2]+log(n[2]/n[3])      #先验概率
            if(p[1]<p[2]) Bayes[line]=1 else Bayes[line]=0               #判别归类
            Belong[line]=p[1]/(p[1]+p[2])                                #属于Label=1的隶属度
            Words[line]=sum(x[,2])
        }
        Train$Bayes=Bayes
        Train$Belong=Belong
        Train$words=Words
        Train
    }
    Train=rbind(dat[dat[,1]==1,][1:2200,], dat[dat[,1]==0,][1:2200,])    #得到原始数据的训练集
    W= get_W(Train)
    TrainNew=compute_log_probability(Train,W$W)
    table(TrainNew[c(1,3)])                                              #可得到混淆矩阵
```

得到的混淆矩阵结果如表 8.4.10 所示。

表 8.4.10　贝叶斯判别的混淆矩阵

分类	实际 Label=0	实际 Label=1	合计
预测 Label=0	1762	387	2149
预测 Label=1	438	1813	2251
合计	2200	2200	4400

总体上看，朴素贝叶斯判别的准确率达到 81.25%，效果还比较理想。另外，对照原始数据与朴素贝叶斯错判数据会发现，确实存在错判，但也有部分朴素贝叶斯的判定可能更为合理，如表 8.4.11 所示。

表 8.4.11　部分错判举例

评价	原始归类	判别归类	隶属度
距离川沙公路较近，但是公交指示不对，如果是"蔡陆线"的话，会非常麻烦。建议用别的路线。房间较为简单	正向	负向	0.4864556
早餐太差，无论去多少人，那边也不加食品的。酒店应该重视一下这个问题了。房间本身很好	正向	负向	0.4830715
"CBD 中心，周围没什么店铺，说 5 星有点勉强，不知道为什么卫生间没有电吹风"	正向	负向	0.4684619
总体还可以，就是前台服务员还不够敬业，在登记入住后，看都没看是不是本人，就把我客人的护照给了其他人，幸亏我就在旁边，要不然不知后果怎样，之后连说声"不好意思"或"对不起"都没有!!!希望改进!!!	正向	负向	0.4997545

朴素贝叶斯判别的结果是否还可以继续提升？其实，若能够对评价数据进行量化，就能通过常规的逻辑回归或判别算法进行分类处理。上面的描述性统计也给出了部分量化指标的计算，至于指标量化后的判别就留给读者自行探索了。

思考与练习

1. 尝试基于分词深度解析党的二十大报告（report20.txt），挖掘国家发展的重要方向。
2. 尝试使用维特比算法对语句"新时代中国特色社会主义思想"进行分词。

3. 对于酒店评价数据，利用程序包 jiebaR 进行分词，完成以下任务：

（1）不区分评价类型，提取所有评价文本中有意义的关键词语集合，绘制词云，并给出提取的理由。

（2）按照评价类型分别提取评价文本中有意义的关键词语集合，绘制词云。试分析此时得到的两个关键词语集合的异同点。

（3）提取适用于分类的关键词语集合，绘制词云。

4. 试建立模型实现题 3 中关键词语的归属，即将题 3 中有意义的关键词语集合投射到酒店评价的五个方面：环境、卫生、设施、服务和价格。

5. 在酒店评价文本分析的基础上，尝试构建评价文本的某些量化指标，建立常规意义上的判别模型，完成对酒店评价文本的分类。

6. 鉴于酒店评价文本原始分类中可能存在的错误归类，请构造合理情感分类或聚类模型，将酒店评价文本重新划分成三类：积极正向、中性、消极负向。

7. 第 1 章思考与练习中的第 6 和 7 题完成了《红楼梦》120 回内容的合并，现在对《红楼梦》前 80 回与后 40 回的词语进行描述性统计分析，并尝试判断这两部分是否出自同一作者。

附录 A
本书用到的程序包和数据集

表 A.1 到表 A.3 给出了本书所用到的程序包和数据集，请扫描下列二维码查看：

表 A.1　程序包　　　　　表 A.2　程序包中的数据集　　　　　表 A.3　网站上的数据集

注：表 A.2 和表 A.3 的数据都可从本书的"教材资源下载"空间中下载，详见附录 B。

附录 B
"教材资源下载"空间使用说明

本书配套的数据、程序、实验、参考资料等已经全部集成于团队自行设计的"教材资源下载"空间中。了解具体访问方式请扫描以下二维码：

参考文献

查看参考文献请扫描以下二维码：